KB126033

譯註
禮記淺見錄
❷

王制·月令·曾子問·文王世子

譯註

禮記淺見錄

②

王制·月令·曾子問·文王世子

권 근權 近 저
정병섭鄭秉燮 역

學古房

  본 역서는 고려말 조선초기 학자인 양촌 권근의 『예기천견록(禮記淺見錄)』을 번역한 것이다. 권근은 매우 유명한 인물이며, 관련 연구도 많이 되어 있기 때문에 별도로 덧붙일 말은 없다. 역자가 『예기천견록』을 번역하게 된 것은 우연하고도 사소한 이유 때문이다. 『예기보주』를 완역하고 난 뒤에 무료함을 달래기 위해 무엇을 할까 고민하다가 책장 한켠에 놓여 있던 『한국경학자료집성』이 눈에 들어왔다. 이 책은 모교의 대동문화연구원에서 발간한 것인데, 대학원 박사과정 때 우연한 기회로 오경(五經) 전권을 얻게 되었다. 그러나 당시에는 딱히 참고할 일이 없어 한쪽 구석에 먼지와 함께 쌓여 있었고, 몇번의 이사를 거치면서 책장을 정리할 때마다 늘 구석에서도 가장 후미진 곳을 차지하게 되었다. 그러던 중 조선 유학자인 김재로의 『예기보주』를 번역하게 되었고, 번역 과정에서 조선 유학자들의 『예기』에 대한 주석은 어떠한 성향을 보일까 궁금증이 들었다. 그래서 오경 중 『예기』 파트만 별도로 추려내서 가장 잘 보이는 곳에 두었는데, 첫번째로 수록된 책이 바로 『예기천견록』이었고, 무심코 자판을 두드리다보니 이렇게 책을 출판하게 되었다. 이것이 이 책을 번역하게 된 이유이다. 조선유학의 본원을 탐구하거나 양촌 권근의 사상적 특징을 밝히려는 거창한 계획은 애당초 없었고, 나는 그런 뜻을 품을 만한 재목도 되지 못한다.

  『예기천견록』은 진호(陳澔)의 『예기집설(禮記集說)』을 그대로 차용하고 있다. 즉 『예기』의 경문과 진호의 『집설』 주를 거의 가감없이 그대로 수록하고 있으며, 덧붙여 설명할 부분에서만 자신의 견해를 그 뒤에 간략히 수록하고 있다. 물론 진호의 주석에 이견을 보인 부분에서는 나름의 근거를 제시하며 반박하는 기록들도 종종 등장하지만, 대부분 진호의 견해를 그대로 따르고 있다. 따라서 『예기천견록』은 『예기』에 대한 새로운 해석을 제시하는 주석서라기보다는 『예기집설』을 조선에 소개하며, 미진했던 부분을 보완하는 성격이 강하다.

그렇다고 해서 전혀 의미없는 책은 아니다. 이 책의 가장 큰 특징은 경문의 순서를 자신의 견해에 따라 새롭게 배열했다는 점이다. 『예기』 자체가 단편적 기록들의 묶음이다보니, 경문 배열에 대한 문제는 정현(鄭玄) 이전부터 제기되어 왔다. 정현도 주를 작성하며 문장의 순서를 일부 바꾼 부분이 있지만, 매우 제한된 경우에 한한다. 이후 여러 학자들도 배열이 잘못되었거나 내용이 뒤죽박죽이라는 것을 알고 있었지만, 대부분 기존의 체제를 그대로 따랐다. 그런데 권근의 경우에는 각 편의 내용들을 일별하여, 동일한 주제에 따라 문장의 순서를 뒤바꾸고, 앞뒤의 내용이 연결되도록 문단을 재구성하였다. 또 『대학장구』에 착안하여, 『예기』의 일부 편들을 경문과 전문으로 구분하기도 했다. 이것이 이 책이 가진 가장 큰 특징이다.

나는 타고난 재질도 보잘것없고 게으른 성격 탓에 노력이란 것에 있어서도 그다지 밀도가 높지 않다. 따라서 이 책을 출간한다는 것이 부끄럽고 도움이 될 수 있을런지도 모르겠다. 무료함을 달래기 위해 지극히도 사소한 이유에서 시작된 역서이지만, 이 책을 발판으로 더 좋은 번역이 나왔으면 하는 바람이다. 끝으로 『예기천견록』을 출판할 수 있도록 허락해주신 학고방의 하운근 사장님께도 감사를 전한다.

- 본 책은 역주서(譯註書)로써, 『예기천견록(禮記淺見錄)』을 완역하고, 자세한 주석을 첨부했다.

- 『예기천견록』은 진호(陳澔)의 『예기집설(禮記集說)』에 대한 주석서로, 『예기』의 경문(經文)과 진호의 『집설』을 수록하고 자신의 견해를 덧붙이고 있다.

- 『예기천견록』의 가장 큰 특징은 경문 배열을 수정한 것이다. 일부 편들은 기존 『예기집설』의 문장 순서를 그대로 따르고 있지만, 특정 편들은 경문(經文)과 전문(傳文)으로 구분하여 새롭게 구성한 것들도 있고, 각 문장들을 주제별로 묶어서 순서를 바꾼 것이 많다. 이러한 점들을 나타내기 위해, 각 편의 첫 부분에는 『예기집설』의 문장순서와 『예기천견록』의 문장순서를 비교하여 도표로 제시하였고, 각 경문 기록 뒤에는 〈001〉·〈002〉·〈003〉 등으로 표시하여, 이 문장이 『예기집설』에서는 몇 번째 문장에 해당하는지 나타내었다.

- 『예기』 경문 해석은 진호의 『집설』에 따랐다. 권근이 진호의 해석에 대해 이견을 나타낸 것이 여러 차례 보이는데, 특별한 경우를 제외하면 주석을 통해 권근의 경문 해석을 확인할 수 있으므로, 권근의 주석에 따른 새로운 경문 해석은 별도로 제시하지 않았다.

- 본 역서의 『예기천견록(禮記淺見錄)』 원문과 표점은 한국유경편찬센터 (http://ygc.skku.edu)의 자료를 사용하였다.

- 『예기천견록』의 주석 대상이 되는 『예기집설』의 저본은 다음과 같다. 『禮記』, 서울 : 保景文化社, 초판 1984 (5판 1995)

- 經文 으로 표시된 것은 『예기』의 경문 기록이다.

- 集說 로 표시된 것은 진호의 『집설』 기록이다.

- 淺見 으로 표시된 것은 권근의 주석이다.

禮記淺見錄卷第五 『예기천견록』 5권

禮記淺見錄卷第六 『예기천견록』 6권

禮記淺見錄卷第七 『예기천견록』 7권

禮記淺見錄卷第五

『예기천견록』 5권

「왕제(王制)」

淺見

近按: 此篇之作, 疏云: "作於秦·漢之際. 盧植云: '漢文帝使博士諸生作.'" 雖不明知其所作之時, 然其文節次相接終始粗完, 非若曲禮諸篇雜亂無章也. 是必出於一時作者之手無疑矣. 然秦·漢已稱帝, 而此篇稱王, 秦·漢已廢封建·井田, 而此篇則言封建·井田之制, 且其文又頗失次, 其亦作於秦前而得於煨燼之後也歟.

내가 살펴보니, 「왕제」편의 작성에 대해서, 소에서는 "진나라와 한나라 사이에 만들어졌다. 노식[1]은 '한나라 문제가 박사의 여러 유생들을 시켜서 만들었다.'"라고 했다. 비록 「왕제」편이 만들어진 시점을 명확하게 알 수 없지만, 문단과 순서가 서로 연결되어 시작과 끝이 대략적으로 완결되니, 「곡례」나 다른 편들처럼 뒤섞여 순서가 어지럽혀 있고 장절이 없는 것과는 다르다. 이것은 분명 특정 시점에 어떤 사람의 손에 의해 기록되었다는 것에 의심의 여지가 없다. 그런데 진나라와 한나라 때에는 이미 '제(帝)'라고 지칭했는데, 「왕제」편에서는 '왕(王)'이라 지칭했고, 진나라와 한나라 때에는 이미 봉건제와 정전제를 폐지하였지만, 「왕제」편에서는 봉건제와 정전제의 제도를 설명하고 있으며, 또 그 문단에 있어서도 자못 순서가 어긋나는 점도 있으니, 「왕제」편 또한 진나라 이

---

1) 노식(盧植, A.D.159?~A.D.192) : =노씨(盧氏). 후한(後漢) 때의 유학자이다. 자(字)는 자간(子幹)이다. 어려서 마융(馬融)을 스승으로 섬겼다. 영제(靈帝)의 건녕(建寧) 연간(A.D.168~A.D.172)에 박사(博士)가 되었다. 채옹(蔡邕) 등과 함께 동관(東觀)에서 오경(五經)을 교정했다. 후에 동탁(董卓)이 소제(少帝)를 폐위시키자, 은거하며 『상서장구(尚書章句)』, 『삼례해고(三禮解詁)』를 저술했지만, 남아 있지 않다.

전에 작성되었다가 분성갱유를 거친 이후에 숨겨놓았던 기록을 획득했을 것이다.

「왕제」편 문장 순서 비교

『예기집설』	『예기천견록』		
	구분		문장
001	1장	1절	001
002			002
003		2절	003
004			004
005			005
006			006
007			007
008		3절	016
009			017
010			020
011			021
012			008
013			009
014		4절	010
015			011
016			012
017			013
018			014
019			015
020			018
021			019
022		5절	022
023			023
024	2장		024
025			025
026			026
027			027
028			028
029			029
030			030
031			031
032			032

『예기집설』	『예기천견록』	
	구분	문장
033		033
034		034
035		035
036		036
037		037
038		038
039	2장	039
040		040
041		041
042		042
043		043
044		044
045		045
046		055
047		056
048		057
049		058
050		059
051		060
052		061
053		062
054		063
055		064
056	3장	065
057		051
058		052
059		053
060		054
061		047
062		048
063		049
064		046
065		050

『예기집설』	『예기천견록』	
	구분	문장
066		073
067		071
068		074
069		066
070		067
071		068
072		069
073		070
074		072
075		075
076		076
077		077
078		078
079		079
080		080
081		081
082	4장	082
083		086
084		087
085		088
086		089
087		091
088		090
089		083
090		084
091		085
092		093
093		092
094		094
095		095
096		096
097		097
098		098

『예기집설』	『예기천견록』	
	구분	문장
099		099
100		100
101		101
102		102
103		103
104		104
105		105
106		106
107	4장	107
108		108
109		109
110		110
111		111
112		112
113		113
114		114
115		115
116		116
117		117
118		118
119		119
120		128
121		129
122		130
123	5장	131
124		132
125		133
126		134
127		135
128		136
129		120
130		122
131		124

『예기집설』	『예기천견록』	
	구분	문장
132		125
133		126
134		127
135		121
136		123
137	5장	137
138		138
139		139
140		140
141		141
142		142
143		143
144		144
145		145
146		146
147		147
148		148
149		149
150		150
151		151
152		152
153		153
154	무분류	154
155		155
156		156
157		157
158		158
159		159
160		160
161		161
162		162
163		163
164		164

제 1-1 장

王者之制祿爵, 公・侯・伯・子・男, 凡五等.〈001〉 諸侯之上
大夫卿・下大夫・上士・中士・下士, 凡五等.〈002〉

천자가 녹봉과 작위를 제정함은 공작, 후작, 백작, 자작, 남작으로 모두
다섯 등급이다. 제후의 경우에는 상대부인 경, 하대부, 상사, 중사, 하사
로 모두 다섯 등급이다.

淺見

近按: 此總言制祿爵之有等, 而下文以制祿・制爵分言之.

내가 살펴보니, 이것은 녹봉과 작위를 제정함에 등급을 두었다는 것을
총괄적으로 언급한 것이고, 뒤의 문장에서는 녹봉을 제정한 것과 작위
를 제정한 것에 대해 구분해서 언급했다.

右第一節.

여기까지는 제 1절이다.

제 1-2 장

經文

天子之田, 方千里; 公‧侯田, 方百里; 伯, 七十里; 子‧男, 五
十里; 不能五十里者, 不合於天子, 附於諸侯, 曰附庸.〈003〉

천자의 땅은 사방 1,000리이고, 공작과 후작의 땅은 사방 100리이며,
백작의 땅은 사방 70리이고, 자작과 남작의 땅은 사방 50리이다. 50리
가 되지 못하는 자는 천자에게 조회할 수 없고, 제후에게 붙어 조회를
함으로 '부용(附庸)'이라고 부른다.

集說

此言天子諸侯田里之廣狹. 不能, 猶不足也. 不合於天子者, 不與王
朝之聚會也. 民功曰庸, 其功勞附大國而達於天子, 故曰附庸. 里數
有二, 分田之里, 以方計, 如方里而井, 是也. 分服之里, 以袤計, 如
二十五家爲里, 是也. 後章言方千里者, 爲田九萬畝, 此以方計者
也. 自恒山至于南河, 千里而近, 此以袤計者也. 分服, 則計道里遠
近, 以爲朝貢之節, 分田則計田畝多寡, 以爲賦祿之制, 此所以爲均
平也.

이것은 천자와 제후가 소유한 땅의 넓이를 말한 것이다. '불능(不能)'이
라는 것은 부족하다는 뜻이다. "천자에게 불합한다."는 것은 천자의 조
종에서 조회를 할 때 참여하지 못한다는 뜻이다. 백성을 다스리는데 공
이 있는 것을 '용(庸)'이라고 하니,[1] 그 공로로 대국에 의지해서 천자에
게 이르기 때문에 '부용(附庸)'이라고 한다. 리(里)의 수치에는 두 가지

---

1) 『주례』「하관(夏官)‧사훈(司勳)」: 司勳, 掌六鄕賞地之法, 以等其功. 王功曰
勳. 國功曰功. 民功曰庸. 事功曰勞. 治功曰力. 戰功曰多.

가 있으니, 분전(分田)의 리는 사방 면적으로 계산하는 것으로, "사방 1리가 정(井)이다."[2]라고 하는 것이 바로 이것이다. 분복(分服)의 리는 길이로 계산하는 것으로 "25가가 리(里)가 된다."[3]라고 하는 것이 바로 이것이다. 뒤의 경문에서 "사방 1,000리는 전이 90,000무이다."[4]라고 했는데, 이것이 사방 면적으로 계산한 것이다. "항산으로부터 남하에 이르기까지 1,000리가 조금 안 된다."[5]라고 했는데, 이것은 길이로 계산한 것이다. 분복은 도로 길이의 원근을 계산해서 조공의 기준으로 삼는 것이고, 분전은 전묘의 많고 적음을 계산해서 세금과 녹봉의 제도로 삼으니, 이것이 균평이 되는 이유이다.

淺見

近按: 此下言制祿之事, 而祿出於田, 故先以田里之數而言之也.

내가 살펴보니, 이곳 구문으로부터 그 뒤의 내용들은 녹봉을 제정한 사안을 언급하고 있는데, 녹봉은 농경지에서 도출되기 때문에, 우선적으로 전리의 수에 대해 언급한 것이다.

---

2) 『맹자』「등문공상(滕文公上)」: 方里而井, 井九百畝, 其中爲公田. 八家皆私百畝, 同養公田, 公事畢, 然後敢治私事, 所以別野人也.

3) 『주례』「지관(地官)·수인(遂人)」: 遂人, 掌邦之野. 以土地之圖經田野, 造縣鄙形體之法. 五家爲鄰, 五鄰爲里, 四里爲酇, 五酇爲鄙, 五鄙爲縣, 五縣爲遂, 皆有地域, 溝樹之.

4) 『예기』「왕제」145~146장: 方一里者, 爲田九百畝. 方十里者, 爲方一里者百, 爲田九萬畝. 方百里者, 爲方十里者百, 爲田九十億畝. 方千里者, 爲方百里者百, 爲田九萬億畝.

5) 『예기』「왕제」147장: 自恒山, 至於南河, 千里而近. 自南河, 至於江, 千里而近. 自江, 至於衡山, 千里而遙. 自東河, 至於東海, 千里而遙. 自東河, 至於西河, 千里而近. 自西河, 至於流沙, 千里而遙. 西不盡流沙, 南不盡衡山, 東不盡東海, 北不盡恒山.

經文

天子之三公之田, 視公·侯; 天子之卿, 視伯; 天子之大夫, 視子·男; 天子之元士, 視附庸.〈004〉

천자의 삼공에게 주는 땅은 공작·후작에 견주어 주고, 천자의 경에게 주는 땅은 백작에 견주어 주며, 천자의 대부에게 주는 땅은 자작·남작에 견주어 주고, 천자의 원사(元士)[1]에게 주는 땅은 부용에 견주어 준다.

淺見

近按: 自天子至於附庸之爲君, 自三公至於元士之爲臣, 所食田祿, 各有其差, 而尊卑之等, 內外之辨, 明且備矣.

내가 살펴보니, 천자로부터 부용에 이르기까지는 군주에 해당하고, 삼공으로부터 원사에 이르기까지는 신하에 해당하는데, 그들이 받게 되는 전답과 녹봉에는 각각 차등이 있어서, 신분의 등급과 내외에 따른 구분을 분명하고 상세히 설명한 것이다.

---

1) 원사(元士)는 천자에게 소속된 사(士) 계층 중 하나이다. '사' 계층은 상·중·하로 구분되어, 상사(上士), 중사(中士), 하사(下士)로 나뉜다. 다만 천자에게 소속된 '상사'에게는 제후에게 소속된 '상사'보다 높여서 '원(元)'자를 붙이게 된다. 그래서 '원사'라고 부르는 것이다.

經文

制農田百畝, 百畝之分[去聲], 上農夫食[嗣]九人, 其次食八人, 其次食七人, 其次食六人, 下農夫食五人. 庶人在官者, 其祿以是爲差也.〈005〉 諸侯之下士, 視上農夫, 祿足以代其耕也. 中士, 倍下士; 上士, 倍中士; 下大夫, 倍上士; 卿, 四大夫祿; 君, 十卿祿.〈006〉 次國之卿, 三大夫祿; 君, 十卿祿; 小國之卿, 倍大夫祿; 君, 十卿祿.〈007〉

농전 100묘를 제정함에 100묘씩의 분배는['分'자는 거성으로 읽는다.] 상농부는 9명을 먹여 살릴['食'자의 음은 '嗣(사)'이다.] 만큼이고, 그 다음은 8명을 먹여 살릴 만큼이며, 그 다음은 7명을 먹여 살릴 만큼이고, 그 다음은 6명을 먹여 살릴 만큼이며, 하농부는 5명을 먹여 살릴 만큼을 분배한다. 서인 중에 관직에 있는 자는 녹봉을 농전의 분배에 준해서 차등을 둔다. 대국 제후의 하사는 상농부에 견주어 지급함으로, 그 녹봉이 경작함을 대신할 만 하다. 중사는 하사의 2배가 되고, 상사는 중사의 2배가 되며, 하대부는 상사의 2배가 되고, 경은 하대부의 녹봉에 4배가 되며, 군주는 경의 녹봉에 10배가 된다.

集說

此言庶人之田. 井田之制, 一夫百畝, 肥饒者, 爲上農, 墝瘠者, 爲下農, 故所養有多寡也. 府·史·胥·徒之屬, 皆庶人之在官者, 其祿以農之上下爲差. 多者, 不得過食九人之祿, 寡者, 不得下食五人之祿, 隨其高下, 爲王等之多寡也. 視上農夫者, 得食九人之祿也.

이것은 서인의 땅에 대해 말한 것이다. 정전의 제도에서는 한 농부가 100묘를 받지만, 기름지고 풍요로운 땅은 상농부가 받고, 척박하고 메마른 땅은 하농부가 받는다. 그렇기 때문에 부양하는 것에 많고 적음의 차이가 있다. 부·사·서·도와 같은 부류의 말단 관리들은 모두 서인 중에서 관직에 오른 자들로, 그들의 녹봉은 농부에게 상하의 구분을 두었던 기준으로 차등을 둔다. 그러므로 그들 중 녹봉이 많은 사람은 9명을 먹여 살릴 만큼의 녹봉을 초과할 수 없고, 적은 사람은 5명을 먹여 살릴 만큼의 녹봉보다 낮을 수 없으니, 말단 관직의 높고 낮음에 따라서 녹봉에도 다섯 등급의 많고 적은 차등으로 삼는다. 상농부에 견준다는 것은 9명을 먹여 살릴 수 있는 녹봉을 얻는 것이다.

方氏曰: 次國小國, 不言大夫士者, 多寡同於大國, 可知矣. 由卿而上, 三等之國所異, 由大夫而下, 三等之國所同者, 蓋卿而上, 其祿浸厚, 苟不爲之殺, 則地之所出, 不足以供. 大夫而下, 其祿浸薄, 苟亦爲之殺, 則臣之所養, 不能自給. 此所以多寡, 或同或異也.

방씨가 말하길, 차국과 소국에 대한 경문에서는 하대부와 사에 대해 말하지 않으니, 그들에게 주는 녹봉의 많고 적은 차등은 대국에서 시행되는 제도와 같음을 알 수 있다. 경으로부터 그 이상의 작위에게 주는 녹봉의 양은 대국·차국·소국 등 세 등급의 제후국들이 각기 다르지만, 하대부로부터 그 이하의 작위에게 주는 녹봉의 양은 세 등급의 제후국이 같은데, 그 이유는 경 이상은 그 녹봉이 점차 많아지니 줄이지 않는다면 땅에서 소출되는 것으로 그것들을 전부 공급하기에는 부족하다. 대부 이하는 그 녹봉이 점차 줄어드니 또 줄이게 된다면 신하들이 부양하는 가족들에 대해서 자급할 수 없게 된다. 이것이 녹봉을 주는 것에 많고 적은 차등이 있고, 또 그 안에서도 어떤 것은 같고 어떤 것은 다른 이유이다.

淺見

近按: 此段之首特擧制字而言. 蓋上文言田里之數, 而此專言制祿之事, 故特以制而言之. 制祿因田以爲差, 故先言田而後言祿也. 下節言制爵, 亦擧制字言之.

내가 살펴보니, 이 문단의 첫 부분에서는 특별히 '제(制)'자를 제시해서 말하고 있다. 아마도 앞 문장에서 전리의 수치를 언급하고, 이곳에서는 전적으로 녹봉을 제정한 사안에 대해 설명했기 때문에, 특별히 '제(制)' 자를 제시해서 말한 것 같다. 녹봉을 제정할 때에는 땅의 크기를 통해서 차등을 둔다. 그렇기 때문에 먼저 땅에 대해 설명하고 그 이후에 녹봉에 대해 설명한 것이다. 아래 문단에서 작위를 제정한 것에 대해 설명할 때에도 '제(制)'자를 제시해서 말하고 있다.

右第二節.

여기까지는 제 2절이다.

제 1-3장

經文

天子, 三公, 九卿, 二十七大夫, 八十一元士.〈016〉 大國三卿,
皆命於天子, 下大夫五人, 上士二十七人. 次國三卿, 二卿命
於天子, 一卿命於其君. 下大夫五人; 上士二十七人. 小國二
卿, 皆命於其君. 下大夫五人, 上士二十七人.〈017〉 [舊在"曰采曰
流"之下.]

천자에게는 3명의 공, 9명의 경, 27명의 대부, 81명의 원사가 있다. 대
국에 소속된 3명의 경은 모두 천자에게서 명을 받는다. 대국의 하대부
는 5명이고, 상사는 27명이다. 차국에 소속된 3명의 경 중 2명의 경은
천자에게서 명을 받고, 나머지 1명의 경은 그 나라의 군주에게서 명을
받는다. 차국의 하대부는 5명이고, 상사는 27명이다. 소국에 소속된 2
명의 경은 모두 그 나라의 군주에게서 명을 받는다. 소국의 하대부는
5명이고, 상사는 27명이다. [옛 판본에는 "채(采)라 하고 유(流)라 한다."[1]라고
한 문장 뒤에 수록되어 있었다.]

淺見

近按: 此下言制爵之事, 先言王臣之數, 而後及侯國之臣也. 前節言
田里之數, 則先諸侯而後王臣者, 諸侯, 君也, 故係天子而言於王臣
之上. 此節言爵位之數, 而先王臣者, 此以侯國之臣例言, 則王臣當
序於其上, 立言之序, 其謹嚴至矣.

내가 살펴보니, 이곳 뒤의 문장에서는 작위를 제정한 사안에 대해 언급
하였으므로, 그보다 앞서서 천자의 신하들 수를 언급하고, 그 이후에 제

---

1) 『예기』 「왕제」 015장 : 千里之內曰甸, 千里之外曰采, 曰流.

후국의 신하에 대해 언급한 것이다. 앞 문단에서 전리의 수치에 대해 언급할 때 제후에 대한 내용을 먼저 언급하고 그 이후에 천자의 신하에 대해 언급한 것은 제후는 군주에 해당한다. 그렇기 때문에 천자에 대한 내용과 이어지도록 하여, 천자의 신하들에 대한 내용보다 앞에 기술한 것이다. 이곳 문단에서는 작위에 따른 수치를 언급하면서 천자의 신하들에 대한 내용을 먼저 언급했는데, 이곳에서는 제후국에 속한 신하들에 대한 사례에 따라 말을 했으니, 천자의 신하에 대한 내용은 마땅히 그 보다 앞에 있어야 한다. 따라서 기술의 순서가 이처럼 지극히 지엄한 것이다.

經文

制三公, 一命卷[袞]. 若有加, 則賜也. 不過九命.〈020〉 次國之
君, 不過七命. 小國之君, 不過五命. 大國之卿, 不過三命; 下
卿, 再命. 小國之卿與下大夫, 一命.〈021〉 [舊在"外諸侯嗣也"之下.]

삼공에 대한 제도에 있어, 삼공에게 1명(命)이 더해지면 곤면을['卷'자의
음은 '袞(곤)'이다.] 입는다. 만약 삼공의 신분이면서 곤면을 입게 되는 경
우가 있다면, 이것은 곧 천자가 특별히 하사해 준 것이다. 천자의 신하
들은 9명을 넘을 수 없다. 차국의 제후는 7명을 넘을 수 없다. 소국의
제후는 5명을 넘을 수 없다. 대국의 경 중에서 상경과 중경은 3명을 넘
을 수 없고, 대국의 하경은 2명이다. 소국의 경은 소국의 하대부와 함께
1명이다. [옛 판본에는 "외제후들에게는 작위를 세습시킨다."[1]라고 한 문장 뒤에
수록되어 있었다.]

集說

制者, 言三公命服之制也. 命數, 止於九. 天子之三公, 八命, 著鷩
冕, 若加一命, 則爲上公, 與王者之後同而著袞冕, 故云: "一命袞".
若爲三公, 而有家袞者, 是出於特恩之賜, 非例當然, 故云: "若有加,
則賜也". 人臣, 無過九命者.

'제(制);'라는 것은 삼공의 명복 제도를 말한다. 명의 수는 9에서 그친다.
천자에게 소속된 삼공은 8명으로 별면(鷩冕)[2]을 착용하는데, 만약 여기

---

1) 『예기』「왕제」019장 : 天子之縣, 內諸侯, 祿也. 外諸侯, 嗣也.
2) 별면(鷩冕)은 별의(鷩衣)와 면류관을 뜻한다. 천자 및 제후가 입던 복장으로, 선
   공(先公)에 대한 제사 및 향사례(饗射禮)를 시행할 때 착용했다. '별의'에는 꿩의
   무늬를 수놓게 되는데, 이 무늬를 화충(華蟲)이라고도 부른다. 상의에는 3종류의
   무늬를 수놓고, 하의에는 4종류의 무늬를 수놓게 되어, 총 7가지의 무늬가 들어가
   게 된다. 『주례(周禮)』「춘관(春官)·사복(司服)」편에는 "享先公, 饗射則鷩冕."

에 1명이 더해지면 상공(上公)3)이 되고, 천자의 후손들과 같아져서 곤면을 착용한다. 그렇기 때문에 경문에서 "1명이 더해지면 곤면을 입는다."라고 한 것이다. 만약 삼공의 신분이면서도 곤면을 입는 자가 있다면, 이러한 경우는 천자가 특별하게 은혜로움을 하사해준 데에서 유래한 것이지, 일반적인 사례는 아니다. 그렇기 때문에 경문에서 "만약 더해줌이 있다면 하사를 받은 것이다."라고 말한 것이다. 신하들은 9명을 넘을 수 없다.

淺見

近按: 此段之首亦擧制字而言. 蓋篇首言制祿爵, 是總而言之也; 前節言制農田百畝, 是以制祿言也. 此節言制三公一命卷, 是以制爵言也. 言制祿, 則自下而上, 制祿, 因田分以爲差也. 言制爵, 則自上而下, 制爵, 因命數以爲差也. 舊本失次, 今以兩制字爲紀, 分其祿爵之等, 而類記之以爲次也.

내가 살펴보니, 이 문단의 첫 부분에서도 '제(制)'자를 제시해서 말하고 있다. 「왕제」편의 첫 부분에서는 작위와 녹봉을 제정했다고 했는데,4) 이것은 총괄적으로 말한 것이다. 앞 문단에서는 농전 100묘를 제정했다

이라는 기록이 있고, 이에 대한 정현의 주에서는 "鷩, 畵以雉, 謂華蟲也. 其衣三章, 裳四章, 凡七也."라고 풀이했다.

3) 상공(上公)은 주(周)나라 제도에 있었던 관직 등급이다. 본래 신하의 관직 등급은 8명(命)까지이다. 주나라 때에는 태사(太師), 태부(太傅), 태보(太保)와 같은 삼공(三公)들이 8명의 등급에 해당했다. 그런데 여기에 1명을 더하게 되면 9명이 되어, 특별직인 '상공'이 된다. 『주례』「춘관(春官)·전명(典命)」편에는 "上公九命爲伯, 其國家宮室車旗衣服禮儀, 皆以九爲節."이라는 기록이 있고, 이에 대한 정현의 주에서는 "上公, 謂王之三公有德者, 加命爲二伯. 二王之後亦爲上公."이라고 풀이하였다. 즉 '상공'은 삼공 중에서도 유덕(有德)한 자에게 1명을 더해주어, 제후들을 통솔하는 '두 명의 백(伯)[二伯]'으로 삼았다. 또한 제후의 다섯 등급을 나열할 경우, 공작(公爵)을 '상공'이라고 부르기도 한다.

4) 『예기』「왕제」001장 : 王者之制祿爵, 公侯伯子男, 凡五等.

고 했는데,5) 이것은 녹봉 제정하는 것을 기준으로 말한 것이다. 이곳 문단에서는 삼공에 대한 제도에 있어서, 삼공에게 1명이 더해지면 곤면을 입는다고 했는데, 이것은 작위 제정하는 것을 기준으로 말한 것이다. 녹봉 제정하는 것을 언급할 때에는 하위 계층으로부터 위로 올라가니, 녹봉을 제정하는 것은 땅의 분배에 따라 차등을 삼기 때문이다. 작위 제정하는 것을 언급할 때에는 상위 계층으로부터 아래로 내려가니, 작위를 제정하는 것은 명의 수에 따라 차등을 삼기 때문이다. 옛 판본은 순서가 어긋나 있어서, 이곳에서는 2개의 '제(制)'자를 강령으로 삼고, 녹봉과 작위의 등급을 구분해서 비슷한 부류끼리 기록해 순서를 정했다.

經文

次國之上卿, 位當大國之中, 中當其下, 下當其上大夫. 小國之上卿, 位當大國之下卿, 中當其上大夫, 下當其下大夫.〈008〉
[舊在"君十卿祿"之下.]

차국의 상경은 그 서열이 대국의 중경에 해당하고, 차국의 중경은 그 서열이 대국의 하경에 해당하며, 차국의 하경은 그 서열이 대국의 상대부에 해당한다. 소국의 상경은 그 서열이 대국의 하경에 해당하고, 소국의 중경은 그 서열이 대국의 상대부에 해당하며, 소국의 하경은 그 서열이 대국의 하대부에 해당한다. [옛 판본에는 "군주는 경의 녹봉에 10배가 된다."6)라고 한 문장 뒤에 수록되어 있었다.]

---

5) 『예기』「왕제」005장 : 制農田百畝, 百畝之分, 上農夫食九人, 其次食八人, 其次食七人, 其次食六人, 下農夫食五人. 庶人在官者, 其祿以是爲差也.
6) 『예기』「왕제」007장 : 次國之卿, 三大夫祿, 君十卿祿. 小國之卿, 倍大夫祿, 君, 十卿祿.

集說

此言三等之國, 其卿大夫覜聘竝會之時, 尊卑之序如此.

이것은 대국, 차국, 소국의 세 등급 제후국에서, 그 나라에 소속된 경과 대부들의 조빙(覜聘)[7]과 회합을 할 때 신분의 서열이 이와 같음을 말한 것이다.

經文

其有中士, 下士者, 數各居其上之三分.〈009〉

회동 때 사신 중에 차국의 사와 소국의 사가 있다면, 사의 수는 각각 차국은 그들의 상국인 대국의 사의 수를 3분의 2한 것에 해당하고, 소국은 그들의 상국인 차국의 사의 수를 3분의 2한 것에 해당한다.

集說

疏曰: 今大國之士, 旣定, 在朝會, 若其有中國之士, 小國之士者, 其行位之數, 各居其上國三分之二, 謂次國, 以大國爲上, 而次國上九, 當大國中九, 次國中九, 當大國下九, 是各當其大國三分之二. 小國, 以次國爲上, 小國上九, 當次國中九, 小國中九, 當次國下九, 亦是居上三分之二也. 是各居其上之三分.

소에서 말하길, 현재 대국의 사는 이미 정해져 있는데, 조회에 만약 사

---

7) 조빙(覜聘)은 신하가 군주를 찾아뵙거나 서로 만나볼 때의 예법에 해당한다. 찾아갈 때 딸려오는 대부(大夫) 무리가 많을 때 그것을 '조(覜)'라고 부르며, 무리가 적을 때에는 '빙(聘)'이라고 부른다. 『주례』「춘관(春官)·전서(典瑞)」편에는 "瑑圭璋璧琮, 繅皆二采一就, 以覜聘."이라는 기록이 있고, 이에 대한 정현의 주에서는 "大夫衆來曰覜, 寡來曰聘."이라고 풀이했다.

신 중에 차국의 사와 소국의 사가 있다면, 그 사신이 위치하는 수는 각각 그들의 상국이 되는 나라의 3분의 2에 해당한다. 차국은 대국을 상국으로 삼으니, 차국의 상사 9명은 대국의 중사 9명에 해당하고, 차국의 중사 9명은 대국의 하사 9명에 해당한다는 것을 말하는 것으로, 이것이 그 대국의 사의 수를 3분의 2한 것에 해당한다는 뜻이다. 소국은 차국을 상국으로 삼으니, 소국의 상사 9명은 차국의 중사 9명에 해당하고, 소국의 중사 9명은 次國의 하사 9명에 해당한다는 것을 말하는 것으로, 또한 이것도 상국인 차국의 사의 수를 3분의 2한 것에 해당한다는 뜻이다. 이것이 경문에서 말한 "각각 상국의 3분 한 것에 해당한다."는 뜻이다.

浅見

近按: 自天子三公以下至此, 以制爵而言也.

내가 살펴보니, 천자의 삼공이라는 구문부터 그 이하로 이곳 문장까지는 작위 제정하는 것을 언급하였다.

右第三節.

여기까지는 제 3절이다.

제1-4장

經文

凡四海之內, 九州. 州方千里州, 建百里之國, 三十; 七十里之國, 六十; 五十里之國, 百有二十; 凡二百一十國. 名山大澤, 不以封, 其餘以爲附庸閒[閑]田. 八州, 州二百一十國.〈010〉 天子之縣內, 方百里之國, 九; 七十里之國, 二十有一; 五十里之國, 六十有三, 凡九十三國. 名山大澤, 不以肦[班], 其餘以祿士, 以爲閒田.〈011〉 凡九州, 千七百七十三國, 天子之元士, 諸侯之附庸, 不與[去聲].〈012〉 天子百里之內, 以共[恭]官, 千里之內, 以爲御.〈013〉 [舊在"各居其上之三分"之下.]

무릇 사해의 안에는 구주가 있으니, 1개의 주는 사방 1,000리이고, 1개의 주에 사방 100리의 나라를 세우는 것이 30개이며, 사방 70리의 나라를 세우는 것이 60개이고, 사방 50리의 나라를 세우는 것이 120개이니, 모두 210개의 나라가 된다. 명산과 대택은 그것으로 분봉하지 않고, 그 나머지 땅들은 부용에게 주는 땅과 한전으로['閒'자의 음은 '閑(한)'이다.] 삼는다. 8개의 주에는 주마다 210개의 나라가 있다. 천자의 수도 안에는 사방 100리의 나라가 9개이고, 사방 70리의 나라가 21개이며, 四方 50리의 나라가 63개이니, 모두 93개의 나라가 된다. 명산과 대택은 녹봉을 받는 조세의 땅으로 나눠주지['肦'자의 음은 '班(반)'이다.] 않고, 그 나머지 땅으로는 사에게 녹봉을 주며, 한전으로 삼는다. 무릇 구주에는 1,773개의 나라가 있으나 천자의 원사와 제후의 부용은 여기에 포함되지['與'자는 거성으로 읽는다.] 않는다. 천자의 수도에서 100리 이내의 땅은 관부에 공급하는['共'자의 음은 '恭(공)'이다.] 용지로 삼고, 1,000리 이내의 땅에서 소작되는 것은 어(御)로 삼는다. [옛 판본에는 "각각 그들 상국의 3등분 한 것에 해당한다."[1]라고 한 문장 뒤에 수록되어 있었다.]

「왕제(王制)」 **33**

疏曰: 畿外諸侯, 有封建之義, 故云不以封. 畿內之臣, 不世位, 有肦
賜之義, 故云不以肦.

소에서 말하길, 수도 밖의 외제후는 봉건해준다는 뜻이 있기 때문에 "명
산과 대택으로 분봉하지 않는다."라고 한 것이다. 수도 안의 신하들은
작위를 세습하지 않고, 나누어 하사한다는 뜻이 있기 때문에 "명산과 대
택으로 나눠주지 않는다."라고 한 것이다.

元士·附庸不與者, 以上文所算, 止五十里, 而元士附庸, 皆不能五
十里, 故不與也. 共官, 謂供給王朝百官府文書之具泛用之需. 御,
謂凡天子之服用, 蓋皆取之租稅也.

원사와 부용이 포함되지 않는다는 것은 앞에서 나라의 단위를 산정한
것이 사방 50리에 그쳤고, 원사와 부용의 땅은 모두 사방 50리가 안되므
로 여기에 포함되지 않는다. '공관(共官)'은 천자의 조정에 속한 모든 관
부에서 사용하는 문서와 같은 도구들과 두루 사용되는 물건들의 수요를
공급하는 것을 말한다. '어(御)'는 천자가 사용하는 것을 말한다. 무릇
이 두 가지 모두는 그 땅에서 조세를 취하는 것이다.

近按: 此因田祿之制, 以推言之.

내가 살펴보니, 이것은 땅과 그에 따른 녹봉의 제도를 설명한 것으로 인
해, 그것을 미루어서 언급한 것이다.

---

1) 『예기』「왕제」 009장 : 其有中士, 下士者, 數各居其上之三分.

千里之外, 設方伯. 五國以爲屬, 屬有長. 十國以爲連, 連有帥.
三十國以爲卒[子忽反], 卒有正. 二百一十國以爲州, 州有伯. 八
州, 八伯, 五十六正, 百六十八帥, 三百三十六長. 八伯, 各以
其屬, 屬於天子之老二人. 分天下以爲左右, 曰二伯.〈014〉 千
里之內曰甸, 千里之外曰采, 曰流.〈015〉 [自"次國之上卿"以下至此,
竝以舊文爲正.]

천자의 수도 사방 1,000리의 밖에는 방백을 설치한다. 5개의 나라를 속
으로 삼는데, 속에는 장이라는 대표자가 있다. 10개의 나라를 연으로
삼는데, 연에는 수라는 대표자가 있다. 30개의 나라를 졸로['卒'자는 '子
(자)'자와 '忽(홀)'자의 반절음이다.] 삼는데, 졸에는 정이라는 대표자가 있다.
210개의 나라를 주로 삼는데, 주에는 백이라는 대표자가 있다. 8개의
주에는 8명의 백이 있고, 56명의 정이 있으며, 168명의 수가 있고, 336
명의 장이 있다. 8명의 백은 각각 그들에게 소속된 무리들을 데리고 천
자의 노신 2명에게 소속된다. 이것은 천하를 나눠 좌우로 삼는 것으로,
이들을 '이백(二伯)'이라고 한다. 천자의 수도에서 1,000리의 안쪽 땅을
'전(甸)'이라 하고, 1,000리의 밖의 땅을 '채(采)'라 하고, '유(流)'라 한다.
['차국의 상경'이라는 구문으로부터 그 이하로 이곳 문장에 이르기까지 모두 옛 기록
의 순서를 바른 기록으로 여겼다.]

春秋傳曰: "自陜以東, 周公主之; 自陜以西, 召公主之." 此卽天子之
上公, 分主天下之侯國也. 王畿千里之外, 莫近於侯服, 而采又侯服
之最近者. 莫遠於荒服, 而流又荒服之最遠者. 擧其最遠最近者, 則
綏要之服在其中矣.

『춘추전』에서 말하길, "섬땅으로부터 동쪽은 주공이 주관하고, 섬땅으
로부터 서쪽은 소공이 주관한다."[1]라고 했으니, 이들이 곧 천자의 상공

으로, 천하의 제후국들을 양분하여 주관했던 자들이다. 천자의 수도인 사방 1,000리 밖에는 후복(侯服)[2]보다 가까운 곳이 없는데, 채(采)는 또한 후복 중에서 가장 가까운 곳이다. 수도 밖에서 황복(荒服)[3]보다 먼 곳이 없는데, 유(流)는 또한 황복 중에서 가장 먼 곳이다. 오복(五服)[4]

---

1) 『춘추공양전』「은공(隱公) 5년」: 天子三公者何. 天子之相也. 天子之相, 則何以三. <u>自陝而東者, 周公主之, 自陝而西者, 召公主之</u>, 一相處乎內.

2) 후복(侯服)은 천자의 수도와 붙어 있는 지역이다. '후복'의 '후(侯)'자는 '후(候)'자의 뜻으로, 천자를 위해 척후병의 임무를 수행한다는 의미이다. '복(服)'자는 천자를 위해 복종한다는 뜻이다. 하(夏)나라 때의 제도에서는 전복(甸服)과 위치가 바뀌어, 천자의 수도로부터 사방 500리(里) 떨어진 곳까지를 '전복'이라고 불렀고, 전복 밖의 사방 500리 떨어진 곳까지를 '후복'이라고 불렀다. 『서』「우서(虞書)·우공(禹貢)」편에는 "五百里甸服 …… 五百里<u>侯服</u>."이라는 기록이 있고, 이에 대한 공안국(孔安國)의 전(傳)에서는 "甸服外之五百里. 侯, 候也, 斥候而服事." 라고 풀이했다. 한편 주(酒)나라 때에는 천자의 수도 밖으로 사방 500리 떨어진 곳까지를 '후복'이라고 불렀고, '전복'은 '후복' 밖에 위치했다. 『주례』「하관(夏官)·직방씨(職方氏)」편에는 "乃辨九服之邦國, 方千里曰王畿, 其外方五百里曰<u>侯服</u>, 又其外方五百里曰甸服."이라는 기록이 있다.

3) 황복(荒服)은 오복(五服) 중 하나이다. 천자의 수도로부터 사방 500리(里)씩 떨어진 곳까지 한 종류의 지역으로 구분하였는데, 천자의 수도에서 가까운 순서대로 기록하면 후복(侯服)·전복(甸服)·수복(綏服)·요복(要服)·황복(荒服) 순이 된다. 따라서 '황복'은 천자의 수도로부터 2000리(里) 떨어진 지점부터 2500리(里) 떨어진 지점까지를 뜻한다. 또한 이러한 뜻에서 파생되어 거리가 먼 변경 지방을 가리키는 용어로도 사용되었다. 『서』「우서(虞書)·우공(禹貢)」편에는 "五百里甸服. 百里賦納總. 二百里納銍. 三百里納秸服. 四百里粟, 五百里米. 五百里侯服. 百里采. 二百里男邦. 三百里諸侯. 五百里綏服. 三百里揆文教. 二百里奮武衛. 五百里要服. 三百里夷, 二百里蔡. 五百里<u>荒服</u>. 三百里蠻. 二百里流."라는 기록이 있다.

4) 오복(五服)은 천자의 수도 밖의 땅을 다섯 종류의 지역으로 구분한 것이다. 천자의 수도로부터 사방 500리(里)씩 떨어진 곳까지 한 종류의 지역으로 구분하였는데, 천자의 수도에서 가까운 순서대로 기록하면 후복(侯服)·전복(甸服)·수복(綏服)·요복(要服)·황복(荒服) 순이 된다. 『서』「우서(虞書)·우공(禹貢)」편에는 "五百里甸服. 百里賦納總. 二百里納銍. 三百里納秸服. 四百里粟, 五百里米. 五百里侯服. 百里采. 二百里男邦. 三百里諸侯. 五百里綏服. 三百里揆文教.

중 가장 먼 곳과 가장 가까운 곳을 들어 설명하고 있으니, 수복(綏服)과 요복(要服)은 그 속에 포함된다.

近按: 此因爵位之制, 而推言之.

내가 살펴보니, 이 문장은 작위의 제도를 설명함으로 인해, 그것을 미루어 언급한 것이다.

二百里奮武衛. 五百里要服. 三百里夷, 二百里蔡. 五百里荒服. 三百里蠻. 二百里流."라는 기록이 있다. 한편 '오복'의 명칭에 대해서, 수복(綏服), 요복(要服), 황복(荒服) 대신 남복(男服), 채복(采服), 위복(衛服)으로 부르기도 한다.

天子使其大夫爲三監[去聲], 監[平聲]於方伯之國, 國三人.〈018〉 天
子之縣, 內諸侯祿也, 外諸侯嗣也.〈019〉 [舊在"上士二十七人"之下.]

천자는 그의 대부로 하여금 삼감으로['監'자는 거성으로 읽는다.] 삼아 방백
의 제후국을 감독하도록['監'자는 평성으로 읽는다.] 하였으니, 제후국마다 3
명씩 두었다. 천자의 땅에서 수도 안의 내제후(內諸侯)[1]들에게는 녹봉
을 주고, 수도 밖의 외제후들에게는 작위를 세습시킨다. [옛 판본에는 "소
국의 상사는 27명이다."[2]라고 한 문장 뒤에 수록되어 있었다.]

監者, 監臨而督察之也. 畿內之地, 王朝百官, 食祿之邑在焉. 畿外,
乃以封建, 使其子孫嗣守. 然內亦謂之諸侯者, 三公之田, 視公·侯;
卿視伯; 大夫視子·男; 元士視附庸也.

'감(監)'은 감독하여 살펴보는 것이다. 수도 안의 땅에는 천자의 조정에
서 일하는 모든 관리들에게 식록으로 주는 채읍이 있다. 수도 밖에는
곧 제후들을 봉건하여 그들의 자손들로 하여금 그 지위를 세습하며 그
땅을 지키게 한다. 그러나 수도 안에 있는 대신들에 대해서도 또한 그들
을 제후라고 부르는 것은 천자의 삼공이 가지고 있는 채읍이 제후들 중
공작이나 후작이 가지고 있는 땅에 비견될 정도의 크기이고, 경의 채읍
은 백작에 비견될 정도의 크기이며, 대부의 채읍은 자작이나 남작에 비
견될 정도의 크기이고, 원사의 채읍은 부용에 비견될 정도의 크기이기
때문이다.

---

1) 내제후(內諸侯)는 천자의 조정에서 일하는 상급신하들을 뜻한다.
2) 『예기』「왕제」017장 : 大國三卿, 皆命於天子. 下大夫五人, 上士二十七人. 次
國三卿, 二卿命於天子, 一卿命於其君. 下大夫五人, 上士二十七人. 小國二卿,
皆命於其君. 下大夫五人, 上士二十七人.

近按: 此承上文兼言祿爵, 而總結之也.

내가 살펴보니, 이 문장은 앞 문장의 뜻을 이어서 녹봉과 작위를 함께
언급하여, 총괄적으로 결론을 맺은 것이다.

右第四節.

여기까지는 제 4절이다.

제 1-5 장

經文

凡官民材, 必先論之, 論辨然後使之, 任事然後爵之, 位定然
後祿之. 爵人於朝, 與士共之, 刑人於市, 與衆棄之.〈022〉 是故
公家不畜刑人, 大夫弗養, 士遇之塗, 弗與言也. 屛之四方, 唯
其所之. 不及以政, 示弗故生也.〈023〉 [舊在"下大夫一命"之下.]

무릇 백성들 중에서 재능 있는 자를 관리로 등용할 때에는 반드시 먼저
논하니, 논변한 연후에 그를 부리며, 일을 담당하게 한 연후에 작위를
주고, 작위가 정해진 연후에야 녹봉을 준다. 조정에서 사람에게 작위를
주는 것은 사들과 함께 그 일을 하고, 시장에서 사람에게 형벌을 내리
는 것은 대중들과 함께 그 사람을 내치기 위해서이다. 이렇기 까닭으로
공가에서는 형벌을 받은 자를 키우지 않으며, 대부는 형벌을 받은 자를
부양하지 않고, 사는 길에서 형벌을 받은 자를 만나면 함께 대화를 나
누지 않는다. 형벌을 받은 자는 사방으로 내치니, 그곳이 오직 그가 가
야할 곳이며, 정사가 미치지 않게 하여 일부러 살게끔 하지 않음을 보
이는 것이다. [옛 판본에는 "소국의 하대부는 1명이다."[1]라고 한 문장 뒤에 수록
되어 있었다.]

集說

論, 謂考評其行藝之詳也. 論辨, 則材之優劣審矣. 任事, 則能勝其
任矣. 於是爵之以一命之位, 而養之以祿焉. 唯其所之者, 量其罪之
所當往適之地而居之, 如虞書五流有宅, 五宅三居, 是也. 不及以政,

---

1) 『예기』「왕제」 021장 : 次國之君, 不過七命. 小國之君, 不過五命. 大國之卿,
不過三命, 下卿再命. 小國之卿, 與下大夫, 一命.

賦役不與也. 示弗故生, 不授之田, 不賙其乏, 示不故欲其生也.

'논(論)'은 그 사람의 덕행과 기예의 상세한 내용들을 고찰해서 평가하는 것을 말한다. '논변(論辯)'은 재주의 우열을 살피는 것이다. 일을 담당한다는 것은 그 임무를 충분히 수행할 수 있다는 것이다. 이 단계에서 그에게 1명(命)의 지위로 작위를 주며, 녹봉을 주어서 보살피게 된다. "오직 그가 가야할 곳이다."라는 말은 그 사람의 죗값에 합당한 정도의 귀양 보낼 땅을 헤아려서, 그가 그곳에 살도록 하는 것이니, 『서』「우서(虞書)」에서 "다섯 가지 유배에는 택(宅)이 있고, 다섯 가지 택에는 세 가지 거(居)가 있다."2)라고 한 말들이 바로 이러한 내용을 가리킨다. "정을 미치지 않게 한다."는 것은 부역을 부여하지 않는다는 뜻이다. "일부러 살게끔 하지 않음을 보인다."는 것은 그에게 전답을 부여하지 않고, 그의 궁핍함을 구휼하지 않아서, 일부러 그를 살게끔 하지 않음을 보이는 것이다.

近按: 前節自"凡四海之內"以下, 皆以有國諸侯而言. 此節則通言卿大夫以下至於士之祿爵, 又因爵人而兼及刑人之事以戒之. 夫爵祿者, 必稱德而受, 苟踰其德而不戒, 則刑必隨之, 可不戒哉?

내가 살펴보니, 앞 문단에서 '무릇 사해의 안에서'라고 한 구문으로부터 그 이하의 기록에서는 모두 국가를 소유한 제후를 기준으로 말한 것이다. 이곳 문단에서는 경과 대부로부터 그 이하로 사에 이르기까지 그들이 받는 녹봉과 작위까지도 통괄해서 말했고, 또한 작위를 주는 것으로 인해 형벌을 내리는 사안까지도 함께 언급하여 경계를 한 것이다. 작위와 녹봉이라는 것은 반드시 자신이 가진 덕에 걸맞는 것을 받아야 하는데, 만약 자신이 가진 덕보다 더 높은 것을 받는데도 경계하지 않는다

---

2) 『서』「우서(虞書)·순전(舜典)」: 帝曰, 皐陶, 蠻夷猾夏, 寇賊姦宄, 汝作士, 五刑有服, 五服三就, 五流有宅, 五宅三居, 惟明克允.

면, 형벌이 반드시 뒤따르게 될 것이니, 경계하지 않을 수 있겠는가?

右第五節, 自篇首至此, 通爲一章也.

여기까지는 제 5절이다. 「왕제」편의 첫 문장으로부터 여기까지는 통괄하여 하나의 장이 된다.

此下至"不覆巢", 亦竝以舊文爲正.

이곳 이후로 "둥지를 뒤엎지 않는다."[3]라는 구문까지도 모두 옛 기록의 순서를 바른 기록으로 여겼다.

---

3) 『예기』「왕제」 045장 : 獺祭魚, 然後虞人入澤梁. 豺祭獸, 然後田獵. 鳩化爲鷹, 然後設罻羅. 草木零落, 然後入山林. 昆蟲未蟄, 不以火田. 不麛, 不卵, 不殺胎, 不殀夭, 不覆巢.

제2장

諸侯之於天子也, 比年一小聘, 三年一大聘, 五年一朝.〈024〉

제후는 천자에 대해서 매년 한 번 소빙(小聘)을 하고, 3년마다 한 번 대빙(大聘)을 하며, 5년마다 한 번 조(朝)를 한다.

集說

比年, 每歲也. 小聘, 使大夫; 大聘, 使卿; 朝, 則君親行.

'비년(比年)'은 매년이다. 소빙(小聘)은 대부를 사신으로 보내는 것이고, 대빙(大聘)은 경을 사신으로 보내는 것이며, 조(朝)는 제후가 직접 가는 것이다.

經文

天子, 五年一巡守.〈025〉 歲二月, 東巡守, 至于岱宗, 柴而望祀山川, 觀諸侯, 問百年者, 就見之.〈026〉

천자는 5년마다 한 번 순수(巡守)한다. 순수하는 해 2월에는 동쪽으로 순수하여 대종인 태산(泰山)에 이르러, 시제사를 지내고, 산천을 바라보며 제사를 지내며, 제후를 만나보고, 나이가 100살인 사람이 있는지 묻고서 직접 찾아가 그를 만나본다.

集說

歲二月, 當巡守之年二月也. 岱, 泰山也. 宗, 尊也. 東方之山, 莫高於此, 故祀以爲東岳而稱岱宗也. 柴, 本作祡, 今通用. 燔燎以祭天, 而告至也. 東方山川之當祭者, 皆於此望而祀之, 遂接見東方之諸侯. 問有百歲之人, 則卽其家而見之, 以其年高, 故不召見也.

해 2월이라는 것은 순수를 하는 해의 2월에 해당한다. '대(岱)'는 태산이고, '종(宗)'은 존귀하다는 뜻이다. 동쪽의 산 중에 태산보다 높은 것이 없기 때문에 태산에게 제사지내며, 그것을 동악으로 삼고, 대종으로 부른다. '시(柴)'자는 본래 시(祡)로 쓰는데, 지금은 두 글자가 통용되고 있다. 불을 피워 하늘에게 제사지내어 천자가 이곳에 순수하러 왔음을 아뢰는 것이다. 동쪽의 산천 중에서 제사를 지내야 하는 대상들은 모두 여기에서 그것들을 바라보며 제사를 지낸다. 제사가 끝나면 동쪽 지역에 속해 있는 제후들을 만나본다. 100살 된 사람이 있는지를 묻고서 천자가 직접 그의 집에 찾아가서 만나 보는 것은 그가 나이가 많기 때문에 불러 들여서 볼 수 없기 때문이다.

經文

命大[泰]師陳詩, 以觀民風, 命市納賈[嫁], 以觀民之所好[去聲]惡[去聲]. 志淫, 好辟[僻]. 〈027〉

태사에게['大'자의 음은 '泰(태)'이다.] 시를 채록하도록 명하여, 그것으로 백성들의 풍속을 살피고, 시에게 시장에서 거래되는 물건들의 가격들을['賈'자의 음은 '嫁(가)'이다.] 알아보도록 명하여, 그것으로 백성들이 좋아하고['好'자는 거성으로 읽는다.] 싫어하는['惡'자는 거성으로 읽는다.] 것들을 살핀다. 백성들의 뜻이 음란하다면 백성들이 좋아하는 것들도 사벽된['辟'자의 음은 '僻(벽)'이다.] 것들이다.

大師, 樂官之長. 詩以言志, 采錄而觀覽之, 則風俗之美惡可見; 政令之得失可知矣. 物之供用者, 皆出於市, 而賈之貴賤, 則係於人之好惡. 好質則用物貴, 好奢則侈物貴. 志流於奢淫, 則所好皆邪僻矣.

'태사(大師)'는 악관의 수장이다. 시는 그 사람의 뜻을 말하는 것이니, 그것들을 채록해서 관찰하면, 풍속이 아름답거나 추함에 대해 확인할 수 있고, 정치가 잘 시행되는지 아닌지를 알 수 있다. 물건의 공급과 쓰임은 모두 시장에서 나타나고, 물건 가격의 귀천은 사람들이 좋아하고 싫어하는 것에 달려 있다. 질박한 것을 좋아하면 일용적은 물건 가격이 귀하고, 사치스러운 것을 좋아하면 사치스러운 물건 가격이 귀하다. 뜻이 음란하고 사치를 부리는 데로 흐르면 좋아하는 것도 모두 사벽한 것이 된다.

經文

命典禮, 考時月, 定日, 同律禮樂制度衣服, 正之.〈028〉

전례에게 명하여, 사계절과 달을 살펴서, 날짜를 바로잡고, 율·예악·제도·의복을 규정된 법도와 같게 만들어서 바르게 한다.

集說

典禮, 掌禮之官也. 考時月定日, 卽舜典所云: "恊時月正日"也. 法律·禮樂·制度·衣服, 皆王者所定, 天下一同, 不容有異, 異則非正矣, 故因巡守所至, 而正其不同者, 使皆同也.

'전례(典禮)'는 예를 담당하는 관리이다. 사계절과 달을 살펴서 날짜를 바로잡는다는 것은 곧 『서』「순전(舜典)」편에서 말하는 "사시와 월을 합치시켜 일을 바르게 한다."[1]는 것이다. 법률·예악·제도·의복은 모두 천자가 정하는 것이고, 천하에는 천자라는 단 한명의 군주가 있을 뿐이므로, 천자가 정한 것과 다름이 있는 것을 용납하지 않으니, 다르다는 것은 바르지 못하다는 뜻이다. 그렇기 때문에 천자의 순수가 그곳에 도달한 것에 연유하여, 그곳의 제도들 중에서 같지 않은 것들을 바로잡아서 모두 같게 만든다.

經文

山川神祇, 有不擧者, 爲不敬, 不敬者君, 削以地.〈029〉 宗廟, 有不順者, 爲不孝, 不孝者君, 絀[黜]以爵.〈030〉 變禮易樂者, 爲不從, 不從者君, 流. 革制度衣服者, 爲畔, 畔者君, 討.〈031〉

산천의 신기에 대한 제사를 받들어 거행하지 않은 자가 있으면 불경한 죄에 해당되니, 불경한 제후는 땅을 삭감한다. 종묘의 제사에 순종하지 않은 자가 있으면 불효의 죄에 해당되니, 불효한 제후는 작위를 박탈한다.['絀'자의 음은 '黜(출)'이다.] 예를 변화시키고 악을 바꾸는 자는 따르지 않는 죄에 해당 되니, 따르지 않는 제후는 유배를 보낸다. 제도와 의복을 바꾸는 자는 배반이라는 죄에 해당 되니, 배반한 제후는 토벌한다.

集說

不從, 違戾也. 流者, 竄之遠方, 討者, 聲罪致戮也.

'부종(不從)'은 어그러트린다는 뜻이다. '유(流)'라는 것은 먼 곳으로 그를 내버리는 것이고, '토(討)'라는 것은 죄를 널리 알려 죽음에 이르도록 하는 것이다.

---

1) 『서』「우서(虞書)·순전(舜典)」 : 歲二月, 東巡守至于岱宗, 柴, 望秩于山川, 肆覲東后, 協時月正日, 同律度量衡, 修五禮, 五玉, 三帛, 二生, 一死, 贄, 如五器, 卒乃復.

有功德於民者, 加地進律.〈032〉

백성에게 공덕이 있는 자는 땅을 더해주고 작위를 높여준다.

集說

應氏曰: 律者, 爵命之等. 加地而進之, 所以示勸也.

응씨가 말하길, '율(律)'은 작명(爵命)의 등급이다. 땅을 더해주고 작명의 등급을 높여줌은 권면을 권장하는 방법이다.

經文

五月, 南巡守, 至于南嶽, 如東巡守之禮. 八月, 西巡守, 至于西嶽, 如南巡守之禮. 十有一月, 北巡守, 至于北嶽, 如西巡守之禮. 歸假[格]于祖禰, 用特.〈033〉

천자가 순수해야 하는 해의 5월에는 남쪽으로 순수해서 남악에 이르면 동쪽으로 순수했던 예처럼 똑같이 시행한다. 8월에는 서쪽으로 순수해서 서악에 이르면 남쪽으로 순수했던 예처럼 똑같이 시행한다. 11월에는 북쪽으로 순수해서 북악에 이르면 서쪽으로 순수했던 예처럼 똑같이 시행한다. 돌아와 선조와 선친의 묘에 이르면['假'자의 음은 '格(격)'이다.] 소 한 마리를 희생물로 사용하여 돌아온 사실을 아뢴다.

假, 至也. 歸至京師, 卽以特牛, 告至于祖禰之廟.

'격(假)'자는 "~에 이른다."는 뜻이다. 천자가 순수에서 돌아와 자신의
수도에 이르면 곧 한 마리의 소를 희생물로 사용하여 선조와 선친의 묘
에 올리고, 자신이 순수를 하고 다시 돌아왔음을 아뢴한다.

經文

天子將出, 類乎上帝, 宜乎社, 造乎禰. 諸侯將出, 宜乎社, 造
乎禰.〈034〉

천자가 장차 출정함에 있어서는 상제에게 유(類)제사를 지내고, 사(社)
에 의(宜)제사를 지내며, 선친의 묘에 조(造)제사를 지냈다. 제후가 장
차 천자를 뵙기 위해 자신의 영토 밖으로 나감에 있어서는 사에 의제사
를 지내고, 선친의 묘에 조제사를 지냈다.

集說

類 · 宜 · 造, 皆祭各.

유(類) · 의(宜) · 조(造)는 모두 제사 명칭이다.

經文

天子無事, 與諸侯相見曰朝, 考禮正刑, 一德以尊于天子.〈035〉

천자가 특별한 일이 없이 제후와 서로 만나보는 것을 '조(朝)'라고 하니,
예를 고찰하고 형벌을 바로잡고, 덕을 한결같이 해서 천자를 존숭하는

것이다.

集說

無事, 無死喪寇戎之事也. 考禮者, 稽考而是正之, 使無違僭也. 正刑者, 行以公平, 使無偏枉也. 一德, 無貳心也. 三者, 皆尊天子之事.

'무사(無事)'는 상사나 외적 및 전쟁 등이 없다는 뜻이다. '고례(考禮)'는 돌아보고 고찰하여 예를 바로잡아서, 제후들로 하여금 어기고 참람됨이 없게 함이다. '정형(正刑)'은 형벌을 공평하게 시행하여, 제후들로 하여금 편벽되고 굽음이 없게 함이다. '일덕(一德)'이라는 것은 다른 마음을 품지 않는다는 뜻이다. 이 세 가지는 모두 천자를 존숭하는 일이다.

經文

天子賜諸侯樂, 則以柷[昌六反]將之. 賜伯子男樂, 則以鼗將之. 〈036〉

천자가 제후에가 악을 하사함에는 축을['柷'자는 '昌(창)'자와 '六(륙)'자의 반절음이다.] 받들어 행하도록 한다. 백작·자작·남작에게 악을 하사함에는 도(鼗)를 받들어 행하도록 한다.

集說

柷, 形如漆桶, 方二尺四寸, 深一尺八寸, 中有椎柄, 連底撞之, 令左右擊, 所以合樂之始. 鼗, 如鼓而小, 有柄, 持而搖之, 則旁耳自擊, 所以節樂之終. 將之, 謂使者執此以將命也.

'축(柷)'은 형상이 옻칠한 통과 같아서 윗부분의 크기는 사방 2척 4촌이고, 깊이는 1척 8촌이며, 가운데에는 뭉치자루가 있어서 전체를 흔들어

뭉치자루로 하여금 좌우로 때리게 하니, 음악의 시작을 합치시키는 것이다. '도(鼗)'는 북과 같지만 크기가 작고, 자루가 있어서 그것을 가지고 흔들면 곁에 있는 방울이 북의 면을 스스로 때리게 되니, 음악의 끝을 매듭짓는 것이다. '장지(將之)'는 천자의 사신이 이것을 잡고서 명을 받들어 행하는 것을 말한다.

疏曰: 柷, 節一曲之始, 其事寬, 故以將諸侯之命. 鼗, 節一唱之終, 其事俠, 故以將伯子男之命.

소에서 말하길, 축(柷)은 한 악곡의 시작을 매듭짓는 것인데, 해당되는 일이 상대적으로 넓기 때문에 그것으로 제후의 명을 받들어 행하도록 한다. 도(鼗)는 한 노래의 끝을 매듭짓는 것인데, 해당되는 일이 상대적으로 협소하기 때문에 그것으로 백작·자작·남작의 명을 받들어 행하도록 한다.

경문 經文

諸侯賜弓矢然後征, 賜鈇鉞然後殺. 〈037〉

제후는 천자로부터 활과 화살을 하사받은 연후에 정벌을 시행하고, 천자로부터 작두와 도끼를 하사받은 연후에 사형을 시행한다.

집설 集說

鈇, 莝所刀也. 鉞, 斧也.

'부(鈇)'는 여물을 자르는 작은 칼이다. '월(鉞)'은 큰 도끼이다.

賜圭瓚然後爲鬯, 未賜圭瓚, 則資鬯於天子.〈038〉

제후는 천자로부터 규찬을 하사받은 연후에 창이라는 술을 만들고, 천자로부터 규찬을 아직 하사받지 못했으면 천자에게 창이라는 술을 구한다.

集說

圭瓚 · 璋瓚, 皆酌鬯酒之爵, 以大圭爲瓚之柄者, 曰圭瓚. 釀秬黍爲酒, 芬香條鬯於上下, 故曰鬯. 祭禮灌地降神, 必用鬯, 故未賜圭瓚, 則求鬯於天子, 賜圭瓚然後得自爲也.

규찬(圭瓚)과 장찬(璋瓚)은 모두 창이라는 술을 따르는 술잔으로, 대규(大圭)로 술잔의 자루를 만든 것을 '규찬(圭瓚)'이라고 한다. 검은 기장으로 담가서 술을 만들면 향기가 상하로 평안하고 느긋하게 퍼지기 때문에 '창(鬯)'이라고 한다. 제사에 쓰는 술을 땅에 부어 신을 강림하게 함에는 반드시 창이라는 술을 사용해야 하기 때문에 아직 규찬을 하사받지 못했으면, 천자에게 창이라는 술을 구하고, 규찬을 하사받은 연후에야 스스로 창이라는 술을 만들 수 있다.

經文

天子命之敎然後爲學, 小學在公宮南之左, 大學在郊. 天子曰辟雍, 諸侯曰頖宮.〈039〉

천자가 가르치도록 명한 연후에야 학교를 세우니, 소학은 공궁의 남쪽 왼편에 위치하고, 대학은 교에 위치한다. 천자의 학교를 '벽옹(辟雍)'이라 부르고, 제후의 학교를 '반궁(頖宮)'이라 부른다.

辟, 明也; 雍, 和也. 君則尊明雍和, 於此學中習道藝, 使天下之人, 皆明達諧和也. 頖之言班, 所以班政敎也.

'벽(辟)'자는 밝다는 뜻이고 '옹(雍)'자는 조화롭다는 뜻이다. 군주는 존귀하고 밝으며 조화로워서, 학교 안에서 학문과 기예를 익혀 천하의 사람들로 하여금 모두 밝게 통달하고 조화롭게 만든다. '반(頖)'자는 반(班)이라는 뜻이니, 정치와 교화를 반포한다는 의미이다.

舊說: 辟雍, 水環如璧. 泮宮, 半之, 蓋東西門以南通水, 北無水也.

옛 학설에 따르면, 벽옹은 물이 빙 두르고 있는 모습이 둥근 옥반지와 같다. 반궁은 그것을 반으로 가른 모습이니, 학교의 동쪽과 서쪽 문에서 시작해서 남쪽에서 물이 만나며, 북쪽에는 물이 없다.

天子將出征, 類乎上帝, 宜乎社, 造乎禰, 禡[馬怕反]於所征之地, 受命於祖, 受成於學.〈040〉

천자가 장차 출정하려고 할 때에는 상제에게 유(類)제사를 지내고, 사에 의(宜)제사를 지내며, 선친의 묘에 조(造)제사를 지내고, 정벌하려는 땅에서는 마제사를['禡'자는 '馬(마)'자와 '怕(파)'자의 반절음이다.] 지내며, 조묘에서는 명을 받고, 학교에서는 도모함을 이룰 계책을 받는다.

禡, 行師之祭也. 受命於祖, 卜於廟也. 受成於學, 決其謀也.

'마(禡)'는 군대를 출병할 때 지내는 제사이다. 조묘에서 명을 받는다는 것은 조묘에서 점을 친다는 뜻이다. 학교에서 성을 받는다는 것은 그 계책을 결정한다는 뜻이다.

出征, 執有罪, 反, 釋奠于學, 以訊馘告.〈041〉

출정해서는 죄 있는 자를 잡고, 돌아와서는 학교에서 석전(釋奠)[2]을 올려서 신문해야 할 자와 왼쪽 귀를 벤 죄인의 수를 아뢴다.

集說

獲罪人而反, 則釋奠于先聖·先師, 而告訊馘焉. 訊, 謂其魁首當訊問者; 馘, 所截彼人之左耳. 告者, 告其多寡之數也.

죄인을 잡고 수도로 돌아와서는 선성과 선사께 석전을 지내서, 신문해야 할 자와 왼쪽 귀를 벤 죄인의 수를 아뢴다. '신(訊)'이라는 것은 그들의 괴수로, 마땅히 신문해야 하는 자를 말하고, '괵(馘)'은 그들의 왼쪽 귀를 자르는 것이다. 고한다는 것은 신문하고 왼쪽 귀를 벤 자들의 많고 적음의 수를 아뢰는 것이다.

經文

天子諸侯無事, 則歲三田, 一爲乾[干]豆, 二爲賓客, 三爲充君之庖.〈042〉

---

2) 석전(釋奠)은 국학(國學)에서 거행되었던 전례(典禮) 중 하나이다. 성찬과 술을 진설하고, 폐백 등을 바쳐서, 선성(先聖)과 선사(先師)에게 지내는 제사이다.

천자와 제후는 일이 없으면, 한 해에 3가지 목적을 위한 사냥을 하는데, 첫 번째는 제기에 담을 마른['乾'자의 음은 '干(간)'이다.] 고기를 마련하기 위해서이고, 두 번째는 빈객을 접대하기 위한 음식물을 마련하기 위해서이며, 세 번째는 군주의 푸줏간을 채우기 위해서이다.

無事, 無征伐出行喪凶之事也. 歲三田者, 謂每歲田獵, 皆是爲此三者之用也. 乾豆, 腊之以爲祭祀之豆實也.

일이 없다는 것은 정벌과 출행 및 상사와 흉사 등의 일이 없다는 뜻이다. 해마다 3가지 목적을 위해 사냥을 한다는 것은 매 해마다 시행되는 사냥은 모두 이 세 가지 용도 때문이라는 뜻이다. '간두(乾豆)'는 고기를 말려서 제사의 제기를 채운다는 뜻이다.

疏曰: 先宗廟, 次賓客者, 尊神敬賓之義.

소에서 말하길, 먼저 종묘를 말하고 이후에 빈객을 말한 것은 신을 존숭하고 빈객을 공경히 한다는 뜻이다.

無事而不田曰不敬, 田不以禮曰暴天物. 天子不合圍, 諸侯不掩群.〈043〉

특별한 일이 없음에도 사냥을 하지 않는 것을 불경하다고 말하고, 사냥하기를 예로써 하지 않는 것을 천물을 난폭하게 대한다고 말한다. 천자는 사냥함에 사면을 둘러싸서 포위하지 않고, 제후는 짐승 무리를 엄습하지 않는다.

合圍, 四面圍之也. 掩群者, 掩襲而擧群取之也.

'합위(合圍)'는 사면을 둘러싸는 것이다. '엄군(掩群)'이라는 것은 엄습해서 짐승 무리를 몰아 그것들을 획득하는 것이다.

經文

> 天子殺, 則下大綏; 諸侯殺, 則下小綏; 大夫殺, 則止佐車; 佐車止, 則百姓田獵.〈044〉

天子가 사냥해서 짐승을 포획하면 대수(大綏)[3]를 내리고, 제후가 사냥해서 짐승을 포획하면 소수(小綏)[4]를 내리며, 대부가 사냥해서 짐승을 획득하면 좌거를 멈추고, 좌거가 멈추면 백성들이 사냥을 시작한다.

集說

殺, 獲也, 獲所驅之禽獸也. 綏, 旌旗之屬也. 下, 偃仆之也. 佐車, 卽周禮驅逆之車, 驅者, 逐獸使趨於田之地, 逆者, 要逆其走而不使之散亡也. 此言田獵之禮, 尊卑貴賤之次序也.

'살(殺)'은 포획한다는 뜻이니, 몰이한 짐승들을 포획한다는 의미이다. '수(綏)'는 깃발의 부류이다. '하(下)'는 눕혀 엎어놓는다는 뜻이다. '좌거(佐車)'는 『주례』에 나온 구역(驅逆)하는 수레로, '구(驅)'라는 것은 짐승을 쫓아서, 짐승들로 하여금 사냥터로 달려가게 하는 것이고, '역(逆)'이라는 것은 그 짐승들이 달려가는 것을 막아서, 짐승들로 하여금 흩어져

---

3) 대수(大綏)는 천자가 사냥할 때 세워두었던 큰 깃발을 뜻한다.
4) 소수(小綏)는 제후가 사냥할 때 세워두었던 작은 깃발을 뜻한다.

도망치지 않게 하는 것이다. 이것은 사냥의 예에서 존비와 귀천에 따른
질서를 말한 것이다.

獺祭魚然後, 虞人入澤梁. 豺祭獸然後, 田獵. 鳩化爲鷹然後,
設罻[尉]羅. 草木零落然後, 入山林. 昆蟲未蟄, 不以火田. 不麑
[迷], 不卵, 不殺胎, 不殀[於表反]夭[烏老反], 不覆[芳六反]巢. 〈045〉

수달이 물고기를 제사지낸 연후에야, 우인이 못에 들어가 물고기를 잡
는다. 승냥이가 고기를 제사지낸 연후에야 사냥을 한다. 비둘기가 변화
해서 매가 된 연후에야 새 잡는 그물을['罻'자의 음은 '尉(위)'이다.] 설치한
다. 초목의 낙엽이 떨어진 연후에야 산림에 벌목하러 들어간다. 곤충이
아직 칩거하지 않았으면 화전(火田)5)을 하지 않는다. 새끼를['麑'자의 음
은 '迷(미)'이다.] 잡지 않고, 알을 취하지 않으며, 새끼 밴 짐승을 죽이지
않고, 어린 짐승을['夭'자는 '烏(오)'자와 '老(로)'자의 반절음이다.] 잘라 죽이지
['殀'자는 '於(어)'자와 '表(표)'자의 반절음이다.] 않고, 둥지를 뒤엎지['覆'자는 '芳
(방)'자와 '六(륙)'자의 반절음이다.] 않는다.

梁, 絶水取魚者. 堰水爲開空, 以筍承其空. 月令仲春鷹化爲鳩. 此
言鳩化爲鷹, 必仲秋也. 罻・羅, 皆捕鳥之網. 麑, 獸子之通稱. 殀,
斷殺之也. 夭, 禽獸之稚者. 此十者, 皆田之禮, 順時序, 廣仁意也.

'양(梁)'은 물을 막아서 고기를 잡는 것이다. 물길에 제방을 쌓고 구멍을

---

5) 화전(火田)은 초목을 불태우고 나서 사냥하는 것을 말한다.

만들어서 통발을 그 구멍에 설치하는 것이다. 『예기』「월령(月令)」편에
서는 중춘에 "매가 변화해서 비둘기가 된다."[6]라고 했다. 여기에서 비둘
기가 변화해서 매가 된다고 말한 것은 반드시 중추에 해당할 것이다.
'위(蔚)'와 '나(羅)'는 모두 새를 잡는 그물이다. '미(麛)'는 짐승의 새끼를
통칭하는 말이다. '요(殀)'는 잘라 죽인다는 뜻이다. '요(夭)'는 짐승의 새
끼를 말한다. 이러한 열 가지 것들은 모두 사냥할 때 지켜야 하는 예이
며, 계절의 순서를 따르고 인의 뜻을 넓히는 것이다.

淺見

近按: 自"諸侯之於天子也"以下至此, 是言天子諸侯朝聘 · 巡守 · 祭
祀 · 征伐 · 田獵之禮, 是通爲一章也.

내가 살펴보니, '제후는 천자에 대해서'라는 구문으로부터 그 이하로 이
곳 문장까지는 천자와 제후가 실시하는 조빙 · 순수 · 제사 · 정벌 · 사냥
의 예법을 말하고 있는데, 이것들은 통괄하여 하나의 장이 된다.

---

6) 『예기』「월령(月令)」 024장 : 始雨水, 桃始華, 倉庚鳴, <u>鷹化爲鳩.</u>

제3장

天子七廟, 三昭三穆, 與大祖之廟而七; 諸侯五廟, 二昭二穆, 與大祖之廟而五; 大夫三廟, 一昭一穆, 與大祖之廟而三; 士一廟; 庶人祭於寢.〈055〉[舊在"支子不祭"之下. 此下至"不造燕器", 並以舊文爲正.]

천자는 7개의 묘를 두니, 3개의 소묘 및 3개의 목묘와 태조의 묘를 합쳐 7개가 되고, 제후는 5개의 묘를 두니, 2개의 소묘 및 2개의 목묘와 태조의 묘를 합쳐 5개가 되며, 대부는 3개의 묘를 두니, 1개의 소묘 및 1개의 목묘와 태조의 묘를 합쳐 3개가 되고, 사는 1개의 묘를 두며, 서인은 묘가 없어 침에서 제사를 지낸다. [옛 판본에는 "지자는 제사를 지내지 않는다."[1]라고 한 문장 뒤에 수록되어 있었다. 이곳 이하로 "연기를 갖추지 않는다."[2]라는 구문까지는 모두 옛 기록의 순서를 바른 기록으로 여겼다.]

集說

諸侯大祖, 始封之君也. 大夫大祖, 始爵者也. 士一廟, 侯國中·下士也. 上士, 二廟. 天子·諸侯正寢, 謂之路寢, 卿·大夫士曰適室, 亦謂之適寢. 庶人無廟, 故祭先於寢也.

제후의 태조는 처음 제후로 분봉 받은 군주이다. 대부의 태조는 처음 대부의 작위를 받은 사람이다. "사는 1개의 묘를 둔다."고 할 때의 '사(士)'는 제후국의 중사와 하사이다. 상사는 2개의 묘를 둔다. 천자와 제

---

1) 『예기』「왕제」 054장 : 支子不祭.
2) 『예기』「왕제」 065장 : 大夫祭器不假, 祭器未成, <u>不造燕器</u>.

후의 정침을 '노침(路寢)'이라 부르고, 경·대부·사에게 있는 적실(適室)이라 부르는 것을 또한 '적침(適寢)'이라고 한다. 서인은 묘가 없기 때문에 침에서 선친에 대한 제사를 지낸다.

天子諸侯宗廟之祭, 春曰礿[藥], 夏曰禘, 秋曰嘗, 冬曰烝.〈056〉

천자와 제후의 종묘제사에 있어서, 봄에 지내는 것은 '약(礿)'이라['礿'자의 음은 '藥(약)'이다.] 부르고, 여름에 지내는 것은 '체(禘)'라 부르며, 가을에 지내는 것은 '상(嘗)'이라 부르고, 겨울에 지내는 것은 '증(烝)'이라 부른다.

鄭氏曰: 此蓋夏·殷之祭名. 周則春曰祠, 夏曰礿, 以禘爲殷祭.

정현이 말하길, 이것은 아마도 하나라와 은나라 때의 제사 명칭일 것이다. 주나라에서는 봄에 지내는 것을 '사(祠)'라 부르고, 여름에 지내는 것을 '약(礿)'이라 불렀고, '체(禘)'제사를 성대한 제사로 삼았다.

疏曰: 礿, 薄也, 春物未成, 祭品鮮薄也. 禘者, 次第也, 夏時物雖未成, 宜依時次第而祭之. 嘗者, 新穀熟而嘗也. 烝者, 衆也, 冬時物成者, 衆也. 鄭疑爲夏殷祭名者, 以其與周不同, 其夏·殷之祭, 又無文, 故稱蓋, 以疑之.

소에서 말하길, '약(礿)'은 엷다는 뜻으로, 봄에는 만물이 아직 성장하지 않아서, 제사에 사용되는 물품 중에 좋은 것이 드물기 때문이다. '체(禘)'라는 것은 차례라는 뜻으로, 여름에 만물이 아직 완성되지는 않았지만, 마땅히 사계절의 차례에 따라서 제사를 지내는 것이다. '상(嘗)'이라는 것은 새로운 곡식이 익어서 맛본다는 뜻이다. '증(烝)'이라는 것은 많다는 뜻으로, 겨울에는 만물 중 완전히 성장한 것이 많기 때문이다. 정현이 경문의 제사 명칭이 하나라와 은나라의 제사 명칭이었을 것이라고 의심한 이유는 주나라의 제도와는 같지 않기 때문인데, 이것과 관련된 하나라와 은나라의 제사 명칭 또한 증명할 문헌이 없었기 때문에 '개(蓋)'자를 덧붙여서, 의문점을 드러낸 것이다.

天子祭天地, 諸侯祭社稷, 大夫祭五祀. 天子祭天下名山·大川, 五嶽視三公, 四瀆視諸侯. 諸侯祭名山·大川之在其地者. 天子·諸侯祭因國之在其地而無主後者. 〈057〉

천자는 천지에 대해 제사를 지내고, 제후는 사직에 대해 제사를 지내며, 대부는 오사에 대해 제사를 지낸다. 천자는 천하의 명산과 대천에 대해 제사를 지내니, 오악(五嶽)3)에 대한 제사는 삼공이 빈객을 대접한 예에

---

3) 오악(五岳)은 오악(五嶽)이라고도 부르며, 다섯 방위에 따른 대표적인 산들을 뜻한다. 그러나 각 기록에 따라서 해당하는 산의 명칭에는 다소 차이가 있다. 첫 번째 주장은 동쪽의 태산(泰山), 남쪽의 형산(衡山), 서쪽의 화산(華山), 북쪽의 항산(恒山), 중앙의 숭산(嵩山:= 嵩高山)을 '오악'으로 부른다. 『주례』「춘관(春官)·대종백(大宗伯)」편에는 "以血祭祭社稷·五祀·五嶽."이라는 기록이 있는데, 이에 대한 정현의 주에서는 "五嶽, 東曰岱宗, 南曰衡山, 西曰華山, 北曰恒山, 中曰嵩高山."이라고 풀이했다. 두 번째 주장은 동쪽의 태산(泰山), 남쪽의 곽산(霍山), 서쪽의 화산(華山), 북쪽의 항산(恒山), 중앙의 숭산(嵩山)을 '오악'으로 부른다. 『이아』「석산(釋山)」편에는 "泰山爲東嶽, 華山爲西嶽, 霍山爲南嶽, 恒山爲北嶽, 嵩高爲中嶽."이라는 기록이 있다. 세 번째 주장은 동쪽의 대산(岱山), 남쪽의 형산(衡山), 서쪽의 화산(華山), 북쪽의 항산(恒山), 중앙의 악산(嶽山: =吳嶽)을 '오악'으로 부른다. 『주례』「춘관(春官)·대사악(大司樂)」편에는 "凡日月食, 四鎭·五嶽崩."이라는 기록이 있는데, 이에 대한 정현의 주에서는

견주어 시행하고, 사독(四瀆)4)에 대한 제사는 제후가 빈객을 대접한 예에 견주어 시행한다. 제후는 명산과 대천 중에서 그의 봉지에 있는 것에만 제사를 지낸다. 천자와 제후는 인국 중에 그의 영토 안에 있으면서 제사를 주관할 후손이 없는 자들에 대해 제사지낸다.

集說

視三公·視諸侯, 謂視其饗餼·牢禮之多寡, 以爲牲器之數也. 因國, 謂所建國之地, 因先代所都之故墟也, 今無主祭之子孫, 則在王畿者, 天子祭之, 在侯邦者, 諸侯祭之, 以其昔嘗有功德於民, 不宜絶其祀也.

삼공에 견주고, 제후에 견준다는 것은 그들이 빈객을 대접할 때 사용하는 옹희(饗餼)5)와 뇌례(牢禮)6)의 많고 적음을 견주어서, 오악과 사독의

"五嶽, 岱在兗州, 衡在荊州, 華在豫州, 嶽在雍州, 恒在幷州."라고 풀이했고, 『이아』「석산(釋山)」편에는 "河南, 華; 河西, 嶽; 河東, 岱; 河北, 恒; 江南, 衡."이라고 풀이했다.

4) 사독(四瀆)은 네 개의 주요 하천을 가리킨다. 장강(長江), 황하(黃河), 회하(淮河), 제수(濟水)가 여기에 해당한다.

5) 옹희(饗餼)는 빈객(賓客)과 상견례(相見禮)를 하고 나서 성대하게 음식을 마련해 접대하는 것을 뜻한다. 『주례』「추관(秋官)·사의(司儀)」편에는 "致饔如致積之禮."라는 기록이 있는데, 이에 대한 정현의 주에서는 "小禮曰飧, 大禮曰饔餼."라고 풀이하였다. 즉 '옹희'와 '손'은 모두 빈객 등을 접대하는 예법들인데, '옹희'는 성대한 예법에 해당하여, '손'보다도 융숭하게 대접하는 것이다.

6) 뇌례(牢禮)는 소[牛], 양[羊], 돼지[猪] 등의 세 가지 희생물을 써서, 빈객(賓客)을 대접하는 예(禮)를 말한다. 『주례』「천관(天官)·재부(宰夫)」편에는 "凡朝覲會同賓客, 以牢禮之法, 掌其牢禮委積膳獻飮食賓賜之飧牽, 與其陳數."라는 기록이 있고, 이에 대한 정현의 주에서는 "牢禮之法, 多少之差及其時也. 三牲牛羊豕具爲一牢."라고 풀이하였다. 또 『주례』「지관(地官)·우인(牛人)」편에는 "凡賓客之事, 共其牢禮積膳之牛."라는 기록이 있고, 이에 대한 정현의 주에서는 "牢禮, 飧饔也."라고 풀이하였다.

제사에 사용하는 희생물을 담는 제기의 수를 정한다는 뜻이다. '인국(因國)'은 현재 건국한 땅이 선대에서 도읍으로 했던 옛 터전에 잇닿아 있는 것을 이르는데, 현재 제사를 주관할 자손이 없으면, 천자의 수도에 있는 자들에 대해서는 천자가 제사를 지내고, 제후국에 있는 자들에 대해서는 제후가 제사를 지내니, 그들은 옛적에 백성들에게 공덕을 베풀었으므로, 그 제사를 그만둘 수 없기 때문이다.

經文

天子犆[特]礿, 祫禘, 祫嘗, 祫烝.〈058〉

천자는 약제사를 특제사로['犆'자의 음은 '特(특)'이다.] 지내고, 체제사를 협제사로 지내며, 상제사를 협제사로 지내고, 증제사를 협제사로 지낸다.

集說

祫, 合也. 其禮有二, 時祭之祫, 則群廟之主皆升, 而合食於太祖之廟, 而毁廟之主, 不與. 三年大祫, 則毁廟之主, 亦與焉. 天子之禮, 春礿則犆祭者各於其廟也. 禘嘗烝, 皆合食.

'협(祫)'자는 합친다는 뜻이다. 협제사의 예에는 두 가지가 있는데, 사계절마다 지내는 협제사는 여러 묘들의 신주가 모두 태조의 묘로 올라와서, 태조의 묘에서 함께 제물을 흠향하지만, 훼철된 묘의 신주는 여기에 참여하지 않는다. 3년마다 지내는 대협(大祫)에는 훼철된 묘의 신주 또한 참여한다. 천자의 예에서 봄에 지내는 약제사에 수소를 한 마리만 쓰는 특제사로 한다는 것은 각각의 묘에 신주가 있는 상태에서 각각 제사를 지내는 것이다. 체·상·증의 제사에서는 모두 태조의 묘에 신주를 모아두고 제물을 흠향시킨다.

石梁王氏曰: 特礿者, 春物全未成, 止一時祭而已, 於此特, 不祫也. 夏物稍成, 可於此時而祫. 秋物大成, 冬物畢成, 皆可祫, 故曰祫禘 · 祫嘗 · 祫烝, 而礿則特也.

석양왕씨가 말하길, 약제사를 특제사로 지내는 것은 봄에는 만물이 모두 아직 성장하지 않아서인데, 특제사의 방법으로 제사지내는 것은 사계절 중 봄에 지내는 약제사에만 그칠 따름이니, 특제사로 지낼 때에는 협제사를 지내지 않는다. 여름에는 만물이 점점 성장하니, 이 때에는 협제사로 지내는 것이 가능하므로 협제사로 지낸다. 가을에는 만물이 크게 성장하고, 겨울에는 만물의 성장이 마치므로, 모두 협제사로 지내는 것이 가능하다. 그렇기 때문에, 체제사를 협제사로 지내고, 상제사를 협제사로 지내며, 증제사를 협제사로 지내지만, 약제사만은 특제사로 한다고 했던 것이다.

經文

諸侯礿則不禘, 禘則不嘗, 嘗則不烝, 烝則不礿. 〈059〉

제후는 약제사를 지냈다면 체제사를 지내지 않고, 체제사를 지냈다면 상제사를 지내지 않으며, 상제사를 지냈다면 증제사를 지내지 않고, 증제사를 지냈다면 약제사를 지내지 않는다.

集說

南方諸侯, 春祭畢, 則夏來朝, 故闕禘祭. 西方諸侯, 夏祭畢, 而秋來朝, 故闕嘗祭. 四方皆然.

남쪽 방위에 있는 제후들은 봄 제사인 약제사가 끝나면 여름에 천자의 수도에 와서 조회를 하기 때문에, 여름 제사인 체제사를 생략한다. 서쪽 방위의 제후들은 여름 제사인 체제사가 끝나면 가을에 천자의 수도에

와서 조회를 하기 때문에, 가을 제사인 상제사를 생략한다. 사방의 제후들이 모두 이러하다.

石梁王氏曰: 諸侯歲朝, 爲廢一時之祭, 重王事也.

석양왕씨가 말하길, 제후가 조회를 하는 해에는 한 계절의 제사를 폐지하니, 천자에 대한 일이 더 중요하기 때문이다.

諸侯礿犆. 禘一犆一袷. 嘗袷, 烝袷.〈060〉

제후는 약제사는 특제사로 지낸다. 체제사는 한 해는 특제사로 지내고 한 해는 협제사로 지낸다. 상제사는 협제사로 지내고, 증제사는 협제사로 지낸다.

犆礿, 礿犆, 非有異也, 變文而已. 袷嘗, 袷烝, 與嘗袷, 烝袷, 亦然. 諸侯所以降於天子者, 禘一犆一袷而已. 言夏祭之禘, 今歲犆, 則來歲袷, 袷之明年, 又犆, 不如天子每歲三時皆袷也.

'특약(犆礿)'이란 말과 '약특(礿犆)'이란 말에는 다른 뜻이 없으니, 글자의 순서를 바꿔서 기록한 것일 따름이다. '협상(袷嘗)' 및 '협증(袷烝)'이란 말과 '상협(嘗袷)' 및 '증협(烝袷)'이란 말의 관계 또한 그러하다. 제후가 천자에 대해 낮추는 것은 체제사를 지냄에 있어서 한 해는 특제사로 지내고, 한 해는 협제사로 지내는 것일 따름이다. 여름의 제사인 체제사를 금년에 특제사로 지냈다면 다음 해에는 협제사로 지내고, 협제사를 지낸 다음 해에는 또한 특제사로 지내니, 천자가 매해 여름 · 가을 · 겨울의 세 계절 제사를 모두 협제사로 지내는 것과는 같지 않다는 뜻이다.

石梁王氏曰: 物稍成, 未若大成, 其成, 亦未可必, 故夏禘之時, 可祫可犆, 不可常也. 秋冬物盛, 可必, 故此二時, 必可祫, 故不云犆, 而云嘗祫烝祫. 此一節, 全爲祫祭發也.

석양왕씨가 말하길, 만물이 여름에 점점 성장하는 것은 가을에 크게 성장한 것만 같지 않고, 그 성장함 또한 기필할 수 없다. 그렇기 때문에 여름의 체제사를 지낼 때에는 협제사로 지낼 수 있고, 특제사로 지낼 수도 있지만, 고정되게 지낼 수는 없다. 가을과 겨울에는 만물이 모두 성장하게 되는 것을 기필할 수 있기 때문에, 이 두 계절에는 반드시 협제사로 지내는 것이 가능하다. 그렇기 때문에 특제사로 지낸다고 하지 않고, 상협(嘗祫)과 증협(烝祫)이라고 말한 것이다. 이 문단은 전적으로 협제사를 위해 설명된 것이다.

經文

天子社稷, 皆大牢; 諸侯社稷, 皆少牢. 大夫士宗廟之祭, 有田則祭, 無田則薦. 庶人, 春薦韭, 夏薦麥, 秋薦黍, 冬薦稻. 韭以卵, 麥以魚, 黍以豚, 稻以鴈.〈061〉

천자의 사직에 대한 제사에는 모두 태뢰의 희생물을 사용하고, 제후의 사직에 대한 제사에는 모두 소뢰의 희생물을 사용하며, 대부와 사의 종묘에 대한 제사에는 그들 중 전지가 있는 자들은 정식적인 제사를 지내지만, 전지가 없는 자들은 정식 제사가 아닌 천제사를 지낸다. 서인들은 봄에는 부추를 올려 천제사를 지내고, 여름에는 보리를 올려 천제사를 지내며, 가을에는 기장를 올려 천제사를 지내고, 겨울에는 쌀을 올려 천제사를 지낸다. 부추를 올릴 때에는 계란을 곁들이고, 보리를 올릴 때에는 물고기를 곁들이며, 기장을 올릴 때에는 돼지고기를 곁들이고, 쌀을 올릴 때에는 기러기고기를 곁들인다.

祭, 有常禮有常時. 薦, 非正祭, 但遇時物卽薦, 然亦不過四時各一擧而已. 註云: "祭以首時, 薦以仲月." 首時者, 四時之孟月也.

정식적인 제사인 '제(祭)'에는 일정한 예가 있고 일정한 시기가 정해져 있다. '천(薦)'제사는 정식적인 제사가 아니다. 단지 사계절에 맞는 사물을 올릴 뿐이다. 그러나 또한 사계절마다 각각 한 번씩 올리는 것에 지나지 않을 뿐이다. 정현의 주에서는 "제는 각 계절의 수시에 지내고, 천은 각 계절의 중월에 지낸다."고 했는데, '수시(首時)'라는 것은 각 계절의 첫 번째 달인 맹월을 말한다.

經文

祭天地之牛, 角繭栗; 宗廟之牛, 角握; 賓客之牛, 角尺.〈062〉

천지에 대한 제사에 사용하는 소는 그 뿔이 누에고치나 밤톨만한 크기이고, 종묘에 대한 제사에 사용하는 소는 그 뿔이 한 줌 정도의 크기이며, 빈객을 대접할 때 사용하는 소는 그 뿔이 한 척 정도의 크기이다.

集說

如繭 · 如栗, 犢也. 握, 謂長不出膚. 側手爲膚, 四指也. 賓客之用, 則取其肥大而已.

뿔의 크기가 누에고치와 같고 밤톨과 같다는 것은 송아지를 말한다. '악(握)'은 그 길이가 네 손가락을 나란히 한 길이인 부(膚)를 벗어나지 않는 것을 말한다. 손을 옆으로 한 것이 '부(膚)'가 되니, 네 손가락의 나란히 한 길이이다. 빈객을 대접하는 용도에는 소 중에서 살찌고 큰 것을 취해서 사용할 따름이다.

諸侯無故, 不殺牛; 大夫無故, 不殺羊; 士無故, 不殺犬豕; 庶
人無故, 不食珍.〈063〉

제후는 특별한 이유 없이 소를 살생하여 사용하지 않고, 대부는 특별한
이유 없이 양을 살생하여 사용하지 않으며, 사는 특별한 이유 없이 개
와 돼지를 살생하지 사용하지 않고, 서인도 특별한 이유 없이는 맛좋은
음식들을 먹지 않는다.

集說

烹牛羊豕, 必爲鼎實. 鼎, 非常用之器. 有禮事則設, 所以無故不殺
也. 珍之名物, 見內則. 庶人無故, 亦以非冠昏之禮歟.

소·양·돼지를 삶을 때에는 반드시 솥에 담아야 한다. '정(鼎)'은 일상
적으로 사용하는 기물이 아니다. 공식적인 의례가 있을 때에만 설치하
니, 특별한 이유 없이는 희생물을 살생하여 그 기물들을 사용하지 않는
다. 맛좋은 음식들의 명칭과 사물들은 『예기』「내칙(內則)」편에 나온다.
서인들에게 특별한 이유가 없다는 뜻은 또한 관례와 혼례가 아닌 일들
을 뜻하는 것 같다.

經文

庶羞不踰牲, 燕衣不踰祭服, 寢不踰廟.〈064〉

평소 식사 때 먹는 여러 맛좋은 음식을 갖추는 것은 제사 때 사용하는
희생물을 갖추는 것보다 사치스럽게 해서는 안 되고, 평소에 입는 복장
은 제사 때 입는 복장보다 사치스럽게 해서는 안 되며, 평소 거처하는
침(寢)은 제사를 지내는 묘(廟)보다 사치스럽게 해서는 안 된다.

集說

羞不踰牲者, 如牲是羊, 則不以牛肉爲庶羞也. 此三者, 皆言薄於奉己, 厚於事神也.

맛좋은 음식들을 갖추는 것이 희생물을 갖추는 것보다 사치스러워서는 안 된다는 것은 예를 들어 제사의 희생물로 양을 사용했다면, 소고기로 평소에 먹는 여러 맛좋은 음식물을 만들어서는 안 된다는 것이다. 위의 세 가지는 모두 자기를 봉양하는 것은 박하게 하고, 귀신을 섬기는 것은 후하게 한다는 것을 말한다.

經文

大夫祭器不假, 祭器未成, 不造燕器.〈065〉

대부는 제사 때 사용하는 제기를 빌리지 않으니, 제기가 아직 갖춰지지 않았다면 연기(燕器)7)를 갖추지 않는다.

集說

此一節, 舊在"庶人耆老不徒食"之後, 今考其序, 當移在此. 大夫有田祿, 則不假借祭器於人, 无田祿者, 不設祭器, 則假之可也. 凡家造, 祭器爲先, 養器爲後.

이곳 문단은 옛 판본에 "서인들 중 60세와 70세 이상인 자들은 고기반찬 없이 식사를 하지 않는다."8)라고 한 문장 뒤에 수록되어 있었는데,

---

7) 연기(燕器)에는 두 가지 뜻이 있다. 첫 번째는 일상적으로 사용하는 기물(器物)들을 뜻한다. 두 번째는 잔치 때 사용하는 예기(禮器)들을 뜻한다.
8) 『예기』「왕제」143장 : 君子耆老不徒行, 庶人耆老不徒食.

지금 그 순서를 고증하여 이곳으로 옮겼다. 대부들 중 전록을 가지고
있는 자는 남에게서 제기를 빌리지 않으며, 전록이 없는 자들이 제기를
구비할 수 없다면 빌리는 것도 괜찮다. 무릇 집에서 살림을 갖출 때에는
제기를 우선적으로 갖추고, 양기(養器)[9]는 그 뒤에 갖춘다.

經文

天子七日而殯, 七月而葬. 諸侯五日而殯, 五月而葬. 大夫·
士·庶人三日而殯, 三月而葬. 三年之喪, 自天子達.〈051〉[舊在
"日擧以樂"之下.]

천자는 7일 후에 빈소를 마련하고 7개월 후에 장례를 치른다. 제후는
5일 후에 빈소를 마련하고 5개월 후에 장례를 치른다. 대부·사·서인
들은 3일 후에 빈소를 마련하고 3개월 후에 장례를 치른다. 삼년상은
천자로부터 모든 사람들에게 통용된다. [옛 판본에는 "날마다 성찬을 들며 음
악을 곁들인다."[10]라고 한 문장 뒤에 수록되어 있었다.]

集說

諸侯, 降於天子而五月, 大夫, 降於諸侯而三月, 士庶人, 又降於大
夫, 故踰月也. 今摠云: "大夫·士·庶人三日而殯", 此固所同然, 皆
三月而葬, 則非也. 其以上文降殺, 俱兩月, 在下可知, 故略言之歟.

---

9) 양기(養器)는 음식물을 담는 일상적인 식기들을 뜻한다. 『예기』「곡례하(曲禮
下)」편의 기록에 대해서, 공영달(孔穎達)의 소(疏)에서는 "養器, 供養人之飮食
器也."라고 풀이하였다.

10) 『예기』「왕제」050장 : 國無九年之蓄曰不足, 無六年之蓄曰急, 無三年之蓄曰
國非其國也. 三年耕, 必有一年之食, 九年耕, 必有三年之食, 以三十年之通,
雖有凶旱水溢, 民無菜色, 然後, 天子食, 日擧以樂.

제후의 장례는 천자보다 낮춰서 5개월 뒤에 하고, 대부의 장례는 제후보다 낮춰서 3개월 뒤에 하며, 사와 서인의 장례는 또한 대부보다 낮추기 때문에 죽은 달을 넘겨서만 한다. 이곳에서는 총괄적으로 "대부·사·서인들은 3일 후에 빈소를 마련한다."고 했는데, 이것은 진실로 이들 모두 동일하게 따르는 것이다. 그러나 이들이 모두 3개월 후에 장례를 치른다고 한 것은 잘못된 말이다. 앞 문장에서 낮추는 것은 모두 2개월씩 줄였으니, 그 뒤에도 동일하게 적용하게 됨을 알 수 있다. 그래서 간략히 언급한 것일 뿐이다.

經文

庶人縣[玄]封[窆], 葬不爲[去聲]雨止, 不封不樹, 喪不貳事.〈052〉

서인은 줄을 매달아['縣'자의 음은 '玄(현)'이다.] 하관을['封'자의 음은 '窆(폄)'이다.] 하고, 장례는 비 때문에['爲'자는 거성으로 읽는다.] 멈추지 않으며, 봉분을 만들지 않고 나무도 심지 않으며, 상중에는 다른 일을 하지 않는다.

集說

此言庶人之禮. 庶人无碑綍, 縣繩下棺, 故云縣窆也. 不封, 不爲丘壟也. 大夫·士, 旣葬, 公政入於家, 庶人, 則終喪无貳事也.

이것은 서인의 예를 말한 것이다. 서인은 비률이 없어서, 끈을 매달아서 관을 내리기 때문에 줄을 매달아 하관을 한다고 말한 것이다. 불봉(不封)은 구릉을 만들지 않는 것이다. 대부와 사의 경우 장례를 마치면, 군주의 정무가 집안으로 들어와 처리하게 되지만, 서인은 상을 마칠 때까지 상 이외의 일이 없다.

自天子達於庶人, 喪從死者, 祭從生者.〈053〉 支子不祭.〈054〉

[以上並從舊文之次.]

천자로부터 서인에 이르기까지 상사를 집행함에는 죽은 자의 관직에 맞는 예에 따르고, 제사를 집행함에는 제사를 모시는 자의 관직에 맞는 예에 따른다. 지자는 제사를 모시지 않는다. [여기까지의 기록들은 모두 옛 판본의 순서에 따랐다.]

集說

中庸曰: "父爲大夫, 子爲士, 葬以大夫, 祭以士; 父爲士, 子爲大夫, 葬以士, 祭以大夫". 蓋葬用死者之爵, 祭用生者之祿.

『중용』에서 말하길, "아버지가 대부이고 자식이 사이면, 장례는 대부의 예로 지내고, 제사는 사의 예로 지내며, 아버지가 사이고 자식이 대부이면, 장례는 사의 예로 지내고, 제사는 대부의 예로 지낸다."[11]라고 했으니, 장례를 지낼 때에는 작은 자의 작록에 따르는 것이고, 제사를 지낼 때에는 제사를 모시는 자의 작록에 따르는 것이다.

經文

祭用數之仂[勒].〈047〉 [舊在"量入以爲出"之下.]

제사에는 1년치 국가 재용의 10분의 1을['仂'자의 음은 '勒(륵)'이다.] 사용한

---

11) 『중용』「18장」: 武王末受命, 周公成文・武之德, 追王大王・王季, 上祀先公 以天子之禮. 斯禮也, 達乎諸侯・大夫及士・庶人. <u>父爲大夫, 子爲士, 葬以 大夫, 祭以士, 父爲士, 子爲大夫, 葬以士, 祭以大夫</u>. 期之喪, 達乎大夫. 三 年之喪, 達乎天子. 父母之喪, 無貴賤一也.

다. [옛 판본에는 "수입을 헤아려 지출을 정한다."[12]라고 한 문장 뒤에 수록되어 있었다.]

鄭註以忇爲十一, 疏以爲分散之名. 大槩是總計一歲經用之數, 而用其十分之一, 以行常祭之禮也.

정현의 주에서는 '늑(忇)'을 10분의 1로 풀이했고, 소에서는 '늑(忇)'을 분배의 명칭으로 삼았다. 대체로 1년 중 항상 사용하게 되는 수치를 총계해서, 그 중의 10분의 1을 사용하여 정기적인 제사의 예를 집행하는 것이다.

喪, 三年不祭, 唯祭天地社稷, 爲越紼而行事. 喪, 用三年之忇.⟨048⟩

상을 치르게 되면 3년 동안 제사를 지내지 않지만, 오직 천지와 사직에게만은 제사를 지내되 월불해서 일을 치른다. 상에는 3년치 국가 재용의 10분의 1을 사용한다.

喪, 凶事; 祭, 吉禮. 吉凶異道, 不得相干, 故三年不祭. 唯祭天地·社稷者, 不敢以卑廢尊也. 未葬以前, 常屬紼於輴車, 以備火災. 喪在內, 而行祭於外, 是踰越喪紼而往也. 喪三年而除, 中間禮事繁雜,

---

12) 『예기』「왕제」046장: 冢宰制國用, 必於歲之杪, 五穀皆入然後, 制國用. 用地小大, 視年之豊耗, 以三十年之通制國用, 量入以爲出.

故總計三歲經用之數, 而用其十之一也.

상사는 흉사이고 제사는 길례이다. 길과 흉은 도를 달리하여 서로 범할 수 없기 때문에, 3년 동안 제사를 지내지 않는다. 오직 천지와 사직에게 만 제사지낸다는 것은 감히 낮은 것으로 존귀한 것을 폐지할 수 없기 때문이다. 아직 장례를 치르기 이전에는 항상 춘거(輴車)에 상여줄을 매 달아서 화재를 대비한다. 상은 집 안에서 치르고, 천지와 사직에게 제사 지내는 것은 밖에서 시행하니, 이때에는 상여줄을 뛰어 넘어서 가야 한 다. 상은 3년을 보내고 끝내는데, 그 사이에 치러야 하는 예의 사안들은 매우 많고 복잡하다. 그렇기 때문에 3년간 항상 사용하는 수치를 총계 해서 그 중의 10분의 1을 사용한다.

經文

喪祭, 用不足曰暴, 有餘曰浩. 祭, 豐年不奢, 凶年不儉.〈049〉
[以上竝從舊文之次.]

상과 제사에 있어서, 재용이 부족한 것을 '포(暴)'라 부르고, 사치스러운 것을 '호(浩)'라 부른다. 제사를 지냄에 있어서는 풍년에는 사치를 부리 지 않고, 흉년에도 너무 검소하게 치르지 않는다. [여기까지의 기록은 모두 옛 판본의 순서에 따랐다.]

集說

暴者, 殘敗之義, 言不齊整也. 浩者, 汎濫之義, 所謂以美沒禮也. 惟 其制用有一定之則, 是以歲有豊凶, 而禮无奢儉, 此記者之言. 雜記 云: "凶年, 祀以下牲", 孔子之言也.

'포(暴)'는 해치고 손상시킨다는 뜻으로, 가지런히 정돈되지 않았음을 의 미한다. '호(浩)'는 넘친다는 뜻으로, 이른바 "맛있다고 하여 예를 없앤다."는 뜻이다. 다만 그것의 재용을 제정할 때에는 일정한 법칙이 있어야만 그 해에 풍년이나 흉년이 들더라도, 예의 시행에 있어서 사치함과 지나친 검소함이 없게 되니, 이것은 『예기』를 기록한 자의 말이다. 『예기』「잡기(雜記)」편에서는 "흉년에는 제사를 지낼 때 한 등급을 낮춘 희생물을 사용한다."[13]고 했는데, 이것은 공자의 말이다.

近按: 此以上專言祭禮而兼及喪禮, 通爲一章也.

내가 살펴보니, 여기까지는 전적으로 제사를 설명하고 있으며, 아울러 상례까지도 언급하고 있는데, 이것들은 통괄적으로 하나의 장이 된다.

---

13) 『예기』「잡기하(雜記下)」 074장 : 孔子曰, "凶年則乘駑馬, 祀以下牲."

제4장

經文

冢宰制國用, 必於歲之杪[彌小反], 五穀皆入然後, 制國用. 用地
小大, 視年之豐耗, 以三十年之通制國用, 量入以爲出.〈046〉
[舊在"不覆巢"之下.]

총재가 국가의 재용을 제정할 때 반드시 한 해의 끝에['杪'자는 '彌(미)'자와
'小(소)'자의 반절음이다.] 하는 것은 오곡이 모두 거둬들여진 연후에야 국
가의 재용을 제정하기 때문이다. 재용을 제정할 때에는 땅의 작고 큼을
기준으로 하고, 해의 풍년과 흉년에 견주어서, 30년간의 통계로 국가의
재용을 제정하고, 수입을 헤아려 지출을 정한다. [옛 판본에는 "둥지를 뒤엎
지 않는다."[1]라고 한 문장 뒤에 수록되어 있었다.]

集說

以三十年之通者, 通計三十年所入之數, 使有十年之餘也. 蓋每歲
所入, 均析爲四, 而用其三, 每年餘一, 則三年而餘三, 又足一歲之
用矣. 此所以三十年, 而有十年之餘也.

"30년간의 통계로써 한다."는 것은 30년간 들어오는 수치를 통계해서
10년간의 여유분을 만드는 것이다. 매 해에 들어오는 것을 균등히 나눠
4로 만들고, 그 중 3을 써서 매 해마다 1이 남으니, 3년이면 3이 남아서
또한 한 해의 재용을 감당할 수 있다. 이것이 30년간의 통계로 재용을
제정해서 10년간의 여유분을 남기는 방법이다.

---

1) 『예기』 「왕제」 045장 : 獺祭魚, 然後虞人入澤梁. 豺祭獸, 然後田獵. 鳩化爲鷹,
   然後設罔羅. 草木零落, 然後入山林. 昆蟲未蟄, 不以火田. 不麛, 不卵, 不殺
   胎, 不殀夭, 不覆巢.

國無九年之蓄曰不足, 無六年之蓄曰急, 無三年之蓄曰國非
其國也. 三年耕, 必有一年之食, 九年耕, 必有三年之食, 以三
十年之通, 雖有凶旱水溢, 民無菜色, 然後天子食, 日擧以樂.
〈050〉[舊在"凶年不儉"之下.]

국가에 9년치 여유분의 양식이 없는 것을 '부족(不足)'이라 말하고, 6년
치 여유분의 양식이 없는 것을 '급(急)'이라 말하며, 3년치 여유분의 양
식이 없는 것을 "나라가 나라답지 않다."고 말한다. 3년 동안 경작하면
반드시 1년치 여유분의 양식이 있게 되고, 9년 동안 경작하면 반드시
3년치 여유분의 양식이 있게 되니, 30년간의 통계로 축적하여 9년치 여
유분의 양식을 비축하면 비록 흉년과 가뭄 및 물난리가 난다고 하더라
도 백성들에게 채색(菜色)이 없게 되니, 그런 뒤에야 천자는 음식을 먹
음에 날마다 성찬을 들며 음악을 곁들인다. [옛 판본에는 "흉년에도 너무 검
소하게 하지 않는다."2)라고 한 문장 뒤에 수록되어 있었다.]

集說

飢而食菜, 則色病, 故云菜色. 殺牲盛饌曰擧, 周禮: "王日一擧, 鼎
十有二, 物皆有俎, 以樂侑食", 又云: "大荒則不擧"者, 蓋偶値凶年,
雖有備, 亦當貶損耳.

굶주려 풀죽을 끓여 먹어서 낯빛이 병들어 보이기 때문에 '채색(菜色)'이
라고 말한 것이다. 희생물을 죽여 음식을 성대하게 차리는 것을 '거(擧)'
라고 말하니, 『주례』에서는 "천자는 날마다 아침식사에 한번 거를 하는
데, 솥은 12개가 있고 음식물에 대해서는 모두 그것을 담는 도마가 각각
있으며, 음악을 연주함으로써 식사하기를 권한다."3)라고 했고, 또 "크게

----

2) 『예기』 「왕제」 049장 : 喪祭, 用不足曰暴, 有餘曰浩. 祭, 豊年不奢, 凶年不儉.

흉년이 들었을 때에는 거를 하지 않는다."4)라고 했는데, 뜻밖에 흉년을 만나게 되면, 비록 비축해둔 것들이 있다 하더라도, 마땅히 줄이고 축소해야 할 따름이다.

經文

司空執度, 度[待洛反]地居民, 山川·沮[將慮反]澤, 時四時, 量地遠近, 興事任力.〈073〉 [舊在"墓地不請"之下.]

사공(司空)5)은 길이를 재는 도(度)를 잡고서 토지를 측량하여['度'자는 '待(대)'자와 '洛(락)'자의 반절음이다.] 백성들을 거주하게 하니, 산지역과 강이 있는 지역, 습지대로['沮'자는 '將(장)'자와 '慮(려)'자의 반절음이다.] 수초가 무성한 지역은 사계절마다 어떠한 날씨인지 적절한 때에 그곳을 살피고, 지형의 멀고 가까움을 측량하녀, 부역의 일을 일으켜 노동을 시킨다. [옛 판본에는 "묘지에 대해서는 청탁할 수 없다."6)라고 한 문장 뒤에 수록되어 있었다.]

---

3) 『주례』「천관(天官)·선부(膳夫)」: 王日一擧, 鼎十有二, 物皆有俎. 以樂侑食.

4) 『주례』「천관(天官)·선부(膳夫)」: 大喪則不擧, <u>大荒則不擧</u>, 大札則不擧, 天地有災則不擧, 邦有大故則不擧.

5) 사공(司空)은 주(周)나라 때의 관리로, 토목 공사 및 각종 건설과 기물 제작 등을 주관했다. 전설상으로는 소호(少昊) 시대 때부터 설치되었다고 전해진다. 주나라의 육경(六卿) 중 하나였으며, 동관(冬官)의 수장인 대사공(大司空)에 해당한다. 한(漢)나라 때에는 어사대부(御史大夫)를 '대사공'으로 고쳐 불렀고, 대사마(大司馬), 대사도(大司徒)와 함께 삼공(三公)의 반열에 있었다. 후대에는 대(大)자를 빼고 '사공'으로 불렀다. 청(淸)나라 때에는 공부상서(工部尙書)를 '대사공'으로 부르고, 시랑(侍郞)을 소사공(少司空)으로 불렀다.

6) 『예기』「왕제」 072장 : 田里不粥, <u>墓地不請</u>.

執度度地, 量地遠近, 蓋定邑井城郭廬舍之區域也. 山川・沮澤, 有
燥濕・寒暖之不同, 以時候其四時, 知其氣候早晩, 使居者, 不失寒
暖之宜也. 興事任力, 亦謂公家力役之征也.

도를 잡고서 토지를 측량하고, 지형의 멀고 가까움을 헤아리는 것은 무
릇 읍정(邑井)[7], 성곽과 주택 등의 구역을 결정하는 일이다. 산지역과
강이 있는 지역, 습지대로 수초가 무성한 지역은 건조하고 습하며 춥고
따뜻한 정도에 각각 다른 점이 있으니, 알맞은 시기에 그 지역의 사계절
기후를 헤아려서, 그 지역의 기후와 기후 변화의 빠름과 늦음을 알게 되
니, 그곳에 거주하는 백성들로 하여금 춥고 따뜻한 날씨에 대해서, 마땅
한 대처방도를 잃어버리지 않게 하는 것이다. 부역의 일을 일으켜 노동
을 시킨다는 것은 또한 공가에서 부역의 일로 징발하는 것을 뜻한다.

方氏曰: 小而水所止曰沮, 大而水所鍾曰澤.

방씨가 말하길, 물줄기가 작으면서 물이 머무는 곳을 '저(沮)'라 부르고,
물줄기가 크면서 물이 모이는 곳을 '택(澤)'이라 부른다.

用民之力, 歲不過三日.〈071〉 [舊在"圭田無征"之下.]

---

7) 읍정(邑井)은 정읍(井邑)이라고도 부른다. 향촌 등의 마을을 가리킨다. 본래 정
(井)과 읍(邑)은 모두 주대(周代)의 행정단위에 해당한다. 9부(夫)가 1'정'이 되
며, 4'정'이 1'읍'이 된다. 이 둘은 그 규모가 작은 마을이나 취락지구에 해당한다.
따라서 이러한 뜻에서 파생하여, 후대에는 이것을 통칭하여, 향촌 등을 가리키는
용어로 사용하였다. 『주례』「지관(地官)・소사도(小司徒)」편에는 "九夫爲井, 四
井爲邑"이라는 기록이 있다.

백성의 노동력을 사용하는 것에 대해서는 한 해에 3일을 초과하지 않는다. [옛 판본에는 "규전에 대해서는 세금을 거두어들이지 않았다."[8]라고 한 문장 뒤에 수록되어 있었다.]

集說

用民力, 如治城郭·塗巷·溝渠·宮廟之類. 周禮: "豊年三日, 中年二日, 無年則一日而已". 若師旅之事, 則不拘此制.

백성의 노동력을 사용한다는 것은 성곽·거리·도랑·궁묘들을 정비하는 부류와 같은 일이다. 『주례』에서는 "풍년인 경우에는 3일을 동원하고, 중년에는 2일을 동원하며, 무년에는 1일을 동원할 뿐이다."[9]라고 했다. 군대와 관련된 일들은 이 제도에 구애받지 않는다.

淺見

近按: 用民之力一段, 移入此節之中, 文義甚協. 不過三日者, 凡有興作, 每當秋冬之交, 一戶之役, 止於三日, 如以十戶相代, 則可當三十日之役, 故役雖久而民不病也.

내가 살펴보니, "백성들의 노동력을 사용한다."라고 한 단락을 옮겨서 이곳 문단 중간에 넣게 되면, 문맥의 뜻이 매우 매끄럽게 된다. "3일을 초과하지 않는다."라고 했는데, 사업을 일으킬 때에는 매번 가을과 겨울이 교차되는 시기에 하게 되며, 한 집안에서 부역하는 날짜는 3일에 그치게 된다. 예를 들어 열 집안에서 서로 교대하게 된다면 30일 동안 부역하게 된다. 그렇기 때문에 부역이 비록 오래 지속되더라도 백성들은 고단하게 여기지 않는다.

---

8) 『예기』 「왕제」 070장 : 夫圭田無征.

9) 『주례』 「지관(地官)·균인(均人)」 : 凡均力政, 以歲上下. 豊年則公旬用三日焉, 中年則公旬用二日焉, 無年則公旬用一日焉. 凶札則無力政, 無財賦.

凡使民, 任老者之事, 食[嗣]壯者之食.〈074〉 [舊在"興事任力"之下.]

무릇 백성들을 사역시킬 때에는 노인들도 할 수 있는 고되지 않은 일을 부여하고, 장정들도 먹을 수 있는 만큼의 충분한 밥을 먹게['食'자의 음은 '嗣(사)'이다.] 한다. [옛 판본에는 "부역의 일을 일으켜 노동을 시킨다."[1]라고 한 문장 뒤에 수록되어 있었다.]

集說

老者, 食少而功亦少; 壯者, 功多而食亦多. 今之使民, 雖少壯, 但責以老者之功程, 雖老者, 亦食以少者之飮食, 寬厚之至也.

노인들은 식사하는 것이 적어서 맡기는 일 또한 적고, 젊은 장정들은 맡기는 일이 많아서 식사하는 것 또한 많다. 현재 백성들을 사역시킬 때 비록 젊은 장정들이라 하더라도 단지 노인들도 할 수 있는 임무만을 맡기고, 비록 노인들이라 하더라도, 또한 젊은 장정들이 먹는 만큼의 음식을 먹게 하니, 관대함과 후덕함의 지극한 것이다.

經文

古者公田, 藉[子夜反]而不稅.〈066〉 [舊在"不造燕器"之下.]

고대에는 공전에서 대해서는 백성들의 힘을 빌려['藉'자는 '子(자)'자와 '夜(야)'자의 반절음이다.] 경작을 했지만, 사전에는 세금을 물리지 않았다. [옛 판본에는 "연기를 갖추지 않는다."[2]라고 한 문장 뒤에 수록되어 있었다.]

---

1) 『예기』「왕제」 073장 : 司空執度, 度地居民, 山川沮澤, 時四時, 量地遠近, 興事任力.

藉, 助也. 但借民力, 以助耕公田, 而不取其私田之稅.

'차(藉)'자는 돕는다는 뜻이다. 단지 백성들의 노동력을 빌려서 공전을 경작하는 것을 돕도록 했지만, 사전에 대한 세금은 거두지 않았다.

市, 廛而不稅.〈067〉

시장에 대해서는 자릿세를 받았지만, 물건 파는 것에 대한 세금은 물리지 않았다.

廛, 市宅也. 賦其市地之廛, 而不征其貨也.

'전(廛)'은 시장에 있는 가게 자리이다. 시장을 점유하고 있는 가게 자리에 대한 세금은 부과하되, 그 물건을 팔아 생긴 재화는 취하지 않았다.

關, 譏而不征.〈068〉

관문에서 대해서는 관찰하고 살피기만 하되, 통행세를 물리지 않았다.

---

2) 『예기』「왕제」 065장 : 大夫祭器不假, 祭器未成, 不造燕器.

關之設, 但主於譏察異服異言之人, 而不征其往來貨物之稅也.

관문을 설치한 것은 단지 다른 복장을 입고 다른 언어를 사용하는 이방인에 대해 살피고 관찰하는 것을 주로 하는 것이지, 그들이 왕래하며 팔고 사는 물건에 대한 세금은 거두어들이지 않았다.

經文

林麓·川澤, 以時入而不禁.〈069〉

산림과 천택에 대해서는 때에 알맞게 들어가서 사냥 및 벌목 등을 하게 해주되, 그것 자체를 금하지는 않았다.

集說

山澤采取之物, 其入也, 雖有時, 然與民共其利, 卽孟子所謂"擇梁無禁"也.

산림과 천택에서 채취하는 물건들에 있어서, 그곳에 들어가게 해줌에는 비록 일정한 때가 있었지만, 백성과 더불어 그 이로움을 함께 하니, 곧 『맹자』에서 말한 "못에 그물 등을 설치해서 수렵하는 것은 금지하지 않았다."[3]는 뜻에 해당한다.

---

3) 『맹자』「양혜왕하(梁惠王下)」: 昔者文王之治岐也, 耕者九一, 仕者世祿, 關市譏而不征, 澤梁無禁, 罪人不孥.

夫[扶]**圭田, 無征.**〈070〉

무릇['夫'자의 음은 '扶(부)'이다.] 제사에 필요한 제물의 소용을 돕는 규전에 대해서는 세금을 물리지 않았다.

集說

圭田者, 祿外之田, 所以供祭祀, 不稅, 所以厚賢也. 曰圭者, 潔白之 義也.

'규전(圭田)'은 녹봉 이외에 별도로 받는 토지로 제사에 필요한 제물을 공급하는 땅이니, 세금을 거두지 않는 것은 현인을 대접하기 위해서이 다. '규(圭)'자를 붙여서 말한 것은 결백하다는 뜻에 따른 것이다.

經文

田里不粥[育]**, 墓地不請.**〈072〉 [此句之上舊有"用民之力"一節, 今移于 上.]

공가에서 부여받은 전리에 대해서는 팔['粥'자의 음은 '育(육)'이다.] 수 없고, 묘지에 대해서는 청탁할 수 없다. [이곳 구문 앞에는 옛 판본에 "백성들의 노동 력을 사용한다."[4]라고 하는 한 문단이 있었는데, 이곳에서는 앞으로 옮겼다.]

集說

田里, 公家所授, 不可得而粥. 墓地, 有族葬之序, 人不得而請求, 己 亦不得以擅與, 故爭墓地者, 墓大夫聽其訟焉.

---

4) 『예기』「왕제」 071장 : 用民之力, 歲不過三日.

'전리(田里)'[5]는 공가(公家)[6]에서 준 것으로 팔 수 없다. '묘진(墓地)'는 족장(族葬)[7]의 무덤 질서가 있는 곳으로, 남이 그 땅을 얻고자 청탁 할 수 없고, 자기 또한 제멋대로 남에게 줄 수 없다. 그렇기 때문에, 묘지의 분쟁에 대해서는 묘대부가 그 송사를 처리하는 것이다.[8]

浅見

近按: 自"古者公田籍而不稅"以下至此, 舊本在"司空執度度地居民" 之上. 然司空掌邦土, 此皆司空之職, 故今移于此.

내가 살펴보니, "고대에는 공전에서 대해서 백성들의 힘을 빌려 경작했지만, 사전에는 세금을 물리지 않았다."라고 한 문장으로부터 그 이하로 이곳에 이르기까지 옛 판본에는 "사공은 길이를 재는 도(度)를 잡고서 토지를 측량하여 백성들을 거주하게 한다."[9]라고 한 문장 앞에 수록되어 있었다. 그러나 사공은 나라의 토지에 대한 일을 담당하고, 이러한 것들은 모두 사공의 직무에 해당한다. 그렇기 때문에 이곳으로 옮긴 것이다.

---

5) 전리(田里)는 경(卿), 대부(大夫) 등이 제후로부터 하사받은 토지와 주택을 뜻한다. 『춘추좌씨전』「양공(襄公) 31년」편에는 "豐卷奔晉, 子産請其田里, 三年而復之, 反其田里及其入焉."이라는 기록이 있다. 또 『맹자』「이루하(離婁下)」편에는 "去三年不反, 然後收其田里."라는 기록이 있는데, 이에 대한 조기(趙岐)의 주에서는 "田, 業也, 里, 居也."라고 풀이하여, 전(田)은 경작하는 토지를 받은 것이고, 리(里)는 주택을 받은 것으로 설명한다.

6) 공가(公家)는 일반적으로 제후의 공실(公室)을 뜻한다. 즉 군주의 집안이라는 뜻이다. 또한 '공가'는 조정(朝廷), 국가(國家) 또는 관부(官府)를 가리키기도 하며, 공경(公卿)들의 집을 뜻하기도 한다. 뿐만 아니라 개인과 구별되는 말로 사용되어, 국가 및 정부라는 의미로 사용되기도 한다.

7) 족장(族葬)은 선조(先祖)와 그 자손(子孫)들의 무덤이 모여 있는 무덤군을 뜻한다. 『주례』「춘관(春官)·묘대부(墓大夫)」편에는 "令國民族葬, 而掌其禁令."이라는 기록이 있는데, 이에 대한 정현의 주에서는 "族葬, 各從其親."이라고 풀이했다.

8) 『주례』「춘관(春官)·묘대부(墓大夫)」: 凡爭墓地者, 聽其獄訟.

9) 『예기』「왕제」073장: 司空執度, 度地居民, 山川沮澤, 時四時, 量地遠近, 興事任力.

凡居民材, 必因天地寒煖·燥濕, 廣谷·大川, 異制. 民生其間
者, 異俗. 剛柔·輕重·遲速, 異齊[去聲]. 五味異和[去聲], 器械
異制, 衣服異宜. 脩其教, 不易其俗. 齊其政, 不易其宜.〈075〉
[舊在"食壯者之食"之下.]

백성들이 생활하는데 필요한 재료를 비축함에는 반드시 천지의 춥고 덥
고 건조하고 습한 기후적 차이에 따라서 하니, 넓은 계곡과 큰 하천의
지형적 차이는 그 형태를 달리 한다. 백성들은 그러한 차이 속에서 살
고 있는 것이니, 풍속을 달리 한다. 그들의 성격도 강유·경중·지속의
차이가 나서 그것을 정제할['齊'자는 거성으로 읽는다.] 방법도 달리 한다.
그들이 느끼는 오미(五味)[1]의 차이는 맛의 조화를['和'자는 거성으로 읽는
다.] 다르게 하고, 그들이 사용하는 기계의 차이는 제작 방법을 다르게
하며, 그들이 입는 의복의 차이는 옷의 적정한 기준을 다르게 한다. 그
렇기 때문에 교화를 정비하여 다스리지만 그들의 풍속을 바꾸지는 않는
다. 또 정치를 정제하여 다스리지만 그들이 마땅하다고 생각하는 여타
기준들을 바꾸지는 않는다. [옛 판본에는 "장정들도 먹을 수 있는 만큼의 충분
한 밥을 먹게 한다."[2]라고 한 문장 뒤에 수록되어 있었다.]

居, 謂儲積以備用, 如懋遷有無化居之居. 材者, 夫人日用所須之

---

1) 오미(五味)는 다섯 가지 맛을 뜻한다. 맛의 종류를 총칭하는 용어로도 사용된다.
'오미'는 구체적으로 산(酸: 신맛), 고(苦: 쓴맛), 신(辛: 매운맛), 함(鹹: 짠맛),
감(甘: 단맛)을 가리킨다. 『예기』「예운(禮運)」편에는 "五味, 六和, 十二食, 還相
爲質也."라는 기록이 있는데, 이에 대한 정현의 주에서는 "五味, 酸, 苦, 辛, 鹹,
甘也."라고 풀이하였다.
2) 『예기』「왕제」 074장 : 凡使民, 任老者之事, <u>食壯者之食</u>.

物, 如天生五材之材. 天地之氣, 東南多煖, 西北多寒. 地勢, 高者
必燥, 卑者必濕, 因其地之所宜而爲之備, 如氊裘可以備寒, 絺絡可
以備暑, 車以行陸, 舟以行水, 此皆因天地所宜也. 廣谷・大川, 自
天地初分, 其形制已不同矣. 民生異俗, 理有固然, 其情性之緩急,
亦氣之所稟殊也. 飮食器械衣服之有異, 聖王亦豈必强之使同哉?
惟脩其三綱五常之敎, 齊其禮樂刑政之用而已, 所謂財成輔相以左
右民也.

'거(居)'는 재료들을 비축하고 모아서 쓰임에 대비하는 것이니, "힘써 풍
부한 곳의 것을 부족한 곳으로 옮겨서 쌓아둠을 조화케 한다."³⁾고 할
때의 '거(居)'자와 같다. '재(材)'는 백성들이 날마다 사용하는 데 필요한
물건이니, "하늘이 오재(五材)⁴⁾를 낳았다."⁵⁾고 할 때의 '재(材)'와 같다.
천지의 기후는 동남쪽은 더운 기운이 많고 서북쪽은 추운 기운이 많다.
지형의 형세는 고지대는 반드시 건조하고 저지대는 반드시 습하니, 그
지역의 알맞은 것에 연유하여 그에 대한 대비를 하는 것으로, 마치 양탄
자와 가죽이 추운 것을 방비할 수 있고, 고운 갈포와 거친 갈포가 더운
것을 방비할 수 있으며, 수레로써 육지에서 빠르게 다니고, 배로써 물에
서 다닐 수 있는 것과 같은 뜻이다. 이것들은 모두 천지의 알맞음에 연
유한 것들이다. 넓은 계곡과 큰 하천은 천지가 최초 갈라졌을 때부터
그 지형의 형태가 이미 같지 않은 것이다. 백성들이 다른 풍속에서 살아

---

3) 『서』「우서(虞書)・익직(益稷)」 : 暨稷播, 奏庶艱食鮮食, 懋遷有無化居.
4) 오재(五材)는 다섯 가지 물질을 뜻한다. 오행(五行)에 맞춰서, '오재'를 금(金),
   목(木), 수(水), 화(火), 토(土)로 보기도 하며, 금(金), 목(木), 가죽[皮], 옥(玉),
   토(土)로 보기도 한다. 또한 인간의 생활에서 필요로 하는 물질들을 총칭하는
   의미로도 사용된다. 『춘추좌씨전』「양공(襄公) 27년」편에는 "天生五材, 民竝用
   之, 廢一不可."라는 기록이 있는데, 이에 대한 두예(杜預)의 주에서는 "五材, 金,
   木, 水, 火, 土也."라고 풀이했다. 그리고 『주례』「동관고공기(冬官考工記)」편에
   는 "或審曲面藝, 以飭五材, 以辨民器."라는 기록이 있는데, 이에 대한 정현의
   주에서는 "此五材, 金, 木, 皮, 玉, 土."라고 풀이했다.
5) 『춘추좌씨전』「양공(襄公) 27년」 : 天生五材, 民竝用之, 廢一不可,

가는 것은 이치상 당연한 것이며, 그들의 성격에 나타나는 완만하거나 급한 차이도 또한 기를 품수 받은 차이 때문이다. 그들이 먹는 음식들과 사용하는 기계들과 입는 의복들에도 차이가 있는 것인데, 성왕이 또한 어찌 반드시 강제로 해서 그것들을 동일하게 만들었겠는가? 오직 그 삼강과 오상의 가르침을 정비하고, 예악과 형정의 쓰임을 정제할 따름이니, 이른바 "천지의 도를 계획하여 이루고, 천지의 마땅함을 도와서, 백성들을 돕는다."[6]는 것이다.

中國戎夷五方之民, 皆有性也, 不可推移.〈076〉

중앙의 중국과 사방 오랑캐들의 오방 백성들은 모두 각자의 성격을 가지고 있는데, 이것을 변화시킬 수 없다.

集說

馮氏曰: 五方之民, 以氣稟之不齊, 兼習俗之異尙. 是以其性各隨氣稟之昏明習俗之薄厚, 而不可推移焉. 若論其本然之性, 則一而已矣. 鄭氏亦曰: "地氣使之然"也.

풍씨가 말하길, 다섯 방위에 각자 살아가고 있는 백성들은 기질을 품수 받은 것이 한결같지 않아서, 습속의 차이를 겸하고 있다. 이러한 까닭으로 성격이 각자 기질을 품수 받음의 혼탁함과 밝음, 습속의 엷음과 두터움의 차이를 따르고 있으니, 변화시킬 수 없다. 만약 그들이 가진 본연의 성을 논한다면 같다고 할 수 있을 따름이다. 정현 또한 "땅의 기후가

---

6) 『역』「태괘(泰卦)」: 象曰, 天地交, 泰, 后以財成天地之道, 輔相天地之宜, 以左右民.

그렇게 만든 것이다."라고 했다.

東方曰夷, 被髮文身, 有不火食者矣. 南方曰蠻, 雕題交趾, 有不火食者矣. 西方曰戎, 被髮衣[去聲]皮, 有不粒食者矣. 北方曰狄, 衣[去聲]羽毛穴居, 有不粒食者矣.〈077〉

동쪽 방위에 있는 오랑캐들을 '이(夷)'라 부르니, 머리를 풀어헤치고 몸에 문신을 했으며, 음식을 익혀 먹지 않는 경우도 있다. 남쪽 방위에 있는 오랑캐들을 '만(蠻)'이라 부르니, 이마에 먹물을 새기고 상호간에 엄지발가락이 서로 마주보게 하고 지내며, 음식을 익혀 먹지 않는 경우도 있다. 서쪽 방위에 있는 오랑캐들을 '융(戎)'이라 부르니, 머리를 풀어헤치고 짐승 가죽으로 옷을 만들어 입고['衣'자는 거성으로 읽는다.] 곡식을 먹지 않는 경우도 있다. 북쪽 방위에 있는 오랑캐들을 '적(狄)'이라 부르니, 깃과 털로 된 옷을 만들어 입고['衣'자는 거성으로 읽는다.] 혈거를 하며, 곡식을 먹지 않는 경우도 있다.

集說

雕, 刻也. 題, 額也. 刻其額以丹青涅之. 交趾, 足拇指相向也. 東南地氣煖, 故有不火食者. 西北地寒, 少五穀, 故有不粒食者.

'조(雕)'자는 새긴다는 뜻이다. '제(題)'자는 이마를 뜻한다. 이마에 문신을 새겨서 단청색을 사용하여 검게 물들인다. '교지(交趾)'라는 것은 다리의 엄지발가락이 서로 마주보는 것이다. 동쪽과 남쪽 방위의 땅은 그 기후가 따뜻하기 때문에, 음식을 익혀 먹지 않는 경우도 있다. 서쪽과 북쪽 방위의 땅은 그 기후가 추워서 오곡이 드물다. 그렇기 때문에 곡식을 먹지 않는 경우도 있다.

中國·夷·蠻·戎·狄, 皆有安居·和味·宜服·利用·備器.
〈078〉

중국·동이·남만·서융·북적의 백성들은 모두 각자 편안히 여기는 집, 입에 맞는 맛, 적절한 의복, 편리한 도구, 갖추고 있는 기계들이 있다.

俗雖不同, 亦皆隨地, 以資其生, 无不足也.

풍속은 비록 같지 않지만 또한 모두들 땅의 기후에 따라서 생활의 바탕으로 삼고 있으니 부족함이 없다.

五方之民, 言語不通, 嗜欲不同. 達其志, 通其欲, 東方曰寄, 南方曰象, 西方曰狄鞮[低], 北方曰譯.〈079〉

다섯 방위에 있는 백성들은 말과 글이 서로 통하지 않고, 좋아하고 원하는 것이 같지 않다. 그렇기 때문에 그들의 뜻에 통달하고 그들이 요구하는 것을 알아차리기 위해서 통역관을 두니, 동이의 통역관을 '기(寄)'라 부르고, 남만의 통역관을 '상(象)'이라 부르며, 서융의 통역관을 '적저(狄鞮)'라['鞮'자의 음은 '低(저)'이다.] 부르고, 북적의 통역관을 '역(譯)'이라 부른다.

方氏曰: 以言語之不通也, 則必達其志. 以嗜欲之不同也, 則必通其欲. 必欲達其志, 通其欲, 非寄象鞮譯, 則不可, 故先王設官以掌之.
寄, 言能寓風俗之異於此. 象, 言能倣象風俗之異於彼. 鞮, 則欲別
其服飾之異. 譯, 則欲辨其言語之異, 周官通謂之象胥, 而世俗則通
謂之譯也.

방씨가 말하길, 말과 글이 서로 통하지 않기 때문에 반드시 그들의 뜻에
통달해야 한다. 그들이 좋아하고 원하는 것이 서로 같지 않기 때문에
반드시 그들이 요구하는 것을 알아차려야 한다. 반드시 그들의 뜻에 통
달하고자 하고 그들이 요구하는 것을 알아차리고자 한다면, 각 방위의
통역관인 기・상・저・역이 아니고서는 가능하지 않다. 그렇기 때문에
선왕이 통역관의 관직을 설치하여 그러한 일들을 담당하게 한 것이다.
'기(寄)'자는 여기와는 다른 풍속에 대해서 잘 맡길 수 있다는 뜻이다.
'상(象)'자는 저기와는 다른 풍속을 잘 모방할 수 있다는 뜻이다. '저(鞮)'
자는 곧 복식의 차이를 구별하고자 함을 뜻하고, '역(譯)'자는 말과 글의
차이를 분별하고자 함을 뜻한다. 『주례』에서는 이것들을 통칭하여 '상서
(象胥)'라 불렀고,[7] 세속에서는 이것들을 통칭하여 '역(譯)'이라 불렀다.

經文

凡居民, 量地以制邑, 度[待洛反]地以居民, 地邑民居, 必參相得
也.〈080〉

백성들을 거주시킬 때에는 땅을 측량해서 읍을 만들고, 땅을 구획하여['度'
자는 '待(대)'자와 '洛(락)'자의 반절음이다.] 백성들을 거주하게 하니, 땅과 읍
과 백성들이 거주하는 것에는 반드시 이 세 가지가 서로 알맞아야 한다.

----

7) 『주례』「추관(秋官)・상서(象胥)」: 象胥, 掌蠻夷閩貉戎狄之國使, 掌傳王之言
而諭說焉, 以和親之.

九夫爲井, 四井爲邑. 田有常制, 民有定居, 則無偏而不舉之弊. 地
也·邑也·居也三者, 旣相得, 則由小以推之大, 而通天下, 皆相得
矣. 此所謂井田之良法也.

9부(夫)는 1개의 정(井)이 되고, 4개의 정은 1개의 읍(邑)이 된다.[8] 전
지에 관해서는 일정한 제도가 있고, 백성들에게는 안정된 거주지가 있
으면, 치우쳐서 시행되지 못하는 폐단이 없게 된다. 땅이라는 것과 읍이
라는 것과 거주함이라는 이 세 가지가 서로 알맞게 되었다면, 작은 것으
로부터 큰 것으로 미루어 나가서, 천하에 두루 통하게 되어, 모두가 서
로 알맞게 된다. 이것이 이른바 정전의 좋은 법도이다.

無曠土, 無游民, 食節, 事時, 民咸安其居, 樂[洛]事勸功, 尊君
親上, 然後興學.〈081〉

버려져 황폐해진 땅이 없게 하고, 정처 없이 떠도는 백성들이 없게 하
며, 먹는 것에는 절도가 있게 하고, 일함에 알맞은 때로써 하면, 백성들
이 모두 그들의 거처를 편안히 여기고, 일하기를 즐거워하고['樂'자의 음
은 '洛(락)'이다.] 노력하는 것을 서로 권면하며, 군주를 높이고 윗사람을
친하게 여기니, 그런 연후에야 학교를 세운다.

劉氏曰: 富而後敎, 理勢當然. 若救死, 恐不贍, 則必疾視其上, 而欲

---

8) 『주례』「지관(地官)·소사도(小司徒)」: 九夫爲井, 四井爲邑.

與偕亡矣, 雖欲興學, 其可得乎? 此篇自分田制祿, 命官論材, 朝聘巡狩, 行賞罰, 設國學, 爲田漁, 制國用, 廣儲蓄, 修葬祭, 定賦役, 安邇人, 來遠人, 使中國五方, 各得其所, 而養生喪死無憾, 是王道之始也. 至此, 則君道既得, 而民德當新, 然後立鄕學, 以敎民而興其賢能. 下文司徒修六禮以下, 至庶人耆老不徒食, 皆化民成俗之事, 是王道之成也. 後段自方一里者爲田九百畝以下, 至篇終, 是王制傳文.

유씨가 말하길, 풍족하게 한 이후에 가르치는 것은 이치상 당연한 것이다. 만약 죽을 지경에 이른 것만 겨우 구제해주어 넉넉하지 못함을 염려하게 된다면, 반드시 윗사람을 질시하고 함께 망하고자 할 것이니, 비록 학교를 세우고자 하더라도 그것이 가능하겠는가? 「왕제」편은 전지를 분배하고 작위와 녹봉을을 제정하는 것으로부터, 관리를 명하여 등급 매기고 인재를 가려내는 것, 제후가 조빙하고 천자가 순수하는 것, 상벌을 시행하는 것, 국학을 설치하는 것, 경작과 수렵을 하는 것, 국가의 재용을 제정하는 것, 재용의 저축을 넓히는 것, 장례와 제례를 정비하는 것, 부역을 정하는 것, 가까이 있는 중국의 백성들을 편안히 해주는 것, 멀리 있는 사방 오랑캐의 백성들을 잘 따르게 하는 것 등은 중앙의 중국을 포함한 다섯 방위에 있는 모든 백성들로 하여금 각자 그 자신의 자리를 얻게 해서 생활을 부양하고 죽은 이를 보내는 데에 서운함이 없게 하는 것이니, 이것이 바로 왕도의 시작이다. 이곳에 이르러서는 군주의 도를 얻었다면 백성들의 덕을 새롭게 해야 하고, 그런 뒤에는 향리의 학교를 세워서 백성들을 교육하고, 그들 중 현명하고 재능 있는 자들을 선출하게 된다. 뒤의 문장에서 "사도가 육례를 다스린다."[9]라는 말로부터 "서인들 중 60세와 70세 이상인 자들은 고기반찬 없이 식사를 하지 않는다."[10]까지는 모두 백성들을 교화하여 좋은 풍속을 이루는 일들이니, 이

---

9) 『예기』「왕제」 082장 : <u>司徒修六禮</u>, 以節民性, 明七敎, 以興民德, 齊八政, 以防淫, 一道德, 以同俗, 養耆老, 以致孝, 恤孤獨, 以逮不足, 上賢, 以崇德, 簡不肖, 以絀惡.

10) 『예기』「왕제」 143장 : 君子耆老, 不徒行, <u>庶人耆老, 不徒食</u>.

것은 바로 왕도의 완성이다. 그 다음 단락인 "사방 1리는 농지로 따지자면 900묘이다."[11]라는 말로부터 그 이하로 끝까지는 「왕제」편의 전문에 해당한다.

淺見

近按: 此因司空居民之事, 而推及五方之民, 又結之以井田之制, 而及興學之事, 以起下節司徒教民之事. 蓋首之以冢宰制國用, 次之以司空度地居民, 而後及於司徒之教, 卽旣富庶而後教之之意也.

내가 살펴보니, 이곳 문장은 사공이 백성들을 거주토록 하는 사안에 따라서 그것을 미루어 오방의 백성에 대해 언급한 것이고, 또 정전의 제도로 결론을 맺었으며, 학교를 세우는 사안을 언급하여 아래 단락에서 사도가 백성들을 교화하는 사안의 서두를 연 것이다. 첫 부분에서는 총재가 국가의 재용을 제정한다고 했고, 그 다음에서는 사공이 토지를 측량하여 백성들을 거주토록 한다고 했으며, 그 뒤에는 사도의 교화까지 언급하고 있는데, 이것은 바로 백성들을 풍족하게 만든 뒤에 그들을 가르친다는 뜻에 해당한다.

---

11) 『예기』「왕제」 144장 : 方一百里者, 爲田, 九百畝.

司徒修六禮, 以節民性; 明七敎, 以興民德; 齊八政, 以防淫;
一道德, 以同俗; 養耆老, 以致孝; 恤孤獨, 以逮不足; 上賢, 以
崇德; 簡不肖, 以絀惡. [此以上竝從舊文之次.]〈082〉

사도는 육례(六禮)[1]를 정비하여 백성들의 성격을 절제시키고, 칠교(七
敎)[2]를 밝혀서 백성들의 덕을 흥기시키며, 팔정(八政)[3]을 정제하여 음

---

1) 육례(六禮)는 관례(冠禮), 혼례(昏禮: =婚禮), 상례(喪禮), 제례(祭禮), 향례(鄕
禮), 상견례(相見禮)를 뜻한다.

2) 칠교(七敎)는 부자(父子), 형제(兄弟), 부부(夫婦), 군신(君臣), 장유(長幼), 붕우
(朋友), 빈객(賓客) 사이에서 지켜야 할 도리를 뜻한다. 『예기』「왕제(王制)」편에
는 "司徒脩六禮以節民性, 明七敎以興民德."이라는 기록이 있는데, 이에 대한
공영달(孔穎達)의 소(疏)에서는 "七敎, 卽父子一・兄弟二・夫婦三・君臣四・
長幼五・朋友六・賓客七也."라고 풀이했다.

3) 팔정(八政)은 국가의 정책 시행에 있어서, 주요 대상이 되는 여덟 가지 방면을
뜻한다. 그러나 여덟 가지가 가리키는 구체적 대상들에 대해서는 이견이 많다.
첫 번째는 '팔정'을 농사[食], 재화[貨], 제사[祀], 사공(司空), 사도(司徒), 사구(司
寇), 빈객[賓], 군대[師]로 보는 주장이다. '사공', '사도', '사구'는 관직명이기도 한
데, 이들이 구체적으로 가리키는 것에 대해 설명하자면, '사공'은 토목 공사에 힘
써서 백성들의 거주지를 마련해주는 것이며, '사도'는 백성들을 예의(禮義)에 따
라 교화하는 것이고, '사구'는 도적 등을 근절하여, 백성들이 간사한 무리에 휩쓸
리지 않도록 하는 것이다. 『서』「주서(周書)・홍범(洪範)」편에는 "三, 八政. 一
曰食, 二曰貨, 三曰祀, 四曰司空, 五曰司徒, 六曰司寇, 七曰賓, 八曰師."라는
기록이 있다. '팔정'을 언급할 때에는 대부분 첫 번째 의미로 사용된다. 두 번째는
음식(飮食), 의복(衣服), '공인들의 재주[事爲]', '각 지역에서 사용되는 기구의 차
이[異別]', 길이[度], 수량[量], 숫자[數], '견직물의 치수[制]로 보는 주장이다. 『예
기』「왕제(王制)」편에는 "齊八政以防淫."이라는 기록이 있다. 또한 「왕제」편에
는 "八政, 飮食・衣服・事爲・異別・度・量・數・制."라는 기록이 있는데, 이
에 대한 정현의 주에서는 "飮食爲上, 衣服次之. 事爲, 謂百工技藝也. 異別, 五
方用器不同也. 度, 丈尺也. 量, 斗斛也. 數, 百十也. 制, 布帛幅廣狹也."라고
풀이했다. 세 번째는 부처(夫妻), 부자(父子), 형제(兄弟), 군신(君臣)의 대상들
로 보는 주장이다. 『일주서(逸周書)』「상훈(常訓)」편에는 "八政, 夫妻・父子・

란함을 방지하고, 도덕을 한결같이 해서 백성들의 습속을 동일하게 만들며, 기로(耆老)[4]를 봉양해서 효를 이루고, 고아와 늙어 자식이 없는 자들을 구휼하여 의식이 부족한 자에게까지 은택이 미치게 하며, 현인을 높여서 덕을 숭상하게 하고, 불초한 자들을 가려내서 악을 내쫓는다. [여기까지의 기록들은 모두 옛 판본의 순서를 따랐다.]

集說

此鄉學教民‧取士之法, 而大司徒, 則總其政令者也. 六禮‧七教‧八政, 見篇末, 皆道德之用也. 道德則其體也, 體既一則俗无不同矣.

이것은 향학에서 백성들을 가르치고, 선비들을 선발하는 법도이고, 대사도는 그러한 정책과 법령을 총괄하는 자이다. 육례(六禮)‧칠교(七教)‧팔정(八政)에 대한 설명은 「왕제」편의 끝에 보이니, 모두 도덕을 운용하는 방편이다. 도덕은 곧 그것의 본체가 되니, 본체가 한결같이 되면 습속에 동일하지 않은 것이 없게 된다.

經文

命鄉, 論秀士, 升之司徒曰選[去聲]士. 司徒論選士之秀者, 而升之學曰俊士.〈086〉 升於司徒者, 不征於鄉, 升於學者, 不征於司徒曰造士.〈087〉 樂正崇四術, 立四教, 順先王詩‧書‧禮‧樂以造士, 春‧秋, 教以禮‧樂, 冬‧夏, 教以詩‧書.〈088〉 王大子‧王子, 群后之大子, 卿‧大夫‧元士之適子, 國之俊選, 皆造焉. 凡入學以齒.〈089〉 [舊在"終身不齒"之下.]

兄弟‧君臣. 八政不逆, 九德純恪."이라는 기록이 있다.

4) 기로(耆老)에서의 기(耆)자는 60세 이상의 노인을 뜻하고, 노(老)자는 70세 이상의 노인을 뜻한다. 또한 '기로'는 노인들을 일반적으로 지칭하는 용어로도 사용된다.

향에 명령하여 덕행과 재예가 뛰어난 수사들을 논정해서 사도에게 천거하게 하니, 그렇게 천거된 이들을 '선사(選士)'라[選'자는 거성으로 읽는다.] 부른다. 사도는 선사를 중에서도 뛰어난 자를 논정에서 국학에 천거하니, 그렇게 천거된 이들을 '준사(俊士)'라 부른다. 사도에게 천거된 자인 선사들은 향에서 요역을 징수 당하지 않고, 국학에 천거된 자인 준사들은 사도에게도 요역을 징수 당하지 않으니, 그러한 자를 '조사(造士라)'라 부른다. 악정(樂正)5)은 사술을 숭배하고 사교를 세우니, 선왕이 남긴 『시』·『서』·『예』·『악』에 따라서 사들을 완성시킨다. 봄과 가을에는 『예』와 『악』으로 가르치고, 겨울과 여름에는 『시』와 『서』로 가르친다. 천자의 태자, 나머지 왕자들과 여러 제후들의 태자와 경·대부·원사의 적자들과 민간에서 선발된 나라의 인재들은 모두 태학에서 악정에게 교육을 받는다. 태학에 입학하게 되면 나이로 순서를 정한다. [옛 판본에는 "죽을 때까지도 불러들이지 않는다."6)라고 한 문장 뒤에 수록되어 있었다.]

集說

此言上賢崇德之事.

이 문장은 현명한 자를 높이고 덕을 숭상하는 일을 말한 것이다.

---

5) 악정(樂正)은 음악을 담당했던 관리들의 우두머리를 뜻한다. 정(正)자는 우두머리를 뜻하는 장(長)자와 같다. 한편 『주례』에는 '악정'이라는 직책은 보이지 않으며, 대신 대사악(大司樂)이라는 직책이 있다. 한편 『의례』「향사례(鄕射禮)」편에는 "樂正先升, 北面立于其西."라는 기록이 있는데, 이에 대한 가공언(賈公彦)의 소(疏)에서는 "案周禮有大司樂, 樂師, 天子之官. 此樂正, 諸侯及士大夫之官." 이라고 풀이했다. 즉 '악정'은 제후 및 대부(大夫)의 관리였고, 천자에게는 대신 '대사악'과 악사(樂師)라는 관리가 소속되어 있었다. 따라서 간혹 '악정'을 '대사악' 과 같은 의미로 사용하기도 한다.

6) 『예기』「왕제」085장 : 不變, 移之郊, 如初禮. 不變, 移之遂, 如初禮. 不變, 屛之遠方, 終身不齒.

劉氏曰: 論者, 述其德藝, 而保擧之也. 苗之穎出曰秀. 大司徒命鄕大夫, 論述鄕學之士才德穎出於同輩者, 而禮賓之, 升其人於司徒. 司徒考試之, 量才而用之爲鄕遂之吏, 曰選士. 選者, 擇而用之也. 其有才德, 又穎出於選士, 不安於小成, 而願升國學者, 司徒論述其美, 而擧升之於國學, 曰俊士. 俊者, 才過千人之名也.

유씨가 말하길, 논(論)은 그 사람의 덕행과 재예를 기술해서 그를 보증하여 천거하는 것이다. 모종에서 새싹이 나온 것을 '수(秀)'라 부른다. 대사도는 향대부에게 명령하여, 향학의 사들 중 덕행과 재예가 동년배들보다 빼어난 자들을 논정하고 기술해서, 그들을 예우하고, 그들을 사도에게 천거하도록 한다. 사도는 그들을 살펴보고 시험하니, 덕행과 재예를 헤아리고, 그들을 등용하여 향과 수의 하위 관리로 삼는데, 이들을 '선사(選士)'라 부른다. '선(選)'은 채택해서 등용한다는 뜻이다. 그가 가지고 있는 덕행과 재예가 또한 선사들 중에서 빼어나서, 작은 성취에 안주하지 않고 국학에 천거되길 원하는 자는 사도가 그의 뛰어난 점을 논정하고 기술해서 국학에 천거하니, 이들을 '준사(俊士)'라 부른다. '준(俊)'은 덕행과 재예가 1,000명 중에서 가장 뛰어나다는 명칭이다.

旣升於司徒, 則免鄕之徭役, 而猶給徭役於司徒也. 及升國學, 則幷免司徒之役矣. 造者, 成也, 言成就其才德也.

이미 사도에게 천거되었으면 향의 요역이 면제되지만, 아직 사도에게 징수당하는 요역은 부여된다. 國學에 천거됨에 이르게 되면, 사도에게 징수당하는 요역도 면제된다. '조(造)'는 성취했다는 뜻이니, 덕행과 재예를 성취했다는 의미이다.

陳氏曰: 此以下言國學敎國子民俊, 及取賢才之法. 樂正, 掌其敎, 司馬, 則掌選法也. 術者, 道路之名, 言詩書禮樂四者之敎, 乃入德之路, 故言術也. 文王世子言春誦·夏弦, 與此不同者, 古人之敎, 雖曰四時各有所習, 其實亦未必截然棄彼而習此, 恐亦互言耳, 非春·秋不可敎詩·書, 冬夏不可敎禮樂也. 舊註, 陰陽之說, 似爲拘泥.

진호가 말하길, 이곳 문장으로부터 아래의 내용들은 국학에서 국자(國子)[7]와 백성들 중 빼어나서 선발된 자들을 교육하는 법과 현명하고 재덕있는 자를 선발하는 법을 말하고 있다. 악정은 교육을 담당하고, 사마는 선발하는 법을 담당한다. '술(術)'은 도로의 명칭으로, 『시』·『서』·『예』·『악』 등의 네 가지 교육이 곧 덕으로 들어가는 길이 됨을 말한다. 그렇기 때문에 '술(術)'이라고 말한 것이다. 『예기』「문왕세자(文王世子)」편에서 "봄에는 국자들에게 노랫말을 암송하도록 가르치고, 여름에는 현악기로 음악을 연주하게 한다."[8]라고 하여, 이곳에서 말한 것과 차이가 나는 이유는 옛 사람들이 교육을 할 때에는 비록 사계절마다 각각 익히는 바가 있다고 말했지만, 실상은 또한 반드시 확연하게 저것은 버려두고 익히지 않으며 이것만을 익히는 것이 아니니, 아마도 또한 서로 호응되도록 말한 것일 뿐이다. 그러므로 봄과 가을에 『예』와 『악』을 가르친다고 해서, 『시』와 『서』를 가르치지 못하고, 겨울과 여름에는 『시』와 『서』를 가르친다고 해서, 『예』와 『악』을 가르치지 못하는 것이 아니다. 『시』·『서』·『예』·『악』을 사계절에 따라 확연하게 구분했던 옛 주석들은 음양의 설에 구애되었던 것 같다.

---

7) 국자(國子)는 천자 및 공(公), 경(卿), 대부(大夫)의 자제들을 말한다. 때론 상황에 따라 천자의 태자(太子) 및 왕자(王子)를 포함시키지 않는 경우도 있다. 『주례』「지관(地官)·사씨(師氏)」편에는 "以三德敎國子"라는 기록이 있고, 이에 대한 정현의 주에서 "國子, 公卿大夫之子弟."라고 풀이한 용례와 『한서(漢書)』「예악지(禮樂志)」편에서 "朝夕習業, 以敎國子. 國子者, 卿大夫之子弟也."라고 풀이한 용례가 바로 여기에 해당한다. 그러나 이것은 천자에 대한 언급을 가급적 회피했기 때문에, 생략하여 기술하지 않은 것이다. 청대(淸代) 유서년(劉書年)의 『유귀양설경잔고(劉貴陽說經殘稿)』「국자증오(國子證誤)」편에서 "國子者, 王大子, 王子, 諸侯公卿大夫士之子弟, 皆是, 亦曰國子弟."라고 풀이하고 있는 것처럼, '국자'에는 천자의 태자와 왕자들까지도 포함된다.

8) 『예기』「문왕세자(文王世子)」008장 : 春誦, 夏弦, 大師詔之瞽宗. 秋學禮, 執禮者詔之, 冬讀書, 典書者詔之, 禮在瞽宗, 書在上庠.

大樂正論造士之秀者, 以告于王, 而升諸司馬, 曰進士.〈091〉

[舊在"東方曰寄終身不齒"之下.]

대악정(大樂正)⁹⁾은 조사 중에서도 **빼어난** 자를 논정해서 천자에게 보고하고, 사마(司馬)¹⁰⁾에게 천거하니, 이러한 자들을 '진사(進士)'라 부른다. [옛 판본에는 "동쪽 변방으로 쫓아낸 것을 '기(寄)'라 부르니, 그가 죽을 때까지도 불러들이지 않는다."¹¹⁾라고 한 문장 뒤에 수록되어 있었다.]

---

9) 대악정(大樂正)은 악관(樂官)의 수장으로, 악정(樂正)이라고 부르기도 한다. 『주례』의 체제에서는 대사악(大司樂)이 된다. 『주례』의 기록에 따르면, 대사악은 중대부(中大夫) 2명이 담당하였다. 대사악에게 소속된 직속 관부에는 악사(樂師)가 있었는데, 이 관부는 하대부(下大夫) 4명이 담당하였으며, 그 휘하에는 상사(上士) 8명, 하사(下士) 16명이 있었고, 잡무를 보는 부(府) 4명, 사(史) 8명, 서(胥) 8명, 도(徒) 80명이 있었다. 이때의 서(胥)는 잡무를 처리하는 말단 관리이며, 대서(大胥) 및 소서(小胥)와는 다른 것이다. 대서와 소서는 악관에 소속된 관리이지만, 대서에게 소속된 관리 명단에는 잡무를 보는 서(府)와 사(史) 등이 열거되어 있다. 이것을 통해서 대서와 소서는 대사악에게 소속된 관부이긴 하지만, 대서를 필두로 한 별개의 부서였던 것으로 추정된다. 참고로 대서는 중사(中士) 4명이 맡았으며, 직속된 관리로는 소서인 하사 8명, 부(府) 2명, 사(史) 4명, 도(徒) 40명이 있었다. 『주례』「춘관종백(春官宗伯)」편에는 "大司樂, 中大夫二人, 樂師, 下大夫四人, 上士八人, 下士十有六人, 府四人, 史八人, 胥八人, 徒八十人. 大胥中士四人, 小胥下士八人, 府二人, 史四人, 徒四十人."이라는 기록이 있다.

10) 사마(司馬)라는 관직은 전설상으로는 소호(少昊) 시대부터 설치되었다고 전해진다. 주(周)나라 때에는 육경(六卿) 중 하나였으며, 하관(夏官)의 수장이며, 대사마(大司馬)라고도 불렀다. 군대와 관련된 일을 담당했다. 한(漢)나라 무제(武帝) 때에는 태위(太尉)라는 관직명을 고쳐서 대사마(大司馬)라고 불렀고, 후한(後漢) 때에는 다시 태위(太尉)로 고쳐 불렀다. 남북조시대(南北朝時代)에는 대장군(大將軍)과 함께 이대(二大)로 칭해지기도 했으나, 청(淸)나라 때 폐지되었다. 후세에서는 병부상서(兵部尚書)의 별칭으로 사용하기도 했고, 시랑(侍郞)을 소사마(少司馬)로 칭하기도 하였다.

11) 『예기』「왕제」090장 : 將出學, 小胥大胥小樂正簡不帥敎者, 以告于大樂正,

疏曰: 司馬掌爵祿, 但入仕者, 皆司馬主之.

소에서 말하길, 사마는 작록을 관장하지만, 새로 들어와 벼슬할 자들에 대해서는 모두 사마가 그들을 주관한다.

淺見

近按: 此以上皆以上賢 · 崇德之事而言者也.

내가 살펴보니, 여기까지는 모두 현명한 자를 높이고 덕을 숭상하는 사안을 기준으로 말한 것이다.

大樂正以告于王. 王命三公九卿大夫元士, 皆入學. 不變, 王親視學. 不變, 王三日不舉, 屛之遠方. 西方曰棘, <u>東方曰寄, 終身不齒</u>.

經文

將出學, 小胥·大胥·小樂正簡不帥教者, 以告于大樂正, 大
樂正以告于王. 王命三公·九卿·大夫·元士皆入學. 不變,
王親視學. 不變, 王三日不擧, 屏[去聲]之遠方. 西方曰棘, 東方
曰寄, 終身不齒.〈090〉[舊在"入學以齒"之下.]

국학에 입학했던 자들이 학업을 끝내고 장차 국학을 졸업할 때 소서(小
胥)[1]·대서(大胥)[2]·소악정(小樂正)[3]은 가르침을 따르지 않았던 자들
을 간별해서 대악정에게 보고하고, 다시 대악정은 천자에게 보고한다.
천자는 삼공·구경·대부·원사에게 명령하여, 모두 국학에 들어가서
가르침을 따르지 않는 자들을 재차 가르치게 한다. 그런데도 고쳐지지
않으면, 천자가 친히 국학에 가서 살펴본다. 그런데도 고쳐지지 않으면,
천자는 3일 동안 식사 때 마시는 음주와 음악을 거행 하지 않고, 가르침
을 따르지 않는 자들을 먼 변방으로 내쫓는다.['屏'자는 거성으로 읽는다.]
서쪽 변방으로 쫓아낸 것을 '극(棘)'이라 부르고, 동쪽 변방으로 쫓아낸

---

1) 소서(小胥) : '소서'는 악관(樂官)에 소속된 하위관리이다. 학사(學士)들에 대한
   음악 교육을 돕고, 태만하게 행동하는 자에 대해서는 회초리를 치기도 하였다.
   『주례』「춘관(春官)·소서(小胥)」편에는 "小胥掌學士之徵令而比之, 觵其不敬
   者, 巡舞列而撻其怠慢者, 正樂縣之位."라는 기록이 있다.

2) 대서(大胥)는 악관(樂官)에 소속된 하위관리이다. 학사(學士)들의 호적 기록부
   를 담당하였고, 봄에는 태학(太學)에 들어가서 학사들에게 춤을 가르쳤고, 가을에
   는 분반을 편성하여, 노래를 가르치는 일 등을 담당했다. 『주례』「춘관(春官)·대
   서(大胥)」편에는 "大胥, 掌學士之版以待致諸子. 春入學舍采合舞. 秋頒學合
   聲. 以六樂之會正舞位."라는 기록이 있다.

3) 소악정(小樂正)은 대악정(大樂正)의 부관으로, 『주례(周禮)』의 체제에 따르면
   악사(樂師)에 해당한다. 악사는 『주례』에 나온 관직명으로, 음악을 담당했던 관
   리 중 하나이다. 총 책임자였던 대사악(大司樂)의 부관으로, 국학(國學)에 있는
   국자(國子)들에게 소무(小舞) 등을 가르쳤다고 기록되어 있다. 『주례』「춘관(春
   官)·악사(樂師)」편에는 "樂師, 掌國學之政, 以教國子小舞."라는 기록이 있다.

것을 '기(寄)'라 부르니, 그가 죽을 때까지도 불러들이지 않는다. [옛 판본에는 "입학해서는 나이로 순서를 정한다."[4]라고 한 문장 뒤에 수록되어 있었다.]

集說

古之敎者, 九年而大成, 出學, 九年之期也. 小胥・大胥, 皆樂官之屬. 棘, 急也, 欲其遷善之速也. 寄者, 寓也, 暫寓而終歸之意. 蓋雖屛之, 終身不齒, 然猶爲此名, 以示不忍終棄之意. 蓋國子, 皆世族之親, 與庶人疎賤者異, 故親親而有望焉.

옛날의 가르침에서는 9년이면 학문적으로 크게 성취한다고 하였으니, 출학은 9년의 기간을 뜻한다. 소서와 대서는 모두 악관의 무리이다. '극(棘)'자는 급박하다는 뜻으로, 그가 선한 곳으로 옮겨가기를 빠르게 하고자 함이다. '기(寄)'자는 맡긴다는 뜻으로, 먼 변방 지방에 잠시 맡기지만 끝내는 돌아온다는 뜻이다. 비록 가르침을 따르지 않는 자들을 먼 변방으로 내쳐서 그가 죽을 때까지 불러들이지 않았지만, 오히려 이러한 명칭을 붙여서 끝까지 그를 버린다는 것을 차마 할 수 없다는 뜻을 보인 것이다. 국자는 모두 세족(世族)[5]의 친족들이니, 서인들처럼 관계가 소원하고 신분이 천한 자들과는 다르다. 그렇기 때문에 천자의 입장에서 국자들을 친근하게 대하면서 고쳐지기를 바라는 것이다.

方氏曰: 賤者, 至於四不變, 然後屛之; 貴者, 止於二不變, 遂屛之者, 陳氏謂先王以衆庶之家爲易治, 世祿之家爲難化. 以其易治也, 故鄕遂之所考, 常在三年大比之時. 以其難化也, 故國子之出學, 常在

---

4) 『예기』「왕제」 089장 : 王大子, 王子, 群后之大子, 卿大夫元士之適子, 國之俊選, 皆造焉. 凡入學以齒.

5) 세족(世族)은 세공(世功)과 관족(官族)을 합쳐 부르는 말이다. '세족'은 선대(先代)에 공적(功績)을 쌓았던 관족(官族)을 뜻한다. 후대에는 대대로 녹봉을 받는 명문 있는 가문을 뜻하는 용어로도 사용하였다. 『춘추좌씨전』「은공(隱公) 8년」 편에는 "官有世功, 則有官族."라는 기록이 있다.

九年大成之後. 以三年之近而考焉, 故必四不變而後屛之, 以九年
之遠而簡焉, 則雖二不變屛之, 可也.

방씨가 말하길, 鄕신분이 미천한 자들에 대해서 4번까지 고쳐지지 않는
경우에 도달한 연후에야 그들을 먼 변방으로 내치는데, 국자처럼 신분
이 귀한 자들은 단지 두 번만 고쳐지지 않으면 마침내 그들을 먼 변방으
로 내친다. 그 이유에 대해 진씨는 "선왕은 신분이 비천한 백성들의 집
안은 다스리기 쉽고, 대대로 녹봉을 받는 집안은 교화시키기 어렵다고
여겼다. 백성들의 집안은 다스리기 쉽기 때문에, 육향(六鄕)6)과 육수(六
遂)에서 그들을 시험한 것은 항상 3년마다 보는 시험인 대비(大比)7) 때
였다. 대대로 녹봉을 받는 집안은 교화시키기 어렵기 때문에, 국자들이
국학을 졸업하는 것은 항상 9년 이후 대성한 후였다. 백성들의 집안들
에 대해서는 3년이라는 비교적 짧은 시간으로 그들을 시험하였기 때문
에, 반드시 4번까지 고쳐지지 않은 이후에야 그들을 먼 변방으로 내친
것이고, 국자들에 대해서는 9년이라는 비교적 긴 시간으로 그들을 간별
해냈으니, 비록 그들이 2번만 가르침을 따르지 않아서 그들을 내친다
하더라도 괜찮았던 것이다."라고 했다.

---

6) 육향(六鄕)은 주(周)나라 때 원교(遠郊)에 설치된 여섯 개의 향(鄕)을 뜻한다.
주나라의 제도에서는 국성(國城)과 가까이 있는 교외(郊外)를 근교(近郊)라고
불렀고, 근교 밖을 원교(遠郊)라고 불렀다. 그리고 원교 안에는 6개의 향(鄕)을
설치했고, 원교 밖에는 6개의 수(遂)를 설치했다.
7) 대비(大比)는 주대(周代) 때 3년마다 향(鄕)과 수(遂)의 관리들이 백성들 중의
인재를 대상으로 시행한 시험이다. 『주례』「지관(地官) · 향대부(鄕大夫)」편에는
"三年則大比. 考其德行, 道藝, 而興賢者能者."라는 기록이 있고, 이에 대한 정
현의 주에서는 정사농(鄭司農)의 주장을 인용하여, "興賢者謂若今擧孝廉, 興能
者謂若今擧茂才."라고 풀이했다.

経文

命鄉, 簡不帥教者以告. 耆老皆朝于庠, 元日習射上功, 習鄉上齒. 大司徒帥國之俊士, 與[去聲]執事焉.〈083〉 不變, 命國之右鄉, 簡不帥教者, 移之左. 命國之左鄉, 簡不帥教者, 移之右, 如初禮.〈084〉 不變, 移之郊, 如初禮. 不變, 移之遂, 如初禮. 不變, 屏[丙]之遠方, 終身不齒.〈085〉 [舊在"簡不肖以紕惡"之下.]

향(鄉)8)에 명령하여 가르침을 따르지 않는 자를 간별해내서 보고하게 한다. 향의 기로들은 모두 향학인 상(庠)9)에 모여서, 길하다고 정한 날에 사례(射禮)를 익히며 적중을 많이 시킨 공이 있는 자를 높이고, 향음례(鄉飲禮)를 익히며 연배가 많은 자를 높인다. 대사도는 나라의 준사들을 거느리고 가서, 그러한 일들을 집정하는 데 참여한다.['與'자는 거성으로 읽는다.] 그런데도 교화되지 않으면, 수도의 우측에 있는 향에 명령하여, 그 향에서 가르침을 따르지 않는 자들을 간별해내서 좌측의 향으

---

8) 향(鄉)은 주대(周代)의 행정단위이다. '향' 밑에는 주(州), 당(黨), 족(族), 여(閭), 비(比), 가(家)가 순차적으로 있었다. '향'을 기준으로 봤을 때, 1향은 5주=25당=125족=500여=2500비=12500가의 규모와 같다. 『주례』「지관(地官)·대사도(大司徒)」편에는 "令五家爲比, 使之相保. 五比爲閭, 使之相受. 四閭爲族, 使之相葬. 五族爲黨, 使之相救. 五黨爲州, 使之相賙. 五州爲鄉, 使之相賓."이라는 기록이 있고, 이에 대한 정현의 주에서는 "鄉萬二千五百家."라고 풀이했다.

9) 상(庠)은 본래 향(鄉) 밑의 행정단위인 당(黨)에 건립된 학교를 뜻한다. 『예기』「학기(學記)」편에는 "古之教者, 家有塾, 黨有庠, 術有序, 國有學."이란 기록이 있는데, 이에 대한 공영달(孔穎達)의 소(疏)에서는 "庠, 學名也. 於黨中立學, 教閭中所升者也."라고 풀이했다. 또 '상'은 국학(國學)에 대비되는 향학(鄉學)을 뜻하는 용어로도 사용되었으며, 학교를 범칭하는 용어로도 사용되었다. 『예기』「향음주의(鄉飲酒義)」편에는 "主人拜迎賓於庠門之外"란 기록이 있고, 이에 대한 정현의 주에서는 "庠, 鄉學也."라고 풀이했다. 또 『맹자』「등문공상(滕文公上)」편에는 "夏曰校, 殷曰序, 周曰庠, 學則三代共之, 皆所以明人倫也."라는 기록이 있다. 한편 학교를 뜻하는 용어로 '상'이라는 명칭이 생긴 이유는 '상'자에 봉양한다는 양(養)의 뜻이 포함되어 있기 때문이다.

로 옮기고, 수도의 좌측에 있는 향에 명령하여, 그 향에서 가르침을 따르지 않는 자들을 간별해내서 우측의 향으로 옮기며, 옮긴 이후에는 최초 이전의 향에서 사례와 향음례를 시행하며 예를 가르친 것처럼 한다. 그런데도 교화되지 않으면, 옮긴 향에서도 가르침을 따르지 않는 자들을 원교에서도 끝 경계지역으로 옮기며, 옮긴 이후에는 이전의 옮긴 향에서 사례와 향음례를 시행하며 예를 가르친 것처럼 한다. 그런데도 교화되지 않으면, 재차 옮겨간 곳에서도 가르침을 따르지 않는 자들을 수(遂)¹⁰⁾로 옮기며, 옮긴 이후에는 이전의 재차 옮긴 곳에서 사례와 향음례를 시행하며 예를 가르친 것처럼 한다. 그런데도 교화되지 않으면, 그들을 먼 변방으로 내치고['屛'자의 음은 '丙(병)'이다.] 그가 죽을 때까지도 불러들이지 않는다. [옛 판본에는 "불초한 자들을 가려내서 악을 내쫓는다."¹¹⁾라고 한 문장 뒤에 수록되어 있었다.]

---

10) 수(遂)는 주(周)나라 때 원교(遠郊) 밖에 설치되었던 행정구역이다. 원교 안에는 6개의 향(鄕)을 설치했고, 원교 밖에는 6개의 '수'를 설치했다. 『서』「주서(周書)·비서(費誓)」편에는 "魯人三郊三遂, 峙乃楨幹."이란 기록이 있는데, 이에 대한 채침(蔡沈)의 『집전(集傳)』에서는 "國外曰郊, 郊外曰遂."라고 풀이했다. 후대의 해석으로는 송대(宋代)의 이여호(李如箎)가 『동원총설(東園叢說)』「삼례설(三禮說)·향수(鄕遂)」편에서 "周家鄕遂之制, 兵寓其中. 近國爲鄕, 爲鄕者六, 郊之外爲遂, 爲遂亦六."이라고 했던 해석이 있고, 또 청대(淸代)의 운경(惲敬)은 『삼대인혁론이(三代因革論二)』에서 "古之爲國有軍有賦, 軍出於郊者也, 賦出於遂者也,"라고 했다. 즉 향(鄕)에서는 군대를 동원했고, '수'에서는 부역을 징수했다는 설명이다. 또 『주례』에 따르면, '수'는 5개의 현(縣)이 모인 행정규모이다. '수' 밑에는 현(縣)을 비롯하여 비(鄙), 찬(酇), 리(里), 린(鄰)의 행정단위가 있었다. '수'를 기준으로 봤을 때, 1개의 '수'는 5개의 현(縣), 25개의 비(鄙), 125개의 찬(酇), 500개의 리(里), 2500개의 린(鄰), 12500개의 가(家) 규모가 된다. 즉 향(鄕)의 규모와 같은 크기이다. 『주례』「지관(地官)·수인(遂人)」편에는 "五家爲鄰, 五鄰爲里, 四里爲酇, 五酇爲鄙, 五鄙爲縣, 五縣爲遂."라는 기록이 있다.

11) 『예기』「왕제」082장 : 司徒修六禮, 以節民性, 明七敎, 以興民德, 齊八政, 以防淫, 一道德, 以同俗, 養耆老, 以致孝, 恤孤獨, 以逮不足, 上賢, 以崇德, 簡不肖, 以絀惡.

鄕, 畿內六鄕也, 在遠郊之內, 每鄕, 萬二千五百家. 庠則鄕之學也.
耆老, 鄕中致仕之卿 · 大夫也. 元日, 所擇之善日也. 期日定, 則耆
老皆來會聚於是, 行射禮與鄕飮酒之禮. 射以中爲上, 故曰上功. 鄕
飮則序年之高下, 故曰上齒. 大司徒, 敎官之長也. 率其俊秀者, 與
執禮事, 蓋欲使不帥敎之人, 得於觀感而改過以從善也. 左右對移,
以易其藏脩游息之所, 新其師友講切之方, 庶幾其變也. 四郊, 去國
百里, 在鄕界之外, 遂, 又在遠郊之外, 蓋示之以漸遠之意也. 四次
示之, 以禮敎而猶不悛焉, 則其人終不可與入德矣, 於是乃屏棄之.

'향(鄕)'은 천자의 수도 안에 있는 육향을 말하며, 원교(遠郊) 안에 위치
하고, 각 향은 12,500가(家)의 규모이다. '기로(耆老)'는 향에 거주하고
있는 경과 대부들 중 퇴임한 자들을 뜻한다. '원일(元日)'은 날짜를 정한
길한 날을 뜻한다. 기약한 날이 정해지면 기로들은 모두 상(庠)에 모여
서 사례와 향음주례를 시행한다. 사례에서는 적중시키는 것을 높이기
때문에, 적중을 많이 시킨 공이 있는 자를 높인다고 말한 것이다. 향음
주례에서는 나이의 고하에 따라 서열을 정하기 때문에, 연배가 많은 자
를 높인다고 말한 것이다. 대사도는 교화를 담당하는 관리들의 우두머
리이다. 덕행과 재예가 준수한 사들을 이끌고서 예의 일들을 집정하는
데 참여하는 것은 가르침을 따르지 않는 자들로 하여금 준수한 사들이
시행하는 것을 보고 느끼게 해서 잘못을 고치고 선에 따르게끔 하고자
해서이다. 좌측과 우측의 향에서 대칭으로 이동시키는 것은 이전에 학문
을 익히며 배운 것을 마음에 간직하고 평소 실천하며 쉬면서도 학예를
익히고 유람하면서 견문을 넓혔던 장소를 바꾸고, 그들의 스승과 학우
와 강습하고 절차탁마하는 방법을 새롭게 하여, 그들이 교화되길 바라
는 것이다. '사교(四郊)'는 국성으로부터 직선거리로 각각 100리씩 떨어
져 있으니, 원교에 있는 향의 경계 바깥지역에 있다. '수(遂)' 또한 원교
의 바깥에 있으니, 점점 멀어지게 한다는 뜻을 보인 것이다. 네 차례에
걸쳐서 한다고 기술한 것은 예로 교화를 시켰으나 오히려 고치지 않는

다면, 그 사람은 끝내 덕으로 들어가는 것에 참여할 수 없으므로, 먼 변방으로 유폐시킨다는 뜻을 보인 것이다.

淺見

近按: 此以上言簡不肖以絀惡之事, 然不應不先論秀而先簡不肖, 又將出學以下一節, 是簡不帥者於國學也, 不應不先國學而先命鄉學也, 故今更定其次. 若論秀而先鄉學者, 是自鄉選而升於國學故也. 夫論秀士則先言鄉學, 是擧賢自下而進也. 簡不帥則必先國學, 是擧法自上而出也. 言之序, 蓋當如此.

내가 살펴보니, 앞 문장에서는 불초한 자들을 간별해서 악을 내친다는 사안을 언급하였는데, 먼저 우수한 자들을 논정하지 않고 그보다 앞서 불초한 자들을 간별하는 것은 합당하지 않고, 또 국학을 졸업하려고 한다는 구문 뒤의 한 단락은 국학에서 가르침을 따르지 않는 자들을 간별하는 것인데, 먼저 국학에 대해 논의하지 않고 그보다 앞서 향학에 명령하는 것은 합당하지 않다. 그렇기 때문에 이곳에서는 그 순서를 다시 바로잡은 것이다. 우수한 자들을 논정할 때 우선적으로 향학에 대해 언급한 것은 향으로부터 선발되어 국학으로 천거되기 때문이다. 또 수사를 논정하는 경우 우선적으로 향학을 언급한 것은 현명한 자를 천거할 때에는 밑에서부터 승격되기 때문이다. 가르침을 따르지 않는 자들을 간별할 때 반드시 국학에 대해 우선적으로 언급한 것은 천거하는 법도는 위로부터 나오기 때문이다. 따라서 기술의 순서는 아마도 이처럼 되어야 할 것이다.

大夫廢其事, 終身不仕, 死以士禮葬之.〈093〉 [舊在"位定然後祿之"
之下.]

대부가 자신의 맡은 직무를 유기하면, 그를 종신토록 다시 등용하지 않
고, 그가 죽거든 사의 예로 장례를 지낸다. [옛 판본에는 "작위가 결정된 연
후에 그에게 녹봉을 준다."[1]라고 한 문장 뒤에 수록되어 있었다.]

集說

廢其事, 如戰陣無勇, 而敗國殘民, 或荒淫失行, 而悖常亂俗, 生則
擯棄, 死則貶降也.

그의 직무를 유기한다는 것은 예를 들어 전쟁으로 서로 대치하고 있을
때 용기가 없어서 자국을 패망시키고 자국의 백성들을 죽음에 이르게
하는 것과 같은 것이며, 혹은 음탕한데 빠지고 행동을 그르쳐서 상도를
어그러트리고 세속을 어지럽히는 것과 같은 것이니, 그런 사람에 대해
서는 살아서는 물리쳐서 버려버리고, 죽어서는 그가 살아있었을 때의
관직을 폄하하고 낮춰버리는 것이다.

淺見

近按: 此承上文屛之遠方, 終身不齒之事, 而類記之, 非唯學者如此,
雖大夫亦然也.

내가 살펴보니, 이 문장은 앞에서 먼 변방으로 내쳐서 죽을 때까지 다시
불러들이지 않는다고 한 내용을 이어서, 그 비슷한 부류의 내용을 기술
한 것이니, 단지 학교에서 배우는 자만 이처럼 하는 것이 아니라 대부라
하더라도 이처럼 한다는 의미이다.

----

1) 『예기』 「왕제」 092장 : 司馬辨論官材. 論進士之賢者, 以告于王, 而定其論. 論
定然後, 官之, 任官然後, 爵之, 位定然後, 祿之.

司馬辨論官材. 論進士之賢者, 以告于王, 而定其論. 論定然
後官之, 任[壬]官然後爵之, 位定然後祿之.〈092〉 [舊在"司馬曰進
士"之下.]

사마는 논정을 판별하고 국자 중 인재를 관리로 등용한다. 진사 중의
현명한 자를 논정하여 천자에게 보고하고 논정을 결정한다. 논정이 결
정된 연후에 그에게 관직을 주고, 관직을 임명한['任'자의 음은 '壬(임)'이
다.] 연후에 그에게 작위를 주며, 작위가 결정된 연후에 그에게 녹봉을
준다. [옛 판본에는 "사마에게 천거하니, 이러한 자들을 진사라 부른다."[1]라고 한
문장 뒤에 수록되어 있었다.]

劉氏曰: 古者鄕學敎庶人, 國學敎國子及庶人之俊, 而其仕進, 有二
道. 鄕學秀者之升曰選士, 國學秀者之升曰進士. 其選士者, 不過用
爲鄕遂之吏, 而選用之權, 在司徒也. 其進士, 則必命爲朝廷之官,
而爵祿之定, 其權, 皆在大司馬. 此鄕學國學敎選之異, 所以爲世家
編戶之別. 然庶人仕進, 亦是二道, 可爲選士者, 司徒試用之, 此其
一也; 司徒升之國學, 則論選之法, 與國子弟同矣, 此其二也.

유씨가 말하길, 옛날에는 향학에서 서인들을 가르쳤고 국학에서는 국자
및 서인 중 준수한 자들을 가르쳤으니, 그곳에서 관직에 등용되는 방법
에는 두 가지 길이 있었다. 향학에서 교육받는 이들 중 빼어나서 천거된
자를 '선사(選士)'라 부르고, 국학에서 교육받는 이들 중 빼어나서 천거
된 자를 '진사(進士)'라 부른다. 향학에서 천거된 선사들은 등용되는 수
위가 향과 수의 하급관리가 되는 것에 지나지 않았고, 그들을 가려내서

---

1) 『예기』 「왕제」 091장 : 大樂正, 論造士之秀者, 以告于王, 而升諸司馬, 曰進士.

등용하는 권한도 사도에게 있었다. 국학에서 천거된 진사들은 반드시 명(命)의 등급을 받아 조정의 관리가 되고, 그의 작위와 녹봉도 정해지는데 그러한 권한은 모두 대사마에게 있었다. 이것이 향학과 국학의 교육과 선발의 차이이니, 세가(世家)2)와 편호(編戶)3)의 구별이 되는 이유이다. 그런데 서인들이 관직에 등용되는 방법에는 또한 두 가지 길이 있었으니, 선사가 될 만한 자들은 사도가 그를 시험하여 등용하니, 이것이 첫 번째 방법이고, 사도가 그들 중 뛰어난 사람을 국학에 천거하면, 그들을 논정해서 선발하는 방법은 나라의 귀족 집안 자제들을 논정해서 선발하는 방법과 같았으니, 이것이 두 번째 방법이다.

淺見

近按: 前自選士以下皆曰秀者, 而此至進士則曰賢者, 蓋秀, 苗之穎出者也, 方華而未成其實, 賢則德之已成者也.

내가 살펴보니, 앞에 나온 선사(選士)로부터 그 이하의 자들에 대해서는 모두 '수(秀)'라 했고, 이곳 내용으로부터 진사(進士)에 이르기까지는 모두 '현(賢)'이라 했는데, '수(秀)'는 모종에서 새싹이 나와 개화를 하고 있으나 아직 과실을 맺지 못한 것이고, '현(賢)'은 덕이 이미 완성된 자에 해당한다.

....

2) 세가(世家)는 대대로 녹(祿)을 받는 세록(世祿)의 가문을 뜻한다. 후대에는 대대로 존귀하게 대접받고 명망이 있었던 가문을 지칭하는 용어로 사용되었다. 『맹자』「등문공하(滕文公下)」편에는 "仲子, 齊之世家也."라는 용례가 있고, 『한서(漢書)』「식화지하(食貨志下)」편에는 "世家子弟富人或鬥雞走狗馬, 弋獵博戲, 亂齊民."이라는 기록이 있는데, 이에 대한 안사고(顏師古)의 주에서는 여순(如淳)의 말을 인용하여, "世家, 謂世世有祿秩家也."라고 풀이했다.
3) 편호(編戶)는 백성들의 집을 뜻한다. 일반 사람들의 집은 집을 단위로 삼아서, 국가가 관리하는 호적에 편입되는데, '편호'는 바로 호적에 편입된 집들을 뜻하는 말이다. 『한서(漢書)』「매복전(梅福傳)」편에는 "今仲尼之廟不出闕里, 孔氏子孫不免編戶."라는 용례가 있다.

有發, 則命大司徒, 敎士以車甲.〈094〉 [舊在"士禮葬之"之下.]

군대를 출동시킬 일이 발생하면, 대사도에게 명령하여 사에게 수레와 병장기 다루는 것을 교육시킨다. [옛 판본에는 "사의 예로 장례를 지낸다."[1]라고 한 문장 뒤에 기록되어 있었다.]

集說

發, 師旅之役也.

'발(發)'은 군대와 관련된 요역을 뜻한다.

方氏曰: 先王設官, 未嘗不辨, 亦未嘗不通. 司徒掌敎, 司馬掌政, 是分職而辨之也. 有發, 則司徒敎士以車甲, 造士, 則司馬辨論官材, 是聯事而通之也.

방씨가 말하길, 선왕이 관직을 설치함에 일찍이 구별하지 않음이 없었고, 또한 일찍이 통하지 않게 함이 없었다. 사도가 교육을 담당하고 사마가 군정을 담당하니, 이것은 직책을 나누어 구별한 것이다. 군대가 출동할 일이 발생하면, 사도가 사에게 수레와 병장기 다루는 일을 교육하고, 조사에 대해서는 사마가 논정을 분별하고 인재를 관리로 임용하니, 이것은 일을 연관시켜서 통하게 한 것이다.

淺見

近按: 此下至凡養老, 竝從舊文之次.

내가 살펴보니, 이 구문 이후로 "노인을 봉양한다."[2]라는 구문까지는 모두 옛 판본의 순서에 따랐다.

---

1) 『예기』「왕제」093장 : 大夫廢其事, 終身不仕, 死以<u>士禮葬之</u>.
2) 『예기』「왕제」115장 : 凡養老.

凡執技論力. 適四方, 羸[力果反]股肱, 決射御.〈095〉

기술을 가지고 있는 하급 관리에 대해서는 그 실력을 논정한다. 기능을 가진 관리가 사방으로 갈 일이 생기면, 팔과 다리를 걷어 올리고['羸'자는 '力(력)'자와 '果(과)'자의 반절음이다.] 활쏘기와 수레 모는 기술로 결판을 내서 선별한다.

集說

射・御之技, 四方惟所之, 然但論力之優劣而已. 所以攓衣而出其股肱者, 欲以決勝負而示武勇也.

활쏘기와 수레를 모든 기술은 사방으로 갈 때에 필요한 것이다. 그래서 단지 그 실력의 우열을 논정할 따름이다. 옷을 입되 팔과 다리를 내보이는 까닭은 승부를 결판내고 무용을 보이고자 함이다.

經文

凡執技以事上者, 祝・史・射・御・醫・卜及百工. 凡執技以事上者, 不貳事, 不移官. 出鄕, 不與士齒. 仕於家者, 出鄕, 不與士齒.〈096〉

기술을 가지고서 윗사람을 섬기는 하급 관리들은 축(祝)・사(史)・사(射)・어(御)・의(醫)・복(卜) 및 백공(百工)들이다. 기술을 가지고서 윗사람을 섬기는 하급 관리들은 자기가 맡은 일 이외의 다른 일을 맡지 않으며, 다른 관직으로 옮기지도 않는다. 소속된 향을 나가서는 사와 나란히 서지 못한다. 대부의 가에서 일하는 하급 관리들도 소속된 향을 나가서는 사와 나란히 서지 못한다.

不貳事, 則所業彌至於精. 不移官, 恐他職非其所長. 以技名者賤,
爲大夫之臣亦賤, 故不得與爲士者齒列. 然必出鄕乃爾者, 於其本
鄕, 有族人親戚之爲士者, 或不忍卑之故也.

하급 관리들이 자기가 맡은 일 이외의 다른 일을 맡지 않으면, 맡은 일
이 매우 정밀하게 되는 경지에 이르게 된다. 하급 관리들이 다른 관직으
로 옮기지 않는 것은 다른 직책의 일은 그가 잘할 수 있는 것이 아니기
때문이다. 기술로 관직명을 삼은 관리들은 신분이 미천하고, 대부의 가
신이 된 자들도 또한 신분이 미천하다. 그렇기 때문에 그보다 신분이
높은 사와 나란히 설 수 없는 것이다. 그러나 경문에서 기어코 소속된
향을 나가서라는 단서를 달았으니, 그들의 본향에 있는 족인들 중 가까
운 인척 중에서 사가 된 자가 간혹 그들을 차마 낮게 대할 수 없는 경우
도 있기 때문이다.

司寇正刑明辟[婢亦反], 以聽獄訟, 必三刺[次]. 有旨無簡, 不聽.
附從輕, 赦從重.〈097〉

사구(司寇)[1]는 형벌을 바르게 하고 죄를['辟'자는 '婢(비)'자와 '亦(역)'자의 반

---

1) 사구(司寇)는 주(周)나라 때 설치되었던 관직이다. 하(夏)나라와 은(殷)나라 때
   에도 이미 존재했었다고 주장하기도 한다. 주나라 때에는 육경(六卿) 중 하나였
   으며, 대사구(大司寇)라고도 불렀다. 형벌이나 옥사에 관련된 일을 담당하였고,
   감찰 임무를 맡기도 하였다. 춘추시대(春秋時代)에는 여러 제후국들에 이 관직이
   설치되었으며, 공자(孔子) 또한 노(魯)나라에서 '사구'를 지냈다고 전해지기도 한
   다. 청(淸)나라 때에는 형부상서(刑部尚書)를 '대사구'로 불렀으며, 시랑(侍郎)을
   소사구(少司寇)로 불렀다.

절음이다.] 밝혀서, 옥송(獄訟)²⁾의 일들을 처리하는데, 벌을 줄 때에는 반드시 세 번 검토를 한다.['刺'자의 음은 '次(차)'이다.] 의도는 있었으나 시행함이 없었다면, 옥송으로 처리하지 않는다. 다만 죄에 따른 벌을 내릴 때에는 형벌을 될 수 있는 한 가볍게 하고, 사면할 때에는 될 수 있는 한 두텁게 한다.

集說

周禮以三刺斷庶民獄訟之中, 一曰訊群臣, 二曰訊群吏, 三曰訊万民. 刺, 殺也. 有罪當殺者先問之群臣, 次問之群吏, 又問之庶民, 然後決其輕重也. 若有發露之旨意, 而無簡覈之實迹, 則難於聽斷矣. 於是有附有赦焉, 附而入之, 則施刑從輕, 赦而出之, 則宥罪從重. 所謂與其殺不辜, 寧失不經也.

『주례』에서는 "삼자(三刺)로 서민들의 옥송에 대한 합당함을 판별한다고 하니, 첫 번째는 여러 신하들에게 하문하는 것을 말하고, 두 번째는 여러 하급 관리들에게 하문하는 것을 말하며, 세 번째는 만민에게 하문하는 것을 말한다."³⁾라고 했다. '자(刺)'자는 죽인다는 뜻이다. 그 죄로 보아 마땅히 죽여야 할 자가 있으면, 우선 여러 신하들에게 하문하고, 다음으로 여러 하급 관리들에게 하문하며, 또한 서민들에게 하민한 연후에야 그 죄에 따른 처벌의 경중을 결정한다. 만약 겉으로 드러난 범죄의 뜻이 있었더라도, 그 실상을 조사함에 있어서 실제로 시행함이 없었

---

2) 옥송(獄訟)은 일종의 재판을 뜻하는 말이다. '옥(獄)'자는 죄를 따지는 것이며, '송(訟)'자는 재화의 손실 등을 따져서 벌금을 결정하는 것이다. 『주례』「지관(地官)·대사도(大司徒)」편에는 "凡萬民之不服敎而有獄訟者, 與有地治者聽而斷之, 其附于刑者歸于士."라는 기록이 있고, 이에 대한 정현의 주에서는 "爭罪曰獄, 爭財曰訟."이라고 풀이했다. 한편 '옥송'은 '옥'자와 '송'자를 구별하지 않고, 재판 및 분쟁을 범칭하는 용어로도 사용된다.

3) 『주례』「추관(秋官)·소사구(小司寇)」: 以三刺斷庶民獄訟之中. 一曰訊群臣, 二曰訊群吏, 三曰訊萬民.

다면, 옥송을 들어 죄를 판정하기가 어렵다. 이때에는 형벌을 가할 경우도 있고 사면해줄 경우도 있으니, 형벌을 가해서 감옥에 들여보낼 때에는 형벌을 될 수 있는 한 가볍게 하고, 사면해서 내보냄이 있을 때에는 될 수 있는 한 두텁게 한다. 이것은 이른바 "무고한 사람을 죽이느니, 차라리 법대로 하지 못한 실수를 범하겠다."[4]는 뜻이다.

凡制五刑, 必卽天論[倫], 郵罰, 麗於事.〈098〉

오형(五刑)[5]을 판결할 때에는 반드시 천륜에['論'자의 음은 '倫(륜)'이다.] 따르고, 벌을 규명하여 밝힐 때에는 실정에 맞게 한다.

制, 斷也. 天倫, 天理也. 天之理至公而無私, 斷獄者體而用之, 亦至公而無私. 郵, 與尤同, 責也. 凡有罪責而當誅罰者, 必使罰與事相附麗, 則至公無私, 而刑當其罪矣.

'제(制)'자는 판결한다는 뜻이다. '천륜(天倫)'은 곧 천리이다. 하늘의 이치는 지극히 공평하고 삿됨이 없으니, 옥송을 판결하는 자는 이것을 본체로 삼아 사용해야만 또한 지극히 공평하게 되어 삿됨이 없게 된다.

---

4) 『서』「우서(虞書) · 대우모(大禹謨)」: 罪疑惟輕, 功疑惟重, <u>與其殺不辜, 寧失不經.</u>

5) 오형(五刑)은 다섯 가지 형벌을 뜻한다. '오형'의 구체적 항목에 대해서는 각 시대별 차이가 있지만, 『주례』의 기록에 근거하면, 묵형(墨刑), 의형(劓刑), 궁형(宮刑), 비형(剕刑: =刖刑), 대벽(大辟: =殺刑)이 된다. 『주례』「추관(秋官) · 사형(司刑)」편에는 "掌五刑之灋, 以麗萬民之罪, 墨罪五百, 劓罪五百, 宮罪五百, 剕罪五百, 殺罪五百."이라는 기록이 있다.

'우(郵)'자는 허물을 뜻하는 '우(尤)'자와 뜻이 같으니, 규명하여 밝힌다
는 뜻이다. 죄를 규명하여 밝힘에 마땅히 벌을 주어야 함이 있더라도,
반드시 벌을 줌에는 그 일의 실정과 부합되어야만, 지극히 공평하고 삿
됨이 없게 되어, 형벌이 그 죄에 합당하게 된다.

經文

凡聽五刑之訟, 必原父子之親, 立君臣之義, 以權之. 意論輕
重之序, 愼測淺深之量, 以別之. 悉其聰明, 致其忠愛, 以盡
之. 疑獄, 氾與衆共之, 衆疑, 赦之. 必察小大之比[俾], 以成
之.〈099〉

오형의 송사를 처리할 때에는 반드시 부자간 친함의 도리에 근원하고,
군신간 의로움의 도리에 입각하여, 저울질하여 처리한다. 죄의 가볍고
무거운 순서를 깊이 논의하며, 죄의 깊고 얕은 양을 신중히 헤아려서,
형량을 구별한다. 사구는 총명함을 다하고 충애를 지극히 해서, 직무를
다한다. 옥사가 의심스러우면, 널리 여러 사람들과 함께 그 일을 처리
하되 여러 사람들이 그 일이 죄가 될지 의심스러워한다면 그를 사면해
준다. 반드시 옛 일들 중에 있었던 크고 작은 사례들을['比'자의 음은 '俾
(비)'이다.] 살펴서, 그 일을 완수한다.

集說

父爲子隱, 子爲父隱, 而直在其中者, 以其有父子之親也. 刑亂國用
重典, 以其無君臣之義也. 推類可以通其餘, 顧所以權之何如耳. 父
子·君臣, 人倫之重者, 故特擧以言之, 亦承上文天倫之意. 所犯雖
同, 而有輕重淺深之殊者, 不可槩議也, 故別之, 所謂權也. 明視聰
聽, 而察之於詞色之間, 忠愛惻怛, 而體之於言意之表, 庶可以盡得

其情也. 汎, 猶廣也. 其或在所可疑, 則泛然而廣詢之衆見焉. 衆人
共謂可疑, 則宥之矣. 比, 猶例也. 小者有小罪之比, 大者有大罪之
比, 察而成之, 無往非公也.

"아비는 자식을 위해 숨겨주고, 자식은 아비를 위해 숨겨주니, 정직함은
그 가운데 있다."[6]는 것은 부자간에 친함이 있기 때문이다. "어지러운
나라를 형벌할 때에는 중대한 법률을 적용한다."[7]는 것은 군신간에 의
로움이 없기 때문이다. 이것을 유추하여 그 나머지에도 통용할 수 있는
것은 분별함이 어떠했는지를 살펴보는 것일 뿐이다. 부자관계와 군신관
계는 인륜 중에서도 중대한 것이기 때문에, 특별히 이 둘을 제시해서 말
했을 따름이며, 또한 앞 문장에서 말한 천륜의 뜻을 이은 것이다. 죄를
범한 것이 비록 같다 하더라도, 경중과 천심의 차이가 있으니, 개괄적으
로 의론할 수 없기 때문에 구별하는 것으로, 이른바 저울질한다는 뜻에
해당한다. 보는 것과 듣는 것이 총명하면서도 죄인의 언어와 낯빛 사이
에서 그것을 살피고, 충직하고 자애로우며 진심으로 슬퍼하면서도 판결
자의 말과 생각의 표출함에서 그것을 체현해내면, 아마도 그 죄의 실정
을 다 알 수 있을 것이다. 범(汎)자는 넓다는 뜻이니, 그 사안에 혹여
의심할 만한 데가 있다면, 널리 많은 사람들의 견해를 묻는다. 많은 사
람들이 모두 죄가 될지 의심스러워할 만하다고 판단한다면, 그를 용서
해준다. '비(比)'자는 유사한 사례를 뜻한다. 사안이 작은 것에 있어서는
작은 죄를 처벌했을 때의 사례가 있고, 큰 것에 있어서는 큰 죄를 처벌
했을 때의 사례가 있으니, 그것들을 살펴서 일을 완수한다면, 일을 처리
함마다 공평하지 않음이 없게 된다.

---

6) 『논어』「자로(子路)」: 孔子曰, 吾黨之直者異於是, 父爲子隱, 子爲父隱. 直在
其中矣.
7) 『주례』「추관(秋官)·대사구(大司寇)」: 大司寇之職, 掌建邦之三典, 以佐王刑
邦國, 詰四方. 一曰刑新國用輕典. 二曰刑平國用中典. 三曰刑亂國用重典.

成獄辭, 史以獄成告於正. 正聽之, 正以獄成告于大司寇. 大司寇聽之棘木之下, 大司寇以獄之成告於王. 王命三公, 參聽之. 三公以獄之成告於王. 王三又[宥], 然後制刑.〈100〉

옥과 관련된 보고서가 완성되면, 문서 담당관인 사가 옥에 대한 조사가 끝났음을 정에게 보고한다. 정은 그것을 검토하고, 이상이 없으면 정은 옥에 대한 조사가 끝났음을 대사구에게 보고한다. 대사구는 가시나무 아래에서 그것을 검토하고, 이상이 없으면 대사구는 옥에 대한 조사가 최종적으로 끝났음을 천자에게 보고한다. 천자는 삼공에게 명령하여, 참여해서 그것을 검토하게 한다. 이상이 없으면 삼공은 옥에 대한 최종 보고가 이상이 없음을 천자에게 보고한다. 그러면 천자는 세 번 용서해 줄['又'자의 음은 '宥(유)'이다.] 것을 생각 한 연후에야 최종 형을 결정한다.

集說

成獄詞者, 謂治獄者責取犯者之言辭, 已成定也. 史, 掌文書者. 正, 士師之屬. 聽, 察也. 棘木, 外朝之卿位也. 又, 當作宥, 周禮一宥曰不識, 再宥曰過失, 三宥曰遺忘, 謂行刑之時, 天子猶欲以此三者免其罪也. 自下而上, 咸無異說, 而天子猶必三宥, 而後有司行刑者, 在君爲愛下之仁, 在臣有守法之義也.

옥사를 완성했다는 것은 옥을 담당하는 자가 범죄를 저지른 자를 책문한 글이 완성되었다는 것을 말한다. '사(史)'는 문서를 담당하는 관리이다. '정(正)'은 사사(士師)[8]의 부류이다. '청(聽)'자는 살핀다는 뜻이다.

---

8) 사사(士師)는 사사(士史)라고도 부르며, 고대에 금령(禁令)이나 형별 및 옥사 등을 담당하던 관리이다. 『주례』「추관(秋官)・사사(士師)」편에는 "士師之職, 掌國之五禁之法, 以左右刑罰. 一曰宮禁, 二曰官禁, 三曰國禁, 四曰野禁, 五曰軍禁."이란 기록이 있다.

극목(棘木)[9]은 외조(外朝)[10]에 있는 경의 자리에 해당한다. '우(又)'자는 마땅히 유(宥)자로 기록해야 하니, 『주례』에는 "첫 번째 관대하게 처리해주는 대상은 인식하지 못한 것을 말하며, 두 번째 관대하게 처리해주는 대상은 과실에 의한 것을 말하고, 세 번째 관대하게 처리해주는 대상은 약간의 망각함이 있는 것이다."[11]라고 했으니, 형을 집행할 때에도 천자는 오히려 이러한 세 가지로 그의 죄를 사면하게 해주고자 한다는 뜻이다. 아래의 실무 관리로부터 위로의 고위직 관리까지 모두 다른 의견이 없는데도, 천자가 오히려 이처럼 세 가지 기준으로 관대하게 처리하는 것을 고려한 이후에야 유사가 형을 집행하는 것은 군주에게는 아랫사람을 사랑하는 인함이 있고, 신하에게는 법을 수호하는 의로움이 있기 때문이다.

---

9) 극목(棘木)은 외조(外朝)에 심는 나무를 가리킨다. 고대에는 천자 및 제후가 외조에서 신하들과 함께 정사(政事)를 처리했는데, 외조의 좌우에는 각각 9개의 '극목'을 심어서, 신하들의 위치를 표시하였다. 『주례』「추관(秋官)·조사(朝士)」편에는 "掌建邦外朝之法. 左九棘, 孤卿大夫位焉, 群士在其後. 右九棘, 公侯伯子男位焉, 群吏在其後."라는 기록이 있고, 이에 대한 정현의 주에서는 "樹棘以爲立者, 取其赤心而外刺, 象以赤心三刺也."으로 풀이했다. 이후에는 '구극(九棘)'을 구경(九卿)을 가리키는 용어로도 사용했다.

10) 외조(外朝)는 내조(內朝)와 대비되는 말이며, 천자 및 제후가 정사(政事)를 처리하던 곳이다. 『주례』「춘관(秋官)·조사(朝士)」편에 대한 정현의 주에서는 "周天子諸侯皆有三朝. 外朝一, 內朝二. 內朝之在路門內者, 或謂之燕朝."라는 기록이 있다. 즉 천자 및 제후는 3개의 조(朝)를 두는데, 1개는 '외조'이며, 나머지 2개는 내조가 된다. 『국어(國語)』「노어하(魯語下)」편에는 "天子及諸侯合民事於外朝, 合神事於內朝. 自卿以下, 合官職於外朝, 合家事於內朝."라는 기록이 있고, 이 문장에 나타난 '외조'에 대해서, 위소(韋昭)는 "言與百官考合民事於外朝也."라고 풀이했다. 즉 '외조'는 모든 관료들과 함께, 백성들과 관련된 정무를 처리하던 장소이다.

11) 『주례』「추관(秋官)·사자(司刺)」: 司刺, 掌三刺三宥三赦之法, 以贊司寇聽獄訟. …… 壹宥曰不識, 再宥曰過失, 三宥曰遺忘.

凡作刑罰, 輕無赦.〈101〉

형벌을 결정하면 가벼운 것이라도 사면해줌이 없다.

馮氏曰: 此言立法制刑之意. 雖輕無赦, 所以使人難犯也. 惟其當刑
必刑, 輕且不赦, 而況於重者乎? 故君子不容不盡心焉.

풍씨가 말하길, 이것은 형법을 제정하고 형벌을 결정하는 뜻을 말한 것
이다. 비록 가벼운 죄일지라도 사면해줌이 없는 것은 사람들로 하여금
법을 범하길 어려워하게 만드는 방법이다. 오직 그 형벌에 해당한다면
반드시 해당 형벌을 내리고, 아무리 가벼운 죄일지라도 또한 사면해주
지 않으니, 하물며 무거운 죄는 어떠하겠는가? 그렇기 때문에 군자는 판
결함에 있어서, 마음을 다하지 않는 것을 용납하지 않는다.

刑者, 侀也; 侀者, 成也. 一成而不可變, 故君子盡心焉.〈102〉

'형(刑)'자는 형(侀)자의 뜻이니, '형(侀)'이란 이룬다는 의미이다. 한번
이루어지면 변할 수 없다. 그렇기 때문에 군자는 판결함에 마음을 다
한다.

疏曰: 侀, 是形體.

소에서 말하길, '형(侀)'자는 사람의 형체와 같은 것이다.

馬氏曰: 刑之所以爲刑者, 猶人之有刑也. 一辭不具, 不足以爲刑. 一體不備, 不足爲成人. 辭之所成, 則刑有所加而不可變, 故君子盡心焉. 君子無所不盡其心, 至於用刑, 則尤愼焉者也.

마씨가 말하길, 형벌의 '형(刑)'자가 고정되어 변할 수 없는 형체를 뜻하는 형(刑)자가 되는 까닭은 사람에게 형체가 있는 것과 같다. 판결과 관련된 문서에 하나의 말이라도 갖추어지지 않았다면, 제대로 된 형벌집행이라고 하기에는 부족하다. 하나의 신체라도 갖추어지지 않았다면, 완전한 사람이라고 여기기에는 부족하다. 옥사가 다 갖추어져 완성되었다면, 형벌을 부여함에 있어서 잘못됨이 있더라도 바꿀 수 없다. 그렇기 때문에 군자는 판결함에 마음을 다한다. 군자는 그 마음을 다하지 않는데가 없지만, 형벌을 사용함에 이르러서는 더욱 신중을 기한다.

析言破律, 亂名改作, 執左道, 以亂政, 殺.〈103〉

말을 쪼개 분석하여 교묘히 하고 법률을 파괴하며 바른 명칭을 혼란스럽게 하고 제도를 제멋대로 고치며 이단의 사악한 도리에 따라서 정사를 혼란케 하면, 사형을 내린다.

剖析言辭, 破壞法律, 所謂舞文弄法者也. 變亂名物, 更改制度, 或挾異端邪道, 以罔惑于人, 皆足以亂政, 故在所當殺.

말을 쪼개 분석하여 교묘히 하고, 법률을 파괴하는 것은 이른바 말장난을 하며 법률을 곡해하는 것이다. 문물의 명칭을 혼란스럽게 하고, 제도를 제멋대로 고치며, 혹은 이단의 사악한 도리를 가지고서 사람들을 미혹시키는 것은 모두 정사를 혼란하게 만들기에 충분하다. 그렇기 때문에 마땅히 죽여야 할 죄에 해당하는 것이다.

作淫聲異服, 奇技奇器, 以疑衆, 殺. 行去聲僞而堅, 言僞而辨,
學非而博, 順非而澤, 以疑衆, 殺. 假於鬼神時日卜筮, 以疑衆,
殺. 此四誅者, 不以聽.〈104〉

선왕의 음악이 아닌 음란한 음악과 선왕의 복식이 아닌 바르지 못한 복
식을 만들고, 기이한 재주와 기이한 기물을 만들어서, 민중을 현혹시키
면, 사형을 내린다. 거짓을 행하면서도['行'자는 거성으로 읽는다.] 굳건하여
빈틈이 없고, 거짓을 말하면서도 변설이 뛰어나 굽히지 않으며, 부정한
학문을 배웠음에도 박식하고, 부정한 것을 꾸미고 유창하게 해서, 민중
을 현혹시키면, 사형을 내린다. 귀신이나 날짜 점치는 것이나 거북점과
시초점에 가탁해서, 민중을 현혹시키면, 사형을 내린다. 이 네 가지 주
살될 죄에 해당하는 자는 판결을 듣지 않고 즉각 처분한다.

集說

淫聲, 非先王之樂也, 異服, 非先王之服也. 奇技奇器, 如偃師舞木
之類. 書云: "紂作奇技淫巧以悅婦人." 所行雖僞, 而堅不可攻, 所言
雖僞, 而辨不可屈, 如白馬非馬之類. 所學雖非正道, 而涉獵甚廣,
則亦難於窮詰. 順非, 文過也. 所行雖非, 而善於文飾, 其言滑澤無
滯, 衆皆疑其爲是也. 至於假託鬼神之禍福, 時日之吉凶, 卜筮之體
咎, 皆足以使人惑於見聞, 而違悖禮法. 故亂政者一, 疑衆者三, 皆
決然殺之, 不復審聽, 亦爲其害大而辭不可明也.

음란한 음악은 선왕이 만든 음악이 아니며, 바르지 못한 복식은 선왕이
제정한 복식이 아니다. 기이한 재주와 기이한 기물은 언사가 주나라 목

왕에게 바쳤던 춤추는 나무 인형과 같은 부류이다. 『서』에 말하길, "은의 주왕은 기이한 재주와 지나치게 교묘한 것들을 만들어서 부인을 기쁘게 하였다."[12]라고 했다. 행동하는 것이 비록 거짓되나 굳건하여 빈틈을 공략할 수 없고, 말하는 것이 비록 거짓되나 변설이 뛰어나 굽힐 수가 없는 것은 공손룡이 말한 흰 말은 말이 아니라는 변설과 같은 부류이다. 배운 것이 비록 정도가 아니나 학문을 섭렵함이 매우 넓다면, 또한 따져 묻기가 어렵다. '순비(順非)'라는 것은 꾸밈이 지나친 것을 뜻한다. 행동하는 것이 비록 바르지 못하나 꾸미는데 뛰어나서, 그 말이 유창하여 막힘이 없으니, 민중들이 모두 그것이 옳다고 의심하는 것이다. 귀신이 내려준다는 화복, 일시에 따른 길흉, 복서에 나타난 좋고 나쁨에 가탁하는데 대해서는 이것들은 모두 사람들로 하여금 견문을 미혹시켜서, 예법을 어그러트리기에 충분하다. 그렇기 때문에 정사를 혼란시키는 경우 한 가지와 민중을 현혹시키는 경우 세 가지는 모두 과감하게 그런 사람들을 사형에 처하며, 다시 심문하여 판결하지 않는 것은 또한 그들이 끼치는 해가 크고 그들의 언설에 의해 옥사가 명확해지지 않기 때문이다.

經文

凡執禁, 以齊衆, 不赦過.〈105〉

금지하는 법령을 집행하여 민중을 다스릴 때에는 작은 과실이라도 사면해주지 않는다.

---

12) 『서』「주서(周書)·태서하(泰誓下)」: 作奇技淫巧, 以悅婦人

立法有典, 司刑有官, 雖過失不赦, 所以齊衆人之不齊也. 若先示之
以赦過之令, 則人將輕於犯禁矣, 豈能齊之乎?

법령을 세움에는 법전이 있고, 형벌을 다스림에는 관리가 있으니, 비록
작은 과실이라도 용서해주지 않는 것은 민중들의 가지런하지 못함을 다
스리기 위해서이다. 만약 먼저 과실을 사면해주는 법령을 보여주게 된
다면, 사람들은 장차 금법 범하기를 가볍게 여길 것이니, 어찌 다스릴
수 있겠는가?

有圭璧 · 金璋, 不粥於市. 命服 · 命車, 不粥於市. 宗廟之器,
不粥於市. 犧牲, 不粥於市. 戎器, 不粥於市.〈106〉

규벽과 금장(金璋)13)은 시장에서 팔아서는 안 된다. 하사받은 의복과
하사받은 수레는 시장에서 팔아서는 안 된다. 종묘에서 사용하는 기물
은 시장에서 팔아서는 안 된다. 제사에 사용하는 희생은 시장에서 팔아
서는 안 된다. 하사받은 병기는 시장에서 팔아서는 안 된다.

方氏曰: 此所以禁民之不敬. 金璋, 以金飾之. 考工記大璋 · 中璋 ·

---

13) 금장(金璋)은 금으로 장식한 장(璋)을 뜻한다. '장'은 본래 옥(玉)으로 된 기물로
써, 고대에는 조빙(朝聘)이나 제사(祭祀) 때 사용하던 물건이었다. 규(圭)의 절
반이 되는 크기이다. 『서』「주서(周書) · 고명(顧命)」편에는 "秉璋以酢."이란
기록이 있는데, 이에 대한 공안국(孔安國)의 전(傳)에서는 "半圭曰璋."이라고
풀이했다.

黃金勺・靑金外者, 是矣.

방씨가 말하길, 이 문장은 백성들의 불경스러움을 금지하는 것이다. '금장(金璋)'은 금으로 장식한 장이니, 『고공기』에 나오는 대장・중장・황금작・청금외라는 것[14] 등이 이것이다.

經文

用器不中[去聲]度, 不粥於市. 兵車不中度, 不粥於市. 布帛, 精麤不中數, 幅廣狹不中量, 不粥於市. 姦色亂正色, 不粥於市.〈107〉

일상적으로 사용하는 기물 중에서 정해진 기준 척도에 맞지['中'자는 거성으로 읽는다.] 않는 것은 시장에서 팔아서는 안 된다. 전쟁용 수레 중에서 정해진 기준 척도에 맞지 않는 것은 시장에서 팔아서는 안 된다. 포와 백 중에서 곱고 거친 올의 수가 정해진 기준 승수에 맞지 않고, 폭의 넓고 좁음이 정해진 기준 양에 맞지 않는 것은 시장에서 팔아서는 안 된다. 간색이 정색을 어지럽히는 것들은 시장에서 팔아서는 안 된다.

集說

此所以禁民之不法. 用器, 人生日用之器也. 數, 升縷多寡之數也. 布幅廣二尺二寸, 帛廣二尺四寸.

이 문장은 백성들의 불법적인 것들을 금지하는 것이다. '용기(用器)'는 사람이 살아가면서 일상적으로 사용하는 기물이다. '수(數)'는 피륙의 올

---

14) 『周禮』「冬官考工記・玉人」: 大璋中璋九寸, 邊璋七寸, 射四寸, 厚寸, 黃金勺, 靑金外, 朱中, 鼻寸, 衡四寸, 有繅, 天子以巡守, 宗祝以前馬.

이 많고 적음의 수를 말한다. 포의 폭 너비는 2척 2촌이고, 백의 폭 너비는 2척 4촌이다.

經文

錦文·珠玉·成器, 不粥於市. 衣服·飮食, 不粥於市.〈108〉

무늬를 수놓은 비단, 값비싼 주옥, 좋은 기물들은 시장에서 팔아서는 안 된다. 의복과 음식은 시장에서 팔아서는 안 된다.

集說

此所以禁民之不儉.

이 문장은 백성들의 검소하지 못함을 금지하는 것이다.

經文

五穀不時, 果實未孰, 不粥於市. 木不中伐, 不粥於市. 禽獸魚鼈不中殺, 不粥於市.〈109〉

오곡 중 제철이 아니어서 익지 않은 것과 과실 중 아직 익지 않은 것은 시장에서 팔아서는 안 된다. 벌목한 나무 중 벌목할 시기에 해당되지 않는데도 성장 중에 있는 나무를 벌목한 것은 시장에서 팔아서는 안 된다. 수렵한 금수와 어별 중 수렵할 시기에 해당되지 않는데도 불법으로 수렵한 것은 시장에서 팔아서는 안 된다.

此所以禁民之不仁. 凡十有四事, 皆所以齊其衆, 而使風俗之同也.

이 문장은 백성들의 인하지 못함을 금지하는 것이다. 이와 같이 총 14 가지 금지하는 일들은 모두 민중들을 가지런히 하여 풍속을 같게 하는 것이다.

經文

關, 執禁以譏, 禁異服, 識異言.〈110〉

관문에서는 이러한 금지법들을 집행하여 기찰하니, 다른 복식을 입는 사람들을 금지하고, 다른 언어를 사용하는 사람들을 기록하고 금지한다.

集説

劉氏曰: 凡上文所當禁戒之事, 雖有司刑司市之屬以治之, 然不有以譏察之, 則犯者衆而獲者寡矣. 故令司關者, 執禁戒之令以譏察之, 見異服則禁之, 聞異言則識之. 衣服易見, 故直曰禁, 言語難知, 故必曰識. 關, 境上門, 舉關則郊門 · 城門, 亦在其中矣. 司徒之屬有司門 · 司關者, 皆職之大略也.

유씨가 말하길, 앞 문장에서 마땅히 금지하고 경계해야 하는 일들은 비록 사형(司刑)[15]이나 사시(司市)[16]와 같은 관리들을 두어서 다스린다고

---

[15] 사형(司刑)은 주대(周代) 때의 관리로, 형벌에 대한 임무를 담당하였다. 형벌은 크게 다섯 가지가 있었는데, 이것을 통해 죄의 경중(輕重)을 변별하여, 형벌의 수위를 정하였다. 『주례』「추관사구(秋官司寇)」편에는 "司刑中士二人, 府一人, 史二人, 胥二人, 徒二十人."이라는 기록이 있다. 즉 '사형'은 사구(司寇)에

하지만, 그들만 가지고 자세히 기찰할 수 없어서, 범하는 자는 많아지는데 잡아들이는 자는 적게 된다. 그렇기 때문에 사관(司關)[17]으로 하여금 금지하고 경계하는 법령을 집행하여 자세히 기찰하니, 다른 복식을 보게 되면 그것을 금지하고, 다른 언어를 들으면 그것을 기록하는 것이다. 의복은 쉽게 드러나는 것이기 때문에, 곧바로 금지한다고 말한 것이고, 언어는 곧바로 알아차리기 어려운 것이기 때문에, 기어코 기록한다고 말한 것이다. 관문은 경계 상에 있는 문이니, 경문에서 관문만을 제시하였다면, 교문과 성문 또한 그 가운데 포함된다. 사도에 소속된 관리

게 소속된 관리이며, 중사(中士) 2명 이 직책의 담당관이 되고, 그 휘하에는 여러 잡무를 맡아보던 하급관리들이 배속되어 있었다. 또한 『주례』「추관(秋官)·사형(司刑)」편에는 "司刑掌五刑之法, 以麗萬民之罪. 墨罪五百, 劓罪五百, 宮罪五百, 刖罪五百, 殺罪五百. 若司寇斷獄弊訟, 則以五刑之法詔刑罰, 而以辨罪之輕重."이라는 기록이 있다.

16) 사시(司市)는 주대(周代) 때의 관리로, 시장에 대한 일을 담당하였다. 시장에 대한 단속 및 도량형의 준수 여부 등을 감시하였고, 금령(禁令)을 시행하고, 시장에서 이루어지는 거래가 공정하도록 단속하였다. 『주례』「지관사도(地官司徒)」편에는 "司市下大夫二人, 上士四人, 中士八人, 下士十有六人, 府四人, 史八人, 胥十有二人, 徒百有二十人."이라는 기록이 있다. 즉 '사시'는 사도(司徒)에게 소속된 관리이며, 하대부(下大夫) 2명이 이 직책의 담당관이 되고, 그 휘하에는 상사(上士) 4명을 비롯하여, 여러 하급 관리들이 배속되어 있었다. 또한 『주례』「지관(地官)·사시(司市)」편에는 "司市, 掌市之治教政刑量度禁令. …… 凡會同師役市司帥賈師而從, 治其市政, 掌其賣儥之事."라는 기록이 있다.

17) 사관(司關)은 주대(周代) 때의 관리로, 관문(關門)을 담당하였다. 관문의 출입을 통제하였고, 고대의 시장들은 주로 관문의 주위에 설치되었으므로, 시장에 대한 통제 또한 실시하였다. 『주례』「지관사도(地官司徒)」편에는 "司關上士二人, 中士四人, 府二人, 史四人, 胥八人, 徒八十人. 每關, 下士二人, 府一人, 史二人, 徒四人."이라는 기록이 있다. 즉 '사관'은 사도(司徒)에게 소속된 관리이며, 상사(上士) 2명이 이 직책의 담당관이 되고, 중사(中士) 4명이 보좌를 하였다. 그리고 각 관문에는 하사(下士) 2명과 하급관리 몇 명이 배치되어 있었다. 『주례』「지관(地官)·사관(司關)」편에는 "司關, 掌國貨之節以聯門市. …… 有外內之送令, 則以節傳出內之."라는 기록이 있다.

중 사문(司門)18)이나 사관과 같은 자들이 있는데, 여기에서 말하는 것들이 모두 그 직책의 대략적인 내용들이다.

經文

大史典禮, 執簡記, 奉諱惡[去聲], 天子齊戒, 受諫.⟨111⟩

태사는 예에 대한 전적을 담당하니, 간책에 기록된 것을 가지고 와서 피휘해야 할 것과 싫어하는 것들을['惡'자는 거성으로 읽는다.] 기재하여 바치면, 천자는 몸을 가다듬고 스스로를 경계하며, 간언해준 것을 받아들인다.

集說

周官 · 大史典歷代禮儀之籍. 國有禮事, 則豫執簡策, 記載所當行之禮儀, 及所當知之諱惡, 如廟諱忌日之類, 奉而進之天子. 天子重其事, 故齊戒以受其所敎詔. 諫, 猶敎詔也. 不言大宗伯者, 體貌尊, 惟詔相大禮於臨時耳.

『주례』의 태사는 역대 예의 의식에 대한 전적을 담당한다.19) 나라에 예

---

18) 사문(司門)은 주대(周代) 때의 관리로, 문(門)을 담당하였다. 국문(國門)을 개폐하거나, 외부의 빈객(賓客)들이 찾아오면, 그 사실을 보고하는 일 등을 하였다. 『주례』「지관사도(地官司徒)」편에는 “司門下大夫二人, 上士四人, 中士八人, 下士十有六人, 府二人, 史四人, 胥四人徒, 四十人. 每門, 下士二人, 府一人, 史二人, 徒四人."이라는 기록이 있다. 즉 ‘사문'은 사도(司徒)에게 소속된 관리이며, 하대부(下大夫) 2명이 이 직책의 담당관이 되고, 상사(上士)를 비롯하여 여러 명의 보좌관을 거느렸다. 또한 각 문에는 하사(下士) 2명과 하급관리들이 배치되었다. 『주례』「지관(地官) · 사문(司門)」편에는 “司門, 掌授管鍵以啓閉國門. …… 凡四方之賓客造焉, 則以告."라는 기록이 있다.

와 관련된 일이 생기면, 미리 간책을 가지고 와서, 마땅히 행해야할 예의 의식과 마땅히 알아야할 피휘할 것과 싫어하는 것들을 기록하니, 예를 들어 묘에서 피휘해야 할 것과 부모나 친족 등이 돌아가셔서 꺼리는 날인 기일과 같은 부류 등인데, 이런 것들을 기록하여 받들고서 천자에게 올린다. 천자는 그 일을 중대하게 여기기 때문에, 몸을 가다듬고 스스로를 경계하여 교조해야 할 것들을 받아들인다. '간(諫)'은 교조와 같은 것이다. 대종백을 언급하지 않은 것은 대종백이 예를 돕는 것은 존귀한 경우이니, 오직 천자가 그 일에 직접 임할 때 보다 큰 예를 아뢰며 도울 따름이다.

經文

司會[古外反]以歲之成, 質於天子, 冢宰齊戒, 受質.〈112〉

사회(司會)[20]가['會'자는 '古(고)'자와 '外(외)'자의 반절음이다.] 한 해의 성과에 대한 회계를 완성한 것으로 천자에게 질정하는데, 총재는 몸을 가다듬고 스스로 경계하며, 사회가 질정한 것을 받아들인다.

---

19) 『주례』「춘관(春官)·대사(大史)」: 大史, 掌建邦之六典, 以逆邦國之治, 掌法以逆官府之治, 掌則以逆都鄙之治.

20) 사회(司會)는 주(周)나라 때의 관직이다. 『주례』의 체제에 따르면, 천관(天官)에 소속되어 있었으며, 중대부(中大夫) 2명이 담당을 하였고, 그 휘하에는 하대부(下大夫) 4명, 상사(上士) 8명, 중사(中士) 16명이 포함되어, '중대부'를 보좌를 하였다. 한편 잡무를 맡아보는 부(府) 4명, 사(史) 8명, 서(胥) 5명, 도(徒) 50명이 배속되어 있었다. 『주례』「천관총재(天官冢宰)」편에는 "司會, 中大夫二人, 下大夫四人, 上士八人, 中士十有六人, 府四人, 史八人, 胥五人, 徒五十人."이라는 기록이 있다. '사회'는 주로 국가의 재화에 대한 일을 담당하여, 필요한 수량에 따라 각 관부에 공급을 하거나, 각 관부의 정치적 업적 등을 평가하는 임무를 담당하였다.

司會, 冢宰之屬, 掌治法之財用會計, 及王與冢宰廢置等事. 故歲之
將終也, 質平其一歲之計要於天子, 而先之冢宰冢. 宰重其事, 而齊
戒以受其質. 質者, 質於上而考正其當否也.

사회는 총재에게 소속된 관리로, 법 시행에 있어서의 재물 사용과 회계,
그리고 천자 및 총재에게 폐지해야 할 것과 설치해야 할 것 등을 건의하
는 일을 담당한다.[21] 그렇기 때문에 한 해가 장차 끝나려고 할 때, 그
해의 성과를 천자에게 질정하여 바로잡는데, 총재에게 먼저 바친다. 총
재는 그 일을 중대하게 여기기 때문에, 몸을 가다듬고 스스로 경계하며
질정한 내용을 받아들인다. '질(質)'이라는 것은 윗사람에게 질정하여 마
땅하거나 그렇지 않음을 상고해서 바로잡는 것이다.

大樂正·大司寇·市三官, 以其成從質於天子, 大司徒·大司
馬·大司空齊戒受質.〈113〉

대악정·대사구·사시 등 세 명의 관리가 그 해의 성과에 대한 회계를
완성한 것으로 사회를 통해 천자에게 질정하는데, 대사도·대사마·대
사공은 몸을 가다듬고 스스로를 경계하며, 질정한 것을 받아들인다.

市, 司市也. 周官司市下大夫二人. 司會所質, 冢宰既受之矣. 此三

---

21) 『주례』「천관(天官)·사회(司會)」: 掌國之官府郊野縣都之百物財用, 凡在書
契版圖者之貳, 以逆群吏之治, 而聽其會計. …… 以周知四國之治, 以詔王
及冢宰廢置.

官各以其計要之成,從司會而質於天子,則司徒·司馬·司空亦齊戒而受之.

'시(市)'는 사시이다. 『주례』에 사시는 하대부 2명이 담당한다고 했다.[22] 사회가 질정하는 것은 총재가 이미 접수했다. 여기에서 말한 세 명의 관리는 각각 그들이 집계한 한 해의 성과를 정리한 결과물을 가지고 사회를 통해 천자에게 질정하는데, 사도·사마·사공은 또한 몸을 가다듬고 경계하며, 그것을 받아들인다.

經文

百官, 各以其成質於三官, 大司徒·大司馬·大司空以百官之成質於天子, 百官齊戒受質, 然後休老勞[去聲]農, 成歲事, 制國用.〈114〉

백관(百官)[23]이 각각 그 해의 성과에 대한 회계를 완성한 것으로, 세 명의 관리인 대악정·대사구·사시에게 질정함을 청하면, 이들은 다시 대사도·대사마·대사공에게 보고하고, 대사도·대사마·대사공은 백관이 제출한 성과에 대한 회계를 완성한 것으로 천자에게 질정하고, 천자가 질정한 내용에 대한 결과를 백관에게 내려주면, 백관은 몸을 가다듬고 스스로를 경계하며, 질정한 결과물을 받아들이니, 그런 연후에야 나이든 사람을 휴식시키고, 농부를 위로해주며['勞'자는 거성으로 읽는다.]

---

22) 『주례』「지관사도(地官司徒)」: 司市下大夫二人, 上士四人, 中士八人, 下士十有六人, 府四人, 史八人, 胥十有二人, 徒百有二十人.

23) 백관(百官)은 공경(公卿) 이하의 관리들을 뜻한다. 또한 각 부서의 하급 관리들을 총칭하는 용어로도 사용되었다. 『예기』「교특생(郊特牲)」편에는 "獻命庫門之內, 戒百官也."라는 기록이 있고, 이에 대한 정현의 주에서는 "百官, 公卿以下也."라고 풀이하였다.

한 해의 일을 마무리 짓고, 다음해 국가의 재용을 제정한다.

百官位卑, 不敢專達, 故但質於三官. 三官達於司徒·司馬·司空, 而爲之質於天子. 天子與六卿受而平斷畢, 則還報其平於下. 故百官齊戒, 以受上之平報焉, 君臣上下, 莫不齊戒以致其敬者, 以天功天職, 不敢忽也. 六官獨不言大宗伯者, 宗伯禮樂事行, 則天子六卿皆在, 無可歲會者. 惟大樂正敎國子, 及一歲禮樂之費用, 當質正之爾. 然雖不言宗伯, 而先言大史典禮於前, 則其尊重禮樂之意, 可見矣. 已上竝劉氏說.

백관은 지위가 낮기 때문에 감히 천자에게 직접 전달할 수 없다. 그렇기 때문에 단지 세 명의 관리인 대악정·대사구·사시에게 질정함을 청하는 것이다. 세 명의 관리들은 다시 사도·사마·사공에게 전달하여, 그들을 대신해 천자에게 질정함을 구하게 된다. 천자와 육경(六卿)[24]은 그것을 받아들이고 평가하여 결정이 끝나면, 다시 아래로 그 평가한 결

---

24) 육경(六卿)은 여섯 명의 경(卿)을 가리키는데, 주로 여섯 명의 주요 관직자들을 뜻한다. 각 시대마다 해당하는 관직명과 담당하는 영역에는 차이가 있었다. 『서』 「하서(夏書)·감서(甘誓)」편에는 "大戰于甘, 乃召六卿."이라는 기록이 있고, 이에 대한 공안국(孔安國)의 전(傳)에서는 "天子六軍, 其將皆命卿."이라고 풀이했다. 즉 천자는 6개의 군(軍)을 소유하고 있는데, 각 군의 장수를 '경(卿)'으로 임명하였기 때문에, 이들 육군(六軍)의 수장을 '육경'이라고 부른다는 뜻이다. 이 기록에 따르면 하(夏)나라 때에는 육군의 장수를 '육경'으로 불렀다는 결론이 도출된다. 한편 『주례(周禮)』의 체제에 따르면, 주(周)나라에서는 여섯 개의 관부를 설치하였고, 이들 관부의 수장을 '경'으로 임명하였다. 따라서 천관(天官)의 총재(冢宰), 지관(地官)의 사도(司徒), 춘관(春官)의 종백(宗伯), 하관(夏官)의 사마(司馬), 추관(秋官)의 사구(司寇), 동관(冬官)의 사공(司空)이 '육경'에 해당한다. 『한서(漢書)·백관공경표상(百官公卿表上)』편에는 "夏殷亡聞焉, 周官則備矣. 天官冢宰, 地官司徒, 春官宗伯, 夏官司馬, 秋官司寇, 冬官司空, 是爲六卿, 各有徒屬職分, 用於百事."라는 기록이 있다.

과를 알려준다. 그렇기 때문에 백관이 몸을 가다듬고 스스로 경계하며, 위에서 내려온 평가결과를 받아들이는 것이다. 군신 상하가 몸을 가다듬고 스스로를 경계하여, 공경스러움을 지극히 하지 않음이 없는 것은 하늘이 도와 이루어진 공적과 하늘이 내려준 직임을 감히 소홀히 할 수 없기 때문이다. 여섯 관부 중에서 유독 대종백만을 언급하지 않은 것은 종백이 집행하는 예악의 일과 시행에는 천자와 육경이 모두 그 자리에 참가하기 때문에 한 해의 성과를 총결산할 것이 없다. 다만 대종백에게 소속된 대악정이 국자들을 가르치고, 한 해의 예악을 시행하며 사용되는 비용 등에 대해서는 마땅히 질정해야 할 따름이다. 그렇기 때문에 비록 종백을 언급하지 않았더라도 앞서 태사가 예에 대한 전적을 담당한다고 먼저 언급했으니, 예악을 존중했던 의의를 볼 수 있다. 이상은 모두 유씨의 주장이다.

浅見

近按: 右自"冢宰制國用"以下至此, 通爲一章. 蓋首言冢宰, 次言司空·司徒·司馬之職, 而後言司寇, 終又言冢宰而兼及四卿以總結之.

내가 살펴보니, 여기까지 즉 "총재가 국가의 재용을 제정한다."라고 한 구문으로부터 그 이하로 이곳 문장까지는 통괄하여 하나의 장이 된다. 앞부분에서 총재를 언급하고, 그 다음으로 사공·사도·사마의 직무를 언급했으며, 그 뒤에서는 사구를 언급했고, 끝에서는 다시 총재를 언급하고 네 명의 경까지 함께 언급하여 총괄적으로 결론을 맺은 것이다.

제 5 장

經文

凡養老,〈115〉

노인을 봉양함에 있어서,

集說

養老之禮, 其目有四. 養三老五更, 一也; 子孫死於國事, 則養其父祖, 二也; 養致仕之老, 三也; 養庶人之老, 四也. 一歲之間, 凡七行之. 飮養陽氣, 則用春·夏. 食養陰氣, 則用秋·冬. 四時各一也. 凡大合樂, 必遂養老, 謂春入學, 舍菜合舞, 秋頒學合聲, 則通前爲六. 又季春大合樂, 天子視學亦養老, 凡七也.

노인을 봉양하는 예는 그 절목에 네 가지가 있다. 삼로오경(三老五更)[1]

---

1) 삼로오경(三老五更)은 삼로(三老)와 오경(五更)을 뜻한다. 이들은 국가의 요직에 있다가 나이가 들어 퇴직한 자들이다. 정현은 '삼로'와 '오경'은 3명과 5명이 아닌 각각 1명씩이라고 풀이했다. 그리고 1명씩인데도 '삼(三)'자와 '오(五)'자를 붙여서 부르는 이유에 대해서, '삼신(三辰)'과 '오성(五星)'에서 명칭을 빌려왔기 때문이라고 해석하였고, 또한 '삼덕(三德)'과 '오사(五事)'를 알고 있는 자들이기 때문에, 이러한 명칭이 붙었다고 풀이하기도 한다. 『예기』「문왕세자」편에는 "適東序, 釋奠於先老, 遂設三老, 五更, 群老之席位焉."이란 기록이 있는데, 이에 대한 정현의 주에서는 "三老五更各一人也, 皆年老更事致仕者也. 天子以父兄養之, 示天下之孝悌也. 名以三者, 取象三辰五星, 天所因以照明天下者."라고 풀이했고, 또한 『예기』「악기(樂記)」편에는 "食三老五更於大學."이란 기록이 있는데, 이에 대한 정현의 주에서는 "三老五更, 互言之耳, 皆老人更知三德五事者也."라고 풀이했다. 그리고 참고적으로 공영달(孔穎達)의 소(疏)에서는 "三德謂正直, 剛, 柔. 五事謂貌, 言, 視, 聽, 思也."라고 해석하여, '삼덕'은 정직(正直), 강직함[剛], 부드러움[柔]이라고 풀이했고, 오사(五事)는 '올바른 용모[貌]', '올바른 말[言]', '올바르게 봄[視]', '올바르게 들음[聽]', '올바르게 생각함[思]'이라고 풀이했다.

을 봉양하는 것이 첫 번째이다. 자손이 국가의 공무를 수행하다 죽었다면, 그의 부친과 조부를 봉양하는 것이 두 번째이다. 나이가 들어 관직에서 퇴임한 노인을 봉양하는 것이 세 번째이다. 서인들 중에서 나이든 노인을 봉양하는 것이 네 번째이다. 한 해 동안에는 모두 일곱 번 봉양의 예를 시행한다. 술을 마시게 하여 양기를 키워주는 것은 곧 봄과 여름에 한다. 맛좋은 음식을 먹게 하여 음기를 키워주는 것은 곧 가을과 겨울에 한다. 사계절에 각각 1번씩 시행한다. 대합악(大合樂)[2]을 하게 되면 반드시 노인을 봉양하는 의식까지 치르는데, 봄에 학사들이 학궁에 입학하게 되면, 향기 있는 풀인 채를 들고 춤을 화합되게 추게 하고, 가을에는 재목에 따라 배우는 과정을 구분하고, 노래를 화합되게 부르게 한다는 것을 뜻하며,[3] 앞에서 말한 것과 합하면 여섯 가지가 된다. 또한 계춘에는 대합악을 하며 천자가 태학에 친히 가서 보게 되는데, 이 때에도 노인을 봉양하니, 이것이 일곱 번째이다.

經文

有虞氏以燕禮.〈116〉

유우씨 때에는 연례(燕禮)로써 노인을 봉양했다.

集說

燕禮者, 一獻之禮旣畢, 皆坐而飮酒, 以至於醉. 其牲用狗, 其禮亦

---

2) 대합악(大合樂)은 일반적으로 음악을 합주한다는 합악(合樂)의 뜻과 같다. 한편 계춘(季春)의 달에 국학(國學)에서 성대하게 시행한 합주를 뜻하기도 한다. 계춘에는 천자가 직접 주요 신하들을 이끌고 국학에 와서 합악을 관람하기 때문에, 성대하다는 의미에서 '대(大)'자가 붙여진 것이다.

3) 『주례』「춘관(春官)·대서(大胥)」: 大胥, 掌學士之版以待致諸子. 春入學舍采合舞, 秋頒學合聲.

有二, 一是燕同姓; 二是燕異姓也.

'연례(燕禮)'라는 것은 처음 술잔을 따라 바치는 예가 끝나면, 모두 자리에 앉아서 술을 마시는데, 취할 때까지 마시는 것이다. 희생물에는 개를 쓰고, 그 예법에도 또한 두 가지가 있으니, 첫 번째는 성이 같은 이들과 연회를 하는 것이며, 두 번째는 성이 다른 이들과 연회를 하는 것이다.

夏后氏以饗禮.〈117〉

하후씨 때에는 향례(饗禮)로써 노인을 봉양했다.

饗禮者, 體薦而不食, 爵盈而不飮, 立而不坐, 依尊卑爲獻, 數畢而止. 然亦有四焉, 諸侯來朝, 一也; 王親戚及諸侯之臣來聘, 二也; 戎狄之君使來, 三也; 享宿衛及耆老孤子, 四也; 惟宿衛及耆老孤子, 則以酒醉爲度, 酒正云.

'향례(饗禮)'라는 것은 희생물을 통째로 바치지만 그것을 먹지 않고, 술잔을 가득 채우지만 마시지는 않고, 서 있고 자리에 앉지 않으며, 신분의 서차에 의거해서 술잔을 바치며, 정해진 술잔 바치는 회수가 끝나면 의식을 끝낸다. 그런데 이 예법에도 네 가지 종류가 있으니, 제후가 천자의 수도로 찾아와 조회를 할 때 시행하는 것이 첫 번째이다. 천자의 친척이나 제후의 신하가 찾아와서 조회를 할 때 시행하는 것이 두 번째이다. 오랑캐 군주나 그 사신이 찾아왔을 때 시행하는 것이 세 번째이다. 경호를 담당하는 숙위들과 기로 및 고아들에게 잔치를 열어줄 때 시행하는 것이 네 번째이다. 오직 숙위들과 기로 및 고아들에게 잔치를 열어줄 때 시행하는 것에 한해서만 술을 취할 때까지 마시게 하는 것을

법도로 삼았으니, 『주례』「주정(酒正)」에서 그렇게 이야기했다.[4]

經文

殷人以食[嗣]禮.〈118〉

은인 때에는 사례(食禮)로써['食'자의 음은 '嗣(사)'이다.] 노인을 봉양했다.

集說

食禮者, 有飯有殽, 雖設酒而不飮, 其禮以飯爲主, 故曰食也. 然亦有二焉, 大行人云食禮九擧, 及公食大夫之類, 謂之禮食. 其臣下自與賓客旦夕共食, 則謂之燕食也. 饗食禮之正, 故行之於廟. 燕以示慈惠, 故行之於寢也.

'사례(食禮)'라는 것은 그 행사에 밥이 있고 반찬이 있는 것으로, 비록 술도 두었지만 마시지는 않는다. 그 예법에서는 밥을 위주로 하기 때문에 '사(食)'라고 부른 것이다. 그런데 이 예법에도 두 가지가 있으니, 첫 번째는 『주례』「대행인(大行人)」편에서 말한 것처럼, 상공의 사례에서 희생물로 만든 아홉 가지의 성찬을 먹는 예법이나[5] 『의례』「공사대부례(公食大夫禮)」편과 같은 부류인데, 이러한 것들을 '예사(禮食)'라고 부른다. 두 번째는 신하들이 스스로 빈객과 더불어 아침저녁으로 함께 식사를 하는 것으로, 이러한 것들을 '연사(燕食)'라고 부른다. 하후씨 때의 향례와 은인 때의 사례는 예 중에서도 정식적인 것이기 때문에, 묘에서

---

4) 『주례』「천관(天官)・주정(酒正)」: 凡饗士庶子, 饗耆老孤子, 皆共其酒, 無酌數.

5) 『주례』「추관(秋官)・대행인(大行人)」: 上公之禮, 執桓圭九寸, 繅藉九寸, 冕服九章, 建常九斿, 樊纓九就, 貳車九乘, 介九人, 禮九牢, 其朝位, 賓主之間九十步, 立當車軹, 擯者五人, 廟中將幣三享, 王禮再祼而酢, 饗禮九獻, 食禮九擧, 出入五積, 三問三勞.

그 예법을 시행한다. 유우씨 때의 연례는 그것으로 자혜로움을 보이는 것이기 때문에, 침에서 그 예법을 시행한다.

經文

周人脩而兼用之.〈119〉

주인 때에는 이 세 가지 제도를 잘 다듬어서 함께 사용했다.

集說

春·夏則用虞之燕·夏之饗, 秋冬則用殷之食禮. 周尙文, 故兼用三代之禮也.

봄과 여름에는 유우씨 때의 제도인 연례를 사용했고, 하후씨 때의 제도인 향례를 사용했으며, 가을과 겨울에는 은인들의 사례를 사용했다. 주나라는 화려함을 숭상했기 때문에, 우·하·은 삼대의 예를 함께 사용한 것이다.

經文

有虞氏養國老於上庠, 養庶老於下庠.〈128〉 [此下至"皆引年", 舊在 "衰麻爲喪"之下.]

유우씨 때에는 태학인 상상에서 국로(國老)를 봉양했고, 소학인 하상에서 서로(庶老)를 봉양했다. [이 문장으로부터 그 이하로 "모두 인년으로 하였다."6)라는 구문까지는 옛 판본에 "상복을 입고서 상례를 치른다."7)라고 한 문장 뒤에 수록되어 있었다.]

行養老之禮必於學, 以其爲講明孝悌禮義之所也. 國老, 有爵有德
之老, 庶老, 庶人及死事者之父祖也. 國老尊, 故於大學, 庶老卑, 故
於小學. 上庠, 大學在西郊, 下庠, 小學在國中王宮之東.

노인을 봉양하는 예를 시행할 때에는 반드시 학교에서 했는데, 그곳이
효제의 예의를 강의하고 천명하던 장소가 되기 때문이다. '국로(國老)'는
작위를 가지고 있고 덕이 있는 노인이며, '서로(庶老)'는 서인들과 국가
의 정사를 시행하다 죽은 자들의 부모 및 조부들이다. 국로는 존귀하기
때문에 태학에서 시행하며, 서로는 상대적으로 신분이 낮기 때문에 소
학에서 시행한다. '상상(上庠)'은 태학으로 서교에 위치하며, '하상(下
庠)'은 小學으로 국성 안 중에서도 왕궁의 동쪽에 위치한다.

夏后氏養國老於東序, 養庶老於西序.〈129〉

하후씨 때에는 태학인 동서에서 국로를 봉양했고, 소학인 서서에서 서
로를 봉양했다.

東序, 大學在國中王宮之東. 西序, 小學在西郊.

'동서(東序)'는 태학으로 국성 안 중에서도 왕궁의 동쪽에 위치하고, '서
서(西序)'는 소학으로 서교에 위치한다.

---

6) 『예기』「왕제」 136장 : 凡三王養老, 皆引年.
7) 『예기』「왕제」 127장 : 五十而爵, 六十不親學, 七十致政, 唯衰麻爲喪.

殷人養國老於右學, 養庶老於左學.〈130〉

은인 때에는 태학인 우학에서 국로를 봉양했고, 소학인 좌학에서 서로
를 봉양했다.

集說

右學, 大學在西郊. 左學, 小學在國中王宮之東.

'우학(右學)'은 태학으로 서교에 위치하고, '좌학(左學)'은 소학으로 국성
안 중에서도 왕궁의 동쪽에 위치한다.

經文

周人養國老於東膠, 養庶老於虞庠, 虞庠在國之西郊.〈131〉

주인 때에는 태학인 동교에서 국로를 봉양했고, 소학인 우상에서 서로
를 봉양했는데, 우상은 수도의 서교에 위치했다.

集說

東膠, 大學在國中王宮之東. 虞庠, 小學.

'동교(東膠)'는 태학으로 국성 안 중에서도 왕궁의 동쪽에 위치하고, 우
상은 소학이다.

有虞氏皇而祭, 深衣而養老.〈132〉 夏后氏收而祭, 燕衣而養老.〈133〉 殷人冔[火羽反]而祭, 縞衣而養老.〈134〉 周人冕而祭, 玄衣而養老.〈135〉 凡三王養老, 皆引年.〈136〉

유우씨 때 천자는 황이라는 면류관을 쓰고 제사를 지냈으며, 심의를 입고 노인을 봉양했다. 하후씨 때 천자는 수라는 면류관을 쓰고 제사를 지냈으며, 연의를 입고 노인을 봉양했다. 은인 때 천자는 후라는['冔'자는 '火(화)'자와 '羽(우)'자의 반절음이다.] 면류관을 쓰고 제사를 지냈으며, 호의를 입고 노인을 봉양했다. 주인 때 천자는 면류관을 쓰고 제사를 지냈으며, 현의를 입고 노인을 봉양했다. 하·은·주 삼대의 삼왕이 노인을 봉양할 때에는 모두 인년(引年)으로 하였다.

皇·收·冔, 皆冠冕之名. 然制度詳悉, 則不可考矣. 深衣, 白布衣也. 燕衣, 黑衣也. 縞, 生絹, 亦名素, 則謂白布深衣也. 玄衣, 朝服也. 四海之內, 老者衆矣, 安得人人而養之? 待國老庶老之禮畢, 卽行引戶校年之令, 而恩賜其老者焉.

'황(皇)'·'수(收)'·'후(冔)'는 모두 면류관의 이름이다. 그러나 그 제도의 상세한 내용은 고찰할 수 없다. '심의(深衣)'는 백색의 포로 만든 옷이다. '연의(燕衣)'는 흑색의 옷이다. '호(縞)'는 가공하지 않은 명주로, 또한 '소(素)'라고 부르기도 하니, 곧 백색의 베로 만든 심의를 말한다. '현의(玄衣)'는 조복이다. 천하에는 노인이 매우 많은데, 어떻게 일일이 모든 개개인을 봉양해줄 수 있었겠는가? 국로와 서로를 봉양하는 예가 끝나길 기다렸다가 곧 집집마다 나이든 사람을 맞아들여 대면해서 나이를 비교해보는 교령을 시행하여, 그 중 나이가 많은 자에게 하사품을 내리는 것이다.

近按: 引年, 猶言計年, 計其年之多少而爲差, "五十養於鄕"以下諸
節, 卽引年以爲差者也歟.

내가 살펴보니, '인년(引年)'은 나이를 계산한다는 말과 같으니, 나이의
많고 적음을 계산하여 차등으로 삼는다는 의미이다. "나이가 50세인 사
람은 향학에서 봉양을 받는다."[8]라는 구문으로부터 그 이하의 여러 문
장들은 곧 인년을 통해서 차등을 삼는 것에 해당할 것이다.

---

8) 『예기』「왕제」 120장 : <u>五十養於鄕</u>, 六十養於國, 七十養於學, 達於諸侯.

五十養於鄕, 六十養於國, 七十養於學, 達於諸侯.〈120〉[舊在"脩
而兼用之"之下.]

나이가 50세인 사람들은 향학에서 봉양을 받고, 60세인 사람들은 소학
에서 봉양을 받으며, 70세인 사람들은 대학에서 봉양을 받으니, 이러한
제도의 시행은 천자로부터 제후까지 해당된다. [옛 판본에는 "잘 다듬어서
함께 사용했다."[1]라고 한 문장 뒤에 수록되어 있었다.]

集說

鄕, 鄕學也. 國, 國中小學也. 學, 大學也. 達於諸侯者, 天子養老之
禮, 諸侯通得行之, 無降殺也.

'향(鄕)'자는 지방학교인 향학을 뜻한다. '국(國)'자는 수도 안에 있는 소
학을 뜻한다. '학(學)'자는 대학을 뜻한다. 제후에게까지 통한다는 것은
천자가 노인을 봉양하는 예법을 제후도 시행할 수 있다는 뜻으로, 그 예
법을 시행할 때에는 주관하는 자의 작위에 따른 높이거나 낮추는 차이
가 없다.

淺見

近按: 達於諸侯者, 上言三王養老, 故特言此以見非但天子如此, 諸
侯皆得通行養老之禮也.

내가 살펴보니, "제후에게까지 통한다."는 말은 앞에서 삼왕이 노인을
봉양한다고 말했기 때문에, 특별히 이곳에서 이러한 사실을 언급하여,
천자만 이처럼 하는 것이 아니라 제후들도 모두 노인 봉양하는 예법을
두루 시행할 수 있음을 드러낸 것이다.

---

1) 『예기』「왕제」119장 : 周人脩而兼用之.

五十異粮[張], 六十宿肉, 七十貳膳, 八十常珍, 九十飮食不離
寢, 膳飮從於遊, 可也.〈122〉 [舊在"九十使人受"之下.]

나이가 50세인 자에게는 젊은이들과 달리 좋은 양식을('粮'자의 음은 '張
(장)'이다.] 주며, 나이가 60세인 자에게는 항상 격일로 고기를 먹게 하고,
나이가 70세인 자에게는 맛좋은 음식을 두 가지 이상 준비하며, 나이가
80세인 자에게는 항상 맛좋고 귀한 음식이 있어야 하며, 나이가 90세인
자에게는 마시고 먹는 것들이 그가 거처하는 곳에서 떨어져서는 안 되
고, 맛좋은 음식과 마실 것들을 가지고 그가 가는 곳마다 따라다니는
것이 좋다. [옛 판본에는 "나이가 90세인 자는 사람을 시켜서 대신 명을 받게 한
다."1)라고 한 문장 뒤에 수록되어 있었다.]

集說

粮, 糧也. 異者, 精粗與少者殊也. 宿肉, 謂恒隔日備之, 不使求而不
得也. 膳, 食之善者. 每有副貳, 不使闕乏也. 常珍, 常食皆珍味也.
不離寢, 謂寢處之所恒有庋閣之飮食也. 美善之膳, 水漿之飮, 隨其
常遊之處, 而爲之備具, 可也.

'장(粮)'은 양식이다. 달리한다는 것은 양식의 정결하거나 거친 차이가
젊은이들의 것과는 다르다는 뜻이다. '숙육(宿肉)'은 항상 격일로 고기를
준비하여 그가 고기를 찾았는데도 그것을 먹을 수 없게 해서는 안 된다
는 뜻이다. '선(膳)'은 음식 중에서도 좋은 것이다. 식사 때마다 두 가지
이상의 맛좋은 음식을 곁들이게 하며, 이것을 빠트려서는 안 된다. '상
진(常珍)'은 일상적인 식사 때마다 항상 맛좋고 귀한 음식을 곁들인다는
뜻이다. "침에서 떨어트리지 않는다."는 말은 그가 거처하는 곳에 항상

---

1)『예기』「왕제」 121장 : 八十拜君命, 一坐再至. 瞽亦如之. <u>九十使人受</u>.

시렁 위에 마실 것과 먹을 것이 있어야 한다는 것을 뜻한다. 보기 좋고 맛좋은 음식과 물이나 음료와 같은 마실 것들을 준비하여, 그가 항상 가는 곳마다 따라가서 그를 위해 준비해 놓는 것이 좋다.

經文

五十始衰, 六十非肉不飽, 七十非帛不煖, 八十非人不煖, 九十雖得人不煖矣. 五十杖於家, 六十杖於鄉, 七十杖於國, 八十杖於朝, 九十者, 天子欲有問焉, 則就其室, 以珍從[去聲].〈124〉
[舊在"死而后制"之下.]

나이가 50세가 되면 쇠약해지기 시작하며, 60세가 되면 고기로 만든 음식이 아니라면 배가 부르지 않게 되고, 70세가 되면 비단으로 된 옷이 아니라면 따뜻해지지 않게 되며, 80세가 되면 다른 사람의 체온이 아니라면 따뜻해지지 않게 되고, 90세가 되면 비록 다른 사람의 체온을 얻게 되더라도 따뜻해지지 않게 된다. 나이가 50세가 되면 그의 집안에서 지팡이를 짚을 수 있고, 60세가 되면 향 안에서 지팡이를 짚을 수 있으며, 70세가 되면 나라 안에서 지팡이를 짚을 수 있고, 80세가 되면 조정에서도 지팡이를 짚을 수 있으며, 나이가 90세가 된 자에게 천자가 자문하고자 한다면, 천자는 그의 집에 직접 찾아가서 자문을 구하되 맛좋고 귀한 음식물을 가지고 간다.['從'자는 거성으로 읽는다. 옛 판본에는 "죽은 뒤에야 제작한다."[2]라고 한 문장 뒤에 수록되어 있었다.]

---

2) 『예기』「왕제」 123장 : 六十歲制, 七十時制, 八十月制, 九十日修, 唯絞紟衾冒, <u>死而后制</u>.

杖, 所以扶衰弱. 五十始衰, 故杖. 未五十者, 不得執也. 巡守而就見
百年者, 泛言衆庶之老也. 此就見九十者, 專指有爵者也. 祭義又言
八十君問則就之者, 亦異禮也. 珍, 與常珍之珍同. 從之以往, 致尊
養之義也.

지팡이는 쇠약해진 몸을 부축해주는 도구이다. 나이가 50세가 되면 쇠
약해지기 시작하기 때문에 지팡이를 짚는다. 나이가 50세가 안 된 자는
지팡이를 짚을 수 없다. 천자가 순수를 할 때 나이가 100세인 자에게는
직접 찾아가서 본다고 했는데,3) 이것은 일반 백성들 중 나이든 노인까
지 포함하여 범범하게 말한 것이다. 여기에서 천자가 90세가 된 자에게
찾아가서 본다고 했는데, 이것은 전적으로 작위를 가지고 있는 자들만
을 가리킨다. 『예기』「제의(祭義)」편에서는 또한 "80세가 된 자에게 군
주가 자문하게 되면 직접 찾아간다."4)고 했는데, 이것은 다른 경우의 예
법이다. '진(珍)'이란 앞에 나온 '상진(常珍)'이라고 할 때의 진과 같은 뜻
이다. 그것을 가지고서 찾아가는 것은 그를 존중하고 봉양하는 뜻을 지
극히 하기 위해서이다.

七十不俟朝, 八十月告存, 九十日有秩.⟨125⟩

나이가 70세인 자는 군주를 알현할 때 조정의 일이 끝날 때까지 기다리
지 않고, 군주가 읍을 하면 곧바로 물러나오며, 80세인 자에 대해서 군

---

3) 『예기』「왕제」 026장 : 歲二月, 東巡守, 至於岱宗, 柴而望祀山川, 覲諸侯, 問百
年者, 就見之.

4) 『예기』「제의(祭義)」 040장 : 是故朝廷同爵則尙齒. 七十杖於朝, 君問則席, 八
十不俟朝, 君問則就之, 而弟達乎朝廷矣.

주는 사람을 시켜 달마다 맛좋은 음식을 가지고 가서 안부를 묻고, 90세인 자에 대해서 군주는 사람을 시켜 날마다 맛좋은 음식을 보내 그 음식들을 먹게끔 한다.

集説

不俟朝者, 謂朝君之時, 入至朝位, 君出揖卽退, 不待朝事畢也, 此謂當致仕之年而不得謝者. 告, 猶問也, 君每月使人致膳告問存否也. 秩, 常也. 日使人以常膳致之也.

"조회를 기다리지 않는다."는 것은 군주를 조회할 때 궁으로 들어가 조정의 자기 자리에 가서 군주가 조정으로 나와 신하들에게 읍하면 곧바로 물러나오며, 조정의 일이 끝날 때까지 기다리지 않는다는 뜻이니, 이러한 자들은 퇴임해야 할 나이가 되었음에도 사퇴할 수 없었던 자들을 말한다. '고(告)'자는 안부를 묻는다는 뜻으로, 군주는 달마다 사람을 시켜서 좋은 음식을 가지고 가서 그의 안부를 묻는다. '질(秩)'은 항상이라는 뜻으로, 군주는 날마다 사람을 시켜 맛좋은 음식을 가지고 그에게 찾아가도록 한다.

經文

五十不從力政, 六十不與[去聲]服戎, 七十不與賓客之事, 八十齊[側皆反]喪之事, 弗及也. 〈126〉

나이가 50세가 되면 힘으로 복역해야 하는 정사에는 나아가지 않고, 60세가 되면 병역의 일에는 참여하지[與'자는 거성으로 읽는다.] 않으며, 70세가 되면 국가에서 시행하는 행사 중 빈객을 접대하는 일에는 참여하지 않고, 80세가 되면 재계를['齊'자는 '側(측)'자와 '皆(개)'자의 반절음이다.] 하여 상을 지내는 일이 그에게는 해당하지 않는다.

方氏曰: 力政, 力役之政也. 服戎, 兵戎之事也. 力政事之常者, 故五
十已不從矣. 服戎則事之變者, 必六十然後不與焉. 從, 謂行其事也.
與, 則與之而已. 及, 則旁有所加之謂, 以其老甚, 非特不能從與於
事, 而事固不當及於我矣.

방씨가 말하길, '역정(力政)'은 힘으로 복역해야 하는 정사이다. '복융(服
戎)'은 병역의 일이다. 역정은 정사 중 항상 해야 하는 것이기 때문에,
나이가 50세가 되면 이미 거기에 나아가지 않게 된다. 복융은 정사 중
갑작스럽게 생긴 것이기 때문에, 반드시 60세가 된 연후에야 거기에 참
여하지 않는다. '종(從)'이란 그 일을 시행한다는 뜻이다. '여(與)'는 거기
에 참여만할 따름이다. '급(及)'은 곁에서 도움을 주는 것만을 뜻하니,
그의 노쇠함이 깊어져서 단지 일을 시행하거나 참여할 수 없을 뿐만 아
니라, 일이 진실로 그 자신에게 이르는 것에도 해당되지 않는다.

五十而爵, 六十不親學, 七十致政, 唯衰[催]麻爲喪.⟨127⟩

나이가 50세가 되면 작위를 받고, 60세가 되면 직접 제자의 예를 갖춰
배우는 것을 하지 않으며, 70세가 되면 정사에서 물러나며, 오직 상복
을['衰'자의 음은 '催(최)'이다.] 입고서 상례를 치른다.

五十而爵, 命爲大夫也. 不親學, 以其不能備弟子之禮也. 致政事,
以其不能勝職任之勞也. 或有死喪之事, 惟備衰麻之服而已, 其他
禮節, 皆在所不責也.

"50세가 되면 작위를 받는다."는 것은 명을 받아 대부가 된다는 뜻이다. 직접 제자의 예를 갖춰 배우지 않는 것은 그가 제자의 예를 갖출 수 없는 상태이기 때문이다. 정사에서 물러나는 것은 그가 직위와 임무에 소요되는 노고를 이겨낼 수 없기 때문이다. 간혹 누가 죽는 일이 생기게 되면, 오직 상복만 갖춰 입을 뿐이니, 다른 예절들은 모두 그에게 책무할 수 없는 상태에 놓인다.

經文

八十拜君命, 一坐再至. 瞽亦如之. 九十使人受.〈121〉[舊在"五十異粻"之上.]

나이가 80세인 자가 군주의 명을 받을 때 절을 할 때에는 한쪽 다리만 꿇고 머리만 두 번 땅에 닿게 절한다. 장님도 이와 같이 한다. 나이가 90세인 자는 사람을 시켜서 대신 명을 받게 한다. [옛 판본에는 "나이가 50세인 자에게는 젊은이들과 달리 좋은 양식을 준다."[5]라고 한 문장 앞에 수록되어 있었다.]

集說

人君有命, 人臣拜受, 禮也. 惟八十之老, 與無目之人, 惟難備禮, 故其拜也, 足一跪而首再至地, 以備再拜之數. 九十則又不必親拜, 特使人代受. 此言君致饗食之禮於其家, 而受之之禮如此, 然他命則亦必然矣.

군주가 명을 내리면 신하는 절을 하며 받는 것이 예이다. 오직 80세가

---

5) 『예기』 「왕제」 122장 : 五十異粻, 六十宿肉, 七十貳膳, 八十常珍, 九十飮食不離寢, 膳飮從於遊, 可也.

된 노인들과 눈이 먼 사람들만은 예를 갖추기가 어렵기 때문에, 그가 절을 할 때 다리는 한쪽만 꿇고서 머리는 두 번 땅에 닿게 절하여, 원래 채워야 하는 재배의 수를 맞추게 한다. 나이가 90세가 된 자들은 또한 반드시 직접 절을 할 필요가 없고, 단지 사람을 시켜서 대신 명을 받게 한다. 이것은 80~90세가 된 자들에 대해서 군주가 그의 집에 흠향할 수 있는 예물을 보내줄 때, 그것을 받는 예가 이와 같음을 말하는 것인데, 그렇다면 군주의 다른 명을 받아들일 때에도 반드시 이렇게 했던 것이다.

經文

六十歲制, 七十時制, 八十月制, 九十日脩, 唯絞[爻]紟[其鴆反] 衾冒, 死而后制.〈123〉 [此舊在"五十始衰"之上.]

나이가 60세가 되면 관을 미리 제작해서 준비해 두고, 70세가 되면 부장하게 될 의복과 기물들 중 비교적 얻기 힘든 것들을 미리 제작해서 준비해 두며, 80세가 되면 부장하게 될 의복과 기물들 중 비교적 얻기 쉬운 것들을 미리 제작해서 준비해 두고, 90세가 되면 미리 준비해둔 것들을 날마다 손질하며, 염을 할 때 시신을 묶는 끈['絞'자의 음은 '爻(효)'이다.] · 홑이불 · ['紟'자는 '其(기)'자와 '鴆(짐)'자의 반절음이다.] · 이불 · 시신을 전체적으로 감싸는 모(冒)는 그가 죽은 뒤에야 제작한다. [이 문장은 옛 판본에 "50세가 되면 쇠약해지기 시작한다."[6]라고 한 문장 앞에 수록되어 있었다.]

---

6) 『예기』 「왕제」 124장 : 五十始衰, 六十非肉不飽, 七十非帛不煖, 八十非人不煖, 九十雖得人不煖矣. 五十杖於家, 六十杖於鄕, 七十杖於國, 八十杖於朝, 九十者, 天子欲有問焉, 則就其室, 以珍從.

集說

此言漸老, 則漸近死期, 當豫爲送終之備也. 歲制, 謂棺也, 不易可成, 故歲制. 衣物之難得者, 須三月可辨, 故云時制. 衣物之易得者, 則一月可就, 故云月制. 至九十, 則棺衣皆具, 無事於制作, 但每日脩理之, 恐或有不完整也. 絞, 所以收束衣服爲堅急者也. 紟, 單被也. 絞與紟, 皆用十五升布爲之. 凡衾皆五幅, 士小斂, 緇衾赬裏, 大斂則二衾. 冒, 所以韜尸, 制如直囊, 上曰質, 下曰殺. 其用之, 先以殺韜足而上, 次以質韜首而下, 齊于手. 士緇冒赬殺, 象生時玄衣纁裳也. 此四物須死乃制, 以其易成故也.

이 문장에서는 점차 늙어갈 수록 점점 죽을 때와 가까워지게 되니, 마땅히 미리 상을 지낼 때의 준비물들을 만들어야 함을 말하고 있다. '세제(歲制)'는 관을 뜻하니, 쉽게 완성시킬 수 없기 때문에 한 해 동안 제작한다. 의복과 기물들 중 얻기 어려운 것들은 모름지기 3개월 정도 걸려야 갖출 수 있기 때문에, 한 계절 동안 제작한다는 의미에서 '시제(時制)'라고 말한 것이다. 의복과 기물들 중 얻기 쉬운 것들은 한 달이면 얻을 수 있기 때문에, 한 달 동안 제작한다는 의미에서 '월제(月制)'라고 말한 것이다. 나이가 90세에 이르게 되면, 관과 의복 등이 모두 갖추어져서 제작하는 일에 종사할 것이 없고, 다만 매일 그것들을 손질하게 되니, 혹시 완전하지 못한 것이 있을까를 걱정해서이다. '효(絞)'는 의복을 묶어서 단단히 결속시키는 것이다. '금(紟)'은 홑이불이다. 효와 금은 모두 그 올이 15승이 되는 포를 사용해서 만든다. '금(衾)'은 모두 너비가 5폭인데, 사의 소렴을 할 때에는 금을 흑색으로 하고 안감을 적색으로 하며, 대렴 때에는 두 개의 금을 사용한다. '모(冒)'는 시신을 가리는 것으로, 제단된 것이 마치 직사각형의 주머니처럼 생겼고, 시신의 윗부분을 덮는 것을 '질(質)'이라 부르고 아랫부분을 덮는 것을 '쇄(殺)'라 부른다. 그것을 사용할 때에는 먼저 쇄를 이용해서 발부터 덮어 위로 올리고, 다음으로는 질을 이용해서 머리부터 덮어 아래로 내린 뒤, 시신의 손이 있는 곳에서 두 부분을 포갠다. 사는 모를 흑색으로 하고 쇄부분은 적색으로 하는데, 이것은 그가 살아있을 때에 입었던 검은 상의와 분홍빛의 하의를 형상화한 것이다. 이러한 네 가지 물건들은 모름지기 그가 죽고 나서야 제작하니, 그것들은 손쉽게 만들 수 있는 것들이기 때문이다.

浅見

近按: 自"養於鄉"以下, 言自五十至於九十飮食 · 衣服 · 所養之有差也. 自"杖於家"以下, 言其動作 · 事爲之不同, 而末兼言送終備豫之事也.

내가 살펴보니, "향학에서 봉양을 받는다."[7]라고 한 구문으로부터 그 이하의 내용들은 50세로부터 90세에 이르기까지 그들이 먹는 음식, 의복, 봉양을 받는 것에 있어서 차등이 있음을 말한 것이다. 그리고 "집안에서 지팡이를 짚는다."[8]라고 한 구문으로부터 그 이하의 내용들은 그들이 하는 행동과 일들에 있어서 차이가 있음을 말한 것이며, 끝에서는 죽은 자를 전송함에 미리 갖춰야 하는 사안에 대해서도 함께 말한 것이다.

---

7) 『예기』「왕제」 120장 : 五十<u>養於鄉</u>, 六十養於國, 七十養於學, 達於諸侯.
8) 『예기』「왕제」 124장 : 五十始衰, 六十非肉不飽, 七十非帛不煖, 八十非人不煖, 九十雖得人不煖矣. 五十<u>杖於家</u>, 六十杖於鄉, 七十杖於國, 八十杖於朝, 九十者, 天子欲有問焉, 則就其室, 以珍從.

八十者一子不從政, 九十者其家不從政. 廢疾非人不養者, 一
人不從政. 父母之喪, 三年不從政, 齊衰大功之喪, 三月不從
政. 將徙於諸侯, 三月不從政, 自諸侯來徙於家, 期不從政.
〈137〉[舊在"養老皆引年"之下.]

나이가 80세가 되면 자식 한 명을 부역에 종사하지 않게 하고, 90세가
되면 그 집안 전체를 부역에 종사하지 않게 한다. 매우 위독한 병에 걸
린 자들은 남이 봉양해주지 않으면 안 되는 자들이니, 그 집안의 한 사
람에게는 부역에 종사하지 않게 한다. 부모의 상중에 있는 자에게는 3
년간 부역에 종사하지 않게 한다. 자최복·대공복의 상을 치르는 자에
게는 3개월간 부역에 종사하지 않게 한다. 장차 대부의 땅에서 제후의
땅으로 이사를 가려는 자에게는 3개월간 부역에 종사하지 않게 한다.
제후의 땅에서 대부의 땅으로 이사를 오는 자에게는 1년간 부역에 종사
하지 않게 한다. [옛 판본에는 "노인을 봉양할 때에는 모두 인년(引年)으로 하였
다."[1]라고 한 구문 뒤에 수록되어 있었다.]

集說

從政, 謂給公家之力役也.

'종정(從政)'은 제후의 공실에서 부여한 부역에 나가는 것을 뜻한다.

方氏曰: 將徙, 欲去者; 來徙, 已來者. 夫人莫衰於老, 莫苦於疾, 莫
憂於喪, 莫勞於徙, 此王政之所宜恤者, 故皆不使之從政焉.

방씨가 말하길, 장차 이사를 간다는 것은 그 땅을 떠나려고 하는 것이
고, 이사를 온다는 것은 이미 그 땅에 온 것이다. 사람에겐 늙는 것보다

---

1) 『예기』「왕제」 136장 : 凡三王養老, 皆引年.

쇠약해지는 것이 없고, 질병보다 고통스러운 것이 없으며, 상을 당한 것보다 근심스러운 것이 없고, 이사를 하는 것보다 수고스러운 것이 없으니, 이러한 사람들은 국가의 정책으로 마땅히 구휼해주어야 하는 자들이다. 그렇기 때문에 이들 모두에게 부역에 종사하지 않게 한 것이다.

舊說: 將徙於諸侯者, 謂大夫采地之民, 徙於諸侯爲民. 自諸侯來徙者, 諸侯之民, 來徙於大夫之邑, 以其新徙當復除. 諸侯地寬役少, 故惟三月不從政. 大夫役多地狹, 欲令人貪慕, 故期不從政. 一說, 謂從大夫家出仕諸侯, 從諸侯退仕大夫, 未知孰是.

옛 학설에서 말하길, 장차 제후의 땅으로 이사를 가려는 자들은 대부의 채읍에 사는 백성이 제후의 땅으로 이사를 가서 제후의 백성이 된다는 것을 말하는 것이고, 제후의 땅에서 이사를 온 자들은 제후의 백성이었으나 대부의 채읍으로 이사를 온 것을 말하는 것이며, 그들이 새로 이사를 왔기 때문에 마땅히 부역을 면제해 주어야 하는 것이다. 제후의 땅은 넓고 부역할 일도 적기 때문에, 오직 3개월만 부역에 종사하지 않게 하는 것이며, 대부의 땅에는 부역할 일도 많고 땅도 협소하며, 대부가 자신의 땅으로 이사 온 사람들로 하여금 대부 자신을 흠모하게 만들고자 했기 때문에, 1년 동안이나 부역에 종사하지 않도록 하는 것이다. 일설에는 대부의 가에서 나와 제후에게서 벼슬하는 것을 말하고, 제후의 조정에서 물러나 대부에게서 벼슬하는 것을 말한다고 하는데, 어느 것이 옳은 지는 잘 모르겠다.

經文

少而無父者, 謂之孤. 老而無子者, 謂之獨. 老而無妻者, 謂之矜[鰥]. 老而無夫者, 謂之寡. 此四者, 天民之窮而無告者也, 皆有常餼.〈138〉瘖[音]·聾·跛[彼我反]·躃[璧]·斷[段]者, 侏儒, 百工, 各以其器食[嗣]之.〈139〉 [舊聯上文, 此下竝從舊文之次.]

나이가 어린데 부모가 없는 자를 '고(孤)'라 부른다. 늙었는데 자식이 없는 자를 '독(獨)'이라 부른다. 늙었는데 아내가 없는 자를 '환(鰥)'이라 ['矜'자의 음은 '鰥(환)'이다.] 부른다. 늙었는데 남편이 없는 자를 '과(寡)'라 부른다. 이 네 사람들은 천하의 백성들 중에서 가장 곤궁한 자들인데도 자기 사정을 하소연 할 곳이 없는 자들이니, 이들 모두에게는 일정한 구휼 양식을 하사해 준다. 벙어리['瘖'자의 음은 '音(음)'이다.]・귀머거리・절름발이['跛'자는 '彼(피)'자와 '我(아)'자의 반절음이다.]・앉은뱅이['躄'자의 음은 '璧(벽)'이다.]・사지 중 한 곳이 잘린 사람과['斷'자의 음은 '段(단)'이다.]과 난장이, 잡된 기술을 가지고 있는 백공들은 각각 그들의 기술로 벌어먹도록['食'자의 음은 '嗣(사)'이다.] 한다. [옛 판본에는 앞 문장의 뒤에 수록되어 있었는데, 이곳 이하의 기록에서는 모두 옛 판본의 순서에 따랐다.]

集說

常餼, 謂君上養以餼廩, 有常制也.

'상희(常餼)'는 군주가 양식으로 부양함에 있어서 일정한 제도가 있었다는 뜻이다.

瘖者, 不能言. 聾者, 不能聽. 跛者, 一足廢. 躄者, 兩足俱廢. 斷者, 支節脫絶. 侏儒, 身體短小者也. 百工, 衆雜技藝也. 器, 猶能也. 此六類者, 因其各有技藝之能, 足以供官之役使, 故遂因其能而以廩給食, 養之. 疏引國語戚施植鎛等六者爲證.

'음(瘖)'은 말을 할 수 없는 자를 뜻한다. '농(聾)'은 들을 수 없는 자를 뜻한다. '파(跛)'는 한쪽 발을 못 쓰는 자를 뜻한다. '벽(躄)'은 양쪽 발을 모두 못 쓰는 자를 뜻한다. '단(斷)'은 사지 중 한 곳이 없어진 자를 뜻한다. '주유(侏儒)'는 신체가 짧고 작은 자를 뜻한다. '백공(百工)'은 여러 잡된 기예를 익힌 자를 뜻한다. '기(器)'는 능력을 뜻한다. 이러한 여섯 부류의 사람에 대해서는 그들은 각자 세상에서 필요로 하는 기예들 중에서 잘하는 것을 가지고 있기 때문에 관청에서 부여하는 부역의 일에 이바지 할 수 있다. 그렇기 때문에 그들의 능력에 따라서 일을 부여하고, 그 대가로 양식을 먹을거리로 제공해서 그들을 부양하는 것이다. 소에서는 『국어』에 기록된 "곱사등이는 종을 치게 한다."[2]는 등의 여섯 가지 기록을 인용해서 증명하였다.

淺見

近按: 此承上文養老之事, 而推言之, 以及恤孤獨逮不足之事也.

내가 살펴보니, 이 문장은 앞에서 노인을 봉양한다는 사안을 이어서, 그것을 미루어 매우 어렵고 외로운 자들을 구휼하고 부족한 자에게까지 이르게 하는 사안을 언급하였다.

---

2) 『국어』「진어사(晉語四)」 : 對曰, 官師之所材也, <u>戚施直鎛.</u>

道路, 男子由右, 婦人由左, 車從中央.〈140〉

도로에서 남자는 멀리 떨어져 부인의 우측으로 다니고, 부인은 멀리 떨어져 남자의 좌측으로 다니며, 수레는 중앙으로 다닌다.

集說

凡男子婦人同出一塗者, 則男子常由婦人之右, 婦人常由男子之左, 爲遠別也.

남자와 부인이 함께 한 길을 지나가게 된다면, 남자는 항상 부인의 우측으로 가고, 부인은 항상 남자의 좌측으로 가서 멀리 떨어진다.

經文

父之齒隨行, 兄之齒鴈行, 朋友不相踰.〈141〉

아버지 연배의 사람과 길을 갈 때에는 그 사람의 뒤를 따라가고, 형 연배의 사람과 길을 갈 때에는 나란히 가되 조금 뒤쳐져 가며, 친구들과 길을 갈 때에는 서로 앞서거나 뒤서거나 하지 않는다.

集說

父之齒·兄之齒, 謂其人年與父等, 或與兄等也. 隨行, 隨其後也. 鴈行, 並行而稍後也. 朋友年相若, 則彼此不可相踰越而有先後, 言並行而齊也.

'부지치(父之齒)'나 '형지치(兄之齒)'라는 것은 그 사람의 나이가 자신의 아버지와 비슷하고, 혹은 형과 비슷한 경우를 뜻한다. '수행(隨行)'은 그 사람의 뒤를 따라가는 것이다. '안행(鴈行)'은 나란히 가되 조금 뒤쳐져 가는 것이다. 친구는 나이가 서로 비슷하니, 피차 길을 감에 서로 앞서려고 하여 대열에 선후가 생겨서는 안 된다는 뜻이니, 나란히 가며 대열을 나란히 맞추는 것을 의미한다.

輕任幷, 重任分, 班白不提挈.⟨142⟩

가벼운 짐을 가지고 길을 갈 때에는 자신이 그것을 짊어지고, 무거운 짐을 가지고 갈 때에는 짐을 둘로 나눠서 젊은 사람과 함께 짊어지며, 머리카락이 반백인 노인은 짐을 가지고 길을 다니지 않는다.

幷, 己獨任之也. 分, 析而二之也.

'병(幷)'은 자기 홀로 그것을 짊어지는 것이다. '분(分)'은 짐을 나누어 둘로 만드는 것이다.

君子耆老不徒行, 庶人耆老不徒食.⟨143⟩

君子 중의 기로들은 탈 것 없이 도보로 길을 다니지 않으며, 서인 중의 기로들은 반찬 없이 밥을 먹지 않는다.

方氏曰: 徒行, 謂無乘而行也. 徒食, 謂無羞而食也.

방씨가 말하길, '도행(徒行)'은 수레 없이 걸어가는 것을 뜻한다. '도식(徒食)'은 반찬 없이 밥 먹는 것을 뜻한다.

應氏曰: 非人皆好德而士不失職, 安能使在路無徒行之賢? 非人各有養而俗尙孝敬, 安能使在家無徒食之老?

응씨가 말하길, 사람들이 모두 덕을 좋아하고 사가 자신의 본분을 잃지 않은 상태가 아니라면, 어찌 도로에서 탈것 없이 걸어 다니는 현자가 없게 할 수 있겠는가? 사람들에게 각각 먹고 살 것이 있고 풍속이 효와 경을 숭상하는 상태가 아니라면, 어찌 집안에서 반찬 없이 밥 먹는 노인을 없게 할 수 있겠는가?

近按: 此言防淫 · 同俗 · 興民德之事也. 自"凡養老"至此, 通爲一章.

내가 살펴보니, 이것은 음란함을 방지하고 풍속을 동일하게 하며 백성들의 덕을 흥기시키는 사안을 말한 것이다. "노인을 봉양한다."[1]라고 한 구문으로부터 이곳 문장까지는 통괄하여 하나의 장이 된다.

---

1) 『예기』「왕제」 115장 : 凡養老.

무분류

方一里者, 爲田九百畝.〈144〉

사방 1리는 농지로 따지자면 900묘이다.

集說

步百爲畝, 是長一百步, 闊一步. 畝百爲夫, 是一頃, 長闊一百步. 夫
三爲屋, 是三頃, 闊三百步, 長一百步, 屋三爲井, 則九百畝也, 長闊
一里. 孟子曰: "方里而井, 井九百畝."

보 100개가 1묘가 되니, 길이는 100보이고 폭은 1보이다. 묘 100개는
1부가 되니, 이것은 1경으로, 길이와 폭이 100보이다. 부 3개가 1옥이
되니, 이것은 3경으로, 폭은 300보이고 길이는 100보이며, 옥 3개가 1정
이 되니, 900묘로, 길이와 폭이 1리이다. 『맹자』에서는 "사방 1리가 1정
이 되니, 1정은 900묘이다."[1]라고 했다.

經文

方十里者, 爲方一里者百, 爲田九萬畝. 方百里者, 爲方十里
者百, 爲田九十億畝.〈145〉

사방 10리는 사방 1리 크기의 땅이 100개인 것으로, 농지로 따지자면

---

1) 『맹자』「등문공상(滕文公上)」: 方里而井, 井九百畝, 其中爲公田. 八家皆私百
畝, 同養公田, 公事畢, 然後敢治私事, 所以別野人也.

9만묘이다. 사방 100리는 사방 10리 크기의 땅이 100개인 것으로, 농지
로 따지자면 90억묘이다.

集說

一箇十里之方, 旣爲田九萬畝, 則十箇十里之方, 爲田九十萬畝. 一
百箇十里之方, 爲田九百万畝. 今云九十億畝, 是一億有十萬, 十億
有一百万, 九十億, 乃九百萬畝也.

1개의 사방 10리의 땅은 곧 농지로 따지자면 9만묘가 된다고 했으니,
10개의 사방 10리의 땅은 농지로 따지자면 90억묘가 된다. 100개의 사
방 10리의 땅은 농지로 따지자면 900만묘가 된다. 그런데 이곳에서 90
억묘라고 말한 것은, 당시의 1억은 10만이고, 10억은 100만이었기 때문
이니, 90억이라고 하면 곧 900만묘가 된다.

經文

方千里者, 爲方百里者百, 爲田九萬億畝.〈146〉

사방 1,000리는 사방 100리 크기의 땅이 100개인 것으로, 농지로 따지
자면 9만억묘이다.

集說

計千里之方, 爲方百里者百. 一箇百里之方, 旣爲九十億畝, 則十箇
百里之方, 爲九百億畝, 百箇百里之方, 爲九千億畝. 今乃云九萬億
畝, 與數不同者, 若以億言之, 當云九千億畝, 若以萬言之, 當云九
萬萬畝, 經文誤也.

사방 1000리의 땅 크기를 계산해보면, 사방 100리의 땅이 100개가 된

다. 1개의 사방 100리의 땅이 90억묘가 되니, 10개의 사방 100리의 땅
은 900억묘가 되고, 100개의 사방 100리의 땅은 9,000억묘가 된다. 이
곳 경문에서는 9만억묘라고 말하여 계산된 수치와 같지 않은데, 만약
억 단위로 말을 한다면 마땅히 9,000억묘라고 말해야 하고, 만약 만 단
위로 말을 한다면 마땅히 9만만묘라고 말해야 하니, 경문이 잘못된 것
이다.

應氏曰: 自此至篇末, 皆覆解扁首, 及中間井田封建地里之界.

응씨가 말하길, 이곳 문장부터 끝까지는 모두 「왕제」편의 첫 부분과 중
간에서 말했던 정전·봉건·지리의 경계 등에 대해서 재차 설명한 것
이다.

經文

自恒山至於南河, 千里而近. 自南河至於江, 千里而近. 自江
至於衡山, 千里而遙. 自東河至於東海, 千里而遙. 自東河至
於西河, 千里而近. 自西河至於流沙, 千里而遙. 西不盡流沙,
南不盡衡山, 東不盡東海, 北不盡恒山.〈147〉

항산으로부터 황하까지는 1,000리가 조금 못된다. 황하로부터 장강까지
는 1,000리가 조금 못된다. 장강으로부터 형산까지는 1,000리가 넘는
다. 황하의 하류 동쪽인 동하로부터 동해까지는 1,000리가 넘는다. 동
하로부터 동하의 서쪽인 서하까지는 1,000리가 조금 못된다. 서하로부
터 사막 지역인 유사까지는 1,000리가 넘는다. 서쪽에 있어서 유사까지
는 다 개척되지 않았고, 남쪽에 있어서 형산까지는 다 개척되지 않았으
며, 동쪽에 있어서 동해까지는 다 개척되지 않았고, 북쪽에 있어서 항산
까지는 다 개척되지 않았다.

方氏曰: 不足, 謂之近, 有餘, 謂之遙.

방씨가 말하길, 조금 부족한 것을 '근(近)'이라 말한 것이고, 넘는 것을 '요(遙)'라 말한 것이다.

應氏曰: 此獨言東海者, 東海在中國封疆之內, 而西·南·北, 則夷狄之外也. 南以江與衡山爲限, 百越未盡開也. 河擧東·西·南·北者, 河流縈帶周遶, 雖流沙分際, 亦與河接也. 自秦而上, 西·北袤而東·南, 麃秦而下, 東·南展而西·北縮. 先王盛時, 四方各有不盡之地, 不勞中國以事外也. 禹貢東漸西彼, 朔南暨, 特聲敎所及, 非貢賦所限也.

응씨가 말하길, 이곳 경문에서 유독 '동해(東海)'를 언급한 것은 동해는 중국 영토 내에 있으며, 서쪽·남쪽·북쪽의 땅 끝은 오랑캐와 영토를 맞대고 있는 지역 밖이 되기 때문이다. 남쪽으로 장강과 형산을 영토의 한계로 삼았으니, 남쪽의 오랑캐들인 백월들의 땅은 아직 다 개척되지 않은 것이다. 황하에 동·서·남·북을 각각 붙여서 부른 것은 황하의 물줄기 흐름이 감싸듯 회전하고 굽어져서 에워싸며 흐르기 때문이며, 비록 유사로 서쪽 영토의 한계를 설명했지만, 유사 또한 황하와 접해 있다. 진나라 이전에는 영토가 서쪽과 북쪽으로는 길었지만 동쪽과 남쪽으로는 막혀 있었고, 진나라 이후에는 영토가 동쪽과 남쪽으로는 넓혀졌으나 서쪽과 북쪽으로는 줄어들었다. 선왕이 다스렸던 융성했던 시대에도 사방에는 각기 개척되지 않은 땅들이 있었는데, 이것은 외부에 대한 일에 힘을 쏟아 중국을 수고롭게 만들지 않고자 해서이다. 『서』「우공(禹貢)」편에서 동쪽으로는 바다에까지 무젖고, 서쪽으로는 유사까지 입혀지며, 북쪽과 남쪽에 모두 이르러서는 특별히 좋은 풍속과 교화가 영향을 미쳤다고 했는데,[2] 이것은 세금과 부역을 부여하는 경계로 삼았다는 뜻이 아니다.

---

2) 『서』「하서(夏書)·우공(禹貢)」: 東漸于海, 西被于流沙, 朔南暨, 聲敎訖于四海.

凡四海之內, 斷[短]長補短, 方三千里, 爲田八十萬億一萬億
畝. 方百里者, 爲田九十億畝, 山陵・林麓, 川澤・溝瀆, 城
郭・宮室, 塗巷, 三分去[去聲]一, 其餘六十億畝.〈148〉

사해의 안에서 땅의 길이가 긴 곳을 떼어다가['斷'자의 음은 '短(단)'이다.]
짧은 곳에 붙인다면, 전부 사방 3,000리가 되니, 농지로 따지자면 80만
억 하고도 1만억묘가 된다. 사방 100리의 땅은 농지로 따지자면 90억묘
인데, 농지가 아닌 산과 언덕, 수풀과 기슭, 내와 못, 봇도랑과 도랑, 성
곽과 궁실, 마을 등이 90억묘를 3등분 한 것 중 하나를 차지한다 하더
라도['去'자는 거성으로 읽는다.] 그 나머지 땅 크기는 60억묘가 된다.

爲田八十万億一万億畝者, 以一州方千里, 九州方三千里, 三三爲
九, 爲方千里者九. 一箇千里, 有九万億畝. 九箇千里, 九九八十一,
故有八十一万億畝. 於八十整數之下云万億, 是八十箇万億. 又云
一万億, 言八十箇万億之外, 更有一万億, 是共爲八十一萬億畝. 先
儒以"万億"二字爲衍, 非也. 此竝疏義, 然愚按, 方百里爲田九十億
畝, 則方三千里, 當云八万一千億畝. 如疏義, 亦承誤釋之也.

농지로 따지자면, 80만억 하고도 1만억묘가 된다는 것은 1개 주는 사방
1,000리인데, 9개 주는 사방 3,000리라는 것으로 3 곱하기 3은 9가 되
니, 사방 1,000리 되는 땅이 9개가 된다. 1개의 사방 1,000리의 땅은 9
만억묘가 된다. 9개의 사방 1,000리 땅은 9 곱하기 9는 81이므로 81만
억묘가 된다. 경문에서는 80이라는 정수 아래에 만억이라고 말했으니,
이것은 80개의 만억묘이다. 경문에서는 또한 1만억이라고 말했으니, 80
개의 만억묘 외에 다시 1만억의 묘가 있다는 것을 말하니, 이것은 모두
81만억묘가 된다. 선대 학자들은 앞의 '만억(萬億)'이라는 두 글자를 연
문으로 여겼으나 잘못된 설명이다. 이 문장들은 모두 뜻이 소통되지만,

내가 생각해보니 사방 100리의 땅은 농지로 따지자면 90억묘가 되니, 사방 3,000리의 땅을 농지로 따지자면 마땅히 8만 1천억묘라고 말해야 한다. 소의 주장 또한 앞서의 잘못을 이어서 해석하였다.

經文

古者以周尺八尺爲步, 今以周尺六尺四寸爲步. 古者百畝, 當今東田百四十六畝三十步. 古者百里, 當今百二十一里六十步四尺二寸二分.〈149〉

고대에는 주나라 척도로 8척이 1보였는데, 지금은 주나라 척도로 6척 4촌이 1보가 된다. 고대의 100묘는 오늘날의 농지로 146묘 30보에 해당한다. 고대의 100리는 오늘날의 121리 60보 4척 2촌 2분에 해당한다.

集說

疏曰: 古者八寸爲尺, 以周尺八尺爲步, 則一步有六尺四寸. 今以周尺六尺四寸爲步, 則一步有五十二寸, 是今步比古步每步剩出一十二寸, 以此計之, 則古者百畝, 當今東田百五十二畝七十一步有餘, 與此百四十六畝三十步不相應. 又今步每步剩古步十二寸, 以此計之, 則古之百里, 當今百二十三里一百一十五步二十寸, 與此百二十一里六十步四尺二寸二分, 又不相應. 經文錯亂, 不可用也.

소에서 말하길, 고대에는 8촌이 1척이었으니, 주나라 척도로 8척이 1보가 된다면, 1보는 6척 4촌이다. 지금은 주나라 척도로 6척 4촌이 1보가 된다면, 1보는 52촌이다. 이것은 지금의 보 단위가 고대의 보 단위에 비해 매 보마다 12촌이 적은 것으로, 이를 통해 계산해보면, 고대의 100묘는 지금의 농지 152무 71보보다 조금 큰 크기에 해당하니, 이곳 경문에서 말하는 146묘 30보와는 상응되지 않는다. 또한 지금의 보 단위는 매

보마다 고대의 보 단위에서 12촌을 줄이므로, 이를 통해 계산해보면, 고대의 100리는 지금의 123리 115보 20촌에 해당하니, 이곳 경문에서 말하는 121리 60보 4척 2촌 2분과도 상응되지 않는다. 이것은 경문이 어지럽게 뒤섞여 있기 때문이니, 경문의 내용에 따를 수가 없다.

陳氏曰: 疏義所筭亦誤, 當云古者八寸爲尺, 以周尺八尺爲步, 則一步有六尺四寸. 今以周尺六尺四寸爲步, 則一步有五尺一寸二分, 是今步比古步每步剩出一尺二寸八分. 以此計之, 則古者百畝, 當今東田百五十六畝二十五步一寸六分千分寸之四, 與此百四十六畝三十步, 不相應. 里亦倣此推之.

진호가 말하길, 소의 주장에서 계산한 것 또한 잘못되었으니, 마땅히 고대에는 8촌이 1척이 되었으니, 주나라 척도로 8척이 1보였다면, 1보는 6척 4촌이 되어야 하고, 지금은 주나라 척도로 6척 4촌이 1보가 되니, 1보는 5척 1촌 2분이 된다고 말해야 한다. 이것은 지금의 보 단위가 고대의 보 단위에 비해, 매 보마다 1척 2촌 8분이 적은 것이다. 이를 통해 계산해보면, 고대의 100묘는 지금의 농지 156무 25보 1촌 6분과 1,000분의 4촌으로, 이곳 경문에서 말하는 146묘 30보와는 상응되지 않는다. 리에 대해서도, 또한 이것을 기준으로 추론해야 한다.

方氏曰: 東田者, 卽詩言南東其畝也, 言南則以廬在其北而向南, 言東則以廬在其西而向東.

방씨가 말하길, '동전(東田)'은 『시』에서 말한 "그 이랑을 남쪽으로 하고 동쪽으로 한다."[3]는 것을 말하니, 남쪽으로 한다고 말한 것은 농지의 임시거처가 이랑의 북쪽에 위치하여, 이랑이 있는 남쪽을 향하게 되는 것을 말한 것이며, 동쪽으로 한다고 말한 것은 임시거처가 이랑의 서쪽에

---

3) 『시』「소아(小雅)·신남산(信南山)」: 信彼南山, 維禹甸之. 畇畇原隰, 曾孫田之. 我疆我理, 南東其畝.

위치하여, 이랑이 있는 동쪽을 향하게 되는 것을 말한 것이다.

嚴氏說南東其畝云, 或南其畝, 或東其畝, 順地勢及水之所趨也.

엄씨가 『시』의 "그 이랑을 남쪽으로 하고 동쪽으로 한다."는 것에 대해
설명하며, 어떤 것은 그 이랑을 남쪽에 두고, 어떤 것은 그 이랑을 동쪽
에 두었다고 했는데, 지형의 형세 및 물이 공급되는 곳을 따랐기 때문
이다.

經文

方千里者, 爲方百里者百.〈150〉

사방 1,000리는 사방 100리 되는 땅이 100개이다.

集說

天下九州, 王畿居中, 外八州, 每州各方千里, 是一百箇百里以開方
之法推之, 合万里也.

천자의 구주는 천자의 수도가 그 가운데 위치하여 1개의 주가 되고, 수
도 밖으로 8개의 주가 있는데, 매 주마다 각각 사방 1,000리이니, 100개
의 사방 100리 땅을 면적으로 계산해보면, 모두 10,000리에 해당한다.

經文

封方百里者三十國, 其餘方百里者七十.〈151〉

1개의 주에는 사방 100리의 땅으로 분봉한 것이 30개의 제후국이고, 그

나머지는 사방 100리의 땅이 70개이다.

公·侯皆方百里, 封三十箇百里, 剩七十箇百里.

공작과 후작에게는 모두 사방 100리가 되는 대국을 분봉해주는데, 30개의 사방 100리 땅을 분봉해주면, 70개의 사방 100리의 땅이 남는다.

又封方七十里者六十, 爲方百里者二十九, 方十里者四十.⟨152⟩

나머지 사방 100리의 땅 70개 중에서 또한 사방 70리의 땅으로 분봉한 것이 60개인데, 그 땅이 차지하는 면적은 사방 100리의 땅이 29개이고, 사방 10리의 땅이 40개이다.

伯七十里, 封六十箇七十里, 是占二十九箇百里, 四十箇十里. 於三十箇百里內, 剩六十箇十里.

백작은 사방 70리가 되는 차국(次國)을 분봉해주는데, 60개의 사방 70리 땅을 분봉해주면, 총 면적은 29개의 사방 100리 되는 땅과 40개의 사방 10리 되는 땅을 차지하니, 30개의 사방 100리되는 땅 중에서, 60개의 사방 10리 되는 땅이 남는 것이다.

經文

其餘, 方百里者四十, 方十里者六十. 又封方五十里者百二十, 爲方百里者三十, 其餘, 方百里者十, 方十里者六十.〈153〉

1개의 주에서 대국과 차국을 분봉해주고 나면, 그 나머지 땅은 사방 100리의 땅이 40개이고, 사방 10리의 땅이 60개이다. 이 나머지 땅에서 또한 사방 50리의 땅으로 분봉한 것이 120개인데, 그 땅이 차지하는 면적은 사방 100리의 땅이 30개이니, 그 나머지 땅은 사방 100리의 땅이 10개이고, 사방 10리의 땅이 60개이다.

集說

除上封二等國, 共占六十箇百里, 外止剩四十箇百里, 及六十箇十里. 於此地內封子·男五十里之國者百二十箇, 每一百里封四箇, 實占三十箇百里. 通三等封, 外止剩十箇百里, 六十箇十里.

위에서 대국과 차국을 분봉해준 땅이 대략 60개의 사방 100리 땅을 차지하니, 이것을 제외하면 그 밖에는 단지 40개의 사방 100리 되는 땅과 60개의 사방 10리 되는 땅이 남는다. 이 땅 안에 다시 자작과 남작에게 사방 50리 되는 소국을 분봉해준 것이 120개이니, 1개의 사방 100리 되는 땅마다 4개의 사방 50리 되는 제후국을 분봉해준 것으로, 소국 120개는 실제로 30개의 사방 100리 되는 땅을 차지하게 된다. 대국·차국·소국 등 세 등급의 제후국을 분봉해주게 되면, 단지 10개의 사방 100리 되는 땅과 60개의 사방 10리 되는 땅이 남는다.

伯國方七十里, 七七四十九, 是四十九箇十里.

백작의 제후국은 사방 70리의 크기이니, 7 곱하기 7은 49로, 이것은 49개의 사방 10리 되는 땅의 면적이다.

子·男方五十里, 五五二十五, 是二十五箇十里.

자작과 남작의 제후국은 사방 50리의 크기이니, 5 곱하기 5는 25로, 이 것은 25개의 사방 10리 되는 땅의 면적이다.

經文

名山·大澤, 不以封, 其餘以爲附庸·間田. 諸侯之有功者, 取 於間田以祿之, 其有削地者, 歸之間田.〈154〉

명산과 대택으로는 분봉하지 않고, 분봉하고 난 나머지 땅들은 부용국 을 봉해줄 땅과 한전으로 삼는다. 제후들 중 공적이 있는 자에게는 한 전 중에서 땅을 떼어 그것을 녹봉으로 주고, 제후들에게서 봉지를 삭탈 한 것은 한전으로 돌린다.

集說

除名山大澤之外, 皆爲附庸之國及間田.

명산과 대택을 제외한 나머지는 모두 부용국을 봉해줄 땅과 한전으로 삼는다.

經文

天子之縣內, 方千里者, 爲方百里者百, 封方百里者九. ○其 餘方百里者九十一, 又封方七十里者二十一, 爲方百里者十, 方十里者二十九. ○其餘方百里者八十, 方十里者七十一, 又 封方五十里者六十三, 爲方百里者十五, 方十里者七十五. ○ 其餘方百里者六十四, 方十里者九十六.〈155〉

천자의 수도 안의 땅 사방 1,000리라는 것은 사방 100리 되는 땅이 100 개이니, 그 중 사방 100리 되는 땅을 분봉해주는 것이 9개이다. ○그 나머지 사방 100리 되는 땅 91개에서는 또한 사방 70리 되는 땅을 분봉 해주는 것이 21개이니, 이 땅은 사방 100리 되는 땅 10개와 사방 10리 되는 땅 29개의 크기가 된다. ○그 나머지 사방 100리 되는 땅 80개와 사방 10리 되는 땅 71개에서는 또한 사방 50리 되는 땅을 분봉해주는 것이 63개이니, 이 땅은 사방 100리 되는 땅 15개와 사방 10리 되는 땅 75개의 크기가 된다. ○그 나머지는 사방 100리 되는 땅이 64개이 고, 사방 10리 되는 땅이 96개이다.

集說

此倣上章畿外之法推之可見. 畿外封國多而餘地少, 廣封建之制於 天下也. 畿內封國少而餘地多, 備采邑之分於王朝也.

이 문장의 내용은 앞에서 말하고 있는 수도 밖의 8개 주에 적용되는 법 을 기준으로 추론해보면 알 수 있다. 수도 밖의 8개 주에 제후국을 분봉 해주는 것이 많고 나머지 땅들이 적은 이유는 천하에 봉건의 제도를 널 리 확장시켰기 때문이다. 수도 안에는 제후국을 분봉해주는 것이 적고 나머지 땅들이 많은 이유는 천자의 조정에서 일하는 신하들에게 채읍으 로 나눠줄 것을 대비한 것이다.

經文

諸侯之下士祿, 食[嗣]九人, 中士食十八人, 上士食三十六人, 下大夫食七十二人, 卿食二百八十八人, 君食二千八百八十 人.〈156〉

제후국 중 대국의 하사는 그 식록이 9명을 먹여 살릴['食'자의 음은 '嗣'

(사)'이다.] 만큼이며, 중사는 18명을 먹여 살릴 만큼이고, 상사는 36명을 먹여 살릴 만큼이며, 하대부는 72명을 먹여 살릴 만큼이고, 상대부인 경은 288명을 먹여 살릴 만큼이며, 제후는 2,880명을 먹여 살릴 만큼 이다.

集說

此言大國之數.

이것은 대국에 대한 수치를 말한 것이다.

經文

次國之卿食二百一十六人, 君食二千一百六十人.〈157〉

제후국 중 차국의 경은 그 식록이 216명을 먹여 살릴 만큼이며, 제후는 2,160명을 먹여 살릴 만큼이다.

集說

次國大夫, 亦食七十二人, 卿三大夫祿, 故食二百一十六人.

차국의 하대부는 그 식록이 또한 대국의 하대부들과 같이 72명을 먹여 살릴 만큼인데, 경은 대부의 식록에 3배이기 때문에, 216명을 먹여 살릴 만큼이다.

經文

小國之卿食百四十四人, 君食千四百四十人.〈158〉

제후국 중 소국의 경은 그 식록이 144명을 먹여 살릴 만큼이며, 제후는 1,440명을 먹여 살릴 만큼이다.

小國大夫, 亦食七十二人, 卿倍大夫祿, 故食百四十四人.

小國의 하대부는 또한 그 식록이 대국이나 차국의 하대부들과 같이 72명을 먹여 살릴 만큼인데, 경은 대부의 식록에 2배이기 때문에, 144명을 먹여 살릴 만큼이다.

經文

次國之卿, 命於其君者, 如小國之卿.〈159〉

차국의 경 중에서 그 나라의 제후에게 임명된 자는 그 식록이 소국의 경과 같다.

降於天子所命也.

천자에게서 직접 임명을 받은 자보다 낮추기 때문이다.

經文

天子之大夫爲三監, 監於諸侯之國者, 其祿視諸侯之卿, 其爵視次國之君, 其祿取之於方伯之地.〈160〉

천자의 대부들 중 제후들을 감독하는 삼감이 되어, 제후의 나라를 감독하는 자는 그 식록이 제후의 경에 준하고, 그의 작위는 차국의 제후에 준하는데, 그의 식록은 방백의 영지에서 나온다.

集說

祿視諸侯之卿, 可食二百八十八人者也.

식록을 제후의 경에 준한다는 것은 288명을 먹여 살릴 만큼이라는 뜻이다.

經文

方伯, 爲[去聲]朝天子, 皆有湯沐之邑於天子之縣內, 視元士.
〈161〉

방백이 천자를 조회할 때를 위해서[‘爲’자는 거성으로 읽는다.] 방백 모두는 천자의 수도 안에 탕목이라는 읍을 가지게 되니, 그 규모는 천자의 원사가 받는 식읍에 준한다.

集說

謂之湯沐者, 言入至畿內, 卽暫止頓於此, 齊潔而往也. 春秋傳謂之朝宿之邑, 惟方伯有之, 其餘否. 許愼云周千八百諸侯, 若皆有之, 則盡京師地亦不能容之者矣.

그 읍을 ‘탕목(湯沐)’이라고 부르는 것은 방백이 천자의 수도로 들어오게 되면 잠시 이곳에서 머무르며, 제계를 하고 청결히 하여 천자에게 간다는 것을 뜻한다. 『춘추전』에서는 그것을 조숙의 읍이라고 했는데,[4] 오

----

4) 『춘추공양전』 「환공(桓公) 1년」: 許田者何. 魯朝宿之邑也, 諸侯時朝乎天子,

직 방백만이 받는 것이며, 나머지 계층은 갖지 못한다. 허신[5]은 "주나라에는 1,800명의 제후가 있었는데, 만약 모두 이러한 조숙의 읍을 가지고 있었다면, 천자의 수도 땅을 다 합친다 하더라도 또한 그만큼의 크기를 수용할 수 없다."고 했다.

經文

諸侯世子世國, 大夫不世爵. 使以德, 爵以功. 未賜爵, 視天子之元士, 以君其國. 諸侯之大夫, 不世爵祿.〈162〉

제후의 세자는 제후국을 세습하지만, 천자의 대부는 작위를 세습하지 못한다. 사람을 등용할 때에는 덕을 기준으로 하고, 작위를 줄 때에는 공적을 기준으로 한다. 제후의 세자가 천자로부터 아직 작위를 하사받지 못했다면, 그의 의복 및 예의 등급 제도는 천자의 원사에 준하며, 작위를 하사받은 이후에야 그 나라의 정식 군주가 된다. 제후의 대부는 작위와 식록을 세습하지 못한다.

集說

世子世國, 畿外之制也. 天子大夫不世爵, 而世祿. 先王使人爵人, 必取其有德有功者. 列國之君薨, 其子未得爵賜, 則其衣服禮數, 視天子之元士, 賜爵而後, 得如先君之舊也. 諸侯之大夫, 不世爵祿,

---

天子之郊, 諸侯皆有朝宿之邑焉.

5) 허신(許愼, A.D.30~A.D.124) : =허숙중(許叔重). 후한(後漢) 때의 학자이다. 자(字)는 숙중(叔重)이다. 『설문해자(說文解字)』의 저자로 널리 알려져 있으며, 다른 저서로는 『오경이의(五經異義)』가 있으나 산일되었다. 『오경이의』는 송대(宋代) 때 다시 편찬되었으나 진위를 따지기 힘들다.

而有大功德者, 亦世之. 左傳言官有世功, 則有官族.

세자가 나라를 세습한다는 것은 천자의 수도 밖에 해당하는 제도이다. 천자의 대부는 작위를 세습하지 못하지만 식록은 세습한다. 선왕이 사람을 등용하고 사람에게 작위를 줄 때에는 반드시 그가 가진 덕과 공적을 기준으로 삼았다. 제후국의 군주가 죽었을 경우, 그 자식이 아직 천자로부터 작위를 하사받지 못했다면, 그의 의복 및 예의 등급 제도는 천자의 원사에 준하고, 작위를 하사받은 이후에야 선대 군주가 옛적에 누렸던 것처럼 할 수 있다. 제후의 대부는 작위와 식록을 세습하지 못하지만, 큰 공덕이 있는 자는 또한 그것들을 세습할 수 있다. 『좌전』에서 "그 관직에서 대대로 공적이 있다면, 관직명으로 족명을 삼을 수 있다."[6]는 것이 바로 이러한 자들을 가리킨다.

經文

六禮: 冠・昏・喪・祭・鄕・相見.〈163〉

육례라는 것은 관례・혼례・상례・제례・향례・상견례이다.

集說

今所存者, 士冠・士昏・士喪・特牲・少牢饋食・鄕飮酒・士相見.

지금까지 남아있는 것은 『의례』의 「사관례」・「사혼례」・「사상례」・「특생궤식례」・「소뢰궤식례」・「향음주례」・「사상견례」이다.

---

6) 『춘추좌씨전』「은공(隱公) 8년」 : 天子建德, 因生以賜姓, 胙之土而命之氏. 諸侯以字爲諡, 因以爲族. 官有世功, 則有官族. 邑亦如之.

七教: 父子·兄弟·夫婦·君臣·長幼·朋友·賓客. 八政: 飲
食·衣服·事爲·異別·度·量·數·制.〈164〉

칠교라는 것은 부자·형제·부부·군신·장유·붕우·빈객 간에 지켜
야 할 도리에 대한 가르침이다. 팔정이라는 것은 음식, 의복, 백공들의
기예인 사위, 오방에서 기구를 사용함과 제작함을 달리하는 이별, 길이
인 도, 수량인 량, 수, 폭인 제를 다스리는 것이다.

六禮·七敎·八政, 皆司徒所掌. 禮節民性, 敎興民德, 脩則不壞, 明
則不渝. 然非齊八政以防淫, 則亦禮敎之害也. 事爲者, 百工之技藝
有正有邪, 異別者, 五方之械器有同有異. 度量, 則不使有長短小大
之殊, 數制, 則不使有多寡廣狹之異. 若夫飲食衣服, 尤民生日用之
不可闕者, 所以居八政之首, 齊之則不使有僭擬詭異之端矣. 此篇
先儒謂雜擧歷代之典, 雖一一分別, 而不能皆有明證, 又且多祖緯
書, 豈可謂決然無疑哉? 朱子有言, 漢儒說制度有不合者, 多推從殷
禮去, 此亦疑其無徵矣. 然只據大綱而言, 興學以上, 脩六禮以下,
其坦明者, 亦可爲後王之法也.

육례·칠교·팔정은 모두 사도가 담당하는 것이다. 예는 백성들의 성품
을 절제하고, 교는 백성들의 덕을 홍기시키는 것이니, 이것들을 잘 가다
듬으면 무너지지 않게 되고, 잘 밝히면 풀어지지 않게 된다. 그러나 팔
정을 가지런히 하여 음란한 것을 방지하지 않는다면, 또한 예와 교를 해
치게 된다. '사위(事爲)'라는 것은 백공들의 기예에는 바른 것도 있고 바
르지 않은 것도 있다는 뜻이고, '이별(異別)'이라는 것은 오방에서 사용
되고 제작되는 기구들에는 같은 것도 있고 다른 것도 있다는 뜻이다.
'도(度)'와 '양(量)'에는 길고 짧거나 작고 큰 차이가 있게 해서는 안 된다
는 뜻이며, '수(數)'와 '제(制)'에는 많고 적거나 넓고 좁은 차이가 있게

해서는 안 된다는 뜻이다. 무릇 음식과 의복과 같은 것들은 더욱이 백성들이 매일 같이 사용하는 데 없어서는 안 될 것들이니, 팔정의 첫 부분에 위치하는 이유이며, 그것들을 잘 다스려서, 어긋나고 의심스럽거나 위배되고 괴이한 실마리가 있게 해서는 안 된다. 「왕제」편을 선대 학자들은 역대의 전적들을 뒤섞어 거론하고 있다고 여겨서, 비록 일일이 분별하고 있으나, 모두 명확하게 증명할 수 없고, 또한 위서를 본받은 설들이 많으니, 어찌 단호하게 의심스러운 것이 없다고 말할 수 있겠는가? 주자 또한 일찍이 이에 대해 언급하며, "한대 유학자들이 고대의 제도에 대해 설명한 것들 중에 서로 합치되지 않는 것들은 대부분 은나라의 예법을 거슬러 올라가 따른 것들이다."라고 했는데, 이 말 또한 명확한 증거가 없음을 의심한 것이다. 그러나 이 편의 대강의 뜻에 근거해서 말한다면, 학교를 부흥시킨다는 것 이상과 육례를 정비한다는 것 이하의 내용 중에 무난하고 명확한 것들은 또한 후대 제왕들의 모범이 될 만한 것들이다.

禮記淺見錄卷第六

『예기천견록』6권

「월령(月令)」

淺見

近按: 此篇記十二月所行之政令, 本於秦呂氏春秋, 故記月雖用夏
正, 而於季秋之月, 乃曰: "合諸侯, 制百縣, 爲來歲, 受朔日", 則是用
秦正立亥爲歲首, 而以季秋爲終明矣. 不韋作春秋, 懸金于市, 以求
正是, 蓋當時三代典籍, 未經焚焰, 而此書出於諸儒之所損益, 故雖
雜擧秦儀, 而猶髣髴古制. 王者奉若天道 · 對時 · 育物, 所當考而知
之者也.

내가 살펴보니, 「월령」편에서는 12개월 동안 시행해야 할 정령을 기록
하고 있는데, 이것은 진나라 때 작성된 『여씨춘추』에 근거한 것이다. 그
렇기 때문에 각 달을 기록하면서 비록 하정(夏正)[1]을 사용하고 있지만,
계추의 달에서 "천자는 제후들에게 총체적인 명령을 내려서, 제후국에
서 통치하는 모든 현들에 칙명을 전달하게 하니, 천자는 다음 해의 올바
른 통치를 위하여 제후들에게 달력을 내려준다."[2]라고 했다면, 이것은

---

1) 하정(夏正)은 하(夏)나라의 정월(正月)을 뜻한다. 이러한 뜻에서 파생되어 하나
라의 역법(曆法)을 지칭하기도 한다. 하력(夏曆)을 기준으로 두었을 때, 은(殷)나
라는 12월을 정월로 삼았으며, 주(周)나라는 11월을 정월로 삼았다. 『사기(史記)』
「역서(曆書)」편에서는 "秦及漢初曾一度以夏曆十月爲正月, 自漢武帝改用夏
正后, 曆代沿用."이라고 하여, 진(秦)나라와 전한초기(前漢初期)에는 하력에서
의 10월을 정월로 삼았다가, 한무제(漢武帝)부터는 다시 하력을 따랐다고 전해진
다. 또한 '하력'은 농력(農曆)이라고도 부르는데, '하력'에 기준을 두었을 때, 농사
의 시기와 가장 잘 맞았기 때문이다. 따라서 역대 왕조에서 역법을 개정할 때에는
'하력'에 기준을 두게 되었다.
2) 『예기』 「월령」 186장: 合諸侯, 制百縣, 爲來歲, 受朔日, 與諸侯所稅於民輕重
之法 · 貢職之數, 以遠近土地所宜, 爲度, 以給郊廟之事, 無有所私.

진나라 때의 역법을 사용하여 해월(亥月)을 정월로 삼고 계추를 한 해의 마지막 달로 삼은 것이 분명하다. 여불위3)는 『여씨춘추』를 작성하고 시장에 금을 내걸고 올바르게 교정하기를 구했다. 아마도 당시에는 삼대 때의 전적이 아직 분서갱유를 거치지 않았고, 이 서적은 여러 유학자들의 가감을 거쳐 편찬되었기 때문에, 비록 진나라 때의 의제를 뒤섞어 거론하고 있지만, 여전히 옛 제도와 거의 비슷하다. 따라서 천하를 통치하는 자가 천도를 받들고 사시를 대하며 만물을 기르는 것들에 있어서는 마땅히 이것을 상고해서 파악해야만 한다.

---

3) 여불위(呂不韋. ?~B.C.235) : 전국시대(戰國時代) 말기(末期)의 정치가이다. 진(秦)나라의 상국(相國)을 지낼 때, 여러 학자들을 초빙하여 『여씨춘추(呂氏春秋)』를 작성하였다.

「월령」편 문장 순서 비교

『예기집설』	『예기천견록』	
	구분	문장
001		001
002		002
003		003
004		004
005		005
006		006
007		007
008		008
009		009
010		010
011	무분류-孟春	011
012		012
013		013
014		014
015		015
016		016
017		017
018		018
019		019
020		020
021		021
022		022
023		023
024		024
025		025
026		026
027	무분류-仲春	027
028		028
029		029
030		030
031		031
032		032

『예기집설』	『예기천견록』	
	구분	문장
033		033
034		034
035		035
036		036
037		037
038	무분류-仲春	038
039		039
040		040
041		041
042		042
043		043
044		044
045		045
046		046
047		047
048		048
049		049
050		050
051		051
052		052
053		053
054	무분류-季春	054*
055		055
056		056
057		057
058		058
059		059
060		060
061		061
062		062
063		063
064		064

『예기집설』	『예기천견록』	
	구분	문장
065		065
066		066
067		067
068		068
069		069
070		070
071		071
072		072
073		073
074		074
075		075
076	무분류孟夏	076
077		077
078		078
079		079
080		080
081		081*
082		082
083		083
084		084
085		085
086		086
087		087
088		088
089		089
090		090
091		091
092	무분류仲夏	092
093		093
094		094
095		095
096		096
097		097

『예기집설』	『예기천견록』	
	구분	문장
098		098
099		099
100		100
101		101
102		102
103		103
104		104
105	무분류-仲夏	105
106		106
107		107
108		108
109		109
110		110
111		111
112		112
113		113
114		114
115		115
116		116
117		117
118		118
119		119
120	무분류-季夏	120
121		121
122		122
123		123
124		124
125		125
126		126
127		127
128		128

『예기집설』	『예기천견록』	
	구분	문장
129		129
130		130
131		131
132		132
133		133
134	무분류中央	134
135		135
136		136
137		137
138		138
139		139
140		140
141		141
142		142
143		143
144		144
145		145
146		146
147		147
148		148
149	무분류孟秋	149
150		150
151		151
152		152
153		153
154		154
155		155
156		156
157		157
158		158
159	무분류仲秋	159
160		160
161		161

『예기집설』	『예기천견록』	
	구분	문장
162		162
163		163
164		164
165		165
166		166
167		167
168		168
169	무분류-仲秋	169
170		170
171		171
172		172
173		173
174		174
175		175
176		176
177		177
178		178
179		179
180		180
181		181
182		182
183		183
184		184
185		185
186	무분류-季秋	186
187		187
188		188
189		189
190		190
191		191
192		192
193		193
194		194

『예기집설』	『예기천견록』	
	구분	문장
195	무분류季秋	195
196		196
197		197
198		198
199	무분류孟冬	199
200		200
201		201
202		202
203		203
204		204
205		205
206		206
207		207
208		208
209		209
210		210
211		211
212		212
213		213
214		214
215		215
216		216
217		217
218		218
219		219
220		220
221		221
222		222
223	무분류仲冬	223
224		224
225		225
226		226
227		227

『예기집설』	『예기천견록』	
	구분	문장
228		228
229		229
230		230
231		231
232		232
233		233
234		234
235		235
236		236
237	무분류仲冬	237
238		238
239		239
240		240
241		241
242		242
243		243
244		244
245		245
246		246
247		247
248		248
249		249
250		252
251		250
252		251
253	무분류季冬	253
254		254
255		255
256		256
257		257
258		258
259		259
260		260

『예기집설』	『예기천견록』	
	구분	문장
261		261
262		262
263		263
264		264
265	무분류-季冬	265
266		266
267		267
268		268
269		269
270		270

무분류-맹춘(孟春)

孟春之月, 日在營室, 昏參中, 旦尾中.〈001〉

맹춘의 달에는 해와 달이 만나는 곳인 일(日)이 28수 중 영실의 자리에 있고, 저녁 무렵에는 삼수가 남쪽 하늘의 중앙에 위치하며, 동틀 무렵에는 미수가 남쪽 하늘의 중앙에 위치한다.

集說

孟春, 夏正建寅之月也. 營室在亥, 娵訾之次也. 昏時參星在南方之中, 旦則尾星在南方之中.

맹춘은 하나라 정월인 건인(建寅)[1]의 달이다. 영실은 12진 중 하나인 해 자리에 위치하니, 추자의 자리이다. 저녁 무렵에는 삼성이 남쪽 하늘의 중앙에 위치하고, 동틀 무렵에는 미성이 남쪽 하늘의 중앙에 위치한다.

疏曰: 月令昏明中星, 皆大略而言, 不與曆同. 但一月之內有中者, 卽得載之. 二十八宿星體有廣狹, 相去有遠近. 或月節月中之日, 昏明之時, 前星已過於午, 後星未至正南. 又星有明暗, 見有早晚, 所以昏明之星, 不可正依曆法, 但擧大略耳.

소에서 말하길, 「월령」편에서 기술하는 저녁 무렵과 동틀 무렵의 중성 (中星)[2]들은 모두 대략적으로 말하는 것으로 역법의 체계와는 같지 않

---

1) 건인(建寅)은 북두칠성의 자루부분이 회전하여, 12진(辰) 중 인(寅)의 방위를 향할 때를 뜻한다. 하(夏)나라에서는 이 시기를 정월(正月)로 삼았기 때문에, 하력 (夏曆)에서의 정월을 뜻하는 용어로도 사용되었다. 『회남자(淮南子)』「천문훈(天文訓)」편에는 "天一元始, 正月建寅."이라는 기록이 있다.

다. 단지 한 달 안에 남중하는 것만을 기재했을 따름이다. 28수의 별자리는 그 형태에 있어 각각 넓고 좁은 차이가 있고, 서로간의 거리에도 멀고 가까운 차이가 있다. 따라서 간혹 월절(月節)[3]이나 한 달의 가운데에서 저녁 무렵과 동틀 무렵에 28수 중 앞의 별자리가 이미 오(午)를 지나쳐 버리고 뒤이어 올 별자리가 아직 정남에 이르지 못하는 경우도 있다. 또 별들에는 밝고 어두운 차이가 있어서, 드러나 보이는 데에도 이르거나 늦는 차이가 있으니, 「월령」편에서 기록하고 있는 저녁 무렵과 동틀 무렵의 중성들은 바로 역법에 의거해서 볼 수 없으므로, 단지 대략적인 것을 거론했을 따름이다.

淺見

近按: 王者之行政令, 必奉天時, 故每月之首先記天象也. 禮經之中, 此篇最爲完具, 故竝以舊文爲正.

내가 살펴보니, 천자가 정령을 시행할 때에는 반드시 천시를 받들어야 한다. 그렇기 때문에 각 월의 첫 부분에서는 우선적으로 천문현상을 기록한 것이다. 『예기』의 경문 중 「월령」편이 가장 완결성이 높다. 그렇기 때문에 모두 옛 판본의 순서를 바른 것으로 여겼다.

----

2) 중성(中星)은 28수(宿) 중 남쪽 하늘의 중앙에 위치하는 별자리를 말한다. 28수는 동서남북 사방(四方)에 각각 7개씩 분포되어 있는데, 이들은 일정한 궤도에 따라서 움직이게 되며, 차례대로 남쪽 하늘의 중앙에 위치하게 된다. 28수 중에서 어떤 것이 '중성'이 되는지를 관찰하면, 해당 계절을 확인할 수 있다. 『서』「우서(虞書)・요전(堯典)」편에는 "曆象日月星辰."이라는 기록이 있는데, 이에 대한 공안국(孔安國)의 전(傳)에서는 "星, 四方中星."이라고 풀이했고, 공영달(孔穎達)의 소(疏)에서는 "星, 四方中星者, 二十八宿布在四方, 隨天轉運, 更互在南方, 每月各有中者."라고 풀이했다.
3) 월절(月節)은 새로운 달이 시작되는 삭일(朔日)을 뜻한다.

其日甲乙.〈002〉

맹춘의 달에 해당하는 일간(日干)은 갑과 을이다.

集說

春於四時屬木, 日之所繫, 十干循環, 獨言甲乙者, 木之屬也. 四時
皆然.

봄은 사계절 중에서 목의 기운에 속하고, 그 날들이 연계되는 것은 십간
의 순환인데, 경문에서 유독 갑과 을만 말한 것은 갑과 을이 목에 속하
기 때문이다. 사계절에 관한 「월령」편의 기록에서 십간에 대한 기록들
은 모두 이러하다.

經文

其帝太皞, 其神句[勾]芒[亡].〈003〉

맹춘을 지배하는 제는 태호(太皞)[1]이며, 그 아래에서 보좌하는 신은 구
망(句芒)[2]이다.['句'자의 음은 '勾(구)'이다. '芒'자의 음은 '亡(망)'이다.]

---

1) 태호(太皞)는 태호(太昊)라고도 부른다. '태호'는 복희(伏犧)를 가리킨다. 오행
   (五行)으로 구분했을 때 목(木)을 주관하며, 계절로 따지면 봄을 주관하고, 방위
   로 따지면 동쪽을 주관하는 자이다. 『여씨춘추(呂氏春秋)』「맹춘기(孟春紀)」편
   에는 "其帝, 太皞, 其神, 句芒."이라는 기록이 있고, 이에 대한 고유(高誘)의 주에
   서는 "太皞, 伏羲氏, 以木德王天下之號, 死祀於東方, 爲木德之帝."라고 풀이
   했다.
2) 구망(句芒)은 오행(五行) 중 목(木)의 기운을 주관하는 천상의 신(神)이다. 목
   (木)의 기운을 담당했기 때문에, 그 관부의 이름을 따서 목관(木官)이라고도 부르

太皥, 伏羲, 木德之君. 句芒, 少皥氏之子曰重, 木官之臣. 聖神繼天
立極, 生有功德於民, 故後王於春祀之. 四時之帝與神, 皆此義.

'태호(太皥)'는 복희(伏羲)[3]이며, 목덕의 제왕이다. '구망(句芒)'은 소호
씨(少皥氏)[4]의 아들로, 이름은 '중(重)'이라 하며, 목관(木官)[5]의 신하이

고, 관부의 수장이라는 뜻에서 목정(木正)이라고도 부른다. '구망'은 소호씨(少皥
氏)의 아들 또는 후손으로 알려져 있으며, 이름은 중(重)이었다고 전해진다. 생전
에 목덕(木德)의 제왕이었던 태호(太皥: =伏羲氏)를 보좌하였고, 죽은 이후에는
목관(木官)의 신이 되었다고도 전해진다. '오행' 중 목(木)의 기운은 각 계절 및
방위와 관련되어, '구망'은 봄과 동쪽에 해당하는 신이라고도 부른다. 다만 목덕
(木德)을 주관했던 상위의 신은 '태호'이고, '구망'은 태호를 보좌했던 신이다. 『예
기』「월령(月令)」편에는 "其帝, 太皥, 其神, 句芒."이라는 기록이 있는데, 이에
대한 정현의 주에서는 "句芒, 少皥氏之子, 曰重, 爲木官."이라고 풀이했다. 『여
씨춘추(呂氏春秋)』「맹춘기(孟春紀)」편에는 "其帝, 太皥, 其神, 句芒."이라는 기
록이 있는데, 이에 대한 고유(高誘)의 주에서는 "句芒, 少皥氏之裔子曰重, 佐木
德之帝, 死爲木官之神."이라고 풀이했다. 한편 『춘추좌씨전』「소공(昭公) 29년」
편에는 "木正曰句芒."이라는 기록이 있다.

3) 복희(伏羲)는 곧 복희씨(宓戲氏) · 복희씨(伏羲氏) · 포희씨(包犧氏)를 가리킨
다. 전설시대에 존재했다고 전해지는 고대 제왕 중 한 명이다. 복(伏)자와 복(宓)
자, 그리고 희(羲)자와 희(戲)자는 음이 같아서 통용되었다. 『한서(漢書)』「고금
인표(古今人表)」편에는 "太昊帝宓義氏."라는 기록이 있는데, 이에 대한 안사고
(顏師古)의 주에서는 "宓, 音伏, 字本作戲, 其音同."이라고 풀이했다.

4) 소호씨(少皥氏)는 소호씨(少昊氏)라고도 부르며, 전설상의 인물이다. 소호(少
昊)라고도 부른다. 고대 동이족의 제왕으로, 황제(黃帝)의 아들이었다고도 전해
진다. 이름은 지(摯)인데, 질(質)이었다고도 한다. 호(號)는 금천씨(金天氏)이다.
소호(少皥)는 새의 이름으로 관직명을 지었다고 전해지며, 사후에는 서방(西方)
의 신(神)이 되었다고 전해진다. 『춘추좌씨전』「소공(昭公) 17년」편에는 "郯子曰
我高祖少皥摯之立也, 鳳鳥適至, 故紀於鳥, 爲鳥師而鳥名."이라는 기록이 있
는데, 이에 대한 두예(杜預)의 주에서는 "少皥, 金天氏, 黃帝之子, 己姓之祖也."
라고 풀이했다.

5) 목관(木官)은 목정(木正) 또는 춘관(春官)으로 부르기도 한다. 오행(五行) 중 목
덕(木德)을 다스리는 신하들의 수장이다. 참고적으로 하관(夏官)은 화정(火正)

다. 성왕은 하늘의 뜻을 이어받아 법도를 세우고, 생전에 백성들에게 공덕이 있었기 때문에, 후대의 제왕들이 봄에 이들에 대해 제사지내는 것이다. 사계절에 관현 「월령」편의 기록 중에서 제와 신에 대한 것들은 모두 이러한 뜻이다.

經文

其蟲鱗, 其音角, 律中[去聲]太蔟[七寇反], 其數八, 其味酸, 其臭羶, 其祀戶, 祭先脾. (004)

맹춘에 해당하는 생물은 비늘이 달린 종류이고, 오음(五音)[6] 중에서 맹춘에 해당하는 음은 각이며, 십이률(十二律)[7] 중에서 맹춘의 기후에 반

또는 화관(火官)으로 부르며, 추관(秋官)은 금정(金正) 또는 금관(金官)으로 부르고, 동관(冬官)은 수정(水正) 또는 수관(水官)으로 부르며, 중관(中官)은 토정(土正) 또는 토관(土官)으로 부른다. 『한서(漢書)』「백관공경표상(百官公卿表上)」편에는 "自顓頊以來, 爲民師而命以民事."라는 기록이 있는데, 이에 대한 응소(應劭)의 주에서는 "顓頊氏代少昊者也, 不能紀遠, 始以職事命官也. 春官爲木正, 夏官爲火正, 秋官爲金正, 冬官爲水正, 中官爲土正."이라고 풀이하였다.

[6] 오음(五音)은 오성(五聲)이라고도 하며, 일반적으로 궁(宮), 상(商), 각(角), 치(徵), 우(羽) 다섯 가지 음을 뜻한다. 당(唐)나라 이후에는 또한 합(合), 사(四), 을(乙), 척(尺), 공(工)으로 부르기도 했다. 『맹자』「이루상(離婁上)」편에는 "不以六律, 不能正五音."이라는 기록이 있는데, 이에 대한 조기(趙岐)의 주에서는 "五音, 宮商角徵羽"라고 풀이하였다.

[7] 십이율(十二律)은 여섯 개의 양률(陽律)과 여섯 개의 음률(陰律)을 합하여 부르는 말이다. 양성(陽聲: =陽律)은 황종(黃鐘), 대주(大簇), 고선(姑洗), 유빈(蕤賓), 이칙(夷則), 무역(無射)이며, 이것을 육률(六律)이라고도 부른다. 음성(陰聲: =陰律)은 대려(大呂), 응종(應鍾), 남려(南呂), 함종(函鍾), 소려(小呂), 협종(夾鍾)이며, 이것을 육동(六同)이라고도 부른다. '십이율'은 12개의 높낮이가 다른 표준음으로, 서양음악의 악조(樂調)에 해당한다. 고대에는 12개의 길이가 다른 죽관(竹管)으로 음의 높낮이를 보정했다. 관(管)의 높이에는 각각 일정한 길이

응하는 율관은 태주에['簇'자는 '七(칠)'자와 '寇(구)'자의 반절음이다.] 해당하
고['中'자는 거성으로 읽는다.] 맹춘에 해당하는 수는 8이며, 오미 중에서 맹
춘에 해당하는 맛은 신맛이고, 오취(五臭)[8] 중에서 맹춘에 해당하는 냄
새는 노린내이며, 오사 중에서 맹춘에 해당하는 사는 호이고, 제사를 지
낼 때에는 희생물의 비장을 먼저 바친다.

集說

鱗蟲, 木之屬. 五聲角爲木, 單出曰聲, 雜比曰音. 調樂於春, 以角爲
主也. 律者, 候氣之管, 以銅爲之, 或云竹爲之. 中, 猶應也. 太簇,
寅律, 長八寸. 陰陽之氣距地面各有深淺, 故律之長短如其數. 律管
入地, 以葭灰實其端, 其月氣至, 則灰飛而管通, 是氣之應也. 天三
生木, 地八成之. 其數八, 成數也. 通於鼻者謂之臭, 臭卽氣也. 在口
者謂之味. 酸羶皆木之屬. 戶者, 人所出入, 司之有神, 此神是陽氣
在戶之內, 春陽氣出, 故祀之. 祭先脾者, 木克土也.

비늘이 있는 생물은 오행 중 목에 속한다. 오성 중의 각음은 오행 중에
서 목이 된다. 한 가지 소리만 나오는 것을 '성(聲)'이라 부르고, 소리가
뒤섞여 나오는 것을 '음(音)'이라 부른다. 봄에 음악을 조율함에는 각음
을 위주로 한다. '율(律)'은 기후를 관측하는 피리인데, 동으로 그것을
만드는데, 혹자는 대나무로 만든다고도 한다. '중(中)'자는 호응한다는

가 있었다. 긴 관은 저음의 소리를 냈고, 짧은 관은 고음의 소리를 냈다. 관 중에
는 대나무가 아닌 동으로 제작한 것도 있다. 그리고 '육동'은 또한 육려(六呂),
율려(律呂), 육간(六閒), 육종(六鍾)이라고도 부른다.

8) 오취(五臭)는 다섯 가지 냄새를 뜻하는데, 각종 냄새들을 총칭하는 용어로도 사
용된다. '오취'는 일반적으로 전(羶: 노린내), 초(焦: =薰, 탄내), 향(香: 향내),
성(腥: =鯹, 비린내), 후(朽: =腐, 썩은내)를 가리킨다. 『장자(莊子)』「외편(外
篇)·천지(天地)」편에는 "三曰五臭熏鼻, 困悛中顙."이라는 기록이 있는데, 이
에 대한 성현영(成玄英)의 소(疏)에서는 "五臭, 謂羶, 薰, 香, 鯹, 腐."라고 풀이
하였다.

뜻이다. 태주는 십이율을 십이지에 배열했을 때 인률에 해당하며, 그 피리의 길이는 8촌이다. 음양의 기는 지면과의 거리 상 각각 얕고 깊은 차이가 있기 때문에, 율관의 길고 짧은 길이도 그 수치와 같게 만든다. 율관을 땅에 묻고서 갈대를 태우고 남은 재로 그 끝부분을 채우게 되는데, 그 율에 해당하는 달의 기가 도래하게 되면, 율관을 채우고 있던 재가 날아가면서 율관이 뚫리게 되니, 이것이 바로 기가 호응하는 것이다. 하늘의 수인 3이 목을 생성하면, 땅의 수인 8이 그것을 완성한다. 경문에서 그 수가 8이라고 한 것은 3과 8 중에서 완성시키는 숫자인 성수를 든 것이다. 코로 통하여 감지하는 것을 '취(臭)'라 하는데, 취는 곧 기이다. 입에서 감지하는 것을 '미(味)'라 부른다. 오미 중 하나인 신맛과 오취 중 하나인 노린내는 모두 목에 속한다. '호(戶)'는 사람이 출입하는 곳으로, 그곳을 담당하는 신이 있으니, 이 신은 바로 양기로써 호 안에 머물러 있는데, 봄에는 양기가 나타나기 때문에 호에게 제사를 지내는 것이다. 제사에서 희생물의 비장을 먼저 바친다는 것은 목이 토를 이기기 때문이다.

蔡邕獨斷曰: 戶, 春爲少陽, 其氣始出生養, 祀之於戶. 祀戶之禮, 南面, 設主於門內之西.

채옹[9]의 『독단』에서 말하길, 호에 대해서 말하자면, 봄은 소양이 되는데, 봄의 기가 비로소 나타나 성장하므로, 호에서 제사를 지내는 것이다. 호에게 제사지내는 예법은 남면을 하고서, 문 안의 서쪽에 신주를 설치한다.

---

9) 채옹(蔡邕, A.D.131~A.D.192) : 후한(後漢) 때의 학자이다. 자(字)는 백개(伯喈)이다. A.D.189년 동탁(董卓)에게 발탁되어, 시어사(侍御史)와 좌중랑장(左中郎將) 등을 역임하였으나, 동탁이 죽은 후 투옥되어 옥중에서 죽었다. 박학하였으며 술수(術數), 천문(天文), 사장(辭章) 등에 조예가 깊었다.

東風解凍, 蟄蟲始振, 魚上[上聲]冰, 獺祭魚, 鴻鴈來.〈005〉

맹춘의 달에는 동쪽에서 불어오는 바람이 얼음을 녹이고, 칩거했던 생물들이 비로소 움직이기 시작하며, 물고기들이 얼음 위로 뛰어오르고['上'자는 상성으로 읽는다.] 수달이 물고기를 제사지내며, 기러기가 남쪽에서부터 날아온다.

此記寅月之候. 振, 動也. 來, 自南而北也.

이것은 1월의 기후 조짐을 기록한 것이다. '진(振)'은 움직인다는 뜻이다. 기러기가 날아온다는 것은 남쪽으로부터 북쪽으로 날아가는 것이다.

天子, 居靑陽左个.〈006〉

맹춘의 달에 천자는 청양(靑陽)10)의 좌개(左个)11)에 거처한다.

---

10) 청양(靑陽)은 명당(明堂)에 있는 건물이다. '명당'에는 다섯 개의 실(室)이 있었는데, 좌측면의 동쪽에 위치한 '실'을 '청양'이라고 불렀다. 제왕이 제사(祭祀)나 정사(政事)를 처리하던 곳이다. 『자치통감(資治通鑒)』 「제무제영명십년(齊武帝永明十年)」편에는 "己未, 魏主宗祀顯祖於明堂以配上帝, 遂登靈臺以觀雲物, 降居靑陽左个, 布政事."라는 기록이 있는데, 이에 대한 호삼생(胡三省)의 주에서는 정현의 주를 인용하여, "靑陽左个, 大寢東堂北偏."이라고 풀이하였다. 또한 '청양'은 '명당' 자체를 지칭하는 용어로도 사용되었다.

11) 좌개(左个)는 실(室)의 좌측에 붙어 있는 편실(偏室)을 뜻한다. 『의례』 「향사례(鄕射禮)」편에는 "左个之西北三步東面設薦俎."라는 용례가 있다. 왕인지(王

靑陽左个, 註云: "太寢東堂北偏也. 疏云: "是明堂北偏, 而云太寢者, 明堂與太廟·大寢制同. 北偏者, 近北也." 四面旁室謂之个.

청양좌개(靑陽左个)에 대해서 정현의 注에서는 "태침에 있는 동당의 북쪽 편실이다."라고 풀이하였다. 소에서는 "이것은 명당(明堂)12)의 북쪽 편실인데, 정현이 태침이라고 부른 것은 명당에 대한 제도는 태묘·태침에 대한 제도와 같기 때문이다. 북쪽 편실은 북쪽에 가깝다."라고 했다. 명당이나 태묘를 둘러싼 사면의 측실들을 '개(个)'라고 부른다.

朱子曰: 論明堂之制者非一, 竊意當有九室, 如井田之制. 東之中爲靑陽太廟, 東之南爲靑陽右个, 東之北爲靑陽左个, 南之中爲明堂太廟, 南之東卽東之南, 爲明堂左个, 南之西卽西之南, 爲明堂右个, 西之中爲總章太廟, 西之南卽南之西, 爲總章左个, 西之北卽北之西, 爲總章右个, 北之中爲玄堂太廟, 北之東卽東之北, 爲玄堂右个, 北之西卽西之北, 爲玄堂左个, 中爲太廟太室. 凡四方之太廟異方所, 其左右个, 則靑陽左个卽玄堂之右个, 靑陽右个卽明堂之左个,

引之)는 『경의술문(經義述聞)』 「통설상(通說上)」편에서 "案鄭訓个爲偏, 則其字當與介同."이라고 했다. 즉 정현이 개(个)자의 뜻을 편(偏)으로 하였으니, '좌개'의 '개'자는 개(介: =끼이다, 편실(偏室))와 같은 것이다. 그리고 『여씨춘추(呂氏春秋)』 「맹하기(孟夏紀)」편에는 "天子居明堂左个."라는 기록이 있는데, 이에 대한 고유(高誘)의 주에서는 "明堂, 南鄕堂. 左个, 東頭室."이라고 풀이하였다.

12) 명당(明堂)은 일반적으로 고대 제왕이 정교(政敎)를 베풀던 장소를 지칭하는 용어로 사용되었다. 이곳에서는 조회(朝會), 제사(祭祀), 경상(慶賞), 선사(選士), 양로(養老), 교학(敎學) 등의 국가 주요 업무가 시행되었다. 『맹자』 「양혜왕하(梁惠王下)」편에는 "夫明堂者, 王者之堂也."라는 용례가 있고, 『옥태신영(玉台新詠)』 「목난사(木蘭辭)」편에도 "歸來見天子, 天子坐明堂."이라는 용례가 있다. '명당'의 규모나 제도는 시대마다 다르다. 또한 '명당'이라는 건물군 중에서 남쪽의 실(室)을 가리키는 용어로도 사용되었다.

明堂右个卽總章之左个, 總章之右个乃玄堂之左个也. 但隨其時之
方位開門耳. 太廟太室, 則每季十八日天子居正歟. 古人制事多用
井田遺意, 此恐然也.

주자가 말하길, 명당의 제도를 논의한 것들은 서로 일치하지 않는다. 아
마도 생각해보건대, 명당에는 마땅히 9개의 실이 있어야 하니, 정전의
제도와 같았을 것이다. 동쪽의 중앙은 청양의 태묘가 되고, 동쪽의 남쪽
은 청양의 우개가 되며, 동쪽의 북쪽은 청양의 좌개가 되고, 남쪽의 중
앙은 명당의 태묘가 되고, 남쪽의 동쪽은 곧 동쪽의 남쪽으로 명당의 좌
개가 되며, 남쪽의 서쪽은 곧 서쪽의 남쪽으로 명당의 우개가 되고, 서
쪽의 중앙은 총장(總章)13)의 태묘가 되며, 서쪽의 남쪽은 곧 남쪽의 서
쪽으로 총장의 좌개가 되고, 서쪽의 북쪽은 곧 북쪽의 서쪽으로 총장의
우개가 되며, 북쪽의 중앙은 현당(玄堂)14)의 태묘가 되고, 북쪽의 동쪽
은 동쪽의 북쪽으로 현당의 우개가 되고, 북쪽의 서쪽은 곧 서쪽의 북쪽
으로 현당의 좌개가 되며, 중앙은 태묘의 태실(太室)15)이 된다. 사방의

----

13) 총장(總章)은 명당(明堂)의 서쪽에 위치한 실(室)을 뜻한다. 오행설(五行說)에
따르면, 서쪽은 "만물(萬物)을 완전하게 이루고[總成], 밝게 드러낸다[章明]."는
뜻을 가지고 있다. 그렇기 때문에 서쪽의 '실'을 '총장'이라고 부르는 것이다.
『여씨춘추(呂氏春秋)』「맹추기(孟秋紀)」편에는 "天子居總章左个."라는 기록
이 있는데, 이에 대한 고유(高誘)의 주에서는 "總章, 西向堂也. 西方總成萬物,
章明之也, 故曰總章."이라고 풀이하였다.

14) 현당(玄堂)은 명당(明堂)의 북쪽에 위치한 실(室) 또는 당(堂)을 뜻한다. 현(玄)
은 오방(五方) 중에서 북쪽에 해당하기 때문에, 북쪽에 있는 '당'을 '현당'이라고
부르게 되었다. 또한 '실'과 '당'은 같은 건물 중에서도 특정 부분을 지칭하는
용어이므로, 북쪽에 있는 '실'을 가리킬 때에도 또한 '현당'이라는 용어를 사용하
였다. 『여씨춘추(呂氏春秋)』「계동(季冬)」편에는 "天子居玄堂右个."라는 기록이 있는데,
이에 대한 고유(高誘)의 주에서는 "玄堂, 北向堂也."라고 풀이하였다. 또한 두
태경(杜台卿)의 『옥촉보전(玉燭寶典)』「십월맹동(十月孟冬)」편에는 "天子居
玄堂左个, 北曰玄堂, 玄者黑也, 其堂嚮玄, 故曰玄堂."라는 기록이 있다.

15) 태실(太室)은 대실(大室) 또는 청묘(淸廟)라고 부르기도 한다. '태실'은 태묘(太
廟) 또는 명당(明堂)의 중앙에 있는 실(室)을 가리킨다. '태묘'에는 다섯 개의

태묘가 그 장소를 달리하고 있으니, 그 좌우에 있는 개에 대해서는 청양의 좌개가 곧 현당의 우개이고, 청양의 우개가 곧 명당의 좌개이며, 명당의 우개가 곧 총장의 좌개이고, 총장의 우개가 곧 현당의 좌개인 것이다. 다만 그 사계절의 방위에 따라서 해당 문을 열어둘 뿐이다. 태묘의 태실에 대해서는 매 계절마다 18일간 천자가 거처할 것이다. 고대인들의 제도와 정사에서는 대부분 정전의 남겨진 뜻을 사용함이 많았으니, 명당에 대한 제도도 아마 그러했을 것이다.

經文

乘鸞路, 駕倉龍, 載[戴]靑旂, 衣[去聲]靑衣, 服蒼玉, 食麥與羊, 其器疏以達.〈007〉

맹춘의 달에 천자는 난로(鸞路)[16]라는 수레를 타고, 난로에 창룡(倉龍)[17]이라는 말에 멍에를 매게 해서 끌게 하며, 수레에는 청색의 깃발

'실'이 있었다고 전해지는데, 그 중 중앙에 있는 것이 가장 크기 때문에, '태실'이라고 부르고, '청묘'라고 부르게 되었다. 『서』「주서(周書)·낙고(洛誥)」편에는 "王入太室祼."이라는 기록이 있는데, 이에 대한 공안국(孔安國)의 전(傳)에서는 "太室, 淸廟."라고 풀이하였고, 공영달(孔穎達)의 소(疏)에서는 "太室, 室之大者, 故爲淸廟, 廟有五室, 中央曰太室."이라고 풀이하였다.

16) 난로(鸞路)는 난로(鸞輅)라고도 부른다. 방울 장식인 난(鸞)과 화(和)를 달고 있는 수레를 뜻한다. '난'은 수레의 형(衡)에 매달고, '화'는 수레의 식(軾)에 매달았는데, 동(銅)으로 그것을 만들고서, 금(金)으로 장식을 했다고 한다. 『여씨춘추(呂氏春秋)』「맹춘기(孟春紀)」편에는 "天子居靑陽左个. 乘鸞輅, 駕蒼龍."이라는 기록이 있는데, 이에 대한 고유(高誘)의 주에서는 "輅, 車也. 鸞鳥在衡, 和在軾, 鳴相應和. 後世不能復致, 鑄銅爲之, 飾以金, 謂之鸞輅也."라고 풀이하였다.

17) 창룡(倉龍)은 창룡(蒼龍)이라고도 부른다. 빛깔이 청색을 띄는 준마(駿馬)를 뜻한다. 그런데 마(馬)자 대신 용(龍)자를 쓴 것은 8척(尺) 이상이 되는 말을

을 세우고[`載`자의 음은 '戴(대)'이다.] 청색의 의복을 입으며[`衣`자는 거성으로 읽는다.] 청색의 옥으로 장식을 하고, 곡식 중에서는 보리와 고기 중에서는 양고기를 먹으며, 그것을 담는 그릇은 조각은 세밀하지 않은 거친 문양으로 새겨놓으면서도, 곧고 매끈하게 만든다.

集說

鸞路, 有虞氏之車, 有鸞鈴也. 春言鸞, 則夏·秋·冬皆鸞也. 夏云朱, 冬云玄, 則春青·秋白, 可知. 倉, 與蒼同. 馬八尺以上爲龍. 服玉, 冠冕之飾及佩也. 麥以金王而生, 火王而死, 當屬金, 而鄭云屬木. 兌爲羊, 當屬金, 而鄭云火畜, 皆不可曉. 疏云, 鄭本五行傳言之, 然陰陽多塗, 不可一定, 故今於四時所食, 及麑嘗麥, 雛嘗黍之類, 皆略之以俟知者. 疏以達者, 春物將貫土而出, 故器之刻鏤者, 使文理麤疏, 直而通達也.

'난로(鸞路)'는 유우씨 때의 수레로, 난(鸞)이라는 방울이 달려 있다. 봄에 대한 기록에서 난로라고 말했는데, 여름·가을·겨울에서 기록하고 있는 수레는 명칭이 제각기 다르지만, 그 수레들도 봄에 대한 기록에서와 같이 모두 난로들이다. 여름에 대한 기록에서는 '주로(朱路)'라고 하여 붉은색을 말하고, 겨울에 대한 기록에서는 현로(玄路)라고 하여 검은색을 말했으니, 봄에는 그 수레의 색깔이 청색이고, 가을에는 백색임을 알 수 있다. '창(倉)'자는 창(蒼)자와 같다. 말이 8척 이상이 되는 것을 '용(龍)'이라고 한다. 옥을 입는다고 하는 것은 관면에 장식하는 것과 패옥(佩玉)[18]을 뜻한다. 보리는 금이 왕성했을 때 생겨나서 화가 왕성해

'용'으로 불렀기 때문이다. 참고적으로 7척 이상이 되는 말은 래(騋)라고 부르며, 6척 이상 되는 말은 '마'라고 불렀다. 『여씨춘추(呂氏春秋)』「맹춘기(孟春紀)」 편에는 "天子居青陽左个. 乘鸞輅, 駕蒼龍, 載青旂, 衣青衣, 服青玉."이라는 기록이 있는데, 이에 대한 고유(高誘)의 주에서는 "周禮, 馬八尺以上爲龍, 七尺以上爲騋, 六尺以上爲馬也."라고 풀이하였다.

질 때 죽으니, 마땅히 금에 소속되어야 하는 것인데, 정현은 목에 소속된다고 했다. "태는 양이 된다."[19]고 하였으니, 태는 서방에 해당하므로 마땅히 금에 속하는데, 정현은 화축(火畜)[20]이라고 했으니, 모두 이해할 수가 없다. 소에서 말하길, "정현은 『오행전』에 근거하여 말을 한 것이다. 그러나 음양에 대한 학설은 그 전수됨이 복잡해져서 일정할 수 없다."라고 했다. 그러므로 오늘날의 입장에서 경문에 기록된 사계절에서 먹어야 하는 것과 "맹하에 천자는 돼지고기로 보리밥을 맛본다."[21]라고 한 말이나 "중하에 천자는 닭고기로 기장밥을 맛본다."[22]라고 한 부류에 대해서는 모두 간략히 기술하여, 후대의 지혜로운 선비들이 가르쳐주기를 기다린다. '소이달(疏以達)'이라는 것은 봄에 만물이 장차 땅을 뚫고 나타나기 때문에, 그릇에 조각하는 것은 문양을 거칠고 정밀하지 않게 하고, 곧게 하여 원만하고 형통하게 만드는 것이다.

---

18) 패옥(佩玉)은 의대(衣帶)에 매달아서 장식품으로 삼았던 옥(玉)을 뜻한다. 『예기』「옥조(玉藻)」편에는 "古之君子必佩玉."이라는 기록이 있다.

19) 『역』「설괘전(說卦傳)」: 乾爲馬, 坤爲牛, 震爲龍, 巽爲雞, 坎爲豕, 離爲雉, 艮爲狗, <u>兌爲羊</u>.

20) 화축(火畜)은 동물들을 오행(五行)으로 배분했을 때, 화(火)에 해당하는 가축을 뜻한다. 말[馬]이나 양(羊)이 여기에 해당된다. 그 이유에 대해서 명대(明代)의 왕기(王圻)는 『삼재도회(三才圖會)』「조수삼(鳥獸三)·마(馬)」편에서 "馬, 火畜也, 火性健決躁速, 故易乾爲馬."라고 설명하였다. 즉 말이 '화축'에 해당하는데, 가축들 중에서 '화'의 성질을 가지고 있는 것들은 강건하고, 과감하고, 조급하고, 빠르다.

21) 『예기』「월령」 080장 : 農乃登麥. 天子乃以<u>彘</u>嘗麥, 先薦寢廟.

22) 『예기』「월령」 096장 : 是月也, 農乃登黍, 天子乃以<u>雛嘗黍</u>, 羞以含桃, 先薦寢廟.

是月也, 以立春, 先[去聲]立春三日, 太史謁之天子曰: "某日立
春, 盛德在木." 天子乃齊[齋], 立春之日, 天子親帥三公·九
卿·諸侯·大夫, 以迎春於東郊, 還[旋]反, 賞公·卿·大夫於
朝, 命相[去聲], 布德和令, 行慶施惠, 下及兆民, 慶賜遂行, 毋
有不當[去聲].〈008〉

맹춘의 달에는 24절기 중의 하나인 입춘이 있기 때문에, 입춘 3일 전에
['先'자는 거성으로 읽는다.] 태사가 천자에게 고하며, "어떠한 날이 입춘이
되며, 그 날에는 천지를 생육시키는 성대한 덕이 목의 위치에 있게 됩
니다."라고 한다. 그러면 천자는 곧 재계를['齊'자의 음은 '齋(재)'이다.] 하
고, 입춘 당일 날에는 천자가 삼공·구경·제후·대부들을 친히 이끌고
가서, 동쪽 교외에서 봄을 맞이하는 행사를 시행하고, 다시 궁성으로 되
돌아 와서는['還'자의 음은 '旋(선)'이다.] 조정에서 공·경·대부들에게 상
을 하사하고, 다시 재상에게['相'자는 거성으로 읽는다.] 명령하여, 덕을 펼
치고 시행해야 할 정령을 조화롭게 조율하며, 선한 사람에게 상주는 일
을 시행하고 천자의 은혜로움을 널리 베푸는데, 아래로는 조민들에게까
지 미치게 하며, 선한 사람에게 상을 하사해줌을 널리 시행되도록 하여,
선한 자가 상을 받지 못하는 부당한['當'자는 거성으로 읽는다.] 경우가 없도
록 한다.

集說

謁, 告也. 春爲生, 天地生育之盛德在於木位也. 迎春東郊, 祭太
皥·句芒也. 後倣此推之.

'알(謁)'자는 고한다는 뜻이다. 봄은 생성의 시기가 되므로, 천지를 생육
시키는 성대한 덕이 목의 위치에 놓이게 된다. 동교에서 봄을 맞이한다
는 것은 태호와 구망에게 제사를 지내는 것이다. 이후 각 계절을 맞이한

다는 문장들도 이러한 뜻을 기준으로 유추할 수 있다.

疏曰: 節氣有早晩, 是月者, 謂是月之氣, 不謂是月之日也.

소에서 말하길, 절기에는 이르고 늦는 차이가 있으므로, 경문에서 '시월
(是月)'이라고 한 것은 이 달의 절기를 뜻하는 것이지, 이 달의 어느 특
정일을 뜻하는 것이 아니다.

經文

乃命太史, 守典奉法, 司天日月星辰之行, 宿離[去聲]不貸[忒],
毋失經紀, 以初爲常.〈009〉

맹춘의 달에 천자는 곧 태사에게 명령하여, 육전(六典)을 준수하며 팔
법(八法)을 받들어 시행하게 하고,[23] 하늘의 일월성신의 운행 관측을
담당하도록 하여, 그것들이 머물고 운행함에 대해서['離'자는 거성으로 읽
는다.] 차질이['貸'자의 음은 '忒(특)'이다.] 나지 않도록 관찰하고, 그것들이
진퇴하고 지속하는 도수인 경기(經紀)를 어긋나지 않도록 하며, 옛 관
측법을 표준인 상법(常法)으로 삼는다.

集說

宿, 猶止也. 離, 猶行也. 言占候躔次, 不可差貸. 貸, 與忒同. 經紀
者, 天文進退遲速之度數也. 初者, 曆家推步之舊法, 以此爲占候之
常也.

---

23) 『주례』「춘관(春官)·대사(大史)」: 大史, <u>掌建邦之六典</u>, 以逆邦國之治, <u>掌法</u>
以逆官府之治, 掌則以逆都鄙之治.

'숙(宿)'자는 멈춘다는 뜻이다. '이(離)'자는 운행한다는 뜻이다. 일월과 성신들의 궤도와 위치를 관측하고 예측하는 일을 어긋나게 해서는 안 된다는 것을 뜻한다. '특(貸)'자는 어긋난다는 뜻이다. '경기(經紀)'는 천문 현상에서 진퇴와 지속 등에서 나타나는 일정한 수치인 도수이다. '초(初)'는 역법 전문가들이 추산해냈던 옛 규범으로, 이러한 옛 법도로 천문 현상을 관측하고 예측하는 상법으로 삼는 것이다.

經文

是月也, 天子乃以元日, 祈穀于上帝. 乃擇元辰, 天子親載耒耜, 措之于參保介之御間, 帥三公·九卿·諸侯·大夫, 躬耕帝籍, 天子三推[吐回反], 三公五推, 卿·諸侯九推. 反, 執爵于大寢, 三公·九卿·諸侯·大夫皆御, 命曰勞[去聲]酒.〈010〉

맹춘의 달에는 천자는 곧 원일을 택하여, 상제에게 오곡이 풍년들기를 기원한다. 그리고 곧 다음의 길일인 원신을 택하여, 천자가 쟁기와 보습을 수레에 싣는데, 삼승(參乘)[24]하는 보개(保介)[25]와 그 수레를 모는

---

24) 참승(參乘)은 '참승(驂乘)'이라고도 부른다. 수레에 탄다는 뜻이다. 또한 수레에 타는 사람을 가리키는 용어로도 사용되었다. 고대 수레 제도에서는 존귀한 자는 수레의 좌측에 타고, 수레를 모는 사람은 중앙에 위치했으며, 시중을 들거나 병기를 들고서 보호하는 임무를 맡은 사람은 수레의 우측에 탔다. 또한 이러한 뜻에서, 음을 달리하여 삼승(參乘)이라고도 부른다.

25) 보개(保介)는 수레의 우측에 타는 사람을 가리킨다. 수레의 우측에 타서, 주인의 시중을 들거나, 주인을 보호하는 임무를 맡았다. 『시』「주송(周頌)·신공(臣工)」편에는 "嗟嗟保介, 維莫之春, 亦又何求, 如何新畬."라는 기록이 있는데, 이에 대한 정현의 전(箋)에서는 "保介, 車右也. …… 介, 甲也. 車右勇力之士, 被甲執兵也."라고 풀이했다. 즉 '보개'의 개(介)자는 갑옷을 뜻한다. 수레의 우측에 타는 용사(勇士)는 갑옷을 입고 병장기를 들고서, 수레를 보호하는 임무를 맡았기 때문에, 이러한 명칭이 생기게 되었다.

사람인 어자 사이에 두었으며, 삼공·구경·제후·대부들을 이끌고 가서, 제적(帝籍)[26]에서 직접 경작을 하였는데, 천자가 3번 밭을 갈면['推'자는 '吐(토)'자와 '回(회)'자의 반절음이다.] 삼공은 5번 갈고, 경과 제후는 9번 갈았다. 경작에 대한 행사가 끝나고 천자가 궁성으로 돌아와서는 태침에서 술잔을 잡고 연례를 시행하면, 삼공·구경·제후·대부들이 모두 이 행사에 참석하는데, 이 때 천자가 신하들에게 수고했다는 의미에서 따라주는 술이 있었으니, 그 술을 '노주(勞酒)'라['勞'자는 거성으로 읽는다.] 부른다.

集說

元日, 上辛也. 郊祭天而配以后稷, 爲祈穀也. 元辰, 郊後吉日也. 日以干言, 辰以支言, 互文也. 參, 參乘之人也. 保介, 衣甲也, 以勇士爲車右而衣甲. 御者, 御車之人也. 車右及御人皆是參乘, 天子在左, 御者居中, 車右在右, 以三人故曰參也. 置此耕器於參乘保介及御者之間. 天子籍田千畝, 收其穀爲祭祀之粢盛, 故曰帝籍. 九推之後, 庶人終之. 反而行燕禮, 群臣皆侍, 士賤不與耕, 故亦不與勞酒之賜也.

'원일(元日)'은 그 달의 초순 중에서 신자가 처음으로 들어가는 상신일이다. 하늘에게 교제(郊祭)[27]를 지내면서, 농사를 주관했던 후직(后稷)[28]

---

26) 제적(帝籍)은 제자(帝藉)라고도 부른다. 천자가 직접 경작하던 농작지를 뜻한다. 직접 농사를 지었다는 뜻은 아니며, 상징적인 의미를 갖는다. 이곳에서 생산된 곡식들은 천자가 지내는 제사 때 사용되었다. 『예기』「월령(月令)」편에는 "帥三公九卿諸侯大夫, 躬耕帝籍."이라는 기록이 있는데, 이에 대한 손희단(孫希旦)의 집해(集解)에서는 "天子藉田千畝, 收其穀爲祭祀之粢盛, 故曰帝藉."이라고 풀이했다. 즉 천자가 경작하는 땅은 1000무(畝)의 면적인데, 여기에서 수확되는 곡식들을 가지고 오제(五帝)에 대한 제사에 사용하였으므로, '제적'이라고 부르게 된 것이다.

27) 교제(郊祭)는 '교사(郊祀)'라고도 부른다. 교외(郊外)에서 천지(天地)에 제사를 지냈기 때문에 붙여진 명칭이다. 음양설(陰陽說)이 성행했던 한(漢)나라 때에

을 배향하여 곡식의 풍년을 기원했다. '원신(元辰)'은 교제사를 지낸 다음에 찾아온 길일이다. 원일이라고 할 때의 '일(日)'은 십간으로 말한 것이며, 원신이라고 할 때의 '신(辰)'은 십이지로 말을 한 것이니, 서로 그 뜻을 드러내도록 기록한 것이다. '삼(參)'은 삼승하는 사람을 뜻한다. '보개(保介)'는 갑옷을 입는다는 뜻으로, 용사를 거우로 삼아서, 천자를 보호하기 위해 갑옷을 입히는 것이다. '어(御)'는 수레를 모는 사람을 뜻한다. '거우(車右)'와 수레 모는 사람은 모두 참승하는 사람들로, 천자는 수레의 좌측에 타고, 어자는 중앙에 타며, 거우는 수레의 우측에 타게 되므로, 세 사람이 타기 때문에 '삼(參)'이라 부르는 것이다. 이러한 경작 도구들을 삼승하는 보개와 어자 사이에 놓아둔다는 뜻이다. 천자의 경작지는 1,000묘이며, 여기에서 수확되는 곡식을 거두어서 제사 때 차려 내놓는 '자성(粢盛)'29)으로 사용하기 때문에, '제적(帝籍)'이라고 부른

는 하늘에 대한 제사는 양(陽)의 뜻을 따라 남교(南郊)에서 지냈고, 땅에 대한 제사는 음(陰)의 뜻을 따라 북교(北郊)에서 지냈다. 『한서』「교사지하(郊祀志下)」편에는 "帝王之事莫大乎承天之序, 承天之序莫重於郊祀. …… 祭天於南郊, 就陽之義也. 地於北郊, 卽陰之象也."라는 기록이 있다. 한편 '교사'는 후대에 제사를 범칭하는 용어로도 사용되었다. '교사' 중의 '교(郊)'자는 규모가 큰 제사를 뜻하며, '사(祀)'는 비교적 규모가 작은 제사들을 뜻한다.

28) 후직(后稷)은 전설상의 인물이다. 주(周)나라의 선조(先祖) 중 한 사람이다. 강원(姜嫄)이 천제(天帝)의 발자국을 밟고 회임을 하여 '후직'을 낳았는데, 불길하다고 생각하여 버렸기 때문에, 이름을 기(棄)로 지어졌다 한다. 이후 순(舜)이 '기'를 등용하여 농사를 담당하는 신하로 임명해서, 백성들에게 농사짓는 법을 가르쳤기 때문에, '후직'으로 일컬어지게 되었다. 『시』「대아(大雅)·생민(生民)」편에는 "厥初生民, 時維姜嫄. …… 載生載育, 時維后稷."이라는 기록이 있다. 한편 농사를 주관하는 관리를 '후직'으로 부르기도 한다.

29) 자성(粢盛)은 제성(齊盛)이라고도 부른다. 자(粢)자는 곡식의 한 종류인 기장을 뜻하고, 성(盛)자는 그릇에 기장을 풍성하게 채워놓은 모양을 뜻한다. 따라서 '자성'은 제기(祭器)에 곡물을 가득 채워놓은 것을 뜻하며, 제물(祭物)로 사용되었다. 『춘추공양전』「환공(桓公) 14년」편에는 "御廩者何, 粢盛委之所藏也."라는 기록이 있는데, 이에 대한 하휴(何休)의 주에서는 "黍稷曰粢, 在器曰盛."이라고 풀이하였다.

다. 경과 제후들이 9번 갈고 난 뒤에는 서인들이 그 일을 마무리 짓는다. 천자가 궁성으로 되돌아와서 연례를 거행하는데, 대부 이상의 뭇 신하들은 모두 모이지만, 사는 신분이 미천하여 천자가 경작하는 일에 참여하지 못하기 때문에, 또한 연례에서 천자가 노주를 하사하는 데에도 참여할 수 없다.

經文

是月也. 天氣下降, 地氣上[上聲]騰, 天地和同, 草木萌動, 王命布農事. 命田, 舍東郊, 皆脩封疆, 審端徑術[遂], 善相[去聲]丘陵阪[反]險原隰[習], 土地所宜五穀所殖, 以教道民, 必躬親之. 田事旣飭, 先定準直, 農乃不惑.〈011〉

맹춘의 달에는 하늘의 기운이 내려오고, 땅의 기운이 상승하여['上'자는 상성으로 읽는다.] 천지의 기운이 서로 화합하여 어우러져서, 초목들이 발아하며 꿈틀거리기 시작하니, 천자는 이러한 시기에 맞춰 명령을 내려서 농사일을 시행하기를 선포한다. 천자는 전준(田畯)에게 명령하여, 동교에 머물게 해서, 전준과 그의 지시에 따라 움직이는 모두가 경작지의 경계를 바로잡고, 경작지 사이에 있는 소로와 도랑들을['術'자의 음은 '遂(수)'이다.] 잘 정비하며, 토지의 형세를 파악하기 위해, 언덕지역과 비탈지고['阪'자의 음은 '反(반)'이다.] 험한 지역과 평원지대와 습한 지역을['隰'자의 음은 '習(습)'이다.] 잘 살펴보고['相'자는 거성으로 읽는다.] 토지마다 경작하기 적합한 식물과 오곡 중에서 심기에 적합한 것들을 잘 살펴서, 백성들을 가르치고 인도하는데, 이때에는 반드시 천자의 명령을 받은 담당자가 몸소 직접 시범을 보인다. 농사와 관련된 전사들을 이윽고 끝낼 수 있었던 것은 우선적으로 표준이 되는 규칙을 확정해서, 농사짓는 사람들이 곧 의혹스러워하지 않았기 때문이다.

田, 田畯也. 舍, 居也. 天子命田畯居東郊, 以督耕者, 皆使脩理其封
疆, 謂井田之限域也. 步道曰徑. 術與遂同, 田之溝洫也, 審而端之,
使無迂壅. 封疆有界限, 徑術有闊狹, 土地有高下, 五種有宜否, 皆
須田畯躬親教飭之, 以定其準直, 則農民無所疑惑也.

'전(田)'은 전준(田畯)30)이다. '사(舍)'는 머문다는 뜻이다. 천자가 전준
에게 명령하여 동교에 머물게 해서, 경작하는 자들을 감독하게 하며, 모
두들 그 경작지들 간의 경계를 잘 정비하도록 한 것은 정전의 구역을
정비함을 뜻한다. 도보로 다니는 길을 '경(徑)'이라 부른다. '수(術)'자는
수(遂)자와 같은 뜻으로, 경작지 사이에 있는 수로이며, 이것들을 잘 살
피고 정리하여, 비뚤어지거나 도중에 막힘이 없게 하는 것이다. 경작지
들 간의 경계에는 제각각의 경계지표가 있고, 수로들에는 넓고 좁은 차
이가 있으며, 토지들에는 높고 낮은 등급 차이가 있고, 오곡의 종자들
중에서도 그 땅에 적합하고 그렇지 않은 차이가 있으니, 이러한 일들 모
두는 전준이 몸소 직접 교육하고 정비하여, 그것들에 적합한 표준을 확
정해야만 농민들이 의혹스러워 하는 것이 없게 된다.

---

30) 전준(田畯)은 지방의 하급관리를 뜻한다. 농사와 관련된 세금 및 요역 징발 등의
일을 담당했다. '전준'은 농사에 대한 일을 담당하였기 때문에, 경작과 파종을
뜻하는 글자들이 가미되어, '전준'을 전색부(田嗇夫), 사색(司嗇) 등으로 부르기
도 했다. 그리고 '전준'은 한(漢)나라 때 색부(嗇夫)로 칭해졌다. 『시』「소아(小
雅)·보전(甫田)」편에는 "饁彼南畝, 田畯至喜."라는 기록이 있는데, 이에 대한
정현의 전(箋)에서는 "田畯, 司嗇, 今之嗇夫也."라고 풀이했으며, 공영달(孔穎
達)의 소(疏)에서는 "田畯, 田家, 在田司主稼穡, 故謂司嗇. 漢世亦有此官, 謂
之嗇夫."라고 풀이했다.

經文

是月也, 命樂正, 入學習舞.〈012〉

맹춘의 달에는 천자가 음악을 관장하는 관리인 악정에게 명령하여, 국
자들을 교육하는 국학에 들어가서, 국자들에게 교육을 실시하여 춤을
익히게 한다.

集說

敎學者以習舞之事.

악정이 국학에서 공부하는 국자들에게 춤 익히는 일을 가르친 것이다.

經文

乃命祭典, 命祀山林·川澤, 犧牲毋用牝.〈013〉

맹춘의 달에 천자는 관리에게 명령하여, 곧 제전을 정비하고, 정비가 끝
나면 다시 명령을 내려서, 산림과 천택의 신들에게 제사를 지내게 하되,
제사에 사용되는 희생물에는 암컷을 사용하지 않게 한다.

集說

不欲傷其生育.

이 시기에 암컷은 잉태를 하고 있으므로, 동물의 새끼가 태어나 성장함
을 해치고 쉽지 않아서이다.

禁止伐木. 〈014〉

맹춘의 달에는 초목이 생장하므로 벌목을 금지한다.

集說

以盛德在木也.

이 시기에는 봄의 왕성한 덕성이 오행 중 목에 있기 때문이다.

經文

毋覆巢, 毋殺孩蟲胎夭[烏老反]飛鳥, 毋麛, 毋卵, 毋聚大衆, 毋置城郭, 掩骼[格]埋胔[漬]. 〈015〉

맹춘의 달에는 새의 둥지를 엎어서 사냥하지 못하게 하고, 애벌레와 새 끼를 잉태하고 있는 짐승과 갓 태어난 어린 새끼들과['夭'자는 '烏(오)'자와 '老(로)'자의 반절음이다.] 이제 갓 태어나 나는 연습을 하는 어린 새들을 죽이지 못하게 하며, 어린 새끼를 희생물이나 음식으로 사용하지 못하게 하고, 계란을 희생물이나 음식으로 사용하지 못하게 하며, 부역을 시키기 위해 대중들을 모으지 못하게 하고, 쓸데없이 백성의 노동력이 동원되는 성곽을 축조하지 못하게 하며, 무덤에서 삐져나온 시체의 뼈들을['骼'자의 음은 '格(격)'이다.] 흙으로 가려주고, 아직까지 살덩이가 붙어 있는 시체들을['胔'자의 음은 '漬(지)'이다.] 매장해준다.

集說

孩蟲, 蟲之稚者. 胎, 未生者. 夭, 方生者. 飛鳥, 初學飛之鳥. 麛, 獸子之通稱. 骴, 骨之尙有肉者.

‘해충(孩蟲)’은 벌레의 새끼이다. ‘태(胎)’는 아직 태어나지 않은 것이다. ‘요(夭)’는 이제 막 태어난 것이다. ‘비조(飛鳥)’는 처음으로 나는 법을 배우는 새이다. ‘미(麛)’는 짐승의 새끼들을 통칭하는 말이다. ’지(骴)’는 시체의 뼈에 아직까지 살점이 붙어 있는 것이다.

是月也, 不可以稱兵, 稱兵必天殃. 兵戎不起, 不可從我始. 毋變天之道, 毋絶地之理, 毋亂人之紀.⟨016⟩

맹춘의 달에는 병사를 일으켜서는 안 되니, 만약 병사를 일으키게 되면, 반드시 하늘의 재앙이 뒤따른다. 전쟁을 일으켜서는 안 되지만, 만약 적이 쳐들어오게 되어 전쟁을 불가피하게 하더라도, 내가 먼저 전쟁을 시작해서는 안 된다. 전쟁을 일으켜서 하늘의 도를 변란하게 해서는 안 되며, 땅의 도리를 끊어버려서는 안 되고, 사람의 법도를 문란하게 해서는 안 된다.

集說

天地大德曰生. 春者, 生德之盛時也. 兵, 凶器, 戰, 危事, 不得已而禦寇, 猶可也. 兵自我起, 以殺戮之心, 逆生育之氣, 是變易天之生道, 斷絶地之生理, 而紊亂生人之紀敍矣, 其殃也宜哉.

천지의 큰 덕을 ‘생(生)’이라 부른다.[31] 봄이라는 것은 생의 덕이 융성해지는 시기이다. 병기는 재앙을 가져오는 흉한 기물이며, 전쟁은 국가를

---

31) 『역』 「계사하(繫辭下)」 : 天地之大德曰生.

위태롭게 만드는 위험한 일인데, 부득이하게 적을 막아야 할 때에는 전쟁을 해도 괜찮다. 그런데 병기를 사용하는 전쟁이 나로부터 발생하여, 살육하는 마음으로 낳고 기르는 천지의 기운을 거스르게 된다면, 이것은 하늘의 생한 도를 변란시키는 것이며, 땅의 생한 이치를 단절시키는 것이고, 사람들의 법도를 문란하게 하는 것이니, 재앙을 받는 것이 마땅하구나.

經文

孟春行夏令, 則雨水不時, 草木蚤落, 國時有恐.〈017〉

만약 천자가 맹춘의 달에 맹하에 집행해야 할 정령을 시행하게 된다면, 비 내리는 것이 시기에 맞지 않게 되고, 한참 성장해야 할 초목들이 일찍 시들어 떨어지게 되며, 나라 백성들 사이에는 빈번하게 두려워하는 기류가 생겨나게 된다.

集說

此巳火之氣所泄也. 言人君於孟春之月, 而行孟夏之政令, 則感召咎證如此, 後皆倣此.

이것은 십이지 중 맹하에 해당하는 사의 화 기운이 새어나와서 생긴 것이다. 군주가 맹춘의 달인데도 맹하에 집행해야 할 정령을 시행하게 된다면, 잘못된 시행으로 인해 천지가 재앙과 감응하여 초래한 것이 이와 같음을 말하는 것이니, 뒤의 문장들도 모두 이러한 뜻이다.

疏曰: 孟月失令, 則三時孟月之氣乘之. 仲月失令, 則仲月之氣乘之. 季月失令, 則季月之氣乘之. 所以然者, 以同爲孟仲季, 氣情相通. 如其不和, 則迭相乘之.

소에서 말하길, 각 계절의 첫 번째 달인 孟月에 마땅히 집행해야 할 政 令의 시기를 놓치게 된다면, 나머지 세 계절의 맹월의 기운이 그 계절의 맹월의 기운을 올라타게 된다. 각 계절의 두 번째 달인 중월에 마땅히 집행해야 할 정령의 시기를 놓치게 된다면, 나머지 세 계절의 중월의 기 운이 그 계절의 중월의 기운을 올라타게 된다. 각 계절의 세 번째 달인 계월에 마땅히 집행해야 할 정령의 시기를 놓치게 된다면, 나머지 세 계 절의 계월의 기운이 그 계절의 계월의 기운을 올라타게 된다. 그렇게 되는 까닭은 각 계절의 같은 부류의 것들로 각각 맹월·중월·계월로 삼아서, 계절은 다르지만, 같은 맹월·중월·계월들끼리는 그 기운과 실정이 서로 통하게 된다. 만약 정령을 잘못 시행하여 서로 조화롭지 않게 된다면, 자신이 나타날 시기가 아님에도 교대로 다른 계절의 기운 이 올바른 시기의 기운을 올라타게 된다.

經文

行秋令,〈018〉

만약 천자가 맹춘의 달에 맹추에 집행해야할 정령들을 시행하게 된다면,

集說

謂孟秋之令.

'추령(秋令)'은 맹추의 달에 시행해야할 정령을 말한다.

經文

則其民大疫, 猋[標]風暴雨總至, 藜莠[有]蓬蒿竝興.〈019〉

그 백성들에게는 큰 전염병이 돌게 되고, 회오리바람과['飈'자의 음은 '標 (표)'이다.] 폭우가 한꺼번에 일어나며, 아울러 독초인 여유['莠'자의 음은 '有(유)'이다.] · 봉호가 무성해진다.

集說

此申金之氣所傷也. 爾雅扶搖謂之飈風, 謂風之回轉也. 藜莠蓬蒿 竝興者, 以生氣逆亂, 故惡物乘之而茂也.

이것은 십이지 중에서 맹추에 해당하는 신의 금 기운이 맹춘의 기운을 손상시킨 것이다. 『이아』에서 "회전하며 위로 상승하는 바람을 '표풍(飈 風))이라고 한다."[32]라고 했으니, 바람 중에서 회전하는 것을 뜻한다. ' 여유(藜莠)'와 '봉호(蓬蒿)'가 무성해진다는 것은 맹춘의 생하는 기운이 어지럽고 혼란스럽게 되었기 때문에, 독초가 그것을 틈타서 무성해지는 것이다.

經文

行冬令,〈020〉

만약 천자가 맹춘의 달에 맹동에 집행해야할 政令을 시행하게 된다면,

集說

謂孟冬之令.

'동령(冬令)'은 맹동의 달에 시행해야할 정령을 말한다.

---

32) 『이아』「석천(釋天)」: <u>扶搖謂之飈</u>. 風與火爲庉.

則水潦爲敗, 雪霜大摯[至], 首種[上聲]不入.〈021〉

폭우와 그로 인한 홍수가 나라에 피해를 주게 되고, 폭설과 서리가 심각한 피해를 주어서['摯'자의 음은 '至(지)'이다.] 곡식 중에 가장 먼저 심는 ['種'자는 상성으로 읽는다.] 기장을 수확하지 못하게 된다.

集說

此亥水之氣所淫也. 摯, 傷折也, 與摯獸鷙蟲之義同. 百穀惟稷先種, 故云首種.

이것은 십이지 중에서 맹동에 해당하는 해의 수 기운이 맹춘의 기운을 어지럽힌 것이다. '지(摯)'는 상처를 받아서 죽는다는 뜻이니, 지수(摯獸)[33]와 지충(鷙蟲)[34]이라고 할 때의 뜻과 동일하다. 백곡(百穀)[35] 중에서 오직 기장만을 먼저 파종하기 때문에, 첫 번째 파종한다는 뜻에서 '수종(首種)'이라고 부른다.

---

[33] 지수(摯獸)는 사납고 사람을 죽일 수도 있는 동물을 뜻하며, 호랑이 등의 맹수를 가리키는 용어로 사용된다. 『예기』「곡례상(曲禮上)」편에는 "前有摯獸, 則載貔貅."라는 기록이 있는데, 이에 대한 공영달(孔穎達)의 소(疏)에서는 "摯獸, 猛而能擊, 謂虎狼之屬也."라고 풀이하였다.

[34] 지충(鷙蟲)은 맹조(猛鳥)나 맹수(猛獸)를 뜻한다. '지충' 또한 지수(摯獸)와 동일한 뜻이다. 지(鷙)자는 사나워서 사람을 공격할 수 있다는 뜻이며, 충(蟲)자는 벌레가 아닌 생물을 범칭하는 용어이다. 『예기』「유행(儒行)」편에는 "鷙蟲攫搏不程勇者. 引重鼎不程其力"이라는 용례가 있다.

[35] 백곡(百穀)은 곡식을 총칭하는 말이다. 『시』「빈풍(豳風)·칠월(七月)」편에는 "亟其乘屋, 其始播百穀."이라는 용례가 있으며, 『서』「우서(虞書)·순전(舜典)」편에도 "帝曰, 棄黎民阻飢, 汝后稷, 播時百穀."이라는 용례가 있다.

무분류-중춘(仲春)

經文

仲春之月, 日在奎, 昏弧中, 旦建星中.〈022〉

봄의 둘째 달인 중춘의 달에는 해와 달이 만나는 곳인 일이 28수 중 규자리에 있고, 저녁 무렵에는 호(弧)가 남쪽 하늘의 중앙에 위치하고, 동틀 무렵에는 건성(建星)이 남쪽 하늘의 중앙에 위치한다.

集說

奎宿在戌, 降婁之次.

28수 중 하나인 규수는 십이진 중 하나인 술자리에 위치하니, 강루의 자리이다.

疏曰: 餘月昏旦中星, 皆擧二十八宿. 此云弧與建星者, 以弧星近井, 建星近斗, 井斗度多星體廣, 不可的指, 故擧弧建以定昏旦之中."

소에서 말하길, 이곳 중춘의 기록을 제외하고 나머지 달들에 대한 기록에서는 저녁 무렵과 동틀 무렵에 남중하는 별자리에는 모두 28수를 거론하고 있다. 그런데 이곳 경문에서 28수가 아닌 호성과 건성을 말한 것은 호성이 28수 중 하나인 정수에 가까이 있고, 건성도 28수 중 하나인 두수에 가까이 있는데, 정수와 두수는 하늘에서 움직이는 도수가 많고, 별자리의 크기 자체가 넓어서 하늘의 남중에 딱 들어맞게 가리킬 수 없기 때문이에, 대신 호성과 건성을 거론하여, 저녁 무렵과 동틀 무렵에 남중하는 별을 확정한 것이다.

其日甲乙, 其帝太皥, 其神句芒, 其蟲鱗, 其音角, 律中夾鍾,
其數八, 其味酸, 其臭羶, 其祀戶, 祭先脾.〈023〉

중춘의 달에 해당하는 일간은 갑과 을이고, 중춘을 지배하는 제는 태호
이며, 그 아래에서 보좌하는 신은 구망이고, 중춘에 해당하는 생물은 비
늘이 달린 종류이며, 오음 중에서 중춘에 해당하는 음은 각이고, 십이률
중에서 중춘의 기후에 반응하는 율관은 협종에 해당하며, 중춘에 해당
하는 수는 8이고, 오미 중에서 중춘에 해당하는 맛은 신맛이며, 오취 중
에서 중춘에 해당하는 냄새는 노린내이고, 오사 중에서 중춘에 해당하
는 사는 호이며, 제사를 지낼 때에는 희생물의 비장을 먼저 바친다.

集說

夾鍾, 卯律, 長七寸二千一百八十七分寸之千七十五.

협종은 십이율을 십이지에 배열했을 때 묘에 해당하는 율로, 협종음을
내는 피리는 그 관의 길이가 7촌과 2187분의 1075촌이다.

經文

始雨水, 桃始華, 倉庚鳴, 鷹化爲鳩.〈024〉

중춘의 달에는 비로소 비가 내리기 시작하며, 복숭아나무가 비로소 꽃
을 피우고, 꾀꼬리가 노래하며, 매가 변화하여 다시 뻐꾸기가 된다.

集說

此記卯月之候. 倉庚, 黃鸝也. 鳩, 布穀也. 王制言"鳩化爲鷹", 秋時

也. 此言鷹化爲鳩, 以生育氣盛, 故鷙鳥感之而變耳. 孔氏云: "化者, 反歸舊形之謂", 故鷹化爲鳩鳩, 復化爲鷹. 如田鼠化爲駕, 則駕又化田鼠. 若腐草爲螢, 雉爲蜃, 爵爲蛤, 皆不言化, 是不再復本形者也.

이것은 2월의 기후 조짐을 기록한 것이다. '창경(倉庚)'은 꾀꼬리이다. '구(鳩)'는 뻐꾸기이다. 『예기』「왕제(王制)」편에서 "뻐꾸기가 변화하여 매가 된다."[1]라고 말했는데, 이것은 가을에 해당한다. 이곳 경문에서는 반대로 "매가 변화하여 다시 뻐꾸기가 된다."라고 말했는데, 봄에는 낳고 성장시키는 기운이 왕성하기 때문에, 사나운 새도 그 기운이 감응하여 변화하는 것일 따름이다. 공영달은 "화(化)라는 것은 옛 형태로 거꾸로 되돌아가는 것을 말한다."라고 했으니, 매도 변화해서 뻐꾸기가 되며, 뻐꾸기는 가을에 다시 변화하여 매가 되는 것이니, 계춘의 달에 쥐가 변화하여 메추라기가 된다면,[2] 가을에는 메추라기도 또한 변화하여 쥐가 되는 것이다. 계하의 달에 썩은 풀이 반딧불이 된다는 것[3]과 맹동의 달에 꿩이 바다에 들어가 이무기가 된다는 것[4]과 계추의 달에 참새가 바다에 들어가 조개가 된다는 것[5]들에 대해서는 모두 화(化)라고 말을 하지 않았는데, 이것들은 다시는 본래의 형태로 돌아올 수 없는 것들이기 때문이다.

---

1) 『예기』「왕제(王制)」 045장 : 獺祭魚, 然後虞人入澤梁. 豺祭獸, 然後田獵. 鳩化爲鷹, 然後設罻羅. 草木零落, 然後入山林. 昆蟲未蟄, 不以火田. 不麛, 不卵, 不殺胎, 不殀夭, 不覆巢.

2) 『예기』「월령」 046장 : 桐始華, 田鼠化爲駕, 虹始見, 萍始生.

3) 『예기』「월령」 115장 : 溫風始至, 蟋蟀居壁, 鷹乃學習, 腐草爲螢.

4) 『예기』「월령」 201장 : 水始冰, 地始凍, 雉入大水爲蜃, 虹藏不見.

5) 『예기』「월령」 179장 : 鴻鴈來賓, 爵入大水爲蛤, 鞠有黃華, 豺乃祭獸戮禽.

經文

天子居靑陽大廟, 乘鸞路, 駕倉龍, 載靑旂, 衣靑衣, 服倉玉,
食麥與羊, 其器疏以達.〈025〉

중춘의 달에 천자는 청양의 중앙에 위치한 태묘에 거처하며, 난로라는
수레를 타고, 그 수레에는 창룡이라는 말에 멍에를 매게 해서 끌게 하
며, 수레에는 청색의 깃발을 세우고, 천자는 청색의 의복을 입으며, 청
색의 옥으로 장식을 하고, 곡식 중에서는 보리와 고기 중에서는 양고기
를 먹으니, 그것을 담는 그릇은 조각은 세밀하지 않은 거친 문양으로
새겨놓으면서도, 곧고 매끈하게 만든다.

集說

靑陽太廟, 東堂當太室.

'청양태묘(靑陽太廟)'는 동쪽 중앙에 있는 당으로, 정 중앙에 위치한 태
실과 맞닿아 있는 곳이다.

經文

是月也, 安萌芽, 養幼少, 存諸孤.〈026〉

중춘의 달에는 식물들의 싹을 잘 보호하고, 동물들의 어린새끼들을 길
러주며, 백성들 중 모든 고아들을 잘 보살펴준다.

集說

生氣之可見者, 莫先於草木, 故首言之. 安, 謂無所摧折之也. 存, 亦
安也.

봄의 생한 기운이 나타날 수 있는 것들 중에는 초목보다 빠른 것이 없기 때문에, 우선적으로 초목의 맹아를 보호해야 한다고 말한 것이다. '안(安)'자는 초목의 싹을 꺾거나 부러트리는 일이 없게 함을 말한다. '존(存)'자 또한 안자의 뜻과 같다.

經文

擇元日, 命民社.⟨027⟩

중춘의 달에는 천자는 원일을 택하여, 백성들에게 명령을 내려서, 토지신에 대한 제사를 지내도록 한다.

集說

令民祭社也. 郊特牲言祭社用甲日, 此言擇元日, 是又擇甲日之善者歟. 召誥社用戊日.

백성들로 하여금 토지신에 대한 제사를 지내게 하는 것이다. 『예기』「교특생(郊特牲)」편에서 말하길, "社에 대한 제사는 갑자가 들어가는 날로 한다."[6]라 했고, 이곳 경문에서는 원일을 택한다고 말했으니, 이것은 또한 갑일 중에서도 길한 날을 택한 것이다. 예외적으로 『서』「소고(召誥)」편에서는 "주공이 새로운 도읍지를 정하고서 사에 대한 제사를 무일로 했다."[7]라고 했다.

---

6) 『예기』「교특생(郊特牲)」027장 : 社祭土而主陰氣也, 君南鄕於北墉下, 答陰之義也. 日用甲, 用日之始也.
7) 『서』「주서(周書)·소고(召誥)」 : 越翼日戊午, 乃社于新邑, 牛一羊一豕一.

命有司, 省[息井反]囹[零]圄[語], 去[上聲]桎梏, 毋肆掠[亮], 止獄訟.〈028〉

중춘의 달에 천자는 유사에게 명령하여, 감옥에['囹'자의 음은 '零(령)'이다.] 갇혀 있는['圄'자의 음은 '語(어)'이다.] 죄수들의 죄목을 잘 살펴보게 하며 ['省'자는 '息(식)'자와 '井(정)'자의 반절음이다.] 죄가 비교적 가벼운 이들의 수갑과 족쇄를 풀어주도록 하고['去'자는 상성으로 읽는다.] 죄인을 죽여 늘어 놓거나 함부로 고문하는['掠'자의 음은 '亮(량)'이다.] 일이 없도록 하며, 백성들을 깨우쳐서 옥송의 다툼을 종식시키도록 한다.

集說

囹, 牛也. 圄, 止也. 疏云: "周曰圉土, 殷曰羑里, 夏曰鈞臺. 囹圄, 秦獄名也. 在手曰梏, 在足曰桎, 皆木械. 肆, 陳尸也. 掠, 捶治也. 止, 謂諭使息爭也."

'영(囹)'은 울타리를 뜻한다. '어(圄)'는 저지한다는 뜻이다. 소에서 말하길, "감옥을 주나라에서는 '어토(圉土)'라 부르고, 은나라에서는 '유리(羑里)'라고 불렀으며, 하나라에서는 '균대(鈞臺)'라 불렀다. '영어(囹圄)'는 진나라 때의 감옥 명칭이다. 죄인의 손에 채우는 수갑을 '곡(梏)'이라 부르며, 발에 채우는 족쇄를 '질(桎)'이라 부르는데, 모두 나무로 만든 형틀이다. '사(肆)'는 죄인을 죽여서 그 시체를 늘어놓는 것이다. '약(掠)'은 채찍질을 하여 죄수들을 다루는 것이다. '지(止)'는 백성들을 깨우쳐서 그들로 하여금 분쟁을 종식시키게 한다는 뜻이다.

是月也, 玄鳥至, 至之日, 以太牢祠于高禖[梅]. 天子親往, 后妃
帥九嬪御, 乃禮天子所御, 帶以弓韣, 授以弓矢, 于高禖之前.
〈029〉

중춘의 달에는 제비가 날아드니, 제비가 날아드는 날에 태뢰로 고매(高
禖)[8]에게['禖'자의 음은 '梅(매)'이다.] 제사를 지낸다. 천자가 친히 제사에
참가하기 위해 교에 가게 되면, 천자의 부인인 후비는 구빈(九嬪)과 구
어(九御)들을 인솔하여 가고, 천자를 시중들며 임신한 자들에게 술을
따라주는 예를 행하는데, 임신한 자들은 허리에 활집을 차게 하고서, 활
과 화살을 임신한 자들에게 주는데, 고매를 모신 곳 앞에서 이 의식을
거행한다.

集說

玄鳥, 燕也. 燕以施生時, 巢人堂宇而生乳, 故以其至爲祠禖祈嗣之
候也. 高禖, 先媒之神也. 高者, 尊之之稱. 變媒言禖, 神之也. 古有
禖氏祓除之祀, 位在南郊, 禋祀上帝則亦配祭之, 故又謂之郊禖. 詩
天命玄鳥, 降而生商, 但謂簡狄以玄鳥至之時, 祈于郊禖而生契, 故

─────

8) 고매(高禖)는 교매(郊禖)라고도 부른다. 고대에 제왕이 아들을 낳게 해달라고
기원했던 신(神)이다. 또한 그에게 제사지내는 장소를 뜻하기도 한다. '고매'를
'교매'라고 부르는 이유에 대해서, 왕인지(王引之)의 『경의술문(經義述聞)』「예
기상(禮記上)」편에서는 "高者, 郊之借字, 古聲高與郊同, 故借高爲郊."라고 풀
이한다. 즉 고(高)자와 교(郊)자는 옛 음이 같아서, 가차해서 사용했다. 그리고
아들 낳기를 기원했던 신을 '교매'라고 부르게 된 이유는 그 제사가 교(郊)에서
시행되었기 때문이다. 『시』「대아(大雅)·생민(生民)」편에는 "克禋克祀, 以弗無
子."라는 기록이 있고, 이에 대해서 모전(毛傳)에서는 "弗, 去也, 去無子. 求有
子, 古者必立郊禖焉. 玄鳥至之日, 以太牢祠于郊禖, 天子親往, 后妃率九嬪御,
乃禮天子所御, 帶以弓韣, 授以弓矢, 于郊禖之前"이라고 풀이하였다.

本其爲天所命, 若自天而降下耳. 鄭註乃有墮卵吞孕之事, 與生民
詩註所言姜嫄履巨跡而生棄之事, 皆怪妄不經, 削之可也. 后妃帥
九嬪御者, 從往而侍奉禮事也. 禮天子所御者, 祭畢而酌酒以飮其
先所御幸而有娠者, 顯之以神賜也. 韣, 弓衣也. 弓矢者, 男子之事
也, 故以爲祥.

'현조(玄鳥)'는 제비이다. 제비는 생육이 드러나는 시기에 사람이 사는
집에 둥지를 틀고 알을 낳기 때문에, 제비가 날아드는 것으로 고매에게
제사를 지내서 후손이 생기길 기원하는 시기로 삼는 것이다. '고매(高
禖)'는 남교에서 하늘에 제사를 지내며 함께 배향했던 선매라는 신이다.
고매라고 할 때의 '고(高)'자는 존귀하게 대한다는 칭호이다. '媒(매)'를
바꿔서 '매(禖)'라고 부르는 것은 신령스럽게 여긴다는 뜻이다. 옛날부터
매씨에게 불제(祓除)[9]하는 제사가 있었는데, 그 위치가 남교에 있었고,
상제에게 인사(禋祀)[10]를 지내면서, 또한 매씨를 배향하여 제사를 지냈
기 때문에, 또한 그를 '교매(郊禖)'라고도 부른다. 『시』에서는 "하늘이
현조에게 명령하시어, 내려가 상나라를 탄생시켰다."[11]라고 했는데, 이
것은 단지 간전(簡狄)[12]이 현조가 날아드는 때에 교매에게 기원하여 설

---

9) 불제(祓除)는 재앙과 사악함을 제거하기 위해 지내는 제사이다. 또한 재앙과
사악을 제거하는 행위 자체를 가리키기도 한다. 『주례』 「춘관(春官)·여무(女
巫)」편에는 "掌歲時祓除釁浴."이라는 기록이 있는데, 이에 대한 정현의 주에서
는 "歲時祓除, 如今三月上巳如水上之類."라고 풀이했다. 즉 '불제'는 3월 상사
(上巳: 상순 중에서 사(巳)자가 들어가는 날)에 물가에서 몸을 정갈하게 하는
의식과 비슷하다.

10) 인사(禋祀)는 인제(禋祭)라고도 부른다. 연기를 피워 올려서 하늘에게 복을 구
원했던 제사이다. 『시』 「대아(大雅)·생민(生民)」편에는 "厥初生民, 時維姜嫄.
生民如何, 克禋克祀, 以弗無子."라는 기록이 있는데, 이에 대한 정현의 전(箋)
에서는 "乃禋祀上帝於郊禖, 以祓除其無子之疾而得其福也"라고 풀이했다.
즉 '인사는 교매(郊禖)를 제사지내는 곳에서 상제(上帝)께 제사를 올리며, 자식
이 생기지 않는 병을 치료하고, 복을 받았다고 내용이다.

11) 『시』 「상송(商頌)·현조(玄鳥)」: 天命玄鳥, 降而生商, 宅殷土芒芒. 古帝命武
湯, 正域彼四方.

(契)을 낳았다는 것을 뜻이다. 그렇기 때문에 하늘로부터 명령을 받았다는데 근거하여, 마치 하늘로부터 내려온 것처럼 표현했을 따름이다. 정현의 주에서는 떨어진 알을 삼키고 잉태하였다는 고사를 기록한 문장이 있고, 「생민(生民)」편의 시에 대한 주에서 강원(姜嫄)13)이 거인의 발자국을 밟고서, 기(棄)를 낳았다는 고사를 말했는데, 모두 괴이하고 경망스러워 법도와는 맞지 않으므로, 빼버리는 것이 좋다. 후비가 구빈과 구어들을 인솔하였다는 것은 천자를 따라 남교에 가서 그곳에서 집행하는 예의 의식들을 시중들었다는 뜻이다. 천자를 시중들며 임신한 자들에게 예를 행했다는 것은 제사가 끝나고 나서 술을 따라 먼저 천자의 은택에 힘입어 임신한 자들에게 마시게 하는 것으로, 임신한 것이 신이 내려준 은총임을 드러내 보이는 것이다. '독(韣)'은 활집이다. 활과 화살을 가지고 사냥 및 전쟁을 하는 것은 남자들의 일이기 때문에, 이러한 기물들을 상서롭다고 여긴 것이다.

---

12) 간적(簡狄)은 전설상의 인물이다. 유융씨(有娀氏)의 딸이며, 제곡(帝嚳)의 부인이었다고 전해진다. 현조(玄鳥)의 알을 삼키고 잉태를 해서, 상(商)나라의 시조격인 설(契)을 낳았다. 『초사(楚辭)』「천문(天問)」편에는 "簡狄在臺嚳何宜. 玄鳥致貽女何喜."라고 기록되어 있고, 『사기(史記)』「은본기(殷本紀)」편에는 "殷契, 母曰簡狄, 有娀氏之女, 爲帝嚳次妃. 三人行浴, 見玄鳥墮其卵, 簡狄取呑之, 因孕生契."이라고 기록되어 있다.

13) 강원(姜嫄)은 강원(姜原)이라고도 부른다. 전설상의 인물이다. 유태씨(有邰氏)의 딸이자, 주(周)나라의 시조인 후직(后稷)의 어머니이다. 제곡(帝嚳)의 본처이며, 거인의 발자국을 밟고서 잉태를 했고, 이후에 직(稷)을 낳았다고 전해진다. 『시』「대아(大雅)·생민(生民)」편에는 "厥初生民, 時惟姜嫄."이라는 기록이 있고, 『사기(史記)』「주본기(周本紀)」편에는 "周后稷, 名棄. 其母有邰氏女, 曰姜原. 姜原爲帝嚳元妃. 姜原出野, 見巨人跡, 心忻然說, 欲踐之. 踐之而身動如孕者."라는 기록이 있다.

經文

是月也, 日夜分.〈030〉

중춘의 달에는 춘분이 있어서, 낮과 밤의 길이가 균등하게 나뉜다.

集說

晝夜各五十刻.

춘분일에는 낮과 밤의 길이가 각각 50각(刻)[14]이다.

經文

雷乃發聲, 始電, 蟄蟲咸動, 啓戶始出.〈031〉

중춘의 달에는 천둥이 쳐서 곧 천둥소리가 크게 퍼지며, 비로소 번개가 치기 시작하니, 칩거해 있던 생물들이 그 소리에 놀라 모두 움직이기 시작하여, 칩거해 있던 곳을 뚫고 비로소 지면으로 나타나기 시작한다.

集說

謂始穿其穴而出也.

---

14) 각(刻)은 시간의 단위이다. 고대에는 물통에 작은 구멍을 내서, 물이 떨어진 양을 보고 시간을 헤아렸다. 하루를 100'각'으로 나누었는데, 한(漢)나라 애제(哀帝) 건평(建平) 2년(-5년) 때에는 20'각'을 더해서, 하루의 길이를 총 120'각'으로 정하였다. 『한서(漢書)』「애제기(哀帝紀)」편에는 "漏刻以百二十爲度."라는 기록이 있는데, 이에 대한 안사고(顔師古)의 주에서는 "舊漏晝夜共百刻, 今增其二十."이라고 풀이하였다. 그리고 남북조(南北朝) 시기 양(梁)나라 무제(武帝)는 8'각'을 1진(辰)으로 정하여, 낮과 밤의 길이를 각각 12'진' 96'각'으로 정하였다.

비로소 겨울잠을 자던 굴을 뚫고 나타난다는 것을 뜻한다.

先[去聲]雷三日,〈032〉

중춘의 달에는 천둥이 치기 3일 전에['先'자는 거성으로 읽는다.]

以節氣言, 在春分前三日.

24절기로 말을 하자면, 천둥 치기 3일 전은 춘분 3일 전이다.

奮木鐸, 以令兆民, 曰: "雷將發聲, 有不戒其容止者, 生子不備, 必有凶災."〈033〉

목탁을 쳐서 백성들에게 명령하여 말하길, "천둥이 장차 쳐서 천둥소리가 울려 퍼질 것이니, 집안에서 행동거지를 삼가지 않는 자가 있다면, 자식을 낳으면 불구자가 태어날 것이고, 반드시 그 부모에게도 재앙이 있을 것이다."라고 한다.

容止, 猶言動靜. 不戒容止, 謂房室之事, 褻瀆天威也. 生子不備, 謂形體有損缺. 凶災, 謂父母.

'용지(容止)'는 행동거지를 말한다. 그러므로 용지를 삼가지 않는다는 것은 집안에서 하는 행동거지가 하늘의 위엄을 더럽힌다는 뜻이다. '생자불비(生子不備)'는 자식이 태어나면 신체에 결함이 있다는 것을 뜻한다. '흉재(凶災)'는 그 부모에게도 재앙이 따른다는 것을 뜻한다.

經文

日夜分, 則同度量, 鈞衡石, 角斗甬, 正權槪.〈034〉

낮과 밤의 길이가 같아지는 춘분이 되면, 길이 단위인 도와 용량 단위인 양을 동일하게 바로잡으니, 저울대인 형과 용량 단위인 석을 균등하게 만들고, 한 말의 단위인 두와 한 섬의 단위인 곡을 비교하여 바로잡으며, 저울추인 권과 평두목인 개를 바로잡는다.

集說

丈尺曰度, 斗斛曰量. 稱上曰衡, 百二十斤爲石. 甬, 斛也. 權, 稱錘也, 槪, 執以平量器者. 同則齊其長短小大之制, 鈞則平其輕重之差, 角則較其同異, 正則嬌其欺枉.

장과 척 등을 '도(度)'라 부르고, 두와 곡 등을 '양(量)'이라 부른다. 저울대를 '형(衡)'이라 부르고, 120근은 '석(石)'이 된다. '용(甬)'은 한 섬인 곡이다. '권(權)'은 저울대에 다는 저울추이며, '개(槪)'는 그것을 잡고서 용량을 측정하는 그릇을 평형이 되도록 만드는 것이다. 동일하게 한다는 것은 길이의 길고 짧음과 용량의 작고 큼 등의 제도 자체를 가지런하게 만든다는 것이며, 균일하게 한다는 것은 무게의 가볍고 무거운 차이를 고르게 만든다는 것이며, 비교하여 바로잡는 것은 같고 다름의 차이를 비교한다는 것이며, 바로잡는 것은 속이고 공정하지 못한 것을 바로잡는 것이다.

是月也, 耕者少[上聲]舍[去聲], 乃脩闔扇, 寢廟畢備. 毋作大事,
以妨農之事.〈035〉

중춘의 달에는 농부들이 잠시['少'자는 상성으로 읽는다.] 농사일을 쉬게 되
니['舍'자는 거성으로 읽는다.] 곧 이들을 동원하여 문호의 가리개인 합과 선
을 정비하고, 침과 묘를 정비해서 본래의 모습과 격식을 갖춘다. 그러
나 이 기간에 군대와 관련된 큰일을 일으켜서, 농사와 관련된 여러 일
들을 방해해서는 안 된다.

集說

少舍, 暫息也. 門戶之蔽, 以木曰闔, 以竹葦曰扇. 凡廟, 前曰廟, 後
曰寢, 寢是衣冠所藏之處. 大事, 謂軍旅之事.

'소사(少舍)'는 잠시 쉰다는 뜻이다. 문호를 채움에 나무로 만든 것을 '합
(闔)'이라 부르고, 대나무나 갈대로 엮어 만든 것을 '선(扇)'이라 부른다.
종묘의 제도에서는 앞쪽에 있는 건물을 '묘(廟)'라 부르고, 뒤쪽에 있는
건물을 '침(寢)'이라 부르는데, 침은 종묘의 제례에서 사용하는 의관을
보관해두는 곳이다. '대사(大事)'라는 것은 군대와 관련된 일을 뜻한다.

經文

是月也, 毋竭川澤, 毋漉[鹿]陂池, 毋焚山林.〈036〉

중춘의 달에는 백성들에게 사냥과 어렵을 허락해 주되, 내와 못의 물고
기를 씨가 마르도록 잡지 못하게 하고, 저수지와 수로의 물고기를 씨가
마르도록['漉'자의 음은 '鹿(록)'이다.] 잡지 못하게 하며, 산림에 불을 질러
동물들을 모조리 잡는 사냥을 못하게 한다.

漉, 亦竭也. 三者之禁, 皆謂傷生意.

'녹(漉)'자 또한 마르게 한다는 뜻이다. 이 세 가지 금령을 내리는 이유는 이러한 행위들이 모두 생육하는 자연의 뜻을 손상시키기 때문이다.

經文

天子乃鮮[獻]羔開冰, 先薦寢廟. ⟨037⟩

중춘의 달에 천자는 곧 어린 양을 희생물로 바치고['鮮'자의 음은 '獻(헌)'이다.] 석빙고를 열어 얼음을 꺼내는데, 무엇보다도 침묘에 먼저 바친다.

集說

古者, 日在虛, 則藏冰, 至此仲春, 則獻羔以祭司寒之神而開冰, 先薦寢廟者, 不敢以人之餘奉神也.

고대에는 해와 달이 만다는 곳인 일이 28수 중 하나인 북방의 허수 위치에 놓이게 되면, 얼음을 저장했다가 중춘 때에 이르게 되면, 어린 양을 희생물로 바치며, 사한(司寒)[15]의 신에게 제사를 드리고, 석빙고를 열게 된다. 침묘에 먼저 바친다는 것은 감히 사람이 먹고 남은 것으로 신에게 바칠 수 없기 때문이다.

---

15) 사한(司寒)은 겨울을 주관한다는 뜻이며, '사한'을 하는 신(神)은 겨울을 주관하는 동신(冬神)이 된다. 또한 현명(玄冥)을 가리키기도 하며, 방위로 따져서 북방(北方)을 담당하는 신(神)를 뜻하기도 한다. 『춘추좌씨전』「소공(昭公) 4년」편에 대한 두예(杜預)의 주에서는 "司寒, 玄冥, 北方之神."이라고 풀이했다.

上丁,⟨038⟩

중춘의 달 중 상순 중에서 첫 번째로 정자가 들어가는 날에는,

集說

此月上旬之丁. 日必用丁者, 以先庚三日, 後甲三日也.

이 달의 상순 중에서 정자가 들어가는 날이다. 그 날짜에 반드시 십간 중 네 번째인 정자가 들어가는 날로 하는 것은 십간 중 일곱 번째인 경자가 들어가는 날보다 3일 앞서고, 십간 중 첫 번째인 갑자가 들어가는 날보다 3일 뒤인 그 중간이 되기 때문이다.

經文

命樂正, 習舞釋菜, 天子乃帥三公·九卿·諸侯·大夫, 親往視之. 仲丁, 又命樂正, 入學習樂[16]舞.⟨039⟩

천자는 악정에게 명령하여, 국학에 들어가 국자들에게 춤을 익히게 할 때에는 먼저 석채(釋菜)의 의식을 거행하도록 하는데, 석채의 의식을 거행하는 날에는 천자가 곧 삼공·구경·제후·대부들을 이끌고서 친히 국학에 왕림하여 그 의식을 관람한다. 그리고 중순 중 첫 번째로 정자가 들어가는 날에는 다시 악정에게 명령하여, 국학에 들어가 국자들에게 음악을 익히게 한다.

---

16) '악(樂)'자에 대하여. '악'자는 본래 '무(舞)'자로 기록되어 있었는데, 『예기집설(禮記集說)』의 기록에 따라 글자를 수정하였다.

樂正, 樂官之長也. 習舞釋菜, 謂將敎習舞者, 則先以釋菜之禮告先
師也.

'악정(樂正)'은 음악을 담당하는 관리들의 우두머리이다. 춤을 익히게 하
여 석채(釋菜)[17]를 거행한다는 것은 장차 국자들에게 춤 익히는 것을 교
육할 경우에는 우선적으로 석채의 예로 선사들에게 아뢰는 것을 뜻한다.

是月也, 祀不用犧牲, 用圭璧, 更[平聲]皮幣.⟨040⟩

중춘의 달에는 작은 제사에서 희생물을 사용하지 않으며, 작은 제사 중
에서도 비교적 중요한 제사에서는 희생물 대신 규벽을 올려놓고, 비교
적 덜 중요한 제사에서는 규벽 대신 가죽이나 비단으로 만든 예물인 피
폐(皮幣)[18]로 바꾼다.['更'자는 평성으로 읽는다.]

不用牲, 謂祈禱小祀耳. 如大牢祠高禖, 乃大典禮, 不在此限. 稍重
者用圭璧, 稍輕者則以皮幣更易之也.

---

17) 석채(釋菜)는 본래 국학(國學)에서 거행되었던 전례(典禮) 중 하나이다. 희생물
없이 소채 등으로 간소하게 차려놓고, 선성(先聖)과 선사(先師)에게 지내는 제
사이다. 또한 희생물 없이 간소하게 지내는 제사를 지칭하기도 한다.
18) 피폐(皮幣)는 가죽과 비단을 뜻한다. 빙문(聘問)을 시행할 때, 이것들을 예물
(禮物)로 가져갔기 때문에, '피폐'는 예물을 지칭하는 용어로도 사용된다. 『관자
(管子)』「오행(五行)」편에는 "出皮幣, 命行人修春秋之禮於天下諸侯."라는 기
록이 있고, 『국어(國語)』「오어(吳語)」편에도 "春秋皮幣玉帛子女, 以賓服焉."
이라는 기록이 있다.

희생물을 사용하지 않는 제사는 기도(祈禱)[19]와 소사(小祀)[20]를 뜻할 따름이다. "태뢰로 고매에게 제사를 지낸다."[21]와 같은 것들은 곧 성대한 전례이니, 이러한 제한사항에 놓이지 않는다. 비교적 중요한 제사에서는 규벽을 사용하고, 비교적 덜 중요한 제사에서는 피폐로 규벽을 대신하여 바꾸게 된다.

經文

仲春行秋令, 則其國大水, 寒氣總至, 寇戎來征.⟨041⟩

만약 천자가 중춘의 달에 중추에 집행해야 할 정령을 시행하게 된다면, 그 나라에는 큰 물난리가 나고, 추운 기운이 한꺼번에 이르게 되며, 외적들이 침공해 오게 된다.

集說

酉金之氣所傷也.

---

19) 기도(祈禱)는 주로 산천(山川)의 신(神) 등에게 복(福)을 내려주길 기원하는 제사를 뜻한다. 『후한서(後漢書)』「난파전(欒巴傳)」편에는 "郡土多山川鬼怪, 小人常破貲産以祈禱."라는 기록이 있다.

20) 소사(小祀)는 비교적 규모가 작은 제사를 가리킨다. 또한 군사(群祀)라고 부르기도 한다. 사중(司中), 사명(司命), 풍백(風伯: =風師), 우사(雨師), 제성(諸星), 산림(山林), 천택(川澤) 등에 대해 지내는 제사이다. 『주례』「춘관(春官)·사사(肆師)」편에는 "立小祀用牲."이라는 기록이 있는데, 이에 대한 정현의 주에서는 "鄭司農云 小祀司命已下. 玄謂 小祀又有司中風師雨師山川百物."이라고 풀이하였고, 『구당서(舊唐書)』「예의지일(禮儀志一)」에도 "司中司命風伯雨師諸星山林川澤之屬爲小祀."라는 기록이 있다.

21) 『예기』「월령」029장 : 是月也, 玄鳥至, 至之日, 以太牢祠于高禖. 天子親往, 后妃帥九嬪御, 乃禮天子所御, 帶以弓韣, 授以弓矢, 于高禖之前.

십이지 중에서 중추에 해당하는 8월의 금 기운이 중춘의 기운을 손상시킨 것이다.

行冬令, 則陽氣不勝, 麥乃不熟, 民多相掠[亮].〈042〉

만약 천자가 중춘의 달에 중동에 집행해야 할 정령을 시행하게 된다면, 곧 양의 기운이 수의 기운을 이기지 못하게 되어, 보리가 익지 않게 되니, 백성들 사이에는 서로 노략질하는['掠'자의 음은 '亮(량)'이다.] 경우가 많아지게 된다.

子水之氣所淫也.

십이지 중에서 중동에 해당하는 11월의 수 기운이 중춘의 기운을 어지럽히는 것이다.

行夏令, 則國乃大旱, 煖氣早來, 蟲蝗爲害.〈043〉

만약 천자가 중춘의 달에 중하에 집행해야 할 정령을 시행하게 된다면, 나라에는 큰 가뭄이 들게 되어, 뜨거운 기운이 일찍 도래할 것이며, 농작물에 피해를 입히는 충명들에 의해 큰 피해를 입게 된다.

午火之氣所泄也. 螟, 食苗心者.

십이지 중에서 중하에 해당하는 5월의 화 기운이 새어나왔기 때문이다. '명(螟)'은 곡물의 연한 줄기를 먹어치우는 것들이다.

무분류-계춘(季春)

季春之月, 日在胃, 昏七星中, 旦牽牛中.〈044〉

계춘의 달에는 해와 달이 만나는 곳인 일이 28수 중 위 자리에 있고, 저녁 무렵에는 칠성이 남쪽 하늘의 중앙에 위치하고, 동틀 무렵에는 견우가 남쪽 하늘의 중앙에 위치한다.

集說

胃宿在酉, 大梁之次也. 七星, 二十八宿之星宿也.

'위수(胃宿)'는 유자리에 위치하니 대량의 자리이다. '칠성(七星)'은 28수 가운데 하나의 별자리이다.

經文

其日甲乙, 其帝太皞, 其神句芒, 其蟲鱗, 其音角, 律中姑洗[蘇典反], 其數八, 其味酸, 其臭羶, 其祀戶, 祭先脾.〈045〉

계춘의 달에 해당하는 일간은 갑과 을이고, 계춘을 지배하는 제는 태호이며, 그 아래에서 보좌하는 신은 구망이고, 계춘에 해당하는 생물은 비늘이 달린 종류이며, 오음 중에서 계춘에 해당하는 음은 각이고, 십이률 중에서 계춘의 기후에 반응하는 율관은 고선에['洗'자는 '蘇(소)'자와 '典(전)'자의 반절음이다.] 해당하며, 계춘에 해당하는 수는 8이고, 오미 중에서 계춘에 해당하는 맛은 신맛이며, 오취 중에서 계춘에 해당하는 냄새는 노린내이고, 오사 중에서 계춘에 해당하는 사는 호이며, 제사를 지낼 때에는 희생물의 비장을 먼저 바친다.

集說

姑洗, 辰律, 長七寸九分寸之一.

'고선(姑洗)'은 십이율을 십이지에 배열했을 때 진에 해당하는 율로, 고
선음을 내는 피리는 그 관의 길이가 7촌과 9분의 1촌이다.

經文

桐始華, 田鼠化爲鴽[如], 虹始見[現], 萍始生.⟨046⟩

계춘의 달에는 오동나무가 비로소 꽃을 피우게 되며, 쥐가 변화하여 메
추라기가['鴽'자의 음은 '如(여)'이다.] 되고, 무지개가 비로소 나타나게['見'자
의 음은 '現(현)'이다.] 되며, 수중식물인 개구리밥이 비로소 생겨나게 된다.

集說

此記辰月之候. 鴽, 鶉鴾之屬.

이것은 3월의 기후 조짐을 기록한 것이다. '여(鴽)'는 메추라기의 부류이다.

經文

天子居青陽右个, 乘鸞路, 駕倉龍, 載青旂, 衣青衣, 服倉玉,
食麥與羊, 其器疏以達.⟨047⟩

계춘의 달에 천자는 청양의 우개에 거처하며, 난로라는 수레를 타고, 그

수레에는 창룡이라는 말에 멍에를 매게 해서 끌게 하며, 수레에는 청색의 깃발을 세우고, 천자는 청색의 의복을 입으며, 청색의 옥으로 장식을 하고, 곡식 중에서는 보리와 고기 중에서는 양고기를 먹으니, 그것을 담는 그릇은 조각은 세밀하지 않은 거친 문양으로 새겨놓으면서도, 곧고 매끈하게 만든다.

集說

靑陽右个, 東堂南偏.

'청양우개(靑陽右个)'는 동쪽에 있는 당의 남쪽 편실이다.

經文

是月也, 天子乃薦鞠衣于先帝.〈048〉

계춘의 달에 천자는 곧 선제에게 누에치는 일이 잘되기를 기원하는 뜻에서, 황색으로 된 국의를 바친다.

集說

鞠衣, 衣色如鞠花之黃也. 註云"黃桑之服"者, 色如鞠塵, 象桑葉始生之色也. 鞠字, 一音去六反. 先帝, 先代木德之君, 薦此衣于神坐以祈蚕事.

'국의(鞠衣)'는 옷의 색깔이 누룩 꽃의 황색과 같은 것이다. 정현의 주에서 "국의라는 것은 누런 뽕잎 색깔의 옷이다."라고 말한 것은 그 색깔이 국진이라는 꽃과 같으며, 뽕나무 잎이 처음 생겨났을 때의 이파리 색깔을 형상한 것이다. '국(鞠)'자의 다른 음은 '去(거)'자와 '六(륙)'자의 반절음이다. '선제(先帝)'는 선대 조상신 중에서 목덕을 주관하는 군왕이며,

그 신이 있는 곳에 이 옷을 바침으로써 누에치는 일이 잘되기를 기원하는 것이다.

命舟牧, 覆舟. 五覆五反, 乃告舟備具于天子焉, 天子始乘舟, 薦鮪[偉]于寢廟, 乃爲[去聲]麥祈實.〈049〉

계춘의 달에 천자는 배를 담당하는 관리인 주목에게 명령하여, 배에 이상이 없는지 배를 뒤집어서 확인하게 한다. 주목이 다섯 번 뒤집어 보고 다시 다섯 번 반대로 뒤집어 보아서 이상이 없으면, 곧 천자에게 배가 갖추어져 이상 없이 준비되었음을 보고하고, 그런 이후에야 천자는 비로소 배를 타게 되며, 배를 타고 나가서 다랑어를['鮪'자의 음은 '偉(위)'이다.] 잡아다가 침묘에서 선조에게 다랑어를 바치는데, 이때에 보리가 잘 여물도록 기도를 한다.['爲'자는 거성으로 읽는다.]

舟牧, 主乘舟之官. 五覆五反, 所以詳視其罅漏傾側之處也. 因薦鮪, 幷祈麥實.

'주목(舟牧)'은 배를 운행하는 것을 주관하던 관리이다. 다섯 번 뒤집어 보고 다시 다섯 번 반대로 뒤집어 보는 것은 그 배에 틈이 벌어져 누수가 되거나 평형이 맞지 않아 기울어지는 곳 등이 있는지 자세히 살펴보는 것이다. 다랑어를 바치는 기회를 이용하여 보리가 잘 여물도록 기도를 한다.

是月也, 生氣方盛, 陽氣發泄, 句[勾]者畢出, 萌者盡達, 不可以
內.〈050〉

계춘의 달에는 봄의 생육하는 기운이 성대해져서, 양의 기운이 활발해
져 흘러넘치게 되니, 굽어['句'자의 음은 '勾(구)'이다.] 자라나는 것들도 모
두 지면으로 나오게 되고, 곧게 자라나는 것들은 모두 생장하게 되니,
천자는 인색하게 재물과 곡식을 안에 감추어 두어서는 안 된다.

句, 屈生者. 萌, 直生者. 不可以內, 言當施散恩惠, 以順生道之宣
泄, 不宜吝嗇閉藏也.

'구(句)'는 굽어 생장하는 것이다. '맹(萌)'은 곧게 생장하는 것이다. '불
가이내(不可以內)'는 마땅히 은혜를 베풀고 펼쳐서, 이러한 봄의 생육하
는 도리가 흘러넘치는 자연의 이치를 따라야 하는 것이지, 인색하게 재
물과 곡식들을 굳게 걸어 감추어서는 안 된다는 것을 말한다.

天子布德行惠, 命有司, 發倉廩, 賜貧窮, 振乏絶, 開府庫, 出
幣帛, 周天下. 勉諸侯, 聘名士, 禮賢者.〈051〉

계춘의 달에는 이 시기의 기운에 맞춰, 베푸는 정책을 펼쳐야 하므로,
천자는 덕정을 펼치고, 은혜로운 정책을 시행하니, 유사에게 명령하여,
곡식 창고를 열어, 가난하고 곤궁한 자들에게 곡식을 하사하고, 창졸간
에 끼니를 해결하지 못할 만큼 궁핍한 자들을 구휼하며, 재물 창고를
열어서 값진 폐백들을 꺼내어, 천하의 백성들 중에서 가산이 부족한 자

들에게 두루 하사해준다. 그리고 천자는 유사에게 명령했던 것처럼, 제후에게 자신의 명령을 힘써 행하도록 하여, 구휼정책을 시행하게 하고, 이와 더불어 재야에 숨어있는 명망 있는 선비들을 초빙하고, 현명한 자들을 예우하도록 한다.

集說

長無謂之貧窮, 暫無謂之乏絶. 振, 猶赦也. 周, 濟其不足也. 在內則命有司奉行, 在外則勉諸侯奉行, 皆天子之德惠也.

긴 시간 동안 재화나 곡식이 없어 가난한 자들을 '빈궁(貧窮)'이라 부르고, 갑작스럽게 재화나 곡식이 없어져 가난해진 자들을 '핍절(乏絶)'이라 부른다. '진(振)'자는 구휼한다는 뜻이다. '주(周)'자는 부족한 자들을 구제해준다는 뜻이다. 천자는 수도 안에 대해서는 유사에게 명령하여, 이러한 구휼정책을 받들어 시행하도록 하고, 수도 밖에 대해서는 제후에게 권면하여, 이러한 구휼정책을 받들어 시행하도록 한다. 이것들은 모두 천자가 백성들에게 펼치는 덕과 은혜이다.

淺見

近按: 內外之事, 皆命有司摠之, 勉諸侯, 當與聘名士·禮賢者, 各爲一事, 而歷言之也. 若使諸侯奉行於外, 則不應先言周天下於其上, 又當曰命諸侯, 不當曰勉也. 蓋命有司, 小則發倉廩之粟, 以惠國中之貧乏, 大則出府庫之幣, 以周於天下, 于以褒賞諸侯之有功而勸勉之, 于以聘名士而徵用之, 于以禮賢者而來致之也. 名士曰聘, 可召者也; 賢者曰禮, 所不敢召者也, 故先自盡其致敬之禮, 而欲其來爾.

내가 살펴보니, 내외의 사안에 대해서 모두 유사에게 명령하여 총괄하도록 한 것이니, 제후를 권면한다는 것은 명사들을 초빙하고 현자들을 예우하는 것과 각각 별개의 사안이 되어 차례대로 언급한 것이다. 만약 제후로 하여금 수도 밖의 지역에 대해서 이것을 받들어 시행하도록 했다면, 그 앞에 '주천하(周天下)'라고 먼저 말해서는 안 되며, 또한 마땅히 '명제후(命諸侯)'라고 말해야 하며 '면(勉)'이라고 해서는 안 된다. 아마도 이 문장의 뜻은 유사에게 명령하여, 작은 부분에 있어서는 창고의 곡식을 방출하여 나라 안에 가난하고 궁핍한 자들에게 은혜를 베풀고, 큰 부분에 있어서는 창고에 있는 재화를 방출하여 천하에 두루 나눠주게 하니, 이것을 통해 공적을 세운 제후에게 포상하여 권면토록 하고, 또 이것을 통해 명사들을 초빙하고 불러들여 등용하며, 또 이것을 통해 현자들을 예우하고 찾아오도록 하는 것이다. 명사에 대해서는 '빙(聘)'이라 했으니, 불러들일 수 있는 자들이다. 반면 현자에 대해서는 '예(禮)'라 했으니, 감히 불러들이지 못하는 자들이다. 그렇기 때문에 먼저 제 스스로 공경을 지극히 하는 예법을 다하여, 그가 찾아오게끔 하는 것이다.

是月也, 命司空曰: "時雨將降, 下水上[上聲]騰, 循行[去聲]國邑, 周視原野, 脩利隄防, 道達溝瀆, 開通道路, 毋有障塞."〈052〉

계춘의 달에 천자는 사공에게 명령하여 말하길, "조만간 시우(時雨)[1]가 장차 내려서, 하류로 흘러가는 물이 역류하여['上'자는 상성으로 읽는다.] 육지로 범람할 수 있으니, 도성을 순찰하여 돌아보고['行'자는 거성으로 읽는다.] 도성 주위의 원야를 두루 살펴서, 수리해야 할 제방을 수리하여 제구실을 하게 만들고, 물이 빠지는 도랑과 하수로에 대해서는 물길을 내어 서로 통하게 만들고, 도로를 통하게 하여 이러한 것들이 막히는 일이 없도록 하라."라고 한다.

集說

司空掌邦土, 此皆其職也.

'사공(司空)'은 국토를 담당하니,[2] 이러한 일들은 모두 그의 직무이다.

經文

"田獵罝[嗟]·罘[浮]·羅·網·畢·翳[瞖]·餧[於僞反]獸之藥, 毋出九門."〈053〉

계춘의 달에 천자는 사냥을 금지시키기 위해, 사공에게 계속하여 명령하길, "사냥할 때 짐승 잡는 그물들인 차['罝'자의 음은 '嗟(차)'이다.]·부['罘'

---

1) 시우(時雨)는 시기에 맞게 내리는 비를 뜻한다. 『서』「주서(周書)·홍범(洪範)」편에는 "曰肅, 時雨若."이라는 용례가 있다.

2) 『서』「주서(周書)·주관(周官)」: 司空掌邦土, 居四民, 時地利.

자의 음은 '浮(부)'이다.], 새 잡는 그물들인 나·망, 토끼 등을 잡을 때 사용하는 자루가 달린 그물인 필과 사냥꾼의 몸을 숨기는 예['翳'자의 음은 '曀(에)'이다.]와 짐승에게 먹이는['餧'자는 '於(어)'자와 '僞(위)'자의 반절음이다.] 독약 등을 구문 밖으로 나가지 못하게 하라."라고 한다.

集說

罝罘, 皆捕獸之罟. 羅網, 皆捕鳥之罟. 小網長柄謂之畢, 以其似畢星之形, 故名, 用以掩兎也. 翳, 射者用以自隱也. 餧, 啗之也. 藥, 毒藥也. 七物皆不得施用於外, 以其逆生道也. 路門·應門·雉門·庫門·臯門·城門·近郊門·遠郊門·關門, 凡九門也.

'차(罝)'와 '부(罘)'는 모두 짐승을 포획하는 그물들이다. '나(羅)'와 '망(網)'은 모두 새를 포획하는 그물들이다. 작은 그물에 긴 자루가 달린 것을 '필(畢)'이라 부르는데, 그 모양이 28수 중 하나인 필성의 형상과 비슷하기 때문에, '필(畢)'이라고 이름을 붙인 것이며, 이 그물을 사용하여 토끼를 잡는다. '예(翳)'는 사냥꾼이 자신을 은폐시키는데 사용하는 것이다. '위(餧)'는 먹게 한다는 뜻이다. '약(藥)'은 독약을 뜻한다. 이러한 일곱 가지 물건들을 모두 구문 밖에서 사용하지 못하게 하는 것은 이것을 사용한 사냥이 봄의 생육시키는 도리를 거스르기 때문이다. 노문(路門)3)·응문(應門)4)·치문(雉門)5)·고문(庫門)·고문(臯門)·성문(城

---

3) 노문(路門)은 고대 궁실(宮室) 건축물 중에서도 가장 안쪽에 있었던 정문이다. 여러 문들 중에서 노침(路寢)에 가장 가까운 위치에 있었기 때문에, '노문'이라는 명칭이 붙게 되었다. 『주례』「동관고공기(冬官考工記)·장인(匠人)」편에는 "路門不容乘車之五个."라는 기록이 있는데, 이에 대한 정현의 주에서는 "路門者, 大寢之門."라고 풀이하였고, 가공언(賈公彦)의 소(疏)에서는 "路門以近路寢, 故特小爲之."라고 풀이하였다.

4) 응문(應門)은 궁(宮)의 정문을 가리킨다. 『시』「대아(大雅)·면(緜)」편에는 "迺立應門, 應門將將."이라는 기록이 있는데, 이에 대한 모전(毛傳)에서는 "王之正門曰應門."이라고 풀이하였다.

門)6) · 근교문(近郊門)7) · 원교문(遠郊門)8) · 관문(關門)9)이 구문이다.

----

5) 치문(雉門)에 대해서는 크게 두 가지 해설이 있다. 첫 번째는 제후의 궁(宮)에 있는 문으로, 천자의 궁에 있는 응문(應門)에 해당한다는 주장이다. 두 번째는 천자의 궁에는 다섯 개의 문이 있는데, 그 중 네 번째 위치한 문으로, 바깥쪽에 위치한 문을 가리킨다는 주장이다. 첫 번째 주장은 『예기』「명당위(明堂位)」편의 "大廟, 天子明堂. 庫門, 天子皐門, 雉門, 天子應門."이라는 기록에 근거한 해설이다. 이 기록에 대한 손희단(孫希旦)의 『집해(集解)』에서는 유창(劉敞)의 말을 인용하여, "此經有五門之名, 而無五門之實. 以詩書禮春秋考之, 天子有皐, 應, 畢, 無皐, 雉, 路. 諸侯有庫, 雉, 路, 無皐, 應, 畢. 天子三門, 諸侯三門, 門同而名不同."이라고 했다. 즉 천자의 궁에는 5개의 문이 있다고 하지만, 실제적으로 천자나 제후는 모두 3개의 문만을 설치해었다. 『시(詩)』, 『서(書)』, 『예(禮)』, 『춘추(春秋)』에 나타난 기록들을 고증해보면, 천자는 고(皐), 응(應), 필(畢)이라는 3개의 문을 설치하고, 고(皐), 치(雉), 노(路)라는 문은 없다. 또한 제후는 고(庫), 치(雉), 노(路)라는 3개의 문을 설치하고, 고(皐), 응(應), 필(畢)이라는 문은 없다. 두 번째 주장은 『주례』「천관(天官) · 혼인(閽人)」편의 "閽人掌守王宮之中門之禁."이라는 기록에 근거한 해설이다. 이 기록에 대해 정현은 정사농(鄭司農)의 말을 인용하여, "王有五門, 外曰皐門, 二曰雉門, 三曰庫門, 四曰應門, 五曰路門."이라고 풀이하였다. 즉 천자는 5개의 문을 설치하는데, 가장 안쪽에 있는 노문(路門)으로부터 응문(應門), 고문(庫門), 치문(雉門), 고문(皐門) 순으로 설치해 두었다.

6) 성문(城門)은 도성(都城)과 교(郊) 사이에 있는 문이다. 도성 밖에는 도성을 둘러싼 4개의 '교'가 있다. 이때 도성과 교 사이에 있는 문이 바로 '성문'이 된다.

7) 근교문(近郊門)은 근교(近郊)의 경계에 설치되었던 문이다. 문헌상으로 주대(周代)에는 천자의 수도가 사방(四方) 1000리(里)의 면적을 차지했다고 전해진다. 이때 국성(國城: 都城)은 중앙에 위치하며, 국성의 끝부분에서 100리 떨어진 곳까지가 교(郊)에 속하게 된다. 그리고 '교' 중에서도 국성에서 50리 떨어진 곳까지를 '근교'라고 부른다. '근교문'은 바로 이 경계점에 설치된 문을 뜻한다.

8) 원교문(遠郊門)은 원교(遠郊)에 설치된 문이다. 문헌상으로 주대(周代)에는 천자의 수도가 사방(四方) 1000리(里)의 면적을 차지했다고 전해진다. 이때 국성(國城: =都城)은 중앙에 위치하며, 국성의 끝부분에서 100리 떨어진 곳까지가 교(郊)에 속한다. 그리고 '교' 중에서도 국성에서 50리 떨어진 곳까지를 근교(近郊)라고 부르며, 근교의 경계점에서 다시 50리 떨어진 곳까지를 원교라고 부른다. '원교문'은 바로 이 경계점에 설치된 문을 뜻한다.

是月也, 鳴鳩拂其羽, 戴勝降于桑, 命野虞, 毋伐桑拓, 具曲植
[治]籧[擧]筐.〈054〉[10]

계춘의 달에는 산비둘기가 날갯짓을 하고, 오디새가 뽕나무에 내려앉으면, 천자는 전답 및 산림을 담당하는 관리 야우에게 명령하여, 기르는 뽕나무와 산에 나는 야생 뽕나무를 벌목하지 못하게 하고, 누에를 담는 그릇인 곡과 그릇을 올려놓는 선반인 치와['植'자의 음은 '治(치)'이다.] 누에를 담는 원형 바구니 거와['籧'자의 음은 '擧(거)'이다.] 네모진 바구니 광을 준비한다.

集說

拂羽, 飛而翼拍身也. 戴勝, 織紝之鳥, 名戴鵀, 鵀卽頭上勝也. 此時恒在桑, 言降者, 重之若自天而下也. 野虞, 主田及山林之官也. 曲, 薄也. 植, 栬也, 所以架曲與籧筐者. 籧圓而筐方.

'불우(拂羽)'는 새가 날면서 날개가 그 몸뚱어리를 치며 퍼덕이는 것이다. '대승(戴勝)'은 베 짜는 일을 상징하는 새로, 다른 명칭으로는 '대임(戴鵀)'이라고도 하는데, '임(鵀)'이라고 하는 것은 머리에 벼슬이 있는 새이다. 이 시기에는 오디새가 항상 뽕나무에 기거하고 있는데, 내려온다고 말한 것은 마치 하늘로부터 내려온 것처럼 여겨서 중시한 것이다. '야우(野虞)'는 전답 및 산림을 담당하는 관리이다. '곡(曲)'은 큰 그릇이다. '치(植)'는 기둥으로 곡과 거·광 등을 올려놓는 도구이다. '거(籧)'는 원형으로 된 바구니이고, '광(筐)'은 사각형으로 된 바구니이다.

---

9) 관문(關門)은 교외(郊外)에 설치된 문을 뜻한다. 원교(遠郊)의 밖에 있는 땅을 교외(郊外)라고 부르는데, '관문'은 바로 이 교외에 설치된 문을 뜻한다.

10) 『예기』「월령」054장 : 是月也, 命野虞, 毋伐桑柘. 鳴鳩拂其羽, 戴勝降于桑, 具曲植籧筐.

近按: 舊本"命野虞毋伐桑拓"七字, 在"是月也"之下, "鳴鳩拂其羽"之
上. 今以他節之例而改之, 諸節皆先言天時之候而後言人事也.

내가 살펴보니, 옛 판본에는 '명야우무벌상척(命野虞毋伐桑拓)'이라는 7
글자가 '시월야(是月也)' 뒤와 '명구불기우(鳴鳩拂其羽)'라는 구문 앞에
있었다. 지금은 다른 문단의 용례에 따라 수정하니, 다른 문단들에서는
모두 기후에 대해 먼저 말하고 그 뒤에야 사람이 시행하는 일들을 언급
했기 때문이다.

后妃齊戒, 親東鄉[去聲]躬桑, 禁婦女毋觀[去聲], 省婦使, 以勸
蠶事.〈055〉

계춘의 달에 천자의 부인인 후비는 재계를 하여, 직접 동쪽에서 불어오
는 봄의 기운을 영접하고['鄕'자는 거성으로 읽는다.] 몸소 뽕나무 잎을 따
며, 부녀자들에게 꾸미는 것을 금지하여 치장을['觀'자는 거성으로 읽는다.]
못하게 하고, 부녀자들이 평소 하는 일들을 줄여주어서, 누에치는 일을
권면한다.

東鄕, 迎時氣也. 躬桑, 親自采桑也. 禁婦女毋觀者, 禁止婦女, 使不
得爲容觀之飾也. 省婦使者, 減省其箴線縫製之事也. 此二者, 皆爲
勸勉之, 使盡力於蠶事也.

'동향(東鄕)'은 이 시기의 기운을 영접하는 것이다. '궁상(躬桑)'은 직접
뽕나무 잎을 따는 것이다. '금부녀무관(禁婦女毋觀)'이란 말은 부녀자들
에게 꾸미는 것을 금지하여, 그녀들로 하여금 용모를 보기 좋게 치장하
지 못하게 하는 것이다. '생부사(省婦使)'라는 말은 바느질하고 옷 만드
는 등의 일을 줄여주는 것이다. 이러한 두 가지 일은 그들로 하여금 누
에치는 일에 전념하도록 하는 것이다.

蠶事旣登, 分繭, 稱絲效功, 以共[供]郊廟之服, 毋有敢惰.〈056〉

계춘의 달에 누에치는 일이 이윽고 끝나게 되면, 천자의 후비는 아녀자
들에게 누에고치를 분배하여, 실을 자아내게 하되, 그 양의 많고 적은

차이로 공의 높고 낮음을 삼고, 이렇게 제작된 실로 교묘(郊廟)[1]에서 사용하는 제복을 만들게 하니['共'자의 음은 '供(공)'이다.] 아녀자들이 감히 게으름을 피우게 해서는 안 된다.

集說

登, 成也. 分繭, 分布於衆婦之繰者. 稱絲效功, 以多寡, 爲功之上下.

'등(登)'자는 이루어다는 뜻이다. '분견(分繭)'은 아녀자들이 누에고치에서 실을 뽑아내는 장소에서 누에고치를 분배 공급하는 것이다. 실을 자아내게 하되 공을 이루게 한다는 것은 실을 뽑아낸 양의 많고 작은 차이로 공적의 높고 낮음으로 삼는 것이다.

經文

是月也, 命工師, 令百工, 審五庫之量, 金鐵, 皮革筋, 角齒, 羽箭幹, 脂膠丹漆, 毋或不良.〈057〉

계춘의 달에 천자는 공사(工師)[2]에게 명령하여, 백공들로 하여금 다섯

---

1) 교묘(郊廟)는 고대에 천자가 천지(天地) 및 조상에게 제사지내던 제례(祭禮)를 가리키기도 하며, 그러한 제례가 이루어지는 장소 및 그 때 사용되는 음악을 가리키기도 한다. '교묘'에서의 교(郊)자는 천지에 대한 제사를 뜻하는데, 천(天)에 대한 제사는 '남쪽 교외[南郊]'에서 시행되었고, 지(地)에 대한 제사는 '북쪽 교외[北郊]'에서 시행되었다. 그렇기 때문에 '교'자가 천지에 대한 제사를 뜻하게 된 것이다. '묘(廟)'자는 종묘(宗廟)를 뜻하므로, 선조에 대한 제사를 가리킨다. 따라서 '교묘'라고 용어가 천지 및 조상신에 대한 제사를 뜻하게 된다. 『서』「우서(虞書)・순전(舜典)」편에는 "汝作秩宗."이라는 기록이 있는데, 이에 대한 공안국(孔安國)의 전(傳)에서는 "秩, 序. 宗, 尊也. 主郊廟之官."이라고 풀이하였고, 이 문장에 나오는 '교묘'에 대해 공영달(孔穎達)의 소(疏)에서는 "郊謂祭天南郊, 祭地北郊. 廟謂祭先祖, 即周禮所謂天神人鬼地祇之禮是也."라고 풀이하였다.

종류의 창고에 보관된 물건들의 품질 및 수량을 살펴보게 해서, 창고에 보관된 동과 철, 털이 붙어 있는 가죽과 무두질한 가죽과 동물의 힘줄 부위, 동물의 뼈와 이빨, 깃털과 화살을 만드는 데 쓰는 작은 대나무와 활대를 만드는 데 쓰는 나무, 나무를 붙일 때 사용하는 끈끈한 액체와 아교와 붉은 염료와 옻칠하는 염료들에 혹시라도 좋지 못한 것이 없도록 한다.

集說

工師, 百工之長也. 五庫者, 金鐵爲一庫, 皮革筋爲一庫, 角齒爲一庫, 羽箭幹爲一庫, 脂膠丹漆爲一庫. 視諸物之善惡皆有舊法, 謂之量, 一說多寡之數也. 審而察之, 故云審五庫之量也. 幹者, 諸器所用之木材也.

'공사(工師)'는 백공들의 우두머리이다. 다섯 창고라는 것은 동과 철을 보관하는 곳이 하나의 창고가 되고, 가죽과 무두질한 가죽과 동물의 힘줄 부위를 보관하는 곳이 하나의 창고가 되며, 동물의 뼈와 이빨을 보관하는 곳이 하나의 창고가 되고, 깃털과 화살을 만드는 데 쓰는 작은 대나무와 활대를 만드는 데 쓰는 나무를 보관하는 곳이 하나의 창고가 되며, 나무를 붙일 때 사용하는 끈끈한 액체와 아교와 붉은 염료와 옻칠하는 염료를 보관하는 곳이 하나의 창고가 된다. 뭇 사물들의 품질이 좋고 나쁜 정도를 살피는 데에는 모두 옛날부터 정해져 내려온 구법이 있었으니, 그것을 '양(量)'이라고 부른다. 일설에 양(量)은 많고 적은 수치를

---

2) 공사(工師)는 사공(司空)에게 소속된 관리이며, 백공(百工)들의 우두머리이다. 『순자(荀子)』「왕제(王制)」편에는 "論百工, 審時事, 辨功苦, 尙完利, 便備用, 使雕琢不敢專造於家, 工師之事也."라는 기록이 있고, 『사기(史記)』「오제본기(五帝本紀)」편에는 "驩兜進言共工, 堯曰不可而試之工師, 共工果淫辟."이라는 기록이 있는데, 이에 대한 장수절(張守節)의 정의(正義)에서는 "工師, 若今大匠卿也."라고 풀이하였다.

뜻한다고 한다. 잘 살펴서 물건들의 좋고 나쁜 정도를 감찰하기 때문에, "다섯 종류의 창고에 보관된 물건들의 품질 및 수량을 살펴본다."라고 했다. '간(幹)'은 뭇 기물들을 만들 때에 사용되는 나무 재료이다.

百工咸理, 監[平聲]工日號, 毋悖于時, 毋或作爲淫巧, 以蕩上
心.〈058〉

계춘의 달에 백공들이 모두 제각각의 맡은 작업을 하게 되면, 공사(工師)가 백공들의 작업을 감독하면서['監'자는 평성으로 읽는다.] 날마다 호령하길, "기물을 만듦에는 정해진 때를 거스르지 않게 하며, 혹여 기물 만든 것이 지나치게 기교를 부린 것이 되어, 군주의 마음을 사치스러운 쪽으로 흘러가게 해서는 안 된다."라고 한다.

此時百工皆各理治其造作之事, 工師監臨之, 每日號令, 必以二事爲戒, 一是造作器物, 不得悖逆時序. 如爲弓, 必春液角, 夏治筋, 秋合三材, 寒定體之類是也. 二是不得爲淫過奇巧之器, 以搖動君心, 使生奢侈也.

이 시기에 백공들이 모두 각자 공정작업의 일을 수행하게 되면, 공사가 그것을 감독하며, 매일 호령을 하는데, 반드시 이 두 가지로 경계를 하니, 그 하나는 기물을 만듦에 정해진 때와 순서를 거스르지 않게 하는 것으로, 예를 들어 활을 만듦에 반드시 봄에는 활의 몸체가 되는 동물의 뼈를 물속에 담가두고, 여름에는 동물의 뼈를 단단하게 동여 맬 동물의 힘줄을 다듬고, 가을에는 삼재(三材)3)를 합하여 활을 만들고, 겨울에는 가을에 만들어진 활의 몸체를 단단히 고정한다."4)는 부류가 바로 이것이다. 다른 하나는 과도하게 기교를 부린 기물을 만들어서, 군주의 마음을 요동치게 하여, 군주로 하여금 사치스럽게 만들어서는 안 된다는 것이다.

是月之末, 擇吉日, 大合樂, 天子乃帥三公·九卿·諸侯·大夫, 親往視之.⟨059⟩

계춘의 달 말경에는 길일을 택하여 태학에서 대합악을 하니, 이 행사를 시행할 때 천자는 곧 삼공·구경·제후·대부들을 이끌고 친히 태학에 가서 그 의식을 관람한다.

集說

鄭氏曰: 其禮亡.

정현이 말하길, 관련 예법은 망실되어 전해지지 않는다.

---

3) 삼재(三材)는 활을 만들 때 사용되는 세 가지의 재료를 뜻한다. 구체적으로는 이어 붙일 때 사용하는 아교, 연결할 때 사용하는 실, 옻칠하는 염료를 가리킨다. 『주례』「동관고공기(冬官考工記)·궁인(弓人)」편에 정현의 주에서 "三材, 膠絲漆者."라고 풀이하였다.

4) 『주례』「동관고공기(冬官考工記)·궁인(弓人)」: 凡爲弓, 冬析幹, 而春液角, 夏治筋, 秋合三材. 寒奠體.

是月也, 乃合累[平聲]牛騰馬, 遊牝于牧, 犧牲駒犢, 擧書其數.
〈060〉

계춘의 달에는 곧 매어 두었던['累'자는 평성으로 읽는다.] 황소와 발정이 나
서 날뛰는 수컷 말을 모아서, 암컷들을 방목하는 곳에서 암컷들과 교접
을 붙여 번식하게 하고, 그 중에서 희생으로 쓸 것과 새로 낳은 망아지
와 송아지들은 모두 그 수량을 기록해둔다.

集說

春陽旣盛, 物皆産育, 故合其累繫之牛, 騰躍之馬, 而遊縱之, 使牡
者就牝者于芻牧之地, 欲其孳生之蕃也. 若其中犧牲之用者, 及馬
之駒, 牛之犢, 皆書其數者, 以備稽校多寡也.

봄에는 양의 기운이 성대해져서, 만물이 모두 낳고 기르므로, 매어 두었
던 황소와 발정이 나서 날뛰는 수컷 말을 모아서, 암컷이 있는 곳에서
노닐도록 풀어주어, 수컷들로 하여금 방목하는 곳에서 암컷을 취하도록
하는 것이니, 이렇게 하는 것은 새끼를 낳아 번식함이 왕성해지길 바라
기 때문이다. 그 무리들 가운데에서 그 해에 희생물로 사용할 가축과
작년에 태어나 아직 장부에 기록되지 않은 망아지, 송아지와 같은 것들
에 대해 모두 그 수량을 기록하는데, 지난해에 비해 그 수량의 많고 적
은 차이를 비교 검토하기 위해서이다.

命國, 難[那]九門, 磔[責]攘, 以畢春氣.〈061〉

계춘의 달에 천자는 수도의 관리들에게 명령하여, 구문에서 역귀를 쫓

는 나['難'자의 음은 '那(나)'이다.] 의식을 시행하게 하니, 희생물을 갈라['磔' 자의 음은 '責(책)'이다.] 재앙을 털어내서, 봄의 사악한 기운 작용을 끝나게 만든다.

集說

難之事, 在周官則方相氏掌之. 裂牲謂之磔, 除秋謂之攘. 春者陰氣之終, 故磔攘以終畢厲氣也. 舊說大陵八星在胃北, 主死喪, 昴中有大陵積尸之氣, 氣伏則厲鬼隨之而行. 此月初日在胃, 從胃歷昴, 故毆疫之事, 當於此時行之也. 九門, 說見上章.

역귀를 쫓는 일은 『주례』에 따르면 방상씨가 그것들을 주관했다.[5] 희생물을 가르는 의식을 '책(磔)'이라 하고, 재앙을 털어내는 의식을 '양(攘)'이라 한다. 봄은 음기가 막바지에 도달하는 때이니, 그렇기 때문에 희생물을 갈라 재앙을 털어내서, 사나운 기운을 그치게 만드는 것이다. 옛 학설에서는 "대릉(大陵)[6]의 8개의 별은 28수 중 하나인 위수의 북쪽에 위치하며, 사상의 일들을 주관하는데, 위숙와 붙어 있는 묘수 가운데에는 대릉과 적시(積尸)[7]의 기운이 도사리고 있으므로, 이 기운이 갈마들어 오게 되면, 사악한 악귀가 그것을 따라 들어와 멋대로 날뛰게 된다. 계춘의 달 초기에는 해와 달이 만나는 곳인 일이 위수에 있고, 위수를 따라서 점차 묘수를 지나가기 때문에, 역병 몰아내는 일을 마땅히 이 시기에 시행해야 한다."라고 했다. '구문(九門)'은 그 설명이 앞 문장에 보인다.

---

5) 『주례』「하관(夏官)・방상씨(方相氏)」: 掌蒙熊皮, 黃金四目, 玄衣朱裳, 執戈揚盾, 帥百隸而時難, 以索室毆疫.

6) 대릉(大陵)은 태릉(太陵)이라고도 부른다. 총 8개의 별로 이루어진 별자리로, 28수(宿) 중 하나인 위수(胃宿)에 소속되어 있고, 사상(死喪)의 일을 주관하는 별자리이다. 『진서(晉書)』「천문지(天文志)」편에는 "太陵八星在胃北, 亦曰積京, 主大喪也."라는 기록이 있다.

7) 적시(積尸)는 대릉(大陵)과 붙어 있는 별이다. 대릉의 별자리는 무덤 모양으로 되어 있는데, '적시'라는 별은 그 무덤 속에 있는 형상을 하고 있다.

季春行冬令, 則寒氣時發, 草木皆肅, 國有大恐.〈062〉

만약 천자가 계춘의 달에 계동에 집행해야 할 정령을 시행하게 된다면, 추운 기운이 빈번하게 발생하여, 초목들이 모두 시들어버리고, 나라에는 큰 혼란이 생기게 된다.

集說

丑土之氣所應也. 肅者, 枝葉減縮而急栗也. 大恐, 訛言相驚動也. 舊說孟春有恐是火訛, 以其行夏令也. 此行冬令, 當致水訛, 漢王商嘗止之矣.

십이지 중에서 계동에 해당하는 12월의 토 기운이 계춘의 기운에 호응하여 추운 기운이 나타난 것이다. '숙(肅)'은 초목의 가지와 이파리가 손상되고 오그라들어서 생명력을 잃고 급속히 시들어버리는 것이다. '대공(大恐)'은 거짓된 소문들이 백성들을 놀라게 하여 날뛰게 만드는 것이다. 옛 학설에서는 "맹춘의 달에 두려워하는 기색이 발생하는 원인은 큰 화재가 난다는 거짓 소문 때문이니, 맹춘에 맹하에 집행해야 할 정령을 시행했기 때문이다. 따라서 계춘에 계동에 집행해야 할 정령을 시행하면, 마땅히 수재가 발생한다는 거짓 소문이 일어난다."라고 했는데, 한나라 때 왕상(王商)[8]이 일찍이 그러한 거짓 소문들을 그치게 한 적이 있다.

---

8) 왕상(王商, ?~B.C.25) : 전한(前漢) 때의 관리이다. 자(字)는 자위(子威)이다. 한성제(漢成帝) 때 중임되어 좌장군(左將軍)이 되었다가, 건시(建始) 4년(B.C.29)에는 승상(丞相)이 되었다. 이후에 대장군(大將軍)이었던 왕봉(王鳳)에게 죽임을 당한다.

行夏令, 則民多疾疫, 時雨不降, 山陵不收.〈063〉

만약 천자가 계춘의 달에 계하에 집행해야할 정령을 시행하게 된다면, 백성들에게는 질병이 많아지게 되고, 때맞게 내리는 비가 내리지 않아서, 산과 언덕의 과수들이 성장하지 못해, 나중에 수확을 하지 못하게 된다.

集說

未土之氣所應也.

십이지 중에서 계하에 해당하는 6월의 토 기운이 계춘의 기운에 호응하여 무더운 기운이 나타난 것이다.

經文

行秋令, 則天多沈陰, 淫雨蚤降, 兵革竝起.〈064〉

만약 천자가 계춘의 달에 계추에 집행해야할 정령을 시행하게 된다면, 하늘에는 두껍고 빽빽한 구름이 많아지고, 장마비가 일찍 내리게 되며, 전쟁이 아울러 발생하게 된다.

集說

戌土之氣所應也. 不收, 謂無所成邃也.

십이지 중에서 계추에 해당하는 9월의 토 기운이 계춘의 기운에 호응하여 날씨가 흐려지고, 장맛비가 일찍 내리는 것이다. 앞의 경문에 나온 '불수(不收)'는 열매 등에 익는 게 없다는 뜻이다.

무분류-맹하(孟夏)

孟夏之月, 日在畢, 昏翼中, 旦婺女中.〈065〉

맹하의 달에는 해와 달이 만나는 곳인 일이 28수 중 필수의 자리에 있고, 저녁 무렵에는 익수가 남쪽 하늘의 중앙에 위치하고, 동틀 무렵에는 무녀가 남쪽 하늘의 중앙에 위치한다.

集說

畢宿在申, 實沈之次.

필수는 12진 중 하나인 신자리에 위치하니, 실침의 자리이다.

經文

其日丙丁, 其帝炎帝.〈066〉

맹하의 달에 해당하는 일간은 병과 정이고, 맹하를 지배하는 제는 염제(炎帝)[1]이다.

---

1) 염제(炎帝)는 신농(神農)이다. 소전(少典)의 아들이고, 오행(五行)으로 구분했을 때 화(火)를 주관하며, 계절로 따지면 여름을 주관하고, 방위로 따지면 남쪽을 주관하는 자이다. 『여씨춘추(呂氏春秋)』「맹하기(孟夏紀)」편에는 "其日丙丁, 其帝炎帝."라는 기록이 있고, 이에 대한 고유(高誘)의 주에서는 "炎帝, 少典之子, 姓姜氏, 以火德王天下, 是爲炎帝, 號曰神農, 死託祀於南方, 爲火德之帝."라고 풀이했다. 한편 '염제'는 신농의 후손들을 지칭하기도 한다. 『사기(史記)』「봉선서(封禪書)」편에는 "神農封泰山, 禪云云; 炎帝封泰山, 禪云云."라는

炎帝, 大庭氏, 卽神農也. 赤精之君.

'염제(炎帝)'는 대정씨로 곧 신농이다. 신농은 남방을 뜻하는 적정(赤精)의 제왕이다.

經文

其神祝融. ⟨067⟩

맹하의 달에 염제 아래에서 보좌하는 신은 축융(祝融)[2]이다.

기록이 나오는데, 이에 대한 『사기색은(史記索隱)』의 주에서는 "神農後子孫亦稱炎帝而登封者, 律曆志, '黃帝與炎帝戰於阪泉', 豈黃帝與神農身戰乎? 皇甫謐云炎帝傳位八代也."라고 풀이했다. 즉 신농의 자손들 또한 시조의 명칭에 따라서 '염제'라고 부르기도 하는데, 『사기』「율력지(律曆志)」편에는 황제(黃帝)와 '염제'가 판천(阪泉)에서 전쟁을 벌였다는 기록이 있는데, 어떻게 시대가 다른 두 사람이 직접 전쟁을 할 수 있는가? 황보밀(皇甫謐)은 이 문제에 대해서 여기에서 말하는 '염제'는 신농의 8대손이라고 풀이했다.

[2] 축융(祝融)은 전설시대에 존재했다고 전해지는 고대 제왕 중 한 명이다. 삼황(三皇) 중 한 명이다. '삼황'에 속한 인물들에 대해서 대부분 복희(伏羲)와 신농(神農)이 포함된다고 주장한다. 그러나 나머지 1명에 대해서는 이견(異見)이 많은데, 어떤 자들은 수인(燧人)을 포함시키기도 하고, 또 어떤 자들은 여왜(女媧)를 포함시키기도 하며, 또 어떤 자들은 '축융'을 포함시키기도 한다. 『잠부론(潛夫論)』「오덕지(五德志)」편에는 "世傳三皇五帝, 多以爲伏羲·神農爲二皇, 其一者或曰燧人, 或曰祝融, 或曰女媧, 其是與非未可知也."라는 기록이 있다. 한편 '축융'은 신(神)을 뜻하기도 한다. 고대인들은 '축융'을 전욱씨(顓頊氏)의 후손이며, 노동(老童)의 아들인 오회(吳回)로 여겼다. 또한 생전에는 고신씨(高辛氏)의 화정(火正)이 되었으며, 죽어서는 화관(火官)의 신이 되었다고 생각했다. 즉 고대에는 오행설(五行說)이 유행하여, 오행마다 주관하는 신들이 있었다고 여겨졌다. 그중 신농(神農)은 화(火)를 주관한다고 여겨졌고, '축융'은 신농의 휘하에서 '화'의 운행을 돕는 신으로 여겨졌다. 『예기』「월령(月令)」편에는 "其日丙丁, 其帝炎

集說

顓頊氏之子, 名黎, 火官之臣.

'축융(祝融)' 전욱씨의 아들로, 그 이름은 여(黎)이며, 화관(火官)[3]의 신하이다.

經文

其蟲羽, 其音徵[止], 律中中[仲]呂, 其數七, 其味苦, 其臭焦, 其祀竈, 祭先肺. 〈068〉

맹하에 해당하는 생물은 깃털이 달린 종류이고, 오음 중에서 맹하에 해당하는 음은 치이며['徵'자의 음은 '止(지)'이다.] 십이율 중에서 맹하의 기후에 반응하는 율관은 중려에['中'자의 음은 '仲(중)'이다.] 해당하고, 맹하에해당하는 수는 7이며, 오미 중에서 맹하에 해당하는 맛은 쓴맛이고, 오취 중에서 맹하에 해당하는 냄새는 탄내이며, 오사 중에서 맹하에 해당하는 사는 조이고, 제사를 지낼 때에는 희생물의 폐장을 먼저 바친다.

帝, 其神祝融."이라는 기록이 있고, 『여씨춘추(呂氏春秋)』 「맹하기(孟夏紀)」편에는 "其神祝融."이라는 기록이 있는데, 이에 대한 고유(高誘)의 주에서는 "祝融,顓頊氏後, 老童之子吳回也, 爲高辛氏火正, 死爲火官之神."이라고 풀이했다.또한 '축융'은 오방(五方) 중 남쪽을 다스리는 신으로 여겨졌다. 이러한 사유 또한오행설에 근거한 것으로, 고대인들은 '오방'마다 각각의 방위를 주관하는 신들이있었다고 여겼다. 그러나 해당하는 신들에 대해서는 이견(異見)이 존재한다. 이러한 기록들 중 『관자(管子)』 「오행(五行)」편에는 "得奢龍而辯於東方, 得祝融而辯於南方."이라는 기록이 있고, 『한서(漢書)』 「양웅전상(揚雄傳上)」편에는 "麗鉤芒與驂蓐收兮, 服玄冥及祝融."이라는 기록이 있는데, 이에 대한 안사고(顏師古)의 주에서는 "祝融, 南方神."이라고 풀이했다.

3) 화관(火官)은 화정(火正)이라고도 부른다. 오행(五行) 중 화(火)를 주관하는 천상의 신을 가리키고, 또한 천상에서 그 일들을 담당하는 관부를 뜻하기도 한다.

羽蟲, 飛鳥之屬. 徵音屬火, 中呂, 巳律, 長大寸萬九千六百八十三
分寸之萬二千九百七十四. 地二生火, 天七成之. 七者, 火之成數也.
苦焦, 皆火屬. 夏祭竈, 火之養人者也. 祭先肺, 火克金也.

'우충(羽蟲)'은 조류 등속이다. 치음은 오행 중에서 화에 속한다. '중려
(中呂)는 십이지 중에서 사에 해당하는 율로, 그 길이는 6촌과 19,683분
의 12,974촌이다. 지의 수인 2가 화를 생성하면, 천의 수인 7이 그것을
완성한다. 7은 화를 완성하는 수이다. 쓴맛과 탄내를 내는 것들은 모두
화에 속하는 부류들이다. 여름에 부엌에 제사를 지내는 것은 불이 사람
에게 보탬이 되기 때문이다. 제사에서 폐를 먼저 바치는 것은 여름에
해당하는 화의 기운이 폐가 상징하는 금의 기운을 이기게 하기 위해서
이다.

蔡邕獨斷曰: 竈, 夏爲太陽, 其氣長養. 祀竈之禮, 在廟門外之東. 先
席于門奧, 面東, 設主于竈陘也.

채옹의 『독단』에서 말하길, 부엌은 여름에 태양이 되니, 그 기운이 장대
해지고 성숙된다. 부엌에 제사를 지내는 예법은 묘의 문밖 동쪽에서 지
낸다. 먼저 문 아랫목에 자리를 깔고, 동쪽을 바라보며, 부엌의 돌출된
부위에 신주를 설치한다.

蟪蛄鳴, 蚯蚓出, 王瓜生, 苦菜秀.〈069〉

맹하에는 청개구리가 울고, 지렁이가 땅밖으로 나오며, 왕과라는 식물
이 생겨나고, 고채라는 식물이 영글게 된다.

此記巳月之候. 王瓜, 注云萆挈, 本草作菝葜, 音同. 謂之瓜者, 以根
之似也. 亦可釀酒.

이것은 4월의 기후 조짐을 기록한 것이다. '왕과(王瓜)'에 대해 주에서는
비설이라는 식물로 풀이했고, 『본초』에서는 발계라는 식물로 기록하고
있는데, 고대의 음에서는 음이 같다. 그런데 그 식물에 '과(瓜)'자를 붙
여서 부르는 이유는 그것의 뿌리가 오이와 유사하기 때문이다. 왕과라
는 식물로는 또한 술을 빚을 수 있다.

朱氏曰: 王瓜色赤, 感火之色而生. 苦葉味苦, 感火之味而成.

주씨가 말하길, 왕과는 색깔이 적색인데, 이 시기가 되면 화의 색깔인
적색에 감응하여 생겨난다. 고채는 맛이 쓴데, 이 시기가 되면 화의 맛
인 쓴맛에 감응하여 영글게 된다.

天子居明堂左个.〈070〉

맹하의 달에 천자는 명당에 있는 좌개에 거처한다.

太寢南堂東偏.

명당의 좌개라는 것은 중앙에 있는 태침의 남쪽 당 동쪽 편실이다.

乘朱路, 駕赤駵[留], 載赤旂, 衣朱衣, 服赤玉, 食菽與雞, 其器
高以粗.〈071〉

맹하의 달에 천자는 주로(朱路)[4]라는 수레를 타고, 그 수레에는 적류라
는['駵'자의 음은 '留(류)'이다.] 말에 멍에를 매게 해서 끌게 하며, 수레에는
적색의 깃발을 세우고, 천자는 적색의 의복을 입으며, 적색의 옥으로 장
식을 하고, 곡식 중에서는 콩과 고기 중에서는 닭고기를 먹는데, 그것을
담는 그릇은 높이를 높게 하면서도, 거칠고 크게 만든다.

集說

駵, 馬名. 色淺者赤, 色深者朱. 用器高而粗大, 象物之盛長也.

'유(駵)'는 붉은 몸에 검은 색 갈기를 한 말들의 명칭이다. 붉은 색을 띠
는 것들 중에서 색깔이 옅은 것을 '적(赤)'이라 부르고, 색깔이 진한 것
을 '주(朱)'라고 부른다. 그릇의 높이를 높게 하면서도 거칠고 크게 만드
는 것은 이 시기에 만물이 융성하게 성장함을 형상화한 것이다.

經文

是月也, 以立夏, 先立夏三日, 太史謁之天子曰: "某日立夏, 盛
德在火." 天子乃齊, 立夏之日, 天子親帥三公·九卿·大夫,
以迎夏於南郊, 還反, 行賞封諸侯, 慶賜遂行, 無不欣說
[悅].〈072〉

---

4) 주로(朱路)는 주로(朱輅)라고도 부른다. 천자가 탔던 수레의 한 종류이다. 수레
를 진한 홍색으로 칠했기 때문에. '주로'라는 명칭이 붙게 되었다.

맹하의 달에는 입하라는 절기가 있기 때문에, 입하 3일 전에 태사는 천자에게 아뢰어 "어느 날은 입하일이니, 그 때에는 융성한 덕성이 화에 있게 됩니다."라고 한다. 그러면 천자는 곧 목욕재계를 하고, 입하 당일에 천자는 삼공·구경·대부들을 친히 이끌고 가서 남교에서 여름을 맞이하며, 다시 궁성으로 돌아와서는 상을 내려주고 제후를 분봉해주니, 상을 하사해줌을 널리 시행하여, 기뻐하지['說'자의 음은 '悅(열)'이다.] 않는 사람이 없도록 한다.

集說

立春言諸侯·大夫, 而此不言諸侯者, 或在或否, 不可必同, 故略之也. 迎夏南郊, 祭炎帝·祝融也.

입춘에 대한 기록에서는 제후와 대부를 언급했는데, 이곳에서 제후를 언급하지 않은 것은 제후들 중에서 어떤 이들은 천자의 수도에 남아있고 어떤 이들은 없어서, 반드시 입춘 때의 의식행사와 같을 수 없기 때문에 생략한 것이다. 남교에서 여름을 맞이하는 것은 염제와 축융에게 제사를 지내는 것이다.

經文

乃命樂師, 習合禮樂.〈073〉

맹하의 달에 천자는 곧 악사(樂師)5)에게 명령하여, 국학에 있는 국자들

---

5) 악사(樂師)는 『주례』에 나온 관직명으로, 음악을 담당했던 관리 중 하나이다. 총 책임자인 대사악(大司樂)의 부관이었다. 『주례』「춘관(春官)·악사(樂師)」편에는 "樂師, 掌國學之政, 以敎國子小舞."라는 기록이 있다. 즉 '악사'는 국학(國學)에 있는 국자(國子)들에게 소무(小舞) 등을 가르쳤다.

을 가르쳐서, 의식을 진행할 때 의례와 음악이 합치되도록 익히게 한다.

集說

以將飮酎故也.

장차 술 마시는 의식을 시행하기 때문이다.

經文

命太尉, 贊桀俊, 遂賢良, 擧長大, 行爵出祿, 必當[去聲]其位.〈074〉

맹하의 달에 천자는 태위에게 명령하여, 재능이 뛰어난 자를 발탁하여 승진시키고, 현명하고 어진 자를 등용시켜 그 뜻을 펼치게 하며, 힘이 세고 몸집이 큰 자들을 가려 뽑아 임용하고, 작위를 수여하고 녹봉을 하사하되, 반드시 그들의 수준에 합당하게끔['當'자는 거성으로 읽는다.] 한다.

集說

太尉, 秦官也. 桀俊, 以才言. 贊, 則引而升之之謂. 賢良, 以德言. 遂, 謂使之得行其志也. 長大, 以力言. 王制言"執枝論力." 擧, 謂選而用之也. 當其位者, 爵必當有德之位, 祿必當有功之位也.

'태위(太尉)'는 진나라 때의 관직이다. '걸준(桀俊)'은 재능을 기준으로 말한 것이다. '찬(贊)'이라는 것은 그를 발탁하여 승진시킨다는 뜻이다. '현량(賢良)'은 덕성을 기준으로 말한 것이다. '수(遂)'라는 것은 그로 하여금 그의 뜻을 펼칠 수 있게 한다는 뜻이다. '장대(長大)'는 힘을 기준으로 말한 것이다. 『예기』 「왕제(王制)」편에서는 "무릇 기술을 가지고 있는 하급 관리에 대해서는 그 힘을 논정한다."[6]고 말했다. '거(擧)'한다는 것은 가려 뽑아서 임용한다는 뜻이다. "그들의 수준에 합당하게 한다."는 것은 작위를 하사해줄 때에는 반드시 덕성의 수위에 합당하게 끔하고, 녹봉을 내려줄 때에는 반드시 공적을 세운 수위에 합당하게끔 하는 것이다.

經文

是月也, 繼長增高, 毋有壞[怪]墮, 毋起土功, 毋發大衆, 毋伐大樹.〈075〉

맹하의 달에는 자연의 기운이 생물들 중에서 장성한 것들은 계속해서 장성하게 만들고, 큰 것들은 더욱 더 커지게 하니, 무너트리고['壞'자의 음은 '怪(괴)'이다.] 부서트리는 경우가 생기지 못하게 하고, 토공(土功)[7]을 일으키지 못하게 하며, 대중들의 노동력을 일으키지 못하게 하고, 큰 나무를 베지 못하게 한다.

集說

長者繼之而使益長, 高者增之而使益高. 壞墮則傷已成之氣, 起土功, 發大衆, 皆妨蠶農之事, 故禁止之. 伐樹, 則傷條達之氣, 故亦在所禁. 一說伐大木, 謂營宮室也.

생물들 중에서 장성한 것들은 장성하게 되는 작용을 계속 잇도록 하여

---

6) 『예기』「왕제(王制)」 095장 : 凡執技, 論力. 適四方, 贏股肱, 決射御.

7) 토공(土功)은 치수(治水) 사업을 하거나 성곽을 축조하거나 궁궐 등을 건설하는 일련의 공사를 지칭한다. 『서』「우서(虞書)·익직(益稷)」편에는 "啓呱呱而泣, 予弗子, 惟荒度土功."이라는 기록이 있는데, 이에 대한 공안국(孔安國)의 전(傳)에서는 "聞啓泣聲, 不暇子名之, 以大治度水土之功故."라고 풀이하였다.

장성함을 증가시켜주고, 큰 것들은 크게 되는 작용을 계속 늘려주어서 커짐을 증가시켜준다. 무너트리고 부서트리는 것은 이미 성숙해진 기운을 손상시키는 것이며, 토공을 일으키고, 대중들의 노동력을 일으키는 것들은 모두 누에치고 농사짓는 일들을 방해하는 것이기 때문에 금지하는 것이다. 나무를 벌목하는 것은 두루 펴지는 기운을 손상시키는 것이기 때문에 또한 금지시키는 항목에 들어간다. 일설에 큰 나무를 벌목하는 것은 궁실을 짓는 것을 뜻한다고 한다.

經文

是月也, 天子始絺.〈076〉

맹하의 달에 천자는 비로소 치의(絺衣)[8]를 입는다.

集說

絺, 葛布之細者.

'치(絺)'는 베로 만든 옷 중에서도 촘촘한 것이다.

經文

命野虞, 出行[去聲]田原, 爲[去聲]天子, 勞[去聲]農勸民, 毋或失時.〈077〉

맹하의 달에 천자는 전답 및 산림을 담당하는 야우에게 명령하여, 멀리

---

8) 치의(絺衣)는 천자가 입는 의복 명칭이다. 가는 베로 만든 옷이다. 『사기(史記)』 「오제본기(五帝本紀)」편에는 "堯乃賜舜絺衣, 與琴, 爲築倉廩, 予牛羊."이라고 하여, 요(堯)가 순(舜)에게 '치의'를 하사했었다고 기록하고 있다.

떨어져 있는 경작지로 나가['行'자는 거성으로 읽는다.] 순찰하게 하여, 천자를 대신해서['爲'자는 거성으로 읽는다.] 농민들을 위로하고['勞'자는 거성으로 읽는다.] 백성들에게 농사를 권면하도록 하여, 혹시라도 농사의 적정시기를 놓치는 일이 없도록 한다.

失時, 謂失農時.

'실시(失時)'는 농사시기를 놓치는 것을 뜻한다.

命司徒, 循行[去聲]縣鄙, 命農勉作, 毋休于都.〈078〉

맹하의 달에 천자는 사도에게 명령하여, 천자의 수도에 있는 현비(縣鄙)9)를 순찰하게 하여['行'자는 거성으로 읽는다.] 농부에게 명령해서 경작에 힘쓰도록 하니, 모두들 경작지에 나아가 농사일을 하도록 만들어 도시에서 쉬는 일이 없도록 한다.

---

9) 현비(縣鄙)는 현(縣)과 비(鄙)를 합쳐 부르는 말로, 고대에 설치되었던 행정구역들이다. 『주례』「지관(地官)・수인(遂人)」편에는 "五家爲鄰, 五鄰爲里, 四里爲酇, 五酇爲鄙, 五鄙爲縣, 五縣爲遂."라는 기록이 있다. 즉 5개의 가(家)가 1개의 린(鄰)이 되고, 5개의 '린'이 1개의 리(里)가 되며, 4개의 '리'가 1개의 찬(酇)이 되며, 5개의 '찬'이 1개의 '비'가 되고, 5개의 '비'가 1개의 '현'이 되며, 5개의 '현'이 1개의 수(遂)가 된다. '가'를 기준으로 설명하면, 1'린'은 5가, 1'리'는 25가, 1'찬'은 100가, 1'비'는 500가, 1'현'은 2500가, 1'수'는 12500가의 규모가 된다.

勉其興作於田野之內, 禁其休息於都邑之間, 皆恐其失農時也.

사도가 현비를 돌아다니며, 농부들이 경작지 안에서 농사에 힘쓰기를 권면하고, 도읍 사이에서 휴식하는 것을 금지하는데, 이 모두는 농사시기를 놓칠까를 걱정해서이다.

經文

是月也, 驅獸, 毋害五穀, 毋大田獵.〈079〉

맹하의 달에는 짐승을 몰아내어 오곡을 해치는 일이 없게 하되, 그렇다고 대대적으로 사냥하는 일은 못하게 한다.

集說

夏獵曰苗. 正爲驅獸之害禾苗者耳. 與三時之大獵自不同.

여름에 사냥하는 것을 '묘(苗)'라고 부른다. 묘는 짐승이 곡물의 어린 싹을 해치는 것을 몰아내기 위해서일 뿐이다. 봄·가을·겨울 세 계절에 시행하는 큰 사냥과는 자연히 같지 않은 것이다.

經文

農乃登麥, 天子乃以彘嘗麥, 先薦寢廟.〈080〉

맹하의 달에 보리가 다 여물어서 농부가 보리를 진상하면, 천자는 돼지 고기를 곁들여서 보리밥을 맛보는데, 우선적으로 침묘에 바친다.

集說

登, 升之於場也.

'등(登)'은 천자가 있는 곳에 그것을 바친다는 뜻이다.

經文

是月也, 靡草死, 麥秋至, 聚畜百藥.〈081〉10)

맹하의 달에는 미초(靡草)11)가 죽고, 보리가 익는 시기가 도래하니, 온 갖 약초를 채집한다.

集說

靡草, 草之枝葉靡細者, 陰類, 陽盛則死. 秋者, 百穀成熟之期, 此於 時雖夏, 於麥則秋, 故云麥秋也. 聚藥, 爲供醫事也.

'미초(靡草)'는 풀 중에서도 줄기와 잎이 미세한 것으로, 음에 속하는 부류인데, 여름의 양 기운이 왕성해지면 죽게 된다. 가을이란 것은 모든 곡식이 익는 시기인데, 맹하는 계절로는 비록 여름이지만, 보리에 대해서는 보리가 여름에 익기 때문에 가을에 해당한다. 그렇기 때문에 '맥추(麥秋)'라고 말한 것이다. 약초를 채집하는 것은 의료와 관련된 일에 공

---

10) 『예기』「월령」 081장 : 是月也, 聚畜百藥. 靡草死, 麥秋至.
11) 미초(靡草)는 풀이름으로, 잎과 줄기가 가느다란 풀이다. 『예기』「월령(月令)」 편에는 "靡草死, 麥秋至, 斷薄刑, 決小罪."라는 기록이 있는데, 이에 대한 정현의 주에서는 "舊說云靡草, 薺·亭歷之屬."이라고 풀이하였다. 즉 '미초'는 제(薺) 또는 정력(亭歷) 등의 풀을 가리킨다. 또한 이 문장에 대한 공영달(孔穎達)의 소(疏)에서는 "以其枝葉靡細, 故云靡草."라고 설명한다. 즉 '미초'라는 명칭이 붙게 된 이유는 잎과 줄기가 가느다랗기 때문이다.

급하기 위해서이다.

近按: 舊本“聚畜百藥”四字, 在“靡草死”之前. 今移于下, 亦前章之
意也.

내가 살펴보니, 옛 판본에는 '취축백약(聚畜百藥)'이라는 네 글자가 '미
초사(靡草死)'라는 구문 앞에 기록되어 있었다. 이곳에서는 그 뒤로 옮
기니, 이것은 또한 앞 장에서 설명했던 뜻과 같다.

斷薄刑, 決小罪, 出輕繫.〈082〉

맹하의 달에는 가벼운 형벌에 해당하는 자들에 대해서, 판결을 하여 형벌을 부여하고, 작은 죄를 범한 자에 대해서, 판결을 내려 옥에 가두지 않고 내보내며, 가벼운 죄로 옥에 갇혀 있는 죄인을 출소시킨다.

集說

刑者, 上之所施, 罪者, 下之所犯. 斷者, 定其輕重而施刑也. 決, 如決水之決, 謂人以小罪相告者, 卽決遣之, 不收繫也. 其有輕罪而在繫者, 則直縱出之也.

'형(刑)'은 위정자가 부여하는 것이며, '죄(罪)'는 백성들이 범한 것이다. '단(斷)'은 죄의 가볍고 무거운 정도를 확정하여, 형을 부여하는 것이다. '결(決)'은 결수(決水)[1]라고 할 때의 '결(決)'자와 같은 뜻으로, 사람들이 작은 죄목으로 죗값을 묻기 위해 아뢴 경우라면, 맹하의 시기에는 신속히 판정하여, 곧바로 감옥에 넣어야 한다는 제한을 터서 내보내고, 잡아들여 억류하지 않는다는 것을 뜻한다. 죄인 중에 가벼운 벌을 받아서 억류되어 있는 자들에 대해서, 맹하의 시기에는 곧바로 풀어주어 밖으로 내보내는 것이다.

---

1) 결수(決水)는 하천 제방이 붕괴되어 터져 들어오는 물을 뜻한다. 또한 물을 터서 잘 흘려보냄을 뜻하기도 한다.

蠶事畢, 后妃獻繭, 乃收繭稅, 以桑爲均, 貴賤長幼如一, 以給
郊廟之服.〈083〉

맹하의 달에는 누에치는 일이 끝나게 되어, 후비가 누에를 쳐서 나온 견
직물을 헌상받으면, 곧 누에친 것에 대한 세금을 거두어들이는데, 이때
에는 뽕나무 잎의 사용량을 기준으로 균등하게 거두어들여서, 귀천과 장
유의 차별 없이 한결같은 기준으로 거두어들이며, 이렇게 거두어들인 세
금으로는 천자가 교묘의 제사 때 입는 제복을 재단하는 일에 공급한다.

集說

后妃獻繭, 謂后妃受內命婦之獻繭也. 收繭稅者, 外命婦養蠶, 亦用
國北近郊之公桑. 近郊之稅十一, 故亦稅其繭十之一, 其餘八已而
爲其夫造祭服. 一說, 再命受服, 服者公家所給, 故稅其十一者, 爲
給其夫祭服也. 受桑多則稅繭多, 少則稅亦少, 皆以桑爲均齊也. 貴,
謂卿·大夫之妻, 賤, 謂士妻. 長幼, 婦之老少也. 如一, 皆稅十一也.
郊廟之服, 天子祭服也.

"후비가 누에를 쳐서 나온 견직물을 헌상 받는다."는 것은 후비가 내명
부(內命婦)[2]가 누에를 쳐서 나온 견직물을 헌상으로 올린 것을 받는다
는 뜻이다. "누에친 것에 대한 세금을 거두어들인다."는 것은 외명부(外
命婦)[3]가 누에를 기를 때에는 나라의 북쪽 근교에 있는 공상(公桑)[4]의

---

2) 내명부(內命婦)는 천자의 비(妃), 빈(嬪), 세부(世婦), 여어(女御) 등을 지칭하는
   말이다. 『예기』「상대기(喪大記)」편에는 "夫人坐于西方, 內命婦姑姊妹子姓,
   立于西方."이라는 용례가 있고, 『주례』「천관(天官)·내재(內宰)」편에는 "佐后
   使治外內命婦."라는 기록이 있는데, 이에 대한 정현의 주에는 "內命婦, 謂九嬪,
   世婦, 女御."라고 풀이하였다.
3) 외명부(外命婦)는 내명부(內命婦)와 상대되는 말이다. 본래 천자의 신하들인 경
   (卿)·대부(大夫)들의 부인들을 지칭하는 말이다. 『예기』「상대기(喪大記)」편에

뽕나무 잎을 사용하기 때문이다. 근교에 대한 세금은 10분의 1이기 때문에, 외명부에게 거두어들이는 세금 또한 누에를 쳐서 나온 결과물의 10분의 1이며, 그 나머지들은 외명부 자신들에게 수입이 되어, 자신의 남편을 위해서 제복을 만든다. 일설에는 "'2명(命)에는 복을 내려준다.'[5]라고 했으니, 제복이라는 것은 왕실에서 지급하는 것이다. 그렇기 때문에 누에를 쳐서 나온 견직물의 10분의 1만큼 세금을 거두는 것은 천자의 신하들에 대한 제복을 공급하기 위해서이다."라고 했다. 뽕나무 잎을 할당받은 것이 많으면, 누에친 결과물에 대한 세금도 많고, 뽕나무 잎을 할당받은 것이 적으면, 세금 또한 적으니, 모두 뽕나무 잎의 수량을 기준으로 균평하게 한다. '귀(貴)'는 경·대부들의 부인을 뜻하며, '천(賤)'은 사의 부인을 뜻한다. '장유(長幼)'는 부인들의 나이가 많고 적음을 뜻한다. '여일(如一)'이라는 것은 모두에게 10분의 1만큼 세금을 거둔다는 뜻이다. 교묘의 제복이라는 것은 천자의 제복이다.

経文

是月也, 天子飲酎[直又反], 用禮樂.〈084〉

맹하의 달에 천자는 주주를['酎'자는 '直(직)'자와 '又(우)'자의 반절음이다.] 마시면서, 예악을 사용하여 성대한 잔치를 연다.

는 "外命婦率外宗哭于堂上, 北面."이라는 기록이 있고, 이에 대한 정현의 주에서는 "卿大夫之妻爲外命婦."라고 풀이하였다.

4) 공상(公桑)은 천자나 제후가 자신의 영지 안에 설치한 뽕나무밭을 뜻한다. 『예기』「제의(祭義)」편에는 "古者, 天子諸侯必有公桑蠶室, 近川而爲之."라는 기록이 있다. 즉 천자나 제후는 자신의 영지 안에 '공상'과 누에를 치는 작업실인 잠실(蠶室)을 설치하는데, 하천 근처에 그것을 만든다고 설명한다.

5) 『주례』「춘관(春官)·대종백(大宗伯)」 : 以九儀之命, 正邦國之位. 壹命受職. 再命受服.

重釀之酒名之曰酎. 稠釀之義也. 春而造, 至此始成. 用禮樂而飮之,
蓋盛會也.

거듭 걸러내서 매우 진하고 순일한 술을 '주(酎)'라고 부르니, 잘 익어서
진하다는 뜻이다. 봄이 되면 주주를 빚고, 맹하의 시기가 되면 비로소
다 익게 된다. 예악을 사용하여 그 술을 마시니, 성대하게 연회를 여는
것이다.

經文

孟夏行秋令, 則苦雨數[朔]來, 五穀不滋, 四鄙入保.〈085〉

만약 천자가 맹하의 달에 맹추에 집행해야 할 정령을 시행하게 된다면,
고우(苦雨)⁶⁾가 자주['數'자의 음은 '朔(삭)'이다.] 내리고, 오곡이 무성하게
자라나지 못하며, 사비(四鄙)⁷⁾의 백성들이 전란을 피해 작은 성인 보에
들어가게 된다.

集說

申金之氣所泄也.

---

6) 고우(苦雨)는 오래도록 내려서 재해를 일으키는 비를 뜻한다. 백성들에게 고통을
   주게 되므로, 이러한 명칭이 붙게 되었다. 『춘추좌씨전』「소공(昭公) 4년」편에는
   "春無凄風, 秋無苦雨."라는 기록이 있는데, 이에 대한 두예(杜預)의 주에서는
   "霖雨爲人所患苦."라고 풀이하여, 장맛비가 오래도록 내려서, 사람들에게 고통
   을 주는 뜻으로 풀이했다.
7) 사비(四鄙)는 사방의 반경(邊境)지역을 뜻하며, 그곳에 거주하는 백성들을 지칭
   하는 용어로도 사용되었다.

십이지 중에서 맹추에 해당하는 7월의 금 기운이 새어나와서 발생시킨 것이다.

經文

行冬令, 則草木蚤枯, 後乃大水, 敗其城郭. 〈086〉

만약 천자가 맹하의 달에 맹동에 집행해야 할 정령을 시행하게 된다면, 초목이 일찍 말라버리고, 그렇게 된 이후에는 큰 홍수가 발생하여, 그 성곽을 무너트린다.

集說

亥水之氣所傷也.

십이지 중에서 맹동에 해당하는 10월의 수 기운이 맹하의 기운을 손상시킨 것이다.

經文

行春令, 則蝗蟲爲災, 暴風來格, 秀草不實. 〈087〉

만약 천자가 맹하의 달에 맹춘에 집행해야 할 정령을 시행하게 된다면, 메뚜기들이 재해를 일으키고, 사납고 거센 바람이 불어오게 되어, 무성해진 초목들이 열매를 맺지 못하게 된다.

寅木之氣所淫也. 以孟夏之月, 而行孟秋・孟冬・孟春之令, 故感召
災異如此. 四鄙, 四面邊鄙之邑也. 保, 與堡同, 小城也. 入保, 入而
依以爲安也. 格, 至也.

십이지 중에서 맹춘에 해당하는 1월의 목 기운이 맹하의 기운을 어지럽
히는 것이다. 맹하의 달인데도, 맹추・맹동・맹춘의 정령을 시행하였기
때문에, 재앙과 이변을 불러들인 것이 이와 같다. '사비(四鄙)'는 사방
변경지역의 읍이다. '보(保)'는 보(堡)자와 같으니, 작은 성을 뜻한다. 보
에 들어간다는 것은 들어가서 그 성에 의지하며 전란으로부터 안전을
꾀하는 것이다. '격(格)'자는 도달한다는 뜻이다.

무분류-중하(仲夏)

仲夏之月, 日在東井, 昏亢[剛]中, 旦危中.〈088〉

중하의 달에는 해와 달이 만나는 곳인 일이 28수 중 동정의 자리에 있고, 저녁 무렵에는 강수가['亢'자의 음은 '剛(강)'이다.] 남쪽 하늘의 중앙에 위치하고, 동틀 무렵에는 위수가 남쪽 하늘의 중앙에 위치한다.

東井在未, 鶉首之次.

동정은 십이진 중 미자리에 위치하니, 순수의 자리이다.

其日丙丁, 其帝炎帝, 其神祝融. 其蟲羽, 其音徵, 律中蕤賓, 其數七, 其味苦, 其臭焦, 其祀竈, 祭先肺.〈089〉

중하의 달에 해당하는 일간은 병과 정이고, 중하를 지배하는 제는 염제이며, 그 아래에서 보좌하는 신은 축융이고, 중하에 해당하는 생물은 깃털이 달린 종류이며, 오음 중에서 중하에 해당하는 음은 치이고, 십이율 중에서 중하의 기후에 반응하는 율관은 유빈에 해당하며, 중하에 해당하는 수는 7이고, 오미 중에서 중하에 해당하는 맛은 쓴맛이며, 오취 중에서 중하에 해당하는 냄새는 탄내이고, 오사 중에서 중하에 해당하는 사는 조로, 제사를 지낼 때에는 희생물의 폐장을 먼저 바친다.

蕤賓, 午律, 長六寸八十一分寸之二十六.

'유빈(蕤賓)'은 십이율을 십이지에 배열했을 때 오에 해당하는 율로, 유빈음을 내는 피리는 그 관의 길이가 6촌과 81분의 26촌이다.

經文

小暑至, 螳螂生, 鵙[古役反]始鳴, 反舌無聲.〈090〉

중하의 달에 소서가 도래하면, 사마귀가 생겨나고, 때까치가['鵙'자는 '古(고)'자와 '役(역)'자의 반절음이다.] 비로소 울게 되며, 백설조는 울지 않게 된다.

集說

此記午月之候. 小暑, 暑氣未盛也. 螳螂, 一名蚚父, 一名天馬, 言其飛捷如馬也. 鵙, 博勞也. 反舌, 百舌鳥. 凡物皆稟陰陽之氣而成質, 其陰類者宜陰時, 陽類者宜陽時, 得時則興, 背時則廢. 疏又以反舌爲蝦蟇, 未知是否.

이것은 5월의 기후 조짐을 기록한 것이다. '소서(小暑)'는 무더운 기운이 아직 왕성하지 않은 것이다. '당랑(螳螂)'은 일명 기부(蚚父)라고도 부르고, 일명 천마(天馬)라고도 부르는데, 그 재빠름이 말과 같음을 뜻한다. '격(鵙)'은 박로(博勞)라는 새이다. '반설(反舌)'은 백설조라는 새이다. 만물은 모두 음양의 기운을 품수 받아서 그 바탕을 이루니, 만물 중 음에 속한 부류들은 음의 시기에 호응하고, 양에 속한 부류들은 양의 시기에 호응하니, 적절한 시기를 얻게 되면 흥성하게 되고, 시기를 위배하게 되면 폐망하게 된다. 소에서는 또한 반설을 하마(蝦蟇)로 여겼는데, 옳은지 그른지는 잘 모르겠다.

經文

天子居明堂太廟, 乘朱路, 駕赤騮, 載赤旂, 衣朱衣, 服赤玉,
食菽與雞, 其器高以粗.〈091〉

중하의 달에 천자는 명당의 중앙에 있는 태묘에 거처하며, 주로라는 수
레를 타고, 그 수레에는 적류라는 말에 멍에를 매게 해서 끌게 하며, 수
레에는 적색의 깃발을 세우고, 천자는 적색의 의복을 입으며, 적색의 옥
으로 장식을 하고, 곡식 중에서는 콩과 고기 중에서는 닭고기를 먹는데,
그것을 담는 그릇은 높이를 높게 하면서도, 거칠고 크게 만든다.

集說

明堂太廟, 南堂當太室也.

명당의 태묘는 남쪽 당으로 중앙에 있는 태실에 연접해 있다.

經文

養壯佼.〈092〉

중하의 달에 천자는 신체가 장대하고 용모가 빼어난 자들을 양성한다.

集說

壯, 謂容體碩大者, 佼, 謂形容佼好者, 擇此類而養之, 亦順長養
之令.

'장(壯)'은 신체가 장대한 자를 뜻하고, '교(佼)'는 용모가 빼어난 자를 뜻
하니, 이런 부류의 사람들을 선발하여 양성하는 것은 또한 장성하게 하
고 양성해주는 중하의 정령을 따르는 것이다.

是月也, 命樂師, 脩鞀逃鞞[騈迷反]鼓, 均琴瑟管簫, 執干戚戈
羽, 調竽笙笆[池]簧, 飭鍾磬柷[昌六反]敔[語].〈093〉

중하의 달에 천자는 악사에게 명령하여, 가죽으로 된 타악기인 도·비
['鞞'자는 '騈(병)'자와 '迷(미)'자의 반절음이다.]·고를 손질하게 하고, 현악기
인 금·슬과 관악기인 관·소의 음을 고르게 맞추며, 무용도구인 간·
척·과·우를 잡고서 익숙해지도록 하고, 관악기인 우·생·지와['笆'자
의 음은 '池(지)'이다.] 이것들의 부속품격인 황의 소리를 조율하며, 쇠붙이
로 된 타악기 종과 돌로 된 타악기 경과 음악의 시작을 알리는 축과['柷'
자는 '昌(창)'자와 '六(륙)'자의 반절음이다.] 음악의 끝맺음을 맞추는 어를['敔'
자의 음은 '語(어)'이다.] 엄밀하게 손질한다.

凡十九物, 皆樂器也. 鞀鞞鼓三者, 皆革音. 鞀, 卽鼗也. 鞞, 所以裨
肋鼓節. 琴瑟, 皆絲音. 管簫, 皆竹音. 管, 如篴而小. 干戚戈羽, 皆
舞器. 干, 盾, 戚斧也. 竽笙笆, 皆竹音. 竽三十六簧, 笙十三簧, 笆卽
篪也, 長尺四寸. 簧笙之舌, 蓋管中之金薄鍱也. 竽笙笆三者, 皆有
簧也. 鍾, 金音, 磬, 石音, 柷敔, 皆木音. 柷, 如漆桶, 敔, 狀如伏虎.
柷以合樂之始, 敔以節樂之終. 脩者, 理其弊, 均者, 平其聲, 執者,
操持習學, 調者, 調和音曲, 飭者, 整治之也. 以將用盛樂雩祀, 故謹
備之.

경문에 나온 19가지 기물은 모두 악기들이다. 도(鞀)·비(鞞)·고(鼓)
세 가지는 모두 가죽으로 만든 악기이다. 도(鞀)는 곧 도(鼗)라고 부르
는 악기이다. 비(鞞)는 작은 북의 일종으로 큰 북인 고(鼓)가 울리는 마
디 사이를 보조하는 도구이다. 금(琴)과 슬(瑟)은 현으로 만든 악기이
다. '관(管)'은 적(篴)이라는 악기와 같은 것이나 보다 크기가 작다. 간
(干)·척(戚)·과(戈)·우(羽)는 모두 무용 도구들이다. 간(干)은 방패모

양의 도구이고, 척(戚)은 도끼모양의 도구이다. 우(竽)·생(笙)·지(箎)
는 모두 대나무로 만든 악기이다. 우(竽)는 36개의 황(簧)으로 되어 있
고, 생(笙)은 13개의 황으로 되어 있으며, 지(箎)는 곧 호(箎)라고 부르
는 악기인데, 그 길이가 1척 4촌이다. 가는 피리의 부리 부분에 설치하
여 진동을 내는 혀부위는 무릇 피리관 속에 쇠로 된 얇은 조각으로 되어
있다. 우(竽)·생(笙)·지(箎) 세 가지는 모두 황(簧)이 포함되어 있다.
종(鐘)은 금속으로 만든 악기이고, 경(磬)은 돌로 만든 악기이며, 축(柷)
과 어(敔)는 모두 나무로 만든 악기들이다. 축(柷)은 옻칠을 한 통처럼
생겼고, 어(敔)는 엎드려 있는 호랑이처럼 생겼다. 축(柷)으로는 음악의
시작을 합치시키는 것이며, 어(敔)로는 음악의 끝맺음을 맞추는 것이다.
수(修)라는 것은 해진 부위를 손질하는 것이며, 균(均)이라는 것은 그
소리를 일정하게 만드는 것이고, 집(執)이라는 것은 무용도구들을 손에
쥐고 익히는 것이며, 조(調)라는 것은 음악의 가락을 조화롭게 만드는
것이고, 칙(飭)이라는 것은 정밀하게 손질하는 것이다. 이러한 악기들과
무용도구들은 장차 성대한 음악을 사용하여 기우제를 지내려 하기 때문
에, 열심히 정비하는 것이다.

命有司, 爲[去聲]民祈祀山川百源, 大雩帝, 用盛樂.〈094〉

중하의 달에 천자는 유사에게 명령하여, 백성들을 위해['爲'자는 거성으로
읽는다.] 모든 물의 근원지가 되는 산천에 제사를 지내고, 상제에게 크게
기우제를 지내며, 성대한 음악을 사용한다.

集說

山者, 水之源, 將欲禱雨, 故先祭其本源. 三王祭川, 先河後海, 示重本也. 雩者, 吁嗟其聲以永雨之祭. 周禮女巫凡邦之大烖, 歌哭而請, 亦其義也. 帝者, 天之主宰. 盛樂, 卽韶韠以下十九物竝奏之也.

산이라는 것은 물의 근원지이니, 장차 비를 기원하는 제사를 지내고자 하기 때문에, 우선적으로 그 본원지에 제사를 지내는 것이다. 삼왕이 천에 제사를 지냄에, 하(河)에 먼저 지내고 해(海)에 대해서는 이후에 지낸 것은 본원에 대해 중시함을 드러낸 것이다. '우(雩)'라는 것은 기원하는 목소리를 간절하게 자아내며, 비를 구하는 제사이다. 『주례』「여무(女巫)」편에서 "무릇 나라의 큰 재앙에 울부짖으며 청원한다."[1]라고 한 것 또한 이러한 의미이다. '제(帝)'는 하늘의 주재자이다. 성대한 음악은 곧 앞 문장에서 말한 도·비 이하의 19가지 기물을 사용하여, 함께 연주하는 것이다.

經文

乃命百縣, 雩祀百辟·卿士有益於民者, 以祈穀實.〈095〉

중하의 달에 천자는 곧 수도에 소속된 읍들인 백현에 명령하여, 백벽(百辟)[2]과 경사(卿士)[3]들 중에서 백성에게 유익한 일을 했던 자들에게

---

1) 『주례』「춘관(春官)·여무(女巫)」: 凡邦之大災, 歌哭而請.

2) 백벽(百辟)은 모든 제후들을 총칭하는 용어이다. '백벽'의 '백(百)'은 '모든'이라는 뜻이고, '벽(辟)'자는 제후를 뜻한다. 『국어(國語)』「노어상(魯語上)」편에는 "其周公太公及百辟神祇實永饗而賴之."라는 기록이 있는데, 이에 대한 위소(韋昭)의 주에서는 "辟, 君也."라고 풀이하였다.

3) 경사(卿士)는 주(周)나라 때 주왕조의 정사(政事)를 총감독했던 직위이다. 육경(六卿)과 별도로 설치되었으며, 육관(六官)의 일들을 총감독했다. 『시』「소아(小雅)·십월지교(十月之交)」편에는 "皇父卿士, 番維司徒."라는 기록이 있는데, 이에 대한 주희(朱熹)의 『집주(集注)』에서는 "卿士, 六卿之外, 更爲都官, 以總六官之事也."라고 풀이하였으며, 『춘추좌씨전』「은공(隱公) 3년」편에는 "鄭武公

기우제를 지내게 하여, 곡식이 잘 여물도록 기원하게 한다.

百縣, 畿內之邑也. 百辟·卿士, 謂古者上公·句龍·后稷之類.

'백현(百縣)'은 천자의 수도에 있는 읍들이다. '백벽(百辟)'과 '경사(卿士)'는 고대의 상공(上公)[4]·구룡(句龍)[5]·후직(后稷)과 같은 이들을 뜻한다.

是月也, 農乃登黍, 天子乃以雛嘗黍, 羞以含桃, 先薦寢廟.⟨096⟩

중하의 달에는 농부가 곧 기장을 바치니, 천자는 어린새고기를 곁들여서 기장을 맛보며, 진수성찬을 차리며 앵두를 곁들이는데, 우선적으로 침묘에 먼저 바친다.

莊公爲平王卿士."라는 기록이 있는데, 이에 대한 두예(杜預)의 주에서는 "卿士, 王卿之執政者."라고 풀이하였다.

4) 상공(上公)은 오행(五行)을 주관하는 신(神)을 뜻한다. 『춘추좌씨전』「소공(昭公) 29년」편에는 "故有五行之官, 是謂五官, 實列受氏姓, 封爲上公, 祀爲貴神. 社稷五祀, 是尊是奉. 木正曰句芒, 火正曰祝融, 金正曰蓐收, 水正曰玄冥, 土正曰后土."라는 기록이 있다. 이 기록에 따르면, 목(木), 화(火), 토(土), 금(金), 수(水)를 주관하는 신은 구망(句芒), 축융(祝融), 욕수(蓐收), 현명(玄冥), 후토(后土)가 되는데, 이들을 '상공'으로 부르기도 한다. 한편 후대에는 토정(土正)인 '후토'만을 '상공'으로 지칭하기도 했다.

5) 구룡(句龍)은 공공(共工)의 아들이었다고 전해지며, 치수 사업을 잘했던 인물이다. 후세에는 그를 후토(后土)의 신(神)으로 여겨서, 그에게 제사를 지내기도 했다. 『춘추좌씨전』「소공(昭公) 29년」편에는 "共工氏有子曰句龍, 爲后土."라는 기록이 있다.

今用登麥穀例, 移農乃登黍四字在是月也之下. 舊註以內則之雛爲
小鳥, 此雛爲雞也, 未詳孰是. 含桃, 櫻桃也.

본래의 경문은 배열이 조금 다른데, 지금은 농부가 보리를 바치고, 오곡
을 바치는 용례를 따라서, '농내등서(農乃登黍)'라는 네 글자를 '시월야
(是月也)'라는 구문 뒤로 옮겼다. 옛 주에서는 『예기』「내칙(內則)」편의
추(雛)는 어린 새로 여기고, 여기에 나온 '추(雛)'는 닭으로 여겼는데, 어
느 것이 옳은지 모르겠다. '함도(含桃)'는 앵두이다.

經文

令民毋艾[刈]藍以染.〈097〉

중하의 달에는 적색이 해당되므로, 백성들로 하여금 청색을 내는 쪽풀
을 베어다가['艾'자의 음은 '刈(예)'이다.] 의복류 등을 청색으로 염색하지 못
하게 한다.

集說

藍之色靑, 靑者, 赤之母. 艾之亦是傷時氣.

쪽의 색깔은 청색인데, 청색이라는 것은 적색의 어미이다. 쪽을 베는 것
은 또한 이 시기의 기운을 해치는 것이다.

毋燒灰.〈098〉

중하의 달에는 성대한 기운이 화에 있으므로, 불을 꺼트려 재를 만들지
못하게 한다.

集說

火之滅者爲灰, 禁之亦爲傷火氣也.

불이 소멸한 것은 재가 되니, 불을 꺼트려 재 만드는 것을 금지하는 것
은 또한 화의 기운을 해치는 것이 되기 때문이다.

經文

毋暴[步卜反]布.〈099〉

중하의 달에는 포를 햇볕에 말리지['暴'자는 '步(보)'자와 '卜(복)'자의 반절음
이다.] 못하게 한다.

集說

暴, 暴之於日也. 布者, 陰功所成, 不可以小功干盛陽也.

'폭(暴)'은 햇볕에 말리는 것이다. 포는 음기의 공적이 이루는 것이니,
작은 공적으로 왕성한 양의 기운을 막아서는 안 된다.

門閭毋閉.〈100〉

중하의 달에는 성문과 마을의 문을 닫지 못하게 한다.

一則順時氣之宣通, 一則使暑氣之宣散.

한편으로는 이 시기의 기운이 훤하게 통하는 것을 따르는 것이며, 다른 한편으로는 더운 기운을 시원스럽게 퍼지게 하는 것이다.

關市毋索.〈101〉

중하의 달에는 관문과 시장에서 여행객이나 상인의 짐을 수색하여 세금을 부과하지 못하게 한다.

索者, 搜索商旅匿稅之物. 蓋當時氣盛大之際, 人君亦當體之而行寬大之政也.

'색(索)'은 상인이나 여행객이 은닉한 물건들을 수색하는 것이다. 중하는 화 기운이 성대해지는 때에 해당하므로, 군주 또한 마땅히 그것을 본받아서 관대한 정치를 시행하는 것이다.

挺重囚, 益其食.〈102〉

중하의 달에는 감옥에 갇혀 있는 죄수들 중에서, 중죄인은 구속하고 있
는 수갑 등을 풀어주고, 그가 먹는 식사량을 더 늘려준다.

集說

挺者, 拔出之義. 重囚禁繫嚴密, 故特加寬假, 輕囚則不如是. 益其
食者, 加其養也.

'정(挺)'은 그를 구속하고 있는 수갑 등을 뽑아낸다는 뜻이다. 중죄인은
감금한 정도가 매우 엄격하기 때문에, 특별히 관용을 베푸는 것이며, 경
범자들에게는 이처럼 대우하지 않는다. 밥을 더한다는 것은 양식을 늘
려준다는 뜻이다.

經文

游牝別[彼列反]群, 則縶[執]騰駒, 班馬政.〈103〉

중하의 달에는 앞서 계춘 때 임신을 시키기 위해 수컷과 함께 노닐게
했던 암컷들이 임신에 성공하여 무리에서 격리시키게['別'자는 '彼(피)'자와
'列(렬)'자의 반절음이다.] 되면, 발정난 수컷 말을 매어 두고['縶'자의 음은 '執
(집)'이다.] 잉태한 말들을 보살피는 정책을 반포한다.

集說

季春游牝于牧, 至此妊孕已遂, 故不使同群. 拘縶騰躍之駒者, 止其
蹖嚙也. 班, 布也. 馬政, 養馬之政令也, 周禮圉人·圉師所掌.

계춘에 황소와 수컷 말들을 암컷을 방목한 곳에서 암컷들과 노닐게 하였는데, 이 시기에 이르게 되면, 새끼를 잉태하려는 목적을 이미 이루었기 때문에, 암컷들로 하여금 수컷들과 함께 무리 짓지 못하게 한다. 발정 나서 날뛰는 수컷 말을 매어두는 것은 그것들이 암컷들을 발로차고 무는 행위를 그치게 하는 것이다. '반(班)'은 공포한다는 뜻이다. '마정(馬政)'은 말을 기르는 정책이니, 『주례』에서는 어인(圉人)과 어사(圉師)가 담당했다.

經文

是月也, 日長至, 陰陽爭, 死生分.〈104〉

중하의 달에는 하지가 있어서 해가 길어짐이 지극해지고, 이전에는 양이 주도를 했지만, 그 기운이 극성해져서 음의 기운이 발생하므로, 음양이 서로 다투게 되고, 양기에 감응하여 성장하는 것도 있고, 음기에 감응하여 이미 다 자란 것들은 죽어버리니, 생사가 갈라진다.

集說

至, 猶極也. 夏至日長之極, 陽盡午中, 而微陰眇重淵矣. 此陰陽爭辨之際也. 物之感陽氣而方長者生, 感陰氣而已成者死, 此死生分判之際也.

'지(至)'자는 지극하든 뜻이다. 하지는 해가 길어짐이 지극한 때이고, 양기는 십이지 중에서 5월의 중간에서 다하게 되어, 미음가 깊은 못 속에서 서서히 자라난다. 이것이 음양이 다투는 때이다. 만물 중에서 양기에 감응하여 장성해지는 것들은 계속해서 성장하고, 음기에 감응하여 이미 다 자란 것들은 죽으니, 이것은 생사가 갈라지는 때이다.

君子齊戒, 處必掩身, 毋躁, 止聲色, 毋或進, 薄滋味, 毋致和
[去聲], 節耆[嗜]欲, 定心氣.〈105〉

중하의 달에 군자는 재계를 하고, 거처함에도 반드시 몸을 가려 드러내
지 않게 하여, 경솔히 행동하지 않게 하고, 음란한 소리와 여색 밝히는
것들을 그만두어, 혹시라도 그런 곳에 나아가지 않게 하고, 음식은 좋은
맛내기를 적게 하여, 맛의 조화부리기를['和'자는 거성으로 읽는다.] 지극하
게 하지 않게 하고, 좋아하고['耆'자의 음은 '嗜(기)'이다.] 욕망하는 것을 절
제하여, 심기를 안정시킨다.

集說

齊戒以定其心, 掩蔽以防其身. 毋或輕躁於舉動, 毋或進御於聲色.
薄其調和之滋味, 節其諸事之愛欲. 凡以定心氣而備陰疾也.

재계를 하여 마음을 안정시키고, 자신을 엄폐시켜서 자신의 몸을 보호
한다. 혹시라도 거동함에 경솔하게 행동하지 않게 하고, 혹시라도 음란
한 소리와 여색에 자신을 몰아가지 않게 한다. 조화로운 음식의 좋은
맛을 적게 하고, 그 모든 일에 대한 애착과 욕망을 절제한다. 무릇 이러
한 것들로 심기를 안정시키고, 음기의 질서를 방비한다.

經文

百官, 靜事無刑, 以定晏[伊見反]陰之所成.〈106〉

중하의 달에 백관들은 맡은 일을 차분히 안정시켜, 형벌 집행을 하지
않으며, 안음(晏陰)[6]이['晏'자는 '伊(이)'자와 '見(견)'자의 반절음이다.] 이루는
것들을 안정시킨다.

刑, 陰事也. 舉陰事, 則是助陰抑陽, 故百官府刑罰之事, 皆止靜而
不行也. 凡天地之氣, 順則和, 競則逆, 故能致災咎. 此陰陽相爭之
時, 故須如此謹備. 晏, 安也, 陰道靜, 故云晏陰. 及其定而至於成,
則循序而往, 不爲災矣. 是以未定之前諸事, 皆不可忽也.

형벌은 음에 속하는 일이다. 음의 일들을 시행하는 것은 음기를 돕고
양기를 억누르는 것이다. 그렇기 때문에 모든 관부에서는 형벌내리는
일들에 대해서 모두 멈추고 고요하게 하여 시행하지 않는 것이다. 천지
의 기운은 사람이 그것에 순응하면 조화롭게 되고, 다투면 어그러진다.
그렇기 때문에 재앙을 발생시킬 수 있다. 중하의 달은 음양이 서로 다투
는 시기이기 때문에, 마땅히 이와 같이 조심스럽게 대비해야 한다. '안
(晏)'자는 안(安)자의 뜻이니, 음도가 고요하기 때문에, 안음이라고 부른
다. 그리고 안음이 이루는 것들을 안정시켜서, 이루어지는 데까지 도달
하게 되면, 음기가 순서에 따라 지나가게 되어, 재앙이 되지 않는다. 이
러한 까닭으로 아직 안정되기 이전의 모든 일들에 대해서는 모두 소홀
히 할 수 없는 것이다.

---

6) 안음(晏陰)은 미음(微陰)과 같은 용어이다. 유화(柔和)한 음기(陰氣)를 뜻한다.
안(晏)은 안(安)자와 같은 뜻이다. 『예기』「월령(月令)」편에는 "百官, 靜事無刑,
以定晏陰之所成."이라는 기록이 있는데, 이에 대한 손희단(孫希旦)의 집해(集
解)에서는 "晏, 安也. 陰道靜, 故曰晏陰. 夏至之日, 微陰初起, 故致其敬愼安靜
以養之, 而定此晏陰之所成就也."라고 풀이했다. 즉 안(晏)자는 안(安)자와 같
은 뜻으로, 음도(陰道)가 고요하기 때문에, '안음'이라고 부른다. 그리고 하지일
(夏至日)에는 미음(微陰)이 처음 일어나기 때문에, 공경되고 삼감을 다하고, 안
정(安靜)됨을 다하여서, 그 미음의 기운을 길러야 하며, 또한 '안음'이 성취하는
것을 안정시켜야 한다고 설명한다.

鹿角解[駭], 蟬始鳴, 半夏生, 木菫[謹]榮.〈107〉

중하의 달에는 사슴의 뿔이 빠지고['解'자의 음은 '駭(해)'이다.] 매미가 비로
소 울기 시작하며, 약초 중 반하라는 것이 생겨나고, 무궁화가['菫'자의
음은 '謹(근)'이다.] 꽃을 피운다.

此又言午月之候. 解, 脫也.

이 문장은 또한 5월의 기후조짐을 기록한 것이다. '해(解)'자는 빠진다는
뜻이다.

是月也, 毋用火南方.〈108〉

중하의 달에는 이미 양기가 왕성한 때이니, 거기에 더해서 남방에서 불
을 사용하게 되면, 양기가 더욱 강성해져서 미음을 해치게 되니, 이런
일들을 못하게 한다.

南方火位, 又因其位而盛其用, 則爲微陰之害, 故戒之.

남쪽 방위는 화의 자리인데, 또한 그 자리에 연유하여 불의 쓰임을 왕성
하게 하면, 중하에 생겨나는 미음에게는 해가 되기 때문에 경계하는 것
이다.

可以居高明, 可以遠眺望, 可以升山陵, 可以處臺榭.〈109〉

중하의 달에는 양기가 왕성한 때이므로, 지대가 높고 햇빛이 잘 드는 밝은 곳에 거처하는 것이 좋고, 바라봄을 멀리하는 것이 좋으며, 산릉에 올라가는 것이 좋고, 대사(臺榭)[7]에 머무는 것이 좋다.

集說

凡此皆順陽明之時.

이러한 행위들은 모두 양의 기운이 매우 밝아져서 무덥게 되는 시기의 기후에 따르는 것이다.

經文

仲夏行冬令, 則雹凍傷穀, 道路不通, 暴兵來至.〈110〉

만약 천자가 중하의 달에 중동에 집행해야 할 정령을 시행하게 된다면, 우박과 냉해가 곡식들을 해치며, 도로가 통하지 않게 되고, 흉포한 군대가 들이닥친다.

---

7) 대사(臺榭)는 대(臺)와 사(榭)를 합해 부르는 말이다. 흙을 쌓아올려서 관망대로 쓰는 것이 '대'이고, '대' 위에 가옥이 있는 경우 그것을 '사'라고 부른다. 후대에는 이러한 건축물들을 범칭하여 '대사'라고 불렀다. 『서』「주서(周書) · 태서상(泰誓上)」편에는 "惟宮室臺榭, 陂池侈服, 以殘害于爾萬姓."이라는 기록이 있는데, 이에 대한 공영달(孔穎達)의 소(疏)에서는 이순(李巡)의 말을 인용하여, "臺, 積土爲之, 所以觀望也. 臺上有屋謂之榭."라고 풀이하였다.

子水之氣所傷也.

십이지 중에서 11월의 수 기운이 중하의 기운을 손상시킨 것이다.

行春令, 則五穀晚熟, 百螣[特]時起, 其國乃饑.〈111〉

만약 천자가 중하의 달에 중춘에 집행해야 할 정령을 시행하게 된다면, 오곡이 늦게 익게 되고, 온갖 해충이['螣'자의 음은 '特(특)'이다.] 빈번하게 발생하여, 그 나라에는 곧 기근이 발생한다.

卯木之氣所淫也.

십이지 중에서 2월의 목 기운이 중하의 기운을 어지럽힌 것이다.

行秋令, 則草木零落, 果實早成, 民殃於疫.〈112〉

만약 천자가 중하의 달에 중추에 집행해야 할 정령을 시행하게 된다면, 초목이 말라 떨어지고, 과실들은 일찍 설익게 될 것이며, 백성들은 전염병에 걸리는 재앙이 들 것이다.

酉金之氣所泄也. 螣, 食苗之蟲也. 百螣者, 言害稼之蟲非一類.

십이지 중에서 8월의 금 기운이 새어나와서 발생시킨 것이다. '특(螣)'은 식물의 잎사귀를 먹어치우는 병충이다. '백특(百螣)'이라고 한 것은 곡물을 해치는 병충이 한 종류가 아님을 말한다.

무분류-계하(季夏)

季夏之月, 日在柳, 昏火中, 旦奎中.〈113〉

계하의 달에는 해와 달이 만나는 곳인 일이 28수 중 유수의 자리에 있고, 저녁 무렵에는 대화가 남쪽 하늘의 중앙에 위치하고, 동틀 무렵에는 규수가 남쪽 하늘의 중앙에 위치한다.

柳宿在午, 鶉火之次也. 火, 大火心宿.

유수는 오자리에 위치하니, 순화의 자리이다. '화(火)'는 대화(大火)인 심수(心宿)이다.

其日丙丁, 其帝炎帝, 其神祝融, 其蟲羽, 其音徵, 律中林鍾, 其數七, 其味苦, 其臭焦, 其祀竈, 祭先肺.〈114〉

계하의 달에 해당하는 일간은 병과 정이고, 계하를 지배하는 제는 염제이며, 그 아래에서 보좌하는 신은 축융이고, 계하에 해당하는 생물은 깃털이 달린 종류이며, 오음 중에서 계하에 해당하는 음은 치이고, 십이율 중에서 계하의 기후에 반응하는 율관은 임종에 해당하며, 계하에 해당하는 수는 7이고, 오미 중에서 계하에 해당하는 맛은 쓴맛이며, 오취 중에서 계하에 해당하는 냄새는 탄내이고, 오사 중에서 계하에 해당하는 사는 조로, 제사를 지낼 때에는 희생물의 폐장을 먼저 바친다.

林鍾, 未律, 長六寸.

임종은 미에 해당하는 율로, 그 음을 내는 피리는 관의 길이가 6촌이다.

溫風始至, 蟋蟀居壁, 鷹乃學習, 腐草爲螢.〈115〉

계하의 달에는 따뜻한 바람이 비로소 맹렬하게 불어오게 되고, 귀뚜라미가 태어나지만, 아직 날지 못해서 벽 속에 머물러 있으며, 매의 새끼가 나는 것을 익히기 시작하고, 썩은 풀이 반딧불로 변한다.

此記未月之候. 至, 極也. 蟋蟀生於土中, 此時羽翼猶未能遠飛, 但居其穴之壁, 至七月則能遠飛而在野矣. 學習, 雛學數飛也. 腐草得暑濕之氣, 故變而爲螢.

이것은 6월의 기후 조짐을 기록한 것이다. '지(至)'는 지극하다는 뜻이다. 귀뚜라미는 흙 속에서 태어나는데, 이 시기에 날개로는 아직 멀리 날아갈 수가 없어서, 단지 벽의 구멍 속에 머물러 있으며, 7월이 되어야만 멀리 날아갈 수 있어서 들판에 있게 된다. '학습(學習)'이란 매의 새끼가 날갯짓하는 것을 배우는 것이다. 썩은 풀이 덥고 습한 기운을 얻었기 때문에, 변해서 반딧불이 되는 것이다.

朱氏曰: 溫風, 溫厚之極, 涼風, 嚴凝之始. 腐草爲螢, 離明之極. 故幽類化爲明類也.

주씨가 말하길, 온풍은 온후함이 지극해진 것이며, 맹추에 불어오는 양풍은 혹독한 추위의 시작이다. 썩은 풀이 반딧불이 되는 것은 이명(離明)의 지극함이다. 그렇기 때문에 그윽함의 부류가 변화하여, 밝음의 부류가 되는 것이다.

經文

天子居明堂右个, 乘朱路, 駕赤駵, 載赤旂, 衣朱衣, 服赤玉, 食菽與雞, 其器高以粗.〈116〉

계하의 달에 천자는 명당의 우개에 거처하며, 주로라는 수레를 타고, 그 수레에는 적류라는 말에 멍에를 매게 해서 끌게 하며, 수레에는 적색의 깃발을 세우고, 천자는 적색의 의복을 입으며, 적색의 옥으로 장식을 하고, 곡식 중에서는 콩과 고기 중에서는 닭고기를 먹는데, 그것을 담는 그릇은 높이를 높게 하면서도, 거칠고 크게 만든다.

集說

明堂右个, 南堂西偏也.

명당의 우개는 남쪽 당에 있는 서쪽 편실이다.

經文

命漁師, 伐蛟取鼉, 登龜取黿[元].〈117〉

계하의 달에 천자는 어사에게 명령하여, 이무기를 쳐서 죽이게 하고, 악어를 잡아들이도록 하며, 거북이를 잡아 올리게 하고, 자라를['黿'자의 음은 '元(원)'이다.] 잡아들이도록 한다.

蛟言伐, 以其暴惡不易攻取也. 龜言登, 尊異之也. 鼉鼈言取, 易而
賤之也.

이무기에 대해서 '벌(伐)'이라고 한 것은 이무기의 성격이 포악하여 쉽사
리 잡아들일 수 없기 때문이다. 거북이에 대해서 '등(登)'이라고 한 것은
거북이가 영물이기 때문에, 높여서 다른 것들과는 차별을 둔 것이다. 악
어와 자라에 대해서 '취(取)'라고 한 것은 잡기 쉬워서, 거북이에 비해
상대적으로 천하게 여긴 것이다.

命澤人, 納材葦.⟨118⟩

계하의 달에 천자는 초택지를 관리하는 택인에게 명령하여, 바구니나
광주리의 재료로 사용되는 갈대를 바치게 한다.

蒲葦之屬, 生於澤中而可爲用器, 故曰材. 澤人納之職也. 此皆煩細
之事, 非專一月所爲, 故不以是月起之.

강가에 자라나는 갈대 부류들은 못가에 생기며, 그릇을 만들 수 있기 때
문에, '재(材)'자를 붙여서 말한 것이다. 택인은 그것들을 바치는 직무를
수행한다. 거북이 등을 잡거나 갈대를 공납하는 등의 일들은 모두 번잡
하고 세세한 일들로, 전적으로 한 달 안에 할 수 있는 것들이 아니다.
그렇기 때문에 '명어사(命漁師)'나 '명택인(命澤人)'이라는 구문 앞에는
'시월(是月)'이라는 말을 기록하지 않은 것이다.

是月也, 命四監, 大合百縣之秩芻, 以養犧牲. 令民無不咸出
其力, 以共[供]皇天上帝・名山・大川・四方之神, 以祠宗廟・
社稷之靈, 以爲[去聲]民祈福.〈119〉

계하의 달에 천자는 산림천택을 담당하는 네 명의 감독관들에게 명령하
여, 향과 수에 있는 모든 현들에서 일정하게 공납하는 건초를 크게 취
합하여, 희생물로 사용될 가축들을 사육하게 한다. 백성들로 하여금 그
힘을 모두 발휘하지 않는 경우가 없게 해서, 황천상제(皇天上帝)[1]와 명
산과 대천 및 사방의 신들에게 제물을 바치게['共'자의 음은 '供(공)'이다.]
하고, 종묘와 사직의 신령들에게 제사를 지내서, 이로써 백성들을 위하
여['爲'자는 거성으로 읽는다.] 복 내려주기를 기도한다.

四監, 卽周官山虞・澤虞・林衡・川衡之官也. 前言百縣, 兼內外而
言, 此百縣, 鄕遂之地也. 秩, 常也. 斂此芻爲養犧牲之用, 各有常
數, 故云秩芻也.

'사감(四監)'은 곧 『주례』에 나오는 산우(山虞)[2]・택우(澤虞)[3]・임형(林

---

1) 황천상제(皇天上帝)는 상제(上帝) 및 천제(天帝)를 뜻한다. 황천(皇天)은 천(天)
및 천신(天神)들을 총칭하는 말로, 상제(上帝)를 꾸며주는 수식어로 붙은 것이다.
한편 황천(皇天)과 상제(上帝)를 별개의 대상으로 풀이하기도 한다.

2) 산우(山虞)는 주대(周代) 때의 관리로, 산(山)과 숲[林]을 담당했다. 고대에는 산
과 숲 또한 재화가 창출되는 중요한 장소였으므로, 각종 정령(政令)들이 시행되
었는데, '산우'는 바로 이러한 정령의 시행을 담당하여, 산과 숲에 있는 재화를
보존하고, 각 시기에 맞게끔 벌목을 시키는 일 등을 시행하였다. 『주례』「지관(地
官)・산우(山虞)」편에는 "山虞, 掌山林之政令, 物爲之厲而爲之守禁. 仲冬斬
陽木, 仲夏斬陰木."이라는 기록이 있다. 한편 이 문장에 대한 가공언(賈公彦)의
소(疏)에서는 "此山林幷云者, 自是山內之林, 卽山虞兼掌之."라고 풀이하고 있

衡)[4]·천형(川衡)[5] 등의 관리이다. 앞서 말한 백현(百縣)은 왕성의 내외를 겸하여 말한 것이며, 여기에서의 백현은 향과 수에 소속된 땅들이다. '질(秩)'은 일정한 수량이라는 뜻이다. 이곳의 건초들을 거둬서 희생물을 사육하는 용도로 사용하니, 각각의 현에서는 항상 바쳐야 하는 일정한 수량이 있다. 그렇기 때문에 '질추(秩芻)'라고 말한 것이다.

다. 즉 '산우'는 관직명에 산(山)자가 들어가서, '산'만 관리하는 것처럼 보이지만, 실제로는 숲에 대해서도 관리를 하는데, 그 이유는 산 속에 숲이 있기 때문이다.

3) 택우(澤虞)는 소택(沼澤) 지역을 담당했던 관리이다. 소택 지역에 시행되는 정령(政令)을 감독하고, 금령(禁令)의 준수 여부를 감독하였으며, 소택 지역에서 생산되는 재화를 관리하여, 궁성에 보급하였다. 『주례』「지관(地官)·택우(澤虞)」편에는 "澤虞, 掌國澤之政令, 爲之厲禁, 使其地之人守其財物, 以時入之于玉府."라는 기록이 있다.

4) 임형(林衡)은 임록(林麓) 지역을 담당했던 관리이다. 이곳에서 시행되는 금령(禁令) 및 금령 준수에 따른 상벌(賞罰)의 시행 등을 담당했다. 『주례』「지관(地官)·임형(林衡)」편에는 "掌巡林麓之禁令, 而平其守, 以時計林麓而賞罰之."라는 기록이 있다.

5) 천형(川衡)은 주(周)나라 때의 관직이다. 『주례』의 체제에 따르면, 지관(地官)에 속해 있었다. '천형'의 경우, 큰 하천에는 각각 하사(下士) 12명을 두어 임무를 담당하게 하였고, 그 휘하에는 잡무를 담당하는 사(史) 4명, 서(胥) 12명, 도(徒) 120명이 배속되어 있었다. 중간 정도의 하천에는 각각 하사(下士) 6명을 두어 임무를 담당하게 하였고, 그 휘하에는 잡무를 담당하는 사(史) 2명, 서(胥) 6명, 도(徒) 60명이 배속되어 있었다. 작은 하천에는 각각 하사(下士) 2명을 두어 임무를 담당하게 하였고, 그 휘하에는 잡무를 담당하는 사(史) 1명, 도(徒) 20명이 배속되어 있었다. 『주례』「지관사도(地官司徒)」편에는 "川衡, 每大川, 下士十有二人, 史四人, 胥十有二人, 徒百有二十人, 中川, 下士六人, 史二人, 胥六人, 徒六十人, 小川, 下士二人, 史一人, 徒二十人."이라는 기록이 있다. '천형'은 주로 천택(川澤)에 대한 일을 담당하여, 해당 지역에 적용되는 금령(禁令)의 시행을 감독하였고, 또한 금령의 준수에 따른 상벌(賞罰)도 시행했다. 『주례』「지관(地官)·천형(川衡)」편에는 "川衡, 掌巡川澤之禁令, 而平其守. 犯禁者執而誅罰之."라는 기록이 있다.

經文

是月也, 命婦官染采, 黼黻文章, 必以法故, 無或差貸二], 黑黃
倉赤, 莫不質良, 毋敢詐僞, 以給郊廟祭祀之服, 以爲旗章, 以
別貴賤等給之度.〈120〉

계하의 달에 천자는 염색을 담당하는 부관들에게 명령을 하여, 다섯
색깔 염료로 천을 염색하는데, 보(黼)·불(黻)·문(文)·장(章)을 만들
때에는 반드시 옛 법식을 따르게 하여, 혹시라도 어긋나는['貸'자의 음은
'二(이)'이다.] 일이 없도록 하고, 염색할 때 사용하는 흑색·황색·청색·
적색은 순도가 높지 않고 좋지 않은 것들이 없도록 하여, 감히 비슷하
게 만들어 교묘히 속이는 일이 없도록 하고, 이렇게 만든 천으로써 교
묘에서 제사지낼 때 입는 복식 만드는 데 공급하도록 하며, 이렇게 만
든 천으로써 깃발을 만드는 데 사용하여, 이렇게 만든 제사 의복과 깃
발로써 귀천 등급의 척도를 구별한다.

集說

周禮典婦功·典枲·染人等, 皆婦官, 此指染人也. 白與黑謂之黼,
黑與靑謂之黻, 靑與赤謂之文, 赤與白謂之章. 染造必用舊法故事,
毋得有參差貸變, 皆欲質正良善也. 旗, 旌旂也. 章者, 畫其象以別
各位也, 詳見春官司常.

『주례』에 나오는 전부공(典婦功)6)·전시(典枲)7)·염인(染人)8) 등이 모

---

6) 전부공(典婦功)은 견직물과 관련된 관직 명칭이다. 『주례』「천관총재(天官冢宰)」
편에는 "典婦功中士二人, 下士四人, 府二人, 史四人, 工四人, 賈四人, 徒二十
人."이라는 기록이 있다. 즉 '전부공'은 중사(中士) 2명이 담당을 했다. 그리고
그 휘하에는 하사(下士) 4명이 배속되어 보좌를 하였고, 잡무를 담당하는 부(府)
2명, 사(史) 4명, 공(工) 4명, 가(賈) 4명, 도(徒) 20명이 배속되어 있었다. 또한
『주례』「춘관(春官)·전부공(典婦功)」편에는 "典婦功, 掌婦式之法, 以授嬪婦

두 부관(婦官)들인데, 여기에서 말하는 부관은 염인을 가리킨다. 백색과
흑색의 실을 섞어서, 도끼 모양의 무늬를 수놓은 천을 '보(黼)'라 부르고,
흑색과 청색의 실을 섞어서, 아(亞)자 형태의 무늬를 수놓은 천을 '불
(黻)'이라 부르며, 청색과 적색의 실을 섞어서, 꽃무늬를 수놓은 천을 '문
(文)'이라 부르고, 적색과 백색의 실을 섞어서, 꽃무늬를 채색한 천을 '장
(章)'이라 부른다. 염색하여 만들 때에는 반드시 옛 법식과 선례에 따라
서 하여, 어긋나거나 변질됨이 있게 해서는 안 되니, 이렇게 하는 이유
는 모두 질박하고 바르게 하며, 아름다고 좋게 하고자 해서이다. '기(旗)'
는 깃발이다. '장(章)'은 형상을 수놓아서 관직과 품계를 구별하는 것으

及內人女功之事齎. 凡授嬪婦功, 及秋獻功, 辨其苦良比其小大而賈之, 物書
而楬之. 以共王及后之用, 頒之于內府."라는 기록이 있다. 즉 '전부공'은 부녀자
들이 하는 일들의 법식을 담당하고 있으며, 궁내의 여공들이 제작한 모직물을
거둬들인다. 봄에 일거리를 공급하고, 가을에 그 결과물을 거둬서, 품질의 좋고
나쁨과 수량의 많고 적음을 가려내서 기록한다. 그리고 그렇게 거둬들인 천들을
천자나 그 부인이 필요로 하는 곳에 공급하고, 궁내에 분배하는 일을 담당하였다.

7) 전시(典枲)는 견직물과 관련된 관직 명칭이다. 『주례』「천관총재(天官冢宰)」편
에는 "典枲下士二人, 府二人, 史二人, 徒二十人."이라는 기록이 있다. 즉 '전시'
는 하사(下士) 2명이 담당을 했고, 그 휘하에는 잡무를 담당하는 부(府) 2명,
사(史) 2명, 도(徒) 20명이 배속되어 있었다. 또한 『주례』「천관(天官) · 전시(典
枲)」편에는 "典枲, 掌布緦縷紵之麻草之物, 以待時頒功而授齎. 及獻功, 受苦
功, 以其賈楬而藏之, 以待時頒. 領衣服, 授之, 賜予亦如之. 歲終, 則各以其物
會之."라는 기록이 있다. 즉 '전시'는 베나 모시 등을 담당하며, 이것을 만드는
재료들을 분배하고, 궁내 여공들이 의복류 등을 만들면, 다시 거둬들인다. 이렇게
거둬들인 견직물에 가격을 매겨서 보관해 두었다가, 때에 맞게 분배하는 일 등을
담당하였다.

8) 염인(染人)은 견직물과 관련된 일을 담당했던 관직이다. 『주례』「천관총재(天官冢
宰)」편에는 "染人下士二人, 府二人, 史二人, 徒二十人."이라는 기록이 있다. 즉
'염인'은 하사(下士) 2명이 담당을 했다. 그리고 그 휘하에는 잡무를 담당하는 부
(府) 2명, 사(史) 2명, 도(徒) 20명이 배속되어 있었다. 또한 『주례』「천관(天官) ·
염인(染人)」편에는 "染人, 掌染絲帛, 凡染, 春暴練, 夏纁玄, 秋染夏, 冬獻功. 掌
凡染事."라는 기록이 있다. 즉 '염인'은 비단 등에 염색하는 일을 담당하여, 각 계절
별로 잿물, 검정색, 오색(五色) 등을 사용하여, 염색하는 방법을 달리하였다.

로, 『주례』「춘관(春官)·사상(司常)」편에 자세히 나온다.

集說

石梁王氏曰: 給, 當爲級.

석량왕씨가 말하길, '급(給)'자는 마땅히 급(級)자가 되어야 한다.

經文

是月也, 樹木方盛, 命虞人, 入山行[去聲]木, 毋有斬伐.〈121〉

계하의 달에는 수목들이 왕성하게 자라나게 되니, 천자는 산림을 관리하는 우인에게 명령하여, 산에 들어가서 나무들을 순시하며['行'자는 거성으로 읽는다.] 나무를 베어버리는 경우가 없도록 한다.

集說

以其方盛故也.

수목들이 왕성하게 자라나기 때문이다.

經文

不可以興土功, 不可以合諸侯, 不可以起兵動衆, 毋擧大事, 以搖養氣, 毋發令而待, 以妨神農之事也. 水潦盛昌, 神農將持功, 擧大事, 則有天殃.〈122〉

계하의 달에 천자는 토목 공사를 일으켜서는 안 되며, 제후들과 회합을 가져서는 안 되고, 병사를 일으키거나 민중을 동원시켜서는 안 되니, 큰 사업을 시작해서 여름의 장성하게 길러주는 기운을 요동치게 하지 말아야 하고, 예령을 내려서 민중들이 자신이 해야 할 일들을 못하고, 무작정 기다리게 만들어서 신농이 주관하는 농사일을 방해하지 말아야 한다. 이 시기에는 곡식이 충분히 자라도록 큰 비가 성대하게 내려서, 농사를 주관하는 신농이 장차 농사일을 주관하려고 하는데, 천자가 큰 사업을 일으키게 되면 하늘의 재앙이 있게 된다.

大事, 卽興土功合諸侯起兵動衆之事. 搖養氣, 謂動散長養之氣也. 發令而待, 謂未及搖役之期, 而豫發召役之令, 使民廢己事, 而待上之會期也. 神農, 農之神也. 季夏屬中央土, 土神得位用事之時. 謂之神農者, 土神主成就農事也. 東井主水, 在未, 故未月爲水潦盛昌之月. 此時神農將主持稼穡之功, 擧大事而傷其功, 則是干造他施生之道矣, 故有天殃也.

'대사(大事)'는 토목 공사를 일으키고, 제후와 회동을 하며, 병사를 일으키고, 민중을 동원하는 일들이다. 양기를 요동치게 한다는 것은 장성하게 길러주는 기운을 흐트러뜨리는 것을 말한다. 명령을 내려서 기다리게 한다는 것은 아직 요역할 시기가 되지 않았는데도, 미리 요역에 소집시키는 명령을 내려서, 백성들로 하여금 자신의 일을 못하게 하고, 윗사람이 모이라고 한 기일만을 기다리게 하는 것을 뜻한다. '신농(神農)'은 농사를 주관하는 신이다. 계하는 오행 중에서 중앙인 토에 속하므로, 토신이 주도적 위치를 얻어서 일을 주관할 때이다. 그런데 그것을 토신이라고 하지 않고, 신농이라고 부른 것은 토신은 농사를 끝마치는 것에 대해 전반적으로 주관하기 때문이다. 28수 중 하나인 동정은 수를 주관하며, 십이지로 구분했을 때 미의 자리에 있다. 그렇기 때문에 6월에는 큰 비가 성대하게 내리는 달이 된다. 이 시기에 신농은 장차 농사하는 일들을 주관하려고 하는데, 만약 천자가 큰 사업을 일으켜서 그 공력을 해치게 된다면, 만물을 조화시키고 생육시키는 자연의 도에 간섭하는 것이다. 그렇기 때문에 하늘의 재앙이 있게 된다.

經文

是月也, 土潤溽暑, 大雨時行, 燒薙[替]行水, 利以殺草, 如以熱
湯, 可以糞田疇, 可以美土疆[其兩反].〈123〉

계하의 달에는 땅의 기운이 수분을 많이 흡수하여, 윤택해져서 습하고
무더우며, 큰 비가 수시로 내리니, 베어두어 말라버린 잡초들을['薙'자의
음은 '替(체)'이다.] 불사르면, 잡초를 베어버린 땅에 잡초가 다시 자라나지
못하도록 하늘이 비를 내리니, 잡초를 죽이기가 편리하고, 그 빗물은 마
치 온천수처럼 따뜻하여, 태운 잡초더미를 잘 썩게 만드니, 이렇게 만든
퇴비로는 전답에 거름을 줄 수 있고, 돌덩이가 많아 경작하기 어려운
척박한 토지도['疆'자는 '其(기)'자와 '兩(량)'자의 반절음이다.] 비옥하게 할 수
있다.

集說

溽, 濕也. 土之氣閏, 故蒸鬱而爲濕暑. 大雨亦以之而時行, 皆東井
之所主也. 除草之法, 先芟薙之, 俟乾則燒之. 燒薙者, 燒所薙之草
也. 大雨旣行於所燒之地, 則草不復生矣, 故云利以殺草. 時暑日烈,
其水之熱如湯. 草之燒爛者, 可以爲田疇之糞, 可以使土疆之美. 凡
土之磊磈難耕者謂之疆.

'욕(溽)'자는 습하다는 뜻이다. 땅의 기운이 윤택하기 때문에, 더운 김이
무성하게 올라와서 습하고 무덥게 된다. 큰 비는 또한 이러한 이유 때문
에 자주 내리는데, 이러한 것은 모두 28수 중 하나인 동정이 주관하는
것이다. 잡초를 제거하는 방법은 먼저 풀을 베어 잘라 놓고, 마르기를
기다린 다음 거기에 불을 지핀다. '소체(燒薙)'는 베어놓은 잡초더미를

불태우는 것이다. 큰 비가 불태워버린 땅에 내리면 잡초가 다시 생겨나지 않는다. 그렇기 때문에 잡초를 죽이기에 이롭다고 말한 것이다. 이 시기는 무덥고 태양열이 뜨거우니, 빗물의 온도가 마치 끓는 온천수와 같다. 잡초를 불에 태워 잿더미로 만든 것은 전답의 비료가 되기에 충분하며, 척박한 토양을 윤택하게 할 수 있기에 충분하다. 무릇 땅 중에 돌무더기가 많아서 경작하기 어려운 곳을 '강(疆)'이라고 부른다.

經文

季夏行春令, 則穀實鮮[仙]落.⟨124⟩

만약 천자가 계하의 달에 계춘에 집행해야 할 정령을 시행하게 된다면, 곡식의 이삭이 설익은 상태에서['鮮'자의 음은 '仙(선)'이다.] 다 떨어지게 된다.

集說

鮓潔而墮落也.

설익어서 떨어진다는 뜻이다.

經文

國多風欬[苦代反].⟨125⟩

나라에는 찬바람으로 인한 기침환자가['欬'자는 '苦(고)'자와 '代(대)'자의 반절음이다.] 많아진다.

風欬, 因風而致欬疾也.

'풍해(風欬)'는 바람으로 인하여 기침병에 걸리는 것이다.

經文

民乃遷徙.〈126〉

백성들은 곧 그 나라를 떠나 다른 곳으로 이주해 버릴 것이다.

集說

辰土之氣所應也.

십이지 중에서 계춘에 해당하는 3월의 토 기운이 호응하여 발생한 것이다.

經文

行秋令, 則丘濕水潦, 禾稼不熟, 乃多女災.〈127〉

천자가 계하의 달에 계추에 집행해야 할 정령을 시행하게 된다면, 구릉지대와 습지대에 홍수와 장마가 들어서, 곡식들이 익지 않고, 곧 여자들은 임신에 실패하거나 유산하게 되는 재앙이 많아진다.

集說

妊孕多敗, 戌土之氣所應也.

임신하고 있거나 임신하려는 것이 대부분 실패하게 되니, 9월의 토 기운이 호응하여 발생시킨 것이다.

經文

行冬令, 則風寒不時, 鷹隼[芛]蚤鷙, 四鄙入保.〈128〉

만약 천자가 계하의 달에 계동에 집행해야 할 정령을 시행하게 된다면, 냉풍과 한기가 때에 맞지 않게 일찍 찾아오고, 맹금류인 매와 새매가 ['隼'자의 음은 '芛(순)'이다.] 일찍 사냥을 시작하여, 다른 짐승을 잡아먹으며, 사방 변방에 거주하는 백성들이 전란을 피해 보성으로 들어온다.

集說

丑土之氣所應也.

십이지 중에서 계동에 해당하는 12월의 토 기운이 호응하여 발생시킨 것이다.

무분류-중앙(中央)

中央土.〈129〉

한 해의 가운데는 토에 해당한다.

土寄旺四時各十八日, 共七十二日. 除此則木·火·金·水, 亦各七十二日矣. 土於四時無乎不在, 故無定位, 無專氣, 而寄旺於辰戌丑未之末. 未月在火金之間, 又居一歲之中, 故特揭中央土一令於此, 以成五行之序焉.

오행 중에서 토는 사계절에 각각 18일 동안 붙어서 왕성해지니, 각 계절별 18일을 합하면, 모두 72일이 된다. 1년 360일 중에서 72일을 제외하면 288일이 되므로, 토를 제외한 나머지 목·화·금·수가 또한 각각 72일씩이 된다. 토는 사계절 간에 있지 않은 곳이 없다. 그렇기 때문에 고정된 위치도 없고 한 가지만 전적으로 하는 기운도 없으며, 3월·9월·12월·6월의 끝부분에 붙어서 왕성해진다. 그 중에서도 6월은 여름의 주된 기운인 화와 가을의 주된 기운인 금 사이에 있고, 또한 한 해의 중간에 위치하고 있다. 그렇기 때문에 특별히 여기에서 중앙의 토에 대한 하나의 시령을 제시하여, 오행의 순서대로 전체 내용을 완성시켰을 따름이다.

其日戊己.〈130〉

중앙에 해당하는 일간은 무와 기이다.

戊己, 十干之中.

무와 기는 십간 중에서도 중간이다.

經文

其帝黃帝.〈131〉

중앙을 지배하는 제는 황제(黃帝)[1]이다.

----

1) 황제(黃帝)는 헌원씨(軒轅氏), 유웅씨(有熊氏)라고도 부른다. 전설시대에 존재했다고 전해지는 고대 제왕(帝王)이다. 소전(少典)의 아들이고, 성(姓)은 공손(公孫)이다. 헌원(軒轅)이라는 땅의 구릉 지역에 거주하였기 때문에, 그를 '헌원씨'라고도 부르는 것이다. 또한 '황제'는 희수(姬水) 지역에도 거주를 하였기 때문에, 이 지역의 이름을 따서 성(姓)을 희(姬)로 고치기도 하였다. 그리고 수도를 유웅(有熊) 땅에 마련하였기 때문에, 그를 '유웅씨'라고도 부르는 것이다. 한편 오행(五行) 관념에 따라서, 그는 토덕(土德)을 바탕으로 제왕이 되었다고 여겼는데, 흙[土]이 상징하는 색깔은 황(黃)이므로, 그를 '황제'라고 부르는 것이다. 『역』「계사하(繫辭下)」편에는 "神農氏沒, 黃帝·堯·舜氏作, 通其變, 使民不倦."이라는 기록이 있는데, 이에 대한 공영달(孔穎達)의 소(疏)에서는 "黃帝, 有熊氏少典之子, 姬姓也."라고 풀이했다. 한편 '황제'는 오제(五帝) 중 하나를 뜻한다. 오행(五行)으로 구분했을 때 토(土)를 주관하며, 계절로 따지면 중앙 계절을 주관하고, 방위로 따지면 중앙을 주관하는 신(神)이다. 『여씨춘추(呂氏春秋)』「계하기(季夏紀)」편에는 "其帝黃帝, 其神后土."라는 기록이 있고, 이에 대한 고유(高誘)의 주에서는 "黃帝, 少典之子, 以土德王天下, 號軒轅氏, 死託祀爲中央之帝."라고 풀이했다.

黃精之君, 軒轅氏也.

황토의 정기인 토덕을 지배하는 제왕으로, 헌원씨이다.

其神后土.⟨132⟩

황제의 아래에서 보좌하는 신은 후토이다.

土官之臣, 顓頊氏之子黎也. 句龍初爲后土, 後祀以爲社, 后土官缺,
黎雖火官, 實兼后土也. 舊說如此.

토관의 신하는 전욱씨의 아들인 여이다. 구룡이 최초 토관의 수장인 후
토가 되었지만, 후대에 제사를 지내며 사(社)의 신으로 삼아서, 후토에
해당하는 관부가 비게 되었으며, 여는 비록 화관의 신이지만, 실제로 후
토까지 겸하고 있다. 옛 학설도 이와 같이 설명한다.

其蟲倮[力果反].⟨133⟩

중앙에 해당하는 생물은 껍질이나 털로 뒤덮여 있지 않은 벌거벗은['倮'
자는 '力(력)'자와 '果(과)'자의 반절음이다.] 부류이다.

人爲倮蟲之長. 鄭氏以爲虎豹之屬.

사람은 나충 중에서도 수장이 된다. 정현은 호랑이나 표범의 부류로 여겼다.

其音宮, 律中黃鍾之宮.〈134〉

오음 중에서 중앙에 해당하는 음은 궁이고, 이 시기에 해당하는 율은 표준율인 황종의 궁이다.

宮音屬土, 又爲君, 故配之中央. 黃鍾本十一月律, 諸律皆有宮音, 而黃鍾之宮, 乃八十四調之首, 其聲最尊而大, 餘音皆自此起, 如土爲木·火·金·水之根本, 故以配中央之土. 土寄旺於四時, 宮音亦冠於十二律, 非如十二月以候氣言也.

오음 중에서 궁(宮)음은 오행으로 따지면 토에 속하고, 또한 군·신·민·사·물 중에서 가장 높은 군주가 된다. 그렇기 때문에 중앙에 배열한 것이다. 황종(黃鍾)은 본래 십이율을 12개월에 배열할 때 11월에 해당하는 율인데, 모든 율들은 모두 궁음을 내포하고 있고, 그 중에서도 황종의 궁조는 곧 팔십사조(八十四調)[2] 중에서도 첫 번째가 되니, 그 소

---

2) 팔십사조(八十四調)에 대해서 설명하자면, 십이율(十二律)의 각 율(律)들은 궁(宮), 상(商), 각(角), 변치(變徵), 치(徵), 우(羽), 변궁(變宮)이라는 7음의 음계로 이루어진다. 이 때 하나의 '율'에 대해서, 각 음계를 주음(主音)으로 삼아 만들어진 것이 조(調)이다. 하나의 '율'마다 7음의 음계로 구성되기 때문에, '조' 또한

리가 가장 높고 크며, 나머지 음들은 모두 이로부터 나오는데, 마치 토가 목·화·금·수의 근본이 되는 것과 같다. 그렇기 때문에 황종의 궁음을 중앙의 토에 배열한 것이다. 토는 사계절의 말미에 18일 동안 붙어서 왕성해지고, 황종의 궁음 또한 십이율 중에서도 으뜸이 되니, 여기에서 말하는 황종이라는 것은 마치 12개월마다 율관을 설명한 것처럼, 각 절기의 기운 변화를 측정하는 후기로써 말한 것이 아니다.

經文

其數五.〈135〉

중앙에 해당하는 수는 5이다.

集說

天五生土, 地十成之. 四時皆擧成數, 此獨擧生數者, 四時之物, 無土不成, 而土之成數, 又積水一火二木三金四以成十也. 四者成, 則土無不成矣.

하늘은 5에 토를 낳고, 땅은 10에 토를 완성시킨다. 그런데 사계절에 대한 기록에서는 모두 성수를 거론하면서, 여기에서만 유독 생수를 거론한 것은 사계절의 만물들은 토가 없으면 완성되지 않고, 토의 성수는 또한 수의 1, 화의 2, 목의 3, 금의 4가 쌓여서 10을 이루는 것이다. 수·화·목·금 네 가지가 완성되었다면, 토는 완성되지 않음이 없다.

궁조(宮調), 상조(商調), 각조(角調), 변치조(變徵調), 치조(徵調), 우조(羽調), 변궁조(變宮調) 등 7가지가 나온다. 이러한 '조'들은 '십이율'에 대해서 각각 만들어지기 때문에, 총 84개의 '조'가 생긴다. 이것이 바로 '팔십사조'라는 것이다.

其味甘, 其臭香.〈136〉

오미 중에서 중앙에 해당하는 맛은 단맛이고, 오취 중에서 중앙에 해당하는 냄새는 향내이다.

集說

甘香, 皆屬土.

단맛을 내는 것과 향내를 내는 것들은 모두 토에 속한다.

其祀中霤, 祭先心.〈137〉

오사 중에서 중앙에 해당하는 제사는 중류에 대한 제사로, 제사에서는 희생물의 심장을 먼저 바친다.

集說

古者陶復陶穴, 皆開其上以漏光明, 故雨霤之. 後因名室中爲中霤, 亦土神也. 祭先心者, 心居中, 君之象, 又火生土也.

고대에는 거주지로 복(復)을 만들기도 하고, 혈(穴)을 만들기도 했는데,3) 이 둘 모두는 그 위를 개방해서 빛이 스며들게 했다. 그렇기 때문

---

3) 복혈(復穴)은 복혈(複穴)이라고도 부른다. 복(復)자와 혈(穴)자는 혈거(穴居)를 뜻한다. 평지에 만든 것을 '복'이라고 부르며, 고지대에 만든 것을 '혈'이라고 부른다. 『예기』「월령(月令)」편에는 "其祀中霤."라는 기록이 있는데, 이에 대한 정현

에 빗물이 흐르게 된 것이다. 후대에 이것에 연유하여 방 중앙을 '중류(中霤)'라고 불렀으니, 이것은 한편으로 토신을 뜻하기도 한다. 제사에서 희생물의 심장을 먼저 바친다는 것은 심장이 희생물 몸체 중에서 중심에 위치하여, 인간사회로 따지자면 군주의 형상이 되고, 또한 오행의 상생 관계에서 화가 토를 낳으니, 화에 대비되는 것은 폐장이고, 오장의 순서로 따지면, 폐장 다음에 심장이 되기 때문이다.

蔡邕獨斷曰: 季夏土氣始盛, 其祀中霤. 霤神在室, 祀中霤, 設主于牖下.

채옹의 『독단』에서 말하길, "계하에 토 기운이 비로소 왕성해지니, 제사 지낼 대상은 중류이다. 중류의 신은 방에 위치하니, 중류에 제사지낼 때에는 들창 아래에 신주를 설치한다.

經文

天子居太廟太室. 〈138〉

중앙에 해당하는 시기에 천자는 정 중앙에 있는 태묘태실에 거처한다.

의 주에서는 "古者複穴, 是以名室爲霤云."이라고 풀이했다. 즉 정현은 옛 거주 건물인 복혈(複穴)에서 중류(中霤)라는 명칭이 유래되었다고 설명했는데, 이에 대한 공영달(孔穎達)의 소(疏)에서는 "複穴者, 謂窟居也. 古者窟居, 隨地而造, 若平地則不鑿, 但累土爲之, 謂之爲複, 言於地上重複爲之也. 若高地則鑿爲坎, 謂之爲穴. 其形皆如陶竈."라고 부연 설명하고 있다. 즉 '복'은 평지에 만드는 것으로, 구멍을 파지 않고, 단지 흙을 주변에 쌓아서 만든 거주지이다. 지면 위에 흙을 중첩되게 쌓았다는 의미로 '복'이라는 명칭이 생긴 것이다. 그리고 '혈'은 고지대에 구멍을 파서 만든 거주지이다.

中央之室也.

정중앙에 있는 방이다.

經文

乘大路, 駕黃駵, 載黃旂, 衣黃衣, 服黃玉, 食稷與牛, 其器圜
[圓]以閎. 〈139〉

중앙에 해당하는 시기에 천자는 대로(大路)[4]라는 수레를 타고, 그 수레
에는 황류라는 말에 멍에를 매게 해서 끌게 하며, 수레에는 황색의 깃발
을 세우고, 천자는 황색의 의복을 입으며, 황색의 옥으로 장식을 하고,
곡식 중에서는 기장과 고기 중에서는 소고기를 먹으며, 그것을 담는 그
릇은 둥글게['圜'자의 음은 '圓(원)'이다.] 만들면서도, 원만한 너비로 만든다.

---

4) 대로(大路)는 대로(大輅)라고도 부른다. 본래 천자가 타던 옥로(玉路: =玉輅)를
   가리킨다. '대로'라는 말은 수레들 중에 가장 크다는 뜻에서 붙여진 명칭이다.
   고대에는 천자가 타던 수레에 5종류가 있었다. 옥로(玉輅)·금로(金輅)·상로
   (象輅)·혁로(革輅)·목로(木輅)가 바로 천자가 타던 5종류의 수레인데, '옥로'가
   수레들 중 가장 컸기 때문에, '대로'라고도 불렸던 것이다. 『서』「주서(周書)·고
   명(顧命)」편에는 "大輅在賓階面."이라는 기록이 있는데, 이에 대한 공안국(孔安
   國)의 전(傳)에서는 "大輅, 玉."이라고 풀이했고, 공영달(孔穎達)의 소(疏)에서는
   "周禮巾車掌王之五輅, 玉輅·金輅·象輅·革輅·木輅, 是爲五輅也. …… 大
   輅, 輅之最大, 故知大輅玉輅也."라고 풀이했다. 한편 '옥로'는 옥(玉)으로 치장
   을 했기 때문에, '옥로'라는 명칭이 생기게 된 것인데, '옥로'에는 대상(大常)이라
   는 깃발을 세웠고, 깃발에는 12개의 치술을 달았으며, 주로 제사 때 사용하였다.
   『주례』「춘관(春官)·건거(巾車)」편에는 "王之五路, 一曰玉路, 鍚, 樊纓, 十有
   再就, 建大常, 十有二斿, 以祀."라는 기록이 있고, 이에 대한 정현의 주에서는
   "玉路, 以玉飾諸末."이라고 풀이했다.

圜者, 象土之周帀四時閎者, 寬廣之義, 象土之容物也.

‘원(圜)’은 토가 사계절에 두루 펴져 있는 것을 형상화한 것이다. ‘굉(閎)’은 관대하고 원만하다는 뜻으로, 토가 만물을 포용하는 것을 형상화한 것이다.

무분류-맹추(孟秋)

孟秋之月, 日在翼, 昏建星中, 旦畢中.〈140〉

맹추의 달에는 해와 달이 만나는 곳인 일이 28수 중 하나인 익수자리에 있고, 저녁 무렵에는 건성이 남쪽 하늘의 중앙에 위치하고, 동틀 무렵에는 필수가 남쪽 하늘의 중앙에 위치한다.

集說

翼宿在巳, 鶉尾之次. 建星說見仲春.

익수는 사자리에 위치하니, 순미의 자리이다. 건성에 대해서는 그 설명이 중춘에 대한 기록에 나온다.

經文

其日庚辛, 其帝少暤, 其神蓐收, 其蟲毛, 其音商, 律中夷則, 其數九, 其味辛, 其臭腥, 其祀門, 祭先肝.〈141〉

맹추의 달에 해당하는 일간은 경과 신이고, 맹추를 지배하는 제는 소호이며, 그 아래에서 보좌하는 신은 욕수(蓐收)[1]이고, 맹추에 해당하는

---

1) 욕수(蓐收)는 오행(五行) 중 금(金)의 기운을 주관하는 천상의 신(神)이다. 금(金)의 기운을 담당했기 때문에, 그 관부의 이름을 따서 금관(金官)이라고도 부르고, 관부의 수장이라는 뜻에서 금정(金正)이라고도 부른다. '욕수'는 소호씨(少暤氏)의 아들 또는 후손으로 알려져 있으며, 이름은 해(該)였다고 전해진다. 생전에

생물은 털로 뒤덮여 있는 종류이며, 오음 중에서 맹추에 해당하는 음은
상이고, 십이율 중에서 맹추의 기후에 반응하는 율관은 이칙에 해당하
며, 맹추에 해당하는 수는 9이고, 오미 중에서 맹추에 해당하는 맛은 매
운맛이며, 오취 중에서 맹추에 해당하는 냄새는 비린내이고, 오사 중에
서 맹추에 해당하는 사는 문으로, 제사를 지낼 때에는 희생물의 간장을
먼저 바친다.

集說

少皥, 白精之君, 金天氏也. 蓐收, 金官之臣, 少皥氏之子該也. 夷
則, 申律, 長五寸七百二十九分寸之四百五十一. 九, 金之成數也.
辛腥, 皆屬金. 秋陰氣出, 故祀門. 祭先肝, 金克木也.

'소호(少皥)'는 서방을 주관하는 백정의 제왕으로, 금천씨이다. '욕수(蓐
收)'는 금을 관장하는 관부의 수장으로, 소호씨의 아들 해(該)이다. '이
칙(夷則)'은 십이지 중에서 신에 해당하는 율로, 그 율관의 길이는 5촌
과 729분의 451촌이다. 9는 금의 성수이다. 매운맛을 내고, 비린내를 내
는 것들은 모두 금에 속한다. 가을에는 음기가 나타나기 때문에, 출입을
상징하는 문에 제사를 지낸다. 제사에서 간을 먼저 바치는 것은 가을에
해당하는 금의 기운이 간이 상징하는 목의 기운을 이기게 하기 위해서
이다.

....

금덕(金德)의 제왕이었던 소호(少皥: =金天氏)를 보좌하였고, 죽은 이후에는 금
관(金官)의 신이 되었다고도 전해진다. '오행' 중 금(木)의 기운은 각 계절 및
방위와 관련되어, '욕수'는 가을과 서쪽에 해당하는 신이라고도 부른다. 다만 금덕
(金德)을 주관했던 상위의 신은 '소호'이고, '욕수'는 소호를 보좌했던 신이다. 『예
기』「월령(月令)」편에는 "其日庚辛, 其帝少皥, 其神蓐收."라는 기록이 있는데,
이에 대한 정현의 주에서는 "蓐收, 少皥氏之子曰該, 爲金官."이라고 풀이했다.
『여씨춘추(呂氏春秋)』「맹추기(孟秋紀)」편에는 "其日庚辛, 其帝少皥, 其神蓐
收."라는 기록이 있는데, 이에 대한 고유(高誘)의 주에서는 "少皥氏裔子曰該,
皆有金德, 死託祀爲金神."이라고 풀이했다.

蔡邕獨斷曰: 門, 秋爲少陰, 其氣收成, 祀之於門. 祀門之禮, 北面, 設主于門左樞.

채옹의 『독단』에서 말하길, 문은 가을은 소음이 되어 그 기운은 수렴되어 완성되니, 수렴하여 안에서 성숙시킨다는 의미에서 문에 제사를 지내는 것이다. 문에 제사를 지내는 예법은 북면을 하고서, 문의 좌측 지도리에 신주를 설치한다.

經文

涼風至, 白露降, 寒蟬鳴, 鷹乃祭鳥, 用始行戮.〈142〉

맹추의 달에 찬바람이 불어오고, 서리처럼 흰 이슬이 내리며, 쓰르라미가 울고, 매가 사냥을 한 후, 곧 사냥으로 잡은 새들을 늘어놓고 제사지내는 것처럼 하면, 비로소 엄한 정책인 형륙을 시행한다.

集說

此記申月之候. 鷹欲食鳥之時, 先殺鳥而不食, 似人之食而祭先代爲食之人也. 用始行戮, 順時令也.

이것은 7월의 기후 조짐을 기록한 것이다. 매가 새를 잡아먹고자 할 때 먼저 새를 죽이고서 먹지 않고 늘어놓는데, 이것은 마치 사람이 식사를 함에 두에 음식을 미리 덜어놓고, 선대에 음식을 만들었던 사람에게 제사를 지내는 것과 비슷하다. 그래서 '제조(祭鳥)'라고 한 것이다. 비로소 형륙을 시행한다는 것은 가을의 엄정한 시령에 따르는 것이다.

天子居總章左个.⟨143⟩

맹추의 달에 천자는 총장의 좌개에 거처한다.

大廟西堂南偏.

태묘의 서쪽 당 남쪽 편실이다.

乘戎路.⟨144⟩

맹추의 달에 천자는 융로(戎路)[2]를 탄다.

兵車也.

전쟁용 수레이다.

---

2) 융로(戎路)는 군주가 군중(軍中)에 있을 때 타던 수레이다. 전쟁용 수레를 범칭
하는 용어로도 사용된다. 『주례』「춘관(春官)·거복(車僕)」편에는 "車僕, 掌<u>戎</u>
<u>路</u>之萃."라는 기록이 있는데, 이에 대한 정현의 주에서는 "戎路, 王在軍所乘也."
라고 풀이했다. 한편 고대의 천자가 사용하던 5종류의 수레 중에는 혁로(革輅)라
는 것이 있었다. '혁로'는 전쟁용으로 사용했던 수레인데, 간혹 제후의 나라에
순수(巡守)를 갈 때 사용하기도 하였다. 가죽으로 겉을 단단하게 동여매서 고정
시키고, 옻칠만 하고, 다른 장식을 하지 않았기 때문에, '혁로'라고 부르는 것이다.
『주례』「춘관(春官)·건거(巾車)」편에는 "<u>革路</u>, 龍勒, 條纓五就, 建大白, 以卽
戎, 以封四衞."라는 기록이 있고, 이에 대한 정현의 주에서는 "革路, 鞎之以革而
漆之, 無他飾."이라고 풀이했다.

駕白駱.〈145〉

맹추의 달에 천자는 융로에 백락이라는 말에 멍에를 매게 해서 끌게 한다.

白馬黑鬣曰駱.

몸 전체가 흰색인 말에 검은색 갈기가 있는 것을 '낙(駱)'이라고 부른다.

載白旂, 衣白衣, 服白玉, 食麻與犬, 其器廉以深.〈146〉

맹추의 달에 천자는 수레에는 백색의 깃발을 세우고, 천자는 흰색의 의복을 입으며, 백색의 옥으로 장식을 하고, 곡식 중에서는 마의 열매와 고기 중에서는 개고기를 먹는데, 그것을 담는 그릇은 뾰족하게 만들면서도 깊게 만든다.

廉, 稜角也, 亦矩之義. 深, 則收藏之意.

'염(廉)'은 뾰족한 모서리이니, 또한 곱자의 뜻도 된다. 깊게 만드는 것은 수렴하여 보관한다는 뜻이다.

是月也, 以立秋, 先立秋三日, 太史謁之天子曰: "某日立秋, 盛德在金." 天子乃齊, 立秋之日, 天子親帥三公·九卿·諸侯·大夫, 以迎秋於西郊, 還反, 賞軍帥[所類反]武人於朝. 天子乃命將帥, 選士厲兵, 簡練桀俊, 專任有功, 以征不義, 詰[其吉反]誅暴慢, 以明好[去聲]惡[去聲], 順彼遠方.〈147〉

맹추의 달에는 24절기 중의 하나인 입추가 있기 때문에, 입추일 3일 전에 태사가 천자에게 고하며 말하길, "어떠한 날이 입추가 되며, 그 날에는 천지를 생육시키는 성대한 덕이 금의 위치에 있게 됩니다."라고 한다. 그러면 천자는 곧 재계를 하고, 입추 당일 날에는 천자가 삼공·구경·제후·대부들을 친히 이끌고 가서, 서쪽 교외에서 가을을 맞이하는 행사를 시행하고, 다시 궁성으로 되돌아 와서는 조정에서 군대의 장수와['帥'자는 '所(소)'자와 '類(류)'자의 반절음이다.] 무사들에게 상을 하사한다. 그런 뒤에 천자는 다시 장수에게 명령하여, 무사들을 선발하고 병기들을 손질하며, 빼어나고 뛰어난 자들을 가려 선발하여 훈련시키게 한다. 그리고 천자는 대장들 중에서 공적이 있는 자들을 중요 직책에 전권을 부여하여 임명해서, 의롭지 못한 나라를 정벌하고, 포악하고 태만한 자들을 힐책하고['詰'자는 '其(기)'자와 '吉(길)'자의 반절음이다.] 주살하여, 천자의 좋아함과['好'자는 거성으로 읽는다.] 싫어함이['惡'자는 거성으로 읽는다.] 공정하다는 것을 온 천하에 드러내서, 저 멀리 있는 오랑캐들도 복종하게 만든다.

簡練, 簡擇而練習之也. 專任有功, 謂大將有已試之功, 乃使之專主其事也. 詰者, 問其罪, 誅者, 戮其人. 殘下謂之暴, 慢上謂之慢. 順, 服也. 好惡明, 則遠方順服.

'간련(簡練)'은 가려 뽑아내서 훈련시키는 것이다. 공적이 있는 자들에게 중요 직책을 전적으로 임명한다는 것은 대장들 중에서 이미 시험을 통과한 공적이 있는 자들에 대해서, 곧 그들로 하여금 그 일을 전적으로 맡도록 하는 것을 뜻한다. '힐(詰)'이라는 것은 그 죄를 문책하는 것이고, '주(誅)'라는 것은 그 사람을 죽이는 것이다. 아랫사람에게 잔학하게 구는 것을 '포(暴)'라고 부르며, 윗사람에게 태만하게 구는 것을 '만(慢)'이라고 부른다. '순(順)'은 복종시키는 것이다. 천자의 좋아함과 싫어함이 온 천하에 드러나면, 멀리 있는 오랑캐들도 복종하게 된다.

是月也, 命有司, 脩法制, 繕囹圄, 具桎梏, 禁止姦, 愼罪邪, 務搏執.〈148〉

맹추의 달에 천자는 유사에게 명령하여, 법제를 정비하고, 감옥을 수리하며, 질곡 등의 형벌 도구들을 갖추고, 간사한 마음을 품지 못하도록 금지하며, 사벽한 일에 대해 신중히 죄를 주고, 죄인을 심문하거나 구속하는 것에 힘쓰도록 한다.

集說

繕, 治也. 姦在人心, 故當有以禁止之. 邪見於行, 故愼以罪之. 務, 事也. 搏, 戮也. 執, 拘也.

'선(繕)'은 수리한다는 뜻이다. 간사함은 사람들의 마음속에 있는 것이기 때문에, 마땅히 이러한 법률과 형벌 도구 등이 잘 정비되어 있음을 보여서, 사람들로 하여금 금지시켜야 하는 것이다. 사벽함은 행동으로 드러나는 것이기 때문에, 신중하게 죄를 물어야 한다. '무(務)'는 일삼는다는 뜻이다. '박(搏)'은 취조하는 것이다. '집(執)'은 구속하는 것이다.

命理, 瞻傷察創[平聲]視折[哲], 審斷決, 獄訟必端平, 戮有罪, 嚴
斷刑.〈149〉

맹추의 달에 천자는 감옥을 담당하는 관리에게 명령하여, 피부에 상처
를 입은 죄수들을 돌봐주고, 살점이 떨어져 피를 흘린 죄수들을['創'자는
평성으로 읽는다.] 보살펴주며, 골절된 죄인들을['折'자의 음은 '哲(철)'이다.]
돌봐주고, 판결 내림을 자세히 살펴서, 옥송을 반드시 바르고 공평하게
하고, 죄지은 자를 형벌 줌에 형벌에 대한 판정을 엄정하게 한다.

集說

理, 治獄之官也. 傷者, 損皮膚, 創者, 損血肉, 折者, 損筋骨也. 嚴
者, 謹重之意, 非峻急之謂也.

'이(理)'는 감옥을 다스리는 관리이다. '상(傷)'은 피부가 손상된 것이다.
'창(創)'은 피와 살이 손상된 것이다. '절(折)'은 근골이 손상된 것이다.
'엄(嚴)'은 엄정하고 신중하다는 뜻으로, 혹독하고 급하게 처리함을 말하
는 것이 아니다.

經文

天地始肅, 不可以贏.〈150〉

맹추의 달에는 천지의 기운이 비로소 엄숙해지기 시작하니, 그 기운에
호응하여 엄숙한 정치를 시행하되, 음기를 넘쳐나게 해서는 안 된다.

朱氏曰: 陽道常饒, 陰道常乏, 故贊化者, 不可使陰氣之贏也.

주씨가 말하길, 양도는 항상 풍만해 있고, 음도는 항상 결핍되어 있다. 그렇기 때문에 천지의 기운을 도와서 조화롭게 하는 자는 음기가 넘쳐 나게 해서는 안 된다.

經文

是月也, 農乃登穀, 天子嘗新, 先薦寢廟. 命百官, 始收斂, 完
隄坊[防], 謹壅塞, 以備水潦, 脩宮室, 坏[培]垣墻, 補城郭.〈151〉

맹추의 달에 농부가 곧 햇곡식을 바치게 되면, 천자는 그 햇곡식을 맛보되, 먹기 전에 먼저 침묘에 바친다. 그리고 백관에게 명령하여, 비로소 조세를 거둬들이게 하고, 제방을['坊'자의 음은 '防(방)'이다.] 완비하며, 저수지를 보수하길 신중하게 해서, 수해를 대비하고, 궁실을 정비하고, 담장을 두텁게 하고['坏'자의 음은 '培(배)'이다.] 성곽을 보수한다.

集說

所以爲水潦之備者, 以月建在酉, 酉中有畢星, 好雨也.

수해를 대비하기 위한 것들로, 다음 달에 북두칠성의 자루가 유자리에 놓이는데, 유자리에는 28수 중 하나인 필성이 있고, 필성은 그 성향이 비를 선호하기 때문이다.

是月也, 毋以封諸侯·立大官.〈152〉

맹추의 달에 천자는 제후를 분봉해주거나 고위 관직을 수여해주지 않는다.

記者但賞以春夏, 刑以秋冬之義, 不知古者嘗祭之時則有出田邑之制, 故注謂禁封諸侯及割地, 爲失其義也.

『예기』를 기록한 자는 단지 상을 주는 것은 봄과 여름에 하고, 형벌을 내리는 것은 가을과 겨울에 한다는 뜻만을 알고, 옛날에 천자가 가을에 종묘에서 상(嘗)3)제사 때 전읍을 하사해주었던 제도가 있었음을 알지 못했다. 그렇기 때문에 정현의 주에서도 제후를 분봉해주거나 봉지를 할당해주는 것을 금지한다는 기록은 모두 고대부터 행해졌던 본래의 의미를 놓쳤다고 말한 것이다.

---

3) 상(嘗)은 가을에 종묘(宗廟)에서 지내는 제사를 뜻한다. 『이아』「석천(釋天)」편에는 "春祭曰祠, 夏祭曰礿, 秋祭曰嘗, 冬祭曰烝."이라는 기록이 있다. 즉 봄에 지내는 제사를 '사(祠)'라고 부르며, 여름에 지내는 제사를 '약(礿)'이라고 부르고, 가을에 지내는 제사를 '상(嘗)'이라고 부르며, 겨울에 지내는 제사를 '증(烝)'이라고 부른다. 한편 '상'제사는 성대한 규모로 거행하였기 때문에, '대상(大嘗)'이라고도 불렸으며, 가을에 지낸다는 뜻에서, '추상(秋嘗)'이라고도 불렸다. 또한 『춘추번로(春秋繁露)』「사제(四祭)」편에서는 "四祭者, 因四時之所生孰而祭其先祖父母也. 故春曰祠, 夏曰礿, 秋曰嘗, 冬曰烝. …… 嘗者, 以七月嘗黍稷也."이라고 하여, 가을 제사인 상(嘗)제사는 7월에 시행하며, 서직(黍稷)을 흠향하도록 지낸다는 뜻에서 맛본다는 뜻의 '상'자를 붙였다고 설명한다.

毋以割地・行大使[去聲]・出大幣.〈153〉

맹추의 달에 천자는 전지를 할당해주거나 큰 사절단을['使'자는 거성으로 읽는다.] 보내거나 큰 폐백을 보내는 것을 하지 않는다.

集說

以其違收斂之令也.

수렴하는 정령에 위배되기 때문이다.

經文

孟秋行冬令, 則陰氣大勝, 介蟲敗穀, 戎兵乃來.〈154〉

만약 천자가 맹추의 달에 맹동에 집행해야 할 정령을 시행하게 된다면, 음기가 양기를 너무 앞도하게 되고, 단단한 껍질이 있는 개충들이 곡식을 망치고, 적의 군대가 곧 들이닥치게 된다.

集說

此亥水之氣所泄也.

이러한 현상들은 십이지 중에서 10월의 수 기운이 새어나와서 발생시킨 것이다.

行春令, 則其國乃旱.⟨155⟩

만약 천자가 맹추의 달에 맹춘에 집행해야 할 정령을 시행하게 된다면,
그 나라는 곧 가물게 된다.

蟹有食稻者, 謂之稻蟹, 亦介蟲敗穀之類. 寅中箕星, 好風, 能散雲
雨, 故致旱.

해라는 곤충 중에는 벼를 먹어치우는 것이 있으니, 그것을 '도해(稻蟹)'
라고 부르며, 또한 도해라는 곤충은 딱딱한 껍질을 가지고 있으며 곡식
을 해치는 부류이다. 맹춘에 해당하는 인자리에는 28수 중 하나인 기성
이 있고, 기성은 그 성향이 바람을 선호하여, 비구름을 흩어버릴 수 있
다. 그렇기 때문에 가물게 되는 것이다.

陽氣復還, 五穀無實.⟨156⟩

음기가 성장해야 함에도 불구하고, 양기가 다시 되돌아와 강성해지고,
오곡은 여물지 않게 된다.

寅木之氣所損也.

1월의 목 기운이 맹추의 기운을 손상시켜서이다.

行夏令, 則國多火災, 寒熱不節, 民多瘧疾.〈157〉

만약 천자가 맹추의 달에 맹하에 집행해야 할 정령을 시행하게 된다면,
나라에는 화재가 많아지고, 추위와 더위가 절도에 맞지 않게 되며, 백성
들은 학질에 걸리는 경우가 많아진다.

巳火之氣所傷也.

4월의 화 기운이 맹추의 기운을 손상시켜서이다.

무분류-중추(仲秋)

經文

仲秋之月, 日在角, 昏牽牛中, 旦觜[玆]觽[携]中.〈158〉

중추의 달에는 해와 달이 만나는 곳인 일이 28수 중 하나인 각수자리에
있고, 저녁 무렵에는 견우가 남쪽 하늘의 중앙에 위치하고, 동틀 무렵에
는 자휴가['觜'자의 음은 '玆(자)'이다. '觽'자의 음은 '携(휴)'이다.] 남쪽 하늘의
중앙에 위치한다.

集說

角在辰, 壽星之次也.

각수는 진자리에 위치하니, 수성의 자리이다.

經文

其日庚辛, 其帝少皞, 其神蓐收, 其蟲毛, 其音商, 律中南呂,
其數九, 其味辛, 其臭腥, 其祀門, 祭先肝.〈159〉

중추의 달에 해당하는 일간은 경과 신이고, 중추를 지배하는 제는 소호이
며, 그 아래에서 보좌하는 신은 욕수이고, 중추에 해당하는 생물은 털로
뒤덮여 있는 종류이며, 오음 중에서 중추에 해당하는 음은 상이고, 십이
율 중에서 중추의 기후에 반응하는 율관은 남려에 해당하며, 중추에 해당
하는 수는 9이고, 오미 중에서 중추에 해당하는 맛은 매운맛이며, 오취
중에서 중추에 해당하는 냄새는 비린내이고, 오사 중에서 중추에 해당하
는 사는 문으로, 제사를 지낼 때에는 희생물의 간장을 먼저 바친다.

南呂, 酉律, 長五寸三分寸之一.

'남려(南呂)' 유에 해당하는 율로, 그 율관의 길이는 5촌과 3분의 1촌이다.

盲風至, 鴻鴈來, 玄鳥歸, 群鳥養羞.⟨160⟩

중추의 달에는 사납고 빠른 바람이 불어오고, 기러기가 북쪽에서부터 찾아오며, 제비가 돌아가고, 뭇 새들이 겨울 동안 먹을 양식을 저장한다.

此記酉月之候. 盲風, 疾風也. 孟春言鴻鴈來, 自南而來北也, 此言來, 自北而來南也. 仲春言玄鳥至, 此言歸, 明春來而秋去也. 羞者, 所美之食, 養羞者, 藏之以備冬月之養也.

이것은 8월의 기후 조짐을 기록한 것이다. '맹풍(盲風)'은 사납고 빠른 바람이다. 맹춘에 기러기가 찾아온다고 말한 것은 남쪽으로부터 북쪽으로 날아오는 것이며, 여기에서 찾아온다고 말한 것은 북쪽으로부터 남쪽으로 날아오는 것이다. 중춘에 제비가 날아온다고 말하고, 여기에서 돌아간다고 말했으니, 제비는 봄에 찾아와서 가을에 떠나가는 것을 나타낸다. '수(羞)'는 맛좋은 음식으로, 수를 양한다는 것은 수를 저장해서 겨울철을 보낼 양식을 준비한다는 것이다.

天子居總章太廟, 乘戎路, 駕白駱, 載白旂, 衣白衣, 服白玉,
食麻與犬, 其器廉以深.〈161〉

중추의 달에 천자는 총장의 태묘에 거처하고, 융로를 타며, 융로에 백락
이라는 말에 멍에를 매게 해서 끌게 하고, 수레에는 백색의 깃발을 세
우며, 흰색의 의복을 입고, 백색의 옥으로 장식을 하며, 곡식 중에서는
마의 열매와 고기 중에서는 개고기를 먹고, 그것을 담는 그릇은 뾰족하
게 만들면서도 깊게 만든다.

集說

總章太廟, 西堂當太室也.

총장태묘는 서쪽 당 중에 정중앙에 있는 태실과 맞닿아 있는 곳이다.

經文

是月也, 養衰老, 授几杖, 行糜粥飲食.〈162〉

중추의 달에 천자는 쇠약해진 노인들을 보양하는데, 안석과 지팡이를
하사해주고, 미음과 음식들을 하사해준다.

集說

月至四陰, 陰已盛矣. 時以陽衰陰盛爲秋, 人以陽衰陰盛爲老. 養衰
老, 順時令也. 几杖, 所以安其身, 飲食, 所以養其體. 行, 猶賜也.
糜, 卽粥也.

이 달은 4음에 도달하여, 음기가 이미 왕성해져 있다. 계절은 양기가 쇠약해지고 음기가 왕성해지면 가을이 되고, 사람은 양기가 쇠약해지고 음기가 왕성해지면 늙게 된다. 쇠약해진 노인을 봉양하는 것은 시령에 순응하는 것이다. 안석과 지팡이는 그 신체를 편안하게 해주는 것이며, 음식은 그 신체를 보양해주는 것이다. '행(行)'자는 하사한다는 뜻이다. '미(糜)'는 죽이다.

經文

乃命司服, 具飭衣裳, 文繡有恒, 制有小大, 度有長短, 衣服有量, 必循其故, 冠帶有常.⟨163⟩

중추의 달에 천자는 곧 사복에게 명령을 하여, 의상을 갖추고 정비하도록 하니, 제사 의복은 윗옷에 무늬를 그려놓고 아랫도리를 수놓는 데에는 정해진 제도가 있고, 제사 의복을 제작할 때에는 수놓는 도안에 작고 큰 차이가 있으며, 제사 의복을 재단함에는 길이에 길고 짧은 차이가 있다. 그리고 제사 의복을 제외한 나머지 의복들에도 일정한 규범이 있으니, 이러한 것들은 반드시 옛 법식을 따르도록 하고, 관과 대를 제작함에도 따라야 하는 일정한 법식이 있다.

集說

司服, 官名. 具飭, 條具而飭正之也. 上曰衣, 下曰裳, 衣繪而裳繡, 祭服之制也. 有恒, 有定制也. 小大, 小則玄冕之一章, 大則袞冕之九章也. 長短, 謂衣長而裳短也. 衣服, 謂朝服燕服及他服之當爲寒備者也. 各有劑量, 必率循故法, 不得更爲新異也. 冠與帶亦各有常制, 因造衣, 并作之.

'사복(司服)'은 의복을 담당하는 관직 이름이다. '구칙(具飭)'은 조목조목 갖추고 정비하여 바르게 한다는 뜻이다. 윗옷을 '의(衣)'라 부르고, 아랫도리를 '상(裳)'이라 부르니, 윗옷에 무늬를 그려놓고 아랫도리에 수놓는 것이 제사때 입는 옷을 제작하는 제도이다. '유항(有恒)'은 정해진 제도가 있다는 뜻이다. '소대(小大)'라고 할 때의 소는 현면(玄冕)[1]의 1장을 뜻하고, 대는 곤면(袞冕)[2]의 9장을 뜻한다. '장단(長短)'은 윗옷은 길게 하고 아랫도리는 짧게 한다는 뜻이다. '의복(衣服)'은 정무를 볼 때 입는 조복(朝服)이나 연회를 할 때 입는 연복(燕服) 및 기타 복장들은 추위에 대비하기 위해, 두껍게 만들어야 하는 것을 말한다. 이러한 의복들에는 각각 정해진 법도가 있으니, 반드시 옛 법식에 따라 만들어야 하며, 옛 법식과 어긋나는 차이점을 만들어서는 안 된다. 관과 대도 또한 각각 정해진 제도가 있으므로, 의복을 재단할 때 관과 대 또한 옛 법식에 맞춰서 함께 만드는 것이다.

---

1) 현면(玄冕)은 현의(玄衣)와 면류관을 뜻한다. 본래 천자 및 제후의 제사복장으로, 비교적 중요성이 덜한 제사 때 입는다. '현의' 중 상의에는 무늬가 들어가지 않고, 하의에만 불(黻)을 수놓는다. 『주례』「춘관(春官)·사복(司服)」편에는 "祭群小祀則玄冕."이라는 기록이 있고, 이에 대한 정현의 주에서는 "玄者, 衣無文, 裳刺黻而已, 是以謂玄焉."이라고 풀이했다.

2) 곤면(袞冕)은 곤룡포와 면류관을 뜻한다. 본래 천자의 제사복장으로, 비교적 중요한 제사 때 입는다. 윗옷과 아랫도리에 새겨진 무늬 등은 9가지이다. 『주례』「춘관(春官)·사복(司服)」편에는 "享先王則袞冕."이라는 기록이 있다. 이에 대한 정현의 주에서는 "冕服九章, 登龍於山, 登火於宗彝, 尊其神明也. 九章, 初一曰龍, 次二曰山, 次三曰華蟲, 次四曰火, 次五曰宗彝, 皆畫以爲繢. 次六曰藻, 次七曰粉米, 次八曰黼, 次九曰黻, 皆希以爲繡. 則袞之衣五章, 裳四章, 凡九也."라고 풀이했다. 즉 '곤면'의 윗옷에는 용(龍), 산(山), 화충(華蟲), 화(火), 종이(宗彝) 등 5가지 무늬를 그려놓고, 아랫도리에는 조(藻), 분미(粉米), 보(黼), 불(黻) 등 4가지를 수놓았다.

乃命有司, 申嚴百刑, 斬殺必當[去聲], 毋或枉橈[女敎反], 枉橈不當, 反受其殃.〈164〉

중추의 달에 천자는 곧 유사에게 명령하여, 모든 형벌을 거듭 엄정하게
시행하도록 하고, 사형을 내릴 때에는 반드시 합당하게['當'자는 거성으로
읽는다.] 하여, 혹시라도 법을 왜곡시키는['橈'자는 '女(녀)'자와 '敎(교)'자의 반
절음이다.] 일이 없게끔 해야 하니, 만약 법을 왜곡시켜 판결을 내려서
사형을 내린 것이 합당하지 않게 된다면, 반대로 그 재앙을 받게 될 것
이다.

集說

刑罰之令, 前月已行, 此月又申戒之也. 枉橈, 皆屈曲之義, 謂不申
正理, 而違法斷之. 以逆理故, 必反受殃禍也.

형벌에 대한 정령은 맹추에 이미 시행했으므로, 이달에는 또한 거듭 경
계시킨 것이다. '황(枉)'과 '요(橈)'는 모두 굴곡 시킨다는 뜻으로, 올바른
이치를 사용하지 않고 법을 위배하여 판정하는 것을 말한다. 이치를 거
슬렀기 때문에 반드시 재앙과 불행을 거꾸로 받게 된다.

經文

是月也, 乃命宰祝, 循行[去聲]犧牲, 視全具, 按芻豢, 瞻肥瘠,
察物色, 必比類, 量小大, 視長短, 皆中度, 五者備當[去聲], 上
帝其饗.〈165〉

중추의 달에 천자는 곧 희생물 담당관인 재와 신에게 고하는 일을 담당
하는 축에게 명령을 하여, 희생물의 상태를 순찰하게['行'자는 거성으로 읽

는다.] 하니, 희생물 털색깔이 잡색이 섞이지 않은 순색인지 여부와 신체적으로 결함이 없는 온전한 것인지를 살피고, 소·양·개·돼지를 사육하는데 소용되는 사료들을 순시하며, 희생물이 사육이 잘 되어 살쪘는지 아니면 사육이 제대로 안되어 야위었는지 검사하여, 반드시 음양의 부류에 맞게끔 해당하는 희생물을 사용하게 하며, 희생물의 크고 작은 수치를 헤아리고, 희생물로 사용될 것이 커야하는지 아니면 작아야 하는지를 살펴서 모두 법도에 맞게끔 하니, 이 다섯 가지 사항을 갖춘 상태가 합당한['當'자는 거성으로 읽는다.] 희생물이라면, 상제도 그 제물을 흠향하게 될 것이다.

集說

宰, 主牲者, 祝, 告神者. 全, 謂色不雜, 具, 謂休無損也. 養牛羊曰芻, 養犬豕曰豢. 得其養則肥, 失其養則瘠. 物色或騂或黝, 陽祀用騂牲, 陰祀用黝牲. 比類者, 比附陰陽之類而用之也. 小大以體言, 長短以角言, 皆欲中法度也. 所視·所案·所瞻·所察·所量, 五者悉備而當於事, 上帝且歆饗之矣, 況群神乎?

'재(宰)'는 희생물에 대한 전반적인 일을 주관하는 자이며, '축(祝)'은 신에게 고하는 일을 담당하는 자이다. '전(全)'은 희생물의 털 색깔이 잡색이 섞이지 않은 것을 말하며, '구(具)'는 희생물의 몸체에 결함이 없는 것을 말한다. 소와 양을 사육하는 사료를 '추(芻)'라 부르며, 개와 돼지를 사육하는 사료를 '환(豢)'이라 부른다. 사육을 제대로 받으면 살찌게 되고, 사육을 제대로 받지 못하면 야위게 된다. 희생물의 털색이 어떤 것은 붉은빛을 띠고, 어떤 것은 검은빛을 띠는데, 양사(陽祀)[3]에는 털색이 붉은 희생물을 사용하고,[4] 음사(陰祀)[5]에서는 털색이 검은 희생물을

---

3) 양사(陽祀)는 남교(南郊)에서 지내는 천(天)에 대한 제사와 종묘(宗廟)에 대한 제사를 가리킨다. 『주례』「지관(地官)·목인(牧人)」편의 기록에 대해서, 정현의 주에서는 "陽祀, 祭天於南郊及宗廟."라고 풀이했다.

사용한다.6) '비류(比類)'라는 것은 음양의 부류에 맞춰서, 희생물을 사용하는 것이다. '소대(小大)'는 몸집크기를 기준으로 말한 것이며, '장단(長短)'은 뿔의 크기를 기준으로 말한 것이니, 모두 법도에 맞게끔 하고자 한 것이다. 살펴보고, 순시하며, 검사하고, 살피며, 헤아린 것 등 다섯 가지가 모두 갖춰져서 그 사안에 합당하다면, 상제 또한 그것을 흠향할 것이니, 하물며 뭇 신들이라면 어떠하겠는가?

經文

天子乃難[那], 以達秋氣. 以犬嘗麻, 先薦寢廟.⟨166⟩

중추의 달에 천자는 곧 재앙을 몰아내는 의식을['難'자의 음은 '那(나)'이다.] 거행하여, 서늘한 가을의 기운이 다다르게 한다. 그리고 천자는 이 시기에 개고기를 곁들여 마의 열매를 먹되, 먹기 전에 먼저 침묘에 바친다.

集說

季春命國難, 以畢春氣, 此獨言天子難者, 此爲除過時之陽暑. 陽者君象, 故諸侯以下, 不得難也. 暑氣退, 則秋之涼氣通達, 故云以達秋氣也.

계춘 때에는 수도의 관리들에게 명령하여 재앙을 몰아내는 의식을 시행해서, 봄의 사악한 음 기운을 멈추게 했는데, 여기에서는 유독 천자만이

---

4) 『주례』「지관(地官)·목인(牧人)」: 凡陽祀, 用騂牲, 毛之.
5) 음사(陰祀)는 북교(北郊)에서 지내는 지(地)에 대한 제사와 사직(社稷)에 대한 제사를 가리킨다. 『주례』「지관(地官)·목인(牧人)」편의 기록에 대해서, 정현의 주에서는 "陰祀, 祭地北郊及社稷也."라고 풀이했다.
6) 『주례』「지관(地官)·목인(牧人)」: 陰祀, 用黝牲, 毛之.

재앙을 몰아내는 의식을 한다고 말했다. 그 이유는 이때의 의식은 한풀 꺾인 양기의 더위를 제거하는 것이기 때문이다. 양이라는 것은 군주를 상징하기 때문에, 제후 이하의 사람들은 나의식을 할 수 없다. 더운 기운이 물러가면 가을의 서늘한 기운이 두루 미치게 된다. 그렇기 때문에 "이로써 가을의 기운을 다다르게 한다."고 말한 것이다.

經文

是月也, 可以築城郭, 建都邑, 穿竇窖[敎], 脩囷倉.〈167〉

중추의 달에는 성곽을 축조할 수 있고, 도읍을 건설할 수 있으며, 곡식 보관할 구덩이를['窖'자의 음은 '敎(교)'이다.] 팔 수 있고, 곡식창고를 보수 할 수 있다.

集說

四者, 皆爲斂藏之備. 穿地圓曰竇, 方曰窖.

네 가지 행위는 모두 거둬 수렴함을 대비하기 위해서이다. 지면에 구멍을 냄에 둥글게 파는 것을 '두(竇)'라 부르고, 네모지게 파는 것을 '교(窖)'라 부른다.

經文

乃命有司, 趣[促]民收斂, 務畜[蓄]菜, 多積[恣]聚.〈168〉

중추의 달에 천자는 곧 유사에게 명령하여, 백성들을 재촉하여['趣'자의 음은 '促(촉)'이다.] 조세를 거둬들이게 하고, 겨울철 동안 먹을 채소를 절여서 비축하는데['畜'자의 음은 '蓄(축)'이다.] 힘쓰며, 겨울을 나기 위해 소용되는 물품 모으는['積'자의 음은 '恣(자)'이다.] 것을 많이 하게 한다.

孟秋已有收斂之命矣, 此趨之, 以時不可緩故也. 菜所以助穀之不足, 故畜之爲備. 多積聚者, 凡可爲歲備者, 無不貯儲也.

맹추에 이미 조세를 거둬들이라는 명령이 있었는데, 여기에서 재촉을 한 것은 곧 겨울이 들이닥치게 되므로, 시기적으로 느슨하게 할 수 없기 때문이다. 채소는 곡식의 부족함을 보충해주는 것이기 때문에, 그것들을 축적하여 겨울철 양식을 준비하는 것이다. '자취(積聚)'를 많이 한다는 것은 한 해의 끝을 대비할 수 있는 것들을 저장해두지 않음이 없는 것이다.

乃勸種[去聲]麥, 毋或失時, 其有失時, 行罪無赦.〈169〉

중추의 달에 천자는 곧 보리 파종하는['種'자는 거성으로 읽는다.] 것을 권장하여, 혹시라도 파종하는 시기를 놓치는 일이 없도록 하니, 만일 시기를 놓치는 경우가 있다면, 벌을 줌에 주저하지 않는다.

麥所以續舊穀之盡, 而及新穀之登, 尤利於民, 故特勸種而罰其惰者.

보리는 올해 가을에 수확하여 저장해두었던 옛 식량의 고갈됨을 보완하여, 다음해 가을에 수확되는 새로운 식량이 익을 때까지 버티게 해주는 것으로, 백성들에게 더더욱 이로운 것이기 때문에, 특별히 보리 파종을 권장하고, 보리 파종에 게으른 자를 벌주는 것이다.

經文

是月也, 日夜分, 雷始收聲, 蟄蟲坏[培]戶, 殺氣浸盛, 陽氣月衰, 水始涸.〈170〉

중추의 달에는 추분이 있어서, 낮과 밤의 길이가 균등하게 되고, 천둥이 비로소 소리를 거두어 내려치지 않게 되며, 겨울철에 칩거하는 곤충들은 땅구멍을 막기['坏'자의 음은 '培(배)'이다.] 시작하며, 살기가 차츰차츰 왕성해지고, 양의 기운이 날로 쇠약해지며, 물이 비로소 말라버리기 시작한다.

集說

坏, 益其蟄穴之戶, 使通明處稍小, 至寒甚乃僅塞之也. 水本氣之所爲, 春夏氣至, 故長, 秋冬氣返, 故涸也.

'배(坏)'는 칩거하는 구멍의 문을 두텁게 하여, 빛이 들어오는 곳을 점점 작게 만드는 것이니, 추위가 심해질 때에 이르게 되면, 곧 흙을 발라서 막아버리는 것이다. 물은 본래 기운이 작용하여 만든 것으로, 봄과 여름의 기운이 도래하기 때문에 많아지는 것이고, 가을과 겨울의 기운이 되돌아왔기 때문에 말라버리는 것이다.

經文

日夜分, 則同度量, 平權衡, 正鈞石, 角斗甬.〈171〉

낮과 밤의 길이가 같아지는 추분이 되면, 길이 단위인 도와 용량 단위인 양을 동일하게 바로잡으니, 저울추인 권과 저울대인 형을 균평하게 하고, 30근이 되는 균의 추와 120근이 되는 석의 추 등을 바르게 만들며, 한 말인 두와 한 섬인 용 등의 용량을 비교하여 바로잡는다.

集說

此與仲春同.

이것은 중춘의 기록과 동일하다.

經文

是月也, 易關市, 來商旅, 納貨賄, 以便民事. 四方來集, 遠鄕皆至, 則財不匱, 上無乏用, 百事乃遂.〈172〉

중추의 달에는 관문과 시장에서 세금을 적게 거둬, 상업 활동을 손쉽게 만들어서, 상인들을 찾아오게 하고, 화회(貨賄)[7]가 들어오게 만들어서, 이러한 자금력으로 백성들의 일을 편리하도록 만들어 준다. 사방의 상인과 재화가 찾아들어 쌓이게 되고, 먼 곳의 상인과 재화들도 모두 찾아오게 되면, 재화가 부족해지지 않아서, 위정자들이 정치에 재화를 사용하는데, 부족함이 없게 되어, 온갖 일들이 곧 성취된다.

---

7) 화회(貨賄)는 일반적으로 재화 및 재물들을 뜻한다. 세부적으로 구분하여 금(金)과 옥(玉) 등의 부류를 화(貨)라고 부르고, 비단 등의 부류를 회(賄)라고 부른다. 『주례』「천관(天官)·대재(大宰)」편에는 "六曰商賈阜通貨賄."라는 기록이 있는데, 이에 대한 정현의 주에서는 "金玉曰貨, 布帛曰賄."라고 풀이했다.

朱氏曰: 關者, 貨之所入, 市者, 貨之所聚. 易, 謂無重征以致其難
也. 易關市, 所以來商旅. 貨, 謂化之以爲利. 賄, 謂有之以爲利. 來
商旅, 所以納貨賄也. 凡此皆以便民用也. 四方散而不一, 故言來集.
遠鄕邈而在外, 故言皆至. 此言貢賦職脩也. 財所以待用, 財不匱,
則無乏用也. 用所以作事, 無乏用, 則事皆遂也.

주씨가 말하길, 관문은 재화가 들어오는 곳이며, 시장은 재화가 쌓이는
곳이다. '이(易)'는 단속 및 세금을 무겁게 물려서 상업 활동을 어렵게
만드는 일이 없게끔 하는 것을 말한다. 관문과 시장에서의 단속 및 세금
을 가볍게 하는 것은 상인들을 찾아오게 하는 방법이다. '화(貨)'는 변화
시켜서 이로움으로 삼는다는 뜻이다. '회(賄)'는 소유하여 이로움으로 삼
는다는 뜻이다. 상인들을 찾아오게 하는 것은 재화를 불러들이는 방법
이다. 이러한 것들은 모두 백성들이 일용하는데 편리하게 하는 것이다.
상인과 재화는 사방에 흩어져 있어서 일정치 않으므로, '내집(來集)'이라
고 말한 것이다. 먼 지역의 상인과 재화는 아득히 멀어서 외부에 있으므
로, '개지(皆至)'라고 말한 것이다. 이러한 정책들은 공물을 부여하고 세
금을 거두는 직분들을 잘 수행함을 뜻한다. 재화는 쓰임에 대비하는 것
이니, 재화가 부족하지 않으면, 쓰임에도 부족함이 없게 된다. 쓰임은 일
을 이루는 것이니, 쓰임에 부족함이 없게 되면, 일들이 모두 이루어진다.

凡擧大事, 毋逆大數, 必順其時, 愼因其類.〈173〉

중추의 달에는 무릇 큰 사업을 시행함에, 자연 법칙을 거스르지 말아야
하니, 반드시 그 시령을 따라야 하고, 신중하게 그 시령에 맞는 부류에
의거해서 해야 한다.

大事, 如土功徭役, 合諸侯, 擧兵衆之事, 皆不可悖陰陽之大數. 因, 猶依也, 如慶賞者乃發生之類, 刑罰者乃肅殺之類, 必順時令而謹依 其類以行之也.

'대사(大事)'는 예를 들어 토목공사에 요역을 부리는 일과 제후들을 회합 시키는 것과 군대를 일으키는 것과 같은 일들이니, 이들 모두는 음양의 자연법칙을 거슬러서는 안 된다. '인(因)'은 의거한다는 뜻이니, 마치 상 을 하사하는 것과 같은 일은 곧 발생의 부류이고, 형벌을 내리는 것과 같은 일은 곧 숙살의 부류이니, 반드시 시령에 따르고 조심스럽게 그 부 류에 의거해서 시행해야만 한다.

仲秋行春令, 則秋雨不降, 草木生榮, 國乃有恐.⟨174⟩

만약 천자가 중추의 달에 중춘에 집행해야 할 정령을 시행하게 된다면, 가을비가 내리지 않게 되고, 봄의 기운 때문에 초목이 꽃을 피우며 자 라나게 되며, 나라에는 곧 큰 화재가 발생할 것이라는 거짓된 소문이 퍼져서, 사람들을 크게 혼란시킬 것이다.

卯木之氣所應也. 卯中有房心, 心爲大火, 故不雨, 且有火訛之驚恐也.

2월의 목 기운이 중추의 기운에 호응하여 발생시킨 것이다. 묘의 영역 중에는 방수와 심수가 있는데, 심수는 대화성이 되기 때문에, 화의 기운 으로 말미암아 비가 내리지 않는 것이며, 또한 화재가 날 것이라는 거짓 된 소문이 사람들을 혼란하게 만든다.

行夏令, 則其國乃旱, 蟄蟲不藏, 五穀復[扶又反]生.〈175〉

만약 천자가 중추의 달에 중하에 집행해야 할 정령을 시행하게 된다면, 그 나라는 곧 가물게 되고, 칩거해야 할 곤충들이 땅속으로 숨어들어가지 않고 활동하게 되며, 오곡이 익지 않고 다시['復'자는 '扶(부)'자와 '又(우)'자의 반절음이다.] 성장을 계속하게 된다.

午火之氣所傷也.

이러한 현상은 5월의 화 기운이 중추의 기운을 손상시켜서이다.

行冬令, 則風災數[朔]起, 收雷先行, 草木蚤死.〈176〉

만약 천자가 중추의 달에 중동에 집행해야 할 정령을 시행하게 된다면, 사나운 바람으로 인한 재앙이 자주['數'자의 음은 '朔(삭)'이다.] 발생하게 되고, 천둥이 소리를 거두는 일이 추분보다 앞서서 시행되며, 초목이 일찍 말라죽게 된다.

子水之氣所泄也. 收雷, 收聲之雷也. 先行, 先期而動也.

이러한 현상은 11월의 수 기운이 발생시킨 것이다. '수뢰(收雷)'는 소리를 거두었던 천둥이다. '선행(先行)'은 기간보다 앞서서 활동한다는 뜻이다.

무분류-계추(季秋)

季秋之月, 日在房, 昏虛中, 旦柳中.〈177〉

계추의 달에는 해와 달이 만나는 곳인 일이 28수 중 하나인 방수의 자
리에 있고, 저녁 무렵에는 허수가 남쪽 하늘의 중앙에 위치하고, 동틀
무렵에는 유수가 남쪽 하늘의 중앙에 위치한다.

集說

房在卯, 大大之次也.

방수는 묘자리에 위치하니 대화의 자리이다.

經文

其日庚辛, 其帝少皥, 其神蓐收, 其蟲毛, 其音商, 律中無射
[亦], 其數九, 其味辛, 其臭腥, 其祀門, 祭先肝.〈178〉

계추의 달에 해당하는 일간은 경과 신이고, 계추를 지배하는 제는 소호
이며, 그 아래에서 보좌하는 신은 욕수이고, 계추에 해당하는 생물은 털
로 뒤덮여 있는 종류이며, 오음 중에서 계추에 해당하는 음은 상이고,
십이율 중에서 계추의 기후에 반응하는 율관은 무역에['射'자의 음은 '亦
(역)'이다.] 해당하며, 계추에 해당하는 수는 9이고, 오미 중에서 계추에
해당하는 맛은 매운맛이며, 오취 중에서 계추에 해당하는 냄새는 비린
내이고, 오사 중에서 계추에 해당하는 사는 문으로, 제사를 지낼 때에는
희생물의 간장을 먼저 바친다.

無射, 戌律, 長四寸六千五百六十一分寸之六千五百二十四.

무역은 술에 해당하는 율로, 율관의 길이는 4촌과 6,561분의 6,524촌
이다.

鴻鴈來賓, 爵入大水爲蛤[古答反], 鞠有黃華[花], 豺乃祭獸戮
禽.〈179〉

계추의 달에는 기러기가 찾아와 손님이 되고, 참새는 바다로 들어가서
조개가['蛤'자는 '古(고)'자와 '答(답)'자의 반절음이다.] 되며, 국화는 노란색 꽃
을['華'자의 음은 '花(화)'이다.] 피우게 되고, 승냥이는 곧 날짐승을 잡아 하
늘에 제사를 지내고, 금수를 잡아먹는다.

此記戌月之候. 鴈以仲秋先至者爲主, 季秋後至者爲賓, 如先登者
爲主人, 從之以登者爲客也. 爵爲蛤, 飛物化爲潛物也. 鞠色不一,
而專言黃者, 秋令在金, 金自有五色, 而黃爲貴, 故鞠色以黃爲正也.
祭獸者, 祭之於天, 戮禽者, 殺之以食也. 禽者, 鳥獸之總名, 鳥不可
曰獸, 獸亦可曰禽, 故鸚鵡不曰獸, 而猩猩通曰禽也.

이것은 9월의 기후 조짐을 기록한 것이다. 기러기 중에서 중추에 먼저
찾아온 것은 주인이 되고, 계추에 뒤늦게 찾아온 것은 손님이 되니, 마
치 앞서 오르는 자가 주인이 되고, 그를 쫓아 오르는 자가 손님이 되는
것과 같다. 참새가 조개가 되는 것은 조류가 변화하여 수중생물이 되는
것이다. 국화꽃의 색깔은 한 가지가 아닌데, 황색이라고만 말한 것은 가

을의 시령은 금에 있고, 금 자체에는 오색이 모두 포함되어 있지만, 그 중에서도 황색이 가장 귀한 것이 된다. 그렇기 때문에 국화꽃의 색은 황색을 정색으로 삼는다. '제수(祭獸)'는 짐승을 잡아다가 하늘에게 제사를 지내는 것이며, '육금(戮禽)'은 짐승을 죽여서 잡아먹는다는 것이다. '금(禽)'자는 조수를 총칭하는 명칭이고, '조(鳥)'를 수(獸)라고 부를 수 없지만, '수(獸)'는 또한 금(禽)이라고 부를 수 있다. 그렇기 때문에 앵무새를 '수(獸)'라고 부르지 않는 것이고, 성성이를 통칭하여 '금(禽)'이라고 부르는 것이다.

經文

天子居總章右个, 乘戎路, 駕白駱, 載白旂, 衣白衣, 服白玉, 食麻與犬, 其器廉以深.〈180〉

계추의 달에 천자는 총장의 우개에 거처하고, 융로를 타며, 융로에 백락이라는 말에 멍에를 매게 해서 끌게 하고, 수레에는 백색의 깃발을 세우며, 흰색의 의복을 입고, 백색의 옥으로 장식을 하며, 곡식 중에서는 마의 열매와 고기 중에서는 개고기를 먹고, 그것을 담는 그릇은 뾰족하게 만들면서도 깊게 만든다.

集說

總章右个, 西堂北偏也.

'총장우개(總章右个)'는 서쪽 당의 북쪽 편실이다.

是月也, 申嚴號令, 命百官, 貴賤無不務內, 以會天地之藏, 無
有宣出.〈181〉

계추의 달에 천자는 호령하길 거듭 엄정하게 하니, 백관에게 명령하여,
귀한 자나 천한 자나 모두 겨울철을 보내기 위해 필요한 물건들을 안으
로 들이는데 힘쓰지 않음이 없게 하여, 천지의 기운이 가을철에 가둬
보관하는 시령을 행하는데 합치되도록 하고, 밖으로 드러내 내보이는
경우가 없게 한다.

集說

務內, 謂專務收斂諸物於內. 會, 合也, 合天地閉藏之令也. 宣出則
悖時令.

'무내(務內)'라는 것은 뭇 사물들을 집안에 수렴하는데 전적으로 힘쓴다
는 것을 말한다. '회(會)'는 합치된다는 뜻으로, 천지의 가둬 보관하는
정령에 합치한다는 뜻이다. 드러내 내보내는 것은 시령을 어그러트리는
것이다.

經文

乃命冢宰, 農事備收, 擧五穀之要, 藏帝籍之收於神倉, 祇敬
必飭.〈182〉

계추의 달에 천자는 곧 총재에게 명령하여, 농사를 지어 생겨난 모든
곡식들을 모조리 거둬들이게 하고, 오곡에 대한 조세 수입을 합산하게
하며, 천자의 경작지에서 수확된 것은 신창(神倉)[1]에 보관하니, 그 일
을 삼가고 마음을 한결같이 하여, 반드시 힘을 다하도록 한다.

農事備收, 百穀皆斂也. 要者, 租賦所入之數. 藉田所收, 歸之神倉, 將以供粢盛也. 祇, 謂謹其事, 敬, 謂一其心, 飭, 謂致其力也.

'농사비수(農事備收)'라는 것은 모든 곡식들을 모조리 거둬들인다는 뜻이다. '요(要)'는 수확된 것에 대해 조세를 거둬들인 수치이다. 천자의 경작지에서 수확된 것을 신창에 보관하여, 장차 이것으로 제사 때 제기에 담는 기장으로 공급하고자 하는 것이다. '지(祇)'는 그 일에 삼간다는 뜻이며, '경(敬)'은 마음을 한결같이 한다는 뜻이고, '칙(飭)'은 힘을 다한다는 뜻이다.

是月也, 霜始降, 則百工休. 乃命有司曰: "寒氣總至, 民力不堪, 其皆入室."〈183〉

계추의 달에 서리가 비로소 내리기 시작하면, 백공들은 휴식을 취하게 된다. 그리고 곧 천자는 유사에게 명령하여 말하길, "추운 기운이 응축되어 거세게 몰려드니, 백성들의 힘으로는 감당할 수 없으므로, 모두들 집에 들어가게 쉬게 하라."라고 한다.

總至, 凝聚而至也.

'총지(總至)'는 응축되어 도래한다는 뜻이다.

---

1) 신창(神倉)은 제사를 지낼 때 소용되는 것들을 보관하는 창고이다.

上丁, 命樂正入學習吹[去聲].〈184〉

계추의 달 중 상순 중에서 첫 번째로 정자가 들어가는 날에 천자는 악
정에게 명령하여, 국학에 들어가서 국자들에게 악기 연주하는['吹'자는 거
성으로 읽는다.] 것을 익히게 한다.

集說

吹, 主樂聲而言.

'취(吹)'는 악기 소리에 중점을 두어 말한 것이다.

淺見

近按: 文王世子曰: "春官釋奠于其先師, 秋冬亦如之", 是但言時而
不言月. 此篇仲春之令曰: "上丁, 命樂正, 習舞釋菜", 後世釋奠, 皆
用春秋仲月, 此於季秋言之, 又言冬亦如之, 或是記者之誤歟.

내가 살펴보니, 『예기』「문왕세자(文王世子)」편에서는 "봄마다 교육을
담당하는 관리들이 태학에서 위패를 모시고 있는 선사들에게 석전(釋
奠)을 올리며, 가을과 겨울, 그리고 여름에도 또한 봄과 같이 석전을 올
린다."[2]라고 했는데, 단지 계절만 언급하고 구체적인 달은 언급하지 않
았다. 이곳에서는 중춘의 정령에서 "상순 중 첫 번째로 정자가 들어가는
날에 악정에게 명령하여 국학에 들어가 국자들에게 춤을 익히게 할 때
에는 먼저 석채의 의식을 거행하도록 한다."라고 했는데, 후대에 지낸
석전의 의례는 모두 봄과 가을의 중월을 사용했다. 그런데 이곳에서 계
추에 이러한 내용을 언급하고 또 겨울에도 이와 같이 언급했는데, 아마
도 『예기』를 기록한 자가 잘못 기록했기 때문일 것이다.

---

2) 『예기』「문왕세자(文王世子)」 012장 : 凡學, 春官釋奠于其先師, 秋冬亦如之.

是月也, 大饗帝[句], 嘗[句], 犧牲告備于天子.〈185〉

계추의 달에는 상제에게 대향(大饗)³⁾을 지내고['帝'자에서 구문을 끊는다.]
종묘에서는 가을 제사인 상을 지내니['嘗'자에서 구문을 끊는다.] 담당 관원
들은 천자에게 희생물이 갖추어졌음을 보고한다.

集說

仲夏大雩, 祈也, 此月大饗, 報也. 饗嘗, 皆用犧牲. 仲秋已視全具,
至此則告備而後用焉.

중하 때의 큰 기우제는 기원하는 제사이고, 이달의 큰 제사는 보답하는
제사이다. 향과 상에는 모두 희생물을 사용한다. 중추 때 이미 희생물이
온전히 갖추어졌음을 감찰했으니, 이달에 이르러서는 天子에게 준비되
었음을 아뢴 이후에 사용하는 것이다.

---

3) 대향(大饗)은 대향(大享)이라고도 부른다. '대향'은 본래 선왕(先王)에게 협제(祫
祭)를 지낸다는 뜻이다. 『예기』「예기(禮器)」편에는 "大饗, 其王事與."라는 기록
이 있고, 이에 대한 정현의 주에서는 "謂祫祭先王."이라고 풀이하였고, 『순자』
「예론(禮論)」편에는 "大饗尙玄尊, 俎生魚, 先大羹, 貴食飮之本也."라는 기록이
있는데, 이에 대한 양경(楊倞)의 주에서는 "大饗, 祫祭先王也."라고 풀이하였다.
또한 '대향'의 뜻 중에는 선왕뿐만 아니라, 천제(天帝)인 오제(五帝)에게 두루 제
사지낸다는 뜻도 있다. 『예기』「월령(月令)」편에는 "是月也, 大饗帝."라는 기록
이 있고, 이에 대한 정현의 주에서는 "言大饗者, 遍祭五帝也. 曲禮曰大饗不問
卜, 謂此也."라고 풀이하였다.

經文

合諸侯, 制百縣, 爲[去聲]來歲, 受朔日, 與諸侯所稅於民輕重
之法·貢賦之數, 以遠近土地所宜爲度, 以給郊廟之事, 無有
所私.〈186〉

계추의 달에 천자는 제후들에게 총체적인 명령을 내려서, 제후국에서
통치하는 모든 현들에 칙명을 전달하게 하니, 천자는 다음 해의 올바른
통치를 위하여['爲'자는 거성으로 읽는다.] 제후들에게 달력을 내려주고, 또
제후들이 백성들에게 징세할 기준을 함께 내려주니, 그것은 세금을 가
볍게 매기고 무겁게 매기는 기준 법안이고, 천자 자신에게 바쳐야 하는
공물의 수량이다. 그리고 이러한 법안과 수량을 책정할 때에는 천자의
수도에서 제후국 사이의 거리 차이와 토지의 비옥한 수준 차이에 따른
합당한 것을 기준으로 삼으며, 이렇게 거둬진 조세 및 공물로는 교묘의
제사 때 사용하게 하되, 그 사이에 개인의 사사로운 욕심이 개입되어서
는 안 된다.

集說

石梁王氏曰: 合諸侯制百縣, 注云合諸侯制, 絶句, 不可從.

석양왕씨가 말하길, '합제후제백현(合諸侯制百縣)'이란 말에 대해서 정
현의 주에서는 "제후국의 제도를 천자의 기준 법안에 일치시킨다."라고
하여, 이처럼 구문을 끊었는데, 그 주장에 따를 수 없다.

劉氏曰: 合諸侯者, 總命諸侯之國也. 制, 猶敕也. 百縣, 諸侯所統之
縣也. 天子總命諸侯, 各敕百縣, 爲不歲受朔日與稅法貢數, 各以道
路遠近土地所宜爲度, 以給上之事而不可有私也. 言郊廟者, 擧其
重也. 蓋朔日與稅貢等事, 皆天子總命之諸侯, 而諸侯頒之百縣使
奉行也. 舊說秦建亥, 此月爲歲終, 故行此數事者得之. 或疑是時秦
未幷天下, 未有諸侯百縣, 此乃是古制.

유씨[4]가 말하길, "제후를 합한다."는 것은 제후국에 총체적인 명령을 내리는 것이다. '제(制)'자는 칙명이라는 뜻이다. '백현(百縣)'은 제후들이 통치하는 현들이다. 천자가 제후들에게 총명을 내려서, 총명을 받은 제후들이 각각 자신들이 통치하는 모든 현에 칙명을 내리는 것으로, 다음해를 위하여 달력 및 조세의 법안과 공물의 수량을 내려주며, 각각 도로의 원근과 토지의 비옥한 수준에 합당한 것으로 기준을 삼게 하며, 이로써 중대한 일들에 공급을 하되, 사사로움이 있어서는 안 된다는 뜻이다. '교묘(郊廟)'라고 말한 것은 그 사안들 중에서 중대한 것을 제시한 것이다. 무릇 달력과 조세 및 공납 등등의 일들은 모두 천자가 제후에게 총명하는 것으로, 제후는 그것을 모든 현에 반포하여, 받들어 시행하도록 하는 것이다. 옛 학설에서는 진나라가 10월을 정월로 삼았으니, 9월은 한 해가 마무리 되는 달이 되기 때문에, 이달에 여러 일들을 시행하는 것이 가능하다고 했다. 혹자는 "당시는 진나라가 아직 천하를 통일하지 못했을 때로, 제후 및 백현이란 말이 있을 수가 없으니, 여기에서 말하는 것은 곧 옛 제도가 된다."라고 의심했다.

陳氏曰: 呂不韋相秦十餘年, 此時已有必得天下之勢, 故大集群儒, 損益先王之禮而作此書, 名曰春秋, 將欲爲一代興王之典禮也, 故其間亦多有未見與禮經合者. 又按昭襄王之時, 封魏冉穰侯, 公子市宛侯, 悝鄧侯, 則分封諸侯行王者事久矣. 不韋作相時, 已滅東周君, 六國削甚, 秦已得天下大半, 故其立制欲如此也. 其後徙死, 始皇幷天下, 李斯作相, 盡廢先王之制, 而呂氏春秋亦無用矣. 然其書也, 亦當時儒生學士有志者所爲, 猶能髣髴古制, 故記禮者有取焉.

진호가 말하길, 여불위가 진나라의 재상으로 일한 것은 십여 년으로, 당시에는 이미 천하를 기필코 통일할만한 세력을 가지고 있었다. 그렇기 때문에 유학자들을 대규모로 불러 모아서, 선왕의 예제를 가감하고 그

---

4) 劉孟冶 : 劉氏孟冶라고도 하지만, 未詳이다.

것을 책으로 엮어 『여씨춘추』라고 명명했으며, 장차 한 세대의 왕도정치를 흥기시킬 전례로 삼고자 했다. 그렇기 때문에 책의 중간에는 또한 고대로부터 전해 내려온 예경의 기록과 합치됨을 찾아 볼 수 없는 게 많이 있다. 또한 전국시대 진나라의 소양왕 때를 살펴보면, 위염인 양후, 공자 시완후, 공자 이등후를 분봉해주었다고 하니, 제후를 분봉하여 천자의 정치를 시행한 일은 오래된 것이다. 여불위가 재상이 되었을 때에는 이미 동주의 군주들을 멸망시켰고, 나머지 여섯 나라의 각축전이 심해졌으나 진나라는 이미 천하의 절반 이상을 획득하고 있었기 때문에, 그 제도를 세움에 이와 같이 하고자 했던 것이다. 그 후 귀양보내지거나 죽임을 당하여, 비로소 진시황이 천하를 병합하였고, 이사가 재상이 되어 선왕의 제도가 모두 없어지게 되었으며, 여불위가 지은 『여씨춘추』 또한 쓸모가 없어지게 되었다. 그러나 이 책은 또한 당시 유학자 및 학자들 중에서 뜻이 있었던 자들이 만든 것으로, 오히려 선왕이 남긴 옛 제도와 유사하기 때문에, 『예기』를 기록한 자가 이 책의 내용을 취해 이곳에 수록한 것이다.

經文

是月也, 天子乃敎於田獵, 以習五戎, 班馬政.〈187〉

계추의 달에 천자는 곧 사냥을 통해 전쟁 때 사용하는 진법을 가르치고, 또한 이 사냥을 통해서, 다섯 가지 병장기 사용법을 익히게 하며, 말과 관련된 정책을 반포한다.

集說

敎於田獵, 謂因獵而敎之以戰陳之事, 習用弓矢殳矛戈戟之五兵. 班布乘馬之政令, 其毛色之同異, 力之强弱, 各以類相從也.

전렵에서 가르친다는 것은 사냥하는 일에 연유하여 전쟁 때 사용되는 진법의 일들을 교육하고, 활과 화살·몽둥이·자루가 긴 창·창·날 끝이 갈라져 있는 창 등의 다섯 가지 병장기를 익히게 한다. 말 타는 것에 대한 정책을 반포하는 것은 그 말들의 털 색깔 차이 및 힘의 차이 등을 살펴서, 각각 같은 부류끼리 묶어서 서로 따르도록 하는 것이다.

命僕及七騶, 咸駕, 載旌旐, 授車以級, 整設于屏外, 司徒搢扑, 北面誓之.〈188〉

계추의 달에 천자는 융복과 칠추에게 명령하여, 군마들을 가져다가 모든 수레에 멍에를 매게 하고, 그 수레에는 정이나 조와 같은 깃발들을 세우게 하며, 신하들의 등급에 맞춰서 수레를 내려주고, 군문의 울타리 밖에 대열을 정비하게 하며, 이러한 준비가 끝나면, 사도는 회초리를 허리띠에 차고, 북면하여서 천자에게 군법에 따라 맹세를 한다.

僕, 戎僕也. 天子馬有六種, 各一騶主之, 并總主六騶者爲七騶也. 皆以馬駕車, 又載析羽之旌, 龜蛇之旐. 旣畢而授車于乘者, 以尊卑爲等級, 各使正其行列向背, 而設于軍門之屏外. 於是司徒搢扑于帶, 於陳前北面誓戒之, 此時六軍皆向南而陳也. 扑, 卽夏楚二物也. 周禮戎僕中大夫二人.

'복(僕)'은 융복(戎僕)5)이다. 천자가 사용하는 말에는 육마(六馬)6)가 있

---

5) 융복(戎僕)은 전쟁용 수레를 모는 일을 담당했던 관리이다. 천자가 사용하는 전쟁용 수레와 관련된 일들을 주관했다. 『주례』「하관(夏官)·융복(戎僕)」편에는

으니, 각각 한 명의 추들이 그것들을 담당하고, 아울러 이 여섯 추들을 총괄적으로 담당하는 자가 있어, 모두 7명의 추가 된다. 이들 모두가 말을 데려다가 수레에 멍에를 매게 하고, 수레에는 또한 석우의 정(旌) 깃발이나 귀사의 조(旐) 깃발을 세운다. 이러한 준비들이 모두 끝나면, 수레를 타는 자들에게 수레를 주되, 신분의 높고 낮은 차이로 등급을 매겨서, 각각 행렬과 배열을 올바르게 만들어서 군문 울타리 밖에 도열해 둔다. 이때에 사도는 허리띠에 회초리를 꽂고서, 대열 앞에서 북면을 하고 천자에게 맹세를 하니, 이 때에는 육군(六軍)7)이 모두 남쪽을 향해 서서 도열한다. 회초리는 곧 하와 초 두 종류가 있다. 『주례』에는 융복은 중대부 2명이 담당한다고 되어 있다.8)

"戎僕, 掌馭戎車. 掌王倅車之政, 正其服."이라는 기록이 있다.

6) 육마(六馬)는 천자가 사용하는 여섯 종류의 말을 뜻한다. 구체적으로는 종마(種馬), 융마(戎馬), 제마(齊馬), 도마(道馬), 전마(田馬), 노마(駑馬)를 가리킨다. 『주례』「하관(夏官)・교인(校人)」편에는 "校人, 掌王馬之政. 辨六馬之屬, 種馬一物, 戎馬一物, 齊馬一物, 道馬一物, 田馬一物, 駑馬一物."이라는 기록이 있다. 즉 '종마'는 종자가 좋은 말을 선별하여 암컷을 잉태시킬 때 사용하는 말이다. '융마'는 전쟁용 수레에 사용하는 말이다. '제마'는 천자가 타던 금로(金路)에 사용하는 말이다. '도마'는 천자가 타던 상로(象路)에 사용하는 말이다. '전마'는 사냥용 수레에 사용하는 말이다. '노마'는 궁중에서 실시되는 노역에 사용하는 말이다.

7) 육군(六軍)은 천자가 소유한 군대를 총칭하는 말이다. 12500명이 1군(軍)이 되는데, 천자는 6개의 군을 소유하므로, '육군'이라고 표현한 것이다. 참고적으로 제후들 중에서 대국(大國)의 제후는 3군을 소유하고, 차국(次國)의 제후는 2군을 소유하며, 소국(小國)의 제후는 1군을 소유한다. 『주례』「하관사마(夏官司馬)」편에는 "凡制軍, 萬有二千五百人爲軍, 王六軍, 大國三軍, 次國二軍, 小國一軍."이라는 기록이 있다.

8) 『주례』「하관사마(夏官司馬)」 : 戎僕, 中大夫二人.

天子乃屬飾, 執弓挾[予愶反]矢以獵, 命主祠, 祭禽于四方.〈189〉

계추의 달에 천자는 곧 융복(戎服)⁹⁾으로 갈아입어 복장을 엄중하게 갖추고, 활을 차고 화살을 끼고서['挾'자는 '予(여)'자와 '愶(협)'자의 반절음이다.] 직접 사냥을 한다. 사냥이 끝나면 제사를 담당하는 관리에게 명령하여, 사방의 신들에게 사냥에서 잡은 짐승들로 보답하는 제사를 지내게 한다.

集說

天子戎服, 而嚴厲其威武之飾, 親用弓矢, 以殺禽獸, 蓋奉祭祀之物當親殺也. 獵竟則命典祀之官, 取獵地所獲之獸祭於郊, 以報四方之神. 禽者, 獸之通名也.

천자는 융복을 갈아입고서, 위무를 갖춘 복식으로 엄정하고 근엄하게 하며, 직접 활과 화살을 사용하여 금수를 잡으니, 제사에 바치는 희생물은 마땅히 직접 잡아야 하기 때문이다. 사냥이 끝나면 전사(典祀)¹⁰⁾를 담당하는 관리에게 명령하여, 사냥터에서 잡은 짐승들을 가져다가 교에서 제사를 지내서, 사방의 신들에게 보답을 한다. '금(禽)'은 수(獸)까지도 통칭하는 말이다.

---

9) 융복(戎服)은 전쟁 및 사냥 때 입는 복장이다.
10) 전사(典祀)는 항상 지내게 되는 규정된 제사를 뜻한다. 어떠한 변고가 발생하여 지내게 되는 제사는 포함되지 않는다. 제후국(諸侯國)을 기준으로 했을 때, 체(禘), 교(郊), 조(祖), 종(宗), 보(報) 등의 제사가 '전사'에 속한다. 『국어(國語)』「노어상(魯語上)」편에는 "凡禘·郊·祖·宗·報, 此五者, 國之典祀也."라는 기록이 있다.

是月也, 草木黃落, 乃伐薪爲炭. 〈190〉

계추의 달에는 초목이 누렇게 시들어 떨어지게 되니, 그렇게 되면 겨울 철을 대비하기 위해, 곧 땔나무들을 베어다가 숯을 만들어 둔다.

集說

備禦寒也.

추위 막는 일을 준비함이다.

經文

蟄蟲咸俯在內, 皆墐[覲]其戶. 〈191〉

계추의 시기에는 칩거하는 곤충들이 모두 땅 속에 머리를 집어넣고 땅 안에 머무니, 모두들 그 땅굴 입구를 막는다.['墐'자의 음은 '覲(근)'이다.]

集說

俯, 垂頭也. 內, 穴之深處也. 墐, 塞也.

'부(俯)'는 머리를 숙인다는 뜻이다. '내(內)'는 구멍의 깊숙한 곳이다. '근(墐)'은 막는다는 뜻이다.

經文

乃趣[促]獄刑, 毋留有罪. 〈192〉

계추의 달에 천자는 곧 형벌 내리는 것을 서둘러['趣'자의 음은 '促(촉)'이다.] 시행하게 해서, 죄가 확정된 자를 유보하여 그대로 감옥에 머물러 있는 경우가 없게 한다.

集說

刑於罪相得卽穴之, 留而不決, 亦悖時令也.

형벌이 그 죄에 대해 합당하게 내려진 것이라면 곧장 판결을 내리니, 감옥에 머물게 해서 판결하지 않는 것은 또한 시령을 어그러뜨리는 것이다.

經文

收祿秩之不當·供[去聲]養[去聲]之不宜者.〈193〉

계추의 달에 천자는 관직 등급에 따라 내려진 녹봉의 차등 중 합당하지 않은 것과 봉양하는데 사용되는 ['供'자는 거성으로 읽는다. '養'자는 거성으로 읽는다.] 물건들 중 마땅하지 않은 것들을 환급한다.

集說

收, 如漢法收印綬之收, 謂索之使還, 各依本等. 祿秩不當, 謂不應得而恩命濫賜之者也. 供養, 膳服之具也, 貴賤各有宜用. 不宜, 謂侈僭踰制者. 此亦順秋令之嚴肅也.

'수(收)'는 한나라 법제에서 인수(印綬)[11]를 회수할 때의 수(收)와 같으니, 탐색하여 환급을 시켜서 각각 본래의 등급에 맞도록 하는 것이다.

---

11) 인수(印綬)는 관리가 착용하고 있었던 인장(印章) 및 인장을 매달 때 사용하는 끈을 합쳐 부른 말이다.

녹봉의 차등이 합당하지 않다는 것은 응당 얻을 수 없는 것인데도, 은명 (恩命)[12]으로 분에 넘치게 하사를 받은 것을 말한다. '공양(供養)'은 음식과 의복을 갖추는 것으로, 귀천의 등급에 따라서 각각 마땅히 사용할 수 있는 것들이 있다. 마땅하지 않다는 것은 사치를 과도하게 부려서 법제에서 벗어난 것을 말한다. 이렇게 하는 것은 또한 가을 정령의 엄숙한 기운에 따르는 것이다.

經文

> 是月也, 天子乃以犬嘗稻, 先薦寢廟. 季秋行夏令, 則其國大水.〈194〉

계추의 달에 천자는 곧 개고기를 곁들여 쌀을 맛보되, 먼저 침묘에 바친다. 만약 천자가 계추의 달에 계하에 집행해야 할 정령을 시행하게 된다면, 그 나라에는 큰 수해가 든다.

集說

未中東井主之.

미자리에 포함된 28수 중의 동정이 주관해서 수해가 발생하는 것이다.

經文

> 冬藏殃敗.〈195〉

---

12) 은명(恩命)은 천자의 명령을 내려서, 관직 등급이 올려주거나, 죄를 사면해주는 등의 칙명을 뜻한다.

겨울을 보내기 위해 보관해둔 곡식들이 침수되어서 썩어 변질된다.

竇窖之藏, 爲水所侵.

중추 때 파두었던 구덩이에 보관해둔 곡식이 수해로 인해 침수되는 것이다.

民多鼽[求]嚏[帝].〈196〉

백성들에게는 코가 막히고['鼽'자의 음은 '求(구)'이다.] 기침을['嚏'자의 음은 '帝(제)'이다.] 하는 병이 많아진다.

未土之氣所應也. 鼽者, 氣窒於鼻. 嚏者, 聲發於口, 皆肺疾. 以夏火克金, 故病此也.

6월의 토 기운이 계추의 기운에 호응해서이다. '구(鼽)'는 기의 흐름이 코에서 막히는 것이며, '체(嚏)'는 기침소리가 입에서 나오는 것이니, 모두 폐의 질병들이다. 여름의 화 기운이 가을의 금 기운을 이기기 때문에 이러한 병을 낳는 것이다.

行冬令, 則國多盜賊, 邊竟[境]不寧, 土地分裂.〈197〉

만약 천자가 계추의 달에 계동에 집행해야할 정령을 시행하게 된다면,
나라에는 도적들이 많아지고, 변경지방에는['竟'자의 음은 '境(경)'이다.] 변
고가 발생하여 편안하지 않게 되며, 토지가 갈라지게 된다.

集說

丑土之氣所應也. 裂, 坼也.

12월의 토 기운이 계추의 기운에 호응해서이다. '열(裂)'은 갈라진다는
뜻이다.

經文

行春令, 則煖風來至, 民氣解[懈]惰, 師興不居.〈198〉

만약 천자가 계추의 달에 계춘에 집행해야할 정령을 시행하게 된다면,
따뜻한 바람이 불어오게 되고, 날씨가 포근하게 되니 백성들의 기질은
해이해지고['解'자의 음은 '懈(해)'이다.] 나태해지며, 변란이 일어남을 종식
시키지 못하게 된다.

集說

辰土之氣所應也. 不居, 不得止息也.

3월의 토 기운이 계추의 기운에 호응해서이다. '불거(不居)'는 종식시키
지 못한다는 뜻이다.

무분류-맹동(孟冬)

孟冬之月, 日在尾, 昏危中, 旦七星中.〈199〉

맹동의 달에는 해와 달이 만나는 곳인 일이 28수 중 하나인 미수자리에 있고, 저녁 무렵에는 위수가 남쪽 하늘의 중앙에 위치하고, 동틀 무렵에는 칠성이 남쪽 하늘의 중앙에 위치한다. ·

集說

尾在寅, 析木之次也. 七星, 見季春.

미는 인자리에 위치하니, 석목의 자리이다. 칠성에 대한 설명은 계춘에 나온다.

經文

其日壬癸, 其帝顓頊, 其神玄冥, 其蟲介, 其音羽, 律中應鍾, 其數六, 其味鹹, 其臭朽, 其祀行, 祭先腎.〈200〉

맹동의 달에 해당하는 일간은 임과 계이고, 맹동를 지배하는 제는 전욱(顓頊)[1]이며, 그 아래에서 보좌하는 신은 현명(玄冥)[2]이고, 맹동에 해

---

1) 전욱(顓頊)은 고양씨(高陽氏)라고도 부른다. '전욱'은 고대 오제(五帝) 중 하나이다. 『산해경(山海經)』「해내경(海內經)」편에는 "黃帝妻雷祖, 生昌意, 昌意降處若水, 生韓流. 韓流. …… 取淖子曰阿女, 生帝顓頊."이라는 기록이 있다. 즉 황제(黃帝)의 처인 뇌조(雷祖)가 창의(昌意)를 낳았는데, 창의가 약수(若水)에

당하는 생물은 단단한 껍질이 있는 종류이며, 오음 중에서 맹동에 해당하는 음은 우이고, 십이율 중에서 맹동의 기후에 반응하는 율관은 응종에 해당하며, 맹동에 해당하는 수는 6이고, 오미 중에서 맹동에 해당하는 맛은 짠맛이며, 오취 중에서 맹동에 해당하는 냄새는 썩은내이고, 오사 중에서 맹동에 해당하는 사는 행으로, 제사를 지낼 때에는 희생물의

강림하여 거처하다가, 한류(韓流)를 낳았다. 다시 한류는 아녀(阿女)를 부인으로 맞이하여 '전욱'을 낳았다. 또한 『회남자(淮南子)』「천문훈(天文訓)」편에는 "北方, 水也, 其帝顓頊, 其佐玄冥, 執權而治冬."이라는 기록이 있다. 즉 북방(北方)은 오행(五行)으로 배열하면 수(水)에 속하는데, 이곳의 상제(上帝)는 '전욱'이고, 상제를 보좌하는 신(神)은 현명(玄冥)이다. 이들은 겨울을 다스린다. 또한 '전욱'과 관련하여 『수경주(水經注)』「호자하(瓠子河)」편에는 "河水舊東決, 逕濮陽城東北, 故衞也, 帝顓頊之墟. 昔顓頊自窮桑徙此, 號曰商丘, 或謂之帝丘."라는 기록이 있다. 즉 황하의 물길은 옛날에 동쪽으로 흘러서, 복양성(濮陽城)의 동북쪽을 경유하였는데, 이곳은 옛 위(衞) 지역으로, '전욱'이 거처하던 터이며, 예전에 '전욱'이 궁상(窮桑) 땅으로부터 이곳으로 옮겨왔기 때문에, 이곳을 상구(商丘) 또는 제구(帝丘)라고도 부른다.

2) 현명(玄冥)은 오행(五行) 중 수(水)의 기운을 주관하는 천상의 신(神)이다. 수(水)의 기운을 담당했기 때문에, 그 관부의 이름을 따서 수관(水官)이라고도 부르고, 관부의 수장이라는 뜻에서 수정(水正)이라고도 부른다. '오행' 중 수(水)의 기운은 각 계절 및 방위와 관련되어, '현명'은 겨울과 북쪽에 해당하는 신이라고도 부른다. 다만 수덕(水德)을 주관했던 상위의 신은 전욱(顓頊)이었고, '현명'은 '전욱'을 보좌했던 신이다. 한편 다른 오관(五官)의 신들과 달리, '현명'에 해당하는 인물에 대해서는 이견(異見)이 있다. 『예기』「월령(月令)」편에는 "其日壬癸, 其帝顓頊, 其神玄冥."이라는 기록이 있는데, 이에 대한 정현의 주에서는 "玄冥, 少皞氏之子曰脩, 曰熙, 爲水官."이라고 풀이한다. 즉 소호씨(少皞氏)의 아들 중 수(脩)와 희(熙)라는 인물이 있었는데, 이들은 생전에 수관(水官)이 되어 공덕(功德)을 쌓았고, 죽어서는 '현명'에 배향되었다고 설명한다. 『여씨춘추(呂氏春秋)』「맹동기(孟冬紀)」편에는 "其日壬癸, 其帝顓頊, 其神玄冥."이라는 기록이 있는데, 이에 대한 고유(高誘)의 주에서는 "玄冥, 官也. 少皞氏之子曰循, 爲玄冥師, 死祀爲水神."이라고 풀이한다. 즉 '현명'은 관직에 해당하는데, '소호씨'의 아들이었던 순(循)이 생전에 '현명'이라는 관부의 수장을 지냈기 때문에, 그가 죽었을 때에는 수신(水神)으로 배향을 했다는 뜻이다.

신장을 먼저 바친다.

顓頊, 黑精之君. 玄冥, 水官之臣. 少皞氏之子曰脩, 曰熙, 相代爲水官. 左傳云"脩及熙爲玄冥", 是也. 介, 甲也. 介蟲龜爲長, 水物也. 羽音屬水, 應鍾亥律, 長四寸二十七分寸之二十. 水成數六, 鹹朽, 皆水屬. 水受惡穢, 故有朽腐之氣也. 行者, 道路往來之處, 冬陰往而陽來, 故祀行也. 春‧夏‧秋, 皆祭先所勝, 冬當先心, 以中央祭心, 故但祭所屬. 又以冬主靜, 不尙克制故也.

'전욱(顓頊)'은 흑정의 제왕이다. '현명(玄冥)'은 수를 관장하는 관부의 수장이다. 소호씨의 네 아들 중 두 아들은 이름이 수와 희인데, 서로 교대로 수관을 맡았다. 『좌전』에서 "수와 희는 현명이 되었다."[3]는 말이 이러한 사실을 나타낸다. '개(介)'는 단단한 껍질이다. 단단한 껍질을 가진 생물 중 거북이가 가장 으뜸이 되며, 수에 속하는 생물이다. 우음은 수에 속하고, 응종은 해에 해당하는 율관으로, 그 길이는 4촌과 27분의 20촌이다. 수의 성수는 6이고, 짠맛을 내고 썩은내를 내는 것들은 모두 수에 속하는 부류들이다. 물은 해롭고 더러운 것들을 받아들이기 때문에, 부패시키는 기운을 가지고 있다. '행(行)'은 도로로, 왕래하는 곳이니, 겨울에는 음기가 가고 양기가 찾아오기 때문에, 행에 제사를 지내는 것이다. 봄‧여름‧가을에는 모두 제사에서, 그 계절의 기운이 이기는 것을 먼저 바쳤으니, 겨울에는 마땅히 심장을 먼저 바쳐야 하지만, 중앙에서 심장을 먼저 바쳐서 제사지냈기 때문에, 겨울에 지내는 오사에서는 희생물의 오장 중 겨울에 해당하는 것으로 제사를 지낸다. 또한 겨울은 정을 위주로 하여, 상극하는 제도를 숭상하지 않기 때문이다.

---

3) 『춘추좌씨전』 「소공(昭公) 29년」 : 少皞氏有四叔, 曰重、曰該、曰修、曰熙, 實能金、木及水. 使重爲句芒, 該爲蓐收, 修及熙爲玄冥.

蔡邕獨斷曰: 行, 冬爲太陰, 盛寒爲水, 祀之於行, 在廟門外之西. 軷壞厚二尺, 廣五尺, 輪四尺, 北面, 設主於軷上.

채옹의『독단』에서 말하길, 행(行)에 대해서, 겨울은 태음이 되고, 혹독한 추위는 오행으로 따지면, 수가 되므로, 행에 제사를 지낼 때에는 묘문 밖의 서쪽에서 지낸다. 발양(軷壞)[4]은 두께를 2척으로 하며, 너비를 5척으로 하고, 세로 폭은 4척으로 하며, 북면하고서 발양 위에 신주를 설치한다.

經文

水始冰, 地始凍, 雉入大水爲蜃, 虹藏不見[現].〈201〉

맹동의 달에 물이 처음으로 얼기 시작하고, 대지가 처음으로 얼어붙기 시작하며, 꿩이 바다로 들어가서 이무기가 되고, 무지개는 감춰져서 나타나지['見'자의 음은 '現(현)'이다.] 않는다.

集說

此記亥月之候. 蜃, 蛟屬, 此亦飛物化潛物也. 晉武庫中忽有雉雛, 張華曰: "此必蛇化爲雉也", 開視雉側, 果有蛇蛻. 類書有言雉與蛇

---

4) 발양(軷壞)은 도로(道路)의 신(神)에게 제사지낼 목적으로 만든 토단(土壇)이다. 발(軷)자는 도로의 신에게 지내는 제사를 뜻한다.『시』「대아(大雅)・생민(生民)」편에는 "取羝以軷. 載燔載烈, 以興嗣歲."라는 기록이 있는데, 이에 대한 모전(毛傳)에서는 "軷, 道祭也."라고 풀이했다. 또한『설문해자(說文解字)』「거부(車部)」편에는 "軷, 出將有事於道, 必先告其神, 立壇四通, 樹茅以依神, 爲軷."이라는 기록이 있다. 즉 장차 출병하고자 할 때에는 도로에서 제사를 지내서, 반드시 그 신에게 고(告)하게 되니, 단(壇)을 쌓고 사방(四方)으로 소통이 되게 하며, 모(茅)를 심어서 의신(依神)하는 것이 바로 '발'이다.

交而生子, 子必爲蝠, 不皆然也. 然則雉之爲蜃, 理或有之. 陰陽氣
交而爲虹, 此時陰陽極乎辨, 故虹伏. 虹非有質, 而曰藏, 亦言其氣
之下伏耳.

이것은 10월의 기후 조짐을 기록한 것이다. '신(蜃)'은 교룡 등속으로,
이것은 또한 조류가 변화하여 수중생물이 된 것이다. 진나라의 무고(武
庫)[5] 속에서 갑작스럽게 꿩이 울부짖은 일이 있었는데, 이 일을 두고
장화는 "이것은 필시 뱀이 변화하여 꿩이 된 것이다."라고 했고, 문을 열
어 꿩의 옆을 살펴보니, 과연 뱀의 허물이 있었다. 『유서』에서는 꿩이
뱀과 교합하여 새끼를 낳으면, 새끼는 반드시 교(蛟)가 된다고 하는데,
모두 그러한 것은 아니다. 그렇다면 꿩이 이무기가 되는 것은 이치상 아
마도 그런 일이 있을 수 있다. 음기와 양기가 교합하면 무지개가 되는데,
이 시기는 음기와 양기가 확연하게 갈라지기 때문에 무지개가 숨는 것이
다. 무지개는 실질이 있는 것이 아닌데 그것을 가리켜서 '장(藏)'이라고
말한 것은 또한 그 기가 하강하여 숨게 됨을 말하는 것일 따름이다.

經文

天子居玄堂左个.〈202〉

맹동의 달에 천자는 현당에 있는 좌개에 거처한다.

集說

北堂之西偏也.

북쪽 당의 서쪽 편실이다.

---

5) 무고(武庫)는 병장기를 보관해두던 창고를 뜻한다.

乘玄路, 駕鐵驪.〈203〉

맹동의 달에 천자는 현로를 타고, 현로에는 철려라는 말에 멍에를 매게
해서 끌게 한다.

集說

鐵色之馬.

쇠의 색깔인 검은색의 말을 뜻한다.

經文

載玄旂, 衣黑衣.〈204〉

맹동의 달에 천자는 수레에 검은색의 깃발을 세우고, 천자는 검은색의
옷을 입는다.

集說

黑深而玄淺, 如朱深而赤淺也.

검은색 중에서도 '흑(黑)'은 짙은 색이고 '현(玄)'은 옅은 색이니, 마치 빨
간색 중에서도 '주(朱)'가 짙은 색이고 '적(赤)'이 옅은 색인 것과 같다.

經文

服玄玉, 食黍與彘, 其器閎以奄.〈205〉

맹동의 달에 천자는 의복에 검은색의 옥으로 장식을 하고, 기장과 돼지 고기를 먹는데, 그 그릇은 가운데는 넓게 만들되, 윗부분은 좁게 만든다.

閎者, 中寬, 奄者, 上窄.

'굉(閎)'은 가운데가 넓은 것이며, '엄(奄)'은 윗부분이 좁은 것이다.

是月也, 以立冬, 先立冬三日, 太史謁之天子曰: "某日立冬, 盛德在水." 天子乃齊, 立冬之日, 天子親帥三公・九卿・大夫, 以迎冬於北郊, 還反, 賞死事, 恤孤寡.〈206〉

맹동의 달에는 24절기 중의 하나인 입동이 있기 때문에, 입동일 3일 전에 태사가 천자에게 고하며 말하길, "어떠한 날이 입동이 되며, 그 날에는 천지를 생육시키는 성대한 덕이 수의 위치에 있게 됩니다."라고 한다. 그러면 천자는 곧 재계를 하고, 입동 당일 날에는 천자가 삼공・구경・대부들을 친히 이끌고 가서, 북쪽 교외에서 겨울을 맞이하는 행사를 시행하고, 다시 궁성으로 되돌아와서는 나라를 위해 목숨을 바친 이들을 추증하여 상을 내려주고, 죽은 이들의 처자인 고아와 과부들을 구휼한다.

死事, 爲國事而死也. 孤寡, 卽死事者之妻子. 不言諸侯, 與夏同.

'사사(死事)'는 나라 일을 위해 죽은 자들이다. 고아와 과부는 곧 사사했던 자들의 처와 자식들이다. 제후를 언급하지 않은 것은 여름 때와 같다.

是月也, 命太史, 釁龜筴[句], 占兆[句], 審卦吉凶.〈207〉

맹동의 달에 천자는 태사에게 명령하여, 거북껍질과 시초에 피를 바르고 ['筴'자에서 구문을 끊는다.] 기존에 거북점을 쳐서 나왔던 복사들을 살펴보고['兆'자에서 구문을 끊는다.] 『역』에 기록된 괘의 길흉들을 살펴보게 한다.

集說

馮氏曰: 釁龜筴者, 殺牲取血而塗龜與著筴也. 古者器成而釁以血, 所以攘却不祥也. 占兆者, 玩龜書之繇文, 審卦者, 審易書之休咎, 皆所以豫明其理而待用也. 釁龜而占兆, 釁筮而審卦吉凶, 太史之職也.

풍씨가 말하길, "귀협(龜筴)에 피칠을 한다."는 것은 희생물을 잡아 피를 빼내서 거북껍질과 시초에 칠하는 것이다. 옛적에는 기물이 완성되면 피를 발랐으니, 상서롭지 못한 것을 물리치는 방법이다. '점조(占兆)'는 거북껍질에 새긴 점치는 문자를 살펴보는 것이며, '심괘(審卦)'는 『역』에 기록된 길흉을 살피는 것이니, 모두 미리 그 이치에 통달하여 쓰임을 대비하는 것이다. 거북껍질에 피를 바르고 점쳐 조짐을 묻는 기록을 살펴보며, 시초에 피를 바르고 괘의 길흉을 살피는 것들은 태사의 직무이다.

是察阿黨, 則罪無有掩蔽.〈208〉

맹동의 달에 천자가 옥송을 담당하는 관리들이 자기 이익을 꾀하고 편드는 것을 감찰하면, 옥송이 올바로 시행되므로, 죄지은 자가 자기 죄를 숨기는 경우가 없게 된다.

獄吏治獄, 寧無阿私, 必是正而省察之, 庶幾犯罪者不至掩蔽其曲
直也.

옥송을 담당하는 관리들이 옥송을 처리함에 있어서, 자기 이익을 꾀함
이 없게 하려면, 반드시 올바르게 만들고 감찰을 해야만, 범죄자들이 그
죄안의 옳고 그름을 숨기는 데에 이르지 않게 될 것이다.

是月也, 天子始裘.⟨209⟩

맹동의 달에 천자는 비로소 갖옷을 입기 시작한다.

周禮季秋獻功裘, 至此月乃衣之也.

『주례』에는 "계추 때 갖옷을 천자에게 바친다."⁶⁾라고 했는데, 이달에
이르러서야 곧 그 옷을 입는 것이다.

---

6) 『주례』「천관(天官)·사구(司裘)」: 季秋獻功裘, 以待頒賜.

經文

命有司曰: "天氣上[上聲]騰, 地氣下降, 天地不通, 閉塞而成
冬."〈210〉

맹추의 달에 천자는 유사에게 명령하여 말하길, "이 시기에는 하늘의 기
운은 위로['上'자는 상성으로 읽는다.] 올라가고, 땅의 기운은 밑으로 내려가
서, 하늘과 땅이 서로 소통되지 않으니, 천지의 기운이 닫히고 막혀서
겨울을 이루는구나. 이러하니 잘 대비하라."라고 한다.

集說

不交則不通, 不通則閉塞.

교류가 되지 않으면 소통되지 않고, 소통이 되지 않으므로, 천지의 기운
이 닫히고 막힌다.

經文

命百官, 謹蓋藏, 命有司, 循行[去聲]積聚, 無有不斂.〈211〉

맹동의 달에 천자는 뭇 관리들에게 명령하여, 창고에 재물 저장하는 일
을 신중하게 하고, 유사에게 명령하여, 곡식 쌓아둔 곳을 순찰하게 하여
['行'자는 거성으로 읽는다.] 거두지 않아 방치되는 경우가 없게 한다.

集說

申嚴仲秋積聚之令.

중추 때 재물이나 식량을 비축하라고 했던 명령을 거듭 엄중하게 내린
것이다.

坏城郭, 戒門閭, 脩鍵[蹇]閉, 愼管籥.〈212〉

맹동의 달에 천자는 유사에게 명령하여, 성곽 중에 파손된 곳을 보강하게 하고, 성문과 마을문 방비를 경계하게 하며, 자물쇠의 끼우는 틀과['鍵'자의 음은 '蹇(건)'이다.] 몸통 중에서 파손된 것이 있으면 수리하게 하고, 열쇠는 신중하게 관리하도록 시킨다.

集說

坏, 補其缺薄處也. 城郭欲其厚實, 故言坏, 門閭備禦非常, 故言戒. 鍵, 鎖須也, 閉, 鎖筒也. 管籥, 鎖匙也. 鍵閉或有破壞, 故云脩, 管籥不可妄開, 故云愼.

'배(坏)'는 결여되고 얇아진 곳을 보강하는 것이다. 성곽에 대해서는 두껍고 튼실하게 만들고자 하기 때문에 배(坏)라고 말한 것이며, 성문과 마을문은 비정상적인 것을 방비하는 것이기 때문에, 계(戒)라고 말한 것이다. '건(鍵)'은 자물쇠의 끼우는 틀이고, '폐(閉)'는 자물쇠의 몸통이다. '관약(管籥)'은 열쇠이다. 건폐(鍵閉) 중 간혹 파손된 것이 있기 때문에, 수(脩)라고 말한 것이며, 관약(管籥)은 함부로 열 수 없는 것이기 때문에, 신(愼)이라고 말한 것이다.

經文

固封疆, 備邊竟[境], 完要塞[先代反], 謹關梁, 塞徯[奚]徑.〈213〉

맹동의 달에 천자는 유사에게 명령하여, 국경의 경계지점을 순찰해서, 법의 준수를 확고하게 만들고, 변경지역의['竟'자의 음은 '境(경)'이다.] 수비를 잘 갖추게 하며, 변경지역에 있는 요새의['塞'자는 '先(선)'자와 '代(대)'자의 반절음이다.] 정비를 완비하고, 관문과 교량에 대한 순찰을 신중하게 하며, 들짐승들이 돌아다니는 길은['徯'자의 음은 '奚(해)'이다.] 출입을 통제하도록 시킨다.

要塞, 邊城要害處也. 關, 境上門. 梁, 橋也. 徯徑, 野獸往來之路也.

'요새(要塞)'는 변경지방의 요새로, 변란에 대해 취약한 곳이다. '관(關)'은 경계 상에 있는 관문이다. '양(梁)'은 교량이다. '혜경(徯徑)'은 들짐승들이 오가는 길이다.

經文

飭喪紀, 辨衣裳, 審棺槨之厚薄·塋丘壟之大小高卑[句], 厚薄之度·貴賤之等級.〈214〉

맹동의 달에 천자는 유사에게 명령하여, 상과 관련된 기율을 신중하게 정비하니, 상복의 상의와 하의가 정해진 법도에 맞는지를 변별하고, 시신을 안치하는 관곽이 정해진 법도대로 두껍게 하는지 아니면 얇게 하는지를 자세히 살펴보며, 묘역을 정해진 법도대로 크게 하는지 아니면 작게 하는지를 자세히 살펴보고, 봉분을 정해진 법도대로 높게 하는지 아니면 낮게 하는지를 자세히 살펴보며['卑'자에서 구문을 끊는다.] 두텁고 얇게 하는 척도를 자세히 살펴보고, 귀천의 등급 차이를 자세히 살펴보도록 시킨다.

飭喪紀者, 飭王喪事之紀律也, 卽辨衣裳以下諸事是已. 上衰下裳,以布之精麤爲親疎, 故曰辨, 亦謂襲斂之衣數多寡也. 棺槨厚薄, 有貴賤之等, 塋有大小, 丘壟有高卑, 皆不可踰越. 厚薄之度, 主禮而言, 貴賤之等級, 主人而言, 故摠曰審.

상기(喪紀)를 칙(飭)한다는 것은 상과 관련된 일들의 기율을 신중하게 정비한다는 뜻이니, 곧 의상을 변별한다는 것으로부터 그 이하의 모든 일들이 이것에 해당할 따름이다. 상복의 상의와 하의는 포의 가공 정도가 촘촘한지 아니면 거친지의 차이로, 죽은 자와의 가깝고 소원한 기준으로 삼는다. 그렇기 때문에 '변(辨)'이라고 말한 것이며, 또한 '변의상(辨衣裳)'이라는 것은 습과 염을 할 때, 의복의 가짓수가 많고 적은 차이를 변별한다는 것을 뜻하기도 한다. 관과 곽을 두껍게 하고 얇게 하는데에는 신분의 등급 차이가 있고, 묘역에는 크고 작은 차이가 있으며, 봉분에는 높고 낮은 차이가 있으니, 이것들은 모두 신분의 따른 규율을 뛰어넘을 수 없다. 두텁게 하고 얇게 하는 척도라는 것은 예법에 주안점을 두고 말한 것이며, 귀천의 등급이라는 것은 사람에 주안점을 두고 말한 것이다. 그렇기 때문에 총괄하여 '심(審)'이라고 말한 것이다.

朱氏曰: 喪者人之終, 冬者歲之終, 故於此時而飭喪紀焉.

주씨가 말하길, 상이라는 것은 인생의 끝이며, 겨울이라는 것은 한 해의 끝이다. 그렇기 때문에 이 시기에 상과 관련된 기율을 신중하게 정비하는 것이다.

經文

是月也, 命工師效功, 陳祭器, 按度程, 毋或作爲淫巧, 以蕩上心, 必功致[緻]爲上, 物勒工名, 以考其誠, 功有不當[去聲], 必行其罪, 以窮其情.〈215〉

맹동의 달에 천자는 공사에게 명령하여, 공인들이 만든 기물들을 바치게 하니, 그중에서도 특히 제기는 진열해서, 정해진 법도와 형식에 맞는지를 살피며, 혹시라도 만든 기물들이 지나치게 화려하고 사치스러운 것이 되어 윗사람들의 마음을 어지럽히는 경우가 없게 하고, 정해진 법도와 형식에 맞게 만들어진 견고하고 세밀한['致'자의 음은 '緻(치)'이다.] 기물들은 반드시 상등품으로 삼으며, 기물들에는 공인의 이름을 새겨서, 그 기물에 들어간 공인의 정성을 따져보며, 그 기물들에 합당하지['當'자는 거성으로 읽는다.] 않은 부분이 있다면, 반드시 그에게 그에 해당하는 죗값을 치르게 하여, 거짓된 정황을 철저히 가려낸다.

集說

工師, 百工之長. 效, 呈也. 諸器皆成, 獨主祭器, 祭器尊也. 度, 法也, 程, 式也. 淫巧, 指諸器而言. 致, 讀爲緻, 謂功力密緻也. 一讀如字, 亦通. 勒, 刻也. 刻名於器, 以考工人之誠僞也. 行, 猶治也. 窮其情者, 究詰其詐僞之情也.

'공사(工師)'는 백공들의 수장이다. '효(效)'는 바친다는 뜻이다. 뭇 기물들이 모두 완성되었는데도 유독 제기를 위주로 말한 것은 제기가 존귀한 것이기 때문이다. '도(度)'는 법도이며, '정(程)'은 형식이다. '음교(淫巧)'는 제기만을 가리켜 말한 것이 아니라, 뭇 기물들을 가리켜서 말한 것이다. '치(致)'자는 치(緻)자로 풀이하니, 작업한 것이 세밀하고 촘촘하다는 뜻이다. 한편으로는 글자대로 읽는데, 그 뜻 또한 통한다. '늑(勒)'자는 새긴다는 뜻이다. 기물에 이름을 새겨서, 공인의 정성스러움 또는 거짓됨을 가려내는 것이다. '행(行)'자는 다스린다는 뜻이다. '궁기정(窮其情)'은 거짓된 정황을 철저하게 캐묻는 것이다.

是月也, 大飮烝.(216)

맹동의 달에 천자는 증(烝)제사7)를 지내면서 아울러 신하들과 함께 큰
연회를 연다.

集說

因烝祭而與群臣大爲燕飮也. 舊說, 烝, 升也. 此乃饗禮, 升牲體於
俎上, 謂之房烝. 未知是否.

증제사를 지내는 것에 연유해서, 뭇 신하들과 함께 성대하게 연회를 여
는 것이다. 옛 학설에서는 '증(烝)'은 올린다는 뜻으로, 이것은 곧 향례를
시행하며 희생물의 몸체를 도마 위에 올린다고 하였는데, 그것을 '방증
(房烝)8)이라고 부른다. 그러나 이 학설이 옳은지 그른지는 잘 모르겠다.

---

7) 증(烝)은 겨울에 종묘(宗廟)에서 지내는 제사를 뜻한다. '증'자는 중(衆)자의 뜻으
로, 겨울에는 만물 중에 성숙한 것이 많다는 의미에서 붙여진 말이다. 『백호통(白
虎通)』 「종묘(宗廟)」편에는 "冬曰烝者, 烝之爲言衆也, 冬之物成者衆."이라는
기록이 있다.
8) 방증(房烝)은 방증(房胾)이라고도 부른다. 전증(全烝)과 대비되는 말이다. 제사
나 연회 때 희생물을 반절로 갈라서 도마 위에 올리는 것을 말한다. 천자의 연회
때 사용된 예법(禮法) 중 하나이다. 『국어(國語)』 「주어중(周語中)」편에는 "禘郊
之事, 則有全烝. 王公立飫, 則有房烝."이라는 기록이 있고, 이에 대한 위소(韋
昭)의 주에서는 "房, 大俎也. 詩云 籩豆大房, 謂半解其體, 升之房也."라고 풀이
했다. 즉 '방증'에서의 방(房)자는 큰 도마라는 뜻이며, 증(烝)자는 도마에 올린다
는 뜻이다. 『시』 「노송(魯頌) · 비궁(閟宮)」편에는 "籩豆大房"이라는 기록이 있
는데, 이것은 희생물의 몸체를 반절로 갈라서, 큰 도마 위에 올린다는 뜻이다.

天子乃祈來年于天宗, 大割祠于公社及門閭, 臘先祖 · 五祀,
勞[去聲]農以休息之.〈217〉

맹동의 달에 천자는 곧 천종(天宗)[9]에게 내년 한 해 농사의 풍년을 기
원하는 제사를 지내고, 공사(公社)[10] 및 성문과 마을문에 큰 할사(割
祠)[11]를 지내며, 선조와 오사에 납(臘)제사[12]를 지내고, 농부들을 위로

---

9) 천종(天宗)은 일월(日月)과 성신(星辰)을 가리킨다. 『일주서(逸周書)』「세부
(世俘)」편에는 "武王乃翼矢珪矢憲, 告天宗上帝."이라는 기록이 있는데, 이에
대한 주우증(朱右曾)의 교석(校釋)에서는 "天宗, 日月星辰."이라고 풀이했다.

10) 공사(公社)는 국사(國社)라고도 부른다. '공사'는 고대 관가(官家)에서 토신(土
神)에게 제사를 지내던 장소를 뜻한다. 또한 토신에 대한 제사 자체를 가리키기
도 한다. 그리고 상공(上公)을 배향하여 제사를 지냈기 때문에, '공사'라는 명칭
이 붙게 되었다. 『예기』「월령(月令)」편에는 "天子, 乃祈來年于天宗, 大割, 祠
于公社及門閭, 臘先祖 · 五祀, 勞農以休息之."라는 기록이 있고, 이에 대한
공영달(孔穎達)의 소(疏)에서는 "以上公配祭, 故云公社."라고 풀이했다. 또한
『회남자(淮南子)』「시칙훈(時則訓)」편에는 "孟冬之月 …… 天子祈來年於天
宗, 大禱祭於公社, 畢饗先祖."라는 기록이 있고, 이에 대한 고유(高誘)의 주에
서는 "公社, 國社也, 后土之祭也. 生爲上公, 死爲貴神, 故曰公也."라고 풀이
했다. 즉 '공사'는 '국사'라는 것으로, 후토(后土)에 대한 제사를 의미한다. 생전
에는 상공의 직위를 가졌다가, 죽어서 존귀한 토지신이 되었기 때문에, 공(公)자
를 붙이게 되었다는 뜻이다.

11) 할사(割祠)는 희생물을 죽여서 부위별로 가른 뒤에, 그것을 바쳐 제사를 지내는
것이다.

12) 납(臘)은 엽(獵)이라고도 부른다. 짐승을 사냥하여 조상 및 오사(五祀)에게 지
내는 제사를 뜻한다. 고대에는 백신(百神)들에 대한 제사를 사(蜡)라고 불렀고,
조상에 대한 제사를 '납'이라고 불렀는데, 진한대(秦漢代) 이후로는 이 둘을 통
칭하여, '납'이라고 불렀다. 『예기』「월령(月令)」편에는 "天子, 乃祈來年于天
宗, 大割, 祠于公社及門閭, 臘先祖 · 五祀, 勞農以休息之."라는 기록이 있고,
이에 대한 공영달(孔穎達)의 소(疏)에서는 "臘, 獵也. 謂獵取禽獸以祭先祖五
祀也."라고 풀이했다. 또한 『춘추좌씨전』「희공(僖公) 5년」편에는 "宮之奇以其
族行, 曰虞不臘矣."라는 기록이 있는데, 이에 대한 두예(杜預)의 주에서는 "臘,

하여['勞'자는 거성으로 읽는다.] 휴식을 시킨다.

集說

天宗, 日月星辰也. 割祠, 割牲以祭也. 社以上公配祭, 故云公社, 又祭及門閭之神也. 臘之言獵, 以田獵所獲之物, 而祭先祖及五祀之神, 故曰臘也. 又蔡邕云: "夏曰清祀, 殷曰嘉平, 周曰蜡, 秦曰臘." 然左傳言虞不臘, 是周亦名臘也. 勞農, 卽周禮黨正屬民飮酒之禮也.

'천종(天宗)'은 일월과 성신이다. '할사(割祠)'는 희생물을 해체하여 제사를 지내는 것이다. 사제사에는 상공을 배향하여 제사를 지내기 때문에, '공사(公社)'라고 부르며, 또한 제사의 대상은 성문과 마을문의 신들에게 까지 미친다. '납(臘)'자는 사냥을 뜻하는데, 사냥에서 획득한 동물들로 조상 및 오사의 신들에게 제사를 지내는 것이기 때문에, '납(臘)'이라고 부른다. 또한 채옹은 "납제사를 하나라 때에는 청사(清祀)라 불렀고, 은 나라 때에는 가평(嘉平)이라 불렀으며, 주나라 때에는 사(蜡)라 불렀고, 진나라 때에는 납이라고 불렀다."라고 했는데, 『좌전』에서 "우나라는 납 제사를 지내지 못할 것이다."[13]라고 말했으니, 이것은 주나라 때에도 납 이라고 불렀음을 뜻한다. 농부들을 위로한다는 것은 곧 『주례』「당정(黨正)」편에서 백성들을 불러 모아서 학교에서 음주를 시킨다는 예법이다.[14]

歲終祭衆神之名."이라고 풀이했다. 즉 '납'은 한 해가 끝날 무렵 뭇 신들에게 지내는 제사의 명칭이라는 뜻이다.

13) 『춘추좌씨전』「희공(僖公) 5년」: 虞不臘矣. 在此行也, 晉不更擧矣.

14) 『주례』「지관(地官)·당정(黨正)」: 國索鬼神, 而祭祀, 則以禮屬民, 而飮酒于序, 以正齒位.

天子乃命將帥講武, 習射御, 角力.〈218〉

맹동의 달에 천자는 곧 군대를 통솔하는 장수에게 명령하여, 무예를 익히게 하니, 활쏘기와 수레 모는 일을 익히게 하여, 이후 병사들의 능력을 비교해서, 우열을 가리도록 한다.

集說

以仲冬大閱也.

중동에 대열(大閱)[15]을 하기 때문이다.

經文

是月也, 乃命水虞·漁師, 收水泉·池澤之賦, 毋或敢侵削衆庶兆民, 以爲天子取怨于下, 其有若此者, 行罪無赦.〈219〉

맹동의 달에 천자는 곧 소택 지역을 담당하는 관리인 수우와 물고기 등을 잡는 일을 주관하는 관리인 어사에게 명령하여, 하천과 연못에 대한 세금을 거둬들이게 하되, 혹시라도 감히 백성들에게 너무 많은 세금을 거둬들여서, 이일을 계기로 천자가 백성들에게 원망을 사게 해서는 안되니, 만약 그들 중에 이와 같이 행동한 자가 있다면, 형벌을 내리되 용서해주는 일이 없게 한다.

---

15) 대열(大閱)은 군대에 대한 검열을 대대적으로 실시하는 것을 가리킨다.

水虞, 澤虞也, 漁師, 漁人也, 見周禮. 水冬涸, 故以冬時收賦.

'수우(水虞)'는 택우이며, '어사(漁師)'는 어인(漁人)[16]이니, 이들의 직책에 대해서는 『주례』에 나와 있다. 물은 겨울에 마르기 때문에, 겨울철에 하천과 연못에 대한 세금을 거두는 것이다.

孟冬行春令, 則凍閉不密, 地氣上[上聲]泄, 民多流亡.〈220〉

만약 천자가 맹동의 달에 맹춘에 집행해야 할 정령을 시행하게 된다면, 얼어붙은 것들이 긴밀하지 못해 갈라지고, 갈라진 틈으로 땅의 기운이 위로['上'자는 상성으로 읽는다.] 새어나오며, 백성들 중에는 유랑하거나 도망가는 자들이 많아지게 된다.

----

16) 어인(漁人)은 어업과 관련된 일을 담당하는 관리이다. 『주례』「천관총재(天官冢宰)」편에는 "漁人, 中士四人, 下士四人, 府二人, 史四人, 胥三十人, 徒三百人."이라는 기록이 있다. 즉 '어인'이라는 관직은 중사(中士) 4명이 담당하였고, 하사(下士) 4명이 보좌를 했다. 그리고 그 휘하에는 잡무를 담당하는 부(府) 2명, 사(史) 4명, 서(胥) 30명, 도(徒) 300명이 있었다. 그리고 『주례』「천관(天官)・어인(漁人)」편에는 "漁人, 掌以時漁爲梁. 春獻王鮪. 辨魚物爲鱻薧, 以共王膳羞. 凡祭祀賓客喪紀共其魚之鱻薧. 凡漁者, 掌其政令. 凡漁征, 入于玉府."라는 기록이 있다. 즉 '어인'은 철마다 물고기를 잡기 위해 발을 설치하고, 봄에는 천자가 침묘(寢廟)에 바치게 될 다랑어를 잡아서 헌상하고, 싱싱한 물고기와 어포 등을 감별해서 천자가 먹을 반찬거리를 제공하기도 한다. 그리고 제사나 빈객(賓客) 접대, 상례(喪禮) 때에도 해당 행사에 소용되는 물고기 및 어포들을 공급하고, 어업과 관련된 정령(政令) 시행과 조세 거둬들이는 일을 담당한다.

寅木之氣所泄也.

1월의 목 기운이 새어나와서 발생시킨 것이다.

行夏令, 則國多暴風, 方冬不寒, 蟄蟲復出.〈221〉

만약 천자가 맹동의 달에 맹하에 집행해야 할 정령을 시행하게 된다면, 나라에는 사납고 거센 바람이 불어오는 날이 많아지고, 겨울이 이제 막 되었음에도 춥지 않게 되며, 칩거했던 곤충들이 다시 나타나게 된다.

巳火之氣所損也.

4월의 화 기운이 맹동의 기운을 손상시켜서이다.

行秋令, 則雪霜不時, 小兵時起, 土地侵削.〈222〉

만약 천자가 맹동의 달에 맹추에 집행해야 할 정령을 시행하게 된다면, 눈과 서리 내리는 것이 때에 맞지 않게 되고, 작은 전란이 자주 발생하며, 토지가 침탈된다.

申金之氣所淫也.

7월의 금 기운이 맹동의 기운을 어지럽혀서이다.

무분류-중동(仲冬)

仲冬之月, 日在斗, 昏東辟[壁], 中旦軫中.〈223〉

중동의 달에는 해와 달이 만나는 곳인 일이 28수 중 하나인 두수자리에 있고, 저녁 무렵에는 동벽이['辟'자의 음은 '壁(벽)'이다.] 남쪽 하늘의 중앙에 위치하고, 동틀 무렵에는 진수가 남쪽 하늘의 중앙에 위치한다.

斗在丑, 星紀之次也.

두는 축자리에 위치하니, 성기의 자리이다.

其日壬癸, 其帝顓頊, 其神玄冥, 其蟲介, 其音羽, 律中黃鍾, 其數六, 其味鹹, 其臭朽, 其祀行, 祭先腎.〈224〉

중동의 달에 해당하는 일간은 임과 계이고, 중동를 지배하는 제는 전욱이며, 그 아래에서 보좌하는 신은 현명이고, 중동에 해당하는 생물은 단단한 껍질이 있는 종류이며, 오음 중에서 중동에 해당하는 음은 우이고, 십이율 중에서 중동의 기후에 반응하는 율관은 황종에 해당하며, 중동에 해당하는 수는 6이고, 오미 중에서 중동에 해당하는 맛은 짠맛이며, 오취 중에서 중동에 해당하는 냄새는 썩은내이고, 오사 중에서 중동에 해당하는 사는 행으로, 제사를 지낼 때에는 희생물의 신장을 먼저 바친다.

黃鍾, 子律, 長九寸.

'황종(黃鍾)'은 자에 해당하는 율관으로 그 길이는 9촌이다.

冰益壯, 地始坼, 鶡旦不鳴, 虎始交.〈225〉

중동의 달에는 얼음이 더욱 단단해지고, 땅이 비로소 갈라지기 시작하며, 할단새가 울지 않게 되고, 범이 비로소 교미를 시작한다.

此記子月之候. 鶡旦, 夜鳴求旦之鳥也.

이것은 11월의 기후 조짐을 기록한 것이다. 할단새는 밤에 울어 아침을 불러오는 새이다.

天子居玄堂太廟, 乘玄路, 駕鐵驪, 載玄旂, 衣黑衣, 服玄玉, 食黍與彘, 其器閎以奄.〈226〉

중동의 달에 천자는 현당에 있는 태묘에 거처하고, 현로를 타며, 현로에는 철려라는 말에 멍에를 매게 해서 끌게 하고, 수레에는 검은색의 깃발을 세우며, 천자는 검은색의 옷을 입고, 의복에 검은색의 옥으로 장식을 하며, 기장과 돼지고기를 먹는데, 그 그릇은 가운데는 넓게 만들되

윗부분은 좁게 만든다.

集說

玄堂太廟, 北堂當太室也.

현당의 태묘는 북쪽 당 중에서도 정중앙에 있는 태실과 맞닿아 있는 곳
이다.

經文

飭死事.〈227〉

중동의 달에 천자는 병사들이 나라의 일에 죽을 각오로 임하도록 훈계
한다.

集說

誓戒六軍之士, 以戰陳當厲必死之志也.

육군의 병사들을 훈계하길, 전쟁 중 상대 적군과 대치해서도 반드시 죽
을 각오를 다져야 한다는 내용으로 한다.

經文

命有司曰: "土事毋作, 愼毋發蓋, 毋發室屋, 及起大衆, 以固而
閉."〈228〉

중동의 달에 천자는 유사에게 명령하여 말하길, "토목 공사는 일으키지

말도록 하고, 신중하게 하여 보관해둔 곳의 덮개를 여는 경우가 없도록 할 것이니, 가옥의 문을 열어두는 것과 대중들을 동원하는 일이 없도록 하여, 이로써 가둬 보관하는 것을 굳건하게 지키게 하라."라고 한다.

順閉藏之令, 以安伏蟄之性也. 固, 堅也. 而, 猶其也. 周禮仲冬敎大閱, 此言毋起大衆, 是誠呂氏之書矣.

가둬 보관하는 시령에 따라서, 숨죽여 칩거하는 성향을 편안하게 보듬어주는 것이다. '고(固)'는 단단하게 한다는 뜻이다. '이(而)'는 기(其)자와 같다. 『주례』에서는 "중동에 성대한 열병식을 한다."[1]고 했는데, 여기에서는 대중들을 동원하지 않는다고 말했으니, 이것은 진실로 여불위의 글이다.

經文

地氣沮[上聲]泄, 是謂發天地之房, 諸蟄則死, 民必疾疫, 又隨以喪, 命之曰暢月.〈229〉

중동의 달에 천자의 명령을 제대로 이행하지 않아서, 가둬 보관하는 곳이 무너져 땅의 기운이 새어나오게 되면['沮'자는 상성으로 읽는다.] 이러한 상황을 "천지의 기운이 가득 찬 공간이 열린 것"이라고 말하니, 이러한 상황이 되면 칩거하는 여러 곤충들이 죽게 되고, 백성들은 반드시 질병에 걸리게 되며, 또 질병에 걸린 백성들은 죽는 경우가 속출하게 되니, 이 달을 명명하여 '창월(暢月)'이라고 부른다.

---

1) 『주례』「하관(夏官) · 대사마(大司馬)」 : 中冬, 敎大閱.

沮者, 壞散之義, 因破壞而宣泄, 故云沮泄也. 天地之閉固氣類, 猶房
室之安藏人也, 若發散天地之所藏, 則諸蟄皆死, 是干犯陰陽之令,
疾疫必爲民災, 喪禍隨之而見. 一說, 喪, 讀去聲, 謂民因避疾疫而逃
亡也. 暢月, 未詳. 舊說, 暢, 充也, 言所以不可發泄者, 以此月萬物皆
充實於內故也. 朱氏謂陽久屈而後伸, 故云暢月也. 未知孰是.

'저(沮)'는 무너져 흩어진다는 뜻으로, 지기가 파괴됨으로 인하여 새어나
오게 된 것이다. 그렇기 때문에 '저설(沮泄)'이라고 말한 것이다. 겨울에
천지가 만물의 기운을 가둬 굳건히 지키는 것은 가옥이 사람을 편안히
품어주는 것과 같으니, 만약 천지가 보관하는 것을 발산시키게 되면, 여
러 칩거하는 곤충들이 모두 죽게 되므로, 이것은 음양의 법칙을 막고 침
범하는 것이 되니, 질병이 반드시 백성들에게 재앙으로 닥치게 되고, 죽
게 되는 일이 그것을 따라서 나타나게 된다. 일설에 '상(喪)'자를 거성으
로 읽어서, 백성들이 질병을 피하기 위해서 도망친다는 뜻이라고 한다.
'창월(暢月)'의 뜻에 대해서는 자세히 모르겠다. 옛 학설에서는 '창(暢)'
자는 채운다는 뜻으로, 발산하여 새어나오게 해서는 안 된다는 것을 말
하니, 이달에는 만물이 모두 안으로 가득 채우게 되기 때문이라고 했다.
주씨는 양기가 오래도록 굽힌 이후에 이 시기에 다시 펴지게 되기 때문
에, 창월이라고 부른다고 했다. 어느 주장이 옳은지는 모르겠다.

是月也, 命奄尹, 申宮令, 審門閭, 謹房室, 必重閉. 省婦事, 毋
得淫, 雖有貴戚近習, 毋有不禁.〈230〉

중동의 달에 천자는 엄윤에게 명령하여, 궁중에서 시행하는 정령을 거
듭하여 강조하게 하고, 성문이 닫혀있는지를 살피게 하며, 가옥의 문을

닫는 것을 신중히 지키게 하여, 반드시 안과 밖의 문을 중첩되게 닫게 한다. 그리고 천자는 궁중 부녀자들의 일들을 줄여주되, 그녀들이 만든 것이 지나치게 화려하게 해서는 안 되며, 비록 천자의 인척들과 총애하는 자라고 할지라도 금령을 지키지 않는 경우가 없도록 한다.

奄尹, 群奄之長也. 以其精氣奄閉, 故名閹人. 宮令, 宮中之政令也. 重閉, 內外皆閉也. 減省婦人之事, 務順陰靜也. 淫, 謂女功之過巧者. 貴戚, 天子之族姻. 近習, 其嬖幸者.

'엄윤(奄尹)'은 뭇 환관들의 수장이다. 그들은 정기가 가려져 막혀 있기 때문에, '엄인(閹人)'이라고 부른다. '궁령(宮令)'은 궁중에서 시행되는 정령이다. '중폐(重閉)'는 안과 밖의 문을 모두 닫는 것이다. 부녀자들의 일거리를 줄여주어서, 음기의 고요함을 따르도록 힘쓰는 것이다. '음(淫)'이라는 것은 여자들이 만든 것 중에서 지나치게 기교를 부린 것을 뜻한다. '귀척(貴戚)'은 천자의 인척들이다. '근습(近習)'은 총애를 받는 자들이다.

乃命大酋[犁], 秫稻必齊, 麴糵必時, 湛[尖]熾必潔, 水泉必香, 陶器必良, 火齊[去聲]必得, 兼用六物, 大酋監[平聲]之, 毋有差貸[二].〈231〉

중동의 달에 천자는 곧 대추에게['酋'자의 음은 '犁(추)'이다.] 명령하여 술을 담그게 하는데, 술 담그는 재료인 찰기장은 그 양을 반드시 알맞게 하고, 누룩은 반드시 제 때에 맞게끔 만들며, 찰벼를 불려서 씻는 것과['湛'자의 음은 '尖(첨)'이다.] 찌는 것을 반드시 청결하게 하고, 술 담그는 물은 반드시 깨끗한 것으로 하며, 술을 담그는 그릇은 반드시 결함이 없는 좋은 것으로 하고, 불의 알맞기를['齊'자는 거성으로 읽는다.] 반드시 제대로 맞추니, 이 여섯 가지 일들을 아울러 시행하되, 대추가 그 일들을 감독하여['監'자는 평성으로 읽는다.] 정해진 법식에서 벗어나는 일이['貳'자의 음은 '二(이)'이다.] 없도록 한다.

大酋, 酒官之長也. 秫稻, 酒材也. 必齊, 多寡中度也. 必時, 制造及時也. 湛, 漬而滌之也. 熾, 蒸炊也. 必潔, 無所汚也. 必香, 無穢惡之氣也. 必良, 無罅漏之失也. 必得, 適生熟之宜也. 物, 事也, 六物, 謂必齊以下六事. 差貳, 不中法式也.

'대추(大酋)'는 술을 담당하는 관부의 수장이다. 찰기장은 술의 재료이다. '필제(必齊)'는 많고 적은 양의 차이를 법도에 맞도록 한다는 뜻이다. '필시(必時)'는 제조한 것이 제 때에 맞도록 한다는 뜻이다. '점(湛)'은 물에 불려서 씻는 것이다. '치(熾)'는 불을 피워 찌는 것이다. '필결(必潔)'은 더러운 것이 없도록 한다는 뜻이다. '필향(必香)'은 더럽고 나쁜 기운이 없도록 한다는 뜻이다. '필량(必良)'은 갈라지고 새는 등의 결함이 없도록 한다는 뜻이다. '필득(必得)'은 숙성시킬 때의 알맞은 정도에 정확히 맞도록 한다는 뜻이다. '물(物)'자는 사(事)자의 뜻으로, '육물(六物)'은 필제 이하의 여섯 가지 일들을 뜻한다. '차이(差貳)'는 법식에 알맞지 않은 것이다.

天子命有司, 祈祀四海大川・名源・淵澤・井泉.〈232〉

중동의 달에 천자는 유사에게 명령하여, 사해 안에 있는 큰 하천과 유명한 수원지와 못들과 우물 및 샘에 기원하는 제사를 지내게 한다.

冬令方中, 水德至盛, 故爲吹祈而祀之也.

겨울의 기후가 한 겨울로 접어들어, 겨울에 해당하는 수덕이 지극히 융
성해지기 때문에, 백성들을 위해 기원하며 제사를 지내는 것이다.

是月也, 農有不收藏積聚者, 馬牛畜獸有放佚者, 取之不詰[起 吉反]. 〈233〉

중동의 달에 천자는 농산물 중 수렴하고 거둬들여서 쌓아두지 않은 채
그대로 놔둔 것과 말이나 소와 같은 가축들 중 방목 상태로 놔둔 것들
에 대해서, 다른 사람이 그것을 가져가더라도 그를 힐책하지['詰'자는 '起
(기)'자와 '吉(길)'자의 반절음이다.] 않는다.

取之不詰, 罪在不收斂也.

그것을 가져가더라도 힐책하지 않는 이유는 그 죄가 거둬들이지 않은
자에게 있기 때문이다.

山林藪澤, 有能取蔬食, 田獵禽獸者, 野虞敎道之, 其有相侵
奪者, 罪之不赦.〈234〉

중동의 달에 천자는 산림지역과 수초가 무성한 소택지에서 열매를 잘
따는 자와 짐승을 잘 사냥하는 자가 있다면, 야우가 그들을 잘 교육하
여 훈도하도록 하고, 만약 그들 중에 상대방이 잡은 것을 빼앗으려고
하는 자가 있다면, 그에게 벌을 내리며 사면해주지 않는다.

集說

罪之不赦, 惡其不相共利也.

벌을 내리되 사면해주지 않는 이유는 이로움을 함께 나누는데 협조하지
않음을 미워해서이다.

經文

是月也, 日短至, 陰陽爭, 諸生蕩.〈235〉

중동의 달에는 동지가 있어서, 해의 짧아짐이 지극해지고, 이전에는 음
이 주도를 했지만 그 기운이 극성해져서, 양의 기운이 발생하므로 음양
이 서로 다투게 되며, 만물의 생동하는 기미가 움직이게 된다.

集說

短至, 短之極也. 陰陽之爭, 與夏至同. 諸生者, 萬物之生機也. 蕩
者, 動也.

'단지(短至)'는 짧아짐이 지극해진 것이다. 음양이 다투는 것은 하지 때

와 같다. '제생(諸生)'이라는 것은 만물의 생동하는 기미이다. '탕(蕩)'은
활동한다는 뜻이다.

經文

> 君子齊戒, 處必掩身, 身欲寧, 去聲色, 禁耆欲, 安形性, 事欲
> 靜, 以待陰陽之所定.⟨236⟩

중동의 달에는 양기와 음기가 다투기 때문에, 군자는 재계를 하고, 거처
함에도 반드시 몸을 가려 드러내지 않게 하여, 몸이 편안해지도록 하니,
음란한 소리와 여색 밝히는 마음을 제거하며, 좋아하고 욕망하는 마음
을 금지하고, 심신을 편안하게 하며, 일들은 고요해지도록 하여, 이로써
음양이 안정되기를 기다린다.

集說

> 此皆與夏至同, 而有謹之至者. 彼言止聲色, 而此言去, 彼言節耆欲,
> 而此言禁. 蓋仲夏之陰猶微, 而此時之陰猶盛. 陰微, 則盛陽未至於
> 甚傷, 陰盛, 則微陽當在於善保故也.

이 기록들은 모두 하지 때와 같지만, 조심함에 있어서는 지극한 점이 있
다. 하지 때에는 성색을 그만둔다고 말했지만, 이곳에서는 제거한다고
말했고, 하지 때에는 기욕을 절제한다고 말했지만, 이곳에서는 금지한
다고 말했으니, 중하 때에는 음기가 아직 미약하고 이 시기에는 음기가
오히려 성대하기 때문이다. 음기가 미약하면 왕성한 양기가 깊이 손상
되는 데에는 아직 도달하지 않게 되고, 음기가 왕성하면 미약한 양기는
마땅히 잘 보호되어야 하는 상태에 놓이기 때문이다.

芸始生, 荔挺出, 蚯蚓結, 麋角解, 水泉動.〈237〉

중동의 달에는 운초가 비로소 생겨나기 시작하고, 여정초가 나타나며,
지렁이가 땅 구멍에서 웅크려 숨어있고, 사슴뿔이 떨어지며, 샘물이 솟
아올라온다.

集說

此又言子月之候. 芸與荔挺, 皆香草. 結, 猶屈也. 解, 脫也. 水者,
天一之陽所生, 陽生而動, 言枯涸者漸滋發也. 十二月惟子午之月,
皆再記其候者, 詳於陰陽之萌也.

이것은 또한 11월의 기후 조짐을 기록한 것이다. 운초와 여정초는 모두
향초들이다. '결(結)'은 굽힌다는 뜻이다. '해(解)'는 빠진다는 뜻이다. 물
이라는 것은 하늘의 수인 1의 양기가 생겨나게 하는 것으로, 양기가 생
겨나서 활동하는 것이니, 말라버렸던 것들이 차츰 불어나는 것을 말한
다. 12개월 중에 오직 11월과 5월에서만 모두 그 기후 조짐을 재차 기록
하고 있는 것은 음양의 싹틈을 상세하게 기록하기 위해서이다.

經文

日短至, 則伐木, 取竹箭.〈238〉

중동의 달에 동지가 되어, 해가 짧아짐이 지극해지면, 나무를 벌목하고,
죽과 전을 채취한다.

陰盛則材成, 故伐而取之. 大曰竹, 小曰箭.

음기가 융성해지면 재목이 완숙한 상태가 되기 때문에, 벌목을 하여 채취하는 것이다. 대나무 중에서 큰 것을 '죽(竹)'이라 부르며, 작은 것을 '전(箭)'이라 부른다.

是月也, 可以罷官之無事, 去器之無用者.⟨239⟩

중동의 달에 천자는 관리들 중에서 하는 일 없이 녹봉을 받기만 하는 자를 파면시킬 수 있고, 기구들 중에서 쓸모가 없는 것을 없앨 수 있다.

官以權宜而設, 器以權宜而造, 皆暫焉之事. 此閉藏休息之時, 故可罷去.

관리는 그 당시의 합당함에 맞춰서 설치한 것이며, 기구는 그 당시의 합당함에 맞춰서 만들어낸 것이니, 모두 임시적으로 설치하고 만들어낸 대상들이다. 이때에는 가둬 보관하며 휴식을 취하는 시기이기 때문에, 파직시키고 제거할 수 있다.

塗闕廷門閭, 築囹圄, 此以助天地之閉藏也. 仲冬行夏令, 則其國乃旱.⟨240⟩

중동의 달에 천자는 관리들을 시켜서 궁궐의 누각과 뜰 및 성문과 마을 문들을 보수하고, 감옥을 축조하니, 이렇게 하는 이유는 이러한 행위로 써 천지의 닫아 보관하는 기운 작용을 돕는 것이다. 만약 천자가 중동 의 달에 중하에 집행해야 할 정령을 시행하게 된다면, 그 나라에는 곧 가뭄이 들게 된다.

集說

火氣乘之, 應於來年.

여름의 화 기운이 겨울의 수 기운을 올라타서, 다음해의 기운에 감응해 서이다.

經文

氛霧冥冥.〈241〉

차가운 안개가 자욱하게 껴서 어둑어둑하게 된다.

集說

亦火氣所蒸.

또한 여름의 화 기운이 무덥게 해서이다.

經文

雷乃發聲.〈242〉

천둥이 곧 소리를 내며 내리치게 된다.

陰不能固陽也. 午火之氣所克也.

겨울의 음기가 여름의 양기를 묶어둘 수 없어서이다. 이러한 현상은 중하에 해당하는 5월의 화 기운이 이룬 것이다.

經文

行秋令, 則天時雨[去聲]汁[執], 瓜瓠不成. 〈243〉

만약 천자가 중동의 달에 중추에 집행해야 할 정령을 시행하게 된다면, 기후는 비와['雨'자는 거성으로 읽는다.] 눈이 섞여 내리게['汁'자의 음은 '執(집)'이다.] 되고, 내년에 수확해야 할 오이와 박이 익지 않게 된다.

集說

雨雪雜下曰汁.

비와 눈이 섞여 내리는 것을 '즙(汁)'이라고 부른다.

經文

國有大兵. 〈244〉

나라에는 큰 전란이 일어난다.

酉金之氣所淫也.

중추에 해당하는 8월의 금 기운이 중동의 기운을 어지럽혀서이다.

經文

行春令, 則蝗蟲爲敗, 水泉咸渴.〈245〉

만약 천자가 중동의 달에 중춘에 집행해야 할 정령을 시행하게 된다면, 메뚜기 떼가 발생하여 그것들에 의해 보리농사가 실패하게 되고, 하천과 샘물이 모두 말라버리게 된다.

集說

卯中大火之所主也.

이러한 현상은 2월 영역 안에 있는 대화성이 주관하는 것이다.

經文

民多疥癘.〈246〉

백성들 중에는 딱지와 가려움을 동반하는 피부병에 걸린 자들이 많아진다.

集說

卯木之氣所泄也.

이러한 현상은 중춘에 해당하는 2월의 목 기운이 발생시킨 것이다.

무분류-계동(季冬)

季冬之月, 日在婺女, 昏婁中, 旦氐中.⟨247⟩

季冬의 달에는 해와 달이 만나는 곳인 일이 28수 중 하나인 무녀자리에 있고, 저녁 무렵에는 누수가 남쪽 하늘의 중앙에 위치하고, 동틀 무렵에는 저수가 남쪽 하늘의 중앙에 위치한다.

女在子, 玄枵之次也.

무녀는 자자리에 위치하니, 현효의 자리이다.

其日壬癸, 其帝顓頊, 其神玄冥, 其蟲介, 其音羽, 律中大呂, 其數六, 其味鹹, 其臭朽, 其祀行, 祭先腎.⟨248⟩

계동의 달에 해당하는 일간은 임과 계이고, 계동을 지배하는 제는 전욱이며, 그 아래에서 보좌하는 신은 현명이고, 계동에 해당하는 생물은 단단한 껍질이 있는 종류이며, 오음 중에서 계동에 해당하는 음은 우이고, 십이율 중에서 계동의 기후에 반응하는 율관은 대려에 해당하며, 계동에 해당하는 수는 6이고, 오미 중에서 계동에 해당하는 맛은 짠맛이며, 오취 중에서 계동에 해당하는 냄새는 썩은내이고, 오사 중에서 계동에 해당하는 사는 행으로, 제사를 지낼 때에는 희생물의 신장을 먼저 바친다.

大呂, 丑律, 長八寸二百四十三分寸之百四.

'대려(大呂)'는 축에 해당하는 율관으로 그 길이는 8촌과 243분의 104촌
이다.

鴈北鄉[去聲], 鵲始巢, 雉雊, 雞乳[去聲].〈249〉 征鳥厲疾.〈252〉

계동의 달에 기러기가 북쪽으로 떠나가고['鄉'자는 거성으로 읽는다.] 까치
가 비로소 둥지를 틀기 시작하며, 수컷 꿩이 암컷을 찾아 울고, 닭이 알
을 낳는다.['乳'자는 거성으로 읽는다.] 매나 새매와 같은 맹금류들이 사나워
지고 재빠르게 된다.

此記丑月之候. 征鳥, 鷹隼之屬, 以其善擊, 故曰征. 厲疾者, 孟厲而
迅疾也.

이것은 12월의 기후 조짐을 기록한 것이다. '정조(征鳥)'는 매나 새매와
같은 부류들로, 그것들은 공격을 잘하기 때문에 '정(征)'자를 붙여서 말
한 것이다. '여질(厲疾)'은 사납고 재빠르다는 뜻이다.

近按: 舊本"征鳥厲疾"四字, 在"出土牛, 以送寒氣"之下, 今以類附
於此.

내가 살펴보니, 옛 판본에 '정조려질(征鳥厲疾)'이라는 네 글자는 "흙으
로 된 소를 만들어서, 이로써 추운 기운을 전송한다."[1]라고 한 문장 뒤

에 수록되어 있었는데, 지금은 비슷한 부류에 따라 이곳에 덧붙인다.

---

1) 『예기』「월령」 251장 : 命有司, 大難, 旁磔, <u>出土牛, 以送寒氣</u>.

天子居玄堂右个, 乘玄路, 駕鐵驪, 載玄旂, 衣黑衣, 服玄玉,
食黍與彘, 其器閎以奄.〈250〉

계동의 달에 천자는 현당에 있는 우개에 거처하고, 현로를 타며, 현로에
는 철려라는 말에 멍에를 매게 해서 끌게 하고, 수레에는 검은색의 깃
발을 세우며, 천자는 검은색의 옷을 입고, 의복에 검은색의 옥으로 장식
을 하며, 기장과 돼지고기를 먹는데, 그 그릇은 가운데는 넓게 만들되
윗부분은 좁게 만든다.

玄堂右个, 北堂東偏也.

현당의 우개는 북쪽 당의 동쪽 편실이다.

命有司, 大難[那], 旁磔[責], 出土牛, 以送寒氣.〈251〉

계동의 달에 천자는 유사에게 명령하여, 큰 대나의식을['難'자의 음은 '那
(나)'이다.] 하니, 방책의식을['磔'자의 음은 '責(책)'이다.] 시행하고, 흙으로 된
소를 만들어서, 이로써 추운 기운을 전송한다.

季春惟國家之難, 仲秋惟天子之難, 此則下及庶人, 又以陰氣極盛,
故云大難也. 旁磔, 謂四方之門皆披磔其牲, 以攘除陰氣, 不但如季
春之九門桀攘而已. 舊說, 此月日經虛危, 司命二星在虛北, 司祿二
星在司命北, 司危二星在司祿北, 司中二星在司危北. 此四司者, 鬼

官之長. 又墳四星在危東南, 墳墓四司之氣, 能爲厲鬼, 將來或爲災瘡, 故難磔以攘除之, 事或然也. 出猶作也. 月建丑, 丑爲牛, 土能制水, 故特作土牛以畢送寒氣也.

계춘 때 시행한 의식은 오직 국가의 관리들만이 시행하는 나의식이고, 중추 때 시행한 의식은 오직 천자만 시행하는 나의식인데, 여기에서 말하는 대나의식은 그 시행 주체가 천자로부터 서인들에게까지 미치고, 또한 이 시기에는 음기가 매우 융성하기 때문에, '대나(大難)'라고 부르는 것이다. '방책(旁磔)'은 사방의 문에서 모두 희생물을 가르고 바쳐서, 음기를 물리치는 것을 말하니, 단지 계춘 때처럼 구문에서만 책양을 했던 것이 아니다. 옛 학설에서는 이달에는 해가 허수와 위수를 경유하는데, 사명(司命)[1]의 두 별은 허수의 북쪽에 위치하고, 사록(司祿)[2]의 두 별은 사명의 북쪽에 위치하며, 사위(司危)의[3] 두 별은 사록의 북쪽에 위치하고, 사중(司中)[4]의 두 별은 사위의 북쪽에 위치하게 된다. 이 네 가

---

1) 사명(司命)은 허수(虛宿)의 북쪽에 있는 두 별을 가리킨다. 『송사(宋史)』「천문지삼(天文志三)」에는 "司命二星, 在虛北, 主擧過·行罰·滅不祥, 又主死亡."이라는 기록이 있다. 즉 '사명'이라는 두 별은 허수의 북쪽에 위치하는데, 잘못된 행실을 들춰내고, 벌을 내리며, 상서롭지 못한 것을 없애는 일을 주관하고, 또한 죽음에 대한 일도 주관한다.

2) 사록(司祿)은 사명(司命)의 북쪽에 있는 두 별을 가리킨다. 『송사(宋史)』「천문지삼(天文志三)」편에는 "司祿二星, 在司命北, 主增年延德, 又主掌功賞·食料·官爵."이라는 기록이 있다. 즉 '사록'이라는 두 별은 사명의 북쪽에 위치하는데, 수명에 대한 일을 주관하고, 또한 공적에 따라 상훈(賞勳)을 내리거나, 식록(食祿)을 하사하거나, 관직과 작위를 하사하는 일을 주관한다.

3) 사위(司危)는 사록(司祿)의 북쪽에 있는 두 별을 가리킨다. 『송사(宋史)』「천문지삼(天文志三)」편에는 "司危二星, 在司祿北, 主矯失正下, 又主樓閣·臺榭·死喪·流亡"이라는 기록이 있다. 즉 '사위'라는 두 별은 사록의 북쪽에 위치하는데, 잘못된 것을 바로잡는 일을 주관하고, 또한 누각(樓閣)이나 대사(臺榭), 장례나 상례, 유배와 관련된 일을 주관했다.

4) 사중(司中)은 사비(司非)라고도 부른다. 사위(司危)의 북쪽에 있는 두 별을 가리킨다. 『송사(宋史)』「천문지삼(天文志三)」편에는 "司非二星, 在司危北, 主司候

지 사들은 귀관의 수장들이다. 또 분묘(墳墓)[5]의 네 별은 위수의 동남쪽에 위치하여, 분묘의 별자리와 네 가지의 사 별자리 기운은 여귀가 될 수 있어서, 장차 재앙과 질병을 불러올 수 있다. 그렇기 때문에 나의식을 하며 희생물을 갈라서 그것들을 제거한다고 했으니, 정황상 그러한 것 같기도 한다. '출(出)'자는 만든다는 뜻이다. 이달에는 북두칠성 자루가 축을 가리키는데, 축은 소가 되고, 토는 수를 제압할 수 있기 때문에, 특별히 흙으로 된 소를 만들어서 추운 기운을 모두 끝나게 하는 것이다.

淺見

近按: 土牛, 今於立春用之, 以迎春. 此言季冬以送寒氣, 正與今禮相反. 然季冬寒氣方盡之時, 卽立春暖氣始生之日, 言其所用之意雖異, 而觀其所用之時則同, 是土牛所以送寒而迎春, 禮家各主一事而言之爾.

내가 살펴보니, 흙으로 만든 소를 현재는 입춘 때 사용하여, 이것을 통해 봄의 기운을 맞이한다. 이곳에서는 계동에 이를 통해 추운 기운을 전송한다고 했으니, 지금의 예법과는 상반된다. 그런데 계동은 추운 기운이 다 끝나려고 하는 시기이니, 곧 입춘의 따뜻한 기운이 처음으로 생겨나는 날에 해당한다. 따라서 그것을 사용하는 의미에 있어서는 비록 차이가 있지만, 사용하는 시기를 살펴보면 동일하니, 이것은 흙으로 만든 소에 추위를 전송하고 봄의 기운을 맞이하는 두 기능이 있는데, 예학자들이 각각 한 가지 사안을 위주로 만한 것일 뿐이다.

內外, 察慝尤, 主過失."이라는 기록이 있다. 즉 '사중'이라는 두 별은 사위의 북쪽에 위치하는데, 시령(時令)과 관련된 일들을 주관하고, 잘못된 일들을 감찰하며, 과실에 대한 처벌을 주관했다.

5) 분묘(墳墓)는 위수(危宿)의 남쪽에 위치하는 네 개의 별을 가리킨다. 『송사(宋史)』「천문지삼(天文志三)」편에는 "墳墓四星, 在危南, 主山陵·悲慘·死喪·哭泣."이라는 기록이 있다. 즉 '분묘'에 해당하는 네 개의 별들은 위수의 남쪽에 위치하는데, 무덤이나 애도하는 일, 장례나 상례, 곡(哭)하고 읍(泣)하는 일 등을 주관한다.

乃畢山川之祀, 及帝之大臣·天之神祇.〈253〉

천자는 산천에 대한 제사와 오제를 보좌하는 다섯 신들에 대한 제사 및
하늘에서 각종 일들을 주관하는 신들에 대한 제사를 모두 지내서 끝마
친다.

集說

帝之大臣, 謂五帝之佐, 句芒·祝融之屬也. 孟冬言祈天宗, 此或司
中·司命·風師·雨師屬歟.

제의 대신이라는 것은 오제를 보좌하는 신으로 구망이나 축융과 같은
부류들을 뜻한다. 맹동에서 천종에게 기원하는 제사를 지낸다고 말했으
니, 여기에서 말하는 천의 신지는 아마도 사중·사명·풍사·우사 등의
부류일 것이다.

經文

是月也, 命漁師, 始漁, 天子親往, 乃嘗魚, 先薦寢廟.〈254〉

계동의 달에 천자는 어사에게 명령하여, 겨울 들어 처음으로 물고기를
잡게 하니, 천자는 직접 그곳에 가서, 어사가 잡은 물고기를 맛보되, 먼
저 침묘에 바친다.

集說

獵而親殺爲奉祭也, 則漁而親往, 亦爲薦先歟.

사냥을 함에 천자가 직접 희생물을 잡는 것은 제사에 바치기 위함이니,

물고기를 잡음에 천자가 직접 가는 것 또한 조상에게 바치기 위함일 것이다.

冰方盛, 水澤腹堅, 命取冰, 冰以入.⟨255⟩

계동의 달에는 얼음이 매우 두텁고 단단해지게 되니, 하천과 못에 얼음이 단단하게 얼게 되면, 천자는 관리들에게 명령하여, 얼음을 채취하게 하고, 채취된 얼음을 저장고에 집어넣게 한다.

氷之初凝, 惟水面而已, 至此則徹上下皆凝, 故云腹堅. 腹, 猶內也. 藏氷正在此時, 故命取氷. 氷入, 則陰事之終也.

맹동의 달에 얼음이 처음 얼기 시작하는데, 이것은 단지 수면만 얼 뿐이며, 이달에 이르러서는 위아래가 모두 얼게 되므로, 속까지 단단해진다고 말한 것이다. '복(腹)'은 안쪽을 뜻한다. 얼음을 보관하는 일은 바로 이 시기에 해당하므로, 얼음을 채취하라고 명령하는 것이다. 얼음을 집어넣는 것은 음기와 관련된 일의 마무리가 된다.

令告民, 出五種[上聲], 命農, 計耦耕事, 脩耒耜, 具田器.⟨256⟩

계동의 달에 천자는 관리들로 하여금 백성들에게 알려서, 오곡을 파종할 종자를['種'자는 상성으로 읽는다.] 내놓게 하고, 농사를 주관하는 관리에게 명령하여, 논밭 가는 일을 계획하도록 하고, 쟁기와 보습을 수리하도록 하며, 호미 및 가래 등의 도구들을 갖추게 한다.

氷入之後, 大寒將退, 令典農之官, 告民出其所藏五穀之種, 計度耦耕之事. 耦, 謂二人相偶也. 楺木爲耒, 斲木爲耜, 今之耜以鐵爲之. 田器, 錢基之屬, 凡治田所用者也. 此皆豫備東作之事, 陽事之始也.

얼음을 집어넣은 이후에 큰 추위가 물러가게 되니, 농사를 담당하는 관리로 하여금 백성들에게 알려서, 보관하고 있는 오곡의 종자를 내놓게 하며, 논밭 가는 일을 계획하게 한다. '우(耦)'는 두 사람이 서로 짝지어서 논밭 가는 것을 뜻한다. 나무를 휘어서 쟁기의 자루 부분을 만들고, 나무를 깎아내서 보습에 해당하는 쟁기의 날 부분을 만드는데, 오늘날의 보습은 철로 만든다. '전기(田器)'는 호미 및 가래 등속으로, 밭을 경작하는 데 필요한 도구들이다. 이것들은 모두 동작(東作)[1]의 일을 미리 대비하는 것이며, 양기와 관련된 일들의 시작이다.

命樂師, 大合吹[去聲]而罷.〈257〉

계동의 달에 천자는 악사에게 명령하여, 태학에서 국자들에게 성대한

---

1) 동작(東作)은 봄에 밭을 가는 행위를 뜻한다. 『서』「우서(虞書)·요전(堯典)」편에는 "寅賓出日, 平秩東作."이라는 기록이 있고, 이에 대한 공안국(孔安國)의 전(傳)에서는 "歲起於東, 而始就耕, 謂之東作."이라고 풀이했다. 즉 한 해는 동쪽에서부터 시작되며, 이러한 시기에 비로소 밭을 갈게 되기 때문에, '동작'이라는 명칭이 생기게 되었다.

합주를['吹'자는 거성으로 읽는다.] 시키게 하고, 이러한 행사를 시행함으로
써 한 해를 마무리한다.

集說

鄭氏曰: 歲將終, 與族人大飮, 作樂於大寢, 以綴恩也. 王居明堂禮:
"季冬命國爲酒, 以合三族."

정현이 말하길, 한 해가 장차 끝나려고 함에 족인들과 더불어 태침에서
큰 향연을 열며 음악을 연주하여, 친분을 다진다. 『왕거명당례』에서는
"계동에 국가에 명령하여 주연을 베풀어서, 삼족(三族)²⁾을 화합시킨다."
라고 했다.

疏曰: 此用禮樂於族人最盛, 後年季冬乃復如此作樂, 以一年頓停,
故云罷.

소에서 말하길, 이 시기에 족인들에게 예와 음악을 사용하길 가장 성대
하게 하며, 다음해 계동이 되면 다시금 이처럼 음악을 연주하여, 한 해
를 편안하게 마무리하기 때문에, 파(罷)라고 부른 것이다.

---

2) 삼족(三族)은 가족 및 친족을 가리키는 용어이다. 다만 '삼족'이 가리키는 대상은
다양하다. 첫 번째는 부모와 자식 및 손자를 지칭한다. 『주례』「춘관(春官)·소종
백(小宗伯)」편에는 "掌三族之別, 以辨親疏."라는 기록이 있는데, 이에 대한 정
현의 주에서는 "三族, 謂父·子·孫."이라고 풀이했다. 두 번째는 부계 친척, 모
계 친척, 처의 친척을 지칭한다. 『대대례기(大戴禮記)』「보부(保傅)」편에는 "三
族輔之."라는 기록이 있는데, 이에 대한 노변(盧辯)의 주에서는 "三族, 父族·母
族·妻族."이라고 풀이했다. 세 번째는 부모, 형제, 처자식을 지칭한다. 『사기(史
記)』「진본기(秦本紀)」편에는 "法初有三族之罪."라는 기록이 있는데, 이에 대한
배인(裴駰)의 『사기집해(史記集解)』에서는 장안(張晏)의 주장을 인용하여, "父
母·兄弟·妻子也."라고 풀이했다.

乃命四監, 收秩薪柴, 以共[供]郊廟及百祀之薪燎.〈258〉

계동의 달에 천자는 곧 산림천택을 담당하는 네 명의 감독관들에게 명령하여, 일정한 수량의 땔나무들을 거둬들이게 하고, 이렇게 거둬들인 땔나무로써 교묘의 제사 및 뭇 제사를 지낼 때 필요로 하는 땔감 및 횃불로 공급한다.['共'자의 음은 '供(공)'이다.]

集說

四監, 說見季夏. 秩, 常也, 謂有常數也. 大而可析者, 謂之薪, 小而束者, 謂之柴. 薪燎, 炊爨及夜燎之用也.

'사감(四監)'은 계하에 그에 대한 설명이 나온다. '질(秩)'은 일정하다는 뜻으로, 일정한 수량이 있음을 의미한다. 땔나무 중에서 커서 잘게 쪼갤 수 있는 것을 '신(薪)'이라 부르고, 작아서 다발로 묶는 것을 '시(柴)'라 부른다. '신료(薪燎)'는 불을 지피고 밤에 화톳불을 피울 때 사용하는 것이다.

經文

是月也, 日窮于次, 月窮于紀, 星回于天, 數將幾終, 歲且更始.〈259〉

계동의 달에는 해가 하늘의 12차를 일주하게 되고, 달은 해의 궤적과 만나는 일정한 주기를 일주하게 되며, 별은 하늘을 일주하여 본래의 자리로 되돌아가니, 한 해의 일수가 장차 거의 끝마치려 하고, 년도도 또한 다시 시작하게 된다.

日窮于次者, 去年季冬次玄枵, 至此窮盡, 還次玄枵也. 紀, 會也. 去
年季冬, 月與日相會於玄枵, 至此窮盡, 還復會於玄枵也. 二十八宿,
隨天而行, 每日雖周天一匝, 而早晚不同, 至此月而復其故處, 與去
年季冬早晚相似, 故云回于天也. 幾, 近也. 以去年季冬至今年季冬
三百五十四日, 未滿三百六十五日, 不爲正終, 故云幾於終也. 歲且
更始者, 所謂終則有始也.

"해가 차를 다한다."는 것은 작년 계동 때 해가 현효의 자리에 있었는데,
이 시기에 이르러서 순회하게 되는 주기를 끝내게 되어, 다시금 현효에
위치하게 된다. '기(紀)'는 만난다는 뜻이다. 작년 계동 때 해와 달의 궤
적은 서로 현효에서 만났는데, 이 시기에 이르러서 순회하게 되는 주기
를 끝내게 되어, 다시금 현효에서 만나게 된다. 28수는 하늘의 궤적을
따라 운행하는데, 매일 비록 하늘을 한 바퀴 돌지만, 각 별마다 이르고
늦게 떠오르는 차이가 같지 않은데, 계동의 달에 이르러서는 그것들의
본래 자리로 되돌아가게 되어, 작년 계동 때 발생한 이르고 늦게 떠오르
는 차이와 유사하게 된다. 그렇기 때문에 하늘을 일주한다고 말한 것이
다. '기(幾)'는 거의라는 뜻이다. 작년 계동 때부터 금년의 계동 때까지는
354일이 걸리므로, 360일을 채우지 못하여, 딱 떨어지게 끝나지 않게 된
다. 그렇기 때문에 거의 끝난다고 말한 것이다. 년도도 또한 다시 시작
된다는 것은 이른바 끝마치게 되면, 새로운 시작이 있게 된다는 뜻이다.

專而農民, 毋有所使.〈260〉

계동의 달에 천자는 위정자들에게 명령하여, 그들의 농민들이 농사일에
전념할 수 있도록 전적으로 힘써서, 요역에 동원하는 일이 없도록 한다.

而, 汝也. 在上者, 當專壹汝農之事, 毋得徭役使之也.

'이(而)'는 너라는 뜻이다. 위정자는 마땅히 자신의 농민들 일에 전적으로 힘써야 하며, 요역으로 그들을 부려서는 안 된다.

經文

天子乃與公·卿·大夫, 共飭國典, 論時令, 以待來歲之宜.
〈261〉

계동의 달에 천자는 공경 및 대부들과 함께 국가의 법령들이 조율되도록 다듬고, 시행해야 할 시령들을 논의하여, 내년을 올바르게 통치할 일들을 대비한다.

集說

朱氏曰: 國典有常, 飭之以應來歲之變, 時令有序, 論之以防來歲之差. 歲旣更始, 故事亦有異宜者.

주씨가 말하길, 국가의 법령에는 일정한 기준이 있지만, 그것을 조율하여 내년의 변화에 대응하는 것이며, 시령에는 순차가 있지만, 그것을 논의하여 내년의 차이를 방비한다. 한해가 끝나서 다시 시작되기 때문에, 국가의 일 또한 본래의 합당함에서 달라지는 것들이 생기는 것이다.

經文

乃命太史, 次諸侯之列, 賦之犧牲, 以共[供]皇天上帝·社稷之
饗.〈262〉

계동의 달에 천자는 곧 태사에게 명령하여, 제후들의 서열을 등차지우
고, 그들에게 한 해 동안 공납해야 할 희생물의 수를 부과하여, 이로써
황천상제와 사직의 제사 때 흠향의 제물로 공급한다.['共'자의 음은 '供(공)'
이다.]

集說

列, 謂大小之差等也.

'열(列)'은 제후국의 크고 작은 등급의 차등을 뜻한다.

經文

乃命同姓之邦, 共寢廟之芻豢.〈263〉

계동의 달에 천자는 자신과 같은 동성의 제후국에 명령하여, 침묘에 바
칠 희생물을 공납하게 한다.

集說

人本乎祖, 故祖廟之牲, 使同姓諸侯供之.

사람은 조상에게 근본하고 있기 때문에, 조상의 사당에 바칠 희생물은
동성의 제후들로 하여금 공급하게 한다.

経文

命宰, 歷卿·大夫, 至于庶民土田之數, 而賦犧牲, 以共山林·
名川之祀.〈264〉

계동의 달에 천자는 재에게 명령하여, 경과 대부로부터 서민에 이르기
까지 자신의 직할지 안에 있는 경작지의 크기를 등차지우고, 그것을 기
준으로 각각 공납해야 할 희생물의 수치를 부여하여, 이로써 산림과 명
천의 제사 때 사용되는 흠향의 제물로 공급한다.

集說

歷者, 序次其多寡之數也.

'역(歷)'은 많고 적은 수치를 차례대로 매기는 것이다.

経文

凡在天下九州之民者, 無不咸獻其力, 以共皇天上帝·社稷·
寢廟·山林·名川之祀.〈265〉

계동의 달에 천자가 이러한 명령을 내리는 것은 무릇 천하에 살고 있는
구주 안의 백성들이 그들의 힘을 다 바치지 않음이 없게 하여, 이렇게
생산된 것으로써 황천상제와 사직과 침묘와 산림과 명천의 제사 때 흠
향의 제물로 공급한다.

集說

禮有五經, 莫重於祭故也.

예에는 오경(五經)3)이 있는데, 그 중에서 제례보다 중요한 것이 없기 때
문이다.

季冬行秋令, 則白露蚤降, 介蟲爲妖, 四鄙入保.〈266〉

만약 천자가 계동의 달에 계추에 집행해야 할 정령을 시행하게 된다면, 가을철에 내려야하는 서리가 일찍 내리게 되고, 단단한 껍질을 가진 개충들이 괴이하게 변하게 되며, 이들의 형상을 본 사비의 백성들은 전란이 발생할 조짐이라고 판단하여, 보성에 들어가게 된다.

集說

取介蟲爲兵之象也. 戌土之氣所應也.

개충이 병장기를 상징함에 따른 것이다. 이러한 현상들은 9월의 토 기운이 호응하여 발생시킨 것이다.

經文

行春令, 則胎夭多傷.〈267〉

만약 천자가 계동의 달에 계춘에 집행해야 할 정령을 시행하게 된다면, 태아나 이제 막 태어난 신생아들 중에 죽는 자가 많아진다.

---

3) 오경(五經)은 고대의 다섯 가지 중요 예제(禮制)를 뜻한다. 『예기』「제통(祭統)」편에는 "禮有五經, 莫重於祭."라는 기록이 있고, 이에 대한 정현의 주에서는 "禮有五經, 謂吉禮・凶禮・賓禮・軍禮・嘉禮也."라고 풀이했다. 즉 다섯 가지 '예제'라는 것은 길례(吉禮), 흉례(凶禮), 빈례(賓禮), 군례(軍禮), 가례(嘉禮)를 뜻한다.

胎, 未生者, 夭, 方生者.

'태(胎)'는 아직 태어나지 않은 것이며, '요(夭)'는 막 태어난 것이다.

國多固疾.〈268〉

나라에는 고질병에 걸리는 사람들이 많아지게 된다.

固, 謂久而不差. 辰土之氣所應.

'고(固)'는 오래되도록 고쳐지지 않는 것을 말한다. 이러한 현상들은 계춘에 해당하는 3월의 토 기운이 계동의 기운에 호응해서이다.

命之曰逆.〈269〉

이러한 것들을 명명하길, 자연의 운행을 거스른다는 뜻에서 '역(逆)'이라고 부른다.

以歲終而行歲始之令也.

한 해가 끝나는 때에 한 해가 시작될 때의 정령을 시행했기 때문이다.

行夏令, 則水潦敗國, 時雪不降, 冰凍消釋.〈270〉

만약 천자가 계동의 달에 계하에 집행해야 할 정령을 시행하게 된다면, 큰 비가 나라에 피해를 주고, 이 시기에 내려야할 눈들이 내리지 않게 되며, 얼음이 녹아서 없어질 것이다.

集說

火奪水之令也. 未土之氣所應.

여름의 화기가 겨울의 수에 대한 시령을 빼앗는 것이다. 계하에 해당하는 6월의 토 기운이 계동의 기운에 호응해서이다.

禮記淺見錄卷第七

『예기천견록』 7권

「증자문(曾子問)」

淺見

近按: 此篇專記曾子問禮之事, 而往往或附記者之說, 非盡孔子之言也. 今觀曾子所問之事, 皆禮之大節不常有, 而或然者也. 夫禮之常有者, 人所易知, 其不常有者, 非聖人爲難知. 曾子於其常禮, 旣已盡知而無疑, 故特擧其不常而難知者, 以歷問之, 是欲體常盡變, 以造乎無所不知之地而後已, 此其所以弗得弗措, 眞積力久, 以得問一貫之妙者也. 然則檀弓所記曾子失禮之事, 皆爲誣妄明矣. 豈以曾子之篤實, 不知常禮之小者, 而先問不常之大者? 聖門敎不躐等, 豈不告以切己之病, 而遽告之以難知者乎?

내가 살펴보니, 「증자문」편에서는 전적으로 증자가 예에 대해 질문한 사안을 기록하고 있지만, 종종 『예기』를 기록한 자의 설명도 덧붙여 있는데, 이것은 모두 공자의 말이 아니다. 증자가 질문한 사안들을 살펴보니, 이것들은 모두 예의 큰 규범에 항상된 예법으로 규정되어 있지 않지만 혹시 그러하기도 할 것 같은 것들이다. 예의 규범에서 항상된 예법으로 규정되어 있는 것들은 일반인들도 쉽게 깨우칠 수 있는 것이지만, 항상된 예법으로 규정되어 있지 않은 것들은 성인이 아니라면 깨우치기가 어렵다. 증자는 항상된 예법에 대해서 이미 모조리 알고 있어서 그것 자체에 대해서는 의문점이 없었다. 그렇기 때문에 특별히 규정되어 있지 않아서 깨우치기 어려운 것들을 제시하여 차례대로 질문을 던진 것이니, 이것은 항상됨을 본체로 삼으면서도 변화됨을 다하여, 알지 못하는 바가 없는 경지에 도달한 이후에야 그치고자 한 것이며, 이것은 또한 배워서 참되게 쌓아 오래도록 노력을 기울여 일관의 묘리를 질문할 수 있게 된 이유이다. 그렇다면 『예기』「단궁(檀弓)」편에서 증자의 실례를 기록한 사안들은 모두 무람되며 망령된 일임이 분명하다. 어떻게 증자처럼 독실한 자가 일상적인 예의 규범 중에서도 사소한 것들을 깨우치지 못하고도 규정되지 않은 예의 규범 중 중대한 것들에 대해 먼저 질문을 할 수 있겠는가? 공자의 학단에서는 가르침에 등급을 뛰어넘지 않았는데, 어떻게 자신과 직접적으로 관련이 있는 병폐에 대해 알려주지 않고 갑작스럽게 깨우치기 어려운 것들을 일러주었겠는가?

「증자문」편 문장 순서 비교

『예기집설』	『예기천견록』	
	구분	문장
001		001
002		002
003		003
004		004
005		047
006	1절	043
007		044
008		045
009		048
010		049
011		041
012		042
013		007
014		040
015		023
016		024
017		025
018		057
019		063
020	2절	064
021		031
022		032
023		012
024		013
025		014
026		015
027		033
028		034
029		035
030	3절	037
031		038
032		039

『예기집설』	『예기천견록』	
	구분	문장
033	3절	036
034		011
035		061
036		062
037		050
038		051
039		052
040		053
041		008
042		054
043		055
044		056
045		059
046		060
047	4절	009
048		010
049		016
050		017
051		018
052		019
053		022
054		021
055		020
056	5절	026
057		027
058		028
059		029
060		030
061		005
062		006
063		058
064	무분류	046

제 1 절

經文

曾子問曰: "君薨而世子生, 如之何?" 孔子曰: "卿·大夫·士從
攝主, 北面於西階南, 大祝裨[皮]冕, 執束帛, 升自西階, 盡等,
不升堂, 命毋[無]哭."〈001〉

증자가 "군주가 죽자마자 세자가 태어난다면, 어떻게 해야 합니까?"라
고 묻자 공자는 "경·대부·사는 섭주를 따라서 서쪽 계단의 남쪽에서
북쪽을 바라보며 서 있게 되고, 대축은 비면(裨冕)[1]복장을['裨'자의 음은
'皮(피)'이다.] 하고, 한 묶음의 비단 폐백을 들고서, 서쪽 계단을 통해 올
라가니, 계단은 다 오르지만, 당에는 올라가지 않으며, 그곳에서 사람들
에게 곡을 하지 말라고['毋'자의 음은 '無(무)'이다.] 명령을 내린다."라고 대
답했다.

集說

攝主, 上卿之代主旺事者也. 裨冕者, 天子·諸侯六服, 大裘爲上,
其餘爲裨服, 裨衣而著冕, 故云裨冕也. 等, 卽階也.

---

1) 비면(裨冕)은 비의(裨衣)를 입고 면류관[冕]을 착용하는 것이다. 제후 및 경(卿),
대부(大夫) 등이 조회를 하거나 제사를 지낼 때 착용하는 면복(冕服)을 통칭하는
말이다. 또한 곤면(袞冕)이나 가장 상등의 면복과 상대되는 용어로도 사용되었
다. '비의'의 '비(裨)'자는 '비(埤)'자의 뜻으로 낮다는 의미이다. 예를 들어 천자의
육복(六服) 중에서 대구(大裘)가 가장 상등의 복장이 되는데, 나머지 5종류의
복장은 '비의'가 된다. 『의례』「근례(覲禮)」편에는 "侯氏裨冕, 釋幣于禰."라는 기
록이 있고, 이에 대한 정현의 주에서는 "裨冕者, 衣裨衣而冠冕也. 裨之爲言埤
也. 天子六服, 大裘爲上, 其餘爲裨, 以事尊卑服之, 而諸侯亦服焉."이라고 풀
이했다.

'섭주(攝主)'는 상경 중에서 국사를 대신하여 주관하는 자이다. '비면(裨冕)'은 천자 및 제후의 육복(六服)[2] 중에서, 대구(大裘)[3]가 가장 좋은 것이 되며, 그 나머지 다섯 가지는 비복(裨服)이 되니, 비복을 입고 면류관을 착용하기 때문에, '비면(裨冕)'이라고 부르는 것이다. '등(等)'은 곧 계단을 뜻한다.

經文

"祝聲三[去聲], 告曰: '某之子生, 敢告.' 升奠菔于殯東几上, 哭降. 衆主人·卿·大夫·士·房中, 皆哭, 不踊, 盡一哀, 反位. 遂朝奠, 小宰升擧幣."〈002〉

공자가 계속하여 말하길, "대축은 신이 강림하여 폐백을 흠향하도록 애

---

2) 육복(六服)은 천자나 제후의 여섯 종류 복장을 가리키니, 대구(大裘), 곤의(袞衣), 별의(鷩衣), 취의(毳衣), 희의(希衣), 현의(玄衣)이다. 『주례(周禮)』「춘관(春官)·사복(司服)」편에는 "祀昊天上帝, 則服大裘而冕, 祀五帝亦如之. 享先王則袞冕. 享先公, 饗射則鷩冕. 祀四望山川則毳冕. 祭社稷五祀則希冕. 祭群小祀則玄冕."이라는 기록이 있다. 즉 호천상제(昊天上帝) 및 오제(五帝)에게 제사지낼 때에는 대구를 입고 면(冕)을 쓰며, 선왕(先王)에게 제사지낼 때에는 곤면(袞冕)을 착용하고, 선공(先公)에 대한 제사 및 향사례(饗射禮)를 시행할 때에는 별면(鷩冕)을 착용하며, 산천(山川) 등에 제사지낼 때에는 취면(毳冕)을 착용하고, 사직(社稷) 등에 제사지낼 때에는 희면(希冕)을 착용하며, 기타 여러 제사에는 현면(玄冕)을 착용한다.

3) 대구(大裘)는 천자가 제천(祭天) 의식을 시행할 때 입었던 복장이다. 『주례』「천관(天官)·사구(司裘)」편에는 "司裘掌爲大裘, 以共王祀天之服."이라는 기록이 있다. 즉 사구(司裘)는 '대구' 만드는 일을 담당하여, 천자가 하늘에 제사를 지낼 때 입는 의복으로 제공한다. 또한 이 기록에 대해 정현의 주에서는 정사농(鄭司農)의 주장을 인용하여, "大裘, 黑羔裘, 服以祀天, 示質."이라고 풀이했다. 즉 '대구'라는 의복은 검은 양의 가죽으로 만든 옷이며, 이것을 입고 하늘에 제사를 지내는 것은 질박함을 보이기 위함이다.

원하는 탄식을 3번 하며[三'자는 거성으로 읽는다.] 신에게 아뢰길, '부인 아무개씨의 자식이 태어나게 되어, 감히 아룁니다.'라고 한다. 그리고서 당에 올라가 빈소의 동쪽에 설치된 안석 위에 폐백을 진설하고, 곡을 하고서 내려간다. 그런 뒤에 군주의 여러 친족들과 경·대부·사 및 부인들은 모두 곡을 하되 발 구르기를 하지 않으며, 한 번에 애도의 뜻을 모두 표하고, 자신의 자리로 되돌아온다. 마침내 아침에 올리는 폐백을 진설하게 되면, 소재가 올라가서 폐백을 거둬다가 양쪽 계단 사이에 매장한다."라고 했다.

集說

祝爲噫歆之聲者三, 以警動神聽, 乃告之也. 噫, 是嘆恨之聲. 歆者, 欲其歆享之義也. 某, 夫人之氏也. 房中, 婦人也. 升擧幣, 擧而埋之兩階之間也.

대축은 탄식을 하며, 신이 강림하여 폐백을 흠향하도록 애원하는 소리를 3번 지르는데, 이로써 신이 간청하는 것을 들어 줄 수 있도록 하여 신의 마음을 조심스럽게 움직이고 난 뒤에 곧 아뢰는 것이다. '희(噫)'는 탄식하는 소리이다. '흠(歆)'은 신이 폐백들을 흠향하길 바란다는 뜻이다. '모(某)'는 세자를 낳은 부인의 씨(氏)를 대입하는 곳이다. '방중(房中)'은 신하의 부인들이다. 올라가서 폐백을 거둔다는 뜻은 폐백을 거둬다가 양쪽 계단 사이에 매장하는 것을 뜻한다.

經文

"三日, 衆主人·卿·大夫·士, 如初位, 北面, 太宰·大宗·大祝, 皆裨冕, 少師奉[上聲]子以衰[催]. 祝先, 子從[去聲], 宰·宗人從[去聲], 入門, 哭者止. 子升自西階, 殯前, 北面, 祝立于殯東

南隅. 祝聲三[去聲下同], 曰: '某之子某, 從執事, 敢見[形甸反].' 子
拜稽顙, 哭, 祝‧宰‧宗人‧衆主人‧卿‧大夫‧士, 哭踊三
者三, 降東反位, 皆袒. 子踊, 房中亦踊, 三者三. 襲衰杖, 奠出,
大宰命祝‧史, 以名偏告于五祀‧山川.[7]〈003〉

공자가 계속하여 말하길, "세자가 태어난 지 3일이 지나고 나서, 군주의
친족들과 경‧대부‧사는 처음에 세자가 태어났음을 고했을 때의 위치
에 서고, 북면을 하며, 대재‧대종‧대축은 모두 비면을 착용하고, 소사
는 최복을['衰'자의 음은 '催(최)'이다.] 입고서 세자를 감싸['奉'자는 상성으로
읽는다.] 안는다. 대축이 앞장서면, 세자를 감싸 안고 있는 소사가 뒤따
르고['從'자는 거성으로 읽는다.] 대재와 대종이 그 뒤를 따라 가며['從'자는 거
성으로 읽는다.] 문에 들어서게 되면, 곡을 하던 자들은 모두 곡을 그친다.
세자를 감싸 안고 있는 소사가 서쪽 계단으로부터 올라가서, 빈소 앞에
서서 북면을 하면, 대축은 빈소의 동남쪽 모퉁이에 선다. 대축이 신이
강림하여, 폐백 흠향하길 애원하는 탄식을 3번['三'자는 거성으로 읽는다. 뒤
의 글자도 그 음이 이와 같다.] 하며, 신에게 아뢰길, '부인 아무개씨의 자식
아무개가 집사하는 자들인 대재와 대종 등을 쫓아서, 감히 찾아뵙니다.
['見'자는 '形(형)'자와 '甸(전)'자의 반절음이다.]'라고 한다. 그런 뒤에 세자를
감싸 안고 있는 소사가 절하길, 무릎을 굽히고 이마가 땅에 닿도록 조
아리고, 그 상태에서 곡을 하며, 대축‧대재‧종인과 군주의 친족들 및
경‧대부‧사는 곡과 발 구르길 3번씩 3번 반복하고, 그런 뒤에는 내려
와 동쪽으로 가서, 본래의 위치로 돌아가서는 모두 웃옷을 벗는다. 세
자를 감싸 안고 있는 소사가 일어나서 발 구르기를 하면, 부인들 또한
발 구르기를 하니, 3번씩 3번 반복한다. 그런 뒤에 세자에게 최복을 입
히고, 곡할 때 잡는 지팡이를 잡고 하여, 아침에 올리는 전제사를 다 진
설하고 밖으로 나오면, 대재는 대축과 대사에게 명령하여, 세자의 이름
을 오사와 산천의 신들에게 두루 아뢰게 한다."라고 했다.

如初位者, 如初告子生之位次也. 少師, 主養子之官. 奉子以衰以衰, 服承藉而捧之也. 告曰: "夫人某氏之子某, 從執事宰宗人等, 敢見." 子名則太宰所立也. 告訖, 奉子之人, 拜而稽顙且哭. 凡踊三度爲一節, 如此者三, 故云三者三. 降東反位者, 堂上人, 皆從西階降而反東, 在下者, 亦皆東而反其朝夕之哭位也. 踊而襲衰杖, 成其爲子之禮也. 奠出, 朝奠畢而出也.

"처음의 위치대로 한다."는 말은 처음 세자가 태어났을 때 고했던 위치와 똑같이 선다는 뜻이다. '소사(少師)'는 세자 돌보는 일을 담당하는 관리이다. '봉자이최(奉子以衰)'는 말은 소사가 상복을 입고서 세자를 들어 올린다는 뜻이다. 아뢰길 "부인 아무개씨의 자식 아무개가 집사하는 자들인 대재와 대종 등을 쫓아서, 감히 찾아뵙니다."라고 한다. 세자의 이름은 대재가 짓는 것이다. 대축이 신에게 고하는 일이 끝나면, 세자를 안고 있는 자가 절을 하며, 무릎을 굽혀 이마가 땅에 닿도록 조아리고서 곡을 한다. 발 구르는 절차에서는 3번씩 하는 것을 1절로 삼으니, 이와 같이 하는 것을 3번 반복하기 때문에, '삼자삼(三者三)'이라고 말한 것이다. "내려와 동쪽으로 가서, 자신의 위치로 돌아간다."는 말은 당 위에 있던 자들은 모두 서쪽 계단을 통해 내려와서, 동쪽으로 되돌아가는 것이며, 당 아래에 있던 자들은 또한 모두 동쪽으로 가서, 그들이 아침과 저녁 때 각자 곡하던 본래의 위치로 되돌아간다는 뜻이다. 세자를 안고 있는 자가 발 구르기를 하고, 세자에게 상복을 입히며 지팡이를 잡고 하는 것은 세자가 군주의 정식 자식이 되는 예법을 완성하는 절차이다. '전출(奠出)'은 아침에 전제사 진설하는 일을 끝내고서 밖으로 나온다는 뜻이다.

曾子問曰: "如己葬而世子生, 則如之何?" 孔子曰: "太宰·太宗, 從大祝而告于禰, 三月, 乃名于禰, 以名徧告, 及社稷·宗廟·山川."〈004〉

증자가 "만약 이미 군주에 대한 장례를 치른 상태인데, 이 시기에 세자가 태어난다면, 어찌해야 합니까?"라고 묻자 공자는 "대재와 대종이 대축을 따라가서, 선군의 신주에 세자가 태어난 사실을 아뢰고, 3개월이 지나면, 곧 선군의 신주 앞에서 세자의 이름을 짓고, 그 이름을 두루 아뢰되, 사직·종묘·산천의 신들에게까지도 아뢴다."라고 대답했다.

集說

告于禰, 告其主也. 此時神主在殯宮, 因見禰而立其名, 故云乃名于禰也.

"녜에 고한다."는 말은 선친의 신주에게 고한다는 뜻이다. 이 시기에 신주는 빈소에 있게 되니, 선친의 신주를 알현하는 절차에 연유하여, 세자의 이름을 짓게 된다. 그렇기 때문에 "곧 선친의 신주 앞에서 이름을 짓는다."라고 말한 것이다.

淺見

近按: 君薨及已葬而世子生者, 此事之不常而或有者也. 夫事莫重於繼世, 亦莫先於立嫡, 所以尊宗祀·定國本而杜亂源也, 故君在之時, 亦必預立太子, 以示國統將有所歸, 然後群心以定而禍亂不作, 況君薨而世子未生, 此誠國勢危疑變故, 不測之際, 幸而世子既生, 國統復續, 苟擧以禮, 明示中外, 使衆曉然, 皆知其當立, 則衆志自是而定, 國勢自是而安矣. 始生之日, 即告于殯, 三日奉子以見, 徧告群祀, 所以明其始而正之也. 始或不明, 則雖定於君在之時, 衆心猶疑其非正, 窺伺者易以藉口, 況既薨之後乎? 事不常有而所關最大者, 無過於此, 故曾子首以爲問此, 非曾子不能問, 非孔子不能答者也. 春秋書子同生, 此明其始於君在之時者也. 禮言奉子告殯, 此明其始於君薨之後者也. 每謹於始, 則禍亂不生, 其慮後世之意, 嗚呼! 至矣.

내가 살펴보니, 군주가 죽었는데 이미 장례를 마친 상태에서 세자가 태어났다고 했는데, 이것은 일상적이지 않은 일이지만 간혹 발생했을 것이다. 사안에 있어서 세대를 계승하는 것보다 중대한 것이 없고, 또 적자를 세우는 것보다 우선되는 것이 없으니, 종묘의 제사를 존귀하게 높이고 나라의 근본을 바르게 세우며 혼란의 근원을 차단하기 위해서이다. 그러므로 군주가 생존해 있을 때에도 반드시 태자를 미리 세워서 국가의 종통이 귀착되는 곳이 있음을 드러내니, 그런 뒤에야 백성들의 마음도 이를 통해 안정되며 재난과 혼란이 일어나지 않을 것인데, 하물며 군주가 죽었고 세자가 아직 태어나지 않았을 경우라면, 진실로 나라의 형세가 위태롭고 변고가 발생하려고 하는데, 예측하지도 못하고 있을 때 다행스럽게 세자가 태어나 나라의 적통이 다시 연속되니, 만약 예법에 따라 거행하여 내외에 이를 드러내고 백성들로 하여금 환히 깨닫게 하여 모두가 그가 마땅히 제위에 올라야 함을 알게끔 한다면, 백성들의 뜻도 이로부터 안정되고 나라의 형세도 이로부터 안정될 것이다. 처음 태어난 날 곧바로 빈소에 아뢰고, 3일이 지난 뒤에 세자를 안고 알현하고 두루 아뢰며 뭇 제사들을 지내는 것은 그 시작을 밝혀 바로잡기 위해서이다. 시작이 간혹 불분명하다면 비록 군주가 생존해 있었을 때 확정하였더라도, 백성들의 마음에는 여전히 정통이 아니라는 의심이 들게 되어, 기회를 엿보는 자들은 쉽사리 이를 구실로 삼을 것인데, 하물며 이미 죽은 이후라면 어떠하겠는가? 사안에 있어 일상적이지 않고 관련된 바가 가장 중대한 경우는 이보다 지나친 경우가 없다. 그렇기 때문에 증자는 처음에 이를 질문했던 것이니, 증자가 아니라면 질문할 수 없고, 공자가 아니라면 답변할 수 없었던 경우이다. 『춘추』에서는 "아들 동이 태어났다."[4]라고 했는데, 이것은 군주가 생존해 있었을 때 시작되었음을 드러내는 것이다. 『예』에서는 자식을 받들고 빈소에 아뢴다고 했는데, 이것은 군주가 죽은 이후에 시작되었음을 드러내는 것이다. 그 시작에 대해 매번 조심한다면 재앙과 혼란이 발생하지 않을 것이니, 그 후세를 염려하는 뜻이 오호라! 지극하구나.

---

4) 『춘추』「환공(桓公) 6년」 : 九月丁卯, <u>子同生</u>.

曾子問曰: "君出彊, 以三年之戒, 以椑[擗]從[去聲], 君薨, 其入,
如之何? 孔子曰: "共[供]殯服, 則子麻弁経, 疏衰, 菲[扶畏反]杖,
入自闕, 升自西階, 如小斂, 則子免[問]而從柩, 入自門, 升自阼
階, 君·大夫·士一節也."〈047〉 [舊在"諸侯相誄非禮也"之下]

증자가 "제후가 본국의 국경을 벗어나게 될 때에는 유사시를 대비하여,
3년 동안 버틸 수 있는 준비들을 갖춰서 나가고, 자신이 죽게 될 경우를
대비하여, 신하를 시켜 본인의 관을['椑'자의 음은 '擗(벽)'이다.] 가지고 뒤
따르게['從'자는 거성으로 읽는다.] 하는데, 만약 제후가 타지에 나가 있다가
죽게 된다면, 그 시신이 국경으로 들어올 때에는 어찌해야 합니까?"라
고 묻자 공자는 "만약 대렴을 이미 하여서, 유사가 빈소를 차릴 때 착용
하는 상복을 제공하게['共'자의 음은 '供(공)'이다.] 되면, 제후의 아들은 아
직 영구를 따라 도로에 있는 상태이므로, 빈복을 모두 갖춰서 입지는
않고, 마변질을 하고, 소최(疏衰)[1]를 하며, 짚신을 신고['菲'자는 '扶(부)'자
와 '畏(외)'자의 반절음이다.] 지팡이를 들게 되며, 영구가 빈소로 들어올 때
에는 영구와 영구를 뒤따르는 상주는 궐(闕)을 통해서 들어오고, 당으
로 올라갈 때에는 서쪽 계단을 통해서 올라간다. 만일 소렴인 경우라면,
제후의 아들은 문을['免'자의 음은 '問(문)'이다.] 하고 영구를 따라 들어오
니, 빈소로 들어올 때에는 문을 통해서 들어오고, 당으로 올라갈 때에는
동쪽 계단을 통해서 올라간다. 이러한 예법은 제후·대부·사가 모두
동일하다."라고 대답했다. [옛 판본에는 "제후들끼리 서로 뇌를 하는 것은 비례
(非禮)이다."[2]라고 한 문장 뒤에 수록되어 있었다.]

---

1) 소최(疏衰)는 자최복(齊衰服)이다.
2) 『예기』「증자문」046장 : 賤不誄貴, 幼不誄長, 禮也. 唯天子, 稱天以誄之, 諸侯
相誄, 非禮也.

曾子問國君以事出疆, 必爲三年之戒備, 恐未得卽返也, 於是以親身之棺隨行, 慮或死於外也. 若死於外, 則入之禮, 如何? 孔子言於時大斂之後, 主人從柩而歸, 則其國有司供主人殯時所著之服, 謂布深衣苴絰, 散帶垂也. 此時主人從柩在路未成服, 惟著麻弁絰·疏衰而薦屨苴杖也. 麻弁, 布弁也. 布弁之上加環絰也. 柩入之時, 毁殯宮門西邊墻而入, 其處空缺, 故謂之闕, 非門闕之闕也. 升西階者, 以柩從外來, 有似賓客, 故就客階而升也. 如小斂而歸, 則子首不麻弁, 身不疏衰, 惟首著免布, 身著布深衣也. 入自門, 升自阼階者, 以親未在棺, 猶以事生之禮事之也. 凡君與大夫及士之卒於外者, 其禮皆一等無異制, 故云一節也.

증자가 질문한 내용은 제후가 공식적인 업무 때문에 국경을 벗어나게 될 때에는 반드시 3년 동안 버틸 수 있는 대비를 하게 되는데, 그렇게 하는 이유는 아마도 곧바로 되돌아오지 못했을 경우를 염려해서일 것이며, 이때에 시신을 직접 안치하는 관을 뒤따르게 하는 이유는 혹시라도 외지에서 죽게 될 경우를 염려해서일 것이다. 그런데 만약 외지에서 죽게 되었다면, 국경으로 들어올 때의 예법이 어떻게 되는지를 물어본 것이다. 공자는 대답하길, 이러한 경우가 대렴을 한 이후에 해당했을 때, 상주는 영구를 뒤따라 본인의 나라로 되돌아오게 되면, 그 나라의 유사는 주인에게 빈소를 차릴 때 착용하는 복장을 제공하게 된다. 빈소를 차릴 때의 복장은 포로 만든 심의와 삼으로 엮은 질대(絰帶)를 뜻하며, 띠의 끝을 꼬지 않고 흩뜨려 늘어뜨리게 된다. 그러나 이때에는 주인이 영구를 뒤따르게 되어 아직 도로에 있는 상태이므로, 상복을 다 갖춰 입지 않고, 오직 마로 된 변질(弁絰)을 하고, 소최(疏衰)를 하며, 물고랭이 풀로 엮은 짚신을 신고, 또한 지팡이를 들게 된다. '마변(麻弁)'은 포로 만든 변이니, 마변질(麻弁絰)은 포변 위에 환질을 두루는 복식이다. 영구가 빈소로 들어올 때에는 빈소의 문 서쪽 담장을 헐어서 그곳을 통하여 들어오니, 헐어낸 장소에 공간이 생기므로 그곳을 '궐(闕)'이라 부르는 것이니, '문궐(門闕)'이라고 할 때의 궐(闕)³⁾을 뜻하는 말이 아니다. 당상에 올라갈 때, 서쪽 계단을 통해서 올라가는 이유는 영구가 밖으로부터 들어오게 되니, 빈객이 들어오는 경우와 유사한 점이 있기 때문이다. 그러므로 빈객들이 사용하는 서쪽 계단을 따라서 올라가게 된다. 만일 소렴을 하고 되돌아오는 경우라면, 제후의 아들은 머리에 마변을 쓰지 않고, 몸에는 소최를 걸치지 않으며, 오직 머리에 문포만 하고, 몸에는 포로 만든 심의를 착용할 따름이다. 영구가 빈궁으로 들어올 때 문을 통하여 들어오고, 당상에 올라갈 때 동쪽 계단을 통하여 올라가는 이유는 부친의 시신이 아직 관에 안치된 상황이 아니기 때문에, 오히려 생전에 섬기던 예법대로 모셔야 하기 때문이다. 제후와 대부 및 사가 외지에서 죽은 경우에는 그 예법이 모두 위에서 설명한 것과 동일하며, 차이를 두는 예제가 없다. 그렇기 때문에 '일절(一節)'이라고 말한 것이다.

淺見

近按: 上章問君薨而後世子生之禮, 此章問世子在而君薨於外之禮, 皆事之不常有而難處者也.

내가 살펴보니, 앞 문장에서는 군주가 죽고 난 이후에 세자가 태어났을 때의 예법을 질문하였고, 이곳에서는 세자가 존재하지만 군주가 외지에서 죽었을 때의 예법을 질문하였는데, 둘 모두 그 사안이 일상적이지 않고 대처하기 어려운 것들이다.

---

3) 궐(闕)은 관(觀)·상위(象魏) 등으로부터 부른다. 고대에 천자나 제후가 자신의 궁문(宮門) 밖에 세워두었던 큰 건축물을 뜻한다. 이곳에 법령을 게시하여, 사람들이 확인하도록 했다. 『주례』「천관(天官)·대재(大宰)」편에는 "乃縣治象之灋 于象魏, 使萬民觀治象, 挾日而斂之."라는 기록이 있고, 이에 대해 정현의 주에서는 정사농(鄭司農)의 주장을 인용하여, "象魏, 闕也."라고 풀이했다.

曾子問曰: "君薨, 旣殯, 而臣有父母之喪, 則如之何?" 孔子曰: "歸居于家, 有殷事, 則之君所, 朝夕否." 〈043〉

증자가 "만약 군주가 죽게 되어 이제 막 빈소를 차렸는데, 신하에게 부모의 상이 발생했다면, 이러한 경우에는 어찌해야 합니까?"라고 묻자 공자는 "군주의 빈소에서 물러나서 되돌아가 자신의 집에 머물게 된다. 군주의 빈소에서 은사를 치르게 되면, 군주의 시신이 있는 빈소로 가게 된다. 그러나 군주의 빈소에서 일상적으로 지내는 아침저녁의 전제사 때에는 참여하지 않는다."라고 대답했다.

集說

殷盛之事, 謂朔望及薦新之奠也. 君有此事, 則往適君所, 朝夕則不往哭也.

'은사(殷事)'는 규모가 크고 성대한 일로, 매월 초하루와 보름 때마다 천신(薦新)[1]하는 전제사를 뜻한다. 죽은 군주에 대해 이러한 은사를 치르는 일이 생기면, 군주의 시신이 있는 곳으로 가게 되며, 평소 아침저녁마다 지내는 전제사 때에는 빈소에 가서 곡을 하지 않는다.

---

1) 천신(薦新)은 각 계절별로 생산된 신선한 음식물들을 바치는 제사를 가리킨다. 초하루와 보름마다 성대하게 지내는 전제사[奠祭]를 가리키기도 한다. 『의례』「기석례(旣夕禮)」편에는 "朔月, 若薦新, 則不饋于下室."이란 기록이 있고, 『예기』「단궁하(檀弓上)」편에는 "有薦新, 如朔奠."이란 기록이 있다.

曰: "君旣啓, 而臣有父母之喪, 則如之何?" 孔子曰: "歸哭, 而反送君."〈044〉

계속하여 증자가 "군주의 상을 치를 때, 장례를 치르기 위하여 빈소에 매장되어 있던 영구를 꺼내게 되었는데, 신하에게 부모의 상이 발생했다면, 이러한 경우에는 어찌해야 합니까?"라고 묻자 공자는 "자신의 집으로 되돌아가서 곡을 하고, 다시 군주의 영구가 있는 곳으로 되돌아와서 군주의 영구를 전송한다."라고 대답했다.

集說

啓, 啓殯也. 歸哭, 哭親喪也. 反送君, 復往送君之葬也.

'계(啓)'자는 계빈이다. "되돌아가서 곡을 한다."는 말은 부모의 상에서 곡을 한다는 뜻이다. "되돌아와서 군주를 전송한다."는 말은 다시금 군주를 전송하는 장지로 간다는 뜻이다.

經文

曰: "君未殯, 而臣有父母之喪, 則如之何?" 孔子曰: "歸殯, 反于君所, 有殷事, 則歸, 朝夕否. 大夫, 室老行事, 士則子孫行事. 大夫內子, 有殷事, 亦之君所, 朝夕否."〈045〉 [此以上舊在"過時不祭禮也"之下.]

계속하여 증자가 "군주에 대한 상이 발생하여 아직 빈소를 차리지도 않았는데, 신하에게 부모의 상이 발생했다면, 이러한 경우에는 어찌해야 합니까?"라고 묻자 공자는 "집으로 되돌아가서 부모의 빈소를 차리고, 다시 군주의 시신이 있는 장소로 돌아오니, 신하는 부모에 대한 은사를 치를 경우가 생기면, 자신의 집으로 되돌아가서 치르되, 일상적으로 지내는 아침저녁의 전제사에는 되돌아가지 않고, 군주의 시신이 있는 장소에 그대로 머문다. 그러나 부모의 빈소에 조석으로 지내게 되는 전제사를 그만 둘 수 없으므로, 대부의 경우에는 가신 중 우두머리가 그 일을 대신 시행하고, 사의 경우에는 신분이 낮으므로, 대부의 예법보다 낮춰서, 자손들이 그 일을 대신 시행한다. 대부의 처는 남편의 군주에 대해서도 남편과 마찬가지로 신하된 도리로 상을 치르게 되니, 군주의 상에서 은사를 치르는 경우가 생기면, 그녀 또한 자최복을 입고서 군주의 시신이 있는 장소로 가게 되지만, 아침저녁으로 지내는 전제사에는 참석하지 않는다."라고 대답했다. [여기까지의 기록을 옛 판본에서는 "그 시기를 지나쳐서는 제사를 지내지 않으니, 이것이 올바른 예법이다."[2]라고 한 문장 뒤에 수록하였다.]

集說

室老, 家相之長也. 室老子孫行事者, 以大夫士在君所, 殷事之時, 或朝夕恒在君所, 則親喪朝夕之奠有缺, 然奠不可廢也, 大夫尊, 故使室老攝行其事, 士卑, 則子孫攝也. 內子, 卿·大夫之適妻也, 爲夫之君, 如爲舅姑服齊衰, 故殷事, 亦之君所.

'실로(室老)'는 가신들 중의 우두머리이다. "실로와 자손이 일을 시행한다."는 말은 대부와 사는 군주의 시신이 있는 장소에 머물러 있기 때문에, 군주에 대한 은사를 지낼 때나 혹은 군주에 대해 아침저녁으로 지내는 전제사에서도 항상 군주의 시신이 있는 장소에 머물러 있게 된다. 따라서 부모의 상에서 아침저녁으로 지내는 전제사에는 참석할 수 없게 된다. 그러나 전제사는 그만 둘 수 없는 것이며, 대부는 신분이 높기 때문에, 실로를 시켜서 그 일을 대신 시행하도록 하고, 사는 신분이 낮기

---

2) 『예기』 「증자문」 042장 : 曾子問曰: 父母之喪, 弗除, 可乎. 孔子曰: 先王, 制禮, 過時, 弗擧, 禮也. 非弗能勿除也, 患其過於制也, 故君子過時不祭, 禮也.

때문에, 자손들이 대신 하게 된다. '내자(內子)'는 경과 대부들의 본처를 뜻하니, 마치 시부모를 위해 자최복을 입는 것처럼, 남편의 군주를 위해서도 자최복을 입는다. 그렇기 때문에 남편의 군주에 대한 은사를 지낼 때에도, 그녀 또한 군주의 시신이 있는 장소로 가게 된다.

曾子問曰: "君之喪, 旣引[去聲], 聞父母之喪, 如之何?" 孔子曰: "遂, 旣封[窆]而歸, 不俟子."〈048〉

증자가 "군주에 대한 상을 치르면서, 발인을['引'자는 거성으로 읽는다.] 하게 되었는데, 갑작스럽게 부모의 상을 당하게 된다면, 어찌해야 합니까?"라고 묻자 공자는 "군주에 대한 발인을 그대로 시행하되, 군주의 영구를 하관하였다면['封'자의 음은 '窆(폄)'이다.] 곧바로 자신의 집으로 되돌아가니, 군주의 아들이 돌아갈 때까지 기다리지 않는다."라고 대답했다.

遂, 遂送君柩也. 旣窆而歸, 下棺卽歸也. 不俟子, 不待孝子返而己先返也.

'수(遂)'는 군주의 영구를 전송하는 일을 끝마친다는 뜻이다. "하관을 하고서 되돌아간다."는 말은 하관을 하면 곧바로 자신의 집으로 되돌아간다는 뜻이다. "아들을 기다리지 않는다."는 말은 군주의 아들이 돌아갈 때까지 기다리지 않고, 자신이 먼저 집으로 되돌아간다는 뜻이다.

經文

曾子問曰: "父母之喪, 旣引, 及塗, 聞君薨, 如之何?" 孔子曰: "遂, 旣封[窆], 改服而往."〈049〉 [舊在"君大夫士一節也"之下.]

증자가 "부모의 상을 치르면서 발인을 하게 되어 장지로 가는 도중에 갑작스럽게 군주가 죽었다는 소식을 접하게 되면 어찌해야 합니까?"라고 묻자 공자는 "그대로 부모에 대한 발인을 시행하되, 부모의 영구를 하관하게['封'자의 음은 '窆(폄)'이다.] 되었거든 복장을 바꿔 입고서 군주의 시신이 있는 곳으로 간다."라고 대답했다. [옛 판본에는 "제후·대부·사가 모두 동일하다."3)라고 한 문장 뒤에 수록되어 있었다.]

集說

遂, 遂送親柩也. 旣窆後改服而往者, 雜記云: "非從柩與反哭, 無免於堩." 此時孝子首著免, 乃去免而括髮徒跣, 布深衣而往, 不敢以私喪之服喪君也.

'수(遂)'자는 부모의 영구를 전송하는 일을 끝마친다는 뜻이다. "하관을 한 이후에는 개복을 하고서 간다."고 했었는데, 『예기』「잡기(雜記)」편에서는 "장지가 가까울 때, 영구를 따라서 장례 행렬을 전송하거나 반곡을 하는 경우가 아니라면, 도로에서 문을 착용하는 경우가 없다."4)라고 했다. 이 시기에 자식은 머리에 문포를 쓰고 있으니, 군주의 시신이 있는 장소로 가기 위해서는 곧 문포를 제거하고, 괄발을 하며, 짚신을 벗어서 맨발인 상태로 두고, 포로 된 심의만을 입고서 가게 된다. 이렇게 하는 이유는 감히 자신의 개인적인 상복을 입고서 군주의 상에 참여할 수 없기 때문이다.

---

3) 『예기』「증자문」047장: 曾子問曰: 君出疆, 以三年之戒, 以椑從, 君薨, 其入, 如之何. 孔子曰: 共殯服, 則子麻弁絰, 疏衰, 菲杖, 入自闕, 升自西階, 如小斂, 則子免而從柩, 入自門, 升自阼階, 君·大夫·士, 一節也.

4) 『예기』「잡기하(雜記下)」047장: 非從柩與反哭, 無免於堩.

曾子問曰: "大夫·士有私喪, 可以除之矣, 而有君服焉, 其除
之也, 如之何?" 孔子曰: "有君喪服於身, 不敢私服, 又何除焉?
於是乎, 有過時而弗除也, 君之喪服除而后, 殷祭, 禮也."〈041〉

증자가 "대부와 사의 경우 본인이 상을 치르는 중에 이제 곧 탈상을 하
게 되어, 상복을 벗을 수가 있게 되었는데, 만약 이때 군주가 죽어서 군
주를 위한 상복을 입게 된다면, 본인의 탈상은 어떻게 해야 합니까?"라
고 묻자 공자는 "죽은 군주를 위해 본인이 상복을 입게 되었다면, 감히
개인의 상복을 입을 수가 없게 되는데, 또한 어찌 탈상을 하겠는가? 그
래서 탈상할 시기를 지나치게 되더라도 탈상을 하지 않는 것이다. 그러
나 군주의 상이 끝나서 군주를 위해 입었던 상복을 벗은 이후에는 개인
적으로 탈상을 못하였으므로, 성대한 제사를 지내서 탈상을 대신하는
것이 올바른 예법이다."라고 대답했다.

君重親輕, 以義斷恩也. 若君服在身, 忽遭親喪, 則不敢爲親制服.
初死尙不得成服, 終可行除服之禮乎? 此所以雖過時而不除也. 殷
祭, 盛祭也. 君服除, 乃得爲親行二祥之祭, 以伸孝心. 以其禮大, 故
曰殷也. 假如此月除君服, 卽次月行小祥之祭, 又次月行大祥之祭,
若親喪小祥後, 方遭君喪, 則他時君服除後, 惟行大祥祭也. 然此皆
謂適子主祭而居官者, 若庶子居官而行君服, 適子在家, 自依時行親
喪之禮. 他日庶子雖除君服, 無追祭矣.

상대적으로 군주는 중대한 대상이고 자신의 부모는 덜 중요한 대상이
니, 이러한 경우에는 의로써 은정을 재단하는 것이다. 만약 군주를 위해
본인이 상복을 입고 있는 경우, 갑작스럽게 부모의 상을 당하게 된다면,
감히 부모를 위해 상복을 재단하여 입을 수 없다. 군주를 위해 상복을
입고 있다면, 부모가 이제 막 돌아가셨을 때에도 오히려 상복을 갖춰 입

을 수 없는데, 부모의 상이 끝나갈 때 상복을 벗는 예법을 시행할 수가 있겠는가? 이것이 비록 시기를 지나치더라도 탈상을 하지 않는 이유이다. '은제(殷祭)'는 성대한 제사이다. 군주에 대한 상복을 벗으면, 곧바로 부모를 위해서 소상(小祥)과 대상(大祥)에 대한 제사를 지내서, 자신의 효성스러운 마음을 펼칠 수 있게 된다. 그 예법이 성대하기 때문에, '은(殷)'자를 붙여서 말한 것이다. 가령 이달에 군주에 대한 상복을 벗게 된다면, 곧바로 다음 달에 소상의 제사를 시행할 수 있고, 또 그 다음 달에 대상의 제사를 시행할 수 있으며, 만약 부모의 상을 치를 때, 소상 이후에 군주의 상을 당하게 된다면, 군주에 대한 상복을 벗은 이후에 오직 대상에 대한 제사만을 시행할 따름이다. 그러나 이러한 경우는 모두 적자의 신분을 가지고 있어서 제사를 주관하는 자이면서, 동시에 관직에 있는 자들에게만 해당하는 말이다. 만약 서자의 신분이면서 관직에 있는 자들의 경우라면, 부모의 상과는 상관없이 군주를 위한 상을 치르게 된다. 그리고 적자의 신분이면서 관직이 없는 자들의 경우라면, 군주의 상과는 상관없이 자연히 본래 정해진 시기에 의거하여 부모에 대한 상례를 시행한다. 군주의 상이 끝난 이후의 시기에 서자는 비록 군주에 대한 상복을 벗었다 하더라도, 부모의 상을 주관하는 적자의 신분이 아니므로, 부모에 대해서 소급하여 제사를 지내는 일이 없게 된다.

經文

曾子問曰: “父母之喪, 弗除, 可乎?” 孔子曰: “先王制禮, 過時弗擧, 禮也. 非弗能勿除也, 患其過於制也, 故君子過時不祭, 禮也.”〈042〉 [舊在“不亦虛乎”之下.]

증자가 “군주의 상 때문에 부모에 대한 상을 제대로 치르지 못한 경우, 군주의 상이 끝나고 난 뒤에도 부모의 상에 대해 탈상을 하지 않은 채 그대로 지나치는 것이 괜찮은 일입니까?”라고 묻자 공자는 “선왕이 예법을 제정함에, 상례와 제례에 있어서 그 시기를 지나치게 되면, 다시 소급해서 지내지 않도록 제정하였으니, 이것이 올바른 예법이다. 탈상을 하지 않은 행위는 꼭 불가능해서 그렇게 하지 않는 것은 아니지만, 만약 탈상을 행하게 된다면, 선왕이 제정한 예법을 어기게 될까 걱정하여 시행하지 않는 것이다. 그렇기 때문에 군자는 그 시기를 지나쳐서는 제사를 지내지 않으니, 이것이 올바른 예법이다."라고 대답했다. [옛 판본에는 "또한 허례가 아니겠는가?"5)라고 한 문장 뒤에 수록되어 있었다.]

集說

曾子之意, 以爲適子仕者, 除君服後, 猶得追祭二祥. 庶子仕者, 雖除君服, 不復追祭, 是終身不除父母之喪, 可乎? 孔子言先王制禮, 各有時節, 過時不復追擧, 禮也. 今不追除服者, 不是不能除也, 患其踰越聖人之禮制也. 且如四時之祭, 當春祭時, 或以事故阻廢, 至夏則惟行夏時之祭, 不復追補春祭矣. 故過時不祭, 禮之常也. 惟禘祫大事則不然.

증자의 질문 의도는 적장자 중에서 벼슬을 하고 있는 자는 군주에 대한 상복을 벗은 이후에 오히려 죽은 부모에 대해서 소상과 대상을 소급하여 제사를 지낼 수 있다. 하지만 서자 중에 벼슬을 하고 있는 자는 비록 군주에 대한 상복을 벗게 되더라도 죽은 부모에 대해서 다시금 소급하여 제사를 지낼 수 없게 되니, 이처럼 행동하게 된다면, 평생토록 부모에 대한 상을 제대로 끝내지 못하게 되는데, 그래도 괜찮은 일인가라고 생각한 것이다. 공자가 대답하길, 선왕이 예법을 제정하여, 각각 정해진 시기와 절차가 규정되었으니, 그 시기를 놓치게 되면, 다시금 소급하여 지내지 않는 것이 예법이다. 이곳 문장에서 언급하는 것처럼, 죽은 부모에 대해서 소급하여 제대로 탈상을 하지 않는 이유는 탈상 자체를 아예

---

5) 『예기』「증자문」040장 : 曾子問曰: 三年之喪, 弔乎. 孔子曰: 三年之喪, 練, 不群立, 不旅行, 君子禮以飾情, 三年之喪而弔哭, <u>不亦虛乎</u>.

할 수 없어서 그렇다는 말이 아니다. 다만 그러한 일들이 성인이 제정한 예제에서 벗어나게 될까 염려되기 때문이다. 또 사계절에 대한 제사의 경우, 봄의 제사를 지내야 할 때, 혹여 어떠한 변고 때문에 지내지 못하게 되면, 여름이 되어서는 오직 여름철에 지내야 하는 제사만을 시행하지 다시금 봄의 제사를 소급하여 지내지 않는다. 그렇기 때문에 그 시기를 놓치게 되면 제사를 지내지 않는 것이 예법의 상도이다. 그러나 체협 (禘祫)[6]과도 같은 큰 제사인 경우에는 그렇지 않다.

淺見

近按: 篇首二節言世子於君喪之禮, 自君薨旣殯以下至此, 言臣於君喪之禮, 皆以其不常有者言也.

내가 살펴보니, 편의 첫 부분에 나온 두 문단에서는 군주의 상에 대한

---

6) 체협(禘祫)은 고대에 제왕(帝王)이 시조(始祖)에게 지냈던 제사를 뜻하니, 일종의 성대한 제사의례를 가리킨다. 간혹 '체협'을 구분하여 각각에 의미를 부여하기도 하며, 혹은 '체협'을 합쳐서 같은 의미로 사용하기도 한다. 이 문제에 대해서 장병린(章炳麟)은 『국고논형(國故論衡)』 「명해고하(明解故下)」에서 "禘祫之言, 詢詢爭論旣二千年. 若以禘祫同爲殷祭, 祫名大事, 禘名有事, 是爲禘小於祫, 何大祭之云? 故知周之廟祭有大嘗・大烝, 有秋嘗・冬烝. 禘祫者大嘗・大烝之異語."라고 주장한다. 즉 '체협'이라는 말에 대해서 의견들이 분분한데, 만약 '체협'을 모두 은(殷)나라 때의 제사라고 말하며, '협(祫)'은 '중대한 사안[大事]'이 발생했을 때 지내는 제사를 뜻하고, '체(禘)'는 유사시에 지내게 되는 제사를 뜻한다고 한다면, '체'는 '협'보다 규모가 작은 것인데, 어떻게 대제(大祭)라고 말할 수 있겠는가? 그렇기 때문에 '체협'은 주(周)나라 때의 제사이다. 주나라 때 종묘(宗廟)에서 지내는 제사에는 대상(大嘗), 대증(大烝)이라는 용어가 있었고, 또 추상(秋嘗: 가을에 지내는 상(嘗)제사), 동증(冬烝: 겨울에 지내는 증(烝)제사라는 용어가 있었으니, '체협'은 대제(大祭)를 뜻하는 용어로, 대상이나 대증을 다르게 부른 명칭이다. 또한 『후한서(後漢書)』 「장제기(章帝紀)」편에는 "其四時禘祫於光武之堂."이라는 기록이 있는데, 이에 대한 이현(李賢)의 주에서는 『속한서(續漢書)』를 인용하여, "五年再殷祭. 三年一祫, 五年一禘."라고 풀이한다. 즉 5년마다 2번의 성대한 제사를 지내게 되는데, 3년에 1번 '협'제사를 지내고, 5년에 1번 '체'제사를 지낸다.

세자의 예법을 언급하였고, 군주가 죽어 이미 빈소를 차렸다고 한 구문으로부터 그 이하로 이곳에 이르기까지는 군주의 상에 대한 신하의 예법을 언급하였는데, 이 모두는 일상적이지 않은 경우를 기준으로 설명한 것이다.

제 2 절

経文

曾子問曰: "竝有喪, 如之何? 何先何後?" 孔子曰: "葬, 先輕而後重, 其奠也, 先重而後輕, 禮也. 自啓及葬, 不奠, 行葬, 不哀次, 反葬, 奠而後, 辭於殯[賓], 遂脩葬事. 其虞也, 先重而後輕, 禮也." 〈007〉 [舊在"聽朝而入"之下.]

증자가 "부모의 상이나 조부모의 상 등이 동시에 발생하면 어찌해야 합니까? 누구를 먼저 지내고, 누구를 뒤에 지내야 합니까?"라고 묻자 공자는 "장례에서는 어머니나 할머니 쪽을 먼저 지내고, 아버지나 할아버지 쪽을 뒤에 지내며, 전제사를 지낼 때에는 아버지나 할아버지 쪽을 먼저 지내고, 어머니나 할머니 쪽을 뒤에 지내는 것이 예법이다. 어머니나 할머니의 빈소에서 가매장했던 영구를 꺼낼 때부터, 어머니나 할머니의 장례를 치를 때까지는 아버지나 할아버지의 빈소에 전제사를 올리지 않고, 장례를 치를 때에도 영구가 지나가는 대문 밖 오른쪽 위치에서 애도를 표하지 않으며, 장례를 치르고 되돌아와서는 아버지나 할아버지의 빈소에 전제사를 올리고, 그 이후에 빈객들에게[殯'자의 음은 '賓(빈)'이다.] 내일 아버지나 할아버지의 빈소에서 가매장했던 영구를 꺼낼 것임을 알려서, 마침내 장례와 관련된 일들을 준비하게 된다. 우제를 지낼 때에도 아버지나 할아버지 쪽을 먼저 지내고, 어머니나 할머니 쪽을 뒤에 지내는 것이 예법이다."라고 대답했다. [옛 판본에는 "조회에서 국정을 살피고서야 침소로 들어간다."[1]라고 한 문장 뒤에 수록되어 있었다.]

---

1) 『예기』「증자문」006장 : 諸侯相見, 必告于禰, 朝服而出, 視朝, 命祝・史, 告于五廟・所過山川, 亦命國家五官, 道而出. 反必親告于祖禰, 乃命祝・史, 告至于前所告者, 而後聽朝, 而入.

曾子問同時有父母或祖父母之喪, 先後之次如何? 孔子言葬則先母
而后父, 奠則先父而后母. 自, 從也. 從啓母殯之後, 及至葬柩欲出
之前, 惟設母啓殯之奠, 朝廟之奠及祖奠遣奠而已. 不於殯宮爲父
設奠, 故云"自啓及葬不奠", 謂不奠父也. 次者, 大門外之右, 平生待
賓客之處. 柩至此, 則孝子悲哀, 柩車暫停. 今爲父喪在殯, 故行葬
母之時, 孝子不得爲母伸哀於所次之處, 故柩車不暫停也. 及葬母
而反, 卽於父殯設奠, 告語於賓以明日啓父殯之期. 賓出之後, 孝子
遂脩營葬父之事也. 葬是奪情之事, 故先輕. 奠是奉養之事, 故先重
也. 虞祭, 亦奠之類, 故亦先重.

증자는 부모 혹은 조부모의 상이 동시에 발생했을 경우, 선후의 차례가
어떻게 되는지 질문한 것이다. 공자는 장례 때에는 모친 쪽을 먼저하고
부친 쪽을 뒤에 하며, 전제사 때에는 부친 쪽을 먼저하고 모친 쪽을 뒤
에 한다고 대답하였다. '자(自)'자는 "~부터"라는 뜻이다. 모친의 빈소에
서 가매장했던 영구를 꺼낸 이후로부터 관을 안장하기 위해 밖으로 내
보내는 시기까지는 오직 모친 쪽 빈소에서 가매장했던 영구를 꺼낼 때
올리는 전제사만 시행하고, 조묘(朝廟)할 때 올리는 전제사 및 조전(祖
奠)과 견전(遣奠)만 시행할 뿐이다. 이 기간 동안에는 부친의 빈소에서
부친을 위해 전제사를 올리지 않는다. 그렇기 때문에 "계빈으로부터 장
례를 치를 때까지는 전제사를 지내지 않는다."라고 한 말은 부친에게 전
제사를 올리지 않는다는 뜻이다. 경문의 '차(次)'자는 대문 밖 오른쪽 위
치로, 부친이 생전에 빈객들을 응대했던 장소이다. 관이 이곳을 지나게
되면 자식은 비통하고 애통한 마음이 들게 되어, 관을 싣고 있는 수레를
잠시 정차시키게 된다. 지금 여기에서 말하는 상황은 부친의 영구가 아
직 빈소에 있는 것이기 때문에, 모친을 장례지내기 위해 행차할 때에는
자식이 모친을 위해 차에서 애통함을 표시할 수 없게 된다. 그렇기 때문
에 모친의 관을 싣고 있는 수레도 정차하지 않고 곧바로 떠나가게 된다.
모친의 장례를 치르고 나서 되돌아오게 되면, 곧 부친의 빈소에 전제사
를 올리고, 빈객들에게 내일 부친의 빈소에서 가매장했던 영구를 파내

는 시기를 알려준다. 빈객들이 나간 이후에, 자식은 마침내 부친에 대해 장례 치를 일들을 열심히 준비하게 된다. 장례는 죽은 자에 대한 정을 털어내는 일이다. 그렇기 때문에 모친 쪽을 먼저 지내는 것이다. 전제사는 죽은 자에 대해 생전과 같이 봉양하는 일이다. 그렇기 때문에 부친 쪽을 먼저 지내는 것이다. 우제 또한 죽은 자에 대해 전제사와 마찬가지로 생전과 같이 봉양하는 부류이다. 그렇기 때문에 또한 부친 쪽을 먼저 지내는 것이다.

淺見

近按: 上旣問喪君之禮, 此以下問喪父母之禮, 並有喪, 亦不常有而或然者也. 辭於殯, 告于父殯以將葬之事也.

내가 살펴보니, 앞에서는 이미 군주의 상을 치르는 예법을 질문하였는데, 이곳 문장으로부터 그 이하의 문장에서는 부모의 상을 치르는 예법을 질문하였고, 상이 동시에 발생한 것 또한 일상적이지 않지만 간혹 그러한 경우가 있다. '사어빈(辭於殯)'은 부친의 빈소에서 장례를 치르게 되는 사안을 아뢴다는 뜻이다.

> 曾子問曰: "三年之喪, 弔乎?" 孔子曰: "三年之喪, 練, 不群立, 不旅行, 君子禮以飾情, 三年之喪而弔哭, 不亦虛乎?"〈040〉 [舊在"無服則祭"之下.]

증자가 "만약 자신이 삼년상을 치르는 도중인데, 남의 상에 조문을 해도 되는 것입니까?"라고 묻자 공자는 "자신이 삼년상을 치르는 중이라면, 소상을 치른 상태라 하더라도, 사람들이 모여 있는 장소에 가서 뭇 사람들과 자리를 함께 하지 않으며, 뭇 사람들과 무리를 지어 다니지 않는다. 군자는 예법대로 시행하여 애통한 감정을 나타낼 따름인데, 삼년상을 치르는 도중에 남의 상에 가서 자신의 애통한 감정을 누그러트리지도 못한 채 남을 위하여 조문을 하고 곡을 하는 것은 또한 허례가 아니겠는가?"라고 대답했다. [옛 판본에는 "상복을 입지 않는 관계인 경우라면, 제사를 지낸다."[1]라고 한 문장 뒤에 수록되어 있었다.]

練, 小祥也. 旅, 衆也. 群立旅行, 言及他事, 則爲忘哀, 況於弔乎? 先王因人情而制禮, 隨其哀樂之情, 皆有以節之. 苴麻絰杖, 爲至痛飾也, 居重喪而弔哭於人, 哀彼則忘吾親, 哀在親則弔爲矯僞矣, 非虛而何? 曾子旣聞夫子此言矣, 而檀弓篇乃記其以喪母之齊衰而往哭於子張, 豈非好事者爲之辭歟!

'연(練)'자는 소상을 뜻한다. '여(旅)'자는 무리를 뜻한다. 여럿이 함께 자

---

1) 『예기』「증자문」039장 : 曾子問曰: 大夫之祭, 鼎俎旣陳, 籩豆旣設, 不得成禮, 廢者, 幾. 孔子曰: 九. 請問之. 曰: 天子崩·后之喪·君薨·夫人之喪·君之大廟火·日食·三年之喪·齊衰·大功, 皆廢. 外喪, 自齊衰以下, 行也. 其齊衰之祭也, 尸入, 三飯不侑, 酳不酢而已矣. 大功, 酳而已矣. 小功·緦, 室中之事而已矣. 士之所以異者, 緦不祭, 所祭, 於死者, 無服則祭.

리하고 무리를 지어 다니며, 다른 일들을 언급하게 되면 애통한 마음을 잊게 된다는 것을 뜻하니, 하물며 조문하는데 있어서는 어떠하겠는가? 선왕은 사람의 정감에 연유하여 예를 제작하였으니, 슬퍼하고 즐거워하는 감정에 따라서 모두 예로써 조절하여 나타내게 된다. 상복과 질대및 지팡이를 잡는 이유는 지극히 애통해하는 감정을 나타내기 위함이다. 따라서 중대한 상을 치르고 있으면서, 남의 상에서 조문을 하고 곡을 하여, 그 사람을 위해 애통해 한다면, 자신의 부모에 대한 마음을 잊는 것이며, 또는 애통한 마음이 자신의 죽은 부모에게 놓여 있으면, 남의 상에 조문을 하는 것은 거짓된 일이 되니, 이것이 허례가 아니면 무엇이겠는가? 증자는 이미 공자의 이러한 대답을 들어서, 부모의 상 때는 조문을 하지 않는다는 사실을 알고 있었는데, 『예기』「단궁(檀弓)」편에서 증자가 모친의 상을 치르며 자최복을 입고 있었는데도, 자장의 상에 가서 곡을 하였다고 기록한 것2)은 일 꾸미기를 좋아하는 자들이 지어낸 말이 아니겠는가?

淺見

近按: 已有重喪而弔哭於人, 其哭似不爲人, 非實心也.

내가 살펴보니, 이미 중대한 상을 치르고 있는데 남에게 찾아가서 조문을 하고 곡을 한다면, 그 곡은 아마도 그 사람을 위해서가 아니니, 진실한 마음을 드러내는 것이 아니다.

---

2) 『예기』「단궁하(檀弓下)」 013장 : 子張死, <u>曾子有母之喪, 齊衰而往哭之</u>. 或曰, "齊衰不以弔." 曾子曰, "我弔也與哉."

曾子問曰: "喪有二孤, 廟有二主, 禮與[平聲]?" 孔子曰: "天無二
日, 土無二主, 嘗禘郊社, 尊無二上, 未知其爲禮也."〈023〉

증자가 "상중에 두 명의 상주가 있고, 묘에 두 개의 신주가 있는 것이
예법에 맞는 일입니까?['與'자는 평성으로 읽는다.]"라고 묻자 공자는 "하늘
에 두 개의 태양이 없고, 땅 위에 두 명의 제왕이 없듯이, 상제사·체제
사·교제사·사제사처럼 중요한 제사에서도 각각 존귀하게 받드는 대
상은 두 명이 없으니, 그처럼 두 명의 상주가 있고 두 개의 신주를 두는
일이 예법에 맞는지에 대해서는 들어보지도 못했다."라고 대답했다.

二孤二主, 當時有之, 曾子疑其非禮, 故問. 夫子言天猶不得有二日,
土猶不得有二王, 嘗禘郊社祭之重者, 各有所尊, 不可混幷而祭之,
喪可得有二孤, 廟可得有二主乎? 非禮明矣.

두 명의 상주가 있고 두 개의 신주를 두는 일은 당시에 이러한 사례가
있었는데, 증자는 그 행위들이 비례가 된다고 의문이 들었기 때문에 질
문한 것이다. 공자가 대답하길, 하늘에도 오히려 두 개의 태양이 있을
수 없고, 땅에도 오히려 두 명의 제왕이 있을 수 없으며, 상·체·교·
사와 같은 중요한 제사들 중에서도 각각 존귀하게 대하는 대상이 별로
도 있어서, 뒤섞어 한데 모아 제사를 지낼 수 없는데, 상중에 두 명의
상주가 있고 묘에 두 개의 신주가 있을 수 있겠는가? 비례가 됨이 분명
하다.

"昔者, 齊桓公盂[器]擧兵, 作僞主以行, 及反, 藏諸祖廟, 廟有二主, 自桓公始也."〈024〉

계속하여 공자가 말하길, "옛적에 제나라 환공이 전쟁 일으키기를 좋아하여['盂'자의 음은 '器(기)'이다.] 가짜 신주를 제작해서 행군을 하였고, 자신의 나라로 돌아옴에 미쳐서는 가짜로 만든 신주를 조묘에 보관하였으니, 묘에 두 개의 신주가 있게 된 것은 환공 때부터 시작된 일이다."라고 했다.

集説

師行而載遷廟之主于齊車, 示有所尊奉也. 旣作僞主, 又藏於廟, 是二失矣.

군대가 출동함에는 천묘(遷廟)[1]한 신주를 제거(齊車)[2]에 싣는데, 그렇

---

1) 천묘(遷廟)는 대수(代數)가 다한 신주(神主)를 모시는 묘(廟)를 뜻한다. 예를 들어 천자의 경우, 7개의 묘(廟)를 설치하는데, 가운데의 묘에는 시조(始祖) 혹은 태조(太祖)의 신주(神主)를 모시며, 이곳의 신주는 다른 곳으로 옮기지 않는 불천위(不遷位)에 해당한다. 그리고 좌우에는 각각 3개의 묘(廟)를 설치하여, 소목(昭穆)의 순서에 따라 6대(代)의 신주를 모신다. 현재의 천자가 죽게 되어, 그의 신주를 묘에 모실 때에는 소목의 순서에 따라 가장 끝 부분에 있는 묘로 신주가 들어가게 된다. 만약 소(昭) 계열의 가장 끝 묘에 새로운 신주가 들어서게 되면, 밀려나게 된 신주는 바로 위의 소 계열 묘로 들어가게 되고, 최종적으로 밀려나서 더 이상 갈 곳이 없는 신주는 '천묘'로 들어가게 된다. 또한 '천묘'는 위에서 서술한 것처럼 신구(新舊)의 신주가 옮겨지게 되는 의식 자체를 지칭하기도 하며, '천묘'된 신주 자체를 가리키기도 한다.

2) 제거(齊車)는 정갈하게 재계한 수레를 뜻한다. 금(金)으로 제작하기도 하였다. 제왕(帝王)은 순수(巡守), 조근(朝覲) 및 회동(會同) 때에 재계를 하게 되는데, 이 수레를 사용함으로써 재계를 했음을 나타낸다. 『주례』「하관(夏官)·제우(齊右)」에는 "掌祭祀會同賓客前齊車."라는 기록이 있고, 이에 대한 정현의 주에서

게 하는 이유는 존귀하게 떠받드는 대상이 있음을 보이기 위해서이다. 가짜 신주를 만들게 되었고, 그것을 또한 묘에 보관하였으니, 이것이 바로 환공이 저지른 두 가지 잘못이다.

"喪之二孤, 則昔者, 衛靈公, 適魯, 遭季桓子之喪. 衛君請弔, 哀公辭, 不得命. 公爲主, 客入弔, 康子立於門右, 北面, 公揖讓, 升自東階, 西鄕, 客升自西階, 弔, 公拜興哭, 康子拜稽顙 於位, 有司弗辯也. 今之二孤, 自季康子之過也."〈025〉 [舊在"夫 死亦如之"之下.]

계속하여 공자가 말하길, "상중에 두 명의 상주가 생긴 경우에 대해 말해보자면, 옛적에 위나라 영공이 노나라에 갔다가 노나라 대부인 계환자의 상을 접하게 된 일이 있었다. 그때 위나라 영공은 노나라 애공에게 조문하길 청원하였는데, 애공이 사양하였지만 영공은 따르지 않았다. 그래서 부득이 애공이 계환자의 상에서 상주가 되었고, 영공이 들어와서 조문을 하자 본래의 상주인 계강자는 문의 오른쪽에 서서 북면을 하였고, 애공이 읍과 사양을 하며, 동쪽 계단으로부터 올라와서 서향을 하자 영공이 서쪽 계단으로부터 올라와서 조문을 하였다. 애공이 절을 하고 일어나서 곡을 하자 계강자는 문의 오른쪽 자리에서 절을 하며 이마를 땅에 조아렸는데도 일을 맡아보던 유사가 잘못된 예임을 변별하지 못하였다. 그래서 오늘날 두 명의 상주가 생긴 것은 계강자의 과실

는 "齊車, 金路. 王自整齊之車也."라고 풀이했고, 손이양(孫詒讓)의 『정의(正義)』에서는 "斂官齊僕注云, '古者王將朝觀會同必齊.' 是齊車以齊戒爲名."이라고 풀이하였다.

로부터 시작된 일이다."라고 했다. [옛 판본에는 "남편될 자가 죽은 경우라 하더라도, 또한 이와 같이 한다."[3]라고 한 문장 뒤에 수록되어 있었다.]

集說

國君弔鄰國之臣, 尊卑不等, 衛君弔而哀公爲主, 禮也. 禮, 大夫旣殯而君來弔, 主人門右北面, 哭拜稽顙. 今旣哀公爲主, 主則拜賓, 康子但當哭踊而已, 乃拜而稽顙於位, 是二孤矣. 當時有司不能論而正之, 遂至循襲爲常, 變禮之失, 由於康子. 上章言自桓公始, 此不言始而言過者, 孔子·康子同時也. 靈公先桓子卒, 經訛爲靈公, 實出公也.

제후국의 군주가 이웃 제후국의 신하에 대해 조문할 경우, 서로간의 신분 등급이 같지 않으니, 위나라 군주가 조문을 하면 노나라 애공이 신하를 대신하여 임시로 상주가 되는 것이 올바른 예법이다. 본래의 예법에 따르면, 대부의 상에서는 빈소를 차리게 되면, 군주가 와서 조문을 하는데, 그때 상주는 문의 오른쪽에서 북면을 하며, 곡)을 하고 절을 하며 이마를 땅에 조아리게 된다. 그런데 이곳 문장에서 말하고 있는 상황은 위나라 영공 때문에 이미 애공이 상주가 된 것인데, 상주가 된 애공이 영공에게 절을 하면, 본래의 상주인 계강자는 단지 곡을 하며 발 구르기만 해야 할 따름인데도 곧 절을 하고 그 자리에서 이마를 땅에 조아렸으니, 이것은 두 명의 상주가 있는 경우에 해당한다. 당시에 유사가 이러한 잘못들을 변별하여 바로잡지 못해서 끝내는 이러한 잘못들이 답습되어 일상적인 예법이 되었으니, 변례의 과실이 계강자로부터 유래한 것이다. 앞의 문장에서는 "환공으로부터 시작되었다."고 말했는데, 이곳에서는 시작되었다는 말을 하지 않고, '과실'이라고만 말한 이유는 공자는 계강자와 동시대 사람이었기 때문이다. 위나라 영공은 노나라 계환자보

---

3) 『예기』 「증자문」 022장 : 曾子問曰: "取女, 有吉日, 而女死, 如之何?" 孔子曰: "壻齊衰而弔, 旣葬而除之, 夫死, 亦如之."

다 먼저 죽었으니, 경문이 잘못되어 영공이라고 기록한 것이며, 실제로는 출공(出公)에 해당한다.

浅見

近按: 自昔者以下, 非孔子之言. 記者因上文孔子之言, 而釋之者也. 蓋孔子卒於哀公之世, 而此節稱哀公之諡, 則此非孔子之言明矣. 意者, 曾子之問, 因見康子之事而發, 孔子不敢明言君大夫之失禮, 故不直曰非禮也, 而曰未知其爲禮也. 記者因幷記此以見曾子發問之由也. 後皆倣此.

내가 살펴보니, '석자(昔者)'라는 말로부터 그 이하의 기록은 공자의 말이 아니다. 『예기』를 기록한 자가 앞에서 공자의 말이 있는 것에 연유하여, 그 뜻을 풀이한 것이다. 공자는 애공 때 죽었는데, 이곳 문단에서는 '애공(哀公)'이라는 시호를 지칭하고 있으니, 공자의 말이 아니라는 사실이 명백하다. 아마도 증자의 질문은 계강자의 일화를 본 것으로 인해 하게 된 것이고, 공자는 감히 군주와 대부의 실례를 직접적으로 말할 수 없었기 때문에 '비례(非禮)'라고 직접적으로 말하지 않고, "그것이 예가 되는지는 잘 모르겠다."라고 대답한 것이다. 『예기』를 기록한 자는 그로 인해 이러한 기록들을 함께 수록해서, 증자가 질문하게 된 연유를 드러난 것이다. 이후의 기록들도 모두 이와 같은 방식으로 기술되었다.

曾子問曰: "葬引[去聲], 至于堩[古鄧反], 日有食之, 則有變乎? 且
不[否]乎? 孔子曰: "昔者, 吾從老聃[貪], 助葬於巷黨, 及堩, 日有
食之. 老聃曰: '丘止柩就道右, 止哭以聽變.' 旣明反而後行,
曰: '禮也.' 反葬而丘問之曰: '夫柩, 不可以反者也, 日有食之,
不知其已之遲數[速], 則豈如行哉?' 老聃曰: '諸侯朝天子,見日
而行, 逮日而舍[去聲]奠, 大夫使[去聲], 見日而行, 逮日而舍, 夫
柩, 不蚤出, 不莫[暮]宿, 見星而行者, 唯罪人與奔父母之喪者
乎! 日有食之, 安知其不見星也. 且君子行禮, 不以人之親痁
[尸占反]患.' 吾聞諸老聃云." 〈057〉 [舊在"是謂陽厭"之下.]

증자가 "장례를 치르기 위해 영구를 빈궁에서 꺼내어 길을 떠남에['引'자
는 거성으로 읽는다.] 도로에['堩'자는 '古(고)'자와 '鄧(등)'자의 반절음이다.] 도달
하여 갑작스럽게 일식이 발생한다면, 일상적인 예법에서 변경되는 사항
이 있습니까? 아니면 변경하지 않고['不'자의 음은 '否(부)'이다.] 그대로 시
행하는 것입니까?"라고 묻자 공자는 "옛적에 내가 노담을['聃'자의 음은
'貪(탐)'이다.] 따라서 향리에서 장례를 도운 적이 있었는데, 영구가 도로
에 이르렀을 때 갑작스럽게 일식이 발생하였다. 그러자 노담은 '공구야,
영구를 멈춰 세워서 길의 오른 쪽에 두고, 곡을 멈추고 일식이 바뀌는
것을 살펴라.'라고 했다. 해가 다시 정상적으로 되돌아온 이후에 길을
계속 갔는데, 노담은 '이것이 일식이 생겼을 때의 예법이다.'라고 하였
다. 장지에서 되돌아온 이후에 나는 그 이유가 궁금하여 노담에게 '무릇
영구는 한 번 길을 떠나면 되돌아올 수 없는 것이며, 일식이 발생한다
면 그 현상이 끝나게 되는 것이 더딜지 아니면 빠를지도['數'자의 음은 '速
(속)'이다.] 알 수 없으니, 영구를 멈춰 세우는 것이 어찌 그대로 계속 길
을 가는 것만 같겠습니까? 그러니 일식이 생기더라도 그냥 가는 것이
옳은 것이 아닙니까?'라고 묻자 노담은 '제후가 천자를 찾아뵙기 위해
길을 나설 때에는 해가 뜬 것을 보고서 길을 떠나고, 해가 지는 것에

따라서 숙소로 들어가서['舍'자는 거성으로 읽는다.] 함께 모셔왔던 신주에게 전제사를 올리는 것이며, 대부가 사신으로['使'자는 거성으로 읽는다.] 갈 때에는 해가 뜬 것을 보고서 길을 떠나고, 해가 지는 것에 따라서 숙소로 들어가는 것이니, 무릇 영구에 있어서도 해가 뜨기 전에 일찍 출발하는 것이 아니며, 날이 저문 뒤에['莫'자의 음은 '暮(모)'이다.] 숙박하는 것이 아니니, 별이 뜬 것을 보고도 길을 계속 가는 경우는 오직 죄인인 경우와 부모의 상에 분상하는 자들 밖에 없을 것이다! 그런데 영구를 따라가는 중간에 일식이 발생한다면 날이 어두워지게 되는데, 어찌 별을 보게 되는 경우가 발생하지 않는다고 장담할 수 있겠는가? 그러므로 일식이 발생했을 때, 길을 계속 가게 된다면, 죄인이나 분상하는 경우에 해당하게 될 것이다. 또한 군자가 예를 시행할 때에는 남의 부모로 하여금 우환에 빠트리게['尸'자는 '尸(시)'자와 '占(점)'자의 반절음이다.] 해서는 안 된다.'라고 대답했다. 나는 이러한 사실들을 노담에게서 들었다."라고 대답했다. [옛 판본에는 "이것을 양염이라고 부른다."[1]라고 한 문장 뒤에 수록되어 있었다.]

集說

埂, 道也. 有變, 變常禮乎? 且不乎, 不變常禮乎? 柩北向而出, 道右, 則道之東也. 聽變, 聽日食之變動也. 明反, 日光復常也. 舍奠, 晚止舍而設奠於行主也. 安知其不見星, 謂日食旣而星見, 則昏暗中恐有姦慝也. 痁, 病也. 不以人之親痁患, 謂不可使人之親病於危亡之患也.

'궁(埂)'자는 도로이다. '유변(有變)'은 일상적인 예법에서 변하는 것이 있느냐는 뜻이다. '차불호(且不乎)'는 일상적인 예법에서 변하지 않는 것

---

1) 『예기』「증자문」056장 : 凡殤與無後者, 祭於宗子之家, 當室之白, 尊于東房, <u>是謂陽厭</u>.

이 아니냐는 뜻이다. 영구는 북쪽을 향하여 길을 떠나니, 도로의 우측은 곧 도로의 동쪽이 된다. '청변(聽變)'은 일식이 끝나기를 기다린다는 뜻이다. '명반(明反)'은 해의 밝음이 일상적인 모습으로 되돌아온 것이다. '사전(舍奠)'은 저물녘에 길 가던 것을 멈춰서 숙소로 들며, 함께 따라오게 된 신주에게 전제사를 올리는 것이다. "어찌 별을 보지 못할 것을 알 수 있겠느냐?"는 말은 일식이 발생하면 별이 출현하게 되니, 어두운 가운데 혹시라도 간특한 일이 생기게 될까 염려된다는 뜻이다. '점(痁)'자는 병들게 한다는 뜻이다. "남의 부모로 하여금 우환에 빠트리지 않는다."는 말은 남의 부모로 하여금 위태롭고 망령된 우환에 빠트릴 수 없다는 뜻이다.

經文

> 子夏問曰: "三年之喪, 卒哭, 金革之事, 無辟[避]也者, 禮與[平聲]? 初有司與?" 孔子曰: "夏后氏三年之喪, 旣殯而致事, 殷人旣葬而致事, 記曰: '君子不奪人之親, 亦不可奪親也,' 此之謂乎!"〈063〉

자하가 "부모에 대한 삼년상을 치르는데 졸곡을 하고서, 전쟁 등의 일이 발생한다면, 피하지['辟'자의 음은 '避(피)'이다.] 않고 군주의 명령에 따라서 전쟁에 임하는 것이 예법입니까?['與'자는 평성으로 읽는다.] 그것이 아니라면 애초에 군주가 유사를 파견하여 그에게 다급한 상황을 말해주며 전쟁에 임하도록 재촉하게 되어서, 오늘날처럼 전쟁에 참여하게 된 사례가 생긴 것입니까?"라고 묻자 공자는 "하후씨 때에는 부모에 대한 삼년상을 치르게 되면, 빈소를 차리고 나서 관직에서 물러났었고, 은나라 때에는 장례를 치르고 나서 관직에서 물러났으니, 옛말에 '군자는 남의 부모에 대한 효심을 빼앗지 않으며, 또한 그러한 마음을 빼앗을 수도 없다.'라고 했으니, 바로 이것을 뜻할 것이다!"라고 대답했다.

集說

無辟, 謂君使則行, 無敢辭避也. 此禮當然歟? 抑當初有司逼遣之歟? 夏之禮, 親喪既殯, 卽致還其事於君. 殷禮則葬後乃致其事. 君子, 指人君也. 臣遭父母之喪, 而君許其致事, 是不奪人喪親之心也. 雖君有命, 而不忍違離喪次, 是不可奪其喪親之孝也.

'무피(無辟)'는 군주가 명령하면 곧바로 시행하여, 감히 사양하여 피하는 일이 없는 것을 뜻한다. 이처럼 하는 것이 예법상 당연한 것인가? 그것이 아니라면, 마땅히 애초부터 유사가 와서 재촉하게 되어, 이러한 예법이 생겼는가? 하나라 때의 예법에서는 부모의 상에서 빈소를 차리게 되면, 곧바로 군주에게 자신이 맡았던 임무를 되돌려준다. 은나라의 예법에서는 장례를 지낸 이후에 곧바로 그 임무를 되돌려준다. '군자(君子)'는 군주를 가리킨다. 신하가 부모의 상을 당하게 되면, 군주는 신하가 관직에서 물러나는 것을 허락하니, 이것이 바로 "부모를 잃은 자식의 마음을 빼앗지 않는다."는 뜻이다. 비록 군주의 명령이 있더라도, 부모를 잃은 신하는 차마 상을 치르는 장소를 떠날 수 없으니, 이것이 바로 "그가 부모의 상을 치르는 효심을 빼앗을 수도 없다."는 뜻이다.

經文

子夏曰: "金革之事, 無辟[避]也者, 非與? 孔子曰: "吾聞諸老聃曰: '昔者, 魯公伯禽, 有爲[去聲]爲之也,' 今以三年之喪, 從其利者, 吾弗知也." 〈064〉 [舊在"此篇之末.]

자하가 "부모의 상을 치르고 있는 도중에 전쟁 등의 일이 발생한 경우, 피하지['辟'자의 음은 '避(피)'이다.] 않고 군주의 명령에 따라서 전쟁에 임하는 것은 잘못된 일입니까?"라고 묻자 공자는 "내가 노담에게서 듣기로 '옛적에 노나라 군주 백금이 부득이한 일이['爲'자는 거성으로 읽는다.] 발생하게 되어 그렇게 하였다.'라고 했다. 그러나 오늘날 부모의 삼년상을 치르면서, 자신의 이익을 좇아서 전쟁에 참가하는 것이 예법에 맞는지는 내가 잘 모르겠다."라고 대답했다. [옛 판본에는 「증자문」편의 끝에 수록되어 있었다.]

集說

魯公卒哭而從金革之事, 以徐戎之難, 東郊不開, 不得已而征之, 是有爲爲之也. 今人居三年之喪, 而用兵以逐攻取之利者, 吾不知其爲何禮也. 蓋甚非之之辭. 一說利爲例, 言無故而以三年之喪, 從伯禽之例以用兵者, 甚非也.

노나라 군주는 졸곡을 끝내고서 전쟁에 참가하였는데, 그 이유는 서융의 난리가 발생하여 동쪽 교외가 차단되어 부득이하게 정벌을 한 것이니, 이것이 바로 "시행할만한 일이 생겨서 그렇게 시행하였다."는 뜻이다. 오늘날의 사람들은 삼년상을 치르면서, 군대를 동원하여 상대방을 공격해서 이득을 추구하고 있는데, 공자 자신은 그것이 어떤 예가 될 수 있는지 모르겠다고 대답했다. 이 말은 곧 매우 잘못되었다고 지적하는 말인 것 같다. 일설에는 '이(利)'자를 예(例)자로 여겨서, "아무런 이유도 없는데 삼년상에 임한 상태에서 백금이 했던 용례에 따라 전쟁에 참가한다는 것은 매우 잘못된 것임을 뜻한다."고 풀이한다.

淺見

近按: 此因上章曾子問父母喪葬之禮, 而類附於此.

내가 살펴보니, 이것은 앞에서 증자가 부모의 상례와 장례에 대해 질문한 것으로 인해, 비슷한 부류를 이곳에 덧붙인 것이다.

經文

> 子游問曰: "喪[平聲]慈母, 如母禮與?" 孔子曰: "非禮也. 古者,
> 男子外有傳, 內有慈母, 君命所使敎子也, 何服之有?"〈031〉

자유가 "자모(慈母)[1]에 대한 상을 치를 때[喪'자는 평성으로 읽는다.] 모친
에 대한 상을 치를 때처럼 하는 것이 예법입니까?"라고 묻자 공자는 "비
례이다. 옛적에 남자에게는 밖으로는 스승이 있었고, 안으로는 자모가
있었으니, 군주가 명령을 내려서, 그들로 하여금 자식을 교육시키도록
했던 것일 뿐인데, 어떤 상복을 입고 상을 치르겠는가?"라고 대답했다.

集說

> 妾之無子者, 養妾子之無母者, 謂之慈母. 然天子諸侯不爲庶母服,
> 大夫妾子, 父在爲其母大功, 士之妾子, 父在爲其母期, 是與己母同
> 也. 何服之有, 謂天子 · 諸侯也, 故下文擧國君之事證之.

첩 중에서 자식이 없는 자가 첩의 아들 중 모친이 없는 자를 양육하는데,
그들을 '자모(慈母)'라고 부른다. 그러나 천자와 제후는 서모(庶母)[2]를
위해서 상복을 입지 않지만, 대부의 첩 자식들은 부친이 생존해 있으면
그의 모친을 위해서 대공복을 입고, 사의 첩 자식들은 부친이 생존해 있
으면 그의 모친을 위해서는 기년복으로 상을 치르니, 이것은 자신의 생
모에게 행하는 예법과 동일한 것이다. "어떤 복이 있겠는가?"라는 말은
천자와 제후의 경우를 뜻한다. 그렇기 때문에 아래 문장에서 한 나라의

---

1) 자모(慈母)는 모친을 뜻하기도 하지만, 고대에는 자신을 양육시켜준 서모(庶母)
를 뜻하는 용어로 사용하기도 했다.
2) 서모(庶母)는 부친의 첩(妾)들을 뜻한다. 『의례』「사혼례(士昏禮)」편에는 "庶母
及門內施鞶, 申之以父母之命."이라는 기록이 있는데, 이에 대한 정현의 주에서
는 "庶母, 父之妾也."라고 풀이했다. 한편 '서모'는 부친의 첩들 중에서도 아들을
낳은 여자를 뜻하기도 한다. 『주자전서(朱子全書)』「예이(禮二)」편에는 "庶母,
自謂父妾生子者."라는 기록이 있다.

군주에 해당하는 일을 제시하여 이러한 사실을 증명하고 있는 것이다.

"昔者, 魯昭公, 少[去聲]喪[去聲]其母, 有慈母良, 及其死也, 公弗
忍也, 欲喪之. 有司以聞曰: '古之禮, 慈母無服, 今也, 君爲[平
聲]之服, 是逆古之禮, 而亂國法也, 若終行之, 則有司將書之,
以遺[平聲]後世, 無乃不可乎?' 公曰: '古者, 天子練冠以燕居.'
公弗忍也, 遂練冠以喪慈母, 喪慈母, 自魯昭公始也." 〈032〉 [舊
在"蓋貴命也"之下.]

공자는 계속하여 "옛적에 노나라 소공이 어렸을 적에[‘少’자는 거성으로 읽
는다.] 그의 친모를 여의어서 상을 치렀고[‘喪’자는 거성으로 읽는다.] 자모
중에 어진 자가 있어서, 그녀가 소공을 양육하였다. 그런데 그녀가 죽
게 되자 소공은 차마 그냥 내버려둘 수가 없어서, 그녀에 대한 상을 치
르고자 하였다. 유사가 그 소식을 듣고 소공에게 말하길, ‘옛 예법에는
자모에 대해서는 상복을 입지 않는다고 하였는데, 지금 군주께서 그녀
를 위하여[‘爲’자는 평성으로 읽는다.] 상복을 입으신다고 하니, 이것은 옛
예법을 어기는 것이며, 국법을 문란하게 만드는 경우입니다. 그러한데
도 만약 끝내 그 일을 감행하고자 하신다면, 유사인 제가 장차 그 일을
기록하여 후세에 전할[‘遺’자는 평성으로 읽는다.] 것이니, 자모에 대한 상을
치르는 것은 불가한 일이 아니지 않겠습니까?'라고 하였다. 그러자 소공
은 ‘옛적에 천자도 이러한 경우에 연관을 착용하고 퇴청하여 자숙하였
다.'라고 하였다. 그런 뒤에 소공은 죽은 자모에 대해 차마 그냥 내버려
둘 수가 없어서, 마침내 연관을 착용하고 자모에 대한 상을 치렀으니,
자모에 대해 상을 치르는 잘못은 노나라 소공으로부터 시작된 일이다.''
라고 했다. [옛 판본에는 "신주의 명령을 귀하게 여기기 때문이다."3)라고 한 문장
뒤에 수록되어 있었다.]

良, 善也. 古者, 周以前也. 天子·諸侯之庶子爲天子·諸侯者, 爲其
母緦, 春秋有以小君之禮服之者, 以子貴而伸也, 然必適小君沒. 若
適小君在, 則其母厭屈, 故練冠也. 此言練冠以燕居, 謂庶子之爲王
者爲其母耳.

'양(良)'자는 착하다는 뜻이다. '고자(古者)'는 주나라 이전을 뜻한다. 천
자와 제후의 서자들 중에서 천자와 제후의 지위에 오른 자들은 그의 모
친을 위해서 시마복을 착용한다. 『춘추』에 기록된 내용 중에는 소군에
대한 예법과 관련하여, 친모에 대해 상을 치르는 경우가 기록되어 있는
데, 서모의 자식이 존귀한 신분이 되어 그러한 예법을 실행할 수 있었던
것이다. 그러나 반드시 이러한 경우는 때마침 소군이 죽고 없었을 경우
에 한정된다. 만약 때마침 소군이 생존해 있는 경우라면, 그의 친모인
서모에 대해서는 예법을 제대로 실행할 수 없다. 그렇기 때문에 연관만
을 착용하였던 것이다. 이 문장에서 "연관을 착용하고 연거하였다."는
말은 서자들 중에서 군주가 된 자가 자신의 친모인 서모를 위해서 그렇
게 실행했다는 뜻일 뿐이다.

近按: 此承上章言喪親之事, 而并附於此. 自昔者以下, 亦非孔子之
言. 陳司敗問: "昭公知禮乎?" 孔子曰: "知禮." 及司敗言其取同姓之
非禮, 則孔子受以爲過而不辭, 夫居是邦, 不非其大夫, 況君乎? 故
人有指而問者, 亦且爲之隱諱, 豈自揚其先君之失乎? 此非孔子之
言無疑矣. 且夫子, 魯人也, 豈其言先君而稱魯哉? 稱魯者, 外之之

---

3) 『예기』「증자문」030장 : 曾子問曰: 古者, 師行, 無遷主, 則何主. 孔子曰: 主命.
問曰: 何謂也. 孔子曰: 天子諸侯將出, 必以幣帛·皮圭, 告于祖禰, 遂奉以出,
載于齊車以行, 每舍, 奠焉, 而后, 就舍, 反必告, 設奠卒, 斂幣玉, 藏諸兩階之
間, 乃出, <u>蓋貴命也</u>.

辭也. 若上章所謂魯公伯禽有爲爲之者, 是擧老聃之言, 故稱魯, 亦
非言其所失, 故引之.

내가 살펴보니, 이 문장은 앞에서 부모의 상을 치르는 사안을 언급한 것
에 따라 이곳에 함께 덧붙여둔 것이다. '석자(昔者)'라는 말로부터 그 이
하의 기록 또한 공자의 말이 아니다. 진나라 사패가 "소공은 예를 아셨
습니까?"라고 묻자 공자는 "예를 아셨다."라고 대답했다. 사패가 동성을
아내로 들인 것이 비례임을 언급하자 공자는 그 말을 수용하여 자신의
잘못이라 여기고 부인하지 않았는데,[4] 그 나라에 거주하며 대부에 대해
서도 잘못을 지적하지 않는데, 하물며 군주에 대해서라면 어떠하겠는
가? 그러므로 사람들이 잘못을 지적하여 질문을 했을 때에도 그것을 감
춰서 피하는 것인데, 어찌 제 스스로 선군의 잘못을 드러낼 수 있겠는
가? 이것은 공자의 말이 아니라는 것에 의심할 바가 없다. 또 공자는
노나라 사람인데 어떻게 선군에 대해 말을 하며 '노(魯)'라고 지칭할 수
있는가? '노(魯)'라고 지칭하는 것은 타국으로 여기는 말이다. 예를 들어
앞에서 노공(魯公)인 백금에게 특별한 일이 있어서 그처럼 했다고 말했
는데, 이것은 노담의 말을 제시한 것이다. 그렇기 때문에 '노(魯)'라고
지칭했던 것이며, 또한 이것은 그 잘못을 말한 것이 아니기 때문에 인용
했던 것이다.

---

4) 『논어』「술이(述而)」: 陳司敗問昭公知禮乎, 孔子曰, "知禮." 孔子退, 揖巫馬
期而進之, 曰, "吾聞君子不黨, 君子亦黨乎? 君取於吳爲同姓, 謂之吳孟子. 君
而知禮, 孰不知禮?" 巫馬期以告. 子曰, "丘也幸, 苟有過, 人必知之."

曾子問曰: "大功之喪, 可以與[去聲]於饋奠之事乎?" 孔子曰: "豈大功耳? 自斬衰以下, 皆可, 禮也." 曾子曰: "不以輕服而重相爲[去聲]乎?" 孔子曰: "非此之謂也. 天子·諸侯之喪, 斬衰者奠, 大夫, 齊衰者奠, 士則朋友奠, 不足則取於大功以下者, 不足則反之."〈012〉

증자가 "대공복을 입고서 상을 치르는 자는 다른 사람의 궤전하는 일에 참여할['與'자는 거성으로 읽는다.] 수 있습니까?"라고 묻자 공자는 "어찌 대공복을 입은 경우일 뿐이겠는가? 참최복 이하의 상복을 입는 모든 경우에 가능하니, 또한 그렇게 하는 것이 예에 맞다."라고 대답했다. 증자가 "그렇게 된다면 자신이 상을 치르고 있다는 점을 가볍게 여기고, 남 돕는 일들을['爲'자는 거성으로 읽는다.] 더 중요하게 여기는 것처럼 들리는데, 이처럼 하는 것은 너무 지나친 일이 아닙니까?"라고 묻자 공자는 "그것을 가리키는 것이 아니다. 자신과 관계없는 자의 궤전을 도와준다는 말이 아니라 궤전을 지내야 하는 상대방에 대해, 내 자신이 그 사람과 관련이 있어서, 그 사람에 대한 상복을 입어야 하는 경우를 말하는 것이다. 예를 들면 천자와 제후의 상에서는 천자와 제후에 대해서 참최복을 입어야 하는 자들이 궤전을 하고, 대부의 상에서는 자최복을 입어야 하는 자들이 궤전을 하며, 사의 상에서는 친구가 궤전을 하되, 사람이 부족하다면 대공복 이하의 상복을 입는 자들 중에서 충당하고, 그래도 부족하다면 반대로 대공복 이상의 상복을 입는 자들 중에서 충당한다."라고 대답했다.

饋奠, 奠於殯也. 大夫朔望皆有殷奠, 士惟月朔. 其禮盛, 故執事者衆. 曾子問己有大功之喪, 可與他人饋奠之事乎? 孔子將謂曾子問己有大功之喪, 得爲大功者饋奠否, 故答云, "豈但大功? 自斬衰以下, 皆可, 禮也." 言身有斬衰, 所爲者斬衰, 身有齊衰, 所爲者齊衰, 皆可與其饋奠. 孔子是據所服者言之, 曾子又不悟此旨, 將謂言他人, 乃曰: "不太輕己之服, 而重於相爲乎?" 孔子乃答云: "非此爲他人之謂也, 謂於所爲服者也." 凡喪奠, 主人以悲哀不暇執事, 故不親奠. 天子・諸侯之喪, 諸臣皆斬衰, 故云斬衰者奠. 大夫則兄弟之服齊衰者奠. 士不以齊衰者奠, 避大夫也, 故朋友奠. 人不充數, 則取大功以下, 又不足, 則反取大功以上也.

'궤전(饋奠)'은 빈소에서 전제사를 지낸다는 뜻이다. 대부는 매월 초하루와 보름에 모두 은전(殷奠)[1]을 지내게 되며, 사는 오직 매월 초하루에만 은전을 지낸다. 그 예법이 성대하기 때문에, 일을 맡아보는 자가 많이 필요하다. 증자의 질문은 본인이 대공복을 입고서 상을 치르고 있는데, 다른 사람의 궤전하는 일에 참여할 수 있는지를 물어본 것이다. 공자는 증자의 질문을 다음과 같이 잘못 이해하였다. 즉 본인이 대공복을 입는 상중에 있다면, 대공복을 입게 만든 자를 위해서 궤전을 할 수 있는 것인지, 또는 아닌지의 여부를 묻는다고 여겼다. 그렇기 때문에 "어찌 다만 대공복을 입고 있는 경우일 뿐이겠는가? 참최복을 입는 경우로부터 그 이하의 상복을 입는 경우가 모두 가능하며, 그것이 예이다."라고 대답해준 것이다. 이 말은 본인이 참최복을 입고 있다면 궤전을 도와야 하는 대상은 본래부터 자신과 참최복을 입어야 하는 관계가 있는 경우이고, 본인이 자최복을 입고 있다면 궤전을 도와야 하는 대상도 자최복을 입어야 하는 관계가 있는 경우이니, 이처럼 상복을 착용한 모든 경우에 궤전에 참여할 수 있다는 뜻이다. 공자는 궤전을 도와야 하는 대상이

---

1) 은전(殷奠)은 성대하게 지내는 전제사[奠祭]를 뜻한다. 『의례』「사상례(士喪禮)」편에는 "月半不殷奠."이라는 기록이 있다. 즉 사(士)의 경우에는 매월 보름에는 은전을 지내지 않는다는 뜻인데, 이 기록에 대한 정현의 주에서는 "殷, 盛也. 士月半不復如朔盛奠, 下尊者."라고 풀이했다. 즉 '은(殷)'은 성대하다는 뜻이고, 사의 경우에는 보름마다 초하루처럼 융성한 전제사를 지내지 못한다. 그 이유는 자신보다 신분이 높은 대부(大夫)에 대한 禮法보다 낮추기 때문이다.

본인과 본래부터 상복을 입어야 하는 관계에 있는 자를 기준으로 대답해준 것인데, 증자는 또한 이러한 뜻을 깨닫지 못하여, 궤전을 도와야 하는 대상이 자신과 상복 관계가 없는 타인을 뜻한다고 이해했다. 그래서 곧바로 "이처럼 행동한다면 자신이 상을 치르고 있다는 사실을 너무 가볍게 여기고, 남 돕는 일만을 중요하게 여기게 되니, 너무 지나친 행동이 아닙니까?"라고 물어본 것이다. 공자는 곧 "내가 한 말은 자신과 상복 관계가 없는 무관한 자를 돕는다는 뜻이 아니니, 자신과 상복 관계에 있는 자에 대해 설명해준 것이다."라고 대답했다. 무릇 상을 치르는 도중 전제사를 지낼 경우, 상주는 비통함과 애통함 때문에 전제사를 시행할 겨를이 없게 된다. 그렇기 때문에 상주가 직접 전제사를 지내지 않는다. 천자와 제후의 상에서는 모든 신하들이 참최복의 관계가 된다. 그렇기 때문에 천자와 제후의 상에서는 참최복을 입은 자가 전제사를 치른다고 말한 것이다. 대부의 상인 경우라면 형제들 중에 자최복을 입은 자가 전제사를 치른다. 사의 상인 경우에는 자최복을 입은 자가 전제사를 치를 수 없는데, 그렇게 하는 이유는 대부의 예법보다 낮추기 위한 것이니, 그래서 대신 친구들이 전제사를 치르는 것이다. 사의 경우에 있어서, 전제사를 도와주는 사람이 본래 충당해야 할 수를 채우지 못한다면, 대공복 이하의 상복을 입은 자들 중에서 일부를 선발하게 되며, 그래도 부족하게 된다면 반대로 대공복 이상의 상복을 입은 자들 중에서 충당한다.

疏曰: 反之者, 反取前人執事者充之.

소에서 말하길, '반지(反之)'라는 말은 종전에 일을 맡아보았던 자들 중에서 선발하여 충당한다는 뜻이다.

曾子問曰: "小功, 可以與於祭乎?" 孔子曰: "何必小功耳? 自斬
衰以下, 與祭, 禮也." 曾子曰: "不以輕喪而重祭乎?" 孔子曰:
"天子·諸侯之喪祭也, 不斬衰者, 不與祭, 大夫齊衰者, 與祭,
士祭, 不足, 則取於兄弟大功以下者."〈013〉

증자가 "소공복을 입은 자들은 우제나 졸곡제에 참여할 수 있습니까?"
라고 묻자 공자는 "어찌 소공복을 입은 자들의 경우뿐이겠느냐? 참최복
을 입은 자들로부터 그 이하의 모든 경우에도 모두 우제나 졸곡제에 참
여하니, 또한 그렇게 하는 것이 올바른 예법이다."라고 대답했다. 증자
가 "그렇다면 상례를 가볍게 여기고 제례를 더 중요하게 여기는 것이
아닙니까?"라고 묻자 공자는 "천자나 제후의 상제(喪祭)2)를 지낼 때에
는 참최복을 입지 않은 자들은 제례에 참여하지 않고, 대부의 상제를
지낼 때에는 자최복을 입은 자들이 제례에 참여하며, 사의 상제를 지낼
때 제례에 참여할 인원이 부족하다면, 죽은 자의 형제들 중 대공복 이
하의 상복을 착용한 사람들 중에서 충당한다."라고 대답했다.

大旨與上章同, 但此問與於祭, 則是虞與卒哭之祭.

요지는 앞 문장의 뜻과 같은데, 이곳에서는 제(祭)에 참여하는 사안을
물어보았으니, 여기에서 말하는 '제(祭)'자는 우제와 졸곡을 하며 지내는
제사를 뜻한다.

---

2) 상제(喪祭)는 장례(葬禮)를 치른 이후에 지내는 제사들을 지칭하는 말이다.

曾子問曰: "相識, 有喪服, 可以與於祭乎?" 孔子曰: "緦, 不祭,
又何助於人?"〈014〉

증자가 "만약 서로 알고 지내는 사이이고, 자신이 다른 사람을 위해 상
복을 입고 있는 상태라면, 그의 제사에 참여할 수 있습니까?"라고 묻자
공자는 "본인이 시마복처럼 가장 수위가 낮은 상복을 입고 있다면 본인
의 종묘에서 그 옷을 입고 제사를 지내지 않는데, 어찌 남의 제사를 도
울 수가 있겠느냐?"라고 대답했다.

所知識之人有祭事, 而己有喪服, 可以助爲之執事否. 夫子言己有
緦麻之服, 服之輕者也, 尚不得自祭己之宗廟, 何得助他人之祭乎?

증자가 질문한 내용은 서로 알고 지내는 사람에게 제사 지낼 일이 생기
게 되었고, 본인이 다른 사람을 위해 상복을 이미 입고 있는 경우, 그를
위해 일을 맡아보는 것을 도울 수 있는지 없는지를 물어본 것이다. 공자
는 대답을 하며, 본인이 시마복을 입고 있다면, 이것은 상복 중에서도
가장 가벼운 것에 해당하는데도 오히려 본인 스스로도 자신의 종묘에서
제사를 지낼 수 없는데, 어찌 다른 사람의 상제를 도울 수 있겠느냐고
말한 것이다.

曾子問曰: "廢喪服, 可以與於饋奠之事乎?" 孔子曰: "說[脫]衰
與奠, 非禮也, 以擯相[去聲], 可也."〈015〉 [舊在"弗擧亦非禮也"之下.]

증자가 "본인의 복상 기간이 끝나서 상복을 이제 막 벗게 되었다면, 다

른 사람의 궤전하는 일에 참여할 수 있습니까?"라고 묻자 공자는 "상복을 이제 막 벗고서['說'자의 음은 '脫(탈)'이다.] 궤전에 참여하는 것은 비례이지만, 남의 상사에서 그에게 찾아온 빈객들을 인도하여, 상례(喪禮)를 돕는['相'자는 거성으로 읽는다.] 것은 괜찮다."라고 대답했다. [옛 판본에는 "술잔을 들지 않았으니, 또한 비례이다."[3]라고 한 문장 뒤에 수록되어 있었다.]

集說

廢, 猶除也. 饋奠, 在殯之奠也. 不問吉祭而問喪奠, 曾子之意, 謂方除喪服, 決不可與吉禮, 疑可與饋奠也. 夫子言方說衰卽與奠, 是忘哀大速, 故言非禮也. 擯相事輕, 亦或可耳.

'폐(廢)'자는 제거한다는 뜻이다. '궤전(饋奠)'은 빈소에서 올리는 전제사를 뜻한다. 그러므로 이 문장에서 증자가 질문한 내용은 길제(吉祭)에 대해 물어본 것이 아니라, 상중에 지내는 전제사에 대해 물어본 것이다. 증자가 이러한 내용을 질문했던 이유는 이제 막 상복을 벗게 되었을 때 길례(吉禮)에는 참여할 수 없다고 하였으므로, 흉례(凶禮)에 해당하는 궤전에는 참여할 수 있지도 않을까라는 생각이 들어서 질문한 것이다. 공자가 대답하길, 이제 막 상복을 벗고서 궤전에 참여하게 된다면, 이것은 슬픔을 잊어버리는 것이 지나치게 빠른 것이다. 그렇기 때문에 비례(非禮)라고 말한 것이다. 빈객들을 인도하며 상례를 돕는 일은 비교적 덜 중요한 사안에 해당하기 때문에, 또한 가능하기도 할 따름이다.

淺見

近按: 此因上問親喪, 而又及大功以下之喪也.

---

3) 『예기』「증자문」011장 : 曾子問曰: 祭如之何, 則不行旅酬之事矣. 孔子曰: 聞之, 小祥者, 主人練祭而不旅, 奠酬於賓, 賓弗舉, 禮也. 昔者, 魯昭公, 練而舉酬行旅, 非禮也. 孝公, 大祥, 奠酬弗舉, 亦非禮也.

내가 살펴보니, 이것은 앞에서 부모의 상에 대해 질문한 것으로 인해, 재차 대공복으로부터 그 이하의 상에 대해서 언급한 것이다.

제 3 절

經文

曾子問曰: "諸侯旅見[形甸反]天子, 入門, 不得終禮, 廢者, 幾[上聲]? 孔子曰: "四." 請問之, 曰: "大廟火, 日食, 后之喪, 雨霑服失容, 則廢. 如諸侯皆在而日食, 則從天子救日, 各以其方色與其兵. 大廟火, 則從天子救火, 不以方色與兵."〈033〉

증자가 "제후들이 천자를 단체로 알현하게['見'자는 '形(형)'자와 '甸(전)'자의 반절음이다.] 되어 문에 들어섰는데, 알현하는 예를 다 끝내지도 못한 상태에서, 중간에 그만두는 경우는 몇 가지나['幾'자는 상성으로 읽는다.] 됩니까?"라고 묻자 공자는 "총 4가지이다."라고 대답했다. 증자가 그 상세한 내용에 대해 재차 질문하자 공자는 "태묘에 불이 난 경우, 일식이 일어난 경우, 천자의 부인이 죽어서 상을 치르는 경우, 비가 많이 내려서 제후들의 예복을 적시게 되어 제후들의 용모가 흐트러졌을 경우라면, 중간에 그만둔다. 만일 제후들이 모두 천자의 수도에 모여 있는데 일식이 일어난 경우라면, 천자를 뒤따라서 일식이 물러나기를 기원하되, 각자 자신의 나라 위치에 맞는 색깔의 복식과 병기를 가지고서 의식을 치른다. 만일 제후들이 모두 천자의 수도에 모여 있는데 태묘에 불이 난 경우라면, 천자를 뒤따라서 화재진압을 하되, 이때는 다급한 상황이므로 자신의 나라 위치에 따른 색깔별 복식과 병기를 갖추지 않는다."라고 대답했다.

集說

旅, 衆也. 色, 衣之色也. 東方諸侯衣靑, 南方諸侯衣赤, 餘倣此. 東方用戟, 南方矛, 西方弩, 北方楯, 中央鼓. 日食, 是陰侵陽, 故正五行之方色以厭勝之, 救火, 不關此義也.

「증자문(曾子問)」 **473**

'여(旅)'자는 무리를 뜻한다. '색(色)'자는 의복의 색깔을 뜻한다. 오행과 방위의 구별에 따라 동쪽 지역의 제후들은 의복을 청색으로 하고, 남쪽 지역의 제후들은 의복을 적색으로 하며, 나머지도 이에 따른다. 동쪽 지역의 제후들은 의식에 참가할 때 극(戟)을 사용하고, 남쪽 지역의 제후들은 모(矛)를 사용하며, 서쪽 지역의 제후들은 쇠뇌를 사용하고, 북쪽 지역의 제후들은 방패를 사용하며, 중앙 지역의 제후들은 북을 사용한다. 일식은 음기가 양기를 침범하여 발생하는 흉사이기 때문에, 오행의 방위에 따른 색깔들을 올바르게 하여, 이로써 음기를 억눌러서 양기가 이겨내도록 만드는 것인데, 화재를 진압하는 일은 이러한 뜻과는 상관이 없다.

經文

曾子問曰: "諸侯相見, 揖讓入門, 不得終禮, 廢者, 幾?" 孔子曰: "六." 請問之, 曰: "天子崩, 大廟火, 日食, 后・夫人之喪, 雨霑服失容, 則廢."〈034〉[舊在"自魯昭公始也"之下.]

증자가 "제후들끼리 서로 회동하게 되어, 읍과 사양을 하고 문에 들어섰는데, 서로 회동하는 예를 다 끝내지도 못한 상태에서, 중간에 그만두는 경우는 몇 가지나 됩니까?"라고 묻자 공자는 "총 6가지 경우이다."라고 대답했다. 증자가 그 상세한 내용에 대해 재차 질문하자 공자는 "천자가 죽었을 경우, 자신의 태묘에 불이 난 경우, 일식이 일어난 경우, 천자의 부인이 죽어서 상을 치르는 경우, 찾아간 나라의 제후 부인이 죽어서 상을 치르는 경우, 비가 많이 내려서 제후들의 예복을 적시게 되어 제후들의 용모가 흐트러졌을 경우라면, 중간에 그만둔다."라고 대답했다. [옛 판본에는 "노나라 소공으로부터 시작된 일이다."[1]라고 한 문장 뒤에 수록되어 있었다.]

集說

大廟, 本國之太廟也. 夫人, 小君也.

'태묘(太廟)'는 제후 본인 나라의 태묘를 뜻한다. '부인(夫人)'은 소군을 뜻한다.

淺見

近按: 自篇首君薨而世子生以下至前章, 小功緦之事, 皆就凶事而問其不常有之變者也. 自此以下, 又就吉禮而問其變, 此皆出於不意倉卒之頃而事之至難處者也, 故曾子歷問而辨之. 曾子之篤實好學如此, 豈於常禮有所不知而失之者哉?

내가 살펴보니, 「증자문」편의 첫 부분에서 군주가 죽었는데 세자가 태어난 경우로부터 앞 문장에 이르기까지는 소공복과 시마복의 상사에 해당하며, 모두 흉사에 나아가 일상적이지 않은 변례의 사안을 질문한 것이다. 이곳 문장으로부터 그 이하는 또한 길례에 나아가 변례의 사안을 질문한 것인데, 이 사안들은 모두 의도하지 않았고 갑작스럽게 발생하며 대처하기가 지극히 어려운 것들이다. 그렇기 때문에 증자가 차례대로 질문하여 변별한 것이다. 증자는 이와 같이 독실하게 학문을 좋아하였는데, 어떻게 일상적인 예법에 있어서 모르는 점이 있어 실수를 저지를 수 있었겠는가?

---

1) 『예기』「증자문」032장 : 昔者, 魯昭公, 少喪其母, 有慈母良, 及其死也, 公弗忍也, 欲喪之. 有司以聞曰, 古之禮, 慈母無服, 今也, 君爲之服, 是逆古之禮, 而亂國法也, 若終行之, 則有司將書之, 以遺後世, 無乃不可乎. 公曰, 古者, 天子練冠以燕居. 公弗忍也, 遂練冠以喪慈母, 喪慈母, 自魯昭公始也.

經文

曾子問曰:"天子嘗·禘·郊·社·五祀之祭, 簠簋旣陳, 天子
崩·后之喪, 如之何?" 孔子曰: "廢."〈035〉[舊聯上文.]

증자가 "천자가 상·체·교·사·오사에 대한 제사를 지내게 되었을
때, 일을 맡아보는 자들이 사전 준비 작업을 하여, 이미 보나 궤와 같은
제기들을 진설해 두었는데, 만약 천자가 죽거나 천자의 부인이 죽어서
상을 치르게 되었다면, 어찌해야 합니까?"라고 묻자 공자는 "상을 치러
야 하므로, 제사를 그만둔다."라고 대답했다. [옛 판본에는 앞 문장의 뒤에
수록되어 있었다.]

集說

嘗·禘, 宗廟之祭, 郊·社, 天地之祭. 此言五祀, 而祭法言七祀, 先
儒已言祭法不足據矣.

'상(嘗)'과 '체(禘)'는 종묘에 대한 제사이고, '교(郊)'와 '사(社)'는 천지에
대한 제사이다. 이곳에서는 '오사(五祀)'라고 했는데, 『예기』 「제법(祭法)」
편에서는 천자에게 해당하는 것으로 칠사(七祀)를 언급하고 있다.[1] 이
러한 차이점에 대해서 선대 학자들은 「제법」편의 내용들은 근거로 삼기
에 불충분하다고 설명하였다.

經文

"天子崩, 未殯, 五祀之祭, 不行, 旣殯而祭, 其祭也, 尸入, 三
飯[上聲]不侑[又], 酳[以刃反]不酢[昨]而已矣. 自啓, 至于反哭, 五

---

1) 『예기』 「제법(祭法)」 013장 : 王爲羣姓立七祀. 曰司命, 曰中霤, 曰國門, 曰國
行, 曰泰厲, 曰戶, 曰竈. 王自爲立七祀.

祀之祭, 不行, 已葬而祭, 祝畢獻而已."〈037〉[舊本"天子崩未殯"之
上, 有"當祭而日食"至"牲至未殺則廢"一節, 今移于下.]

공자가 계속하여 말하길, "천자가 죽었을 경우, 아직 빈소를 차리지 않
은 상태라면, 오사에 대한 제사를 시행하지 않으며, 이미 빈소를 차린
상태라면 제사를 지내긴 하되, 그 제사를 지낼 때에는 시동을 맞이하여
자리에 앉히고 나서, 시동이 세 번 수저를 뜨고서['飯'자는 상성으로 읽는
다.] 사양을 하면, 더 이상 권하지['侑'자의 음은 '又(우)'이다.] 않고, 입가심
하는 술을['酳'자는 '以(이)'자와 '双(인)'자의 반절음이다.] 시동에게 따라주되,
주인 및 나머지 사람들과 술잔을 주고받는 절차를['酢'자의 음은 '昨(작)'이
다.] 시행하지 않을 따름이다. 빈소에 가매장하였던 영구를 꺼내서, 장례
를 치르고 되돌아와서 반곡제를 지낼 때까지는 오사에 대한 제사를 시
행하지 않고, 장례를 다 끝낸 다음에 제사를 지내되, 술을 서로 따라주
는 절차는 대축이 술을 받아서 마시게 되면 끝낸다."라고 했다. [옛 판본
에는 "천자가 죽었을 경우, 아직 빈소를 차리지 않았다."라고 한 문장 앞에 "제사를
지낼 때 일식이 발생했다."라고 한 구문으로부터 "희생물이 도착하였지만 아직 도살
을 하지 않은 상태라면 제사를 진행하지 않고 그만둔다."라는 구문까지의 한 문단이
있었는데,[2] 지금은 뒤로 옮겼다.]

集說

天子·諸侯之祭禮亡, 不可聞其詳矣, 先儒以大夫·士祭禮推之. 士
祭尸九飯, 大夫祭尸十一飯, 則知諸侯十三飯, 天子十五飯也. 五祀
外神, 不可以己私喪久廢其祭. 若當祭之時而天子崩, 則止而不行,
俟殯訖乃祭, 然其禮則殺矣. 侑, 勸也. 尸入, 迎尸而入坐也. 三飯不
侑者, 尸三飯告飽則止, 祝更不勸侑其食使滿足當飯之數也. 酳, 食

---

2)『예기』「증자문」036장 : 曾子問曰: 當祭而日食·大廟火, 其祭也, 如之何. 孔
子曰: 接祭而已矣. 如牲至未殺, 則廢.

畢而以酒漱口也. 按特牲禮, 尸九飯畢, 主人酳酒酳尸, 尸飲卒爵酢
主人, 主人受酢飲畢, 酳獻祝, 祝飲畢, 主人又酳獻佐食, 今云酳不
酢者, 無酢主人以下等事也. 此是言殯後祭五祀之禮, 又言自啓殯
往葬, 及葬畢反哭, 其間亦不祭五祀, 直待葬後乃祭, 其禮又不同.
蓋葬後哀稍殺, 漸向吉, 故祝侑尸食至十五飯, 攝主酳尸, 尸飲卒爵
而酢攝主, 攝主飲畢酳而獻祝, 祝受而飲畢則止, 無獻佐食以下之
事, 故曰祝畢獻而已. 已, 止也.

천자와 제후에 대한 제례 기록은 이미 망실되어서, 그 상세한 절차에 대
해서는 확인할 수 없다. 그러나 선대 학자들은 남아 있던 대부와 사에
대한 제례의 기록을 토대로 천자와 제후에 대한 제례 내용을 추정하였
다. 사의 제례에서는 시동이 9번 수저를 뜨고, 대부의 제례에서는 시동
이 11번 수저를 뜨니, 제후의 제례에서는 시동이 13번 수저를 뜨고, 천
자의 제례에서는 15번 수저를 뜬다는 사실을 알 수 있다. 오사(五祀)와
외신(外神)[3]에 대한 제사는 자신의 사적인 상 때문에 그 제사를 오래도
록 폐지할 수 없다. 만약 제사를 지내야 할 때가 되었는데, 천자가 죽게
된다면, 제사를 멈추고 시행하지 않으며, 빈소를 차리는 것이 끝날 때까
지 기다린 다음에 제사를 지내지만, 그 예법에 대해서는 정상적인 예법
에 비해 낮추게 된다. '유(侑)'자는 권한다는 뜻이다. '시입(尸入)'은 시동
을 맞이하여 자리로 들여보내 앉힌다는 뜻이다. "3번 수저를 뜨고 더 이
상 권하지 않는다."는 말은 시동이 3번 수저를 뜨고서 배가 부르다고 알
리면, 그만두는 것이니, 대축은 다시금 시동에게 식사를 더 권해서 시동

---

3) 외신(外神)은 내신(內神)과 상대되는 말이다. 교(郊)나 사(社) 등에서 지내는 제
사 대상을 '외신'이라고 부른다. 『예기』「곡례하(曲禮下)」편에 대한 손희단(孫希
旦)의 『집해(集解)』에서는 오징(吳澄)의 주장을 인용하여, "宗廟所祭者, 一家之
神, 內神也, 故曰內事. 郊・社・山川之屬, 天下一國之神, 皆外神也, 故曰外
事."라고 설명하였다. 즉 종묘(宗廟)에서 제사를 지내는 대상은 한 집안의 신(神)
으로 '내신'이라고 부르며, 그 제사들을 내사(內事)라고 부른다. 또 교, 사 및 산천
(山川) 등에 지내는 제사는 그 대상이 천하 및 한 국가의 신들이기 때문에, 그들을
'외신'이라고 부르며, 그 제사를 외사(外事)라고 부른다.

으로 하여금 수저를 떠야하는 본래의 수치를 채우지 않는 것이다. '윤
(酳)'자는 식사가 끝나고서 술로 입안을 헹구는 것이다. 『의례』「특생궤
식례(特牲饋食禮)」편을 살펴보면, 시동이 9번 수저 뜨는 일을 마치면,
주인은 술을 따라서 시동에게 입을 헹구게 하고, 시동이 술을 다 마시고
주인에게 술을 따라주게 되며, 주인은 술잔을 받아서 술을 마시게 되고,
다음으로 대축에게 술을 따라주며, 대축이 술을 다 마시게 되면, 주인은
다시 술을 따라서 좌식(佐食)[4]에게 주게 된다. 그런데 이곳 문장에서는
입가심하는 술을 시동에게 따라주되, 술잔을 돌리지 않는다고 하였으니,
주인에게 술잔을 돌리는 것으로부터 그 이하의 절차들은 시행하지 않는
것이다. 이 내용은 빈소를 차린 이후에 오사에 대한 제사를 지낼 때의
예법을 설명한 말이다. 또 빈소에서 영구를 꺼내어 장례를 치르러 가는
때부터, 장례를 끝내고 돌아와서 반곡제를 지낼 때까지, 그 사이에는 또
한 오사에 대한 제사를 지내지 않는다. 다만 장례가 다 끝나기를 기다린
이후에 제사를 지내게 되는데, 그 예법이 또한 앞에서 설명한 예법과는
같지 않다. 무릇 장례를 끝낸 이후에는 애통함이 점차 없어지게 되어,
흉사(凶事)에서 점차 길사(吉事)로 넘어가게 된다. 그렇기 때문에 대축
은 시동에게 식사하기를 권하여, 15번 수저를 뜨게 하고, 섭주(攝主)[5]가
시동에게 입가심하는 술을 따라주면, 시동은 술을 마셔서 잔을 비우고,
섭주에게 술잔을 돌리며, 섭주는 술을 마셔서 잔을 비운다. 그리고 술을
따라서 대축에게 건네주며, 대축은 술잔을 받아서 술을 마신다. 그리고

---

4) 좌식(佐食)은 제사를 지낼 때, 시동의 옆에서 시동이 제사 음식을 흠향할 수 있도
   록 시중을 드는 사람이다. 『의례』「특생궤식례(特牲饋食禮)」편에는 "佐食北面,
   立於中庭."이라는 기록이 있는데, 이에 대한 정현의 주에서는 "佐食, 賓佐尸食
   者."라고 풀이했다.
5) 섭주(攝主)는 제주(祭主) 및 상주(喪主)의 일을 대신 맡아보는 자이다. 정식 제주
   및 상주는 종법제(宗法制)에 따라서, 종주(宗主)가 담당을 하였는데, 그에게 사
   정이 생겨서, 그 일을 주관하지 못할 때, '섭주'가 대신 그 일을 담당했다. 군주의
   경우에는 재상이 담당하기도 하였으며, 나머지의 경우에는 제주 및 상주와 항렬
   이 같은 자들 중에서 담당을 하기도 했다.

대축이 술 마시는 일까지 끝내게 되면 그치게 되니, 좌식에게 술을 건네는 등 그 이하의 일들을 하지 않는다. 그렇기 때문에 "대축이 술잔 받은 것을 마시게 되면 끝낸다."고 말한 것이다. 이때의 '이(已)'자는 그친다는 뜻이다.

經文

曾子問曰: "諸侯之祭社稷, 俎豆旣陳, 聞天子崩 · 后之喪 · 君薨 · 夫人之喪, 如之何?" 孔子曰: "廢. 自薨比[畀]至于殯 · 自啓至于反哭, 奉帥天子." 〈038〉

증자가 "제후가 사직에 대한 제사를 지내게 되어, 조와 두 같은 제기들을 이미 진설해둔 상태인데, 만약 천자가 죽거나 천자의 부인이 죽게 되어 상을 치르게 되었거나 제후가 죽거나 제후의 부인이 죽게 되어 상을 치르게 되었다는 등의 소식을 듣게 되면, 어찌해야 합니까?"라고 묻자 공자는 "제사를 그만둔다. 제후가 죽은 때로부터 빈소를 차릴 때까지와['比'자의 음은 '畀(비)'이다.] 빈소에 가매장하였던 영구를 꺼내서 장례를 치르고 되돌아와서 반곡제를 지낼 때까지는 천자의 예법에 따라서 동일하게 시행한다."라고 대답했다.

集說

比, 及也. 曾子所問如此, 孔子曰廢. 又言自薨至殯, 自啓至反哭, 皆率循天子之禮者, 謂諸侯旣殯而祭社稷或五祀者, 亦如天子殯后祭五祀之禮也. 其葬后而祭社稷五祀者, 亦如天子葬后祭五祀之禮也.

'비(比)'자는 급(及)자의 뜻이다. 증자가 질문한 내용이 이와 같은데, 공자는 폐지한다고 대답하였다. 또 제후가 죽었을 때로부터 빈소를 차릴 때까지와 빈소에 가매장하였던 영구를 꺼내서 장례를 치르고, 되돌아와서 반곡제를 지낼 때까지는 모두 천자의 예법을 따른다고 한 말은 제후의 경우, 빈소를 차린 이후 사직 혹은 오사에 대한 제사를 지낼 때에는 또한 천자가 빈소를 차린 이후 오사에 대한 제사를 지내는 예법처럼 한다는 뜻이며, 장례를 끝낸 이후 사직과 오사에 대해 제사를 지낼 때에도 또한 천자가 장례를 치른 이후 오사에 대해 제사를 지내는 예법처럼 한다는 뜻이다.

經文

曾子問曰: "大夫之祭, 鼎俎旣陳, 籩豆旣設, 不得成禮, 廢者, 幾[上聲]?" 孔子曰: "九." 請問之, 曰: "天子崩·后之喪·君薨·夫人之喪·君之大廟火·日食·三年之喪·齊衰·大功, 皆廢. 外喪, 自齊衰以下, 行也. 其齊衰之祭也, 尸入, 三飯不侑, 酳不酢而已矣. 大功, 酢而已矣. 小功·緦, 室中之事而已矣. 士之所以異者, 緦不祭, 所祭, 於死者, 無服則祭." 〈039〉 [自"天子崩未殯"以下至此, 竝從舊文之次.]

증자가 "대부가 제사를 지내게 되어, 정과 조를 이미 진설해두었고, 변과 두를 이미 설치해 두었는데, 예를 다 끝내지도 못하고서 중간에 그만두는 경우는 몇 가지나['幾'자는 상성으로 읽는다.] 됩니까?"라고 묻자 공자는 "총 9가지 경우이다."라고 대답했다. 증자가 그 상세한 내용에 대해 재차 묻자 공자는 "천자가 죽은 경우와 천자의 부인이 죽어서 상을 치르는 경우, 제후가 죽은 경우와 제후의 부인이 죽어서 상을 치르는 경우, 제후의 태묘에 화재가 발생한 경우, 일식이 일어난 경우, 삼년상에 처해 있는 경우, 자최복이나 대공복을 입고 상을 치르는 경우에는 모두 제사를 그만둔다. 외상인 경우에는 자최복이나 그 이하의 상복을 입고 치르는 상에서는 제사를 시행한다. 다만 자최복을 입고 치르는 외상인 경우에는 시동을 맞이하여 자리에 앉히고 나서, 시동이 세 번 수저를 뜨고서 사양하면, 더 이상 권하지 않고, 입가심하는 술을 시동에게 따라주되, 주인 및 나머지 사람들과 술잔을 주고받는 절차를 시행하지 않을 뿐이다. 대공복을 입고 치르는 외상인 경우에는 시동이 입가심을 하는 술잔을 받은 이후에 주인 및 좌식이 술잔을 받는 등의 절차까지 시행하며, 그 이후의 절차는 생략하고 제사를 끝낸다. 소공복이나 시마복을 입고 치르는 외상인 경우에는 좌식이 술잔을 받는 절차까지 시행한 뒤에 제실 안에서 빈객과 술잔을 주고받는 등의 절차까지도 시행하며, 그 이후의 절차는 생략하고 제사를 끝낸다. 사의 경우 대부와 다른 점은 시마복의 상에서도 제사를 지내지 않으며, 제사지내는 대상이 죽은 자에 대해 상복을 입지 않는 관계인 경우라면, 제사를 지낸다."라고 대답했다. ["천자가 죽었을 경우 아직 빈소를 차리지 않았다."라고 한 구문으로부터 이곳에 이르기까지는 모두 옛 판본의 순서에 따랐다.]

集說

此言大夫宗廟之祭. 外喪, 在大門之外也. 三飯不侑, 酳不酢, 說見上章. 大功酢而已者, 大功服輕, 祭禮稍備, 十一飯之後, 主人酌酒酳尸, 尸酢主人, 卽止也. 室中之事者, 凡尸在室之奧, 祝在室中北牖南面, 佐食在室中戶西北面, 但主人主婦及賓獻尸及祝佐食等三人畢則止也. 若平常之祭, 十一飯畢, 主人酳尸, 尸卒爵酢主人, 主人獻祝及佐食畢, 次主婦獻尸, 尸酢主婦, 主婦又獻祝及佐食畢, 次賓長獻尸, 尸得賓長獻爵, 則止不舉. 蓋奠其爵于薦之左也, 待致爵之後, 尸乃舉爵. 今以喪服殺禮, 故止於賓之獻也. 士卑於大夫, 雖緦服亦不祭. 所祭, 於死者, 無服, 謂如妻之父母, 母之兄弟姊妹, 己雖有服, 而己所祭者, 與之無服, 則可祭也.

이 문장은 대부가 종묘에서 지내는 제사에 대한 내용을 언급하고 있다. '외상(外喪)'은 대문 밖에서 지내는 친인척에 대한 상사를 뜻한다. '삼반불유(三飯不侑)'와 '윤부작(酳不酢)'에 대해서는 그 설명이 앞 문장에 나온다. 대공복을 입고 치르는 상일 경우에는 제사를 지낼 때 술잔을 돌리는 절차까지 시행하고 끝낸다고 했는데, 대공복은 상복 중에서도 비교적 수위가 낮은 상복에 해당하여, 제례의 절차를 어느 정도 갖춰서 제사를 지낼 수 있다. 그러므로 시동이 11번 수저를 뜬 이후에 주인은 술을 따라서 시동에게 입가심을 하게 만들고, 그 뒤에 시동이 주인에게 술잔을 건네게 되면 곧 제사를 끝내게 된다. '실중지사(室中之事)'는 종묘의 제사에서는 시동이 종묘 건물 중 묘실의 아랫목에 위치하고, 축관은 묘실 안에서도 북상(北廂) 쪽에 위치하여 남면을 하며, 좌식은 묘실 안에서도 호(戶)의 서쪽에 위치하여 북면을 하는데, 주인과 주부 및 빈객이 시동·축관·좌식 등 세 사람에게 술을 바치는 절차가 끝나면, 곧 제사를 끝내게 된다는 뜻이다. 평상시 종묘에 대한 제사에서는 시동이 11번 수저 뜨는 일이 끝나면, 주인은 시동에게 입가심하는 술을 따라주고, 시동은 잔을 비운 다음 주인에게 술잔을 돌린다. 주인이 축관과 좌식에게 술잔 돌리는 일이 끝나면, 그 다음으로 주부가 시동에게 술잔을 바치고, 시동은 다시 주부에게 술잔을 돌린다. 주부가 또한 축관과 좌식에게 술잔 돌리는 일이 끝나면, 그 다음으로 빈객들의 우두머리가 시동에게 술잔을 바친다. 시동이 빈객들의 우두머리가 바친 술잔을 받으면, 곧바로 마시는 것이 아니라 그 시점에서 잠시 멈추고 술잔을 들지 않는다. 무릇 그 술잔은 음식이 차려진 곳의 좌측에 놓아두게 되는데, 술잔이 빈객들에게 골고루 다 돌아간 이후를 기다렸다가 시동이 술잔을 들게 된다. 그런데 이곳 문장에서 언급하고 있는 상황은 상복을 입고 있는 상태이기 때문에 정상적인 예법보다 낮춘 것이다. 그러므로 빈객들이 술잔을 바치는 절차에서 제사를 끝내는 것이다. 사의 신분은 대부보다 낮으니, 비록 시마복을 입는 상이라 하더라도 또한 제사를 지내지 않는다. 제사를 지내는 대상이 죽은 자에 대해 상복을 입지 않는 관계인 경우는 마치 처의 부모에 대한 경우나 모친의 형제와 자매에 대한 경우처럼, 자신은 비록 상복을 입는 관계에 해당하지만, 자신이 제사를 지내는 대상은 그들과 상복을 입지 않는 관계이므로, 제사를 지낼 수 있다.

今按: 致爵之禮, 賓獻尸三爵而止. 尸止爵之後, 執事者爲主人設席 于戶內, 主婦酌爵而致于主人, 主人拜受爵, 主婦拜送爵, 主人卒爵 拜, 主婦答拜, 受爵以酌而酢, 執爵拜, 主人答拜, 主人降, 洗爵以 酌, 而致于主婦, 主婦之席在房中南面, 主婦拜受爵, 主人西面答 拜, 而更爵自酌以酢, 此所謂致爵也. 祭統曰: "酌必易爵." 詳見特 牲饋食禮.

현재 살펴보니, 술잔을 두루 돌리는 예법은 빈객이 시동에게 술잔 바치기를 3번하고 그치게 된다. 시동은 술잔을 받아서 바로 들지 않고 내려 놓게 되는데, 그런 이후에는 집정관이 주인을 위하여 호 안쪽에 자리를 설치한다. 주부가 술잔에 술을 따라서 주인에게 건네게 될 때, 주인은 절을 하며 술잔을 받으니, 주부가 절을 하고 술잔을 건네면, 주인을 술 잔을 비우고 절을 한다. 주부는 답배를 하고 다시 술잔을 받아서 술을 채운 뒤 술잔을 권하니, 술잔을 잡고서 절을 하면 주인은 답배를 한다. 주인이 내려와서, 술잔을 씻어서 술을 따른 다음 주부에게 술잔을 건네 게 되는데, 주부는 방안에 자리를 깔고 남면을 한다. 주부가 절을 하고 술잔을 받으면, 주인은 서면을 하고 답배를 하며, 술잔을 바꾸고 스스로 술을 따른 뒤에 술잔을 돌린다. 이러한 절차를 바로 '치작(致爵)'이라고 부른다. 『예기』「제통(祭統)」편에서는 "술잔을 돌릴 때에는 반드시 술잔 을 바꾼다."[6]라고 했다. 자세한 내용은 『의례』「특생궤식례(特牲饋食禮)」 편에 나온다.

---

6) 『예기』「제통(祭統)」 027장 : 君卷冕立于阼, 夫人副褘立于東房. 夫人薦豆執 校, 執醴授之執鐙; 尸酢夫人執柄, 夫人受尸執足. 夫婦相授受, 不相襲處, 酢 必易爵, 明夫婦之別也.

曾子問曰: "當祭而日食・大廟火, 其祭也, 如之何?" 孔子曰: "接祭而已矣. 如牲至未殺, 則廢." 〈036〉 [舊在"天子崩未殯"之上.]

증자가 "제사를 지낼 때 일식이 발생하거나 태묘에 화재가 발생한다면, 제사는 어찌해야 합니까?"라고 묻자 공자는 "신속하게 제사를 지낼 따름이다. 그런데 만일 희생물이 도착하였지만 아직 도살을 하지 않은 상태라면 제사를 진행하지 않고 그만둔다."라고 대답했다. [옛 판본에는 "천자가 죽었을 경우 아직 빈소를 차리지 않았다."[7)라고 한 문장 앞에 수록되어 있었다.]

接, 捷也, 速疾之義. 此言宗廟之祭, 遇此變異, 則減略節文, 務在速畢, 無迎尸於奧, 及迎尸入坐等禮矣.

'접(接)'자는 첩(捷)자의 뜻이니, 신속하게 치른다는 의미이다. 이 문장의 뜻은 종묘에 대한 제사에서 이러한 변고를 만나게 된다면, 의례 절차를 생략하고 신속하게 끝내는데 힘쓴다는 말이다. 즉 아랫목으로 시동을 맞이하는 절차나 시동을 맞이하여 좌석에 앉히는 등등의 의례 절차들을 생략한다는 의미이다.

近按: 此通言天子・諸侯・大夫之祭而致此變, 則廢也. 蓋前節曾子問天子・諸侯之祭時, 擧崩薨之事, 而不及此, 至孔子言大夫之祭而始幷言之, 故曾子又爲天子・諸侯, 而再設此問也.

----

7) 『예기』「증자문」 037장 : 天子崩, 未殯, 五祀之祭, 不行, 旣殯而祭, 其祭也, 尸入, 三飯不侑, 酳不酢而已矣. 自啓, 至于反哭, 五祀之祭, 不行, 已葬而祭, 祝畢獻而已.

내가 살펴보니, 이것은 천자 · 제후 · 대부의 제사에서 이러한 변고를 당하게 되면 제사를 폐지한다는 사안에 대해 통괄적으로 말한 것이다. 앞 문단에서 증자가 천자 및 제후의 제사에 대해 질문했을 때에는 죽었을 경우의 사안을 제시했으며 이러한 것까지는 언급하지 않았는데, 공자가 대부의 제사에 대해 대답을 해줄 때에는 비로소 이러한 것까지도 함께 설명했다. 그렇기 때문에 증자가 다시 천자와 제후의 경우에 대해 재차 이러한 질문을 하게 된 것이다.

経文

> 曾子問曰: "祭如之何, 則不行旅酬之事矣?" 孔子曰: "聞之, 小
> 祥者, 主人練祭而不旅, 奠酬於賓, 賓弗擧, 禮也. 昔者, 魯昭
> 公, 練而擧酬行旅, 非禮也. 孝公, 大祥, 奠酬弗擧, 亦非禮
> 也." ⟨011⟩ [舊在"而后饗冠者"之下.]

증자가 "제사를 지낼 때 어떠한 경우에 여수(旅酬)[1]의 일을 하지 않는
것입니까?"라고 묻자 공자는 "내가 듣기로, 소상을 지내는 경우 상주는
연제를 지내지만 여수를 하지 않고, 빈객에게 술을 따라주지만 빈객은
술잔을 들지 않는 것이 예이다. 옛적에 노나라 소공이 연제를 지내고
술을 권하며 여수를 시행하였으니, 비례이다. 노나라 효공도 대상을 지
내며 술을 권하되 술잔을 들지 않았으니, 또한 비례이다."라고 대답했
다. [옛 판본에는 "그 이후에는 관례 때문에 찾아온 빈객들과 관례를 돕기 위해 찾
아온 자들에게 향연을 베푼다.[2]라고 한 문장 뒤에 수록되어 있었다.]

集說

曾子問祭而不行旅酬之禮, 何祭爲然. 孔子言惟小祥練祭爲然. 不
旅者, 不旅酬也. 奠酬於賓, 奠其酬爵於賓前也. 賓弗擧者, 賓不擧
以旅也. 言此祭, 主人得致爵於賓, 賓不可擧此爵而行旅酬, 此禮也.
大祥則可旅酬也. 孝公, 隱公之祖.

---

1) 여수(旅酬)는 본래 제사가 끝난 후에, 제사에 참가했던 친족 및 빈객(賓客)들이
술잔을 들어 술을 마시고, 서로 공경의 예(禮)를 표하며, 잔을 권하는 의례(儀禮)
이다. 연회에서도 서로에게 술을 권하는 절차를 '여수'라고 부른다.
2) 『예기』「증자문」010장 : 如將冠子, 而未及期日, 而有齊衰·大功·小功之喪,
則因喪服而冠. 除喪, 不改冠乎. 孔子曰: 天子賜諸侯·大夫冕弁服於大廟, 歸
設奠, 服賜服, 於斯乎, 有冠醮, 無冠醴. 父沒而冠, 則已冠, 埽地而祭於禰, 已
祭而見伯父·叔父, 而後饗冠者.

증자가 질문하길, 제사를 지낼 때에 여수의 예를 시행하지 않는 경우는 어떠한 제사 때 그렇게 하는지를 물어본 것이다. 공자는 오직 소상인 연제 때에만 그렇게 한다고 대답하였다. '불려(不旅)'는 여수를 하지 않는다는 뜻이다. "빈에게 전수(奠酬)를 한다."는 말은 빈객의 앞 쪽에 술 따른 잔을 바친다는 뜻이다. "빈객이 불거(弗擧)한다."는 말은 빈객이 술잔을 들어서 여수를 하지 않는다는 뜻이다. 그러므로 이 문장의 뜻은 소상을 지낼 경우, 상주는 빈객 앞에 술잔을 놓을 수 있지만, 빈객은 이 술잔을 들어서 여수를 시행할 수 없으니, 이처럼 행동하는 것이 올바른 예법이다. 만약 대상인 경우라면 여수를 할 수 있다. '효공(孝公)'은 노나라 은공의 조부이다.

朱子曰: 旅, 衆也. 酬, 導飮也. 旅酬之禮, 賓弟子兄弟之子, 各擧觶於其長而衆相酬. 蓋宗廟之中, 以有事爲榮, 故逮及賤者, 使亦得以伸其敬也. 又曰: 主人酌以獻賓, 賓酢主人曰酢, 主人又自飮而復飮賓曰酬. 主人自飮者, 是導賓使飮也. 但賓受之却不飮, 奠於席前, 至旅時亦不擧, 又自別擧爵.

주자가 말하길, '여(旅)'자는 무리를 뜻한다. '수(酬)'자는 마시길 권한다는 뜻이다. 여수의 예법에서는 빈객의 제자들과 형제의 자식들이 각각 그 무리의 연장자들에게 술잔을 들어 올려서, 무리들끼리 서로 술을 권하게 된다. 종묘 안에서 시행하는 의례에서는 그 속에서 일을 맡게 된 것을 영광으로 여긴다. 그렇기 때문에 술잔을 따라줄 때 비록 신분이 미천한 자가 있더라도 그런 자들에게까지 따라주는 것이니, 이것을 통하여 그들로 하여금 종묘에 봉안된 조상신에 대해 공경하는 마음을 펼칠 수 있게끔 하는 것이다. 또 말하길, 주인은 술을 따라서 빈객에게 바치고, 빈객이 주인에게 잔을 돌리는 행위를 '작(酢)'이라 부르며, 그런 뒤에 주인이 또한 본인 앞에 놓인 술을 마시고서 다시 빈객에게 술을 마시도록 하는 행위를 '수(酬)'라 부른다. 주인 본인이 먼저 술을 마시는 이유는 빈객에게 술을 마시도록 권하기 위해서이다. 다만 빈객은 술잔을 받으면 곧바로 마시지 않고, 자신의 자리 앞에 놓아두며, 여수를 할 때

가 되어도 또한 잔을 들지 않으며, 무리들과 별도로 빈객만 술잔을 들게
된다.

浅見

近按: 昔者以下, 亦非孔子之言. 說已現前.

내가 살펴보니, '석자(昔者)'로부터 그 이하의 기록 또한 공자의 말이 아
니다. 그에 대한 설명은 앞에서 이미 했다.

經文

曾子問曰: "卿·大夫將爲尸於公, 受宿矣, 而有齊衰內喪, 則
如之何?" 孔子曰: "出舍[去聲]於公館, 以待事, 禮也." 〈061〉

증자가 "경과 대부가 장차 제후가 지내는 제사에서 시동의 임무를 맡게
되어, 군주의 명령을 받아 집안에 머물며 재계를 하고 있는데, 갑작스럽
게 자최복을 입어야 하는 내상이 발생하게 된다면, 어떻게 해야 합니
까?"라고 묻자 공자는 "집을 나와서 공관에 머물며['舍'자는 거성으로 읽는
다.] 군주의 제사가 다 끝나기를 기다렸다가 그 이후에 집으로 돌아가서
상을 치르는 것이 올바른 예법이다."라고 대답했다.

集說

受宿, 受君命而宿齊戒也. 齊衰內喪, 大門內齊衰服之喪也. 待事,
待祭事畢, 然後歸哭也.

'수숙(受宿)'은 군주의 명령을 받아서 집에 머물며 재계를 한다는 뜻이
다. '자최내상(齊衰內喪)'은 집안에서 치르는 상 중에서 자최복을 입는
상을 뜻한다. '대사(待事)'는 제사가 다 끝나기를 기다렸다가 그런 연후
에 집에 돌아가서 곡을 한다는 뜻이다.

經文

孔子曰: "尸弁冕而出, 卿·大夫·士皆下之, 尸必式. 必有前
驅." 〈062〉 [舊在"自史佚始也"之下.]

공자가 계속하여 말하길, "시동으로 선택된 자가 변관(弁冠)이나 면관
(冕冠) 같은 예모를 쓰고 길을 나서게 되었는데, 경·대부·사가 만약
시동을 보게 된다면, 모두 수레에서 내려서 예의를 표하며, 시동은 자신

의 수레에 있는 가로대를 잡고서 답례를 표한다. 그리고 이처럼 시동이 된 자가 길을 나설 때에는 반드시 시동의 수레 앞에서 행인들이 길을 피해주도록 알리는 사람이 따라가게 된다."라고 했다. [옛 판본에는 "사일로부터 시작된 것이다."[1]라고 한 문장 뒤에 수록되어 있었다.]

集說

尸服死者之上服. 今爲君尸而弁冕者, 弁, 士之爵弁也, 以君之先世或有爲大夫士者, 故尸亦當弁或冕也. 出而卿大夫士遇之則下車, 尸式以答之. 必有前驅者, 尸出則先驅, 辟開行人也.

시동은 죽은 자가 생전에 착용했던 제복 중에서도 상등의 복장을 착용한다.[2] 지금 이 문장에서는 군주의 시동이 된 자가 변면을 착용한다고 했는데, '변(弁)'은 사가 착용하는 작변이므로, 군주의 선대에 혹여 대부나 사의 신분이었던 자가 있었기 때문이다. 그래서 시동 또한 마땅히 변이나 면을 착용하는 것이다. 시동이 길을 나서게 되었는데, 경·대부·사가 그와 마주치게 된다면 수레에서 내리며, 시동은 수레의 식을 잡고서 답례를 한다. '필유전구(必有前驅)'라는 말은 시동이 길을 나서게 되면, 수행하는 자가 시동보다 앞서서 말을 몰며, 행인들을 피하게 하여 길을 터주게 된다는 뜻이다.

淺見

近按: "尸弁冕而出"以下, 記者因前節言尸之事, 而類付之也.

내가 살펴보니, '시변면이출(尸弁冕而出)'로부터 그 이하의 기록은 『예기』를 기록한 자가 앞 문단에서 시동에 대한 사안을 언급한 것에 따라

---

1) 『예기』「증자문」 060장 : 孔子曰: 吾聞諸老聃曰, 昔者, 史佚, 有子而死, 下殤也. 墓遠, 召公謂之曰, 何以不棺斂於宮中. 史佚曰, 吾敢乎哉. 召公言於周公, 周公曰, 豈不可. 史佚行之. 下殤用棺衣棺, <u>自史佚, 始也</u>.

2) 『의례』「사우례(士虞禮)」 : 尸服卒者之上服.

비슷한 부류를 이곳에 덧붙인 것이다.

曾子問曰: “宗子爲士, 庶子爲大夫, 其祭也, 如之何?” 孔子曰: “以上牲, 祭於宗子之家, 祝曰: ‘孝子某, 爲[去聲]介子某, 薦其常事.’”〈050〉

증자가 “만약 어떤 집안에 적장자인 종자는 신분이 사이고, 적장자가 아닌 서자 중에서 대부가 된 자가 있다면, 이러한 경우에 서자는 제사를 모실 수 없으므로 종자가 모실 텐데, 그렇다면 이처럼 신분적 차이가 생길 때에는 제사를 어떻게 지내야 합니까?”라고 묻자 공자는 “사는 신분상 특생의 희생물 밖에 쓸 수 없지만, 서자가 대부가 되었으므로 대부가 사용할 수 있는 상생의 희생물로 종자의 집에서 제사를 지내게 된다. 다만 이러한 경우에는 축관이 축문을 읽으며, ‘종자인 아무개가 대부가 된 서자 아무개를 대신하여[‘爲’자는 거성으로 읽는다.] 정기적인 제사를 올립니다.’라고 말한다.”라고 대답했다.

集說

士特牲, 大夫少牢, 上牲, 少牢也. 庶子旣爲大夫, 當用上牲. 然必往就宗子家而祭者, 以廟在宗子家也. 孝子, 宗子也, 介子, 庶子也. 不曰庶, 而曰介者, 庶子卑賤之稱, 介則副貳之義, 亦貴貴之道也. 薦其常事者, 薦其歲之常事也.

사는 특생(特牲)[1]을 사용하고, 대부는 소뢰를 사용하니, ‘상생(上牲)’은

---

1) 특생(特牲)은 한 종류의 가축을 희생물로 사용한다는 뜻이다. ‘특(特)’자는 동일 종류의 희생물을 한 마리 사용한다는 뜻이며, 특히 소를 사용할 때 사용하는 용어이기도 하다. 『춘추좌씨전』「양공(襄公) 9년」편에는 “祈以幣更, 賓以特牲.”이라는 기록이 있고, 이에 대한 양백준(楊伯峻)의 주에서는 “款待貴賓, 只用一種牲畜. 一牲曰特.”이라고 풀이했다. 그런데 어떠한 가축을 사용했는가에 대해서는 주석들마다 차이가 있다. 『국어(國語)』「초어하(楚語下)」편에는 “大夫擧以特牲,

곧 소뢰를 뜻한다. 서자가 이미 대부의 신분이 되었으므로, 마땅히 상등의 희생물을 사용해야 한다. 그러나 반드시 종자의 집으로 가서 제사를 지내는 이유는 종묘가 종자의 집에 있기 때문이다. '효자(孝子)'는 종자를 뜻하고, '개자(介子)'는 서자를 뜻한다. 그런데 '서(庶)'라고 말하지 않고 '개(介)'라고 부른 이유는 서자는 신분이 낮은 자를 칭하는 용어이고, 개자는 보좌하고 버금간다는 뜻이니, 대부가 된 서자를 개자라고 부르는 이유는 또한 존귀한 자를 존귀하게 대접하는 이치이다. "상사를 천한다."는 말은 매년 지내는 정규적인 제사를 올린다는 뜻이다.

經文

> "若宗子有罪, 居於他國, 庶子爲大夫, 其祭也, 祝曰: '孝子某, 使介子某, 執其常事.' 攝主, 不厭祭, 不旅, 不假, 不綏[虛規反]祭, 不配."〈051〉

계속하여 공자가 말하길, "만약 종자가 죄를 지어 타국에 거처하고, 적장자가 아닌 서자 중에서 대부가 된 자가 있다면, 본래 서자는 제사를 모실 수 없지만, 이러한 경우에는 종자를 대신하여 제주가 된다. 다만 제사를 지낼 때에는 축관이 축문을 읽으며, '종자인 아무개가 개자인 아무개를 시켜서, 정기적인 제사를 주관하게 합니다.'라고 말한다. 그러나 정상적인 제례처럼 지낼 수 없으므로 섭주가 된 서자는 염제(厭祭)[2]를

祀以少牢."라는 기록이 있고, 이에 대한 위소(韋昭)의 주에서는 "特牲, 豕也."라고 풀이했다. 또한 『예기』「교특생(郊特牲)」편에 대한 육덕명(陸德明)의 제해(題解)에서는 "郊者, 祭天之名, 用一牛, 故曰特牲."이라고 풀이했다. 즉 '특생'으로 사용되는 가축은 '시(豕: 돼지)'도 될 수 있으며, 소도 될 수 있다.

2) 염제(厭祭)는 정규 제사를 지내는 절차 중 하나이다. 정규 제사에서 본격적인 의식은 시동을 통해 진행된다. '염제'는 시동을 이용하지 않고, 본식 이전과 이후

지내지 않고, 술잔을 돌리지 않으며, 하(嘏)를 하지 않고, 수제(綏祭)[3]를['綏'자는 '虛(허)'자와 '規(규)'자의 반절음이다.] 지내지 않으며, 배(配)를 하지 않는다."라고 했다.

集說

介子非當主祭者, 故謂之攝主, 其禮略於宗子者有五焉. 若以祭禮先後之次言之, 當云不配, 不綏祭, 不假, 不旅, 不厭祭. 今倒言之者, 舊說, 攝主非正, 故逆陳以見義. 亦或記者之誤歟. 今依次釋之, 不配者, 祭禮初行尸未入之時, 祝告神曰, 孝孫某, 來日丁亥用薦歲事于皇祖伯某, 以某妃配某氏, 如姜氏 · 子氏之類. 今攝主不敢備禮, 但言薦歲事于皇祖伯某, 不言以某妃配也. 不綏祭者, 綏字當從周禮作隋, 減毀之名也. 尸與主人俱有隋祭, 主人減黍稷牢肉而祭之於豆間, 尸則取菹及黍稷肺而祭於豆間, 所謂隋祭也. 今尸自隋祭, 主人是攝主, 故不隋祭也. 不假者, 假字當作嘏, 福慶之辭也. 尸十

에 간략히 지내는 제사를 뜻한다. '염(厭)'자는 신을 흠향시킨다는 뜻이다. '염제'에는 음염(陰厭)과 양염(陽厭)이 있다. '음염'은 시동을 맞이하기 이전에 축관이 술을 따라서 바치고, 그 술잔을 올려서 신을 흠향하게 만드는 것이다. '양염'은 시동이 묘실(廟室)을 빠져 나간 이후에, 시동에게 바쳤던 조(俎)와 돈(敦) 등을 거둬들여서, 서북쪽 모퉁이에 다시 진설을 하는 것이다. 『예기』「증자문(曾子問)」편에는 "攝主, 不厭祭, 不旅, 不假, 不綏祭, 不配."라는 기록이 있는데, 이에 대한 정현의 주에서는 "厭, 飫神也. 厭有陰有陽, 迎尸之前祝酌奠, 奠之且饗, 是陰厭也. 尸謖之後徹薦俎敦, 設於西北隅, 是陽厭也."라고 했다.

3) 수제(綏祭)는 수제(隋祭) · 타제(墮祭)라고도 부른다. 제사의 절차 중 하나이다. 음식을 흠향시키고자 할 때, 우선적으로 서직(黍稷)과 희생물의 고기를 덜어내어, 두(豆) 사이에 두고 음식에 대한 제사를 지내게 되는데, 이것을 '수제'라고 부른다. 『예기』「증자문(曾子問)」편에는 "攝主不厭祭, 不旅不假, 不綏祭, 不配."라는 기록이 있는데, 이에 대한 정현의 주에서는 "綏, 周禮作墮."라고 풀이했고, 공영달(孔穎達)의 소(疏)에서는 "謂欲食之時, 先減黍稷牢肉而祭之於豆間, 故曰綏祭."라고 풀이했다.

一飯訖, 主人酳尸, 尸酢主人畢, 命祝嘏于主人曰, 皇尸命工祝承致多福無疆于女孝孫, 來女孝孫, 使女受祿于天, 宜稼于田, 眉壽萬年, 勿替引之. 主人再拜稽首, 今亦以避正主, 故不嘏也. 不旅, 不旅酬也, 詳見前章. 不厭祭者, 厭是饜飫之義, 謂神之歆享也. 厭有陰有陽, 陰厭者, 迎尸之前, 祝酌奠訖, 爲主人釋辭於神, 勉其歆享. 此時在室奧陰靜之處, 故云陰厭也. 陽厭者, 尸謖之後, 佐食徹尸之薦俎, 設於西北隅, 得戶明白之處, 故曰陽厭. 制禮之意, 不知神之所在, 於彼乎, 於此乎, 皆庶幾其享之而厭飫也. 此言不厭祭, 不爲陽厭也, 以先後之次知之.

개자는 마땅히 제사를 주관할 수 없는 자이다. 그렇기 때문에 이러한 경우에 있어서, 그를 '섭주(攝主)'라고 부르는 것이며, 그 예법 또한 종자가 제사를 지내는 정상적인 예법에 비해서 생략하는 것이 다섯 가지나 된다. 만약 제례의 절차에 따라서 선후의 순서대로 말한다면, 마땅히 "배를 하지 않고, 수제를 지내지 않으며, 하를 하지 않고, 여를 하지 않으며, 염제를 지내지 않는다."고 기록해야 한다. 그런데 이곳에서 거꾸로 기록하고 있는데, 그 이유에 대하여 옛 학설에서는 서자가 섭주가 되어 정식적인 경우가 아니기 때문에, 거꾸로 진술하여 정상적이지 않다는 뜻을 드러낸 것이라고 풀이했다. 또는 그것이 아니라면 기록한 자의 실수일 것이다. 이제 본래의 순서에 의거해서 설명하자면, "배를 하지 않는다."는 말은 제례의 초반부에 시동이 아직 들어오지 않았을 때, 축관은 신에게 고하길, "효손 아무개는 돌아오는 정해일을 기하여, 황조의 맏이이신 아무개께, 해마다 드리는 정규적인 제사를 올리며, 아무개의 배필을 통하여, 아무개 씨를 배향합니다."[4]라고 한다. 이때의 아무개의 배필이라는 말은 강씨(姜氏)니 자씨(子氏)니 하는 부류와 같은 것이다. 이곳 문장에서 설명하고 있는 상황에서는 섭주가 감히 정상적은 제례처럼 제대로 갖출 수 없으므로, 단지 "황조의 맏이인 아무개께 해마다 지

---

4) 『의례』 「소뢰궤식례(少牢饋食禮)」 : 祝祝曰, "孝孫某, 敢用柔毛 · 剛鬣 · 嘉薦 · 普淖, 用薦歲事于皇祖伯某, 以某妃配某氏. 尙饗!"

내는 정규적인 제사를 올린다."고만 말하고, "아무개의 부인을 배향한다."고는 말하지 않는다. "수제를 지내지 않는다."고 하였는데, 여기에서의 '수(綏)'자는 마땅히 『주례』의 기록에 따라 수(隋)자로 기록해야 하며,[5] 이 글자는 덜어낸다는 뜻이다. 시동과 제주는 모두 수제의 의식을 시행하는데, 제주는 기장과 희생물의 고기를 덜어서 제기 사이에 그것들을 두고 제사를 지내며, 시동은 젓갈·기장·폐 등을 가져다가 제기 사이에 그것들을 두고 제사를 지내니, 이것이 이른바 '수제(隋祭)'라고 하는 것이다. 이곳에서는 시동은 제 스스로 수제를 지내게 되지만, 제주의 역할은 섭주가 맡고 있기 때문에, 섭주는 수제를 지내지 않는다. '불가(不假)'라고 했는데, '가(假)'자는 마땅히 하(嘏)자로 기록해야 하며, 이 글자는 축복을 받는다는 뜻이다. 시동이 11번 수저 뜨는 것을 다 끝내면, 제주는 시동에게 입가심하는 술을 따라주고, 시동이 입가심을 한 다음 다시 주인에게 술을 권하는데, 그 일까지 다 끝나면 축관에게 명령하여 제주에게 복을 내려주도록 해서, 축관이 "황시(皇尸)[6]가 나 축관에게 명하여, 효손인 그대에게 많은 복을 영원토록 내리게 하였다. 그대 효손으로 하여금 하늘로부터 녹봉을 받게 하고, 많은 농토를 경작하게 할 것이며, 장수하여 천년만년 향유하도록 할 것이니, 폐망하는 일 없이 잘 이끌어가야 한다."[7]라고 말하게 된다. 그러면 제주는 재배를 하며 머리를 조아리게 된다. 그런데 이곳에서는 서자인 섭주가 제주의 역할을 대신하고 있으므로, 본래의 제주에 대한 말들을 회피해야 한다. 그렇기 때문에 축복을 내려주는 말들을 하지 않는다. "여를 하지 않는다."는 말은 여수를 하지 않는다는 뜻이니, 자세한 내용은 앞장에 나온다. "염제를

---

5) 『주례』「춘관(春官)·수조(守祧)」: 旣祭則藏其隋與其服.

6) 황시(皇尸)는 본래 군주의 시동에게 붙이는 경칭이다. 또한 일반적으로 시동을 높여 부르는 용어로도 사용되었다.

7) 『의례』「소뢰궤식례(少牢饋食禮)」: 卒命祝, 祝受以東, 北面于戶西, 以嘏于主人曰, "皇尸命工祝, 承致多福無疆于女孝孫. 來女孝孫, 使女受祿于天, 宜稼于田, 眉壽萬年, 勿替引之."

지내지 않는다."고 하였는데, '염(厭)'자는 질리도록 실컷 먹는다는 뜻이며, 실컷 먹는다는 말은 신이 흠향하는 것을 의미한다. 염제에는 음염(陰厭)과 양염(陽厭)의 두 종류가 있다. 음염은 시동을 맞이하기 이전에 축관이 술잔을 따라서 바치고, 그 일이 끝나면 제주를 위해서 신에게 축문을 읽으며, 신이 흠향하도록 권하게 된다. 이러한 일들을 시행하는 때, 신들은 묘실의 아랫목인 음하고 고요한 장소에 강림하게 되므로, 이러한 절차를 '음염(陰厭)'이라고 부른다. 양염은 시동이 일어나서 나간 이후에 좌식은 시동에게 바쳤던 도마를 치우고, 서북쪽 모퉁이에 다시 진설하여, 신들이 호의 밝은 빛이 들어오는 장소를 차지하게 한다. 그렇기 때문에 '양염(陽厭)'이라고 부른다. 제례의 의의에 따라 살펴보자면, 신이 위치한 장소를 알 수 없으니, 저기에 있든 아니면 여기에 있든 상관없이, 음염과 양염을 함으로써 그들 모두가 제물들을 흠향하도록 하여 실컷 향유하도록 만드는 것이다. 이곳 문장에서 "염제를 지내지 않는다."고 한 말은 양염만 지내지 않는다는 뜻이니, 그 이유는 선후의 순서로 따져보면 알 수 있게 된다.

經文

"布奠於賓, 賓奠而不擧, 不歸肉, 其辭于賓曰: '宗兄‧宗弟‧宗子, 在他國, 使某辭.'"〈052〉 [舊在"改服而往"之下.]

계속하여 공자가 말하길, "섭주가 빈객들에게 술을 따라주는 예법을 시행하면, 술잔을 받는 예법만 시행하되 술잔을 들지 않고, 섭주는 제사가 끝난 뒤에 빈객들에게 나눠주게 되는 고기를 주지 않으며, 섭주는 빈객들에게 알리기를, '종형‧종제‧종자가 모두 타국에 있어서 아무개인 저로 하여금 인사를 드리게 하였습니다.'라고 말한다."라고 했다. [옛 판본에는 "복장을 바꿔 입고서, 군주의 시신이 있는 곳으로 간다."8)라고 한 문장 뒤에 수록되어 있었다.]

主人酬賓之時, 賓在西廂東面, 主人布此奠爵於賓俎之北, 賓坐取此
爵而奠於俎之南, 不擧之以酬兄弟, 此卽不旅之事. 若宗子主祭, 則
凡助祭之賓, 各歸之以俎肉. 今攝主, 故不歸俎肉於賓也. 非但祭不
備禮, 其將祭之初, 告賓之辭亦異. 曰從兄 · 宗弟 · 宗子, 在他國, 不
得親祭, 故使某執其常事, 使某告也, 故云使某辭. 宗兄 · 宗弟者,
於此攝主爲兄或爲弟也. 若尊卑不等, 或是祖父之列, 或是子孫之
列, 則但謂之宗子矣.

주인이 빈객에게 술을 권할 때 빈객들은 서쪽 벽에 위치하여 동쪽을 향
하게 되니, 주인은 빈객 앞에 놓인 도마의 북쪽에 술잔을 따라서 놓아두
게 되고, 빈객은 앉은 채로 이 술잔을 가져다가 도마의 남쪽에다가 놓아
두게 되는데, 그 술잔을 들어서 주인의 형제들에게 술을 권하지 않으니,
이것이 바로 "술잔을 돌리지 않는다."는 경우이다. 만약 종자가 제사를
주관하게 되면, 제사를 도와주는 빈객들은 각각 도마에 올렸던 희생물
의 고기를 가지고 자신의 집으로 되돌아가게 된다. 지금은 섭주가 대신
하고 있기 때문에, 빈객들에게 도마에 올렸던 고기를 나눠주지 않는다.
이처럼 개자가 섭주가 되었을 경우에는 제사를 지낼 때 단지 정상적인
예법보다 낮추는 것뿐만 아니라, 제사를 지내려고 할 때에도 빈객들에
게 알리는 말 또한 달라진다. 알리는 말에서는 "종형 · 종제 · 종자가 타
국에 있게 되어, 부득이하게 직접 제사를 지낼 수가 없습니다. 그래서
아무개인 저로 하여금 해마다 지내게 되는 정규적인 제사를 집정하게
하였고, 아무개인 저로 하여금 알리게 하였습니다."라고 말한다. 그래서
경문에서 "아무개로 하여금 알리게 하였다."라고 말한 것이다. 종형 · 종
제는 여기에서 말하는 섭주의 형 혹은 동생이 되는 자들이다. 만약 본래
의 제주와 섭주의 신분 등급이 다른 경우라면, 종주가 어떤 경우에는 조

---

8) 『예기』 「증자문」 049장 : 曾子問曰: 父母之喪, 旣引, 及塗, 聞君薨, 如之何. 孔
子曰: 遂, 旣封, 改服而往.

부 항렬이 되고, 또 어떤 경우에는 자손 항렬이 되니, 종형 또는 종제라고 부르지 않고, 단지 종자라고만 부르게 된다.

近按: 自"不厭祭"以下至"不配", 陳氏謂以祭禮先後之次言之, 當云不配, 不綏祭, 不假, 不旅, 不厭祭. 今倒言之者, 舊說攝主非正, 故逆陳以見義, 亦或記者之誤歟. 愚今更定節次, 而此仍其舊者全章之節次雖移, 而舊文不變也. 若就一節之內而改其舊文, 非所敢也, 然此必記者之誤爾. 攝主雖非其正, 亦禮之權而得宜者, 不必逆陳以見其非正也.

내가 살펴보니, "염제를 지내지 않는다."라고 한 구문으로부터 그 이하로 "배향을 하지 않는다."라는 말까지, 진호는 제례의 선후 순서에 따라 말한다면, 마땅히 배향을 하지 않고, 수제를 지내지 않으며, 하를 하지 않고, 여수를 하지 않으며, 염제를 지내지 않는다고 말해야 한다. 그리고 이곳에서 이것을 거꾸로 말한 것에 있어서 옛 학설에서는 섭주는 정식 제주가 아니기 때문에 역순으로 기술하여 그 의미를 드러낸 것이라고 했고, 그것이 아니라면 또한 『예기』를 기록한 자의 잘못이라고 했다. 내가 그 문단의 순서를 다시 바로잡는데, 옛 판본에 있어 전체 장의 순서를 비록 바꾸더라도 옛 기록은 바뀌지 않는다. 만약 한 문단 안에서 옛 기록을 고친다면 이것은 감히 할 바가 아니다. 따라서 이것은 분명 『예기』를 기록한 자의 잘못일 것이다. 섭주가 비록 정식 제주가 아니더라도 또한 예의 권도에 따라 합당하게 한 것이니, 굳이 역순으로 기술하여 정식 제주가 아니라는 사실을 드러낼 필요가 없다.

曾子問曰: "宗子去在他國, 庶子無爵而居者, 可以祭乎?" 孔子
曰: "祭哉." 請問: "其祭, 如之何?" 孔子曰: "望墓而爲壇[檀], 以
時祭. 若宗子死, 告於墓而后, 祭於家. 宗子死, 稱名, 不言孝,
身沒而已. 子游之徒, 有庶子祭者, 以此, 若義也. 今之祭者,
不首其義, 故誣於祭也.〈053〉[舊聯上文.]

증자가 "만약 종자가 국경을 벗어나 다른 나라에 거주하고 있고, 서자가
관직이 없는 미천한 신분인 자이면서 그 나라에 머물러 있는 경우에는
서자가 종자를 대신하여 제사를 지낼 수 있습니까?"라고 묻자 공자는
"제사를 지낼 수 있다."라고 대답했다. 증자가 그 상세한 내용을 청하며
"그렇다면 이러한 경우, 서자가 지내는 제사는 어떻게 지내는 것입니
까?"라고 묻자 공자는 "서자는 묘를 바라볼 수 있는 곳에 제단을['壇'자의
음은 '檀(단)'이다.] 만들고, 계절마다 지내는 제사를 그곳에서 시행한다.
만약 종자가 다른 나라에 거주하고 있다가 이미 죽은 경우라면, 서자는
묘에서 종자가 죽었음을 아뢰고, 그런 이후에 본인의 집에서 제사를 지
내게 된다. 종자가 죽은 경우라면, 서자는 본인의 집에서 제사를 지내
면서 축문에 자신의 이름을 대고, 효자 아무개라고 일컫지 않으니, 이렇
게 축문을 짓는 방식은 서자 본인이 죽을 때까지 그대로 따르며, 서자
가 죽은 이후에는 이러한 방식으로 축문을 짓지 않는다. 자유의 무리들
중에 서자이면서 제사를 지낸 자가 있었는데, 바로 이러한 예법에 따라
서 한 것이니, 성인이 제례를 제정한 뜻에 따른 것이다. 오늘날 서자이
면서 제사를 지내는 자들은 성인이 제례를 제정한 뜻을 먼저 찾아보지
도 않고 있으니, 그러므로 이러한 경우는 제사를 기만하는 것이니라."라
고 대답했다. [옛 판본에는 앞 문장의 뒤에 수록되어 있었다.]

集說

宗子無罪而去國, 則廟主隨行矣. 若有罪去國, 廟雖存, 庶子卑賤無

爵, 不得於廟行祭禮, 但當祭之時, 卽望墓爲壇以祭也. 若宗子死, 則庶子告於墓而后祭於其家, 亦不敢稱孝子某, 但稱子某而已, 又非有爵者稱介子某之比也. 身沒而已者, 庶子身死, 其子則庶子之適子, 祭禰之時可稱孝也. 子游之門人有庶子祭者, 皆用此禮, 是順古義也. 今世俗庶子之祭者, 不能先求古人制禮之義, 而率意行之, 秪見其誣罔而已.

종자가 죄를 짓지 않은 상태에서 다른 나라로 떠나 있다면, 종묘에 있는 신주들은 그를 따라가게 된다. 만약 종자에게 죄가 있어서 다른 나라로 떠나 있는 경우라면, 종묘의 신주들이 종자를 따라가지 않게 된다. 그러나 종묘에 비록 신주들이 봉안되어 있더라도, 서자는 신분이 낮고 관직조차 없으므로, 종묘에서 제례를 시행할 수 없다. 다만 제사를 지내야 할 때가 되면, 곧 묘를 바라볼 수 있는 곳에 제단을 만들고서 제사를 지낸다. 만약 종자가 죽은 경우라면, 서자는 묘에 이 사실을 아뢰고, 그런 이후에 자신의 집에서 제사를 지내지만, 또한 감히 '효자 아무개'라고 일컫지 못하고, 단지 '자식 아무개'라고만 일컫게 될 뿐이며, 또한 이것은 서자 중에서 관직을 가지고 있는 자가 '개자 아무개'라고 일컫는 부류와 견줄 수 있는 것은 아니다. '신몰이이(身沒而已)'는 서자 본인이 죽게 되면, 그의 자식은 서자의 적장자이므로, 녜묘에 제사를 지낼 때 '효자 아무개'라고 지칭할 수 있게 된다. 자유의 문도들 중에 서자이면서 제사를 지낸 자가 있는데, 모두들 이러한 예법에 따라서 하였으니, 이것은 옛 사람들이 제정한 제례의 뜻을 따른 것이다. 오늘날 세속에서 서자들이 제사를 지내는 경우에는 먼저 옛 사람들이 예법을 제정한 뜻을 헤아려 볼 수 없어서, 제 뜻에 따라 제사를 시행하니, 이것은 단지 그 기만됨을 나타낼 따름이다.

淺見

近按: 以此章所言子游之徒觀之, 則諸章昔者以下, 皆非孔子之言, 尤爲明矣. 孔子言禮, 豈引子游之徒以爲證然后言之哉? 且上旣言子游之徒, 而曰今之祭者, 不首其義, 則所謂今, 在子游之徒之後, 是記者自指其時而言, 無疑矣.

내가 살펴보니, 이곳 문장에서 언급한 자유의 문도라고 한 말을 통해 살펴보면, 여러 문장들에서 '석자(昔者)'라고 한 말로부터 그 이하의 기록은 모두 공자의 말이 아니라는 사실이 더욱 분명하게 나타난다. 공자가 예에 대해 언급하며 어찌 자유의 문도에 대한 일화를 인용하여 증거를 삼고서야 설명을 했겠는가? 또 앞에서 이미 자유의 문도라고 말했는데, "오늘날 서자이면서 제사를 지내는 자들은 성인이 제례를 제정한 뜻을 먼저 찾아보지도 않고 있다."고 했으니, 이른바 '금(今)'에 대한 것은 자유의 문도들이 활동했던 시기보다 뒤가 된다. 따라서 이것은 『예기』를 기록한 자가 스스로 자신이 살았던 시대를 가리켜서 말한 것임에 의심할 바가 없다.

經文

孔子曰: "宗子雖七十, 無無主婦, 非宗子, 雖無主婦, 可也."
〈008〉 [舊在"後輕禮也"之下.]

공자가 말하길, "종자는 비록 나이가 70세라 하더라도 주부가 없어서는
안 되니, 다시 재취를 해야 하며, 종자가 아니라면 비록 주부가 없더라
도 괜찮다."라고 했다. [옛 판본에는 "어머니나 할머니 쪽을 뒤에 지내는 것이
예법이다."1)라고 한 문장 뒤에 수록되어 있었다.]

集說

宗子領宗男於外, 宗婦領宗女於內, 禮不可缺, 故雖七十之年, 猶必
再娶. 然此謂大宗之無子或子幼者, 若有子有婦可傳繼者, 則七十
可不娶矣.

종자는 사회에서 종가의 남자들을 통솔하며, 종부는 집안에서 종가의
여자들을 통솔하니, 예법상 이들이 없어서는 안 된다. 그렇기 때문에 종
자가 비록 70세의 나이라 하더라도, 오히려 반드시 재취를 해야만 한다.
그러나 이것은 대종에게 장성한 아들이 없거나 또는 가계를 전수받아야
할 아들이 너무 어린 경우에만 해당하니, 만약 아들이 있고 그 아들에게
부인이 있어서, 가계를 전수할 수 있는 경우라면, 종자가 70세의 나이에
부인이 없더라도 재취를 하지 않을 수 있다.

淺見

近按: 此因前章言宗子之事, 而類付之也.

---

1) 『예기』「증자문」007장 : 曾子問曰: 並有喪, 如之何. 何先何後. 孔子曰: 葬, 先
輕而後重, 其奠也, 先重而後輕, 禮也. 自啓及葬, 不奠, 行葬, 不哀次, 反葬,
奠而後, 辭於殯, 遂修葬事. 其虞也, 先重而後輕, 禮也.

내가 살펴보니, 이것은 앞에서 종자의 사안을 언급한 것에 따라 비슷한 부류를 여기에 덧붙인 것이다.

曾子問曰: "祭必有尸乎? 若厭祭亦可乎?" 孔子曰: "祭成喪者,
必有尸, 尸必以孫, 孫幼, 則使人抱之, 無孫, 則取於同姓, 可
也. 祭殤, 必厭, 蓋弗成也. 祭成喪而無尸, 是殤之也."〈054〉

증자가 "제사를 지낼 때에는 반드시 시동을 두어야 하는 것입니까? 염
제를 지내는 것처럼, 시동을 두지 않은 것 또한 괜찮은 것입니까?"라고
묻자 공자는 "성인(成人)이 된 이후에 죽은 자에 대해서 제사를 지낼 경
우에는 반드시 시동을 두어야 하며, 시동은 반드시 죽은 자의 손자로
해야 하고, 만약 손자가 너무 어린 경우라면, 다른 사람을 시켜서 시동
을 안고 있게 하며, 만약 손자가 없는 경우라면, 동성인 자들 중에서 손
자 항렬의 사람을 데려다가 시동으로 세우는 것도 괜찮다. 요절한 자를
제사지낼 때에는 반드시 염제로 지내게 되는데, 이렇게 하는 이유는 성
인이 되지 못했기 때문이다. 성인이 된 이후 죽은 자를 제사지낼 때,
시동을 세우지 않는 것은 죽은 자를 요절한 자처럼 대하는 것이다."라
고 대답했다.

集說

曾子之意, 疑立尸而祭, 無益死者, 故問祭時必合有尸乎? 若厭祭亦
可乎? 蓋祭初陰厭, 尸猶未入, 祭終而陽厭, 在尸既起之後, 是厭祭
無尸也. 孔子言成人威儀具備, 必有尸以象神之威儀, 所以祭成人
之喪者, 必有尸也. 尸必以孫, 以昭穆之位同也. 取於同姓, 亦謂孫
之等例也. 祭殤者不立尸而厭祭, 以其年幼少, 未能有成人之威儀,
不足可象, 故不立尸也. 若祭成人而無尸, 是以殤待之矣.

증자의 질문 의도는 시동을 세워서 제사지내는 일은 죽은 자에게 무익
한 일이라는 의문이 들었기 때문에, 제사를 지낼 때 반드시 시동을 세워
야만 합당한 것인지, 아니면 염제처럼 시동을 세우지 않고 제사를 지내
도 괜찮은 것인지를 물어본 것이다. 무릇 제사를 지내는 초반부에는 음

염(陰厭)[1]을 지내게 되는데, 이때는 시동이 아직 묘실로 들어오기 이전에 해당한다. 그리고 제사의 막바지에는 양염(陽厭)[2]을 지내게 되는데, 이때는 시동이 자리에서 일어나 묘실을 나간 이후가 된다. 따라서 염제에는 모두 시동이 없게 된다. 공자가 대답하길, 성인에 대해서는 예법에 맞는 의식 절차들을 모두 갖추어야 하니, 반드시 시동을 두어서 이를 통해 신에 대한 위엄과 의식절차들을 형상화하니, 이것이 바로 성인이 된 이후에 죽은 자에 대해 제사를 지낼 때 반드시 시동을 두게 되는 까닭이다. 시동을 반드시 손자로 하는 이유는 죽은 자와 손자의 소목 위치가 같기 때문이다. "동성에서 뽑는다."고 하였는데, 이 말은 또한 손자와 같은 항렬에서 데려온다는 뜻이다. 요절한 자에 대해 제사를 지내는 경우에는 시동을 세우지 않고 염제를 지내게 되는데, 그것은 죽은 자의 나이가 어려서 성인에 대한 의식 절차들을 갖출 수 없고, 시동을 통하여 죽은 자를 형상화하기에 부족하기 때문에, 시동을 세우지 않는 것이다. 만약 성인에 대한 제사를 지내면서 시동을 세우지 않는다면, 이것은 요절한 자처럼 그를 대하는 것이다.

---

1) 음염(陰厭)은 본래 염제(厭祭)의 절차 중 하나이다. '염제'는 정규 제사를 진행하는 절차인데, 정규 제사의 본격적인 의식은 시동을 통해 진행된다. '염제'는 시동을 이용하지 않고, 본식 이전과 이후에 간략히 지내는 제사를 뜻한다. '염(厭)'자는 신을 흠향시킨다는 뜻이다. '염제'에는 '음염'과 양염(陽厭)이 있다. '음염'은 시동을 맞이하기 이전에 축관이 술을 따라서 바치고, 그 술잔을 올려서 신을 흠향하게 만드는 것이다. 또한 적장자가 아직 성년이 되지 않은 상태에서 죽었을 때, 그에 대한 제사는 종묘(宗廟)의 그윽하고 음(陰)한 장소에서 간략하게 치르게 되는데, 이것을 '음염'이라고 부른다.
2) 양염(陽厭)은 염제(厭祭)의 절차 중 하나이다. '염제'에는 음염(陰厭)과 '양염'이 있다. '양염'은 시동이 묘실(廟室)을 빠져 나간 이후에, 시동에게 바쳤던 조(俎)와 돈(敦) 등을 거둬들여서, 서북쪽 모퉁이에 다시 진설하는 것이다.

孔子曰: "有陰厭, 有陽厭." 曾子問曰: "殤不祔[備]祭, 何謂陰
厭·陽厭?" 孔子曰: "宗子爲殤而死, 庶子弗爲後也. 其吉祭,
特牲, 祭殤, 不擧, 無肵[祈]俎, 無玄酒, 不告利成, 是謂陰
厭." 〈055〉

공자가 다시 말하길, "염제에는 음염과 양염 두 종류가 있다."라고 했
다. 증자가 "요절한 자에 대해서는 부제도['祔'자의 음은 '備(비)'이다.] 지내
지 않는데, 어찌하여 음염과 양염이 있다고 말할 수 있습니까?"라고 묻
자 공자는 "종자가 어린 나이에 죽게 된다면, 서자는 후계자가 될 수 없
다. 어린 나이에 요절한 종자에 대한 길제에서는 특생을 사용하여, 요
절한 자에 대한 제사를 지내지만, 희생물의 폐나 등골뼈 등을 시동에게
주지 않고, 시동에게 바치는 기조(肵俎)[3]가['肵'자의 음은 '祈(기)'이다.] 없
으며, 현주가 없고, 축관이 제주에게 봉양하는 예가 다 이루어졌다고 고
하지도 않으니, 이것을 '음염(陰厭)'이라고 부른다."라고 대답했다.

集說

孔子言祭殤之禮, 有厭於幽陰者, 有厭於陽明者. 蓋適殤則陰厭於
祭之始, 庶殤則陽厭於祭之終, 非兼之也. 曾子不悟其指, 乃問云祭
殤之禮, 略而不備, 何以始末一祭之間有此兩厭也? 孔子言雖是宗
子, 死在殤之年, 無爲人父之道, 庶子不得代爲之後, 其族人中有與

---

3) 기조(肵俎)는 제사 때 사용하는 '도마[俎]'로, 시동을 공경하는 뜻에서 설치하였다.
'기조'의 '기(肵)'자는 공경한다는 뜻이다. 본래 이 도마는 희생물의 심장과 혀를
올려두는 용도로 사용되었다. 『의례』「소뢰궤식례(少牢饋食禮)」편에는 "佐食升
肵俎, 鼎之, 設于阼階西."라는 기록이 있고, 이에 대한 정현의 주에서는 "肵,
謂心·舌之俎也. 郊特牲曰, '肵之爲言敬也.' 言主人之所以敬尸之俎."라고 풀
이했다.

之爲兄弟者代之, 而主其祭之之禮. 其卒哭成事以後爲吉祭, 祭殤本用特豚, 今亦從成人之禮用特牲者, 以其爲宗子故也. 祭有尸, 則佐食舉肺脊以授尸, 祭而食之. 今無尸, 故不舉肺脊也. 凡尸食之餘歸之肵俎. 肵, 敬也. 主人敬尸而設此俎, 今無肵俎, 以無尸故也. 玄酒, 水也. 太古無酒之時, 以水行禮, 後王祭則設之, 重古道也. 今祭殤禮略, 故無玄酒也. 不告利成者, 利, 猶養也, 謂共養之禮已成也. 常祭, 主人事尸禮畢, 出立戶外, 則祝東面告利成, 遂導尸以出, 今亦以無尸廢此禮. 是謂陰厭云者, 以其在祖廟之奧陰暗之處, 厭之也.

공자가 말하길, 요절한 자에 대해 제사를 지내는 예법에는 두 종류가 있으니, 그윽하고 음한 장소에서 지내는 염제가 있고, 양하고 밝은 장소에서 지내는 염제가 있다. 무릇 적장자가 요절한 경우라면, 제사를 지내는 초반부에 음염을 지내고, 서자가 요절한 경우라면, 제사의 말미에 양염을 지내니, 두 가지를 한꺼번에 지낸다는 말이 아니다. 증자는 그 요지를 깨닫지 못하고, 마침내 재차 묻기를, 요절한 자에 대한 제례는 간소화하여 예법을 다 갖추지 않는데, 어찌하여 제사 초반부와 말미에 각각 염제를 지내서, 한 제사 속에 이러한 두 가지의 염제가 있을 수 있느냐고 물어본 것이다. 공자가 대답하길, 비록 종자라 하더라도, 죽었을 때가 요절에 해당하는 나이라면, 자식을 낳지 못하였으니 아비로서의 도리를 시행함이 없으며, 서자는 대신하여 그의 후계자가 될 수 없으니, 종자의 족인 중에서 그와 형제 항렬이 되는 자가 있다면 그가 대신하게 되어 종자에 대한 제사에서 그 예법을 주관하게 된다. 죽은 종자에 대해 졸곡을 하여 일을 완수한 이후라면, 그에 대한 제사는 길제가 된다. 그런데 본래 요절한 자에 대한 제사에서는 한 마리의 돼지를 희생물로 사용하는 것이지만, 지금 이 문장에서는 또한 성인에 대한 예법에 따라서 한 마리의 소를 사용한다고 하였다. 그 이유는 요절한 자가 종자이기 때문이다. 제사를 지낼 때 시동을 두게 되면, 좌식은 희생물의 폐와 등뼈를 집어서 시동에게 바치고, 그것으로 제사를 지내고서 먹게 된다. 그런데 지금 이곳 문장에서 언급하는 상황은 시동이 없기 때문에, 폐나 등뼈를 집지 않는 것이다. 일반적인 제사에서는 시동이 그 음식들을 맛보고 남은 것들은 기조에 올려두게 된다. '기(胏)'자는 공경한다는 뜻이다. 제주가 시동을 공경하여 이러한 도마를 설치하는 것인데, 지금 이곳 문장에서 "근조가 없다."고 한 이유는 시동을 두지 않기 때문이다. '현주(玄酒)'는 물이다. 먼 옛날 술이 없었던 시기에는 물로 제례를 시행하였는데, 후세의 제왕들이 제사를 지내면서 당시에는 술이 있었음에도 현주를 함께 진설하였다. 그 이유는 고대의 법도를 존숭했기 때문이다. 지금 이 문장에서 설명하는 상황은 요절한 자에 대한 제사이므로 예법을 간소하게 치른다. 그렇기 때문에 현주를 두지 않는다. "이성(利成)을 고하지 않는다."고 하였는데, 여기에서 말하는 '이(利)'자는 봉양한다는 뜻과 같으니, '이성(利成)'이라는 말은 "공양하는 예법이 이미 다 이루어졌다."는 뜻이다. 일상적인 제례에서는 제주가 시동을 섬기는 예가 다 끝나게 되어, 밖으로 나가 호 밖에 서 있게 되면, 축관이 동쪽을 바라보며, 이성(利成)이라고 고하고, 마침내 시동을 인도하여 밖으로 나서게 된다. 그런데 지금 이곳에서 설명하는 상황에서는 또한 시동이 없으므로 이러한 예법을 폐지하는 것이다. "이것을 음염이라고 부른다."고 말한 이유는 이러한 제사 의식은 조묘의 아랫목인 음하고 어두운 곳에서 시행하여, 요절한 자를 흠향시키기 때문이다.

經文

"凡殤與無後者, 祭於宗子之家, 當室之白, 尊于東房, 是謂陽厭."〈056〉 [舊在"誣於祭也"之下.]

계속하여 공자가 말하길, "종자를 제외한 나머지 요절한 자들과 후손이 없이 죽은 자들에 대해서는 종자의 집에서 제사를 지내되, 묘실의 밝은 곳에 해당하는 장소에서 지내며, 동쪽 방에 술잔을 진설하니, 이것을 '양염(陽厭)'이라고 부른다."라고 했다. [옛 판본에는 "제사를 기만하는 것이다."4)라고 한 문장 뒤에 수록되어 있었다.]

凡殤, 非宗子之殤也. 無後者, 謂庶子之無子孫者也. 此二者若是宗
子大功內親, 則於宗子家祖廟祭之, 必當室中西北隅, 得戶之明白
處, 其尊則設于東房, 是謂陽厭也.

'범상(凡殤)'은 종자가 아닌 자들 중에서 요절한 자를 뜻한다. 후손이 없
는 자는 서자 중에서 자손이 없이 죽은 자들을 뜻한다. 이 두 가지 경우
에 해당하는 자들이 만약 종자가 대공복을 입어야 하는 친속관계에 있
는 동성의 친척이라면, 종자의 집에 있는 조묘에서 그들에게 제사를 지
내게 된다. 이러한 경우에는 반드시 묘실 안의 서북쪽 모퉁이에 해당하
는 곳에서 시행하여, 호에서 들어오는 밝은 빛을 받을 수 있는 장소로
정하고, 술동이 등을 차려내는 경우에는 동쪽 방에 진설을 하니, 이것을
'양염(陽厭)'이라고 부른다.

經文

曾子問曰: "下殤, 土周, 葬于園, 遂輿機而往, 塗邇故也, 今墓
遠, 則其葬也, 如之何?"〈059〉

증자가 "요절한 자 중에서 하상한 자에 대해서는 토주의 방식을 따라서
가까운 동산에서 장례를 치렀으니, 결국에 기에 시신을 실어서 들어 올
린 다음 장지로 가게 되는 것은 거리가 가깝기 때문일 것입니다. 그런
데 오늘날에는 묘에 매장하는 것이 일반적인데, 묘와의 거리가 멀다면

---

4) 『예기』「증자문」 053장 : 曾子問曰: 宗子去在他國, 庶子無爵而居者, 可以祭乎.
孔子曰: 祭哉. 請問, 其祭, 如之何. 孔子曰: 望墓而爲壇, 以時祭. 若宗子死,
告於墓而後, 祭於家. 宗子死, 稱名, 不言孝, 身沒而已. 子游之徒, 有庶子祭
者, 以此, 若義也. 今之祭者, 不首其義, 故誣於祭也.

그에 대한 장례를 어떻게 해야 합니까?"라고 물었다.

集說

八歲至十一爲下殤. 土周, 聖周, 出說見檀弓. 成人則葬於墓, 此葬
于園圃之中. 輿, 猶抗也. 機者, 輿尸之具, 木爲之, 狀如床而無脚,
以繩橫直維繫之, 抗擧而往聖周之所, 棺斂而葬之, 塗近故也. 曾子
言今世禮變, 皆棺斂下殤於家而葬之於墓, 則塗遠矣, 其葬也, 如之
何. 問旣不用輿機, 則當用人擧棺以往乎, 爲當用事載棺而往乎, 然
此謂大夫之下殤, 及士庶人之中下殤耳. 若大夫之適長殤中殤有遣
車者, 亦不輿機而葬也.

8세부터 11세 사이에 죽은 자를 '하상(下殤)'이라고 한다. '토주(土周)'[5]
는 즐주(聖周)이니, 설명은 『예기』「단궁(檀弓)」편에 나온다. 성인이 된
이후 죽은 자에 대해서는 묘에서 장례를 치르는데, 하상인 경우에는 동
산 안에서 장례를 치른다. '여(輿)'자는 들어 올린다는 뜻이다. '기(機)'라
는 것은 시신을 들어 올리는 도구이니, 나무로 그것을 만들었다. 모양은
침상과 비슷하지만 기둥 다리가 없고, 새끼줄을 이용하여 가로 세로로
매어 묶고, 시신을 들어 올려서 즐주하는 장소로 간다. 그곳에 도착하면
관에 시신을 넣어서 장례를 치르니, 이렇게 할 수 있는 이유는 동산과의
거리가 가깝기 때문이다. 증자가 질문하길, 오늘날에는 예법이 변화하
여 모두들 그들의 집안에서 하상한 자의 시신을 관에 넣고 묘에서 장례
를 치르게 되었다. 그 이유는 장지까지의 거리가 멀기 때문인데, 그렇다
면 장례를 치를 때 어찌해야 하느냐고 물어본 것이다. 이 말은 곧 이미
현실에서는 기를 이용해 시신을 들어 올리는 방법을 사용하지 않고 있
으니, 마땅히 사람을 써서 관을 들고서 가야 하는 것이 아니냐고 물어본
것이며, 또한 그것이 아니라면 마땅히 수레를 이용하여 관을 싣고서 가

---

5) 토주(土周)는 직주(聖周)·즐주(聖周)라고도 부른다. 흙을 구워 벽돌을 만든 다
음, 관을 넣을 네 면을 벽돌로 쌓아서 장례(葬禮)를 치르는 것이다.

야 하는 것이 아니냐고 물어본 것이다. 그러나 이렇게 하는 것은 대부 중에서 하상한 자이거나 사나 서인들 중에서 중상이나 하상한 자의 경우에 해당할 따름이다. 만약 대부의 적장자가 중상을 하게 된다면 견거 라는 것이 있게 되니, 또한 기를 이용해 시신을 들어 올리는 방법을 사용하지 않고도 장례를 치르게 된다.

經文

孔子曰: "吾聞諸老聃曰: '昔者, 史佚, 有子而死, 下殤也. 墓遠, 召公謂之曰: 何以不棺[去聲, 下衣棺同.]斂於宮中. 史佚曰: 吾敢乎哉! 召公言於周公, 周公曰: 豈不可? 史佚行之.' 下殤用棺衣棺, 自史佚始也.'"〈060〉 [舊在"此之謂也"之下.]

공자는 "나는 이 문제와 관련하여 이전에 노담이 해준 말을 들은 적이 있었다. 그가 말하길, '옛적에 사일이라는 신하에게 아들이 있었으나 일찍 죽었는데, 요절한 경우에서도 하상에 해당하였다. 그런데 묘가 멀리 떨어져 있어서, 곤란해 하고 있었다. 소공이 그에게 말하길, 어찌하여 궁중에서 아들의 시신을 관에 넣지['棺'자는 거성으로 읽는다. 뒤에 나오는 '衣棺'에서의 '棺'자도 그 음이 이와 같다.] 않는가라고 하였다. 그러자 사일이 말하기를, 옛날의 법도가 정해져 있는데, 제가 어찌 감히 그것을 어기고, 아들의 시신을 관에 넣을 수가 있겠냐고 하였다. 소공이 이 문제를 주공에게 물어보았는데, 주공이 말하길, 어찌 하지 못하겠냐고 하였다. 소공이 사일에게 주공의 대답을 들려주자 사일이 그 말대로 시행하였다.' 라고 했다. 그러므로 하상한 자에 대해서, 관과 시신을 감싸는 의복 등을 사용하여, 관에 안치했던 일은 사일로부터 시작된 것이다."라고 대답했다. [옛 판본에는 "이것을 가리켜서 하는 말이다."6)라고 한 문장 뒤에 수록되어 있었다.]

史佚, 周初良史也. 墓遠, 不葬於園也. 言於周公, 言, 猶問也. 周公
曰豈不可者, 謂何爲不可也. 召公述周公之言告佚, 佚於是用棺衣
而棺斂於宮中, 是此禮之變, 始於史佚也. 舊註以豈爲句者, 非.

'사일(史佚)'은 주나라 초기에 생존했던 어진 사관이다. "묘가 멀리 있
다."는 말은 가까운 동산에서 장례를 지내지 않았다는 뜻이다. '언어주
공(言於周公)'이라는 말에서 '언(言)'자는 물어본다는 뜻이다. '주공왈기
불가(周公曰豈不可)'라는 말에서, "기불가(豈不可)"는 "어찌하여 할 수
없겠느냐?"라는 뜻이다. 소공이 주공이 했던 말을 조술하여 사일에게 알
려주자 사일은 그제야 관과 의복 등을 사용하여, 궁중에서 아들의 시신
을 관에 안치하였으니, 이것이 바로 "이러한 예법의 변화가 사일에게서
시작되었다."는 뜻이다. 옛 주석에서는 '기(豈)'자에서 구문을 끊어서,
'기불가(豈不可)'를 "무슨 말인가? 불가하다."라고 풀이했는데, 이것은
잘못된 해석이다.

近按: 此因前章祭殤之言, 而類付之也.

내가 살펴보니, 이것은 앞 문장에서 요절한 자의 제례를 언급한 것에 따
라 비슷한 부류를 여기에 덧붙인 것이다.

---

6) 『예기』 「증자문」 058장 : 曾子問曰: 爲君使而卒於舍, 禮曰, 公館復, 私館不復,
凡所使之國, 有司所授舍, 則公館已, 何謂私館, 不復也. 孔子曰: 善乎, 問之
也. 自卿大夫士之家曰私館, 公館與公所爲曰公館, 公館復, 此之謂也.

제 4 절

經文

曾子問曰: "將冠[去聲]子, 冠者至, 揖讓而入, 聞齊衰・大功之喪, 如之何?" 孔子曰: "內喪則廢, 外喪則冠而不醴, 徹饌而埽[去聲], 卽位而哭. 如冠者未至, 則廢."〈009〉

증자가 "아들에게 관례를 치러주려고[冠'자는 거성으로 읽는다.] 하여, 빈객들과 관례를 도와줄 자들이 도착해서, 서로 인사를 나누고서 집안으로 들어왔는데, 자최복과 대공복을 입어야 하는 상의 소식을 듣게 된다면, 어찌해야 합니까?"라고 묻자 공자는 "묘(廟)에서 지내야 하는 상이라면 관례를 그만두고, 다른 곳에서 지내야 할 상이라면 관례를 시행하되, 성인이 된 아들에게 본래 따라주어야 하는 술은 주지 않으며, 차려낸 음식들을 거두고 깨끗하게 정리하고[埽'자는 거성으로 읽는다.] 나면, 곡하는 자리로 나아가 곡을 한다. 만일 빈객들과 관례를 도와줄 자들이 아직 도착하지 않은 상태라면 관례를 그만둔다."라고 대답했다.

集說

冠者, 賓與贊禮之人也. 此人已及門, 而與主人揖讓以入矣, 主人忽聞齊衰大功之喪, 何以處之? 夫子言若是大門內之喪, 則廢而不行, 以冠禮行之於廟, 廟在大門之內, 吉凶不可同處也. 若是大門外之喪, 喪在他處, 可以加冠. 但冠禮三加之後, 設醴以禮新冠之人, 今值凶事, 止三加而止, 不醴之也. 初欲迎賓之時, 醴及饌具皆陳設, 今悉徹去, 又埽除冠之舊位, 使淨潔更新, 乃卽位而哭. 如賓與贊者未至, 則廢也.

'관자(冠者)'는 빈객들과 관례를 도와줄 사람들이다. 이러한 사람들이 이미 문에 이르러서 주인과 함께 인사를 나누고서 집으로 들어오게 되었는데, 주인이 갑작스럽게 자최복과 대공복을 입어야 하는 상의 소식을 듣게 되면 어떻게 대처하는가? 공자가 말하길, 만약 상이 집안에서 지내야 할 상이라면, 관례를 그만두고 시행하지 않는다. 그 이유는 관례는 본래 묘에서 시행하는데, 묘는 대문 안쪽에 위치하여, 길한 일에 해당하는 관례와 흉한 일에 해당하는 상례를 같은 곳에서 시행할 수 없기 때문이다. 만약 상이 집밖에서 발생한 상이라면, 상을 치르는 장소는 다른 곳에 해당하므로, 관례를 시행해도 괜찮다. 다만 정상적인 예법에 따르면, 관례의 삼가(三加)[1]를 시행한 이후에 단술을 차려서 새롭게 관례를 치른 사람을 예우해주는데, 이곳에서 말하고 있는 상황은 흉사를 접하게 되어, 단지 삼가만 시행하고 그치니, 단술을 아들에게 따라주지 않는다. 애초에 빈객들을 대접하기 위해서 단술 및 음식물들을 갖추고, 그것들을 모두 진설해둔 상태였는데, 이러한 경우라면 그것들을 모두 치워버리고, 또한 관례를 시행한 장소를 청소하여 청결하게 만들고, 다시금 그 장소를 새롭게 하며 그런 뒤에는 곡하는 자리로 나가서 곡을 한다. 만일 빈객과 관례를 도와줄 자들이 아직 당도하지 않은 상태라면 관례를 그만둔다.

經文

"如將冠子, 而未及期日, 而齊衰·大功·小功之喪, 則因喪服而冠." "除喪, 不改冠乎?" 孔子曰: "天子賜諸侯·大夫冕弁服於大廟, 歸設奠, 服賜服, 於斯乎, 有冠醮, 無冠醴. 父沒而冠, 則已冠, 埽地而祭於禰, 已祭而見[形甸反]伯父·叔父, 而后饗冠者."〈010〉[舊在"無主婦可也"之下.]

----

1) 삼가(三加)는 세 개의 관(冠)을 준다는 뜻이다. 관례(冠禮)를 시행할 때, 처음에 치포관(緇布冠)을 주고, 그 다음에 피변(皮弁)을 주며, 마지막으로 작변(爵弁)을 주기 때문에, '삼가'라고 부른다.

공자가 계속하여 말하길, "만일 자식에게 관례를 시행하려고 하는데, 관례를 시행하려고 계획했던 날짜가 아직 되지도 않아서, 자최복·대공복·소공을 입어야 할 상이 생기면, 상복을 입어야 하기 때문에 관례를 치러야 할 자는 상복에 착용하는 관을 대신 쓴다."라고 했다. 증자가 "상례를 끝내고 나면, 상중에 쓰고 있던 관을 벗고서 다시 관례를 시행합니까?"라고 묻자 공자는 "천자가 제후 및 대부들에게 태묘에서 면복(冕服)과 변복(弁服)을 하사하면, 제후 및 대부들은 자신의 영지로 되돌아와서 묘(廟)에 전제사를 올리고, 하사 받은 복장을 입게 되니, 이때에는 관초(冠醮)만 있고, 관례(冠醴)는 없다. 예법이 이러한데, 어찌 제상을 했다고 해서 관을 고쳐 쓰는 예를 시행하겠는가? 그리고 부친이 죽은 이후에 관례를 치르게 되면, 관례를 끝내고서 그곳을 청결하게 청소하여 부친에게 제사를 지내고, 제사를 끝내고서 백부나 숙부 등을 찾아뵙고['見'자는 '形(형)'자와 '甸(전)'자의 반절음이다.] 그 이후에는 관례 때문에 찾아온 빈객들과 관례를 돕기 위해 찾아온 자들에게 향연을 베푼다."라고 대답했다. [옛 판본에는 "주부가 없더라도 괜찮다."[2]라고 한 문장 뒤에 수록되어 있었다.]

集說

未及期日, 在期日之前也. 因喪服而冠者, 因著喪之成服, 而加喪冠也. 此是孔子之言. 曾子又問他日除喪之后, 不更改易而行吉冠之禮乎? 孔子答云, 諸侯及大夫有幼弱未冠, 總角從事至當冠之年, 因朝天子. 天子於大廟中賜冕服弁服, 其受賜者榮君之命, 歸卽設奠告廟, 服所賜之服矣. 於此之時, 惟有冠之醮, 無冠之醴. 醮是以酒爲燕飮, 醴則獨禮受服之人也. 其禮如此, 安得有除喪改冠之禮乎? 父沒而冠, 謂除喪之后, 以吉禮禮冠者, 蓋齊衰以下, 可因喪服而冠,

---

2) 『예기』「증자문」008장 : 孔子曰: 宗子, 雖七十, 無無主婦, 非宗子, 雖無主婦, 可也.

斬衰不可.

"기일에 아직 미치지 못했다."는 말은 관례를 치르기로 계획했던 날짜보다 이전이라는 뜻이다. 상복을 입기 때문에 관례를 치러야 할 자들은 상중에 성복을 하는 법도에 연유해서, 상례 때 착용하는 관을 대신 쓰게 된다. 여기까지가 공자의 말이다. 공자의 대답을 듣고 난 뒤에 증자는 또한 상을 끝내고 난 이후 다른 날을 잡아서 다시금 관을 바꿔 쓰고 정상적인 관례인 길관의 예법을 시행하는지를 물어본 것이다. 공자가 대답해주길, 제후 및 대부들 중에 아직 나이가 어려서 관례를 치르지 않은 자가 있다면, 머리를 양 갈래로 묶고서 일에 종사하게 되는데, 관례를 치러야 할 나이가 되면 이것을 계기로 천자를 찾아뵙게 된다. 천자는 태묘 안에서 면복과 변복을 그들에게 하사해주니, 그 하사품을 받은 자들은 군주의 명령을 영광으로 여겨서, 되돌아와서는 곧바로 전제사를 올리며, 묘에 이러한 사실을 고하고, 하사받은 복장을 입게 된다. 이러한 때에는 오직 관례에서 초(醮)만 있고 관례 중의 예(醴)는 없게 된다. 초(醮)는 술로 향연을 베푸는 절차이며, 예(醴)는 유독 복식을 하사받은 사람에게만 단술을 따라주어 예우하는 절차이다. 그 예법이 이와 같은데, 어떻게 제상을 한 뒤에 관을 고쳐 쓰는 예법이 있을 수 있겠는가? "부친이 죽은 이후에 관례를 한다."는 말은 제상한 이후에 길례에 따라서 관자들을 예우한다는 뜻이니, 아마도 자최복 이하의 복장을 착용하는 자들을 가리키는 것이며, 이러한 자들은 상복을 착용해야 하는 일에 연유해서, 상복에 따른 관을 대신 써서 관례를 대체할 수 있지만, 참최복을 입는 자들은 할 수 없다.

疏曰: 吉冠是吉時成人之服, 喪冠是喪時成人之服. 謂之醮者, 酌而無酬酢曰醮. 醴重而醮輕者, 醴是古之酒, 故爲重. 醮之所以異於醴者, 三加之后, 摠一醴之, 醮則每一加而行一醮也.

소에서 말하길, '길관(吉冠)'은 길한 시기에 성인이 입는 복장이며, '상관(喪冠)'은 상중에 성인이 입는 복장이다. '초(醮)'라고 했는데 술을 따르되 서로 술을 권하는 일이 없는 것을 초라고 한다. 예(醴)는 귀중한 것이고, 초(醮)는 비교적 덜 귀중한 것인데, 예는 고대로부터 전해 내려온 술이므로 귀중한 것이 된다. 초가 예를 사용하는 절차와 다른 점은 예는 삼가를 행한 이후 총괄적으로 한 번 단술을 따라주는데 초의 경우에는 매번 하나의 관을 더해줄 때마다 한 차례 초를 시행한다.

淺見

近按: 此因上諸章言祭禮, 而又問冠婚之禮也.

내가 살펴보니, 이것은 앞의 여러 문장에서 제례를 언급한 것에 따라서 재차 관례와 혼례에 대해서도 질문한 것이다.

曾子問曰: "昏禮, 旣納幣, 有吉日, 女之父母死, 則如之何?" 孔
子曰: "壻使人弔, 如壻之父母死, 則女之家亦使人弔. 父喪, 稱
父, 母喪, 稱母. 父母不在, 則稱伯父·世母. 壻已葬, 壻之伯
父致命女氏曰: '某之子, 有父母之喪, 不得嗣爲兄弟, 使某致
命.' 女氏許諾, 而弗敢嫁, 禮也. 壻免喪, 女之父母, 使人請,
壻弗取[上聲], 而后嫁之, 禮也." 〈016〉

증자가 "혼례를 치를 때, 이미 신부 집안에 폐물을 보냈고, 혼인할 날짜
도 정해져 있는데, 신부의 부모가 죽게 된다면 어찌해야 합니까?"라고
묻자 공자는 "사위될 사람의 집에서는 사람을 시켜서 조문을 하고, 만약
사위될 사람의 부모가 죽게 된다면, 신부 집안에서도 또한 사람을 시켜
서 조문을 한다. 상대측 부친의 상에서는 본인의 부친 이름으로 조문을
하고, 상대측 모친의 상에서는 본인의 모친 이름으로 조문을 한다. 부
모가 이미 죽었거나 다른 곳에 있는 경우에는 백부나 백모의 이름으로
조문을 한다. 사위될 사람이 부모에 대한 장례를 마치게 되면, 사위 집
안의 백부가 신부 집안에 사양하는 말을 전달하며, '아무개의 아들이 부
모의 상중에 있어서, 부부가 되는 인연을 계속 진행할 수가 없으므로,
아무개를 시켜서 사양하는 말을 전달합니다.'라고 한다. 그러면 신부 집
안에서는 허락을 하되, 딸을 감히 다른 곳으로 시집보내지 않는 것이
올바른 예법이다. 사위될 사람이 상을 다 끝내고 나면, 신부의 부모는
사람을 시켜서 다시 혼례를 진행하자고 청하는데, 그런데도 사위 집안
에서 받아들이지['取'자는 상성으로 읽는다.] 않으면, 그 이후에야 딸을 다른
집에 시집보내는 것이 올바른 예법이다."라고 대답했다.

集說

有吉日者, 期日已定也. 彼是父喪, 則此稱父之名弔之, 彼是母喪,
則此稱母之名弔之. 父母或在他所, 則稱伯父伯母名. 如無伯父母,

則用叔父母名可知. 壻雖已葬其親, 而喪期尙遠, 不欲使彼女失嘉
禮之時, 故使人致命, 使之別嫁他人. 某之子, 此某字, 是伯父之名.
不得嗣爲兄弟者, 言繼此不得爲夫婦也. 夫婦同等, 有兄弟之義, 亦
親之之辭. 不曰夫婦者, 未成昏, 嫌也. 使某致命, 此某字, 是使者之
名. 致, 如致仕之致, 謂致還其許昏之命也. 女氏雖許諾, 而不敢以
女嫁於他人, 禮也. 及壻祥禫之後, 女之父母使人請壻成昏, 壻終守
前說而不娶, 而后此女嫁於他族, 禮也.

"길일이 있다."는 말은 혼인하기로 약조한 기일이 이미 정해졌다는 뜻이
다. 저쪽 집안에 부친상이 발생하면, 이쪽 집안에서는 부친의 이름으로
조문을 하고, 저쪽 집안에 모친상이 발생하면, 이쪽 집안에서는 모친의
이름으로 조문을 한다. 부모가 혹여 다른 지역에 있다면, 백부나 백모의
이름으로 조문을 한다. 만일 백부와 백모가 없는 경우라면, 숙부나 숙모
의 이름으로 조문할 수 있다는 사실을 이러한 용례를 통해서 유추할 수
있다. 사위될 사람이 비록 부모에 대해 장례를 끝냈다고 하더라도, 상
기간이 아직도 요원하므로, 신부 집안의 여식으로 하여금 무작정 기다
리게만 하여 가례를 올릴 시기를 놓치지 않게끔 하고자 하기 때문에, 사
람을 시켜서 사양하는 말을 전달하여, 신부 집안으로 하여금 여식을 다
른 사람에게 다시 시집보내게 하는 것이다. '아무개의 아들'이라고 할 때
의 '모(某)'자는 백부의 이름이다. "형제가 되는 일을 계속하여 이어나갈
수 없다."는 말은 혼례를 계속 진행하여 부부가 될 수 없다는 뜻이다.
부부는 동등하므로 형제와 같은 관계를 가진다는 뜻이 있고, 부부를 형
제라고 부르는 것은 또한 친근하게 대하는 말이다. 그런데 경문에서 '부
부(夫婦)'라는 말을 사용하지 않은 이유는 아직 혼례를 성사시킨 것이
아니므로, 혐의를 둘 수 있기 때문이다. "아무개를 시켜서 사양하는 말
을 전달한다."고 할 때의 '모(某)'자는 심부름을 간 사람의 이름이다. '치
(致)'자는 "관직에서 물러난다."라고 할 때의 치(致)자의 뜻과 같으니, 양
측 집안에서 이전에 혼례를 승인했던 언약을 사양하여 돌려준다는 의미
이다. 신부 집안에서 비록 상대편에서 보내온 사양하는 말에 승낙을 하
더라도, 감히 여식을 다른 사람에게 시집보내지 않는 것이 예법에 맞는

행동이다. 사위될 사람이 죽은 부모에 대해서 대상과 담제를 지낸 이후, 신부의 부모는 사람을 시켜서 사위 집안에 혼례를 다시 성사시키자고 청원을 하는데, 사위 집안에서 앞서 사양했던 말을 끝내 고수하며 받아 들이지 않는다면, 그 이후에 이 여식을 다른 집안에 시집보내는 것이 올바른 예법이다.

經文

"女之父母死, 婿亦如之." 〈017〉

계속하여 공자가 말하길, "만일 신부될 여자의 부모가 죽은 경우라면, 사위될 사람 또한 이처럼 한다."라고 했다.

集說

女之父母死, 女之伯父致命於男氏曰: "某之子有父母之喪, 不得嗣爲兄弟, 使某致命." 男氏許諾而不敢娶, 女免喪, 婿之父母使人請, 女家不許, 婿然后別娶也.

신부의 부모가 죽은 경우 신부의 백부는 사위될 자의 집안에 사양하는 말을 전달하면서, "아무개의 여식이 부모의 상중에 있어서, 부부가 되는 인연을 계속 진행할 수 없으므로, 아무개를 시켜서 사양하는 말을 전달합니다."라고 한다. 남자 집안에서는 승낙을 하더라도 감히 다른 집안에 장가들 수 없으며, 여자가 상을 다 끝내고 나면 남자의 부모가 사람을 시켜서 청원을 하게 되는데, 여자 집안에서 승낙을 하지 않으면, 남자 집안에서는 그런 연후에야 다른 집안에 장가들 수 있다.

曾子問曰: "親迎[去聲], 女在塗, 而壻之父母死, 如之何?" 孔子
曰: "女改服, 布深衣, 縞總, 以趨喪. 女在塗, 而女之父母死,
則女反." 〈018〉

증자가 "친영(親迎)[1]을['迎'자는 거성으로 읽는다.] 하여, 여자가 남편의 집
으로 오는 도중 남편의 부모가 죽게 된다면, 어찌해야 합니까?"라고 묻
자 공자는 "여자는 혼례를 치르면서 입었던 화려한 복장을 바꿔 입으니,
거친 베로 만든 심의로 갈아입고, 하얀 명주실로 머리를 묶는다. 그리고
이 복장을 착용하고서 상을 치르기 위해 분주히 달려간다. 만약 여자가
남편의 집으로 가는 도중 여자의 부모가 죽게 된다면, 여자는 마찬가지
로 복장을 바꿔 입고서 자신의 집으로 되돌아간다."라고 대답했다.

嫁服, 士妻褖衣, 大夫妻展衣, 卿妻鞠衣. 改服, 更其嫁服也. 衣與裳
相連而前後深邃, 故曰深衣. 縞, 生白絹也. 總, 束髮也, 長八寸. 布
爲深衣, 縞爲總, 婦人始喪未成服之服也, 故服此以奔舅姑之喪. 女
子在室, 爲父三年, 父卒亦爲母三年. 已嫁則期, 今旣在塗, 非在室
矣, 則止用奔喪之禮而服期. 改服, 亦布深衣縞總也.

여자가 시집갈 때의 복장에 대해 언급하자면, 사의 처는 단의로 하고,
대부의 처는 전의(展衣)[2]로 하며, 경의 처는 국의(鞠衣)[3]로 한다. "복장

---

1) 친영(親迎)은 혼례(婚禮)에서 시행하는 여섯 가지 예식(禮式) 중 하나이다. 사위
될 자가 여자 집에 가서 혼례를 치르고, 자신의 집으로 데려오는 예식을 뜻한다.
2) 전의(展衣)는 '단의(襢衣)'라고도 부른다. 흰색 비단으로 만든 옷이다. 본래 왕후
(王后)가 입던 육복(六服)의 하나를 가리키나 대부(大夫)의 부인에게는 가장 격
식을 갖춘 예복(禮服)이 된다. 일설에는 흰색이 아닌 붉은색 비단으로 만든 옷이
라고도 한다. 『주례』「천관(天官)·내사복(內司服)」편에는 '전의'가 기록되어 있

을 고친다."는 말은 그녀가 시집올 때 입고 있었던 복장을 바꿔 입는다는 뜻이다. 상의와 하의가 서로 연결되어 있고, 앞면과 뒷면을 폭이 넓게 만들기 때문에, '심의(深衣)'라고 부른다. '호(縞)'는 하얀 명주 끈이다. '총(總)'은 머리를 묶는 것이니, 머리를 묶는 명주 끈의 길이는 8촌이다. 거친 베로 심의를 만들어 입고, 명주 끈으로 머리를 묶는 행위는 부인이 최초 상을 당했을 때, 아직 상복을 다 갖춰 입지 못했을 때의 복장방식이다. 그렇기 때문에 이러한 복장을 입고서 시부모의 상을 치르러 달려가는 것이다. 여자가 아직 시집을 가지 않은 경우라면, 부친을 위해서는 3년간 상을 치르며, 부친이 이미 돌아가신 상태인데, 모친이 이제 돌아가신 경우라면, 죽은 모친에 대해서도 3년간 상을 치르게 된다. 그런데 이미 시집을 간 경우라면, 자신의 부모를 위해서는 1년만 상을 치르게 되는데, 이곳에서 말하는 상황은 시집으로 가는 길 도중에 있는 상태이므로, 시집을 가지 않았을 경우와는 다른 것이다. 그래서 단지 분상(奔喪)의 예법에 따르고, 복상기간도 1년으로만 할 따름이다. 시집으로 가던 여자가 자신의 부모상에 대한 소식을 듣고, 급히 돌아오게 될 때에도 복장을 바꾸니, 또한 시부모상에 대한 경우와 마찬가지로, 거친 베로 만든 심의를 입고, 명주 끈으로 머리를 묶는다.

는데, 이에 대한 정현의 주에서는 "鄭司農云, 展衣, 白衣也."라고 풀이했다.

3) 국의(鞠衣)는 황색 비단으로 만든 옷이다. 본래 왕후(王后)가 입던 육복(六服)의 하나를 가리키나, 구빈(九嬪) 및 세부(世婦)나 어처(御妻)들 또한 이 옷을 입었고, 경(卿)의 부인에게는 가장 격식을 갖춘 예복(禮服)이 된다. 그 색깔은 누런색을 내는데, 뽕나무 잎이 처음 소생할 때의 색깔과 같다. 『주례』「천관(天官)·내사복(內司服)」에는 "掌王后之六服. 褘衣, 揄狄, 闕狄, 鞠衣, 展衣, 綠衣."라는 기록이 있으며, 이에 대한 정현의 주에서는 "鄭司農云, 鞠衣, 黃衣也. 鞠衣, 黃桑服也. 色如鞠塵, 象桑葉始生."이라고 풀이하였다.

"如壻親迎, 女未至, 而有齊衰·大功之喪, 則如之何?" 孔子曰: "男不入, 改服於外次, 女入, 改服於內次, 然後卽位而哭." 曾子問曰: "除喪則不復昏禮乎?" 孔子曰: "祭過時, 不祭, 禮也, 又何反於初?"〈019〉[舊在"以擯相可也"之下.]

증자가 "만일 사위될 사람이 친영을 하기 위해 길을 떠났는데, 처가에서 여자를 데리고 오는 도중 여자가 아직 시집에 도착하기도 전에 자최복이나 대공복을 입어야 하는 상의 소식을 접하게 된다면, 어찌해야 합니까?"라고 묻자 공자는 "남자는 여자를 데리고 집으로 돌아오되, 남자는 집안에 들어가지 않고, 집밖의 임시거주지에서 옷을 갈아입게 되며, 여자는 집안으로 들어가서, 집안의 임시거주지에서 옷을 갈아입는다. 그런 뒤에야 자신의 자리에 나아가 곡을 하게 된다."라고 대답했다. 증자가 "상을 다 끝내게 되면, 다시 혼례를 치르는 것입니까?"라고 묻자 공자는 "제사를 지낼 때에도 그 시기를 지나치게 된다면, 다시 제사를 지내지 않는 것이 예법인데, 또한 어찌 혼례를 처음으로 되돌려 다시 치르겠는가?"라고 대답했다. [옛 판본에는 "그에게 찾아온 빈객들을 인도하여 상례를 돕는 것은 괜찮다."라고 한 문장 뒤에 수록되어 있었다.]

此齊衰·大功之喪, 謂壻家也. 改服, 改其親迎之服, 而服深衣於門外之次也. 女, 謂婦也, 入門內之次, 而以深衣更其嫁服也. 此特問齊衰大功之喪者, 以小功及緦輕, 不廢昏禮, 禮畢乃哭耳. 若女家有齊衰大功之喪, 女亦不反歸也. 曾子又問除喪之後, 豈不復更爲昏禮乎? 孔子言祭重而昏輕, 重者過時尙廢, 輕者豈可復行乎? 然此亦正謂四時常祭耳, 禘祫大祭, 過時猶追也.

이 문장에서 언급하고 있는 자최복이나 대공복을 입어야 하는 상이라는 말은 남자 집안에서 발생한 상을 뜻한다. '개복(改服)'은 남자가 친영할 때 입었던 예복을 벗고서, 문밖에 있는 임시거주지에서 심의로 갈아입는다는 뜻이다. '여(女)'자는 부인을 뜻하니, 문안에 있는 임시거주지로 들어가서, 시집올 때 입었던 예복을 심의로 갈아입는다. 이 문장에서 특별히 자최복이나 대공복을 입는 상에 대해 물어본 이유는 소공복이나 시마복을 입어야 하는 상의 경우는 다른 상들에 비해 가벼운 것에 속하므로, 이러한 상 때문에 혼례를 중지하지 않으며, 혼례를 다 끝마친 이후에야 곧 곡을 할 따름이기 때문이다. 만약 여자 집안에 자최복이나 대공복을 입어야 하는 상이 발생한다면, 여자는 또한 이미 시집을 온 것으로 간주되고, 부모의 상처럼 막중한 사안이 아니기 때문에 자신의 집으로 되돌아가지 않는다. 증자는 또한 상을 다 끝낸 이후에 어찌하여 재차 혼례를 치르지 않는지를 물어보았다. 공자의 대답은 제사와 혼례를 비교하자면, 제사는 더 중요한 사안이고 혼례는 덜 중요한 사안인데, 중요한 사안인 제사에 대해서도 그 시기를 지나치게 된다면 오히려 폐지하는데, 덜 중요한 사안인 혼례에 대해서 어찌 다시 시행할 수 있겠느냐고 말한 것이다. 그러나 이 문장에서 말하는 제사라는 것은 사계절마다 지내는 고정적인 제사를 가리킬 따름이니, 체협과 같은 대제(大祭)[4]에서는 시기를 지나치게 되더라도 오히려 소급하여 지내게 된다.

---

4) 대제(大祭)는 큰 제사라는 뜻이며, 천지(天地)에 대한 제사 및 체협(禘祫) 등을 일컫는다. 『주례』「천관(天官)·주정(酒正)」에 "凡祭祀, 以法共五齊三酒, 以實八尊. 大祭三貳, 中祭再貳, 小祭壹貳, 皆有酌數."라는 기록이 있다. 이에 대한 정현의 주에서는 "大祭, 天地. 中祭, 宗廟. 小祭, 五祀."라고 풀이하여, '대제'는 천지에 대한 제사를 뜻한다고 설명한다. 그리고 『주례』「춘관(春官)·천부(天府)」 편에는 "凡國之玉鎭大寶器藏焉, 若有大祭大喪, 則出而陳之, 旣事藏之."라는 기록이 있다. 이에 대한 정현의 주에서는 "禘祫及大喪陳之, 以華國也."라고 풀이하여, '대제'를 '체협'으로 설명한다. 그리고 '체(禘)'제사와 '대제'의 직접적 관계에 대해서는 『이아』「석천(釋天)」편에서 "禘, 大祭也."라고 풀이하고, 이에 대한 곽박(郭璞)의 주에서는 "五年一大祭."라고 풀이하여, '대제'로써의 '체'제사는 5년마다 지내는 제사로 설명한다.

經文

曾子問曰: "取[去聲]女, 有吉日, 而女死, 如之何?" 孔子曰: "壻齊衰而弔, 旣葬而除之, 夫死, 亦如之."⟨022⟩

증자가 "여자에게 장가들['取'자는 거성으로 읽는다.] 때 혼인하는 길일까지 정해두었는데, 만약 여자가 죽게 된다면 어찌해야 합니까?"라고 묻자 공자는 "사위될 사람은 자최복을 입고 여자 집으로 찾아가서 조문을 하며, 장례를 끝내게 된다면 상복을 벗는 것이니, 만약 남편될 자가 죽은 경우라 하더라도, 또한 이와 같이 한다."라고 대답했다.

集說

若夫死, 女以斬衰往弔, 旣葬而除也.

만약 남편될 자가 죽은 경우라면, 여자는 참최복을 입고서 남자 집으로 찾아와서 조문을 하고, 장례가 끝나게 되면 상복을 벗는다.

經文

曾子問曰: "女未廟見而死, 則如之何?" 孔子曰: "不遷於祖, 不祔於皇姑, 壻不杖, 不菲[扶畏反], 不次, 歸葬于女氏之黨, 示未成婦也."⟨021⟩ [舊本上節在下, 今以先後而改之.]

증자가 "여자가 시집을 와서 아직 묘에 알현하지도 않았는데 죽게 된다면 어찌해야 합니까?"라고 묻자 공자는 "조묘에 영구를 옮겨가서 조상신에게 고하지 않고, 죽은 시어머니 신주 옆에 며느리의 신주를 합사하지 않으며, 남편은 상복은 입지만 지팡이를 잡지 않고, 짚신도 신지['菲'자는 '扶(부)'자와 '畏(외)'자의 반절음이다.] 않으며, 상복을 입는 기간 동안 본래 상중에 임시로 거처하게 되는 장소에서 별도로 머물지 않고, 여자의 본가로 돌려보내서 장사를 지낸다. 이처럼 시행하는 이유는 아직 정식 며느리가 되지 못했음을 보이기 위함이다."라고 대답했다. [옛 판본에는 앞 문장이 이 문장 뒤에 수록되어 있었는데, 현재 선후의 순서에 따라서 바로잡았다.]

不遷於祖, 不遷柩而朝於壻之祖廟也. 不祔於皇姑, 以未廟見, 故主不得祔姑之廟也. 壻齊衰期, 但不杖, 不草屨, 不別處哀次耳. 女之父母自降服大功.

"조에 천하지 않는다."는 말은 며느리의 영구를 옮겨서 남편의 조묘에 고하지 않는다는 뜻이다. "황고에 부하지 않는다."라고 한 이유는 아직 묘에서 알현하지 않아서, 며느리의 신주를 시어미의 묘에 합사할 수 없기 때문이다. 남편은 자최복을 입고 상을 치르는 일정 기간을 보내게 되지만, 지팡이를 잡지 않고, 짚신도 신지 않으며, 죽은 자를 애도하며 머물게 되는 임시 거주지를 별도로 정하지 않을 따름이다. 여자의 부모들은 죽은 딸을 위해서, 본래의 예법에 따른 상복보다 낮추게 되어, 대공복을 입는다.

孔子曰: "嫁女之家, 三夜不息燭, 思相離[去聲]也. 取[去聲]婦之家, 三日不擧樂, 思嗣親也. 三月而廟見[形甸反], 稱來婦也. 擇日而祭於禰, 成婦之義也."⟨020⟩ [舊在前節之上.]

공자가 말하길, "딸을 시집보낸 집안에서는 시집을 보내고 나서 3일 밤 동안 촛불을 끄지 않는데, 그 이유는 서로 이별함을['離'자는 거성으로 읽는다.] 그리워하기 때문이다. 며느리를 맞이하는['取'자는 거성으로 읽는다.] 집안에서 3일 동안 음악을 연주하지 않은 이유는 자식이 결혼한다는 행위는 부친의 자리를 이어받는 것을 뜻하므로, 부친의 마음을 상하게 하지 않을까를 염려해서이다. 3개월이 지나고 난 뒤에 부인을 묘에 데려가서 조상에게 알현시키는['見'자는 '形(형)'자와 '甸(전)'자의 반절음이다.] 것은 아무개의 딸이 우리집에 와서 며느리가 되었음을 고하는 의식이다. 길일을 택하고서 녜묘에 제사를 지내는 것은 그 집안의 정식 부인이 되는 의식이다."라고 했다. [옛 판본에는 앞 문장의 앞에 수록되어 있었다.]

思相離, 則不能寢寐, 故不滅燭. 思嗣親, 則不無感傷, 故不擧樂. 此昏禮所以不賀也. 成昏而舅姑存者, 明日婦見舅姑, 若舅姑已沒, 則成昏三月, 乃見於廟, 祝辭告神曰某氏來婦, 來婦, 言來爲婦也. 蓋選擇吉日而行此禮. 廟見, 祭禰, 卽是一事, 非見廟之後, 又擇日而祭也. 成婦之義者, 成盥饋之禮之義也.

서로 이별함을 그리워하면 잠을 잘 수 없기 때문에, 촛불을 끄지 않는 것이다. 부친의 자리를 이어받는 것을 생각한다면, 그 사실이 부친을 서운하게 만들지 않을 수가 없기 때문에 음악을 연주하지 않는 것이다. 이러한 이유들로 인해 혼례에서는 축하를 하지 않는 것이다. 혼례를 끝냈는데 시부모가 생존해 있는 경우라면, 혼례를 끝낸 다음날 며느리가 시부모를 찾아뵙게 되며, 만약 시부모가 이미 돌아가신 경우라면, 혼례를 끝내고 나서 3개월이 지나게 되면, 곧 묘에서 알현을 하며, 축문을 지어 조상신에게 고하길, "아무개의 여식이 우리집에 와서 며느리가 되었습니다."라고 말한다. '내부(來婦)'는 남편 집으로 와서 며느리가 되었음을 뜻한다. 아마도 길일을 택하여 이러한 예법을 시행했을 것이다. 묘에 찾아뵙는 절차와 녜묘에서 제사지내는 절차는 별도로 시행하는 것이 아니라 곧 하나의 의식이니, 묘에 찾아뵙고 난 이후에 다시 길일을 택하여 녜묘에 제사를 지낸다는 뜻이 아니다. "부의 의를 이룬다."는 말은 세숫물을 떠서 바치고 음식을 차려서 바치는 예법을 완전히 이룬다는 뜻이다.

浅見

近按: 此記者承前節廟見成婦之言, 而因引孔子此言, 以解所謂廟見
成婦之意. 舊本失次意不相屬也.

내가 살펴보니, 이 문장은 『예기』를 기록한 자가 앞에서 묘에서 알현하
여 정식 며느리가 된다는 말을 한 것을 이어받아 공자의 이러한 말을
인용해서 묘에서 알현하여 정식 며느리가 된다는 뜻을 풀이한 것이다.
옛 판본에는 순서가 잘못되어 뜻이 서로 관련되지 않는 것처럼 보인다.

제 5 절

曾子問曰: “古者師行, 必遷廟主行乎?” 孔子曰: “天子巡守[去聲], 以遷廟主行, 載于齊[側皆反]車, 言必有尊也. 今也, 取七廟之主以行, 則失之矣.” 〈026〉

증자가 “옛적에 군대가 행차함에는 반드시 천묘의 신주를 모시고 행차를 했습니까?”라고 묻자 공자는 “천자가 순수를[‘守’자는 거성으로 읽는다.] 할 때에는 천묘의 신주를 모시고 행차를 했으니, 천묘의 신주를 제거에[‘齊’자는 ‘側(측)’자와 ‘皆(개)’자의 반절음이다.] 싣는 것은 천자의 순수 그 자체에 필연적으로 존귀함이 부여 되어 있음을 뜻한다. 오늘날 칠묘 중에 있는 신주를 가져다가 행차를 하는 것은 잘못된 행위이다.”라고 대답했다.

遷廟主, 謂新祧廟之主也. 齊車, 金路也, 又名曰公禰.

‘천묘주(遷廟主)’는 새롭게 조묘(祧廟)[1]된 신주를 뜻한다. ‘제거(齊車)’는

---

1) 조묘(祧廟)는 천묘(遷廟)와 같은 뜻이다. ‘천묘’는 대수(代數)가 다한 신주(神主)를 모시는 묘(廟)를 뜻한다. 예를 들어 天子의 경우, 7개의 묘(廟)를 설치하는데, 가운데의 묘에는 시조(始祖) 혹은 태조(太祖)의 신주(神主)를 모시며, 이곳의 신주는 다른 곳으로 옮기지 않는 불천위(不遷位)에 해당한다. 그리고 좌우에는 각각 3개의 묘(廟)를 설치하여, 소목(昭穆)의 순서에 따라 6대(代)의 신주를 모신다. 현재의 천자가 죽게 되어, 그의 신주를 묘에 모실 때에는 소목의 순서에 따라 가장 끝 부분에 있는 묘로 신주가 들어가게 된다. 만약 소(昭) 계열의 가장 끝 묘에 새로운 신주가 들어서게 되면, 밀려나게 된 신주는 바로 위의 소 계열 묘로 들어가게 되고, 최종적으로 밀려나서 더 이상 갈 곳이 없는 신주는 ‘천묘’로 들어

금로이니, 또한 공녜(公禰)²⁾라 부르기도 한다.

“當七廟·五廟, 無虛主, 虛主者, 惟天子崩·諸侯薨, 與去其
國與祫[洽]祭於祖, 爲無主耳. 吾聞諸老聃[貪]曰: ‘天子崩·國
君薨, 則祝取群廟之主, 而藏諸祖廟, 禮也. 卒哭成事而后, 主
各反其廟.’”〈027〉

계속하여 공자가 말하길, “천자의 종묘인 칠묘와 제후의 종묘인 오묘의
경우에는 신주를 비워두는 일이 없어야 하니, 신주를 비워두는 경우는
오직 천자가 죽었거나 제후가 죽었을 경우이며, 또는 제후가 그 나라를
버리고 떠나버렸거나 태조의 묘에서 협제사를[‘祫’자의 음은 ‘洽(흡)’이다.]
지낼 경우에만 묘에 신주가 없게 될 따름이다. 내가 노담에게서[‘聃’자의
음은 ‘貪(탐)’이다.] 듣기로, ‘천자가 죽거나 제후가 죽게 된다면, 대축은 뭇
묘들에 설치된 신주들을 가져다가 태조의 묘에 보관하는 것이 올바른
예법이다. 그런 다음에 졸곡을 지내며 축문에 성사라고 한 이후에야 신
주를 각각 그 본래의 묘로 되돌려 보낸다.’”라고 했다.

崩薨而群主皆聚祖廟, 以喪三年不祭, 且象生者爲凶事而聚集也.

가게 된다. 또한 ‘천묘’는 위에서 서술한 것처럼 신구(新舊)의 신주가 옮겨지게
되는 의식 자체를 지칭하기도 하며, ‘천묘’된 신주 자체를 가리키기도 한다. 주(周)
나라 때에는 문왕(文王)과 무왕(武王)의 묘를 ‘천묘’로 사용하였다.
2) 공녜(公禰)는 수레에서 실려서, 군주를 따라다니게 되는 신주(神主)를 뜻한다.
또한 그 수레를 지칭하기도 한다.

천자가 죽거나 제후가 죽게 되어, 뭇 신주들을 모두 태조의 묘에 모아두는 이유는 상을 치르는 3년이라는 기간 동안 제사를 지내지 않기 때문이며, 또한 신주들을 모아두는 행위는 살아 있는 자들이 흉사를 돕기 위해서 군집하는 모습을 형상화한 것이다.

經文

"君去其國, 大宰取群廟之主以從[去聲], 禮也."⟨028⟩

계속하여 공자가 노담에게서 들은 말을 전해주며, "제후가 그 나라를 버리고 떠나게 되면, 태재가 뭇 묘에 설치된 신주를 취합하여, 떠나간 군주를 쫓아가는['從'자는 거성으로 읽는다.] 것이 올바른 예법이다."라고 했다.

集說

去國而群廟之主皆行, 不敢棄其先祖也.

제후가 자신의 나라를 버리고 떠날 때, 태재가 뭇 묘들에 설치된 신주를 모두 가지고서 그를 따라가는 이유는 감히 그 조상을 버릴 수가 없기 때문이다.

經文

"祫祭於祖, 則祝迎四廟之主, 主出廟入廟, 必蹕, 老聃云."⟨029⟩
[舊在"季康子之過也"之下.]

계속하여 공자가 노담에게서 들은 말을 전해주며, "'제후가 태조의 묘에서 협제사를 지내게 되면, 대축은 나머지 4개의 묘에 설치된 신주들을 맞이하여, 태조의 묘에 모시게 되니, 신주가 묘 밖으로 나오거나 묘로 들어갈 때에는 반드시 행인들의 출입을 통제한다.'라고 노담이 말했다."라고 했다. [옛 판본에는 "계강자의 과실이다."³⁾라고 한 문장 뒤에 수록되어 있었다.]

集說

諸侯五廟, 祫祭則迎高曾祖禰入大祖之廟, 主出入而蹕止行人, 不欲其瀆也.

제후의 종묘에는 5개의 묘가 있는데, 협제사를 지내게 되면, 고조·증조·조부·부친의 신주들을 맞이하여, 태조의 묘로 들여놓게 되는데, 신주가 묘를 출입할 때에 행인들을 통제하는 이유는 신주가 오가는 길이 더럽혀지지 않게 하고자 해서이다.

淺見

近按: 以上諸章旣問內事吉凶之禮備失, 此又擧外事以問之也.

내가 살펴보니, 앞의 여러 문장들에서는 이미 내사에 해당하는 길사와 흉사에 대한 예법에 있어 잘못을 예방하는 사안들을 질문하였다. 그래서 이곳에서는 재차 외사에 대한 것을 제시해서 물어본 것이다.

---

3) 『예기』 「증자문」 025장 : 喪之二孤, 則昔者, 衛靈公, 適魯, 遭季桓子之喪. 衛君請弔, 哀公辭, 不得命. 公爲主, 客入弔, 康子立於門右, 北面, 公揖讓, 升自東階, 西鄕, 客升自西階, 弔. 公拜興哭, 康子拜稽顙於位, 有司弗辯也. 今之二孤, 自<u>季康子之過也</u>.

曾子問曰: "古者, 師行, 無遷主, 則何主?" 孔子曰: "主命." 問曰:
"何謂也?" 孔子曰: "天子·諸侯將出, 必以幣帛皮圭, 告于祖
禰, 遂奉以出, 載于齊車以行, 每舍[去聲], 奠焉, 而后, 就舍, 反
必告, 設奠卒, 斂幣玉, 藏諸兩階之間, 乃出, 蓋貴命也." 〈030〉
[舊聯上文.]

증자가 "옛날에 군대를 출동시킬 일이 발생했는데, 만약 모시고 갈 천묘
의 신주가 없다면, 어떤 신주를 모시고 가야합니까?"라고 묻자 공자는
"신주의 명령을 받아서 간다."라고 대답했다. 증자가 "신주의 명령을 받
아서 간다는 말은 무슨 뜻입니까?"라고 묻자 공자는 "천자와 제후가 장
차 군대를 출동시킬 때에는 반드시 비단이나 가죽 또는 옥 등의 폐물을
가지고 종묘에 고하고서, 고하는 의식이 끝나면 폐물로 바쳤던 것들을
받들고서 종묘를 빠져나오며, 제거에 그 폐물들을 싣고서 출동한다. 그
리고 이러한 행차 중에는 매번 임시 주둔지를 설치할 때마다['舍'자는 거
성으로 읽는다.] 그 폐물들에게 전제사를 지내고, 그런 다음에야 임시 주
둔지를 설치할 장소로 가서 막사를 설치하게 된다. 자신의 나라로 되돌
아와서는 반드시 종묘에 고하고, 전제사가 끝나게 되면, 폐물들을 거둬
다가 종묘의 양쪽 계단 사이에 매장을 하고서야 종묘를 빠져나오니, 이
렇게 행동하는 이유는 그 신주의 명령을 귀하게 여기기 때문이다."라고
대답했다. [옛 판본에는 앞 문장의 뒤에 수록되어 있었다.]

旣以幣玉告于祖廟, 則奉此幣玉, 猶奉祖宗之命也, 故曰主命. 每舍
必奠, 神之也. 反則設奠以告而埋藏之, 不敢褻也.

폐물 등을 바쳐서 태묘에 고하는 일이 끝나게 되면, 종묘에 바쳤던 폐물
들을 받들어서 나오게 되니, 이러한 행위는 마치 선조의 명령을 받드는

행동과 같은 것이기 때문에, 신주의 명령이라고 말한 것이다. 매번 임시 주둔지를 설치할 때 반드시 전제사를 지내는 이유는 그 폐물들을 신처럼 대하기 때문이다. 자신의 본국으로 되돌아오게 되면, 전제사를 차려서 고하고 그 폐물들을 매장하게 된다. 폐물을 매장하는 이유는 그 폐물들을 감히 더럽힐 수 없기 때문이다.

經文

孔子曰: "諸侯適天子, 必告于祖, 奠于禰, 冕而出, 視朝, 命祝·史, 告于社稷·宗廟·山川, 乃命國家五官而后行, 道而出. 告者, 五日而徧, 過是, 非禮也. 凡告, 用牲[制]幣, 反亦如之." 〈005〉

공자가 말하길, "제후가 천자가 있는 수도로 찾아갈 때에는 반드시 조묘와 녜묘에 자신이 천자의 수도로 가게 된 사실을 아뢰며 동시에 폐백을 차려서 올린다. 그리고 면류관을 쓰고서 침소에서 나와 조정에서 정사를 듣고, 대축과 대사에게 명령하여, 사직·종묘·산천의 신들에게 이러한 사실을 아뢰게 하며, 그리고는 곧 국가의 다섯 관부 수장들에게 명령을 내려서, 자신이 없는 동안 국정을 잘 돌보라고 하고, 그런 이후에야 출발 행차를 시행하되, 먼저 도로의 신에게 제사를 지내고 나서야 국경 밖으로 나간다. 처음 조묘 및 녜묘에 고하는 것으로부터 뭇 신들에게 두루 고하는 일은 5일 동안 두루 실천하니, 이 기간을 넘기게 되면 예에 맞지 않게 된다. 모든 고하는 의식에서는 제폐(制幣)[1]를 '牲'자의 음

---

[1] 제폐(制幣)는 고대의 제사 때 바치게 되는 비단을 뜻한다. 제물로 사용되는 비단에는 일정한 규격이 있었기 때문에 '제(制)'자를 붙여서 부른 것이다. 『의례』「기석례(旣夕禮)」편에는 "贈用制幣玄纁束."이라는 기록이 있는데, 이에 대한 정현의 주에서는 "丈八尺曰制."라고 풀이했다. 즉 1장(丈) 8척(尺)의 길이로 재단한

은 '制(제)'이다.] 사용하고, 천자의 수도에서 자신의 국가로 되돌아와서도 또한 이와 같은 절차에 따라서 잘 다녀왔다는 사실을 두루 아뢴다."라고 했다.

集説

告于祖, 亦告于禰, 奠于禰, 亦奠于祖也. 奠者, 奠幣爲禮而告之也. 視朝聽事之後, 卽徧告群祀, 戒命五大夫之職事, 使無廢弛也. 諸侯有三卿·五大夫. 道而出者, 祖祭道神而后出行也. 五祀之行神則在宮內, 月令冬祀行是也. 喪禮, 毀宗躐行, 則行神之位在廟門外西方. 若祭道路之行神謂之軷, 於城外委土爲山之形, 伏牲其上. 祭告禮畢, 乘車轢之而遂行也. 其神曰軷. 其牲, 天子犬, 諸侯羊, 卿·大夫酒脯而已. 長一丈八尺爲制幣也.

"조묘에 고한다."는 말은 또한 녜묘에도 고한다는 뜻이며, "녜묘에서 폐백을 차려서 올린다."는 말은 또한 조묘에도 폐백을 차려서 올린다는 뜻이다. '전(奠)'이라는 것은 폐백을 진설하여 예를 갖춰서 고한다는 뜻이다. 조회에 참관하여 정사를 들은 이후에는 곧바로 뭇 신들에게 두루 고하며 여러 제사들을 지내고, 주요 관부를 맡고 있는 다섯 명의 대부들에게 그들의 직무를 경각시키며 명령을 내려서, 그들로 하여금 일이 중단되거나 느슨하게 시행됨이 없도록 한다. 제후에게는 3명의 경과 5명의 대부가 있다. '도이출(道而出)'은 도로의 신에게 조제(祖祭)[2]를 지낸 이후에 국경 밖으로 나가서 먼 길을 떠난다는 뜻이다. 오사 중의 행신(行神)은 궁성 내에 있으니, 『예기』「월령(月令)」편에서 "겨울에 행에 제사지낸다."라고 할 때의 '행(行)'이 바로 이것을 가리킨다. 상례에서는 종묘의 담을 헐어서 그곳을 밟고 지나간다고 했으니, 행신의 위치는 묘

비단을 '제(制)'라고 부른다.

2) 조제(祖祭)는 도로의 신(神)에게 지내는 제사의 명칭이자, 그 제사를 지낸다는 뜻이기도 하다.

문 밖 서쪽에 해당한다. 만약 도로의 행신에게 제사지내면서 그것을 '발(軷)'이라고 했다면, 성문 밖에 흙을 쌓아 산의 형태를 만들어서, 그 위에 희생물을 얹어놓는 제사에 해당한다. 제사를 지내며 고하는 의식이 끝나게 되면 수레에 올라타고 그곳을 밟고 길을 떠나서 마침내 출행하는 것이다. 그 도로의 신을 '누(薻)'라고도 부른다. 이 신에게 제사지낼 때 사용하는 희생물의 경우, 천자는 개를 사용하고 제후는 양을 사용하며 경과 대부는 술과 포를 사용할 뿐이다. 길이가 1장 8척으로, 정갈하게 재단한 비단을 '제폐(制幣)'라고 부른다.

經文

"諸侯相見, 必告于禰, 朝服而出, 視朝, 命祝‧史, 告于五廟‧所過山川, 亦命國家五官, 道而出. 反必親告于祖禰, 乃命祝‧史, 告至于前所告者, 而后聽朝, 而入."〈006〉[舊在"及社稷宗廟山川"之下.]

공자가 말하길, "제후들끼리 서로 회동을 함에는 반드시 조묘와 녜묘에 자신이 회동을 위해 국가를 잠시 떠나게 된 사실을 아뢰며, 조복을 착용하고 침소에서 나와 조정에서 정사를 듣고, 대축과 대사에게 명령하여, 오묘와 회동 행차 동안 지나치게 되는 산천의 신들에게 이러한 사실을 아뢰게 하며, 또한 국가의 다섯 관부 수장들에게 명령을 내려서, 자신이 없는 동안 국정을 잘 돌보라고 지시하고, 그런 이후에 도로의 신에게 제사를 지내고 나서야 국경 밖으로 나간다. 처음 조묘 및 녜묘에 고하는 절차로부터 뭇 신들에게 두루 고하는 일까지는 5일 동안 두루 실천하니, 회동 장소에서 국가로 되돌아와서도 반드시 조묘와 녜묘에 잘 다녀왔음을 아뢰고, 그리고는 곧 대축과 대사에게 명령하여 앞서 고했던 대상들에게 두루 아뢰도록 하며, 그런 이후에 조회에서 국정을 살피고서야 침소로 들어간다."라고 했다. [옛 판본에는 "사직·종묘·산천의 신들에게까지도 아뢴다."[3]라고 한 문장 뒤에 수록되어 있었다.]

集說

上章言冕而出, 視朝, 此言朝服而出, 視朝者, 按覲禮, 侯氏裨冕, 今敬君欲豫習其禮, 故冕服以視朝. 諸侯相朝, 非君臣也, 故但朝服而已. 諸侯朝服玄冠緇衣素裳, 而聘禮云: "諸侯相聘, 皮弁服", 則相朝亦皮弁服矣. 天子以皮弁服視朝, 故謂之朝服也.

앞의 문장에서는 면복을 착용하고 침소를 나와서 조회에 참가한다고 언급했고, 이곳에서는 조복을 착용하고 침소를 나와서 조회에 참가한다고 언급했는데, 『의례』「근례(覲禮)」편을 살펴보면, 제후들은 비면을 착용한다고 하였으니,[4] 이곳 경문에서 언급하는 상황은 상대방 군주를 공경하여 미리 그 예법들을 익히게 하고자 했기 때문에, 행차하기 이전부터 면복을 착용하고 조회에 참가하는 것이다. 그런데 제후들끼리 서로 회동을 할 경우에는 제후와 제후의 관계에서 발생하는 일이므로 군신관계가 아니다. 그렇기 때문에 단지 조복만 착용할 따름이다. 제후의 조복은 현관을 쓰고, 검은색의 상의와 흰색의 하의를 착용하는 것인데, 『의례』「빙례(聘禮)」편에서 "제후들끼리 서로 빙문할 때에는 피변복을 착용한다."라고 했으니, 제후들끼리 서로 회동을 할 때에는 또한 피변복을 착용한다는 뜻이다. 천자는 피변을 착용하고 조회를 보기 때문에, 피변을 조복이라고도 부르는 것이다.

─────────────────────

3) 『예기』「증자문」 004장 : 曾子問曰: 如已葬而世子生, 則如之何. 孔子曰: 大宰·大宗, 從大祝而告于禰, 三月, 乃名于禰, 以名徧告, 及社稷·宗廟·山川.

4) 『의례』「근례(覲禮)」: 侯氏裨冕, 釋幣于禰, 乘墨車, 載龍旂弧韣, 乃朝, 以瑞玉有繅.

近按: 此二節舊在喪禮之中, 似失其次, 今因上章言天子巡守諸侯出
入之禮, 而類付於此也. 此上當有曾子之問而脫之歟.

내가 살펴보니, 이곳 두 문단은 옛 판본에 상례에 대한 내용 중간에 수
록되어 있었는데, 아마도 순서가 잘못된 것 같다. 현재 앞 장에서 천자
가 제후를 순수하며 출입하는 예법을 언급하여서, 그 비슷한 부류를 이
곳에 덧붙인다. 그리고 이 문장 앞에는 마땅히 증자가 질문하는 내용이
있어야 하는데, 아마도 누락되었을 것이다.

經文

曾子問曰: "爲[去聲]君使[去聲]而卒於舍, 禮曰: '公館復, 私館不復', 凡所使之國, 有司所授舍, 則公館已, 何謂私館, 不復也?" 孔子曰: "善乎! 問之也. 自卿·大夫·士之家曰私館, 公館與公所爲曰公館, 公館復, 此之謂也."〈058〉[舊在"吾聞諸老聃云"之下.]

증자가 "군주를 명령을 받아서['爲'자는 거성으로 읽는다.] 다른 나라에 사신으로['使'자는 거성으로 읽는다.] 가는 경우 그가 사신으로 찾아간 나라의 숙소에서 죽게 되었다면, 본래의 예법에서는 '그가 죽은 장소가 공관이라면 초혼을 하고, 사관인 경우에는 초혼을 하지 않는다.'라고 하였습니다. 그런데 사신으로 찾아간 그 나라의 유사가 사신에게 지정해줘서 머물게 된 숙소라면 당연히 공관일 따름인데, 어찌하여 사관에서는 초혼을 하지 않는다고 말하는 것입니까?"라고 묻자 공자는 "아주 좋은 질문이구나. 경으로부터 대부나 사에 이르기까지, 그들의 집을 모두 '사관(私館)'이라 부르고, 본래부터 지정된 공관과 임시방편으로 군주가 명령을 내려서 빈객 등을 머물게 한 곳을 모두 '공관(公館)'이라고 부르니, 공관에서 초혼을 한다는 말은 바로 이것을 가리켜서 하는 말이다."라고 대답했다. [옛 판본에는 "나는 이러한 사실들을 노담에게서 들었다."[1]라고 한 문장 뒤에 수록되어 있었다.]

---

1) 『예기』「증자문」 057장 : 曾子問曰: 葬引, 至于堩, 日有食之, 則有變乎, 且不乎. 孔子曰: 昔者, 吾從老聃, 助葬於巷黨, 及堩, 日有食之, 老聃曰, 丘, 止柩就道右, 止哭以聽變. 旣明反而後, 行, 曰, 禮也. 反葬而丘問之曰, 夫柩, 不可以反者也, 日有食之, 不知其已之遲數, 則豈如行哉. 老聃曰, 諸侯朝天子, 見日而行, 逮日而舍奠, 大夫使, 見日而行, 逮日而舍, 夫柩, 不蚤出, 不莫宿, 見星而行者, 唯罪人與奔父母之喪者乎. 日有食之, 安知其不見星也. 且君子行禮, 不以人之親痁患, 吾聞諸老聃云.

集說

復, 死而招魂復魄也. 公館, 公家所造之館也. 與, 及也. 公所爲, 謂
公所命停客之處, 卽是卿·大夫之館, 但有公命, 故謂之公館也. 一
說公所爲, 謂君所作離宮別館也.

'복(復)'자는 어느 사람이 죽게 되면, 초혼(招魂)[2]을 하여 혼백을 불러들
이는 것이다. '공관(公館)'은 공가에서 만든 숙소이다. '여(與)'자는 '~과
[及]'라는 뜻이다. '공소위(公所爲)'는 군주가 명령을 내려서 빈객을 머물
게 한 장소를 뜻하니, 곧 경·대부의 집에 해당하지만, 군주의 명령이
있었기 때문에 그곳을 '공관(公館)'이라고 부르는 것이다. 일설에는 '공
소위(公所爲)'를 군주가 본래의 궁실 이외에 사냥 등으로 궁실을 떠났을
때 잠시 머물기 위해 만든 이궁인 별장을 뜻한다고 하였다.

淺見

近按: 此因上章諸侯朝見, 而類付之也.

내가 생각하기에, 이 문장은 앞 문장에서 제후들이 조회하며 만나보는
것을 언급하여, 같은 부류의 것을 덧붙인 것이다.

---

2) 초혼(招魂)은 사람이 죽었을 때, 그의 혼백(魂魄)을 불러들이는 의식을 뜻한다.
지붕에 올라가서 죽은 자의 옷 등을 흔들기도 하였고, 마당에서 북쪽을 향해 이름
을 부르며 시행하기도 하였다.

무분류

"賤不誄[음은 壘]貴, 幼不誄長, 禮也. 唯天子, 稱天以誄之, 諸侯相誄, 非禮也."〈046〉 [舊在"之君所朝夕否"之下.]

공자가 말하길, "신분이 낮은 자는 신분이 높은 자에게 뇌를['誄'자의 음은 '壘(루)'이다.] 하지 않으며, 나이가 어린 자는 나이가 많은 자에게 뇌를 하지 않는 것이 올바른 예법이다. 오직 천자만이 하늘의 이름을 빗대어 뇌를 할 수 있으며, 제후들끼리 서로 뇌를 하는 것은 비례이다."라고 했다. [옛 판본에는 "군주의 시신이 있는 장소로 가게 되지만, 조석으로 지내는 전제사에는 참석하지 않는다."[1]라고 한 문장 뒤에 수록되어 있었다.]

集說

誄之爲言累也, 累擧其平生實行爲誄而定其諡以稱之也. 稱天以誄之者, 天子之尊無二, 惟天在其上, 故假天以稱之也. 人君之事多稱天, 不獨誄也.

'뇌(誄)'라는 말은 묶는다는 뜻이니, 그가 평생 실행해온 업적들을 열거하여 뇌문을 만들고, 그의 시호를 확정하여 죽은 자를 시호로 부르게 된다. "천을 일컬어 뇌를 한다."는 말은 천자의 존귀함에는 버금갈 자가 없고, 오직 하늘만이 그 위에 있다. 그렇기 때문에 천자만이 하늘의 이름을 빌려서 일컬을 수 있다. 군주가 하는 일들에서는 대부분 '천(天)'을 일컫는 것이니, 유독 뇌문에서만 그렇게 하는 것은 아니다.

---

1) 『예기』「증자문」 045장 : 曰: 君未殯, 而臣有父母之喪, 則如之何. 孔子曰: 歸殯, 反于君所, 有殷事, 則歸, 朝夕, 否. 大夫, 室老行事, 士則子孫行事. 大夫內子, 有殷事, 亦之君所, 朝夕, 否.

淺見

近按: 此一節篇內文無其類可以付者, 故姑存於末. 然上承天子・諸侯之事, 及爲君使而卒於公館之後, 視因文猶爲得其類也. 此節之上, 亦當有闕文歟.

내가 살펴보니, 이 문단은 「증자문」편 중에서 이것과 덧붙일 수 있는 비슷한 부류가 없다. 그렇기 때문에 잠시 편의 끝에 남겨둔다. 그런데 앞에서 천자 및 제후와 관련된 일들을 언급하고, 또 군주의 사신이 되었는데 공관에서 죽었다고 한 내용 이후에 기록되어 있어서, 문맥에 따르면 오히려 그 부류가 될 수도 있다. 그런데 이곳 문단 앞에는 누락된 문장이 있을 것이다.

右曾子問一篇, 凡三十餘問, 非盡在一日盡因一事而問者也. 或因前問而及, 或因別事而發, 固無先後之序, 然問之雖非一日, 記之當分其類, 非若擅弓諸篇雜記群言而無倫次也, 故敢卽舊文而更定其次, 自始至終, 分爲五節, 在凶禮則君喪第一, 私喪第二, 在吉禮則朝祭第三, 冠昏第四, 而外事師行以下爲第五節也. 其間亦有特記孔子之言者, 亦各以其類而付之, 後之觀者, 毋誚其僭而更加詳校, 是所望也.

여기까지는 「증자문」이라는 하나의 편으로, 총 30여 가지의 질문이 수록되어 있는데, 하루에 어떤 한 사안에 따라 질문한 것이 아니다. 어떤 것은 이전에 질문한 것으로 인해 언급하게 된 것도 있고, 또 어떤 것은 별도의 사안으로 인해 발설하게 된 것도 있어서 진실로 선후의 순서가 없다. 그러나 질문에 있어서 비록 하루에 한 것이 아니더라도, 그것을 기록할 때에는 마땅히 해당하는 부류로 구분해야 하니, 「단궁」 등의 편들처럼 여러 말들을 뒤섞어 기록하여 순서가 없는 것처럼 해서는 안 된다. 그래서 감히 옛 판본에 대해 그 순서를 다시 바로잡아, 처음부터 끝까지를 총 5개의 문단으로 구분했으니, 흉례에 있어서는 군주의 상이 첫 번째이고, 사적인 상이 두 번째이며, 길례에 있어서는 조회와 제사에 대한 것이 세 번째이고, 관례와 혼례에 대한 것이 네 번째이며, 외사와 군대를 출동시킨다는 것으로부터 그 이하의 것들이 다섯 번째가 된다. 그 사이에는 또한 공자의 말들을 특별히 기록해둔 것도 포함되는데, 이 또한 각각 해당하는 부류에 따라 덧붙여두었다. 따라서 후대에 이를 보는 자들은 이처럼 분류한 것에 대해 책망하지 말고 다시 상세히 비교하여 바로잡아주길 바란다.

「문왕세자(文王世子)」

近按: 此篇全言世子與公族之道, 文多殘缺失次. 篇內教世子 · 周公
踐阼等句文, 不相屬, 說者皆以爲衍文, 是也. 愚恐篇首記文王之爲
世子, 而以文王世子名篇, 則所謂教世子 · 周公踐阼者, 亦或以爲節
目之名歟. "教世子"三字, 本在"凡三王教世子"之上, 似是篇目. 但
"周公踐阼"四字, 在言周公之事之下, 爲可疑爾. 或是失次, 或以爲
結語, 然而文義不屬, 則非其結語明矣. 是雖不可定以爲篇目, 亦不
可以衍文而削去, 故姑依文王世子之例, 以此二句, 亦以爲節目之
名, 而以"周公踐阼"四字, 亦升於周公之事之上也.

내가 살펴보니, 「문왕세자」편에서는 전적으로 세자와 공족의 도에 대해
언급하고 있는데, 문장들은 대체로 온전하지 못하며 순서도 어긋나 있
다. 「문왕세자」편 중에서 세자를 교육하는 내용과 주공이 섭정을 했다
는 등의 구문들은 서로 연결되지 않아서, 학자들은 이 모두를 연문으로
여겼는데, 옳은 주장이다. 내가 생각하기에 편의 첫 부분에서 문왕이 세
자였을 때의 일화를 기록하고 있어서 '문왕세자(文王世子)'라고 편명을
정했던 것이니, 이른바 세자를 교육한다는 것이나 주공이 섭정을 했다
는 것들은 아마도 이 또한 편목의 명칭이었던 것 같다. '교세자(教世子)'
라는 세 글자는 본래 '범삼왕교세자(凡三王教世子)'라는 구문 앞에 수록
되어 있었는데, 아마도 이것은 편목에 해당하는 것 같다. 다만 '주공천
조(周公踐阼)'라는 네 글자는 주공에 대한 일화를 언급한 문장 뒤에 수
록되어 있어서 의문스러울 따름이다. 아마도 순서가 어긋난 것이거나
아니면 결론을 내리는 말로 여겼던 것인데, 문장의 뜻이 서로 연결되지
않으니, 결론을 내리는 말이 아닌 것은 분명하다. 이것은 비록 편목으로

확정할 수 없지만, 연문으로 여겨서 삭제할 수는 없다. 그렇기 때문에 「문왕세자」편에 나오는 용례에 따라서 이 두 구문을 또한 편목의 명칭으로 삼고, '주공천조(周公踐阼)'라는 네 글자를 주공에 대한 일화 앞으로 옮겼다.

「문왕세자」편 문장 순서 비교

『예기집설』	『예기천견록』	
	구분	문장
001	1절	001
002		002
003		003
004		004
005	2절	023
006		005
007		020
008		021
009		022
010	3절	016後
011		017
012		018
013		019
014		024
015		025
016		026
017		027
018		028
019		030
020		031
021		029
022		032
023		033
024		034
025		035
026		036
027		037
028		038
029		039
030		040
031	4절	006
032		007

『예기집설』	『예기천견록』	
	구분	문장
033		008
034		009
035		010
036		011
037		012
038		013
039		014
040		015
041	4절	016前
042		041
043		042
044		043
045		044
046		045
047		046
048		047
049		048
050	5절	049
		050

제 1 절

文王之爲世子, 朝於王季, 日三, 雞初鳴而衣[去聲]服, 至於寢門外, 問乃豎[樹]之御者曰: "今日安否, 何如?" 內豎曰: "安." 文王乃喜. 及日中, 又至, 亦如之, 及莫[暮], 又至, 亦如之.〈001〉

문왕이 세자였을 때, 부친인 왕계에게 하루에 세 번씩 문안인사를 드렸다. 새벽녘에 닭이 처음 울기 시작하면, 의복을 갖춰 입고서['衣'자는 거성으로 읽는다.] 부친이 주무시는 처소의 문밖으로 갔다. 그리고 그곳에서 숙직을 섰던 환관에게['豎'자의 음은 '樹(수)'이다.] 묻기를 "오늘 부친의 안부는 어떠하시느냐?"라고 했다. 숙직을 섰던 환관이 "편안하십니다."라고 말하면, 문왕은 곧 기뻐하였다. 그리고 점심때가 되면 또한 침소에 가서 아침에 했던 것처럼 하였고, 저녁때가['莫'자의 음은 '暮(모)'이다.] 되어서도 또한 침소에 가서 아침에 했던 것처럼 하였다.

內豎, 內庭之小臣. 御, 是直日者. 世子朝父母, 惟朝夕二禮, 今文王日三, 聖人過人之行也.

'내수(內豎)'는 내궁의 일을 담당하는 환관이다. '어(御)'자는 숙직을 섰던 자를 가리킨다. 일반적으로 세자가 부모에게 문안인사를 드리는 것은 아침과 저녁에만 시행하여, 하루에 총 2번하는 것이 일반적인 예법이다. 그런데 지금 이곳 문장에서는 문왕이 하루에 3번씩 문안인사를 드렸다고 하였으니, 이것이 바로 성인이 일반인보다 뛰어나게 행동했던 점이다.

其有不安節, 則內豎以告文王, 文王色憂, 行不能正履. 王季
復膳然後, 亦復初. 食上[上聲], 必在視寒煖之節, 食下, 問所膳,
命膳宰曰: "末有原." 應曰: "諾." 然後退.〈002〉

만약 왕계에게 병이 생겨서 평상시와 다른 점이 발생하면, 내수는 이러
한 사실들을 문왕에게 아뢴다. 그러면 문왕은 부친을 근심하는 마음 때
문에 얼굴에 근심스러움이 나타났고, 노심초사하는 마음 때문에 걷는
것도 제대로 걸을 수가 없었다. 왕계가 다시 기력을 회복하여 평상시처
럼 음식을 먹게 된 이후에야 문왕 또한 문안인사 드리는 것을 평상시처
럼 시행하였다. 그리고 문왕은 왕계에게 밥상을 들일 때['上'자는 상성으로
읽는다.] 반드시 음식의 차갑고 따뜻한 정도를 살펴봤고, 밥상을 내올 때
에는 어느 음식을 많이 드시고 어느 음식을 적게 드시는지를 물어보았
다. 그리고 음식을 만드는 선재에게 명령하여, "남은 음식들을 다시 올
리는 일이 없도록 하라."라고 하고, 선재가 응답하길, "알겠습니다."라고
말하면, 그 대답을 듣고서야 물러갔다.

集說

不安節, 謂有疾不能循其起居飮食之常時也. 食上, 進膳於親也. 在,
察也. 食下, 食畢而徹也. 問所膳, 問所食之多寡也. 末, 猶勿也, 原,
再也, 謂所食之餘, 不可再進也.

'불안절(不安節)'은 질병이 생겨서 그가 평상시처럼 기거하거나 먹고 마
시는 것을 할 수 없다는 뜻이다. '식상(食上)'은 부친에게 밥상을 올린다
는 뜻이다. '재(在)'자는 살핀다는 뜻이다. '식하(食下)'는 식사를 다 끝내
고서 상을 치운다는 뜻이다. '문소선(問所膳)'은 음식을 드신 양을 묻는
것이다. '말(末)'자는 하지 말라는 뜻과 같고, '원(原)'자는 '재차[再]'라는
뜻이니, '말유원(末有原)'이라는 말은 먹고 남은 음식들을 다시 차려내서
는 안 된다는 뜻이다.

近按: 此記文王之孝, 以爲萬世世子之常法也.

내가 살펴보니, 이것은 문왕의 효를 기록하여, 만세에 모든 세자들의 항상된 법으로 삼고자 한 것이다.

武王帥而行之, 不敢有加焉. 文王有疾, 武王不說[脫]冠帶而養 [去聲], 文王一飯[上聲], 亦一飯, 文王再飯, 亦再飯, 旬有二日, 乃間.〈003〉

무왕도 문왕이 왕계를 섬기던 예법을 그대로 따라서 시행하였으며, 감히 더 보탠 것이 없었다. 한번은 문왕이 병환에 들자 무왕은 의관을 풀지도['說'자의 음은 '脫(탈)'이다.] 않은 채 문왕을 봉양하였다.['養'자는 거성으로 읽는다.] 문왕이 기력이 약해져 수저를 한 번 뜨면['飯'자는 상성으로 읽는다.] 자신 또한 식사를 할 때 수저를 한 번만 떴고, 문왕이 두 번 수저를 뜨면 자신 또한 수저를 두 번만 떴다. 이렇게 행동하기를 12일간이나 하자 곧 문왕이 병에서 쾌유되었다.

不敢有加, 不可踰越父之所行也.

"감히 더 보태지 않았다."고 한 이유는 부친이 행동했던 것을 자식이 감히 뛰어넘을 수 없기 때문이다.

疏曰: 病重之時, 病恒在身, 無少間空隙. 病今旣損, 不恒在身, 其間有空隙, 故謂病瘳爲間也.

소에서 말하길, 병이 위중할 때에는 병마가 항상 그 자신에게 있게 되어, 잠시도 틈이 없게 된다. 병이 덜해지게 되면, 그 자신에게 항상 있는 것이 아니니, 그 사이에는 틈이 있게 된다. 그렇기 때문에 병이 쾌유되는 것을 '간(間)'이라고 부르게 된 것이다.

文王謂武王曰: "女[汝]何夢矣?" 武王對曰: "夢帝與我九齡." 文
王曰: "女以爲何也?" 武王曰: "西方有九國焉, 君王其終撫諸."
文王曰: "非也. 古者, 謂年齡, 齒亦齡也. 我百, 爾九十, 吾與爾
三焉." 文王九十七乃終, 武王九十三而終. 〈004〉

문왕이 무왕에게 말하길, "너는['女'자의 음은 '汝(여)'이다.] 어떤 꿈을 꾸었
느냐?"라고 묻자 무왕이 "꿈에 상제께서 저에게 구령(九齡)을 주셨습니
다."라고 대답했다. 문왕이 "너는 그것을 어떤 뜻이라고 생각하느냐?"라
고 묻자 문왕이 "서방에 아홉 개의 나라가 있으니, 군왕께서 끝내 그 나
라들을 통치할 것이라는 뜻일 겁니다."라고 대답했다. 문왕이 "틀렸다.
옛날에는 나이를 '연령(年齡)'이라 하였고, 이빨 또한 '영(齡)'이라 하였
다. 너의 꿈은 내가 100살까지 살고, 네가 90살까지 산다는 뜻이니, 내
가 너에게 3살을 더 주겠다."라고 했다. 이후 문왕은 97세가 되어 임종
하였고, 무왕 또한 93세가 되어 임종하였다.

文王疾瘳之後, 武王乃得安寢, 故問其何夢. 武王對云, 夢天帝言與
我九齡, 齡字從齒, 齒之異名也, 故言年齡, 又言年齒, 其義一也. 大
戴禮云: "男八月生齒, 八歲而齔." 齒是人壽之數也. 然數之脩短, 稟
氣於有生之初. 文王雖愛其子, 豈能減己之年而益之哉? 好事者爲
之辭而不究其理, 讀記者信其說而莫之敢議也.

문왕이 질병에서 완쾌된 이후 무왕은 곧 편안하게 잘 수 있었다. 그렇기
때문에 문왕이 그것을 예상하고 무왕에게 어떤 꿈을 꾸었는지 물어본
것이다. 무왕이 대답하길, "꿈속에서 천제가 저에게 구령(九齡)을 주겠
다고 말하였습니다."라고 했다. '영(齡)'자는 치(齒)자를 부수로 삼고, 치
(齒)자의 이체자로도 사용된다. 그렇기 때문에 나이를 '연령(年齡)'이라
고 부르는 것이며, 또한 '연치(年齒)'라고도 말하는 것이니, 그 의미는 동

일하다. 『대대례기』에서는 "남자아이는 태어난 지 8개월 만에 젖니가
나오고, 8세 때 젖니가 빠지고 영구치가 나온다."[1]라고 하였으니, '치
(齒)'라는 말은 바로 수명의 길이를 뜻하는 것이다. 그러나 수명의 길고
짧음은 태어날 때 품수 받게 되는 기질에 좌우되는 것이다. 문왕이 비록
그의 아들을 총애하였지만, 어찌 자신의 수명을 덜어서 그에게 보태줄
수 있겠는가? 따라서 이 문장은 일 꾸미기를 좋아하는 자들이 지어낸
것이며, 또한 이야기를 지어내면서 그 이치를 자세히 따져보지도 않은
것이다. 그리고 『예기』를 읽는 자들 또한 그 주장을 신봉하여, 감히 의
론조차 제기하지 않았던 것이다.

浅見

近按: 此節之說甚誣. 武王雖夢帝與九齡, 而文王知其享年九十之
徵, 不能違天而又與之三也. 文王在時, 未嘗稱"王", 而曰"君王", 皆
是記者之失也.

내가 살펴보니, 이 문단의 내용은 매우 무람된다. 무왕이 비록 꿈에 상
제가 구령을 주는 것을 꾸었고, 문왕이 그가 90세까지 살 것이라는 징후
를 알아차렸더라도, 하늘의 뜻을 거스르고 또 자식에게 3살을 줄 수 없
다. 문왕이 생존했을 때에는 일찍이 '왕(王)'이라는 칭호를 붙이지 않았
는데, '군왕(君王)'이라고 했으니, 이 모두는 『예기』를 기록한 자의 잘못
이다.

---

1) 『대대례기』「본명(本命)」: <u>故男以八月而生齒, 八歲而齔</u>, 一陰一陽然後成道.

제2절

經文

周公踐阼.〈023〉 [此四字, 舊在此章之末“世子之謂也”之下. 說者以爲衍
文, 今姑以爲此章之篇目.]

주공이 섭정을 했다. [이 네 글자를 옛 판본에서는 이 장의 끝인 “세자를 가리킨
다.”[1]라고 한 문장 뒤에 수록하였다. 학자들은 이것을 연문으로 여겼는데, 여기에서
는 이 장의 편목으로 여겼다.]

淺見

近按: 上言文‧武之孝, 此下言周公敎成王之事. 然經之文本曰: “相
踐阼”, 又曰: “攝政踐阼”, 而此句缺一“相”字, 遂啓新莽之禍. 蔡氏謂
王莽居攝幾傾漢鼎, 皆儒者有以啓之, 信哉! 其初但取章首四字, 約
言此章之大旨, 而其終貽禍至於如此, 文字之不可不謹也, 甚矣哉!

내가 살펴보니, 앞에서는 문왕과 무왕의 효를 언급하였는데, 이곳 문장
으로부터 그 이하의 기록에서는 주공이 성왕을 가르쳤던 사안을 언급하
였다. 그런데 경문에서는 본래 “재상이 되어 천자의 자리를 밟았다.”[2]라

---

1) 『예기』「문왕세자」 022장 : 行一物, 而三善皆得者, 唯世子而已. 其齒於學之謂
也. 故世子齒於學, 國人觀之曰, 將君我, 而與我齒讓, 何也. 曰, 有父在, 則禮
然. 然而衆知父子之道矣. 其二曰, 將君我, 而與我齒讓, 何也. 曰, 有君在, 則
禮然. 然而衆著於君臣之義矣. 其三曰, 將君我, 而與我齒讓, 何也. 曰, 長長
也. 然而衆知長幼之節矣. 故父在, 斯爲子, 君在, 斯謂之臣, 居子與臣之節, 所
以尊君親親也. 故學之爲父子焉, 學之爲君臣焉, 學之爲長幼焉. 父子‧君臣‧
長幼之道得而國治. 語曰, 樂正司業, 父師司成, 一有元良, 萬國以貞. 世子之
謂也.

2) 『예기』「문왕세자」 005장 : 成王幼, 不能涖阼. 周公相, 踐阼而治, 抗世子法於
伯禽, 欲令成王之知父子‧君臣‧長幼之道也. 成王有過, 則撻伯禽, 所以示成

고 했고 또 "섭정을 하여 천자의 자리를 밟았다."[3]라고 했는데, 이곳 구문에는 '상(相)'이라는 한 글자가 누락되어 결국 신망의 재앙을 불러오게 되었다. 채침은 "왕망이 섭정을 하여 거의 한나라를 멸망시킬 뻔하였는데, 이 모두는 유학자들이 불러들인 것이다."라고 하였는데, 매우 분명한 말이다! 처음에는 단지 문장의 첫 부분에 있는 네 글자를 가져다가 이 장의 큰 뜻을 요약하고자 했던 것인데, 끝내는 이와 같은 재앙을 끼치고 말았으니, 문자를 사용함에 있어서 매우 조심해야 한다!

王世子之道也, 文王之爲世子也.

3) 『예기』「문왕세자」020장 : 仲尼曰, 昔者, 周公攝政, 踐阼而治, 抗世子法於伯禽, 所以善成王也. 聞之, 曰, 爲人臣者, 殺其身, 有益於君, 則爲之. 況于其身, 以善其君乎. 周公, 優爲之.

成王幼, 不能涖阼. 周公相[去聲], 踐阼而治, 抗世子法於伯禽,
欲令成王之知父子·君臣·長幼之道也. 成王有過, 則撻伯
禽, 所以示成王世子之道也, 文王之爲世子也.⟨005⟩

성왕은 나이가 너무 어려서 천자의 자리에 오를 수 없었다. 그래서 주
공이 재상이 되어['相'자는 거성으로 읽는다.] 성왕 대신 임시로 천자의 직위
에 올라 천하를 다스렸다. 그리고 자신의 아들 백금에게 세자를 가르치
던 법도대로 교육하여, 성왕으로 하여금 백금을 관찰하도록 해서, 부
자·군신·장유 사이에서 지켜야 하는 도리를 알게 하고자 하였다. 만
약 성왕이 과실을 저지르게 되면, 주공은 성왕 대신 백금을 회초리로
때렸다. 그 이유는 성왕에게 세자로서 지켜야 하는 도리를 보이고자 했
기 때문이다. 여기까지의 내용이 바로 문왕이 세자였을 때 시행하였던
도리이다.

集說

石梁王氏曰: "文王之爲世子也"一句, 衍文.

석양왕씨가 말하길, '문왕지위세자야(文王之爲世子也)'라는 한 구문은
연문이다.

劉氏曰: 成王幼弱, 雖已涖阼爲天子, 而未能行涖阼之事. 書曰: "小
子同未在位", 亦言其雖已在位, 與未在位同也. 故周公以冢宰攝政,
相助成王, 踐履其臨阼之事而治天下. 以幼年卽尊位, 而不知父子·
君臣·長幼之道, 何以治天下哉? 故周公擧世子事君親長上之法, 以
敎伯禽, 使日夕與成王遊處, 俾其有所視效也. 其或成王出入起居
之間有愆乎禮法者, 則撻伯禽以責其不能盡事君之道, 所以警敎成
王, 而示之以爲世子之道也. 然伯禽所行, 卽文王所行世子之道; 文
王所行, 乃諸侯世子之禮, 故曰"文王之爲世子也", 言伯禽所行, 非

王世子之禮也.

유씨가 말하길, 성왕은 나이가 너무 어려서 비록 이미 군주의 자리에 올라서 천자가 되었지만, 아직 군주로서 해야 할 일들을 시행할 수 없었다. 『서』에서 "소자는 아직 재위에 오르지 않은 것과 같다."[1]라고 말한 것도 그가 비록 이미 제위에 있었지만, 아직 제위에 오르지 않은 것과 같다는 뜻이다. 그렇기 때문에 주공이 총재(冢宰)[2]가 되어 섭정을 해서 성왕을 보좌하고, 군왕의 일들을 대신 시행하며 천하를 다스렸던 것이다. 성왕은 너무 어린 나이에 가장 존귀한 지위에 올랐으므로, 부자·군신·장유 사이에서 지켜야 할 도리들을 알지 못하였으니, 무엇을 가지고 천하를 다스리겠는가? 그렇기 때문에 주공이 세자가 군주·부친·연장자를 섬기는 도리를 가지고 백금을 교육하여, 백금으로 하여금 아침 저녁으로 성왕이 노닐던 곳에 함께 지내게 해서, 성왕이 백금을 보고 배우는 점이 있게끔 한 것이다. 그 중 성왕이 출입하고 나서고 머무는 사이에 혹시 예법에 맞지 않게 시행한 점이 있게 된다면, 백금에게 회초리를 대서 백금이 군주를 섬기는 도리를 제대로 다하지 못한 것을 책망하였다. 이것은 곧 잘 타이르는 방법으로 성왕을 교육시켜서, 세자가 되었을 때 지켜야 하는 도리를 간접적으로 보여주었던 방법이다. 그러나 백금이 행동한 것은 곧 문왕이 제후의 신분이었을 때 행동하였던 세자로서의 도리이다. 따라서 문왕이 행동한 것은 곧 제후의 세자에게 해당하는 예법이다. 그렇기 때문에 경문에서 "이것은 문왕이 세자였을 때 실천했던 방법이다."라고 말한 것이니, 이 말은 곧 백금이 행동한 것은 천자의 세자에 해당하는 예법이 아니라는 사실을 뜻한다.

---

1) 『서』「주서(周書)·군석(君奭)」 : <u>小子同未在位, 誕無我責</u>.
2) 총재(冢宰)는 대재(大宰)와 같은 말이다. '대재'는 태재(太宰)라고도 부른다. '대재'는 은(殷)나라 때 설치된 관직이라고 전해지며, 주(周)나라에서는 '총재'라고도 불렀다. 『주례(周禮)』의 체제상으로는 천관(天官)의 수장이며, 경(卿) 1명이 담당했다. 『주례』의 체제상으로는 가장 높은 관직이다. 따라서 '대재'가 담당했던 일은 국정 전반에 대한 것이었다.

近按: 王世子與諸侯世子其禮固不同, 而周公相踐阼, 抗世子法於伯
禽, 當有嫌疑之辨, 故劉氏特發明之, 其於君臣之際上下之分, 可謂
謹矣. 然其爲禮雖有不同, 其所以學父子・君臣・長幼之道, 則無以
異也, 故撻伯禽而示成王者, 卽以文王所行三朝以下, 愛親誠孝之道
也, 是則豈有王與諸侯之異哉? 相踐阼者, 言周公輔相成王踐阼之
事, 非謂周公爲相而踐阼也.

내가 살펴보니, 천자의 세자와 제후의 세자는 시행하는 예법이 진실로
동일하지 않은데, 주공이 재상이 되어 섭정을 하고, 백금에게 세자가 따
라야 하는 예법을 적용하였으니, 혐의에 대해 변별해야 하는 점이 있다.
그렇기 때문에 유씨가 특별히 그것을 밝힌 것인데, 군신관계와 상하의
구분에 있어서 매우 조심스럽게 설명했다고 평할 수 있다. 그러나 예를
시행함에 있어서 비록 동일하지 않은 점이 있더라도, 부자・군신・장유
관계에서 지켜야 하는 도리를 가르침에 있어서는 차이가 없다. 그렇기
때문에 백금에게 회초리를 대서 성왕에게 그 뜻을 보여주었던 것은 곧
문왕이 하루에 3차례 문안인사를 드렸다는 것으로부터 그 이하의 것들
로, 이것은 부모를 친애하고 성실한 효의 도리가 되는데, 어떻게 천자와
제후의 차이가 있겠는가? '상천조(相踐阼)'라는 것은 주공이 성왕을 보
조하며 천자의 자리를 밟았다는 뜻이니, 주공이 재상이 되어 천자의 자
리를 밟았다는 뜻이 아니다.

仲尼曰: "昔者周公攝政, 踐阼而治, 抗世子法於伯禽, 所以善
成王也. 聞之曰: '爲人臣者, 殺其身, 有益於君, 則爲之.' 況于
迂其身, 以善其君乎? 周公優爲之."〈020〉 [此下至"世子之謂也", 舊
本在"君之謂也"之下.]

공자가 말하길, "옛적에 성왕의 나이가 너무 어려서 주공이 섭정을 하게
되었다. 그래서 천자의 직위에 올라서 나라를 다스렸고, 자신의 아들 백
금에게 세자를 가르치는 법도에 따라 가르쳤으니, 이것은 성왕을 잘 보
필하는 방법이었다. 내가 듣기로는 '신하된 자는 그 자신을 희생하더라
도 군주에게 보탬이 된다면 그 일을 시행한다.'라고 하였다. 이처럼 자신
을 희생시키더라도 그러한 일들을 하는데, 하물며 자신의 행동을 간접적
으로 드러내서, 주군인 성왕을 잘 보필하는 일을 주공이 어찌 행동하지
않았겠는가? 그러므로 주공은 여유로운 태도로 그러한 일들을 시행하였
던 것이다."라고 했다. [이곳 문장부터 그 이하로 "세자를 가리킨다."[1]라고 한
문장까지, 옛 판본에는 "군주가 될 만한 자라고 말할 수 있는 것이다."[2]라고 한 문
장 뒤에 수록되어 있었다.]

---

1) 『예기』「문왕세자」 022장 : 行一物, 而三善皆得者, 唯世子而已. 其齒於學之謂
也. 故世子齒於學, 國人觀之曰, 將君我, 而與我齒讓, 何也. 曰, 有父在, 則禮
然. 然而衆知父子之道矣. 其二曰, 將君我, 而與我齒讓, 何也. 曰, 有君在, 則
禮然. 然而衆著於君臣之義也. 其三曰, 將君我, 而與我齒讓, 何也. 曰, 長長
也. 然而衆知長幼之節矣. 故父在, 斯爲子, 君在, 斯謂之臣, 居子與臣之節, 所
以尊君親親也. 故學之爲父子焉, 學之爲君臣焉, 學之爲長幼焉. 父子·君臣·
長幼之道得而國治. 語曰, 樂正司業, 父師司成, 一有元良, 萬國以貞. 世子之
謂也.

2) 『예기』「문왕세자」 019장 : 君子曰德. 德成而敎尊, 敎尊而官正, 官正而國治,
君之謂也.

前言周公相踐阼而治, 此缺相字, 而下文又有"周公踐阼"之言, 皆記
者之失也. 以世子之法敎世子, 直道也. 今擧世子法於伯禽而敎成
王, 是迂曲其事也. 人臣殺身爲國, 猶尙爲之. 今周公不過迂曲其身
之所行, 以成君之善, 宜乎優爲之也.

이전 문장에서는 "주공이 재상이 되어 천자의 직위에 올라서 다스렸다."
고 하였는데, 이곳 문장에는 '상(相)'자가 빠져 있고, 아래 문장에서도
"주공이 천자의 직위에 올랐다."고만 언급하고 있다. 이 두 문장에서 '상
(相)'자가 빠져 있는 것은 모두『예기』를 기록한 자의 실수이다. 세자가
지켜야하는 법도를 가지고 세자를 교육하는 것은 직선적인 방법이다.
그런데 지금 이곳 문장에서 언급하는 것처럼, 세자가 지켜야 하는 법도
를 백금에게 적용하여서, 간접적으로 성왕을 가르친 것은 그 사안을 우
회적이며 완곡하게 시행한 것이다. 신하된 자는 자신을 희생시키더라도
국가에 보탬이 된다면, 오히려 그러한 일들을 일찍이 시행해 왔었다. 지
금 이곳 문장에서 언급하는 것처럼, 주공의 행위는 그 자신의 행동을 우
회적으로 나타내서 군주의 선함을 완성시키는 일에 불과할 따름이니,
여유로운 태도로 그것들을 시행하는 것이 마땅한 것이다.

劉氏曰: 書 · 蔡仲之命曰: "惟周公位冢宰, 正百工." 此言攝政踐阼
而治, 是以冢宰攝行踐阼之政, 非謂攝居天子之位也. 孔子言周公
擧世子法於伯禽者, 非自敎其子, 蓋示法以善成王也. 吾聞古人言
爲人臣者, 殺身而有益於君, 猶且爲之, 況止迂其身以善其君乎? 此
大人正己而物正之事. 周公大聖人也, 故優爲之.

유씨가 말하길, 『서』「채중지명(蔡仲之命)」편에서는 "다만 주공은 총재
의 지위에 올라서, 백공들을 바로잡았을 뿐이다."[3]라고 하였다. 이 말은

---

3) 『서』「주서(周書) · 채중지명(蔡仲之命)」: 惟周公位冢宰, 正百工, 群叔流言,
乃致辟管叔于商, 囚蔡叔于郭鄰, 以車七乘, 降霍叔于庶人, 三年不齒.

곧 주공이 천자의 직무를 섭정하여 천하를 대신 다스렸다는 의미이니, 이러한 까닭으로 주공이 총재가 되어 천자가 시행해야 할 정사를 대신 시행했던 것이지, 성왕을 대신해서 천자의 지위에 올랐다는 뜻이 아니다. 공자의 말뜻은 다음과 같다. "주공이 세자를 교육하는 법도를 백금에게 적용시켰다."는 것은 자신의 아들에게 제멋대로 세자에 대한 교육을 시켰다는 말이 아니며, 무릇 세자가 지켜야 하는 법도를 백금을 통해 보여줌으로써, 성왕이 올바르게 성장할 수 있도록 보필하였다는 뜻이다. 그리고 공자는 옛날 사람들이 했던 말을 들은 적이 있었는데, "신하된 자는 자신을 희생하더라도 군주에게 이로움이 있다면, 오히려 그러한 행동을 한다."고 하였다. 따라서 신하된 자가 어찌 자신의 행위를 우회적으로 표현하여 군주를 이롭게 하는 것에 그쳤겠는가? 이것이 바로 대인은 자신을 바르게 해서 만물도 바르게 만든다는 뜻이다.[4] 주공은 위대한 성인이었기 때문에, 여유롭게 그러한 일들을 시행했던 것이다.

淺見

近按: 說者謂"踐阼"之上, 脫一相字, 是也. 或以旣言攝政, 足以知其非自踐阼, 但攝行其踐阼之政, 故省之歟. 于其身者, 言人臣有益於君, 則雖殺其身而爲之, 況於其身之在而善之者乎? 舊說訓于爲迂, 其說似亦迂也, 如字爲是.

내가 살펴보니, 학자들은 '천조(踐阼)'라는 구문 앞에 '상(相)'이라는 한 글자가 누락되었다고 했는데, 이 말은 옳다. 혹은 이미 섭정을 했다고 언급했으니, 이를 통해 자신이 직접 천자의 지위에 올랐던 것이 아니라, 단지 천자의 자리에서 시행해야 할 정무를 대신 시행했음을 알 수 있기 때문에 생략했을 것이다. '우기신(于其身)'은 신하는 군주에게 보탬이 된다면 비록 자신을 희생하더라도 그 일을 시행하는데, 하물며 본인이 무사한 상태에서 군주를 선하게 하는 일에 있어서는 어떠하겠느냐는 뜻이

---

4) 『맹자』「진심상(盡心上)」 : 有大人者, 正己而物正者也.

다. 옛 학설에서는 '于(우)'자를 우(迂)자로 풀이했는데, 그 주장은 우활한 것 같으니, 글자대로 보는 것이 옳다.

經文

是故, 知爲人子, 然後可以爲人父, 知爲人臣, 然後可以爲人
君, 知事人, 然後能使人. 成王幼, 不能涖阼, 以爲世子, 則無
爲也. 是故, 抗世子法於伯禽, 使之與成王居, 欲令成王之知
父子·君臣·長幼之義也. 君之於世子也, 親則父也, 尊則君
也, 有父之親, 有君之尊, 然後兼天下而有之. 是故, 養世子,
不可不愼也.〈021〉

이러한 까닭으로 자식된 자가 지켜야 하는 도리를 안 이후에야, 부모된
자가 지켜야 하는 도리를 시행할 수 있고, 신하된 자가 지켜야 하는 도
리를 안 이후에야, 군주된 자가 지켜야 하는 도리를 시행할 수 있으며,
남을 섬길 줄 안 이후에야, 사람을 잘 부릴 수 있는 것이다. 그런데 성
왕은 나이가 너무 어려서 천자의 지위에 오를 수 없었고, 성왕을 세자
로 삼아서 교육을 시키려 한다고 하더라도, 무왕이 이미 붕어한 상태이
기 때문에 성왕이 세자로 처신할 수 없었다. 이러한 까닭으로 주공은
자신의 아들 백금에게 세자가 지켜야 하는 법도를 적용하여 가르쳤고,
백금으로 하여금 성왕과 함께 기거하게 해서, 성왕으로 하여금 백금을
관찰하여 부자·군신·장유 사이에서 지켜야 하는 도리들을 알게끔 했
던 것이다. 군주는 세자에 대해서 친하기로 따지자면 부친이 되고, 존
엄하기로 따지자면 군주가 되니, 세자에게 부자·군신 사이에서 지켜야
하는 법도를 잘 가르치려고 한다면, 본인이 부친으로서의 친애함과 군
주로서의 존엄함을 갖추어야만 가능하며, 이러한 덕목을 갖춘 연후에야
천하를 온전하게 소유할 수 있다. 이러한 까닭으로 세자를 양육하는 일
은 신중하게 하지 않을 수가 없는 것이다.

集說

武王旣崩, 則成王無父, 雖年幼未知君道, 若以之爲世子, 則無爲子
之處矣. 故云: "以爲世子, 則無爲也." 君於世子, 以親言則是父, 以

尊言則是君. 能盡君父之道以敎其子, 然後可以保有天下之大. 不然, 則他日爲子者不克負荷矣, 可不愼乎?

무왕이 이미 붕어하였으니, 성왕에게는 부친이 없게 되었고, 비록 성왕의 나이가 너무 어려서 군주의 도리를 아직 알지 못한다 하더라도, 만약 그를 세자로 여긴다면 성왕 본인은 자식으로 처신할 곳이 없게 된다. 그렇기 때문에 경문에서 "성왕을 세자로 삼아서 교육을 시키려 한다고 하더라도, 세자로 처신할 수 없었다."라고 말한 것이다. 군주는 세자에 대해서, 친함을 기준으로 말한다면 그의 부친이 되고, 존엄함을 기준으로 말한다면 그의 군주가 된다. 군주와 부친으로서 지켜야 하는 도리를 극진히 하여, 세자를 교육시킬 수 있은 연후에야, 천하의 법도를 보존할 수 있게 된다. 그렇지 않다면 머지않아 세자가 그 책임을 이겨낼 수 없게 될 것이니, 신중하지 않을 수 있겠는가?

經文

行一物, 而三善皆得者, 唯世子而已. 其齒於學之謂也. 故世子齒於學, 國人觀之曰: "將君我, 而與我齒讓, 何也?" 曰: "有父在, 則禮然." 然而衆知父子之道矣. 其二曰: "將君我, 而與我齒讓, 何也?" 曰: "有君在, 則禮然." 然而衆著於君臣之義也. 其三曰: "將君我, 而與我齒讓, 何也?" 曰: "長長也." 然而衆知長幼之節矣. 故父在, 斯爲子, 君在, 斯謂之臣, 居子與臣之節, 所以尊君親親也. 故學[音效, 下二學同.]之爲父子焉, 學之爲君臣焉, 學之爲長幼焉. 父子·君臣·長幼之道得而國治. 語曰: "樂正司業, 父師司成, 一有元良, 萬國以貞." 世子之謂也.〈022〉

한 가지 선한 일을 시행하여 세 가지 선한 도리를 모두 얻게 할 수 있는 자는 오직 세자 밖에 없다. 한 가지 선한 일이라는 것은 바로 세자가 태학에서 국자들과 지위가 아닌 나이에 따라 겸양하는 것을 뜻한다. 그러므로 세자가 태학에서 국자들과 나이에 따라 겸양을 하면, 국자들은 그 모습을 보고 의혹스러워 하며, "장차 우리들의 군주가 되실 분이 우리들과 함께 나이에 따라 겸양을 하는 것은 무슨 이유인가?"라고 묻게 된다. 그러면 그 까닭을 알고 있는 자가 말해주길, "세자라 하더라도, 부친이 생존해 계실 때에는 남 앞에 나서지 않고 항상 자신을 겸손하게 낮추는 것이니, 본래 예가 그러한 것이다."라고 대답해준다. 그렇게 되면 국자들은 세자의 모습을 보고 부자 사이에서 지켜야 하는 도리를 알게 된다. 이것이 바로 첫 번째 선한 도리에 해당한다. 두 번째 선한 도리와 관련해서 말해 본다면, 국자들은 "장차 우리들의 군주가 되실 분이 우리들과 함께 나이에 따라 겸양을 하는 것은 무슨 이유인가?"라고 의혹을 제시한다. 그러면 다시 그 까닭을 알고 있는 자가 말해주길, "세자라고 하더라도, 부친인 군주가 생존해 계시므로 세자는 아직 신하의 신분이다. 그렇기 때문에 남 앞에 나서지 않고 항상 자신을 겸손하게 낮추는 것이니, 본래 예가 그러한 것이다."라고 대답해준다. 그렇게 되면 국자들은 세자의 모습을 보고, 군신 사이에서 지켜야 하는 도리를 알게 된다. 세 번째 선한 도리와 관련해서 말해 본다면, 국자들은 "장차 우리들의 군주가 되실 분이 우리들과 함께 나이에 따라 겸양을 하는 것은 무슨 이유인가?"라고 의혹을 제시한다. 그러면 다시 그 까닭을 알고 있는 자가 말해주길, "아무리 세자의 신분이라 하더라도, 웃어른은 웃어른으로 섬겨야 하는 것이다."라고 대답해준다. 그렇게 되면 국자들은 세자의 모습을 보고, 장유 사이에서 지켜야 하는 도리를 알게 된다. 그러므로 부친이 생존해 계실 때 세자는 자식의 입장이 되고, 군주가 생존해 계실 때 세자를 신하라고 부르니, 자식과 신하였을 때 준수해야 하는 도리는 군주를 높이고 부친을 친애하는 것이다. 그렇기 때문에 세자에게 부자 사이에서 지켜야 하는 도리를 가르치고['學'자의 음은 '效(효)'이며, 뒤에 나오는 2개의 '學'자도 그 음이 이와 같다.] 군신 사이에서 지켜야 하는 도리를 가르치며, 장유 사이에서 지켜야 하는 도리를 가르치는 것이다. 세자가 부자·군신·장유 사이에서 지켜야 하는 도리를 얻게 되면 천하가 잘 다스려지게 된다. 옛말에, "악정은 세자의 학업 완성하는 일을 담당하고, 부사는 세자의 덕성 완성하는 일을 담당한다. 한 사람이 크게 어질면 온 천하가 바르게 된다."라고 했다. 이 문장의 한 사람이란 바로 세자를 가리킨다.

集說

一物, 一事也, 與國人齒讓之一事也. 三善, 謂衆人知父子 · 君臣 · 長幼之道也. 君我, 君臨乎我也. 世子與同學之人讓齒, 其不知禮者見之而疑, 其知禮者從而曉之曰: "父在之時, 常執謙卑, 不敢居人之前, 其禮當如此也". 如此而衆知父子之道矣. 其二其三, 皆此意. 學之, 敎之也. 語, 古語也. 樂正, 主世子詩書之業. 父師, 主於成就其德行. 一有, 書作一人, 謂世子也. 世子有大善, 則萬邦皆正矣.

'일물(一物)'은 한 가지 일을 뜻하니, 곧 세자가 국자들과 함께 나이에 따라 서로 겸양하는 한 가지 일에 해당한다. '삼선(三善)'은 국자 무리들이 부자 · 군신 · 장유 사이에서 지켜야 하는 도리를 안다는 것을 뜻한다. '군아(君我)'는 군주로서 우리에게 군림한다는 뜻이다. 세자가 함께 수학하는 사람들과 나이에 따라 겸양을 하게 되면, 그들 무리 중에 예를 잘 모르는 자들은 그 모습을 보고 의혹스러워하게 되니, 그들 무리 중에 예를 아는 자가 그들의 의혹을 깨우쳐주길, "세자의 부친이 생존해 계실 적에는 항상 겸손하게 자신을 낮추어 행동하여서, 감히 남의 앞에 나서지 않는 것이므로, 세자가 시행하는 예가 마땅히 이와 같은 것이다."라고 한다. 이처럼 된다면 그 무리들은 부자 사이에서 지켜야 하는 도리를 알게 된다. 두 번째 선한 도리와 세 번째 선한 도리라는 것도 모두 이러한 뜻이다. '효지(學之)'는 가르친다는 뜻이다. '어(語)'는 옛말이다. '악정(樂正)'은 세자에게 『시』와 『서』 가르치는 업무를 주관한다. '부사(父師)'는 세자의 덕행 완성하는 일을 주관한다. '일유(一有)'를 『서』에서는 '일인(一人)'으로 기록하였으니,[1] 곧 세자를 가리킨다. 세자가 큰 선함을 갖추게 되면 온 천하가 모두 바르게 된다는 뜻이다.

近按: 此因周公敎成王之事, 而推言之也.

내가 살펴보니, 이것은 주공이 성왕을 가르쳤던 사안에 따라서, 그 의미를 미루어 설명한 것이다.

---

1) 『서』「주서(周書)·태갑하(太甲下)」: 一人元良, 萬邦以貞.

제 3 절

經文

敎世子.〈016〉[^1] [此三字舊在"凡三王敎世子"之上"無介語可也"之下. 或以爲衍文, 或以屬上文而爲結語.]

세자를 교육하는 내용이다. [이 세 글자는 옛 판본에 "삼왕의 시기에 세자를 교육한다."[^2]라고 한 문장 앞과 "개(介)나 어(語)는 하지 않아도 괜찮다."[^3]라고 한 구문 뒤에 수록되어 있었다. 혹자는 연문으로 여기기도 하고 또 앞 문장에 연결하여 결론을 내리는 말로 여기기도 한다.]

淺見

近按: 此句上文非全言敎世子之事, 而下文乃言三王之敎世子, 則以爲上文之結語者, 非是. 此篇首言文王之爲世子, 次言周公之相踐阼, 而此下汎言敎世子之事, 則此三字當屬下文, 而爲下章之篇目也歟.

내가 살펴보니, 이 구문의 앞에 있는 기록들은 전적으로 세자를 가르치는 내용만 언급한 것이 아니며, 뒤의 문장에서는 삼왕 때 세자를 교육했던 내용들을 언급하고 있으니, 앞 문장들에 대해 결론을 내리는 말로 여기는 것은 옳지 않다. 「문왕세자」편의 첫 부분에서는 문왕이 세자였을 때의 일화를 언급했고, 그 다음에 주공이 섭정을 했던 일화를 언급했으

[^1]: 『예기』「문왕세자」016장 : 始立學者, 旣興器用幣, 然後釋菜, 不舞, 不授器, 乃退, 儐于東序, 一獻, 無介語可也. 敎世子.

[^2]: 『예기』「문왕세자」017장 : 凡三王敎世子, 必以禮樂. 樂, 所以修內也, 禮, 所以修外也. 禮樂交錯於中, 發形於外, 是故其成也懌, 恭敬而溫文.

[^3]: 『예기』「문왕세자」016장 : 始立學者, 旣興器用幣, 然後釋菜, 不舞, 不授器, 乃退, 儐于東序, 一獻, 無介語可也. 敎世子.

며, 이곳 문장으로부터 그 이하의 내용에서는 세자를 교육하는 사안들을 폭넓게 설명하고 있으니, 이 세 글자는 마땅히 아래문장에 연결시켜서 아래 문장에 대한 편목으로 삼아야 할 것 같다.

凡三王教世子, 必以禮樂. 樂, 所以脩內也, 禮, 所以脩外也. 禮樂交錯於中, 發形於外, 是故其成也懌, 恭敬而溫文.〈017〉

삼왕의 시기에 세자를 교육할 때에는 반드시 예악으로써 가르쳤다. 악은 내면을 수양하는 방법이고, 예는 외양을 수양하는 방법이다. 예와 악이 내면에서 서로 교차하며 가르침을 이루게 되면, 밖으로 그 완성된 모습이 나타나게 되니, 이러한 까닭으로 그 가르침을 이룬 자는 기뻐하게 되며, 공경스러운 덕성을 구비하게 되고, 온화하고 아름다운 기상을 갖추게 된다.

脩內者, 消融其邪慝之蘊; 脩外者, 陶成其恭肅之儀. 禮之脩達於中, 樂之脩達於外, 所謂交錯於中也. 有諸中, 必形諸外, 故其成也懌. 此懌字, 與魯論"不亦說乎"之說相似, 旣有恭敬之實德, 又有溫潤文雅之氣象, 禮樂之敎大矣.

'수내(脩內)'라는 말은 마음속에 있는 사악하고 간특한 속내를 없앤다는 뜻이며, '수외(脩外)'라는 말은 공손하고 정숙한 행동거지를 완성한다는 뜻이다. 예의 수양을 통해 마음가짐까지도 변화시키고, 악의 수양을 통해 외양까지도 변화시키니, 이것이 이른바 "안에서 서로 교차한다."는 말이다. 마음속에 형성된 것이 있으면, 반드시 외양으로 드러나게 된다. 그렇기 때문에 완성을 이루게 되면 기뻐하는 것이다. 여기에서의 '역(懌)'이라는 글자는 『노론(魯論)』[1]의 "또한 기쁘지 아니한가?"[2]라고 할

---

1) 노론(魯論)은 『노논어(魯論語)』를 가리킨다. 『노논어』는 본래 『논어』에 대한 판본 중 하나인데, 현행본 『논어』의 근간이 되었으므로, 『논어』를 지칭하는 용어로도 사용된다. 『논어』의 판본으로는 대표적으로 세 가지가 있었다. 세 가지 판본은 『노논어』, 『제논어(齊論語)』, 『고문논어(古文論語)』이다. 육덕명(陸德明)의

때의 '열(說)'자와 유사한 것이니, 교육을 받은 자가 공경스러운 덕성을 갖추고 있으면서도, 또한 온화하고 윤택하며 화려하고 아름다운 기상도 갖추게 되는 것이다. 따라서 예악의 가르침은 이처럼 위대한 것이다.

經文

> 立太傅 · 少傅, 以養之, 欲其知父子 · 君臣之道也. 太傅, 審父子 · 君臣之道, 以示之, 少傅, 奉世子, 以觀太傅之德行[去聲], 而審喩之. 太傅在前, 少傅在後, 入則有保, 出則有師. 是以教喩而德成也. 師也者, 教之以事, 而喩諸德者也. 保也者, 慎其身, 以輔翼之, 而歸諸道者也. 記曰: "虞 · 夏 · 商 · 周有師 · 保, 有疑 · 丞, 設四輔及三公, 不必備, 唯其人", 語使能也. 〈018〉

삼대 때의 제왕들은 태부(太傅)[3]와 소부(少傅)[4]를 세워서 세자를 교육했는데, 그렇게 하는 이유는 세자가 부자와 군신 사이에서 지켜야 하는 도리를 깨우치게끔 하고자 해서이다. 태부는 부자와 군신 간의 도리를

『경전석문(經典釋文)』에는 "漢興, 傳者則有三家, 魯論語者, 魯人所傳, 卽今所行篇次是也."라는 기록이 있다. 즉 한(漢)나라 때 유학이 부흥하게 되었는데, 『논어』를 전수한 학파는 세 종류가 있었다. 그 중에 『노논어』라는 것은 노(魯)나라에서 전수되던 것으로, 오늘날 전해지는 『논어』의 편차는 이 판본을 근간으로 정한 것이다.

2) 『논어』「학이(學而)」: 子曰, 學而時習之, 不亦說乎?

3) 태부(太傅)는 주(周)나라 때의 관직으로, 삼공(三公) 중 하나이며, 삼공 중 서열은 두 번째에 해당한다. 천자를 보좌하여 국정 전반을 다스렸다. 『서』「주서(周書) · 주관(周官)」편에는 "立太師 · 太傅 · 太保, 玆惟三公, 論道經邦, 燮理陰陽."이라는 기록이 있다. 이 관직은 진(秦)나라 때 폐지되었다가, 한(漢)나라 때 다시 설치되기도 하였다.

4) 소부(少傅)는 주(周)나라 때 설치된 관직이다. 군주를 보필하는 임무를 맡았다. 소사(少師) 및 소보(少保)와 함께 삼고(三孤)가 된다.

자세히 살펴서, 세자에게 그것을 제시한다. 소부는 세자를 받들어 모시면서, 세자로 하여금 태부가 제시하는 덕행들을['行'자는 거성으로 읽는다.] 살펴보게 만들어서, 자세히 깨우치도록 만든다. 태부는 길을 걸을 때 세자의 앞에서 걷고, 소부는 세자의 뒤에서 걸으며, 세자가 항상 올바르게 행동할 수 있도록 돕는다. 세자가 집안에 머물 때에는 세자의 교육을 돕는 보(保)가 있게 되고, 집을 벗어나게 되면 세자의 교육을 돕는 사(師)가 있게 된다. 이렇게 하는 이유는 이러한 자들을 통해서, 세자를 가르치고 깨우쳐서 세자의 덕을 완성시키기 위해서이다. 사(師)를 담당하는 자들은 실제적인 일들로 세자를 가르쳐서, 덕을 깨우치도록 만드는 자이다. 보(保)를 담당하는 자들은 세자 본인의 몸가짐을 신중하게 하도록 만들며, 이러한 방법으로 세자를 보필해서 도로 귀의시키는 자이다. 옛 기록에서 말하길, "우 · 하 · 상 · 주나라 때에는 세자의 교육을 돕는 자로는 사(師)와 보(保)가 있었고, 의(疑)와 승(丞)이 있었다고 하니, 이러한 사보(四輔)들과 태사 · 태부 · 태보라는 삼공(三公)의 자리를 마련하되, 반드시 그 자리를 채워야 하는 것은 아니며, 단지 그 자리에 걸맞은 인물들이 있었을 때에만 그 자리에 앉힌다."라고 하였다. 이 말은 곧 세자를 교육하는 직책에는 유능한 사람을 등용해야 한다는 뜻이다.

集說

養者, 長而成之之謂. 番喩, 詳審言之使通曉也. 前後, 以行步言. 出入, 以居處言. 愼其身, 使之謹守其身也. 師保疑丞, 四輔也. 一說, 前疑 · 後丞 · 左輔 · 右弼, 爲四輔. 四輔與三公不必其全備, 唯擇其可稱職者. 唯其人以上, 皆記文. 語言也. "語使能也"一句, 是記者釋之之辭.

'양(養)'이라는 말은 장성하게 만들어서 완성을 시킨다는 뜻이다. '심유(審喩)'는 먼저 본인이 자세히 살펴보고 상대방에게 그것을 설명해주어서, 그로 하여금 완전히 깨우치게 한다는 뜻이다. '전(前)'과 '후(後)'라는 말은 길가에서 걸어 다닐 때를 기준으로 언급한 것이다. '출(出)'과 '입(入)'이라는 말은 거처하는 곳을 기준으로 말한 것이다. '신기신(愼其身)'은 그로 하여금 몸가짐을 신중하게 하도록 만든다는 뜻이다. '사(師)'·'보(保)'·'의(疑)'·'승(丞)'이 곧 사보(四輔)이다. 일설에는 앞에서 보좌하는 의(疑), 뒤에서 보좌하는 승(丞), 좌측에서 보좌하는 보(輔), 우측에서 보좌하는 필(弼)이 사보(四輔)가 된다고 하였다.[5] 사보와 삼공의 직책은 반드시 채워두어야 하는 자리가 아니며, 오직 그 직책에 걸맞은 자가 있을 때에만 채운다. '유기인(惟其人)' 앞에 있는 말들은 모두 옛 기록의 문장들이다. '어(語)'자는 "뜻한다."는 말이다. '어사능야(語使能也)'라는 한 구절은 『예기』를 기록한 자가 기문의 말을 해석한 것이다.

朱子曰: 師保疑丞, 疑字曉不得, 想止是有疑卽問他之意.

주자가 말하길, '사(師)'·'보(保)'·'의(疑)'·'승(丞)' 중에서 '의(疑)'라는 관직에 대해서는 잘 모르겠지만, 아마도 세자가 의문이 생기면, 곧 그에게 질문을 하였기 때문에 붙여진 명칭 같다.

經文

君子曰: "德." 德成而敎尊, 敎尊而官正, 官正而國治, 君之謂也.〈019〉

군자가 말하길, "세자에 대한 교육에서는 세자의 덕을 기르는 것이 무엇보다도 중요하다."라고 하였다. 세자의 덕이 완성되면 교육의 법도가 존엄해지고, 교육의 법도가 존엄해지면 관직자들이 공명정대하게 되며,

---

5) 『상서대전(尙書大傳)』「하서(夏書)」: 古者天子必有四鄰, 前曰疑, 後曰丞, 左曰輔, 右曰弼.

관직자들이 공명정대하게 되면 나라가 제대로 다스려지게 되니, 그런 뒤에야 세자를 군주가 될 만한 자라고 말할 수 있다.

集說

"君子曰德", 此德是指世子之德. 世子之德有成, 則敎道尊嚴而無敢慢易者, 故凡居官守者, 皆以正自處, 官正而國治, 世子爲君之謂也.

'군자왈덕(君子曰德)'이라고 할 때의 '덕(德)'자는 세자의 덕을 가리킨다. 세자의 덕이 완성되면 교육의 법도가 존엄해져서, 감히 태만하거나 소홀히 행동하는 자가 없게 된다. 그렇기 때문에 관직에 몸담고 있는 모든 자들이 공명정대함을 자처하게 되니, 관직자들이 공명정대해지면 나라가 올바르게 다스려지게 되어, 세자를 군주가 될 만한 재목이라고 부를 수 있다.

淺見

近按: 上章言周公敎成王之事, 而末結之曰"世子之謂"也. 是言成王雖已爲君, 而所以敎之者, 卽世子之道也. 此章況言敎世子之事, 而末結之曰"君之謂也", 是雖敎世子, 而備擧虞·夏·商·周之禮, 及官正而國治之事, 欲令世子, 先知爲君之道, 而豫養之也. 二章結語自相照應, 先言世子之事, 而後及爲君之道, 言之序當如此. 舊本此章在上章之前, 誠非其次也.

내가 살펴보니, 앞 장에서는 주공이 성왕을 가르쳤던 사안을 언급했고, 끝에서는 결론을 맺으며, "세자를 가리킨다."6)라고 했다. 이것은 성왕이

---

6) 『예기』「문왕세자」 022장 : 行一物, 而三善皆得者, 唯世子而已. 其齒於學之謂也. 故世子齒於學, 國人觀之曰, 將君我, 而與我齒讓, 何也. 曰, 有父在, 則禮然. 然而衆知父子之道矣. 其二曰, 將君我, 而與我齒讓, 何也. 曰, 有君在, 則禮然. 然而衆著於君臣之義也. 其三曰, 將君我, 而與我齒讓, 何也. 曰, 長長也. 然而衆知長幼之節矣. 故父在, 斯爲子, 君在, 斯謂之臣, 居子與臣之節, 所

비록 이미 군주의 신분이 되었지만 그를 가르쳤던 것은 세자의 도리가 된다는 뜻이다. 이곳 장에서는 세자를 교육하는 사안을 언급하였고, 끝에서는 "군주가 될 만한 자라고 말할 수 있다."라고 결론을 맺었으니, 이것은 비록 세자를 교육하며, 우·하·상·주나라 때의 예법을 차례대로 열거하고, 관직자들이 공명정대해지는 것과 나라가 다스려지는 사안을 언급하였으나 세자로 하여금 우선적으로 군주가 되는 도를 알게끔 하여 미리 그 자질을 배양하고자 했던 것이다. 두 장의 결론은 그 자체로 상호 그 뜻이 호응되는데, 우선 세자에 대한 사안을 언급하고 그 이후에 군주가 되는 도의를 언급하였으니, 말의 순서는 마땅히 이와 같아야 한다. 그런데 옛 판본에서는 이 장이 앞 장의 앞에 수록되어 있었으니, 진실로 그 순서가 잘못된 것이다.

以尊君親親也. 故學之爲父子焉, 學之爲君臣焉, 學之爲長幼焉. 父子·君臣·長幼之道得而國治. 語曰, 樂正司業, 父師司成, 一有元良, 萬國以貞. 世子之謂也.

庶子之正於公族者, 敎之以孝弟·睦友·子愛, 明父子之義·
長幼之序.〈024〉 [舊在"周公踐阼"之下.]

서자(庶子)[1]라는 관직자들은 공족(公族)[2]의 자제들에게 정령을 시행하
는 자이니, 그들에게 효제·목우·자애의 덕목을 가르쳐서, 공족의 자
제들이 부자 관계에서 지켜야 하는 도리와 장유 관계에서 지켜야 하는
질서를 깨닫게 한다. [옛 판본에는 "주공이 섭정을 했다."[3]라고 한 구문 뒤에 수
록되어 있었다.]

集說

庶子, 司馬之屬官. 正於公族, 爲政於公族也. 周禮庶子掌國子之倅,
倅, 副貳也. 國子, 是公·卿·大夫·士之子, 則貳其父者也.

'서자(庶子)'는 사마에게 소속된 관리이다. '정어공족(正於公族)'이라는
말은 공족에게 정령을 시행한다는 뜻이다. 『주례』에서는 서자가 국자
중의 졸(倅)들을 담당한다고 하였는데,[4] 이때의 '졸(倅)'자는 보좌한다는
뜻이다. 국자들은 공·경·대부의 자제들이므로, '국자지졸(國子之倅)'

---

1) 서자(庶子)는 주(周)나라 때 설치되었던 관직으로, 사마(司馬)에게 소속된 관리
   이다. 제후 및 경(卿)·대부(大夫)의 자제들에 대한 교육 등을 담당하였다. 『주례』
   의 체제에 따르면 제자(諸子)에 해당한다. 『예기』「연의(燕義)」편에는 "古者, 周
   天子之官有庶子官."이라는 기록이 있는데, 이에 대한 정현의 주에서는 "庶子,
   猶諸子也. 周禮諸子之官, 司馬之屬也."라고 풀이하였다.
2) 공족(公族)은 제후 및 군왕과 성(姓)이 같은 친족들을 뜻한다. '공족'에서의 '공'자
   는 본래 제후를 뜻하는 글자이다. 『시』「위풍(魏風)·서리(黍離)」편에는 "殊異乎
   公族."이라는 기록이 있고, 이에 대한 정현의 전(箋)에서는 "公族, 主君同姓昭穆
   也."라고 풀이했다.
3) 『예기』「문왕세자」 023장 : 周公踐阼.
4) 『주례』「하관(夏官)·제자(諸子)」 : 諸子, 掌國子之倅.

이라는 말은 결국 그들의 부친을 보좌하는 장남이라는 뜻이다.

浅見

近按: 此承上言教世子之事, 而因及教公族之事也. 此下至"其登餕
獻"以上四節, 並以舊文爲正.

내가 살펴보니, 이것은 앞에서 세자를 교육한다는 사안을 언급한 것을
이어서, 그에 따라 공족을 교육하는 사안을 언급한 것이다. 이곳 문장으
로부터 그 이하로 "당상에 올라가서 제사에서 남은 음식을 먹고 술잔을
바친다."[5]라고 한 문장까지 4개의 문단에 대해서는 모두에 옛 판본의
순서를 바른 순서로 삼는다.

----

5) 『예기』「문왕세자」 028장 : 其登, 餕·獻·受爵, 則以上嗣.

其朝于公內朝則東面北上, 臣有貴者, 以齒.〈025〉

공족들이 제후에게 조회를 할 때, 조회하는 장소가 내조인 경우에는 서쪽에 서서 동쪽을 바라보되, 서열이 높은 자부터 북쪽에 서게 되고, 참가한 인원들 중에 신분이 높은 자가 있다 하더라도, 신분에 상관없이 나이에 따라 서열의 순서를 정한다.

集說

內朝, 路寢之庭也. 言公族之人, 若朝見於公之內朝, 則立於西方而面向東, 尊者在北, 以次而南. 然旣均爲同姓之臣, 則一以昭穆之長幼爲序, 父兄雖賤必居上, 子弟雖貴必處下也.

'내조(內朝)'는 노침(路寢)[1]의 마당이다. 공족의 사람들이 만약 제후의 내조에서 제후를 조회하며 알현할 경우에는 서쪽에 서고 얼굴은 동쪽을 바라보게 되며, 가장 존귀한 자는 그 북쪽에 위치하고, 차례대로 그의 남쪽으로 정렬한다. 그러나 일반적인 경우와 다르게 참가한 자들이 모두 동성인 신하가 된다면, 예외 없이 소목 항렬의 연장자 순서로 서열을 정한다. 따라서 부친과 형 항렬의 사람들이 비록 신분이 낮더라도 반드시 상등의 위치에 서고, 자식과 동생 항렬의 사람들이 비록 신분이 높더라도 반드시 하등의 위치에 서게 된다.

---

1) 노침(路寢)은 천자나 제후가 정무를 처리하던 정전(正殿)이다. 『시』「노송(魯頌)·민궁(閟宮)」편에는 "松桷有舃, 路寢孔碩."이라는 기록이 있는데, 이에 대한 모전(毛傳)에서는 "路寢, 正寢也."라고 풀이했고, 『문선(文選)』에 수록된 장형(張衡)의 '서경부(西京賦)'에는 "正殿路寢, 用朝群辟."이라는 기록이 있는데, 이에 대한 설종(薛綜)의 주에서는 "周曰路寢, 漢曰正殿."이라고 하여, 주(周)나라에서는 '정전'을 '노침'으로 불렀다고 풀이했다.

其在外朝, 則以官, 司士爲之.〈026〉

공족들이 외조에서 조회하는 경우라면, 나이가 아닌 관직의 차등에 따라 서열을 정하며, 그 일은 사사가 담당을 하여 자리를 배열한다.

集說

外朝, 路寢門外之朝也. 若公族朝見於外朝, 與異姓之臣雜列, 則以官之高卑爲次序, 不序年齒也. 司士, 亦司馬之輩, 主爲朝見之位次者.

'외조(外朝)'는 노침의 문 밖에 있던 조정이다. 만약 공족들이 외조에서 제후를 조회하면서, 이성의 신하들과 뒤섞여 도열하게 된다면, 관직의 차등에 따라 서열을 정하지 나이에 따라 서열을 정하지 않는다. '사사(司士)' 또한 사마에게 속한 관료이며, 조회를 할 때 서열 정하는 일을 주관하는 자이다.[2]

經文

其在宗廟之中, 則如外朝之位. 宗人授事, 以爵以官.〈027〉

공족들이 종묘 안에 있는 경우라면, 외조에서의 자리 배치와 같게 한다. 종인이 일을 분담하여 임무를 전달할 때에는 작위의 등급에 따라 높은 자가 앞 열에 서게 되고, 관직에 따라서 일을 분담한다.

----

2)『주례』「하관(夏官) · 사사(司士)」 : 掌群臣之版, 以治其政令, 歲登下其損益之數, 辨其年歲與其貴賤, 周知邦國都家縣鄙之數, 卿大夫士庶子之數.

宗人之官, 掌禮及宗廟中授百官以職事者. 以爵, 隨其爵之尊卑, 貴
者在前, 賤者在後也. 以官, 隨其官之職掌, 使各供其事也.

종인이라는 관리는 예 및 종묘 안에서 백관들에게 직무를 분담시키는
일을 담당하는 자이다. "작위로써 한다."는 말은 작위의 등급에 따른다
는 의미로, 작위가 높은 자는 앞줄에 서게 하고, 작위가 낮은 자는 뒷줄
에 서게 한다는 뜻이다. "관직으로써 한다."는 말은 관직별로 담당하는
업무에 따른다는 의미로, 그들로 하여금 각각 자신이 맡은 일에 힘쓰게
한다는 뜻이다.

經文

其登, 餕・獻・受爵, 則以上嗣.〈028〉

당상에 올라가서 제사에서 남은 음식을 먹고, 술잔을 바치며, 술잔을 받
는 경우에는 적장자를 가장 우선시하고, 나머지는 그 아래에 차례대로
도열한다.

集說

登, 自堂下而升堂上也. 餕, 食尸之餘也. 尸出, 宗人使嗣子及長兄
弟, 升堂相對而餕也. 以特牲禮次序言之, 先時祝酌爵鄕奠于鉶南,
俟主人獻內兄弟畢, 長兄弟及衆賓長爲加爵之後, 宗人使嗣子飮鉶
南之奠爵. 嗣子盥而入拜, 尸執此奠爵, 嗣子進受, 復位而拜, 尸答
拜, 嗣子飮畢拜尸, 尸又答拜, 所謂受爵也. 嗣子又擧所奠爵洗而酌
之以入獻尸, 尸拜而受, 嗣子答拜, 所謂獻也. 無筭爵之後, 禮畢尸
出乃餕. 此三事者, 受爵在先, 獻次之, 餕最在後. 今言餕獻受爵, 以
重在餕, 故逆言之歟. 上嗣, 適子之長者爲最上也. 此謂士禮, 大夫

之嗣無此禮者, 避君也, 故少牢禮無嗣子舉奠之文.

'등(登)'자는 당하에서 당상으로 올라간다는 뜻이다. '준(餕)'자는 시동에게 음식을 대접하고 남은 음식을 뜻한다. 시동이 제실에서 나오면 종인은 적장자 및 장형제들로 하여금 당상에 올라가서 서로 마주보게 하고, 남은 음식들을 먹게 한다. 『의례』「특생궤식례(特牲饋食禮)」편에 기록된 순서대로 말하자면, 먼저 축관이 치라는 술잔에 술을 따라서 국그릇의 남쪽에 바친다. 주인이 내형제들에게 술잔을 따라주는 절차가 다 끝나면, 그 다음에 장형제 및 빈객들의 수장에 대한 술잔을 채우고, 그 일이 다 끝나기를 기다린 이후에, 종인은 적장자로 하여금 국그릇의 남쪽에 바쳤던 술잔을 마시게 한다. 이때의 절차에 대해 말해보자면, 적장자는 대야에서 손을 씻고서 묘실에 들어와 절을 한다. 그러면 시동은 국그릇 남쪽에 바쳤던 술잔을 들어 올리고, 적장자는 앞으로 나아가 그 술잔을 받는다. 적장자가 다시 제자리로 돌아와서 절을 하면 시동은 답배를 하고, 적장자가 받은 술잔을 다 마시고 나면 시동에게 다시 절을 하며, 시동 또한 다시 답배를 하니, 이것을 이른바 '수작(受爵)'이라고 부른다. 적장자는 또 국그릇 남쪽에 바쳤던 술잔을 씻고서 그 잔에 다시 술을 따른다. 그리고 그 잔을 가지고 들어와서 시동에게 바친다. 시동은 절을 하고 그 술잔을 받고, 적장자는 답배를 하는데, 이것을 이른바 '헌(獻)'이라고 한다. 무산작(無筭爵)[3]을 한 이후에 제례 절차가 다 끝나게 되면, 시동이 밖으로 나오게 되는데, 그런 뒤에는 곧 준(餕)을 하게 된다. 이 세 가지 일들 중에서 수작이 가장 먼저 시행하는 것이고, 헌은 그 다음에 시행하며, 준을 가장 마지막에 시행한다. 그런데 이곳 문장에서는

---

3) 무산작(無筭爵)은 술잔의 수를 헤아리지 않는다는 뜻이다. 여수(旅酬)를 한 이후에, 빈객들의 제자들과 형제들의 자제들은 각각 그들의 수장에게 술을 따르고, 잔을 들어 올리는 것도 각각 그들의 수장에게 한다. 그리고 빈객들이 잔을 가져다가, 형제들 집단에 술을 권하고, 장형제(長兄弟)들은 잔을 가져다가 빈객의 무리들에게 술을 권하게 된다. 이처럼 여러 차례 술을 따르고 권하기 때문에, 이러한 절차를 '무산작'이라고 부르는 것이다.

준, 헌, 수작의 순으로 기록하고 있다. 그 이유는 주안점이 준에 있기 때문에, 역순으로 언급한 것이다. '상사(上嗣)'라는 말은 적자들 중에서도 가장 연장자를 가장 높은 자로 삼는다는 뜻이다. 이 문장의 내용은 사 계급에 해당하는 예를 뜻한다. 반면 대부의 사자에게는 이러한 예법이 적용되지 않는데, 그 이유는 대부의 경우에는 군주에 대한 예법보다 낮춰서 시행하기 때문이다. 그래서 『의례』「소뢰궤식례(少牢饋食禮)」편에는 "사자가 술잔을 든다."는 기록이 없다.

經文

其公大事, 則以其喪服之精麤爲序, 雖於公族之喪, 亦如之, 以次主人.〈030〉[舊在"不踰父兄"之下.]

군주의 상사에서는 상복의 거칠고 조밀한 차이로 서열을 정하며, 비록 공족의 상이라 하더라도, 또한 이처럼 상복의 차이로 서열을 정하되, 상주를 가장 상석에 위치하게 하고 나머지는 서열에 따라 상주 뒤로 정렬한다. [옛 판본에는 "자신의 부형이 서는 위치를 넘어서 상석에 설 수 없다."[4]라고 한 문장 뒤에 수록되어 있었다.]

集說

此謂君喪而庶子治其禮事. 大事, 喪事也. 臣爲君皆斬衰, 然衰制雖同, 而升數之多寡則各依本親. 庶子序列位次, 則辨其本服之精麤, 使衰麤者在前, 衰精者在後. 非但公喪如此, 公族之內有相爲服者亦然, 蓋亦是庶子序其精麤先後之次也. 以次主人者, 謂雖有庶長父兄尊於主人, 亦必次於主人之下, 使主人在上爲喪主也.

---

4) 『예기』「문왕세자」029장 : 庶子治之, 雖有三命, 不踰父兄.

이 문장의 내용은 군주의 상에서 서자가 관련된 예식절차들을 다스린다
는 뜻이다. '대사(大事)'는 상사를 뜻한다. 신하들은 죽은 군주를 위해서
원칙적으로 모두 참최복을 입게 되는데, 참최복을 입는 것은 비록 동일
하다 하더라도, 베의 올 수가 많고 적은 차이는 각각 군주와의 친속 관
계에 따르게 된다. 이러한 상황에서 서자가 서열에 따른 위치를 배분할
때에는 군주의 상에 참여하는 자들이 본래부터 입게 되는 상복의 거칠
고 조밀한 정도에 따라 변별하여, 거친 상복을 입은 자는 앞에 서게 하
고, 조밀한 상복을 입은 자는 뒤에 서게 한다. 그런데 단지 군주의 상에
서만 이렇게 하는 것이 아니니, 군주의 친인척 상에서도, 상사의 일을
돕게 되어, 상복을 입어야 하는 자들 또한 이처럼 하게 되니, 아마도 이
러한 경우에서도 서자가 또한 그들이 입게 되는 상복의 거칠고 조밀한
정도에 따라서, 앞에 서거 하거나 뒤에 서게 하는 등의 서열을 나누게
될 것이다. "주인 다음으로 한다."는 말은 비록 여러 친인척들 중 나이
가 많은 부형들이 상주보다 존귀한 신분을 가지고 있다 하더라도, 또한
반드시 상주의 뒤에 차례대로 서야 한다는 뜻으로, 이처럼 하는 이유는
주인을 가장 상석에 앉혀서 상주로 삼기 때문이다.

經文

若公與族燕, 則異姓爲賓, 膳宰爲主人, 公與父兄齒. 族食世
降一等. 〈031〉 [舊聯上文.]

만약 군주가 친족들과 연회를 하게 된다면, 이성인 자를 빈객으로 삼고,
선재(膳宰)5)를 주인으로 삼아서 술을 따라주게 하며, 군주와 친족들은

---

5) 선재(膳宰)는 선부(膳夫)와 같은 말이다. 군주가 먹는 음식 등을 담당했던 관리
   이다. 천자에게 소속된 '선재'를 '선부'라고 불렀으며, 상사(上士)가 담당했다. 『의
   례』「연례(燕禮)」편에는 "膳宰具官饌于寢東."라는 기록이 있는데, 이에 대한 정

나이에 따라 서열을 정한다. 친족들과 연회를 할 때에는 촌수에 따라 한 등급씩 낮춘다. [옛 판본에는 앞 문장의 뒤에 수록되어 있었다.]

公與族人燕食, 亦庶子掌其禮, 族人雖衆, 其初一人之身也, 豈可以賓客之道外之? 故以異姓一人爲賓, 而使膳宰爲主, 與之抗禮酬酢, 君尊而賓不敢敵也. 君雖尊而與父兄列位序尊卑之齒者, 篤親親之道也. 族食, 與族人燕食也. 世降一等, 謂族人旣有親疎, 則燕食, 亦隨世降殺也.

군주가 친족들과 함께 연회를 할 때에도 또한 서자가 그 예법을 담당한다. 그런데 비록 친족들의 수가 많다고 하더라도, 한 사람의 시조에게서 연원한 자들이므로 모두 동성이 되는 자들인데, 어찌 빈객에 대한 도리로 그들을 타인 대하듯 할 수 있겠는가? 그렇기 때문에 이성이 되는 자 한 사람을 대신 빈객으로 삼는 것이며, 또 선재를 주인으로 앉혀서, 그와 함께 예법에 따라 술잔을 주고받게 시키는 것이다. 이처럼 선재를 주인의 자리에 앉히는 이유는 군주는 존귀한 존재여서, 빈객이 감히 마주대할 수 없기 때문이다. 군주가 비록 존귀한 존재라 하더라도, 부형들과 함께 자리를 정할 때에는 나이의 서열에 따른다. 이처럼 시행하는 이유는 친한 자를 친애하는 도리를 돈독하게 만들기 위해서이다. '족식(族食)'은 친족들과 연회를 한다는 뜻이다. '세강일등(世降一等)'이라는 말은 족인들 개개인에게는 이미 군주와의 친하고 소원한 관계가 정해져 있으니, 연회를 할 때에도 또한 각 촌수에 따라서 등급을 낮춘다는 뜻이다.

疏曰: 假令本是齊衰, 一年四會食, 若大功則一年三會食, 小功則一年再會食, 緦麻則一年一會食, 是世降一等之謂也.

현의 주에서는 "膳宰, 天子曰膳夫, 掌君飮食膳羞者也."라고 풀이했다. 그리고 『주례』 「천관(天官)·선부(膳夫)」 편에는 "膳夫掌王之食飮膳羞."라는 기록이 있다.

소에서 말하길, 가령 군주와 자최복을 입는 관계에 해당하는 자에게, 1년에 4번 연회를 한다고 기준을 정한다면, 대공복을 입는 관계라면 1년에 3번 연회를 하고, 소공복을 입는 관계라면 1년에 2번 연회를 하며, 시마복을 입는 관계라면 1년에 1번 연회를 하니, 이것이 바로 세대마다 한 등급씩 낮춘다는 뜻이다.

經文

庶子治之, 雖有三命, 不踰父兄.〈029〉

서자는 공족들이 내조에서 조회하는 예법을 담당하니, 비록 공족들 중 삼명(三命)의 등급에 해당하는 존귀한 신분을 가진 자가 있더라도, 그 자는 자신의 부형이 서는 위치를 넘어서 상석에 설 수 없다.

集說

庶子治公族朝內朝之禮, 雖有三命之貴, 而其位次, 不敢踰越無爵之父兄而居其上, 卽上章所言臣有貴者以齒也.

서자는 공족들이 내조에서 조회하는 예법을 담당하는데, 비록 공족들 중에 삼명의 등급에 해당하는 존귀한 신분을 가진 자가 있더라도, 그에 대한 자리배치는 감히 작위가 없는 부형이라 할지라도 그들의 자리를 넘어서 상석에 위치할 수 없다. 이 말은 곧 앞 문장에서 말한 "신하들 중에 존귀한 신분을 가진 자가 있더라도 나이에 따라 서열을 정한다."[6]라는 내용에 해당한다.

疏曰: 若非內朝, 其餘會聚, 則一命齒于鄕里. 謂一命尙卑, 若與鄕

---

6) 『예기』「문왕세자」 025장 : 其朝于公, 內朝則東面北上, <u>臣有貴者, 以齒</u>.

里長宿燕食, 則猶計年也. 再命齒于父族, 謂再命漸尊, 不復與鄉里計年, 惟官高在上, 但公族爲重, 猶計年爲列也. 三命不齒, 謂三命大貴, 則亦不復與父族計年, 燕會則別席獨坐在賓之東矣.

소에서 말하길, 내조에서 모이는 경우가 아니라 그 나머지 회합인 경우라면, 일명(一命)인 자들은 향리에서 나이의 서열에 따른다고 했다. 이 말은 곧 일명의 등급에 해당하는 자들은 신분이 여전히 낮으므로, 만약 향리의 장숙(長宿)[7]들과 함께 연회에 참가하게 된다면, 여전히 나이를 따지게 된다는 뜻이다. 그리고 이명(二命: =再命)인 자들은 부계 인척들과의 자리에서 나이의 서열에 따른다고 했다. 이 말은 곧 이명의 등급에 해당하는 자들은 신분이 조금 높아진 것이므로, 향리에서는 다시금 나이에 따른 서열을 따르지 않고, 오직 관직이 높은 자가 그들의 상석에 위치하게 된다. 그러나 부계 인척들은 중요한 관계이므로, 여전히 나이를 따져서 서열을 정하게 된다는 뜻이다. 그리고 삼명(三命)인 자들은 나이의 서열에 따르지 않는다고 했다.[8] 이 말은 곧 삼명의 등급에 해당하는 자들은 신분이 매우 높으니, 부계 인척들과의 자리에서도 나이를 따지지 않게 되니, 연회를 하게 되면 별도의 좌석을 설치하여, 빈객들의 동쪽 편에 홀로 앉아 있게 된다.

淺見

近按: 此一節舊在"受爵則以上嗣"之下, 意不相承, 故說者謂卽上章, 朝于內朝, 臣有貴者以齒之事, 然朝于內朝之下其在外朝及在宗廟之中, 皆言以爵以官矣, 不應於其下不復言其內朝之事, 而遽言雖有三命不踰父兄也, 故今以與父兄齒之言, 而類付于此也.

내가 살펴보니, 이 문단은 옛 판본에 "술잔을 받는 경우에는 적장자를 가장 우선시한다."[9]라고 한 문장 뒤에 수록되어 있었는데, 의미가 서로

---

7) 장숙(長宿)은 나이가 많고 덕망이 있는 사람들을 가리키는 말이다.
8) 『주례』「지관(地官)・당정(黨正)」: 壹命齒于鄉里, 再命齒于父族, 三命而不齒.

연결되지 않기 때문에, 학자들은 앞 장에서 내조에서 조회할 때 신하들 중 존귀한 자가 있더라도 나이에 따라 서열을 정한다는 사안을 뜻한다고 했다. 그러나 내조에서 조회를 한다고 한 내용 뒤에는 외조에서 시행하는 경우와 종묘 안에서 시행하는 경우를 언급하며, 모두 작위와 관직에 따른다고 했으니, 그 뒤에서 재차 내조의 사안이라고 언급하지 않았는데, 갑작스럽게 삼명의 등급에 해당하는 자는 부형의 자리를 넘어서지 않는다고 말하는 것은 합당하지 않다. 그렇기 때문에 여기에서는 부형과 나이에 따라 서열을 정한다는 말과 비슷한 부류로 여겨서 이곳에 덧붙였다.

---

9) 『예기』「문왕세자」 028장 : 其登, 餕·獻·受爵, 則以上嗣.

其在軍, 則守於公禰.〈032〉 [舊在"世¹⁾降一等"之下.]

서자가 군주의 출정에 따라가게 되어 군대 대열에 있게 된다면, 함께 모셔온 신주를 지킨다. [옛 판본에는 "촌수에 따라 한 등급씩 낮춘다."²⁾라고 한 문장 뒤에 수록되어 있었다.]

集說

禰, 當讀作祧.

'녜(禰)'자는 마땅히 조(祧)자로 해석해야 한다.

公禰, 謂遷主載在齊車, 隨公出行者也. 庶子言旣從在軍, 故守衛此齊車之行主也.

'공녜(公禰)'는 천묘한 신주를 제거에 실은 것으로, 군주가 군대를 이끌고 밖으로 출동할 때 함께 따라 나가게 되는 신주를 뜻한다. 위에서 언급하는 상황은 서자라는 관리가 이미 군주를 쫓아 함께 출동하여 군대에 머물러 있는 상태이다. 그렇기 때문에 이러한 제거에 실린 행주(行主)³⁾를 수호하게 되는 것이다.

淺見

近按: 此下皆言公族之事, 至"不翦其類也", 竝以舊文爲正.

---

1) '세(世)'자에 대하여. '세'자는 본래 '출(出)'자로 기록되어 있었는데, 『예기』의 경문에 따라 글자를 수정하였다.
2) 『예기』「문왕세자」 031장 : 若公與族燕, 則異姓爲賓, 膳宰爲主人, 公與父兄齒. 族食世降一等.
3) 행주(行主)는 군주의 행차에 함께 따라간 신주(神主)를 뜻한다. 공녜(公禰)와 같은 말이다.

내가 살펴보니, 이곳 문장 뒤에서는 모두 공족에 대한 사안을 언급하고 있으며, "가문의 후사를 끊지 않기 위함이다."[4]라는 문장까지는 모두 옛 판본의 순서를 바른 것으로 여겼다.

---

4) 『예기』「문왕세자」040장 : 公族之罪, 雖親不以犯有司正術也, 所以體百姓也. 刑于隱者, 不與國人慮兄弟也. 弗弔, 弗爲服, 哭於異姓之廟, 爲忝祖, 遠之也. 素服居外, 不聽樂, 私喪之也, 骨肉之親無絶也. 公族無宮刑, <u>不翦其類也</u>.

公若有出疆之政, 庶子以公族之無事者守於公宮, 正室守大廟, 諸父守貴宮貴室, 諸子諸孫守下宮下室.〈033〉

군주에게 만약 국경 밖으로 나가게 될 정무가 생기게 된다면, 서자는 공족들 중에서 특별히 담당하고 있는 임무가 없는 자들로 하여금 왕실을 지키게 하고, 공족의 적장자들로는 태묘를 지키게 하며, 군주의 백부 및 숙부들로는 태조 밑의 대수가 높은 선조의 묘와 군주의 노침을 지키게 하고, 공족의 적장자를 제외한 여러 아들과 손자들로는 대수가 낮은 조묘 및 군주의 연침을 지키게 한다.

集說

上章專言出軍, 則此出疆之政, 蓋朝覲會同之事也. 無事者, 謂不從行及無職守之人也. 公宮, 總言公之宗廟宮室也. 正室, 公族之爲卿・大夫・士者之適子也, 大廟, 太祖之廟也. 諸父, 公之伯父・叔父也. 宮以廟言, 室以居言. 貴宮, 尊廟也; 貴室, 路寢也; 下宮下室, 則是親廟與燕寢也.

앞장에서는 전적으로 군대를 출병하는 일에 대해서만 언급하였으니, 이곳 문장에서 말하는 국경을 벗어나게 되는 정무는 아마도 조근(朝覲)[1]이나 회동(會同)[2]과 관련된 일들을 가리키는 것 같다. 일이 없는 자들

---

1) 조근(朝覲)은 군주가 신하를 만나보는 예법(禮法)을 뜻한다. 군주가 신하를 만나보는 예법에는 조(朝), 근(覲), 종(宗), 우(遇), 회(會), 동(同) 등이 있었는데, 이것을 총칭하여 '조근'으로 부르기도 한다. 한편 '조근'은 신하가 군주를 찾아뵙는 예법을 뜻하기도 한다. 고대에는 제후가 천자를 찾아뵐 때, 각 계절별로 그 명칭을 다르게 불렀다. 봄에 찾아뵙는 것을 조(朝)라고 부르며, 여름에 찾아뵙는 것을 종(宗)이라고 부르고, 가을에 찾아뵙는 것을 근(覲)이라고 부르며, 겨울에 찾아뵙는 것을 우(遇)라고 부른다. '조근'은 이러한 예법들을 총칭하는 말이다.
2) 회동(會同)은 제후들이 천자를 찾아뵙는 예법을 통칭하는 용어이다. 또한 각 계

은 군주를 따라 나가지 않았거나 특별히 맡고 있는 직무가 없는 자들을 뜻한다. '공궁(公宮)'은 군주의 종묘 및 궁실들을 총칭하는 말이다. '정실(正室)'은 공족들 중에서도 경·대부·사들의 적장자를 뜻한다. '태묘(太廟)'는 태조의 묘이다. '제부(諸父)'는 군주의 백부 및 숙부들을 뜻한다. '궁(宮)'자는 묘를 뜻하는 말로 사용한 것이며, '실(室)'자는 거주하는 곳을 뜻하는 말로 사용한 것이다. 따라서 '귀궁(貴宮)'은 존귀한 자들의 묘를 뜻하고, '귀실(貴室)'은 노침을 뜻하며, '하궁(下宮)' 및 '하실(下室)'은 친묘(親廟: =祖廟)와 연침을 뜻하게 된다.

經文

五廟之孫, 祖廟未毀, 雖爲庶人, 冠[去聲]取[去聲]妻, 必告, 死必赴, 練祥則告.〈034〉

제후는 다섯 개의 묘를 세우는데, 시조의 묘를 제외하고 나머지 네 개의 묘에 모시고 있는 선조들의 경우, 해당 선조의 자손들에 대해서는 그들 선조의 묘가 대수가 끝나지 않아서 아직 헐리지 않았다면, 비록 그 자손들의 신분이 서인이 되었다 하더라도, 관례를['冠'자는 거성으로 읽는다.] 치르거나 부인을 맞이하는['取'자는 거성으로 읽는다.] 혼례를 치르게 될 때, 반드시 제후에게 그 사실을 아뢰고, 그가 죽게 되면 자손들은 반드시 제후에게 부고를 알리며, 연상(練祥)3)과 같은 경우에도, 또한 그

절마다 정기적으로 찾아뵙는 것을 회(會)라고 부르고, 제후들이 대규모로 찾아뵙는 것을 동(同)이라고 불러서, 구분을 짓기도 한다. 또 '회'는 정해진 시기 없이 특별한 일이 발생했을 때 찾아뵙는 것을 뜻하기도 한다. 각종 회견 등을 가리키는 용어로도 사용된다. 『시』「소아(小雅)·거공(車攻)」편에는 "赤芾金舃, 會同有繹."이라는 기록이 있는데, 이에 대한 모전(毛傳)에서는 "時見曰會, 殷見曰同. 繹, 陳也."라고 풀이했다.

사실을 제후에게 아뢴다.

集說

諸侯五廟, 始封之君爲太祖, 百世不遷, 此下親盡則遞遷. 此言五廟
之孫, 是始封之君, 卽五世祖, 故云祖廟未毁. 未毁, 未遞遷也. 此
孫雖無祿仕, 然冠昏必告于君, 死必赴, 練祥之祭必告者, 以其未親
盡也.

제후는 다섯 개의 묘를 세우는데, 처음 봉지를 분봉 받은 군주가 태조가
되니, 세대가 변하더라도 그 묘의 신주는 옮겨지지 않고, 그 이하 4개의
묘는 대수가 다하게 되면 옮겨지게 된다. 이 문장에서는 오묘의 후손들
이라고 하였는데, 이 말은 곧 처음 분봉 받은 군주인 태조까지 포함하
여, 오세조가 된다는 뜻이다. 그러나 실질적으로는 군주와 고조가 같은
후손들까지만 포함된다. 그러므로 "조묘를 아직 헐지 않았다."라고 한
것인데, 아직 헐지 않았다는 말은 아직 옮겨지지 않았다는 뜻이다. 그
후손들이 비록 관직에 몸담거나 작위를 받지 않았다 하더라도, 관례나
혼례를 치를 때에는 반드시 군주에게 아뢰며, 죽었을 때에도 반드시 부
고를 알리고, 연상의 제사 때에도 반드시 아뢰게 된다. 그 이유는 군주
와의 친속 관계가 아직 끝나지 않았기 때문이다.

經文

族之相爲[去聲]也, 宜弔不弔, 宜免[問]不免, 有司罰之. 至于贈
[芳鳳反]賻[附]承[贈]含[去聲], 皆有正焉.〈035〉

족인들은 상사 등의 일을 서로 도와야['爲'자는 거성으로 읽는다.] 하는 것이

---

3) 연상(練祥)은 소상(小祥)과 대상(大祥)을 뜻한다.

니, 마땅히 조문을 해야 하는 상대에 대해서 조문을 하지 않고, 또 마땅히 단문을['免'자의 음은 '問(문)'이다.] 해야 하는 상대에 대해서 단문을 하지 않는다면, 유사가 그들을 벌한다. 각종 부의를 보내는 봉['賵'자는 '芳(방)'자와 '鳳(봉)'자의 반절음이다.]·부['賻'자의 음은 '附(부)'이다.]·증['承'자의 음은 '贈(증)'이다.]·함['含'자는 거성으로 읽는다.]에 대해서도 모두 정해진 예법이 있다.

集說

四世而緦, 服之窮也. 五世親盡, 袒免而已. 袒免, 說見前篇. 六世以往, 弔而已矣. 當弔而不弔, 當免而不免, 皆爲廢禮, 故有司者罰之, 所以肅禮教也. 賵以車馬, 賻以貨財, 含以珠玉, 襚以衣服, 四者摠謂之贈, 隨其親疎, 各有正禮, 庶子官治之, 有司, 卽庶子也.

친족들 중 4대가 지나게 되면 상대방에 대해서 시마복을 입는 관계가 되는데, 시마복은 상복 중에서도 가장 수위가 낮은 것이다. 따라서 대수가 더 올라가게 되면 상복을 입는 관계도 끝나게 된다. 그러므로 5대부터는 친속관계가 다 끝나게 되므로 상복을 입지 않고, 단지 단문만 할 따름이다. 단문에 대해서는 그 설명이 앞 편에 나온다. 6대 이상부터는 상복도 입지 않고 단문도 하지 않으며, 단지 조문만 할 따름이다. 그러나 마땅히 조문을 해야 하는데도 조문을 하지 않고, 마땅히 단문을 해야 하는데도 단문을 하지 않는 행위는 모두 예법에 따르지 않은 경우가 된다. 그렇기 때문에 담당자가 그들을 벌하게 되는데, 그 이유는 예법에 따른 교화를 엄숙하게 지키기 위해서이다. '봉(賵)'은 부의로 수레와 말을 보내는 것이고, '부(賻)'는 부의로 재화를 보내는 것이며, '함(含)'을 부의로 구슬과 옥을 보내는 것이고, '수(襚)'는 부의로 의복을 보내는 것이다. 이 네 가지를 총괄하여, '증(贈)'이라고 부르는데, 여기에 대해서도 각각 친속 관계에 따른 정해진 예법이 있으며, 서자라는 관리가 그 일들을 담당한다. 따라서 이 문장의 '유사(有司)'는 곧 서자를 뜻한다.

公族, 其有死罪, 則磬于甸人. 其刑罪, 則纖[箴]剸[之兗反], 亦告
[鞫]于甸人. 公族無宮刑.〈036〉

군주의 족인들 중에 사형에 해당하는 죄를 범한 자가 있다면, 전인(甸
人)4)에게 알려서, 족인에 대해 사형 중 목매다는 형벌을 집행하게 한
다. 육형(肉刑)5)에 해당하는 죄를 범했다면, 절단하는[纖'자의 음은 '箴
(잠)'이다. '剸'자는 '之(지)'자와 '兗(연)'자의 반절음이다.] 형벌을 내리니, 또한
전인에게 죄상에 대한 내용을 알려서['告'자의 음은 '鞫(국)'이다.] 그로 하여
금 형벌을 집행하게 한다. 군주의 족인들은 대가 끊어지면 안 되니, 생
식기를 자르는 형벌은 내리지 않는다.

集說

磬, 懸縊殺之也. 左傳"室如懸磬", 皇氏云: "如懸樂器之磬也." 甸人,
掌郊野之官, 爲之隱, 故不於市朝. 其刑罪之當纖刺剸割之時, 亦鞫
讀刑法之書於甸人之官也. 漢書每云"鞫獄", 鞫, 盡也. 推審罪狀, 令
無餘蘊, 然後讀其所犯罪狀之書而刑之. 無宮刑者, 不絶其類也.

'경(磬)'은 목매달아 죽이는 형벌이다. 『좌전』에는 "집집마다 마치 경을
매달아 놓은 것 같다."6)라고 하였고, 황간은 "마치 악기 중 하나인 경을
매달아 놓은 모습과 같은 것이다."라고 하였다. '전인(甸人)'은 교야(郊
野)7)를 담당하는 관리인데, 공족이 죄를 범했다는 사실을 숨기고자 하

---

4) 전인(甸人)은 교외(郊外)에 대한 일과 공족(公族)들에 대한 형벌 집행을 담당하
던 관리이다. 『주례』의 체제에 따르면, 전사(甸師)가 된다.
5) 육형(肉刑)은 죄인의 신체를 자르거나 찌르는 형벌을 총칭하는 말이다. 궁형(宮
刑), 묵형(墨刑), 의형(劓刑) 등에 해당하는데, 후대에는 육체상에 가하는 모든
형벌들을 지칭하는 용어로도 사용하였다.
6) 『춘추좌씨전』「희공(僖公) 26년」: 齊侯曰, "室如縣磬, 野無靑草, 何恃而不恐?"

여 여타의 경우처럼 시장이나 조정에서 벌을 주지 않는 것이다. 형벌을 받게 되는 죄목이 절단하는 형벌에 해당될 때에는 또한 국문을 하고 형법에 대한 기록을 전인이라는 관리에게 읽어주게 된다. 『한서』에서는 매번 "죄상을 국문한다."[8]라고 했는데, '국(鞫)'자는 끝까지 조사한다는 뜻이다. 죄상을 끝까지 밝혀내어 밝혀지지 않은 사실로 인해 잘못된 판단이 없게끔 하고, 그런 연후에 그가 범한 죄상에 대해서 읽어주고서 형벌을 내리게 된다. "궁형(宮刑)[9]이 없다."는 것은 그의 자손이 끊어지지 않도록 하기 위해서이다.

經文

獄成, 有司讞[魚列反]于公. 其死罪, 則曰: "某之罪在大辟[婢亦反]." 其刑罪, 則曰: "某之罪在小辟." 公曰: "宥之." 有司又曰: "在辟." 公又曰: "宥之." 有司又曰: "在辟." 及三宥, 不對走出, 致刑于甸人. 公又使人追之曰: "雖然, 必赦之." 有司對曰: "無及也." 反命于公. 公素服不擧, 爲[去聲]之變. 如其倫之喪, 無服, 親哭之.〈037〉

---

7) 교야(郊野)는 도성(都城) 밖의 외곽지역을 범범하게 지칭하는 용어이다. 한편 주(周)나라 때에는 왕성(王城)의 경계로부터 사방 100리(里)까지를 '교(郊)'라고 불렀으며, 300리 떨어진 지점까지를 '야(野)'라고 불렀다. 따라서 이 공간 안에 포함된 땅을 통칭하여 '교야'라고 불렀다.

8) 『한서』「형법지(刑法志)」: 今遣廷史與郡鞫獄, 任輕祿薄, 其爲置廷平, 秩六百石, 員四人.

9) 궁형(宮刑)은 궁벽(宮辟)이라고도 부르며, 오형(五刑) 중 하나이다. 남자의 생식기를 자르거나, 여자의 생식 기능을 파괴하는 형벌이다. 일설에는 여자에 대한 '궁형'은 감금을 하여 노비로 전락시키는 것이라고 설명한다. 『서』「주서(周書)·여형(呂刑)」편에는 "宮辟疑赦."라는 기록이 있고, 이에 대한 공안국(孔安國)의 전(傳)에서는 "宮, 淫刑也. 男子割勢, 婦人幽閉, 次死之刑."이라고 풀이했다.

취조가 다 끝나서 판결문이 작성되면, 유사는 군주와 형벌 수위에 대해서 의논한다.['讞'자는 '魚(어)'자와 '列(렬)'자의 반절음이다.] 그 죄가 사형에 해당한다면 유사는 군주에게 "아무개의 죄는 대벽(大辟)10)에['辟'자는 '婢(비)'자와 '亦(역)'자의 반절음이다.] 해당합니다."라 보고하고, 그 죄가 사형을 제외한 나머지 형벌에 해당한다면 유사는 군주에게 "아무개의 죄는 소벽(小辟)11)에 해당합니다."라 보고한다. 그러면 군주는 유사에게 "그의 죄를 용서하라."라고 명령한다. 유사는 다시 "그에게는 죄가 있습니다."라 대답하고, 군주는 다시 "그의 죄를 용서하라."라고 명령한다. 그러면 유사는 다시 "그에게는 죄가 있습니다."라고 하는데, 이처럼 세 차례 사면을 해주라는 군주의 말이 나오면, 유사는 더 이상 대답을 하지 않고 달려 나가서, 전인에게 형벌을 집행하도록 전한다. 군주는 또 유사에게 사람을 보내서, "비록 죄가 있다고 하지만, 반드시 그의 죄를 사면해주어라."라고 전달하게 한다. 그러면 유사는 대답하길, "분부에 따를 수가 없습니다."라 하고, 군주에게 돌아가서 이미 처벌하였다고 보고한다. 그러면 군주는 소복(素服)12)을 입고, 식사를 할 때에도 성대한 음

---

10) 대벽(大辟)은 사형(死刑)을 뜻한다. 오형(五刑) 중 하나이다. '벽(辟)'자는 '죄(罪)'자와 통용되므로, '대벽'은 죄 중에서도 가장 큰 죄를 뜻한다. 따라서 '사형'에 해당한다. 『서』「주서(周書)·여형(呂刑)」편에는 "大辟疑赦, 其罰千鍰."이라는 기록이 있고, 이에 대한 공안국(孔安國)의 전(傳)에서는 "死刑也."라고 풀이했으며, 공영달(孔穎達)의 소(疏)에서는 "釋詁云, 辟, 罪也. 死是罪之大者, 故謂死刑爲大辟."이라고 풀이했다.

11) 소벽(小辟)은 사형(死刑) 이외의 형벌을 뜻한다. 사형을 뜻하는 대벽(大辟)과 상대되는 말이다. 고대에는 당일 집행하게 될 형벌에 대해서 제왕에게 보고를 했다. 만약 사형에 해당하는 자가 있다면, "아무개의 죄는 '대벽'에 해당합니다."라고 보고를 하고, 사형 이외의 형벌에 해당하는 자에 대해서는 "아무개의 죄는 '소벽'에 해당합니다."라고 보고를 했다. 『주례』「추관(秋官)·장수(掌囚)」편에는 "及刑殺告刑于王."이라는 기록이 있고, 이에 대한 정현의 주에서는 "告王以今日當行刑及所刑姓名也. 其死罪, 則曰, 某之罪在大辟. 其刑罪, 則曰, 某之罪在小辟."이라고 풀이했다.

식을 차리지 않게 하니, 형벌을 받은 족인을 위하여['爲'자는 거성으로 읽는다.] 이처럼 평소 때의 예법을 바꾸는 것이다. 따라서 군주는 마치 족인 중에 상을 당한 자가 있을 때처럼 행동을 하되, 그를 위해서는 상복을 입지 않고, 직접 곡만 할 따름이다.

集說

獄成, 謂所犯之事, 訊問已得情實也. 讞, 議刑也. 殺牲盛饌曰擧. 素服不擧, 爲之變其常禮, 示憫惻也. 如其親疎之倫而不爲弔服者, 以不親往故也. 但居外, 不聽樂, 及賻贈之類, 仍依親疎之等耳. 親哭之者, 爲位于異姓之廟, 而素服以哭之也. 天子·諸侯絶旁親, 故知此言無服, 是不爲弔服.

'옥성(獄成)'은 범죄를 저지른 일에 대해서, 심문을 통해 그 실정을 파악했다는 뜻이다. '얼(讞)'자는 형벌에 대해서 의논한다는 뜻이다. 희생물을 잡아서 고기를 올리고 반찬을 융성하게 차리는 것을 '거(擧)'라고 부른다. 소복을 입고 성대한 음식을 먹지 않는 행위는 그를 위해서 평상시의 예법을 변화시키는 것으로, 측은함을 나타내는 행동이다. 이처럼 형벌을 받아서 죽은 족인이 있는 경우, 마치 족인 중에 상을 당한 자에 대한 예법처럼 행동하지만, 그를 위해 조문을 하거나 상복을 입지는 않는다. 그 이유는 군주가 직접 찾아가지 않기 때문이다. 대신 군주는 외침에 머물고 음악을 듣지 않는다. 그러나 부의를 보내는 일 등에 대해서는 곧 그와의 친소 관계에 따를 뿐이다. "직접 곡을 한다."는 말은 군주

---

12) 소복(素服)은 흰색의 옷감으로 상의와 하의를 만든 옷을 뜻한다. 또한 채색하지 않은 옷감으로 만든 상의와 하의를 가리키기도 한다. 상(喪)을 당하거나, 흉사(凶事)를 접했을 때 착용하던 복장이다. 『예기』「교특생(郊特牲)」편에는 "皮弁素服而祭, 素服以送終也."라는 기록이 있고, 이에 대한 정현의 주에서는 "素服, 衣裳皆素."라고 풀이했다. 한편 후대에는 일상복을 뜻하는 용어로도 사용하였다.

가 이처럼 부끄러운 사실이 있었음을 조상에게 아뢸 수 없으므로, 대신 이성의 묘에 자리를 마련하여 소복을 입고서 곡을 한다는 뜻이다. 천자와 제후는 방계의 친족에 대해서는 본래부터 상복을 입지 않는다. 그렇기 때문에 이 문장에서 '무복(無服)'이라고 한 말은 그를 위해 조문을 하거나 상복을 입지 않는다는 뜻임을 알 수 있다.

公族朝于內朝, 內親也. 雖有貴者以齒, 明父子也. 外朝以官, 體異姓也. 宗廟之中以爵爲位, 宗德也. 宗人授事以官, 尊賢也. 登餞受爵以上嗣, 尊祖之道也. 喪紀以服之輕重爲序, 不奪人親也. 公與族燕則以齒, 而孝弟之道達矣. 其族食世降一等, 親親之殺[色介反]也. 戰則守於公禰, 孝愛之深也. 正室守大廟, 尊宗室而君臣之道著矣. 諸父諸兄守貴室, 子弟守下室, 而讓道達矣.〈038〉

군주가 공족들을 내조에서 조회하는 것은 친족들을 친근하게 대하기 위해서이다. 비록 친족들 중에 존귀한 신분을 가진 자가 있더라도 나이에 따라 서열을 정하는 것은 소목의 질서를 밝히기 위해서이다. 외조에서 나이가 아닌 관직의 등급에 따라 서열을 정하는 것은 이성인 신하들까지도 예로 대우하기 위해서이다. 종묘 안에서 작위의 등급에 따라 위치를 정하는 것은 덕을 숭상하기 위해서이다. 종인이 일을 분배할 때 관직의 등급에 따르는 것은 현명한 자를 높이기 위해서이다. 당상에 올라가서 제사에서 남은 음식을 먹거나 술잔을 받는 경우, 적장자를 가장 우선시하는 것은 선조를 존숭하는 도리이다. 상사에서 상복의 수위에 따라 서열을 정하는 것은 친소의 관계를 문란하게 만들지 않기 위해서이다. 군주가 족인들과 연회를 할 경우, 군주는 신분을 따지지 않고 족인들과 나이에 따라 서열을 정함으로써, 효제의 도리를 온 천하에 두루 통용되게 한다. 군주가 족인들과 연회를 할 때, 촌수마다 한 등급씩 낮춰서 시행하는 이유는 친친의 도리가 등급에 따라 낮춰지기['殺'자는 '色(색)'자와 '介(개)'자의 반절음이다.] 때문이다. 전쟁에 참전하게 되면 공녜를 수호하는데, 이것은 효애의 마음이 깊은 것이다. 족인들 중 적장자들이 태묘를 수호하는 것은 종실을 높여서 군신의 도리가 밝게 드러나도록 하는 것이다. 또한 백부 및 숙부의 항렬에 속한 족인들이 귀실을 수호하고, 아들과 손자 항렬에 속한 족인들이 하실을 수호하여, 온 세상에 겸양의 도리가 두루 퍼지게 된다.

集說

此以下, 覆解前章庶子三公族以下諸事. 內親, 謂親之, 故進之於內也. 明父子, 昭穆不可紊也. 體異姓, 體貌異姓之臣也. 崇德, 德之尊者, 爵必尊也. 尊賢, 惟賢者能任事也. 上嗣, 繼祖者也, 故爲尊祖之道. 服之輕重, 本於屬之親疎. 親疎之倫, 不可易奪也. 燕食主於親親, 以齒相序, 所以達孝弟之道也. 親親施於生者, 宜有降殺之等. 孝愛施於死者, 宜有深遠之思. 君臣之道, 以輕重言. 讓道, 則以貴賤言也.

이 문장부터 그 아래의 문장은 앞 문장에서 언급했던 서자가 공족을 바르게 다스리는 일 등의 여러 사안들을 다시 설명하는 기록이다. '내친(內親)'은 그를 친근하게 대하기 때문에, 내조로 들인다는 뜻이다. "부자 관계를 밝힌다."는 말은 소목의 항렬을 어지럽힐 수 없다는 뜻이다. "이성을 내 몸처럼 대한다."는 말은 이성인 신하들까지도 예에 맞게 대우한다는 뜻이다. 덕을 가진 자를 존숭하는 이유는 덕이 높은 자는 작위 또한 반드시 높기 때문이다. 현명한 자를 존숭하는 이유는 오직 현명한 자만이 임무를 수행할 수 있기 때문이다. '상사(上嗣)'는 선조의 지위를 계승하는 자를 뜻한다. 그렇기 때문에 적장자를 높이는 일은 곧 선조를 존숭하는 도리가 된다. 상복의 수위는 친속 관계에 따른다. 친속 관계의 질서는 마음대로 바꿀 수 없다. 연회를 할 때에는 친친의 도리에 주안점을 두어, 나이로 서열을 매기니, 천하에 효제의 도리를 두루 통하게 만들기 위해서이다. 친친의 도리는 살아있는 사람에게 시행되는 것으로, 마땅히 높아지고 줄어드는 등급 차이가 있게 된다. 효애의 도리는 죽은 자에게 시행되는 것으로, 마땅히 심원하게 애도하는 마음이 있어야 한다. 군신의 도리는 경중을 기준으로 언급한 말이다. 겸양의 도리는 귀천을 기준으로 언급한 말이다.

經文

五廟之孫, 祖廟未毀, 雖及庶人, 冠取妻必告, 死必赴, 不忘親也. 親未絶而列於庶人, 賤無能也. 敬弔臨[如字]賻贈, 睦友之道也. 古者庶子之官治而邦國有倫, 邦國有倫而衆鄕[去聲]方矣. ⟨039⟩

제후는 다섯 개의 묘를 세우는데, 시조의 묘를 제외하고 나머지 네 개의 묘에서 모시고 있는 선조의 경우, 해당 선조의 자손들에 대해서는 그들 선조의 묘가 대수가 끝나지 않아서 아직 헐리지 않았다면, 비록 그 자손의 신분이 서인이 되었다 하더라도, 관례를 치르거나 부인을 맞이하는 혼례를 치르게 될 때, 반드시 제후에게 그 사실을 아뢰고, 그가 죽게 되면 그의 자손들은 반드시 제후에게 부고를 알린다. 이것은 친애하는 도리를 잊지 않기 때문이다. 아직 친척 관계가 끊어지지 않았는데도, 그 자가 서인으로 전락하였다면, 사사로운 감정으로 그의 신분을 상승시켜주지 않으니, 이것은 그의 무능함을 천시하기 때문이다. 제후가 족인들에 대해서 조문을 하고['臨'자는 글자대로 읽는다.] 부의를 하는 일에 공경을 다하는 것은 화목과 우애를 지키는 도리이다. 고대에는 서자라는 관리가 이러한 일들을 잘 다스려서, 나라에는 군주와 족인 간에 인륜이 살아 있었고, 또한 인륜이 살아 있게 되자 백성들이 지향해야['鄕'자는 거성으로 읽는다.] 할 방향을 알게 되었다.

人君任官, 本無親踈之間, 顧賢否何如耳. 親盡而賢, 亦必仕之. 今
親未盡而已在庶人之列, 是以其無能故賤之也. 族人有喪, 君必敬
謹其弔臨賻贈之禮者, 是皆和睦友愛族人之道也. 鄕方, 所鄕之方,
謂皆知趨禮敎也.

군주가 관리를 임명할 때에는 본래부터 친인척 관계 등을 따지지 않았
고, 그 사람이 현명한가의 여부만을 따졌을 뿐이다. 친척 관계가 다 끝
났다 하더라도 그 사람이 현명하다면, 또한 반드시 그를 임명하게 된다.
현재 친척 관계가 아직 끊어지지 않았는데도 그가 이미 서인의 대열에
포함되어 있다면, 그것은 그가 현명하지 못해서 등용되지 못한 것이다.
이러한 까닭으로 그의 무능함을 이유로 그를 천대하는 것이다. 족인들
중에 상사의 일이 발생하면, 군주가 조문을 하거나 부의를 보내는데, 이
러한 예법에 대해서 반드시 공경스럽고 신중하게 하는 이유는 이러한
절차들은 모두 족인들을 화목하게 대하고 우애롭게 대하는 도리가 되기
때문이다. '향방(鄕方)'은 지향하는 방향이니, 백성들 모두가 예법과 교
화를 추종해야 함을 알게 된다는 뜻이다.

公族之罪, 雖親不以犯有司正術也, 所以體百姓也. 刑于隱者,
不與國人慮兄弟也. 弗弔, 弗爲服, 哭于異姓之廟, 爲[去聲]忝
祖, 遠[去聲]之也. 素服居外, 不聽樂, 私喪之也, 骨肉之親無絶
也. 公族無宮刑, 不翦其類也.〈040〉

공족들 중 죄를 범한 자에 대해서, 그가 비록 군주와 가까운 친척이 된
다 하더라도, 이러한 이유 때문에 유사가 집행하는 공명정대한 법령에
간여해서는 안 된다. 이것이 바로 백성들과 차별 없이 대하는 방법이

다. 공족에 대한 형벌 집행을 외진 곳에서 하는 이유는 나라 사람들이 자신의 형제가 범한 과오에 대해서 따져보지 못하게 하기 위해서이다. 사형을 받아서 죽은 족인에 대해서는 조문을 하지 않고, 그를 위해 상복도 입지 않지만, 그 대신 이성의 묘에 가서 곡을 한다. 그 이유는 그가 조상의 얼굴에 먹칠을 하였기 때문에['爲'자는 거성으로 읽는다.] 그를 소원하게['遠'자는 거성으로 읽는다.] 대하는 것이다. 이처럼 그를 소원하게 대하면서도 군주 본인은 소복을 입고 밖에 거처하며 음악도 듣지 않는데, 그 이유는 개인적으로 그를 애도하기 때문이며, 골육지친의 친근함은 끊어질 수 없기 때문이다. 공족에게 궁형을 집행하지 않는 이유는 그 가문의 후사를 끊지 않기 위함이다.

集說

正術, 猶言常法也. 公族之有罪者, 雖是君之親, 然亦必在五刑之例而不赦者, 是不以私親而干犯有司之正法也. 所以然者, 以立法無二制, 當與百姓一體斷決也. 與, 猶許也. 刑于甸師隱僻之處者, 是不許國人見而謀度吾兄弟之過惡也. 刑已當罪而猶私喪之者, 以骨肉之親, 雖陷刑戮, 無斷絶之理也. 受宮刑者絶生理, 故謂之腐刑, 如木之朽腐無發生也. 此刑不及公族, 不忍翦絶其生生之類耳.

'정술(正術)'은 상법(常法)이라는 뜻이다. 공족들 중에 죄가 있는 자는 그가 비록 군주와 가까운 친척이 된다 하더라도, 또한 반드시 오형의 범주를 적용하고 사면해주지 않는데, 사적인 친근함을 가지고서 유사가 시행하는 공명정대한 법집행에 간여하지 않기 때문이다. 그렇게 하는 이유는 법을 세울 때에는 예외 규정을 둠이 없으니, 마땅히 백성들과 동일하게 적용해서 판결을 해야 하기 때문이다. '여(與)'자는 "허락한다."는 뜻이다. 전사(甸師)[13]에게 외진 곳에서 형벌을 집행하도록 시키는

---

13) 전사(甸師)는 전사씨(甸師氏)·전인(甸人)이라고도 부른다. 주(周)나라 때의

이유는 백성들이 그것을 보고, 자신의 형제가 범한 과오에 대해서 따져 보는 것을 허락하지 않기 위해서이다. 죄에 따른 형벌을 이미 집행했으면서도, 오히려 개인적으로 그를 애도하는 이유는 뼈와 살을 나눈 친척이 비록 형벌을 받아 죽게 되더라도, 그와의 관계에는 끊어질 수 없는 이치가 있기 때문이다. 궁형을 받은 자는 자손을 낳을 수 있는 능력이 없어지게 된다. 그렇기 때문에 그것을 '부형(腐刑)'이라고도 부르니, 마치 나무가 썩어서 더 이상 생장하지 못하는 것과 같은 뜻이다. 이 형벌을 공족에게 적용하지 않는 이유는 차마 그의 가계가 이어지는 일을 단절시킬 수 없기 때문이다.

관직이다. 『주례』의 체제에 따르면, '전사'는 천관(天官)에 소속된 관직으로, 하사(下士) 2명이 담당을 하였고, 잡무를 맡아보는 부(府) 1명, 사(史) 2명, 서(胥) 30명, 도(徒) 300명이 배속되어 있었다. 『주례』「천관총재(天官冢宰)」편에는 "甸師, 下士二人, 府一人, 史二人, 胥三十人, 徒三百人."이라는 기록이 있다. '전사'는 주로 교외(郊外)에 있는 천자의 경작지를 담당하여, 예하의 인원들을 동원하여 그곳을 경작하였고, 교외에서 생산되는 곡식, 과실, 초목 등을 공급하였다. 또한 천자와 동성(同姓)인 친족들에 대해서 형벌을 집행하기도 했다. 『주례』「천관(天官)·전사(甸師)」편에는 "甸師, 掌帥其屬而耕耨王藉, 以時入之, 以共齋盛. 祭祀共蕭茅, 共野果蓏之薦. 喪事代王受眚災. 王之同姓有罪, 則死刑焉."라는 기록이 있다.

제 4 절

經文

凡學[四學字, 皆音效.]世子及學士, 必時, 春·夏學干·戈, 秋·冬學羽·籥, 皆於東序.〈006〉 [舊在"文王之爲世子也"之下.]

무릇 세자를 교육시키고[4개의 '學'자는 모두 그 음이 '效(효)'이다.] 태학에 입학한 국자들을 교육할 때에는 반드시 계절별로 각각 다르게 가르쳐야 한다. 즉 봄과 여름에는 방패와 창을 들고 추는 춤을 가르치고, 가을과 겨울에는 깃털과 피리를 들고 추는 춤을 가르치되, 이러한 교육 모두를 동서(東序)[1]에서 시행한다. [옛 판본에는 "문왕이 세자였을 때 시행하였던 도리이다."[2]라고 한 문장 뒤에 수록되어 있었다.]

集說

學, 敎也. 士, 卽王制所謂司徒論俊選而升於學之士也. 必時, 四時各有所敎也. 干, 盾也, 桿兵難之器. 戈, 句矛戟也. 羽, 翟雉之羽也. 籥, 笛之屬也. 四物皆舞者所執, 干戈爲武舞, 故於陽氣發動之時敎之, 示有事也; 羽籥爲文舞, 故於陰氣凝寂之時敎之, 示安靜也. 東序, 大學也.

'학(學)'자는 가르친다는 뜻이다. '사(士)'는 곧 『예기』 「왕제(王制)」편에서 사도가 준사와 선사 중에 덕성과 능력을 논정하여 태학에 추천한 사

---

1) 동서(東序)는 본래 하후씨(夏后氏) 때의 태학(太學)을 가리킨다. 『예기』 「왕제(王制)」편에는 "夏后氏, 養國老於東序, 養庶老於西序."라는 기록이 있다. 후대에는 일반적인 학교 기관을 가리키는 용어로도 사용되었다.

2) 『예기』 「문왕세자」 005장 : 成王幼, 不能涖阼. 周公相, 踐阼而治, 抗世子法於伯禽, 欲令成王之知父子·君臣·長幼之道也. 成王有過, 則撻伯禽, 所以示成王世子之道也, 文王之爲世子也.

이다. '필시(必時)'는 사계절마다 각각 고유하게 가르치는 과목이 있다는 뜻이다. '간(干)'은 방패이니 전란을 막는 도구이다. '과(戈)'는 창끝이 구부러지고 길이가 짧은 창이다. '우(羽)'는 꿩의 깃털이다. '약(籥)'은 피리 등의 부류이다. 이 네 가지 물건들은 모두 무용수들이 춤을 출 때 잡는 도구들이다. 그리고 간과 과로는 무무(武舞)3)를 추기 때문에, 양기가 발동하는 계절인 봄과 여름에 가르쳐서, 만물을 생성하고 성장시키는 자연의 운행에 따라 인간 세상에도 일삼는 것이 있음을 나타내는 것이며, 우와 약으로는 문무(文舞)4)를 추기 때문에, 음기가 응축되어 적막해지는 계절인 가을과 겨울에 가르쳐서 안정됨을 나타내는 것이다. '동서(東序)'는 태학 건물군에 포함된 학교건물이다.

淺見

近按: 此亦承上言敎世子及公族之事, 而汎言世子以下入學之事焉, 凡學中之禮也. 凡學下恐脫一學字, 凡學, 亦似此節之篇目也. 此下至"無介語可也", 竝從舊文.

내가 살펴보니, 이 문장은 앞에서 세자와 공족을 가르치는 사안을 언급한 것을 이어 받아서 세자로부터 그 이하의 계층이 태학에 입학하는 사안을 폭넓게 언급한 것이니, 태학 안에서 적용하는 예법에 해당한다. '범학(凡學)'이라는 말 뒤에는 아마도 1개의 '효(學)'자가 누락된 것 같은데, '범학(凡學)'이라는 말은 아마도 이 절의 편목에 해당하는 것 같다. 이곳 문장부터 그 이하로 "개(介)나 어(語)는 하지 않아도 괜찮다."5)라

---

3) 무무(武舞)는 문무(文舞)와 상대되는 용어이다. 주(周)나라 때에 생겨났다. 무용수들이 도끼와 방패 등의 병장기를 들고 추는 춤이다. 통치자의 무공(武功)을 기리는 뜻을 춤으로 표현한 것이다.

4) 문무(文舞)는 무무(武舞)와 상대되는 용어이다. 무용수들이 피리 및 깃털 등의 도구를 들고 추는 춤이다. 통치자의 치적(治積)을 기리는 뜻을 춤으로 표현한 것이다.

5) 『예기』「문왕세자」016장 : 始立學者, 旣興器用幣, 然後釋菜, 不舞, 不授器, 乃

고 한 구문까지는 모두 옛 판본의 순서에 따랐다.

退, 儐于東序, 一獻, <u>無介語可也</u>. 敎世子.

小樂正學[二學字, 皆音效.]干, 大胥贊之, 籥師學戈, 籥師丞贊之, 胥鼓南.〈007〉

소악정이 방패를 들고 추는 악무를 국자들에게 가르치면[2개의 '學'자는 모두 그 음이 '效(효)'이다.] 대서는 소악정을 도와서 함께 가르치고, 약사가 창을 들고 추는 악무를 국자들에게 가르치면, 약사승은 약사를 도와서 함께 가르치는데, 대서는 남(南)이라는 음악에 맞춰 북을 울려서 악무의 빠르기를 조절한다.

四人, 皆樂官之屬. 贊, 相助之也. 胥, 卽大胥也. 南, 南夷之樂也. 東夷之樂曰昧, 南夷之樂曰南, 西夷之樂曰朱離, 北夷之樂曰禁. 明堂位又云: "任, 南蠻之樂也." 周禮旄人敎國子南夷樂之時, 大胥則擊鼓以節其音曲, 故云"胥鼓南"也. 先王作樂, 至矣盛矣, 而猶以遠方蠻夷之樂敎人者, 所以示輿圖之無外, 異類之咸賓, 奏之宗廟之中, 侈其盛也. 獨擧南樂, 則餘三方皆敎習可知.

소악정·대서·약사·약사승 네 사람은 모두 악관에 소속된 관리이다. '찬(贊)'자는 보조하여 돕는다는 뜻이다. '서(胥)'는 대서를 가리킨다. '남(南)'은 남쪽 오랑캐의 음악이다. 동쪽 오랑캐의 음악을 '매(昧)'라 부르고, 남쪽 오랑캐의 음악을 '남(南)'이라 부르며, 서쪽 오랑캐의 음악을 '주리(朱離)'라 부르고, 북쪽 오랑캐의 음악을 '금(禁)'이라 부른다. 『예기』「명당위(明堂位)」편에서도 또한 "임(任)은 남만의 음악이다."라고 했다. 『주례』에서 기록하고 있는 것처럼, 모인이 국자들에게 남쪽 오랑캐의 음악을 교육시킬 때,1) 대서는 북을 두드리며 그 음악의 악곡을 조절

---

1) 『주례』「춘관(春官)·모인(旄人)」: 旄人, 掌敎舞散樂舞夷樂. 凡四方之以舞仕者屬焉. 凡祭祀賓客舞其燕樂.

한다고 하므로, 경문에서 "대서가 남에 대해서 북을 친다."고 말한 것이다. 선왕이 음악을 제정할 때에는 곡진하면서도 융성하게 만들었는데, 오히려 먼 이방민족인 오랑캐들의 음악으로 사람들을 교육시킨다고 하였다. 그 이유는 선왕이 다스리는 강토에서는 오랑캐들의 영토에까지 교화가 미쳤다. 따라서 차별 없이 오랑캐들까지도 모두 손님으로 대접하였으니,[2] 그들의 음악을 종묘 안에서 연주하는 것은 교화의 융성함을 흘러넘치도록 한다는 사실을 상징적으로 보여주는 행위이다. 그런데 경문에서는 유독 남쪽 오랑캐의 음악만을 제시하고 있다. 이것은 특별한 뜻이 아니라 단순히 문장을 생략한 것이다. 따라서 나머지 세 오랑캐들의 음악도 모두 교육하여 익히게 했음을 알 수 있다.

經文

春誦, 夏弦, 太師詔之瞽宗. 秋學[如字]禮, 執禮者詔之, 冬讀書, 典書者詔之, 禮在瞽宗, 書在上庠.〈008〉

태학의 교육에 있어서, 봄에는 국자들에게 노랫말을 암송하도록 가르치고, 여름에는 현악기로 음악을 연주하게 하되, 이러한 일들 모두는 태사가 고종(瞽宗)[3]에서 가르친다. 가을에는 예(禮)를 배우니['學'자는 글자대로 읽는다.] 예제를 담당하는 자가 가르치고, 겨울에는 글을 읽으니, 서적을 담당하는 자가 가르치되, 예는 고종에서 가르치고, 글은 상상에서 가르친다.

---

2) 『서』「주서(周書)·여오(旅獒)」: 明王愼德, <u>四夷咸賓</u>, 無有遠邇, 畢獻方物, 惟服食器用.
3) 고종(瞽宗)은 본래 은(殷)나라 때의 학교 명칭이다. 주(周)나라 때에는 태학의 건물들 중 하나로 여겼다.

誦, 口誦歌樂之篇章也. 弦, 以琴瑟播被詩章之音節也. 皆太師詔教
之. 瞽宗, 殷學名; 上庠, 虞學名. 周有天下, 兼立虞·夏·殷·周之
學也.

'송(誦)'은 노랫말이 적힌 편들을 입으로 암송하는 것이다. '현(弦)'은 노
랫말에 따른 음악을 금슬 등으로 연주하는 것이다. 이들 모두는 태사가
가르친다. '고종(瞽宗)'은 은나라 때의 학교 명칭이고, '상상(上庠)'은 우
때의 학교 명칭이다. 주나라는 천하를 통일하고서, 우·하·은·주 때
의 학교를 태학이라는 건물군에 함께 건립하였다.

凡祭與養老乞言·合語之禮, 皆小樂正詔之於東序.〈009〉

모든 제사의 예법 및 노인을 봉양하며 걸언하였던 예법과 합어하였던
예법에 대해서는 모두 소악정이 담당을 하여, 동서에서 국자들에게 가
르쳤다.

祭是一事, 養老乞言是一事, 合語是一事, 故以凡言之. 養老乞言,
謂行養老之禮之時, 因乞善言之可行者於此老人也. 合語, 謂祭及
養老者, 與鄕射·鄕飮·大射·燕射之禮, 至旅酬之時, 皆得言說先
王之法, 合會義理而相告語也. 其閒各有威儀容節, 皆須小樂正詔
教之於東序之中.

경문 중의 제사는 별개의 사안이고, 노인을 봉양하며 걸언하는 것도 별
개의 사안이며, 합어도 별개의 사안이다. 그렇기 때문에 '범(凡)'이라는

글자를 덧붙인 것이다. 노인을 봉양하며 걸언하는 것은 노인을 봉양하는 예를 시행할 때, 그것을 기회삼아서 봉양을 받는 노인들에게 자문을 해서, 시행할 수 있는 좋은 말들을 구한다는 뜻이다. '합어(合語)'는 제사를 지내거나 노인을 봉양하거나 향사례(鄕射禮)[4] · 향음례(鄕飮禮)[5] · 대사례(大射禮)[6] · 연사례(燕射禮)[7] 등에서, 술잔을 주고받는 시기에 이

---

4) 향사례(鄕射禮)는 활쏘기를 하며 음주를 했던 의례(儀禮)이다. 크게 두 가지로 나뉘는데, 하나는 지방의 수령이 지방학교인 서(序)에서 사람들을 모아서 활쏘기를 익히며 음주를 했던 의례이고, 다른 하나는 향대부(鄕大夫)가 3년마다 치르는 대비(大比)라는 시험을 끝내고 공사(貢士)를 한 연후에, 향대부가 향로(鄕老) 및 향인(鄕人)들과 향학(鄕學)인 상(庠)에서 활쏘기를 익히고 음주를 했던 의례이다. 『주례』「지관(地官) · 향대부(鄕大夫)」편에는 "退而以鄕射之禮五物詢衆庶."라는 기록이 있는데, 이에 대한 손이양(孫詒讓)의 『정의(正義)』에서는 "退, 謂王受賢能之書事畢, 鄕大夫與鄕老, 則退各就其鄕學之庠而與鄕人習射, 是爲鄕射之禮."라고 풀이하였다.

5) 향음례(鄕飮禮)는 '향음주례(鄕飮酒禮)'라고도 부른다. 주(周)나라 때에는 향학(鄕學)에서 3년마다 대비(大比)라는 시험을 치러서, 선발된 자들을 천거하였다. 이러한 행사를 실시할 때 향대부(鄕大夫)는 음주 연회의 자리를 만들어서, 선발된 자들에게 빈례(賓禮)에 따라 대접을 하며, 그들에게 술을 따라주었는데, 이 의식을 '향음례' 또는 '향음주례'라고 불렀다. 『의례』「향음주례(鄕飮酒禮)」편에 대한 가공언(賈公彦)의 소(疏)에서는 정현의 『삼례목록(三禮目錄)』을 인용하여, "諸侯之鄕大夫三年大比, 獻賢者能於其君, 以賓禮待之, 與之飮酒. 於五禮屬嘉禮."라고 풀이했다.

6) 대사례(大射禮)는 천자가 '교외 및 종묘[郊廟]'에서 제사를 지낼 때, 제후 및 군신(群臣)들과 미리 활쏘기를 하여, 적중함이 많은 자를 채택하고, 채택된 자로 하여금 천자가 주관하는 제사에 참여하도록 하는 의례(儀禮)이다. 『주례』「천관(天官) · 사구(司裘)」편에는 "王大射, 則共虎侯, 熊侯, 豹侯, 設其鵠."이라는 기록이 있는데, 이에 대한 정현의 주에서는 "大射者, 爲祭祀射. 王將有郊廟之事, 以射擇諸侯及群臣與邦國所貢之士可以與祭者. …… 而中多者得與於祭."라고 풀이하였다.

7) 연사례(燕射禮)는 연회 때 활쏘기를 했던 의례(儀禮)를 가리킨다. 천자는 제후 및 군신(群臣)들에게 연회를 베풀며, 그들의 노고를 치하했는데, 연회를 하며 활쏘기 또한 시행했다. 이처럼 연회 때 활쏘기를 하는 의식을 '연사례'라고 부른다.

르게 되면, 선왕의 예법들에 대해 언급하며, 그것의 의미와 이치들을 종합하여 서로 일러줄 수 있는 것을 뜻한다. 이러한 행사들을 진행하는 동안에는 각각의 절차에 맞는 위엄 있는 의식, 용모의 꾸밈 및 행동방법들이 필요하게 되는데, 이러한 내용들 모두를 행사 이전에 소악정이 동서 안에서 국자들에게 교육시키는 것이다.

大樂正學[效]舞干戚·語說[如字]·命乞言, 皆大樂正授數, 大司成論說, 在東序.〈010〉

대악정은 국학에서 국자들에게 방패와 도끼를 들고 추는 춤, 합어를 하였던 말들['說'자는 글자대로 읽는다.] 걸언을 시행하는 예법들을 가르치니['學'자의 음은 '效(효)'이다.] 이러한 교육 내용 모두에 대해서는 대악정이 가르칠 편과 장 등의 수치를 정해서 내려주고, 대사성은 동서에서 가르침을 받는 자들의 깨우친 정도와 그들의 재주 및 능력의 우열을 판별한다.

戚, 斧也. 大樂正敎世子及士以舞干戚之容節, 及合語之說, 與乞言之禮. 此三者, 皆大樂正授之以篇章之數. 於是大司成之官於東序, 而論說此受敎者, 義理之淺深·才能之優劣也.

'척(戚)'은 춤 출 때 사용하는 도끼이다. 대악정은 세자 및 국자들에게 방패와 도끼를 들고 추는 춤의 형태와 절차, 합어를 통해 나온 좋은 말들, 걸언을 시행하는 예법들에 대해서 가르친다. 이 세 가지 교육 내용은 모두 대악정이 그것들에 해당하는 편과 장의 수치를 정해서 내려준다. 이때에 대사성이라는 관리는 동서에 위치하여, 이러한 가르침을 받은 자들이 그 의미와 이치를 깨우친 수준 및 그들의 재주와 능력의 우열을 판정한다.

凡侍坐於大司成者, 遠近間[平聲]三席, 可以問. 終則負墻, 列事未盡, 不問.〈011〉

무릇 대사성을 모시고 앉을 경우에는 대사성과 적절한 거리를 두고 앉게 되는데, 앞으로 나아가 질문을 할 때에는 좌석 3개를 놓을 정도의 거리로[間'자는 평성으로 읽는다.] 다가가야만 질문을 할 수 있다. 질문이 다 끝나면 다른 사람들을 위해 다시 자신의 자리로 돌아와서 벽을 등지고 앉는다. 대사성이 질문에 대해 답해주는 말들이 다 끝나지 않았다면, 재차 질문을 하지 않는다.

席廣三尺三寸三分寸之一. 三席, 所謂函丈也. 相對遠近如此, 取其便於咨問. 問終則却就後席, 背負墻壁而坐, 以避後來問事之人. 其問事之時, 尊者有敎, 而己猶未達, 則必待其言盡, 然後更問. 若陳列未竟, 則不敢先問以參錯尊者之言也.

1개 좌석의 폭은 3척과 3과 3분의 1촌이다. '삼석(三席)'은 3개 좌석만큼의 폭을 뜻하니, 이른바 '함장(函丈)'이라는 것이다. 질문을 할 때 서로 마주보는 거리가 이와 같은데, 이 정도의 거리를 벌리는 이유는 가르침을 구하기에 편안한 거리만큼 벌리기 때문이다. 자신의 질문이 끝나면, 물러나서 뒤에 놓여 있는 자신의 자리로 돌아가고, 또한 그곳에서 벽을 등지고서 앉게 되는데, 이처럼 행동하는 이유는 이후에 질문을 하기 위해 앞으로 나서게 될 사람들을 위해 자리를 피해주어야 하기 때문이다.

질문을 했을 때, 대사성이 가르쳐 주었으나 본인이 아직 깨우치지 못했다면, 곧바로 되묻는 것이 아니라 반드시 그의 말이 다 끝날 때까지 기다린 이후에 재차 질문을 해야 한다. 만약 대사성이 예시 등을 열거하며 대답을 해주게 되어, 그 말들이 아직 다 끝나지 않았다면, 감히 말이 끝나기도 전에 질문을 하여 대사성의 말을 끊어서는 안 된다.

經文

凡學, 春官釋奠于其先師, 秋·冬亦如之.(012)

무릇 태학에서는 봄마다 교육을 담당하는 관리들이 태학에서 위패를 모시고 있는 선사들에게 석전을 올리며, 가을과 겨울, 그리고 여름에도 또한 봄과 같이 석전을 올린다.

集說

官, 掌教詩·書·禮·樂之官也. 若春誦·夏弦, 則太師釋奠; 教干·戈, 則小樂正及樂師釋奠. 秋學禮, 冬讀書, 則其官亦如之. 釋奠者, 但奠置所祭之物而已, 無尸無食飲酬酢等事. 所以若此者, 以其主於行禮, 非報功也. 先師, 謂前代明習此事之師也.

'관(官)'은 『시』·『서』·『예』·『악』에 대한 교육을 담당하는 관리들이다. 봄에는 국자들에게 암송하는 것을 가르치고, 여름에는 현악기 연주를 가르치는데, 태사가 그 교육들을 주관하므로, 봄과 여름에는 태사가 석전을 올린다. 방패와 창을 들고 추는 춤을 가르치는 경우에는 소악정 및 악사가 그 교육을 주관하므로, 이들이 석전을 올린다. 가을에는 『예』를 가르치고, 겨울에는 『서』를 가르치므로, 해당 교육의 담당관들이 석전을 올린다. '석전(釋奠)'이라는 제사는 단지 제사 때 바치는 제수만을 진설해둘 뿐이며, 시동도 없고 제수를 맛보거나 술잔을 주고받는 등의 절차가 없다. 이처럼 하는 이유는 석전은 그 의례를 시행하는데 주안점이 있는 것이지, 선사들의 공적에 보답하는 제사가 아니기 때문이다. '선사(先師)'는 이러한 교과목에 능통하였던 앞 세대의 스승들을 뜻한다.

經文

凡始立學者, 必釋奠于先聖・先師, 及行事, 必以幣.〈013〉

처음 태학을 세우는 경우에는 반드시 선성과 선사들에게 석전을 지내며, 석전의 의례를 시행할 때에는 반드시 폐백을 진설한다.

集說

諸侯初受封, 天子命之教, 於是立學, 所謂始立學也. 立學事重, 故釋奠于先聖・先師. 四時之教常事耳, 故惟釋奠于先師, 而不及先聖也. 行事, 謂行釋奠之事. 必以幣, 必奠幣爲禮也. 始立學而行釋奠之禮則用幣, 四時常奠不用幣也.

제후가 처음으로 분봉을 받으면, 천자가 그에게 학교를 세우라고 명령을 내리니, 이에 태학을 세우게 된다. 이것이 이른바 "처음 태학을 세운다."는 경우이다. 태학을 건립하는 사안은 중대한 일이기 때문에, 선성과 선사에게 석전을 지내는 것이다. 사계절마다 교육을 실시하는 것은 일상적인 일들일 뿐이다. 그렇기 때문에 선사에게만 석전을 지내고, 선성에게는 지내지 않는다. '행사(行事)'는 석전의 의례를 시행한다는 뜻이다. "반드시 폐로써 한다."는 말은 반드시 폐백을 진설하여 석전의 의례를 시행한다는 뜻이다. 처음 태학을 세우고서 석전의 의례를 시행하는 경우에는 폐백을 사용하지만, 사계절마다 일상적으로 지내는 석전에서는 폐백을 사용하지 않는다.

凡釋奠者, 必有合也. 有國故, 則否. 凡大合樂, 必遂養老.(014)

석전을 지낼 경우에는 반드시 음악을 합주하는 의식이 있게 된다. 그러나 나라에 변고가 발생한 경우라면 음악 합주를 하지 않는다. 무릇 성대한 규모로 음악을 합주할 경우에는 반드시 노인을 봉양하는 의식까지도 시행한다.

集說

凡行釋奠之禮, 必有合樂之事. 若國有凶喪之故, 則雖釋奠, 不合樂也. 常事合樂, 不行養老之禮, 惟大合祭之時, 人君視學, 必養老也. 舊說: "合者, 謂若本國無先聖·先師, 則合祭鄰國之先聖·先師. 本國故有先聖·先師, 如魯有孔·顏之類, 則不合祭鄰國之先聖·先師也." 未知是否.

석전의 의례를 시행할 경우에는 반드시 음악을 합주하는 행사가 있게 된다. 만약 나라에 흉사나 상사와 같은 변고가 발생하였다면, 비록 석전 자체는 지내더라도 음악을 합주하지는 않는다. 일상적인 석전의 행사에서는 음악을 합주하지만, 노인을 봉양하는 의례는 시행하지 않고, 오직 성대한 규모로 음악을 합주할 때에만 군주가 시학(視學)[8]을 하며, 또한 반드시 노인을 봉양하는 의례까지도 시행한다. 옛 학설에서 "'합(合)'이

---

8) 시학(視學)은 천자가 석전(釋奠) 및 양로(養老) 등의 의례를 위해, 친히 태학(太學)에 왕림하는 것을 말한다. 일반적으로 천자가 '시학'을 하는 시기는 중춘(仲春), 계춘(季春), 중추(仲秋)에 해당한다. 중춘 때에는 태학에서 합무(合舞)를 하고, 계춘 때에는 합악(合樂)을 하며, 중추 때에는 합성(合聲)을 하기 때문이다. 『예기』「문왕세자(文王世子)」편에는 "天子視學."이라는 기록이 있는데, 이에 대한 공영달(孔穎達)의 소(疏)에서는 "天子視學, 必遂養老之法則, 養老既畢, 乃命諸侯群吏令養老之事. 天子視學者, 謂仲春合舞, 季春合樂, 仲秋合聲. 於此之時, 天子親往視學也."라고 풀이했다.

라는 말은 자신의 제후국에 선성과 선사로 모실 분이 없는 경우라면, 이웃 제후국에서 모시고 있는 선성과 선사를 합사하여 제사를 지낸다는 뜻이다. 즉 자신의 제후국에 예전부터 전해져 내려온 선성과 선사가 있는 경우, 예를 들어 노나라에서는 예전부터 공자와 안연을 모시고 있었는데, 이런 경우에는 이웃 제후국에서 모시던 선성과 선사를 합사하여 제사를 지내지 않는다."라고 하였는데, 이것이 옳은 말인지 아닌지는 잘 모르겠다.

凡語于郊者, 必取賢斂才焉. 或以德進, 或以事擧, 或以言揚. 曲藝, 皆誓之, 以待又語. 三而一有焉, 乃進其等, 以其序, 謂之郊人, 遠[去聲]之. 於成均, 以及取爵於上尊也.〈015〉

교외에 있는 소학에서 수학하는 자들의 능력을 평가할 경우에는 반드시 현명한 자를 선발하고 재주가 있는 자를 선발한다. 어떤 이들은 덕을 기준으로 선발하고, 어떤 이들은 업무처리 능력으로 선발하며, 어떤 이들은 언변술로 선발한다. 한 가지 기예만 갖춘 자들에게는 그들 모두에게 더욱 열심히 하도록 격려하여, 매진하도록 만들어서 다음 번 선발시험까지 기다리도록 한다. 덕, 업무처리 능력, 언변술 등 이 세 가지 항목 중에 하나를 갖춘 자들은 곧 그들을 승진시키되, 그로 하여금 소학 안에서의 우열을 정하도록 한다. 이런 자들을 '교인(郊人)'이라 부르되, 그들은 미천한 신분이므로, 국자들에 비해 소원하게['遠'자는 거성으로 읽는다.] 대한다. 그러나 태학에서 행사를 시행할 때에는 교인의 노고를 치하하게 되니, 그들도 초청하며, 당상에 설치된 술동이로 술 권하는 의식은 할 수 있도록 허용한다.

語于郊者, 論辨學士才能於郊學之中也. 有賢德者, 則錄取之, 有才能者, 則收斂之. 道德爲先, 事功次之, 言語又次之. 曲藝, 一曲之藝, 小小技能, 若醫卜之屬. 誓, 戒謹也. 學士中或無德無事無言之可取, 而有此曲藝之人, 欲投試考課者, 皆却之使退, 而謹習所能, 以待後次再語之時, 乃考評之也. 三而一有者, 謂此曲藝之人擧說三事而一事有可善者. 乃進其等, 卽於其同等之中, 枝而升進之也. 然猶必使之於同輩中以所能高下爲次序, 使不混其優劣也. 如此之人, 但止目之曰郊人, 非俊選之比也, 以非士類, 故疎遠之. 成均, 五帝大學之名, 天子設四代之學. 上尊, 堂上之酒尊也. 若天子飮酒於成均之學宮, 此郊人雖賤, 亦得取爵於堂上之尊以相旅勸焉, 所以榮之也. 人字, 之字, 均字, 皆句絶.

'어우교(語于郊)'는 교학(郊學)[9] 안에서 학사들의 재주와 능력을 논변한다는 뜻이다. 현명하고 덕이 있는 자라면 기록을 하여 선발하고, 재주와 능력이 있는 자라면 거두어들인다. 도덕을 갖춘 사람이 우선순위가 되고, 일처리에 뛰어난 자가 그 다음 순번이 되며, 언변술이 뛰어난 자가 또한 그 다음이 된다. '곡예(曲藝)'는 한 가지의 기예를 뜻하니, 소소한 재주로 마치 의술이나 점술과 같은 부류들이다. '서(誓)'는 더욱 열심히 정진하라고 독려한다는 뜻이다. 학사들 중에 혹시 등용할 만큼의 덕성이 없거나 아니면 일처리에 뛰어난 점이 없거나 아니면 언변술에 뛰어난 점이 없더라도, 이처럼 한 가지 기예를 가지고 있는 자의 경우에는 시험을 부여하여 그들의 능력을 살피게끔 한다. 그 이유는 그들 모두를 잠시 뒤로 물러나게 해서, 자신이 잘하는 것들을 더욱 정진하여 익히도록 하고, 다음 평가까지 기다리게 한 다음 재평가를 하기 위해서이다. '삼이일유(三而一有)'라는 말은 이러한 기예를 가지고 있는 자들 중, 덕

---

9) 교학(郊學)은 주(周) 나라 때 원교(遠郊) 지역에 설치된 소학(小學)을 뜻한다. 참고적으로 향학(鄕學)은 근교(近郊) 안에 위치하였다.

성, 업무처리 능력, 언변술 중 한 가지 분야에서 잘하는 점이 있는 자들을 뜻하니, 이러한 자들은 곧 그의 등급을 올려주는 것이다. '내진기등(乃進其等)'이라는 말은 그를 선발하여 승진시킨다는 뜻이다. 그런데 그들에 대해서는 반드시 동급의 무리들과 함께 머물게 하되, 능력의 우열에 따라서 등급을 매기게 하였다. 그 이유는 우열에 따른 서열을 문란하게 만들지 않기 위해서이다. 이와 같은 사람들은 단지 '교인(郊人)'이라고만 부르니, 준사(俊士)[10]나 선사(選士)[11]와 같은 자들에 비견할 바가 아니다. 따라서 그들은 태학의 학사들이 아니기 때문에 거리를 두고 대하는 것이다. '성균(成均)'은 오제 때의 태학 명칭이다. 이러한 명칭을 사용할 수 있는 이유는 주나라 때의 천자는 네 왕조 때의 태학을 함께 건립하였기 때문이다. '상준(上尊)'은 당상에 있는 술동이이다. 천자가 성균이라는 학교 건물에서 술을 마시는 경우, 이러한 교인들은 비록 미천한 자들이라고 하지만, 또한 당상에 있는 술동이에서 술을 따라 다른 사람들에게 술을 권할 수 있으니, 이러한 것들을 허용해주는 이유는 그들의 노고를 위로하기 위해서이다. 경문의 '위지교인원지어성균(謂之郊人遠之於成均)'이라는 문장을 해석할 때에는 '교인(郊人)'의 '인(人)'자, '원지(遠之)'의 '지(之)'자, '성균(成均)'의 '균(均)'자에서 모두 구문을 끊는다.

---

10) 준사(俊士)는 선사(選士)들 중에서도 덕행과 재주가 뛰어나서, 국학(國學)에 입학하였던 자들을 뜻한다. 참고로 향학(鄕學)의 사(士)들 중에서 덕행과 재예(才藝)가 뛰어난 사를 수사(秀士)라고 불렀고, 수사들 중에서도 뛰어난 사람은 사도(司徒)에게 천거되는데, 그 사람을 선사(選士)라고 불렀다.

11) 선사(選士)는 수사(秀士)들 중에서 덕행과 능력이 출중하여, 사도(司徒)에게 천거된 자를 뜻한다. 참고로 수사는 향학(鄕學)의 사(士) 중에서 덕행과 재예(才藝)가 뛰어난 사를 뜻한다.

始立學者, 旣興[釁]器用幣, 然後釋菜, 不舞, 不授器, 乃退, 儐
于東序, 一獻, 無介語可也. (016)12)

처음 태학을 건립하는 경우에는 예기(禮器)들이 아직 갖춰지지 않았으
므로, 우선 예기들을 제작한다. 그리고 그것이 다 완성되면, 갈라진 틈
사이에 희생물의 피 바르는['興'자의 음은 '釁(흔)'이다.] 의식을 시행하고,
그 의식이 끝나면 폐백을 진설하여 아뢴다. 그런 뒤에야 석채를 지내게
되는데, 이러한 경우에는 일반적인 예법보다 간략하게 시행하므로, 이
때의 석채에서는 춤을 추지 않으며, 또한 춤을 추지 않으므로 자연히
무용수들에게 무용 도구를 지급하지 않는다. 그리고 이러한 석채 행사
가 끝나면, 곧 석채를 치르던 우상(虞庠)13)에서 물러나서, 동서로 이동
하여, 이곳에서 빈객들을 대접하게 된다. 그런데 이러한 경우에는 예법
을 간소하게 하므로, 이때에도 한 번 술잔을 바치는 것만 하고, 개(介)
나 어(語)는 하지 않아도 괜찮다.

---

12) 『예기』「문왕세자」016장 : 始立學者, 旣興器用幣, 然後釋菜, 不舞, 不授器,
乃退, 儐于東序, 一獻, 無介語可也. 敎世子.

13) 우상(虞庠)은 주(周)나라 때의 소학(小學)으로 서교(西郊)에 위치하였다. 주나
라에서는 유우씨(有虞氏) 때의 상(庠)에 대한 제도를 본떠서, 소학을 지은 것이
기 때문에, 그 학교를 '우상'이라고 부른 것이다. 『예기』「왕제(王制)」편에는 "周
人養國老於東膠, 養庶老於虞庠. 虞庠在國之西郊."라는 기록이 있고, 이에 대
한 정현의 주에서는 "虞庠亦小學也. 西序在西郊, 周立小學於西郊 …… 周之
小學爲有虞氏之庠制, 是以名庠云."이라고 풀이했다. 한편 '우상'에는 두 가지
뜻이 포함되어 있는데, 하나는 태학(太學)의 건물들 중 북쪽에 있는 학교를 뜻하
는 것으로, 이것을 또한 상상(上庠)이라고도 불렀고, 다른 하나는 앞서 설명한
것처럼 교외(郊外)에 설치했던 소학을 뜻한다. 『주례』「춘관(春官)·대사악(大
司樂)」편에는 "掌成均之灋."이라는 기록이 있는데, 이에 대한 손이양(孫詒讓)
의 『정의(正義)』에서는 "案虞庠有二, 一爲大學之北學, 亦曰上庠, 一爲四郊
之小學, 曰虞庠."이라고 풀이했다.

立學之初, 未有禮樂之器, 及其制作之成, 塗釁旣畢, 卽用幣于先聖
先師, 以告此器之成. 繼又釋菜, 以告此器之將用也. 凡祭祀用樂舞
者, 則授舞者以所執之器, 如干戈羽籥之類. 今此釋菜禮輕, 旣不用
舞, 故不授舞器也. 諸侯有功德者, 亦得立異代之學. 東序, 夏制也,
與虞庠相對. 東序在東, 虞庠在西. 乃退儐于東序者, 謂釋菜在虞庠
之中, 禮畢, 乃從虞庠而退, 儐禮其賓於東序之中. 其禮旣殺, 惟行
一獻, 無介無語, 於禮亦可也.

태학을 건립한 초기에는 예악과 관련된 기물들을 아직 갖추지 못하였으
니, 그 기물들의 제작이 완성될 때에는 기물의 틈 사이에 피 바르는 의
식을 끝내고서, 곧 선성과 선사들에게 폐백을 사용하여, 이러한 기물들
이 완성되었음을 아뢴다. 또한 그것에 연속하여 석채를 지내서, 이러한
기물들이 장차 사용될 것임을 아뢴다. 무릇 제사에서 악무를 사용하게
된다면, 무용수들에게는 그들이 손에 쥐게 되는 기물들을 주게 되는데,
그 기물들은 방패·창·깃털·피리 등의 부류와 같은 것들이다. 지금
이 문장에서는 석채를 지내는데 그 예법이 일반적인 경우보다 간소하므
로, 악무를 사용하지 않는다고 하였다. 그렇기 때문에 무용 도구들 또한
지급하지 않는 것이다. 제후들 중에서 공적과 덕망이 있는 자의 경우에
는 주나라가 아닌 앞선 왕조의 태학들도 건립할 수 있었다. '동서(東序)'
는 하나라 때의 학제에 해당하니, 우상과 서로 대비가 되는 것이다. 그
러므로 동서는 동쪽에 있고, 우상은 서쪽에 있다. '내퇴빈우동서(乃退儐
于東序)'라는 말은 우상 안에서 석채를 지내고, 그 의례가 다 끝나게 되
면 곧 우상에서 물러나와 빈객들을 인도해서 동서 안에서 빈객들에게
예로 대접을 한다는 뜻이다. 그런데 그 예법들에 대해서 이미 간략하게
한다고 하였으니, 빈객들을 대접하는 의례에서도 오직 한 번 술잔을 바
치는 절차만 시행하고, 개(介)나 어(語)가 없게 된다. 그리고 이처럼 간
략하게 진행해도 예법상으로도 괜찮은 것이다.

天子視學, 大昕鼓徵, 所以警衆也. 衆至然後, 天子至, 乃命有司, 行事, 興秩節, 祭先師·先聖焉. 有司卒事, 反命.〈041〉 [舊在 "不翦其類也"之下.]

천자가 태학을 시찰할 때, 동틀 무렵에 북을 치는 이유는 의식행사에 참여해야 할 사람들에게 일찍 모이도록 알리는 방법이기 때문이다. 사람들이 모두 모인 이후에 천자가 도착을 하게 되면, 곧 유사에게 명령하여 일을 집행하되, 통상적인 예법에 따라 시행하여, 선사 및 선성에게 제사를 지내도록 시킨다. 유사는 의식행사가 다 끝나고 나면, 다시 천자에게 그 결과를 보고한다. [옛 판본에는 "그 가문의 후사를 끊지 않기 위함이다."14)라고 한 문장 뒤에 수록되어 있었다.]

集說

天子視學之日初明之時, 學中擊鼓以徵召學士, 蓋警動衆聽使早至也. 凡物以初爲大, 末爲小, 故以大昕爲初明也. 有司, 敎詩書禮樂之官也. 興, 擧; 秩, 常; 節, 禮也. 卒事反命, 謂釋奠事畢, 復命于天子也.

천자가 시학하는 당일 동틀 무렵에는 태학에서 북을 울려 학사들을 부르니, 아마도 학사들을 깨워서 그들로 하여금 일찍 도착하도록 하기 위해서일 것이다. 모든 사물에 있어서 통상적으로 처음부분을 '대(大)'라 부르고, 끝 부분을 '소(小)'라 부른다. 그렇기 때문에 '대흔(大昕)'을 하루의 시작이라는 뜻에서 동틀 무렵이라고 한 것이다. '유사(有司)'는 『시』·『서』·『예』·『악』을 가르치는 관리이다. '흥(興)'자는 "거행한다."는 뜻

---

14) 『예기』「문왕세자」040장 : 公族之罪, 雖親不以犯有司正術也, 所以體百姓也. 刑于隱者, 不與國人慮兄弟也. 弗弔, 弗爲服, 哭於異姓之廟, 爲忝祖, 遠之也. 素服居外, 不聽樂, 私喪之也, 骨肉之親無絶也. 公族無宮刑, 不翦其類也.

이고, '질(秩)'자는 '통상[常]'이라는 뜻이며, '절(節)'자는 '예(禮)'를 뜻한다. "일을 다 끝내고 반명한다."는 말은 석전 의식을 다 끝내고서 천자에게 재차 그 사실을 보고한다는 뜻이다.

淺見

近按: 此因上言世子以下爲學之事, 而又及天子視學養老之禮也.

내가 살펴보니, 이것은 앞에서 세자로부터 그 이하의 계층이 배우는 사안을 언급한 것에 따라 재차 천자가 시학을 하여 노인을 봉양하는 예를 언급한 것이다.

此下至終篇, 竝以舊文爲正.

이 문장으로부터 그 이하로 편의 끝까지는 모두 옛 판본의 순서를 바른 것으로 여겼다.

始之養也, 適東序, 釋奠於先老, 遂設三老五更[平聲]·群老之
席位焉.〈042〉

처음 태학을 건립하게 되면, 천자는 노인을 봉양하는 장소로 가는데, 동
서로 가서 선대의 삼로와 오경이었던 자들에게 석전을 올리고, 그 일이
끝나면, 현재의 삼로 및 오경과['更'자는 평성으로 읽는다.] 군로들의 자리를
설치한다.

集說

天子視學在虞庠之中, 事畢反國, 明日乃之東序而養老. 始, 謂始初
立學之時也. 若非始立學, 則無釋奠先老之禮. 先老, 先世之爲三
老·五更者也. 三老·五更各一人, 群老無定數. 蔡邕云: "更, 當爲
叟. 三老三人, 五更五人." 未知是否. 然皆年老更事致仕者, 舊說取
象三辰·五星.

천자가 시학하는 것은 우상 안에서 하며, 의식행사가 다 끝나면 궁성으
로 돌아간다. 그리고 다음날이 되면 다시 동서로 가서 노인을 봉양한다.
'시(始)'자는 태학을 처음 세웠을 때를 뜻한다. 만약 처음으로 태학을 세
웠을 때가 아니라면, 선로에게 석전을 지내는 예가 없다. '선로(先老)'는
전 세대의 삼로와 오경이었던 자들이다. 삼로와 오경은 각각 1명씩이며,
'군로(群老)'는 정해진 수가 없다. 채옹은 "'경(更)'자는 마땅히 노인을 뜻
하는 '수(叟)'자가 되어야 한다. 삼로는 3명이고 오경은 5명이다."라고
하였는데, 옳은 주장인지는 잘 모르겠다. 그러나 이들 모두는 나이가 연
로하여 세상사를 두루 겪어서 알고 관직에서 물러난 자들인데, 옛 학설
에서는 이 사람들을 삼로와 오경이라고 부르는 이유에 대해, 삼진(三
辰)1)과 오성(五星)2)을 본떴기 때문이라고 설명하였다.

適饌, 省[息井反]醴・養老之珍具, 遂發咏[詠]焉, 退, 脩之以孝養[去聲]也.〈043〉

천자는 음식이 차려진 장소로 가서, 단술과 노인을 봉양하기 위해 차려진 음식 상태를 사열하니['省'자는 '息(식)'자와 '井(정)'자의 반절음이다.] 그 일이 끝나면 밖으로 나간다. 그리고 마침내 음악이 연주되면['咏'자의 음은 '詠(영)'이다.] 천자는 음악소리에 맞춰 노인들을 인도하여, 음식이 차려진 장소로 들어오고, 그들이 자리에 앉게 되면 다시 물러나서, 단술을 들고 그들에게 잔을 따라주게 되니, 이것은 효성으로 노인을 봉양하는['養'자는 거성으로 읽는다.] 도리를 수행하는 것이다.

集說

設席位畢, 天子親至陳饌之處, 省視醴酒及養老珍羞之具. 省具畢, 出迎三老・五更. 將入門, 遂作樂聲, 發其歌咏以延進之. 老更旣入, 卽西階下之位, 天子乃退而酌醴以獻之, 是脩行孝養之道也.

노인들의 자리를 설치하는 일이 다 끝나면, 천자는 직접 음식이 차려진 장소에 가서 단술 및 노인들을 대접하게 될 음식들이 완비된 상태를 사열한다. 갖춰진 상태를 사열하는 일이 끝나게 되면, 밖으로 나와서 삼로

---

1) 삼신(三辰)은 해[日], 달[月], 별[星]을 가리킨다. 『춘추좌씨전』 「환공(桓公) 2년」 편에는 "三辰旂旗, 昭其明也."라는 기록이 있는데, 이에 대한 두예(杜預)의 주에서는 "三辰, 日・月・星也."라고 풀이했다.

2) 오성(五星)은 목성(木星), 화성(火星), 토성(土星), 금성(金星), 수성(水星)의 다섯 행성(行星)을 가리킨다. 『사기(史記)』 「천관서론(天官書論)」 편에는 "水火金木塡星, 此五星者, 天之五佐."라는 기록이 있다. 방위와 이명(異名)으로 설명하자면, '오성'은 동쪽의 세성(歲星: =木星), 남쪽의 형혹(熒惑: =火星), 중앙의 진성(鎭星: =塡星・土星), 서쪽의 태백(太白: =金星), 북쪽의 진성(辰星: =水星)을 가리킨다.

와 오경 등을 맞이한다. 문으로 들어가게 되면 마침내 음악과 노래를 연주하니, 그 노랫소리가 흘러나오면 천자는 그들을 인도하여 자리로 나아가는 것이다. 삼로와 오경이 다 들어오게 되면 서쪽 계단 아래에 설치된 자리로 가게 된다. 그들이 자리를 잡으면 천자는 곧 자리에서 물러나서 단술을 따라 그들에게 잔을 바치니, 이것은 바로 효성으로 노인을 봉양하는 도리를 수행하는 것이다.

經文

> 反, 登歌淸廟. 旣歌而語以成之也, 言父子·君臣·長幼之道, 合德音之致, 禮之大者也.〈044〉

노인들이 술잔을 받고난 뒤에 자신의 자리로 모두 되돌아가면, 악공들은 당상에 올라가서, 청묘라는 시를 노래로 부르고, 또한 노래에 맞춰서 음악을 연주한다. 노래가 다 끝나면 서로 선왕의 선한 도에 대해 말하게 되니, 이때에는 부자·군신·장유 관계에서 지켜야 하는 도리를 언급하여, 청묘라는 시가 나타내는 문왕의 지극한 덕음에 합치시키는데, 이것은 예 중에서도 성대한 것에 해당한다.

集說

反, 反席也. 老更受獻畢, 皆立於西階下東面. 今皆反升就席, 乃使樂工登堂歌淸廟之詩以樂之. 歌畢至旅酬時, 談說善道, 以成就天子養老之禮也. 其所言說者, 皆是講明父子·君臣·長幼之道理, 集合淸廟詩中所詠文王道德之音聲, 皆德之極致, 禮之大者也.

'반(反)'자는 자리로 돌아간다는 뜻이다. 삼로와 오경이 천자가 따라주는 술잔을 다 받게 되면, 모두 서쪽 계단아래에 서서 동쪽을 바라보게 된다. 이곳 문장에서 말하는 상황은 모두가 자신의 자리로 되돌아가 자리에 앉은 것이니, 그렇게 되면 곧 악공들을 시켜서 당상에 올라가 청묘(淸廟)라는 시를 노래 부르며, 그것에 맞춰 음악을 연주한다. 노래가 다 끝나서 서로 술잔을 주고받는 때가 되면, 선한 도에 대해 이야기를 하며, 천자가 노인을 봉양하는 의례를 성대하게 마무리 짓는다. 그들이 말하는 내용들은 모두 부자·군신·장유 사이에서 지켜야 하는 도리를 강론하여 밝힌 것인데, 이것은 청묘라는 시에서 노래로 표현하고 있는 문왕의 도덕에 대한 말들에 부합된다. 따라서 이것들은 모두 덕의 지극한 면모이며, 예 중에서도 성대한 것에 해당한다.

經文

下管象, 舞大武, 大合衆以事, 達有神, 興有德也. 正君臣之位, 貴賤之等焉, 而上下之義行矣.(045)

당하에서는 상무(象舞)에 맞는 악곡을 관악기로 연주하고, 마당에서는 대무(大武)를 춤추며, 국학의 학생들을 모두 불러 모아서 노인을 봉양하는 일에 참여하게 하여, 신명에 소통하게 만들고, 그들의 덕성을 진작시키는 것이다. 그리고 이것을 통해 군신의 지위를 바르게 하고, 귀천의 등급을 바르게 하며, 그리고 상하의 의로운 행동을 바르게 한다.

集說

下管象者, 堂下以管奏象舞之曲也. 舞大武者, 庭中舞大武之舞也. 象是文王之舞, 周頌·維淸乃象舞之樂歌. 武則大武之樂歌也. 武頌言勝殷遏劉, 維淸不言征伐, 則象·舞決非武舞矣. 註疏以文王·武王之舞皆名爲象, 維淸象舞爲文王, 下管象爲武王, 其意蓋謂淸廟與管象, 若皆爲文王, 不應有上下之別. 殊不知古樂歌者在上, 匏竹在下, 凡以人歌者皆曰升歌, 亦曰登歌, 以管奏者皆曰下管, 周禮太師帥瞽登歌, 下管奏樂器, 書言下管鼗鼓是也. 淸廟以人歌之, 自宜升, 象以管奏之, 自宜下. 凡樂皆有堂上堂下之奏也. 此嚴氏之說, 足以正舊說之非, 故今從之. 大合衆以事, 謂大會衆學士, 以行此養老之事. 而樂之所感, 足以通達神明, 興起德性也. 一說, 周道之四達, 以有神明相之, 周家之興起, 以世世脩德, 皆可於樂中見之. 上言父子·君臣·長幼之道, 此言正君臣之位, 貴賤之等, 而上下之義行, 則先王養老之禮, 豈苟爲虛文而已哉?

'하관상(下管象)'이라는 말은 당 아래에서 관악기로 상무에 맞는 악곡을 연주한다는 뜻이다. '무대무(舞大武)'라는 말은 마당 가운데에서 대무라는 춤을 춘다는 뜻이다. 상무는 문왕의 덕을 표현한 춤이며, 『시』「주송(周頌)·유청(維淸)」편이 곧 상무라는 춤에 해당하는 노래가사이다. 그리고 『시』「주송(周頌)·무(武)」편은 대무라는 춤에 해당하는 노래가사이다. 한편 「무」편은 은나라를 이겨서 살육을 멈추게 한 사실을 밝히는 내용이며, 「유청」편에서는 정벌을 언급하지 않고 있으니, 상무와 대무는 결코 무무가 아니다. 정현의 주와 공영달의 소에서는 문왕과 무왕에 대한 춤을 모두 '상(象)'이라 부르고 있으며, 유청과 상무를 문왕에 대한 것이라 여기고, 당 아래에서 관악기로 연주하는 상을 무왕에 대한 것이라고 여겼다. 그들의 의중은 아마도 다음과 같았을 것이다. 즉 청묘와 당 아래에서 연주하는 상을 모두 문왕에 대한 것이라 한다면, 당상과 당하의 구별이 서지 않기 때문에, 이처럼 구분을 했던 것이다. 그러나 고대에는 노래를 부르는 자가 당상에 있고, 포죽(匏竹)[3]과 같은 관악기들이 당하에 있게 되어, 무릇 사람이 노래를 부르는 것을 모두 '승가(升歌)'라고 불렀던 것이고, 또한 '등가(登歌)'라고도 불렀던 것이며, 한편 관악기로 연주하는 것을 모두 '하관(下管)'이라고 불렀던 것이다. 그들은 이러한 사실을 몰랐기 때문에 이처럼 주장한 것인데, 『주례』「대사(大

---

3) 포죽(匏竹)은 대나무로 만든 악기로, 생(笙)·우(竽)·소(簫)·적(笛) 등의 악기를 뜻한다. 『국어(國語)』「주어하(周語下)」편에는 "匏竹利制."라는 기록이 있고, 이에 대한 위소(韋昭)의 주에서는 "匏, 笙也; 竹, 簫管也."라고 풀이했다.

師)」편에서 "장님 악사들을 인솔하여 등가를 한다."고 하고, "하관하여 악기들을 연주한다."고 하며,4) 『서』에서 "하관하여 도고를 연주한다."5) 라고 한 말이 바로 앞서 설명했던 사실들을 나타낸다. 청묘는 사람이 노래로 부르는 것이니, 당상에 올라간다고 표현하는 것이 마땅하고, 상은 관악기로 연주하는 것이니, 당하라고 표현하는 것이 또한 마땅하다. 다만 모든 음악에 있어서 연주를 할 때에는 당상과 당하에서 모두 연주를 하게 된다. 이것은 엄릉방씨의 주장으로, 그 주장이 타당하여 옛 주석의 잘못된 점을 바로잡을만한 것이므로, 여기에서는 이 주장에 따른다. "크게 중인들을 모아서 일하게 한다."는 말은 학사들을 모두 불러 모아서 노인 봉양하는 일을 시행하도록 한다는 뜻이다. 그리고 이러한 일들을 통해, 학사들은 음악을 듣고 감흥하게 되어, 충분히 신명과 소통할 수 있게 되며, 그들의 덕성 또한 진작시킬 수 있게 된다. 일설에는 이 말을 "주나라의 도가 사방에 두루 통하여 신명이 그를 돕게 되니, 주나라가 흥기하게 되어 대대로 덕을 닦았는데, 이러한 모든 내용들을 그 음악 속에서 확인할 수 있다."는 뜻이라고 주장한다. 앞 문장에서는 부자·군신·장유 사이에서 지켜야 하는 도리에 대해 언급하였고, 이곳 문장에서는 군신간의 지위와 귀천의 차이, 그리고 상하 계층 간의 의로운 행동에 대해서 바로잡는다고 하였으니, 선왕이 노인을 봉양하는 의례에 대해서, 어찌 허례허식이라고 여겼겠는가?

---

4) 『주례』「춘관(春官)·대사(大師)」: 大祭祀帥瞽登歌令奏擊拊. 下管播樂器令奏鼓鞉.

5) 『서』「우서(虞書)·익직(益稷)」: 虞賓在位, 群后德讓, 下管鼗鼓, 合止柷敔, 笙鏞以間.

有司告以樂闋, 王乃命公·侯·伯·子·男及群吏曰: "反, 養老幼于東序." 終之以仁也. (046)

유사가 천자에게 음악이 다 끝났다고 아뢰면, 천자는 곧 의식행사에 참여했던 공작·후작·백작·자작·남작 및 향과 수를 담당하는 관리들에게 명령하여, "이제 너희들의 행정구역으로 돌아가서, 동서에서 노인과 어린이를 봉양하는 의식을 시행하거라."라고 하니, 이것은 천자의 인자한 은덕으로 일을 끝맺는 것이다.

闋, 終也. 此時幾內之諸侯, 及鄕遂之吏, 皆與禮席. 天子使其反國, 各行養老之禮, 是天子之仁恩, 始于一處而終皆徧及也.

'결(闋)'자는 "끝난다."는 뜻이다. 이 시기에 천자의 수도 안에 머물러 있던 제후들과 천자의 궁성 외곽에 있는 향과 수를 담당하는 관리들은 모두 이러한 의식 행사에 참여하게 된다. 천자는 그들로 하여금 각자 자신들이 담당하고 있는 제후국 및 행정구역으로 돌아가서, 노인을 봉양하는 의례를 시행하도록 하니, 이것은 천자의 인자한 은혜가 처음에는 한 장소에서 시작되지만 끝내는 두루 퍼지게 된다는 뜻이다.

馮氏曰: 石粱先生於此經塗去幼字, 今按疏有其義, 而鄭註無養幼之文, 疑是訛本擅入一字.

풍씨가 말하길, 석양왕씨는 이곳 경문 중 '유(幼)'자를 잘못 기록된 글자로 여겨서 제거하였는데, 지금 기록들을 살펴보니, 공영달의 소에서는 어린이를 부양한다는 뜻이 기록되어 있지만, 정현의 주에는 '양유(養幼)'에 대한 기록이 없다. 따라서 이것은 아마도 잘못된 판본으로 '유(幼)'라는 한 글자가 잘못 삽입된 것 같다.

經文

是故聖人之記事也, 慮之以大, 愛之以敬, 行之以禮, 脩之以
孝養[去聲], 紀之以義, 終之以仁. 是故古之人一擧事而衆皆知
其德之備也. 古之君子擧大事, 必愼其終始, 而衆安得喩焉?
兌[悅]命曰: "念終始典于學."〈047〉

이러한 까닭으로 성인이 노인을 봉양하는 예법을 기록함에는 효제의 대
도를 고려하였고, 사랑하길 공경함으로써 하였으며, 시행하길 예법에
맞춰서 하였고, 다스리길 효에 따른 봉양의['養'자는 거성으로 읽는다.] 도리
로써 하였으며, 기강을 잡길 도리로써 하였고, 끝맺기를 인자한 은덕으
로써 하였다. 이러한 까닭으로 고대 사람들은 한 차례 노인 봉양하는
의식을 시행함에 대중들이 모두 그 속에 도덕이 완비되어 있다는 사실
을 알게 되었다. 고대에는 군자가 큰일을 시행할 때, 반드시 시작과 끝
을 한결같이 신중하게 시행하였는데, 대중들이 어찌 그 의미를 깨우치
지 못할 수 있었겠는가? 그래서 『서』「열명(說命)」편에서['兌'자의 음은 '悅
(열)'이다.] "시작과 끝을 항상 신중하게 생각하여, 학문에 펼친다."6)라고
한 것이다.

集說

虞·夏·商·周皆有養老之禮, 後王養老, 亦皆記序前代之事也. 人
道莫大於孝弟, 慮之以大者, 謂謀慮此孝弟之大道而推行之也. 愛
敬, 省具之事; 行禮, 親迎肅之也; 孝養, 獻禮也; 紀義, 旣歌而語也;
終仁, 令侯國行之也. 一事之中, 人皆知其衆德之全備者, 以其愼終
如始也, 如此則衆安得不喩曉乎? 養老之禮行於學, 又因終始之義,
故引說命以結之也.

---

6) 『서』「상서(商書)·열명하(說命下)」: 惟斅學半, <u>念終始典于學</u>, 厥德修罔覺.

우·하·은·주나라 때에는 모두 노인을 봉양하는 예법이 있었고, 후대의 제왕들이 노인을 봉양할 때에도 모두들 앞선 왕조에서 시행했던 일들을 차례대로 기록해두었다. 인도 중에 효제보다 큰 것이 없으니, "고려하길 대로써 한다."는 말은 이러한 효제의 큰 도리를 고려하여, 그것을 미루어 실천한다는 뜻이다. 공경함에 따라 사랑함은 음식이 차려진 것을 직접 살피는 일에 해당하며, 예에 따라 시행함은 직접 그들을 맞이하며 정중하게 대우하는 일에 해당하고, 효에 따라 봉양함은 술을 따라 예로 대접하는 것에 해당하며, 의에 따라 기강을 잡음은 노래가 끝나고서 합어를 하는 일에 해당하고, 인자함으로 끝냄은 제후들로 하여금 그들의 나라에서 이러한 의식을 시행하도록 하는 일에 해당한다. 한 가지일을 시행하는 중에 사람들은 모두 그 속에 온갖 도덕이 완비되어 있음을 알 수 있게 된다. 그 이유는 끝마무리를 처음 시작처럼 신중히 하기 때문인데, 이와 같이 한다면 대중들이 어찌 깨우치지 못할 수 있겠는가? 노인을 봉양하는 예법은 태학에서 시행하는데, 이 또한 끝과 시작을 한결같이 한다는 뜻에 따른 것이다. 그렇기 때문에 『서』「열명(說命)」편의 말을 인용하여 결론을 맺은 것이다.

제 5 절

經文

世子之記曰, 朝夕至于大寢之門外, 問於內竪曰: "今日安否何如?" 內竪曰: "今日安." 世子乃有喜色. 其有不安節, 則內竪以告世子, 世子色憂不滿容. 內竪言復初, 然後亦復初.〈048〉

「세자지기」편에서 말하길, 일반 세자들이 부왕을 모실 때에는 아침과 저녁때에만 문안인사를 드린다. 문안인사를 드릴 때에는 부왕이 거처하는 대침의 문밖으로 가서, 숙직을 섰던 환관에게 묻기를, "오늘 부친의 안부는 어떠하시느냐?"라고 한다. 숙직했던 환관이 "오늘은 편안하십니다."라고 말하면, 세자는 곧 얼굴에 기뻐하는 기색을 나타낸다. 부왕에게 병이 생겨서 평상시와 다른 점이 발생하게 되면, 숙직했던 환관은 이 사실을 세자에게 알린다. 그러면 세자는 얼굴에 수심이 가득하여, 위엄과 용모를 제대로 갖출 수 없게 된다. 숙직했던 환관이 부왕이 평상시처럼 회복되었다고 알리고 난 이후에야 세자도 평상시처럼 행동하였다.

集說

"世子之記", 古者敎世子之禮篇也. 不滿容, 不能充其儀觀之美也. 此節約言之, 以見文王·武王爲世子之異於常人也. 文王朝王季日三, 此朝夕而已. 文王行不能正履, 此色憂而已.

「세자지기(世子之記)」는 고대에 세자를 가르쳤던 『고례』의 한 편을 뜻한다. '불만용(不滿容)'이라는 말은 위엄과 외양의 아름다움을 충분히 갖출 수 없다는 뜻이다. 이곳 문장에서는 문안인사 드리는 절차를 간략하게 언급하여, 이로써 문왕과 무왕이 세자가 되었을 때 시행했던 예법이 일반 세자들이 따랐던 예법과 달랐다는 사실을 나타내고 있다. 문왕은 왕계에게 문안인사 드리는 것을 하루에 세 차례나 하였지만, 이곳 문장에서는 아침과 저녁에만 한다고 했을 뿐이다. 또 문왕은 부친이 편안치 못하다는 소식을 듣고서, 걷는 것조차 제대로 걸을 수가 없었는데, 이곳 문장에서는 얼굴에만 수심이 가득했다고 했을 뿐이다.

石梁王氏曰: 古世子之禮亡, 此餘其記之一節, 小戴以附篇末.

석양왕씨가 말하길, 고대에 세자를 교육시켰던 예는 이미 망실되어 전해지지 않는다. 여기에 기록된 문장들은 그 기록들 중의 한 단락에 해당하며, 소대(小戴)[1]가 이 문장을 「문왕세자」편의 말미에 붙여둔 것이다.

經文

朝夕之食上[上聲], 世子必在視寒煖之節. 食下, 問所膳羞, 必知所進, 以命膳宰, 然後退. 若內豎言疾, 則世子親齊[側皆反]玄而養[去聲].〈049〉

아침저녁으로 음식을 올릴['上'자는 상성으로 읽는다.] 때 세자는 반드시 음식의 차갑고 따뜻한 정도가 적당한지를 살펴보아야 한다. 음식이 물려나올 때에는 차려올린 음식 중에 어느 것을 많이 드시고 또 어느 것을 적게 드셨는지에 대해 물어서, 반드시 드신 음식들에 대해 알아야 하며, 이로써 선재에게 명령하여, 남은 음식을 가지고 다시 밥상을 차리는 일이 없도록 하고, 그렇게 한 이후에야 물러난다. 만약 숙직했던 환관이 부왕에게 질병이 있다고 알리면, 세자는 직접 제현의['齊'자는 '側(측)'자와 '皆(개)'자의 반절음이다.] 복장을 착용하고서 부왕을 봉양한다.['養'자는 거성으로 읽는다.]

---

1) 소대(小戴)는 『소대례기(小戴禮記)』를 편찬한, 한(漢)나라 때의 대성(戴聖)을 가리킨다.

羞, 品味也. 必知所進, 必知親所食也. 命膳宰, 卽篇首所命之言也.
養疾者, 衣齊玄之服, 卽齊時所著玄冠緇布衣, 裳則貴賤異制, 謂之
玄端服也.

'수(羞)'자는 각종 맛있는 음식들을 뜻한다. '필지소진(必知所進)'이라는
말은 반드시 부친이 드신 음식들을 알아야 한다는 뜻이다. 선재에게 명
령하는 내용은 곧 「문왕세자」편의 첫머리에서 명령했던 내용이다. 병든
자를 봉양할 때에는 제현의 복장을 착용하는데, '제현(齊玄)'이라는 복장
은 곧 재계를 하고 나서 착용하는 검은 색의 관과 검은 포로 만든 상의
를 뜻하며, 하의는 귀천의 등급에 따라 제도적 차이가 있었는데, 그것들
을 총칭하여 '현단복(玄端服)'2)이라고도 부른다.

---

2) 현단(玄端)은 고대의 예복(禮服) 중 하나이다. 흑색으로 만든 옷이다. 주로 제사
때 사용했으며, 천자 및 제후로부터 대부(大夫)와 사(士) 계급에 이르기까지 모두
이 복장을 착용할 수 있었다. '현단'은 상의와 하의 및 관(冠)까지 포함하는 용어이
다. 한편 손이양(孫詒讓)의 주장에 따르면, '현단'은 의복에만 해당하는 용어이며,
관(冠)은 포함하지 않는다고 주장한다. 그리고 천자로부터 사 계급에 이르기까지
이 복장을 제복(齊服)으로 사용했다고 설명한다. 『주례』「춘관(春官)·사복(司
服)」편에는 "其齊服有玄端素端."이라는 기록이 있는데, 손이양의 『정의(正義)』
에서는 "玄端素端是服名, 非冠名, 蓋自天子下達至於士通用爲齊服, 而冠則尊
卑所用互異."라고 풀이하였다. 그리고 '현단'은 천자가 평소 거처할 때 착용했던
복장을 가리키기도 한다. 『예기』「옥조(玉藻)」편에는 "卒食, 玄端而居."라는 기
록이 있고, 이에 대한 정현의 주에서는 "天子服玄端燕居也."라고 풀이하였다.

膳宰之饌, 必敬視之. 疾之藥, 必親嘗之. 嘗饌善, 則世子亦能
食. 嘗饌寡, 世子亦不能飽. 以至于復初, 然後亦復初.〈050〉

세자는 선재가 올리는 음식들에 대해서, 반드시 공경스러운 자세로 직
접 그것들을 살펴보아야 한다. 또한 부왕의 질병에 쓰는 약에 대해서도
세자가 반드시 직접 그 약을 맛보아야 한다. 부왕이 음식을 잘 드시면
세자도 잘 먹을 수 있다. 부왕이 음식 드신 것이 적다면 세자도 배불리
먹을 수 없다. 세자는 부왕이 병중에 있을 때 이처럼 시행하며, 부왕이
평소처럼 회복된 다음에야 세자 또한 평소처럼 행동할 수 있다.

集說

善, 猶多也. 不能飽, 以視武王之亦一亦再又異矣. 此篇首言文王·
武王爲世子之事, 故篇終擧記文乃以終之云.

'선(善)'자는 "많이 먹는다."는 뜻이다. 배불리 먹을 수 없다고 하니, 이
기록을 통해서 무왕이 했던 것처럼 부친이 한 수저를 뜨면 자신도 한
수저를 뜨고, 두 수저를 뜨면 자신도 두 수저를 뜨는 수준과는 다르다는
것을 확인할 수 있다. 「문왕세자」편의 첫머리에서 문왕과 무왕이 세자
였을 때 시행했던 일들에 대해 언급하였는데, 이것은 성인에 대한 예법
이므로 일반인들은 따르기 어렵다. 그렇기 때문에 편의 끝부분에는 「세
자지기」편에서 언급한 기록들을 인용하여, 일반 세자들에 대한 내용으
로 끝을 맺은 것이다.

淺見

近按: 右文王世子一篇, 大意皆爲世子之學, 而言其節次, 當分爲五.
首言文王之孝以及武王, 次言周公之敎成王, 次言凡敎世子與公族
之事, 次言凡學中世子以下爲學之事, 而因及天子視學之禮, 其終又
擧世子之記, 而總結之, 以明上文數節, 皆是所以敎世子之意也. 每

節之首, 亦各有篇目, 蓋以"文王世子"四字, 爲一篇之總名, 而"周公
踐阼"·"敎世子"·"凡學"·"世子之記"者, 又篇內小節目之名也.

내가 살펴보니, 여기까지는 「문왕세자」편으로, 큰 뜻은 모두 세자가 익
혀야 하는 학문이 되며, 그 절목의 순서를 말해보자면 마땅히 5개로 구
분해야 한다. 첫 번째 절목에서는 문왕의 효 및 무왕에 대해 언급하였
고, 두 번째 절목에서는 세자 및 공족들을 가르치는 사안들을 폭넓게 언
급하였으며, 세 번째 절목에서는 학교 안에서 세자 및 그 이하의 계층이
학문하는 사안을 폭넓게 언급하였고, 네 번째 절목에서는 그에 따라 천
자가 시학하는 예법을 언급하였으며, 다섯 번째 절목에서는 또한 세자
지기의 기록을 거론하여 총괄적인 결론을 맺어, 이를 통해 앞 문장의 여
러 절목들이 모두 세자를 가르치기 위한 뜻임을 드러내었다. 매 절목의
첫 부분에는 또한 각각의 편목이 있었는데, '문왕세자(文王世子)'라는 네
글자는 아마도 이 편의 총괄적인 명칭이 되고, '주공천조(周公踐阼)'·
'교세자(敎世子)'·'범학(凡學)'·'세자지기(世子之記)'가 또한 편 안에 있
는 작은 절목의 명칭일 것이다.

| 저자 소개 |

권근(權近, 1352~1409)
· 고려말 조선초기 때의 학자
· 본관은 안동(安東)이고, 초명은 진(晉)이며, 자는 가원(可遠)·사숙(思叔)이고,
  호는 소오자(小烏子)·양촌(陽村)이며, 시호는 문충(文忠)이다.

| 역자 소개 |

정병섭鄭秉燮
· 1979년 출생
· 2002년 성균관대학교 유교철학과 졸업
· 2004년 성균관대학교 대학원 유학과 석사
· 2013년 성균관대학교 대학원 유학과 철학박사
· 『역주 예기집설대전』과 『역주 예기보주』를 완역하였다.
· 『의례』, 『주례』, 『대대례기』 번역과 한국유학자들의 예학 관련 저작들의
  번역을 계획 중이다.

譯註
禮記淺見錄 ❷
王制·月令·曾子問·文王世子

초판 인쇄　2019년 10월　1일
초판 발행　2019년 10월 15일

저　　자ㅣ권 근(權近)
역　　자ㅣ정 병 섭(鄭秉燮)
펴 낸 이ㅣ하 운 근
펴 낸 곳ㅣ學古房

주　　소ㅣ경기도 고양시 덕양구 통일로 140 삼송테크노밸리 A동 B224
전　　화ㅣ(02)353-9908　편집부(02)356-9903
팩　　스ㅣ(02)6959-8234
홈페이지ㅣhakgobang.co.kr
전자우편ㅣhakgobang@naver.com, hakgobang@chol.com
등록번호ㅣ제311-1994-000001호

ISBN 978-89-6071-892-0 94150
　　　978-89-6071-890-6 (세트)

값 : 45,000원

※ 파본은 교환해 드립니다.